Interdisziplinäre Beiträge zur
kriminologischen Forschung

Band 39

KfN Kriminologisches Forschungsinstitut Niedersachsen e.V.
    Lützerodestraße 9 – 30161 Hannover

Matthias Kleimann

Medienlotsen gesucht

Konzeption und Evaluation einer Unterrichtseinheit zur Prävention problematischer Mediennutzungsmuster bei Schülerinnen und Schülern dritter bis fünfter Klassen im Rahmen des Berliner Längsschnitt Medien

Nomos

Die Deutsche Nationalbibliothek verzeichnet diese Publikation in
der Deutschen Nationalbibliografie; detaillierte bibliografische
Daten sind im Internet über http://dnb.d-nb.de abrufbar.

Zugl.: Hannover, Hochschule für Musik, Theater und Medien, Diss., 2010

ISBN 978-3-8329-6398-9

1. Auflage 2011
© Nomos Verlagsgesellschaft, Baden-Baden 2011. Printed in Germany. Alle Rechte, auch die des Nachdrucks von Auszügen, der fotomechanischen Wiedergabe und der Übersetzung, vorbehalten. Gedruckt auf alterungsbeständigem Papier.

Meinen Kindern gewidmet

Vorwort und Danksagung des Autors

Das Verfassen dieses Buches, das als Dissertation an der Hochschule für Musik, Theater und Medien Hannover angenommen wurde, bedeutete für mich eine nicht geahnte Herausforderung. Die häufig einsame Arbeit an diesem Text bildete einen fundamentalen Gegenpol zur gewohnten und geschätzten Publikationsroutine, dem gemeinsamen Verfassen wissenschaftlicher Texte in einem interdisziplinären Team.

Natürlich bietet eine solche Herausforderung auch viele Chancen. So habe ich diese Arbeit genutzt, um mein Forschungsfeld, die Nutzung elektronischer Medien durch Kinder und Jugendliche, einer ausführlichen Analyse der aktuellen Problemlagen zu unterziehen, konkrete problematische Mediennutzungsmuster zu identifizieren, und daraus die Notwendigkeit medienpädagogischen Handelns abzuleiten. Anders als in vorherigen Publikationen unseres Forschungsteams, in denen wir die verschiedenen Problemfelder immer nur sehr komprimiert darstellen konnten und die Notwendigkeit medienpädagogischen Handelns eher pragmatisch kurz abgeleitet als detailliert begründet haben, bot sich mit dieser Arbeit die Chance, eine fundierte argumentative Brücke zwischen problematischen Mediennutzungsmustern und erzieherischen, insbesondere schulischen Handlungsempfehlungen zu bauen. Ich hoffe, dass ich hier einen relevanten Beitrag leisten konnte.

Das in diesem Buch beschriebene Unterrichtsprojekt zur Prävention problematischer Mediennutzungsmuster fand im Rahmen der von der Volkswagenstiftung geförderten Studie „Mediennutzung und Schulleistung" statt, eine Evaluation des Unterrichtskonzeptes war seit der Antragstellung fester Bestandteil des Arbeitsplans. Hier hatte ich zu Anfang des Projektes die größten Bedenken. Würde es im Anschluss an den spannenden Austausch mit den beteiligten Lehrkräften und dem abwechslungsreichen, kreativen Prozess der Entwicklung eines Unterrichtskonzepts gelingen, die Ergebnisse dieser Prozesse seriös und ausführlich auf ihre Wirkungen zu überprüfen?

Beim Verfassen dieser Arbeit zeigte sich, dass die „Pflichtübung" der Unterrichtsevaluation mit zunehmender Einarbeitung in den Datensatz zum vielleicht interessantesten Arbeitsabschnitt wurde. Natürlich war es ermutigend, dass in vielen Bereichen tatsächlich Unterrichtseffekte nachgewiesen werden konnten. Aber gerade dort, wo sich in den Daten keine oder nur subgruppenspezifische

Veränderungen zeigten, wurde im Rahmen der Dateninterpretation deutlich, dass die „Pflichtübung" der Evaluation tatsächlich helfen kann, Erklärungsansätze für die Wirkungslosigkeit bestimmter Unterrichtsteile zu entwickeln und Hinweise für weitere Optimierungen zu finden.

Dank sagen möchte ich allen Kolleginnen und Kollegen im KFN, die mir mit ihren kompetenten fachlichen Ratschlägen und vielfacher organisatorischer Unterstützung sehr geholfen haben. Darüber hinaus konnte ich mir stets sicher sein, in den Nachbarbüros Motivationshilfen in Form von Süßigkeiten, Ermunterungen, Fußballgesprächen und jeder Menge Humor zu finden. Mein besonderer Dank gilt hier Marlou Häfner, Birgit Bergmann, Dirk Baier, Susann Rabold, Michael Windzio, Birke Dworschak, Bettina Doering, Eberhard Mecklenburg, Gunter Link, Jan Lenselink und Renate Waldhof. Zwei Kollegen waren in der Anfangsphase des Projektes besonders wichtig: Sven Petersen, der maßgeblich zur erfolgreichen Bewilligung unseres Forschungsprojektes beigetragen hat sowie Matthias Baumgarten, der uns in die Feinheiten der wissenschaftlichen Kostenplanung eingeführt hat. Moritz Borchers schließlich hat unser Team als Praktikant, Hilfskraft und Diplomant mit größter Verlässlichkeit und Kompetenz unterstützt und sehr bereichert. Ohne seine engagierte Hilfe wäre ich beim Layout dieses Buches wahrscheinlich verzweifelt.

Den Betreuern dieser Arbeit, Professor Dr. Beate Schneider und Professor Dr. Christian Pfeiffer möchte ich besonders herzlich danken für ihr Vertrauen in mich und das Gelingen dieses Buches. Als außerordentlich wichtig empfand ich ihre stets zurückhaltende und konstruktive Form der Kritik und die ständige Ermutigung, meine eigenen Wege beim Verfassen dieser Arbeit zu gehen. Christian Pfeiffers unerschütterlicher Glaube an das Gelingen dieser Studie hat zudem sehr geholfen, die unvermeindlichen Rückschläge und Verzögerungen im Projekt auszuhalten und konstruktiv zu bewältigen.

Thomas Mößle und Florian Rehbein waren die besten Kollegen der Welt und in vielen Situationen die besten Freunde. Ihr Ethusiasmus für exzellente Forschung war eine wichtige Antriebsfeder, ihr Humor eine Wohltat und ihre Integrität mein wichtigster Anker im Forschungsalltag.

Ohne meine Familie gäbe es dieses Buch nicht. Die jahrelange, engagierte Unterstützung meiner Eltern und Schwiegereltern bei der Betreuung unserer Kinder war ein riesengroßes Geschenk, ihre Hilfsbereitschaft beispiellos. Vielen Dank an die hervorragende Schwägerin und Wissenschaftsjournalistin Esther Steinmeier für Ihre Bemühungen um das sprachliche und orthografische Niveau dieser Arbeit. Meine beiden Kinder, Bela und Karla, haben mich jeden Tag auf die wichtigen Dinge des Lebens hingewiesen und mich dadurch in meinen wissenschaftlichen Bemühungen bestärkt.

Ich bedanke mich bei meiner Frau Maria, dass sie mir alle Toleranz und alle Unterstützung geschenkt hat, die für die Fertigstellung dieses Buches notwendig waren. Ihre Liebe ist das Privileg meines Lebens.

Hannover, im Februar 2011   Matthias Kleimann

Inhaltsverzeichnis

1 Einführung zum Hintergrund, Inhalt und Aufbau der Arbeit — 19

2 Medien im Leben von Kindern und Jugendlichen — 25

2.1 Vorschulkinder und Medien — 26
2.2 Kinder und Medien — 28
   2.2.1 Mediennutzungszeiten — 28
   2.2.2 Mediengerätebesitz — 32
   2.2.3 Medieninhalte — 34
      2.2.3.1 Fernsehinhalte — 34
      2.2.3.2 Nicht altersgemäße Filme und Fernsehsendungen — 35
      2.2.3.3 Computerspielinhalte — 35
      2.2.3.4 Nicht altersgemäße Computer- und Videospiele — 36
2.3 Jugendliche und Medien — 37
   2.3.1 Mediennutzungszeiten — 37
   2.3.2 Mediengerätebesitz — 39
   2.3.3 Medieninhalte — 40
      2.3.3.1 Fernsehinhalte — 40
      2.3.3.2 Nicht altersgemäße Filme und Fernsehsendungen — 41
      2.3.3.3 Computer- und Videospielinhalte — 42
      2.3.3.4 Nicht altersgemäße Computer- und Videospiele — 43

3 Kindliche Entwicklung, Medienkompetenz und Funktionen der Mediennutzung — 45

3.1 Entwicklungsvoraussetzungen von Mediennutzung und Medienkompetenz — 45
   3.1.1 Kommunikative Kompetenzen — 47
   3.1.2 Kognitive Kompetenzen — 48
      3.1.2.1 Perspektivenübernahme — 48
      3.1.2.2 Verstehen von Narrationen — 50
      3.1.2.3 Erkennen spezifischer Kommunikationsabsichten — 52
   3.1.3 Emotionale Kompetenz — 56
3.2 Funktionen der Mediennutzung — 56

4	Problematische Wirkungen der Mediennutzung	61
4.1	Mediennutzung und schulische Leistung bzw. Leistungsfähigkeit	62
	4.1.1 Schulleistung - Begriffsbestimmung und Beschreibung wichtiger Einflussfaktoren	62
	4.1.2 Mediennutzung und Schulleistung: Die Forschung seit 1950	64
	4.1.3 Wirkungstheorien	65
	4.1.4 Fernsehnutzung und Schulleistung	67
	4.1.5 Computer(-spiel-)nutzung und Schulleistung	75
	4.1.6 Fernseh- *und* Computerspielnutzung als Einflussfaktoren auf Schulleistung	78
	4.1.7 Fazit zum Zusammenhang zwischen elektronischer Mediennutzung und Schulleistung	81
4.2	Mediennutzung und Sozialverhalten	82
	4.2.1 Antisoziales Verhalten	82
	4.2.1.1 Theoretische Modelle	82
	4.2.1.2 Empirische Studien zur Wirkung von Medien auf antisoziales Verhalten	87
	4.2.1.2.1 Meta-Analysen	88
	4.2.1.2.1.1 Meta-Analysen zur TV-Gewalt	88
	4.2.1.2.1.2 Meta-Analysen zur Computerspielgewalt	91
	4.2.1.2.1.3 Meta-Analysen zur Fernseh- *und* Computerspielgewalt	93
	4.2.1.2.2 Längsschnittstudien	94
	4.2.1.2.2.1 Längsschnittstudien zum Fernsehen	94
	4.2.1.2.2.2 Längsschnittstudien zur Computerspielnutzung	96
	4.2.1.2.2.3 Wirkungen von Filmen *und* Computerspielen im Längsschnitt	98
	4.2.1.3 Zusammenfassung zur Wirkung von Mediengewalt auf Aggressivität	100
	4.2.2 Prosoziale Effekte	101
	4.2.2.1 Theoretischer Hintergrund	101
	4.2.2.2 Empirische Ergebnisse	102
	4.2.2.2.1 Fernsehen	102
	4.2.2.2.2 Computerspiele	104
	4.2.3 Zusammenfassung zu Medienwirkungen auf Sozialverhalten	106
4.3	Medienwirkungen auf physische Parameter	107
	4.3.1 Schlafstörungen	108
	4.3.2 Übergewicht	109
	4.3.2.1 Wirkmechanismen: Werbung	111
	4.3.2.2 Wirkmechanismen: Bewegungsmangel	112

4.3.3 Essstörungen	113
4.3.4 Fazit zu Medienwirkungen auf physische Parameter	115
4.4 Computerspielabhängigkeit	115
4.4.1 Theoretischer Hintergrund	116
4.4.2 Prävalenzzahlen	119
4.4.2.1 Computerspielabhängigkeit bei Jugendlichen und jungen Erwachsenen	119
4.4.2.2 Computerspielabhängigkeit im Kindesalter	122
5 Elterliche Medienerziehung	125
6 Problematische Mediennutzungsmuster von Kindern und Jugendlichen	131
6.1 Problemfelder	131
6.2 Eigene Problemdefinition	135
6.3 Dimensionen problematischer Mediennutzung im Kleinkind- und Vorschulalter	137
6.3.1 Zeitlich problematische Mediennutzungsmuster	137
6.3.1.1 Definition	137
6.3.1.2 Prävalenzen	141
6.3.2 Inhaltlich problematische Mediennutzung im Kleinkind- und Vorschulalter	142
6.3.2.1 Definition	142
6.3.2.2 Prävalenzen	143
6.4 Dimensionen problematischer Mediennutzung im Grundschulalter	144
6.4.1 Zeitlich problematische Mediennutzung	144
6.4.1.1 Definition	144
6.4.1.2 Prävalenzen	146
6.4.2 Inhaltlich problematische Mediennutzung im Grundschulalter	147
6.4.2.1 Definition	147
6.4.2.2 Prävalenzen	149
6.4.3 Funktional problematische Mediennutzung und Medienmissbrauch unter Grundschulkindern	149
6.5 Dimensionen problematischer Mediennutzung im Jugendalter	150
6.5.1 Definition	150
6.5.2 Prävalenzen	152
6.6 Zusammenfassung: Problematische Mediennutzung von Kindern und Jugendlichen	153

7 Vermeidung problematischer Mediennutzungsmuster im Kindes- und Jugendalter 155

7.1 Vorüberlegungen 156
7.2 Medienbezogenes Risikoverhalten mindern: Zwei theoretische Perspektiven und ihre praktische Umsetzung 158
   7.2.1 Die Medienkompetenz-Perspektive 159
      7.2.1.1 Theoretischer Hintergrund 159
      7.2.1.2 Kritik 163
         7.2.1.2.1 Möglichkeiten der Medienkompetenzvermittlung ... 164
         7.2.1.2.2 Medienwirkungen aus Sicht der Medienkompetenz-Perspektive ... 165
      7.2.1.3 Förderung von Medienkompetenz - Empirische Forschungslage 167
         7.2.1.3.1 Status Quo institutioneller Medienerziehung für Kinder 168
         7.2.1.3.2 Evaluierte Maßnahmen zur Förderung von Medienkompetenz ... 173
      7.2.1.4 Medienkompetenz als Konzept zur Minderung problematischer Mediennutzung - Fazit ... 179
   7.2.2 Die Health-Promotion-Perspektive 180
      7.2.2.1 Zur Theorie von Intervention und Prävention 182
      7.2.2.2 Empirische Ergebnisse 185
         7.2.2.2.1 Mediengewaltprävention 186
         7.2.2.2.2 Übergewichtsprävention 188

8 Folgerungen für die Prävention problematischer Mediennutzung im Kindesalter 191

8.1 Allgemeine Ziele und Reichweite des Programms 191
8.2 Alter 193
8.3 Beteiligte Akteure und Institutionen 196
   8.3.1 Eltern 196
   8.3.2 Schule 196
8.4 Spezifizierung der Präventionsziele und der gewählten Präventionsinstrumente 199
   8.4.1 Evaluation 200
      8.4.1.1 Evaluation der Programmkonzeption 202
      8.4.1.2 Formative Evaluation und Evaluation der Programmdurchführung 203
      8.4.1.3 Evaluation der Programmwirksamkeit 203

8.4.1.4 Evaluation der Programmeffizienz	204
8.4.1.5 Evaluation - Fazit	204
8.4.2 Prävention medienbezogenen Risikoverhaltens in der Grundschule	204
8.4.2.1 Lehrkräfte als Schlüsselfiguren des Präventionserfolges	204
8.4.2.2 Konzeption	207
8.4.2.2.1 Integration von Medienerziehung in bestehende Curricula	207
8.4.2.2.2 Unterrichtsinhalte und -aufbau	210
8.4.2.2.2.1 Vorüberlegungen	210
8.4.2.2.2.2 Das SMART-Modell	211
8.4.2.2.2.3 Kritik am SMART-Modell	226
8.5 Spezifizierung der Erfolgskriterien des Programms	228
9 Gestaltung, Implementation und Durchführungsevaluation des Unterrichts	**233**
9.1 Der Berliner Längsschnitt Medien - Zur Wirkung schulbasierter Unterrichtsinterventionen auf die kindliche Mediennutzung	234
9.1.1 Stichprobenziehung und Zuweisung zur Unterrichtsbedingung	236
9.2 Expertenworkshop	239
9.2.1 Cluster 1: Implementierung des Unterrichtskonzeptes in organisatorische Strukturen	241
9.2.2 Cluster 2: Lehrkräftefortbildung und Lehrkräftemotivation	241
9.2.3 Cluster 3: Didaktik, Methoden und Materialien	242
9.2.4 Cluster 4: Zeitliche Planung und Gestaltung des Unterrichtes	242
9.2.5 Cluster 5: Einbindung der Eltern	243
9.3 Konzeption und Evaluation des Medienlotsen-Unterrichtsprogramms	243
9.3.1 Das erste Unterrichtskonzept (3. und 4. Klassen)	248
9.3.1.1 Unterrichtsmaterial	248
9.3.1.2 Konzeptevaluation und Pretest	258
9.3.1.3 Formative Evaluation	259
9.3.1.4 Durchführung und Evaluation der ersten Unterrichtseinheit	264
9.3.1.4.1 Konzeptänderungen im Vergleich zum Konzepttest in Oldenburg und Soltau-Fallingbostel	264
9.3.1.4.2 Durchführung des Unterrichts	265
9.3.1.4.3 Evaluation der Programmdurchführung	265
9.3.2 Das zweite Unterrichtskonzept (4. Klassen)	270
9.3.2.1 Unterrichtsmaterial	271
9.3.2.2 Konzeptevaluation und Durchführung	278

9.3.2.3 Evaluation der Programmdurchführung	281
9.3.3 Das dritte Unterrichtskonzept (5. Klassen)	286
9.3.3.1 Konzeptevaluation	287
9.3.3.2 Modifikation der Konzeptidee und Durchführung	288
9.3.3.3 Evaluation der Programmdurchführung	290
9.3.4 Fazit zur Implementation des dreistufigen Unterrichtsprogramms	293
10 Effektevaluation des Unterrichts	297
10.1 Befragungsablauf	297
10.2 Beschreibung der Stichprobe	300
10.3 Evaluation der Programmziele	308
10.3.1 Mediengerätebesitz	309
10.3.1.1 Operationalisierung und Datendeskription	309
10.3.1.2 Mediengeräteausstattung im Gruppenvergleich	313
10.3.1.2.1 Fernseherausstattung	315
10.3.1.2.2 Spielkonsolenausstattung	317
10.3.1.2.3 Computerausstattung	318
10.3.1.3 Untersuchung auf systematische Treatmentsensitivität	319
10.3.1.4 Fazit zum ersten Wirkungsziel	321
10.3.2 Elterliche Medienerziehung	322
10.3.2.1 Operationalisierung und Datendeskription	322
10.3.2.2 Regulatives Monitoring durch die Eltern im Gruppenvergleich	327
10.3.2.2.1 Elterliches Monitoring Fernsehen	327
10.3.2.2.2 Elterliches Monitoring Computerspiele	330
10.3.2.3 Untersuchung auf systematische Treatmentsensitivität	331
10.3.2.4 Fazit zum zweiten Wirkungsziel	333
10.3.3 Durchschnittliche Mediennutzungszeiten	335
10.3.3.1 Operationalisierung und Datendeskription	335
10.3.3.2 Durchschnittliche Medienzeiten im Gruppenvergleich	340
10.3.3.3 Untersuchung auf systematische Treatmentsensitivität	342
10.3.3.4 Fazit zum dritten Wirkungsziel	343
10.3.4 Problematische Mediennutzungszeiten	343
10.3.4.1 Operationalisierung und Datendeskription	343
10.3.4.2 Zeitlich problematische Mediennutzung im Gruppenvergleich	347
10.3.4.2.1 Zeitlich problematische Fernsehnutzung	347
10.3.4.2.2 Zeitlich problematische Computerspielnutzung	348
10.3.4.3 Untersuchung auf systematische Treatmentsensitivität	350

10.3.4.4 Fazit zum vierten Wirkungsziel	353
10.3.5 Problematische Medieninhalte	353
10.3.5.1 Operationalisierung und Datendeskription	353
10.3.5.2 Inhaltlich problematische Mediennutzung im Gruppenvergleich	357
10.3.5.2.1 Nutzung inhaltlich problematischer Filme	357
10.3.5.2.2 Nutzung inhaltlich problematischer Computerspiele	360
10.3.5.3 Untersuchung auf systematische Treatmentsensitivität	361
10.3.5.4 Fazit zum fünften Wirkungsziel	364
10.3.6 Funktional problematische Mediennutzungsmuster	364
10.3.6.1 Funktional problematische Fernsehnutzung	365
10.3.6.1.1 Operationalisierung und Datendeskription	365
10.3.6.1.2 Kompensatorische und funktional problematische Fernsehnutzung im Gruppenvergleich	369
10.3.6.1.3 Untersuchung auf systematische Treatmentsensitivität	372
10.3.6.1.4 Zwischenfazit zur kompensatorischen und funktional problematischen Fernsehnutzung	375
10.3.6.2 Dysfunktional exzessive Computerspielnutzung	376
10.3.6.2.1 Operationalisierung und Datendeskription	376
10.3.6.2.2 Dysfunktional exzessive Computerspielnutzung im Gruppenvergleich	381
10.3.6.2.3 Untersuchung auf systematische Treatmentsensitivität	386
10.3.6.2.4 Zwischenfazit zur dysfunktional exzessiven Computerspielnutzung	386
10.3.6.3 Fazit zum sechsten Wirkungsziel	387
10.3.6.4 Zwischenfazit zu den Wirkungszielen 1 - 6	387
10.3.7 Schulische Leistungsentwicklung	389
10.3.7.1 Operationalisierung und Datendeskription	389
10.3.7.2 Zusammenhänge zwischen Mediennutzung und Schulleistung	395
10.3.7.3 Schulnoten im Gruppenvergleich	397
10.3.7.4 Untersuchung auf systematische Treatmentsensitivität	401
10.3.7.5 Fazit zum siebten Wirkungsziel	405
10.3.8 Fazit zur Effektevaluation der Unterrichtseinheit	405

11 Diskussion und Ausblick 407

11.1 Bedeutung der Ergebnisse dieser Arbeit für die Forschung über
     kindliche Mediennutzung und elterliche Medienerziehung 408
11.2 Bedeutung der Ergebnisse dieser Arbeit für die Erforschung
     problematischer Mediennutzungsmuster 410
11.3 Bedeutung der Ergebnisse dieser Arbeit für die Medienwirkungs-
     forschung 413
11.4 Bedeutung der Ergebnisse dieser Arbeit für die schulische
     Medienerziehung 417
11.5 Methodenkritik 420
11.6 Ausblick und Schlussbemerkungen 422

Literaturverzeichnis 425

Tabellenverzeichnis 449

Abbildungsverzeichnis 451

Verzeichnis der Materialien im Anhang 452

Anhang 453

1 Einführung zum Hintergrund, Inhalt und Aufbau der Arbeit

Medien bestimmen den Lebensalltag von Kindern und Jugendlichen im Deutschland des 21. Jahrhunderts in entscheidender Weise. Neben der Familie, der Schule und den gleichaltrigen Freunden verbringen Kinder und Jugendliche deutlich mehr Zeit mit - vor allem elektronischen - Medien, als mit anderen Freizeittätigkeiten. Vor diesem Hintergrund erscheint es plausibel, dass beispielsweise Charlton und Neumann-Braun (1992) bereits Anfang der 1990er-Jahre von einer Medienkindheit sprachen. Charlton schränkt diese Bezeichnung zugleich mit dem Hinweis ein, diese Bezeichnung sei nicht mit der Feststellung gleichzusetzen, dass Kinder wirklich mehr Zeit mit Medien verbringen als mit wichtigen Bezugspersonen (Freunde oder Familie). Es sei vielmehr beabsichtigt, mit diesem Begriff das Aufwachsen von Kindern in der heutigen Gesellschaft von den Bedingungen abzugrenzen, unter denen Kinder Mitte des 20. Jahrhunderts groß geworden sind (Charlton, 2004, S. 144). Doch auch diese Einschränkungen zur Bedeutung des Begriffes Medienkindheit bedürfen aktuell einer Revision.

Die in den 1990er-Jahren sehr auf das Fernsehen fokussierte Diskussion über den Stellenwert von Medien im Leben von Kindern muss tatsächlich neu geführt werden, da digitale, interaktive Medien inzwischen im „Mainstream" der Gesellschaft angekommen und im Lebensalltag aller, gerade dem der Kinder und Jugendlichen, eine maßgebliche Rolle spielen. Stellten Kübler und Swoboda noch 1998 fest, dass das Fernsehen als das damalige Leitmedium unter Kindern und Jugendlichen im Alltag von Vorschulkindern keine hervorgehobene Rolle spielte und somit von einer "Fernsehkindheit" nicht eigentlich gesprochen werden konnte (Kübler, H. D. & Swoboda, 1998), so sind neben die Fernsehnutzung und die Nutzung von Hör- und Printmedien inzwischen weitere Mediennutzungsformen getreten, die nicht nur mit traditionellen Medien konkurrieren, sondern auch Einfluss auf andere Lebensbereiche der Kinder nehmen.

Die Frage nach den Auswirkungen einer zunehmend medial geprägten Lebenswelt auf Kinder und Jugendliche ist vor diesem Hintergrund schnell gestellt. Eng verknüpft ist sie mit zwei weiteren Fragen: Welche Funktionen erfüllen Medien eigentlich im Alltag von Kindern und Jugendlichen? Und wie kann es gelingen, Kindern Kompetenzen in der Nutzung ihrer Medien zu vermitteln, so dass Mediennutzung ein wirklich *funktionaler* Bestandteil ihres Alltags wird, der ihr Leben bereichert, ohne wichtige entwicklungsförderliche nichtmediale Erfahrungen zu verdrängen?

Im Jahr 2004 bewilligte die Volkswagenstiftung einem interdisziplinären Forschungsteam unter Federführung des Kriminologischen Forschungsinstituts Niedersachsen (KFN) ein Forschungsprojekt, das diesen Fragen nachgehen sollte. Neben einem neurobiologischen Forschungsteil, in dessen Rahmen hirnphysiologische Prozesse bei der Nutzung von Mediengewaltinhalten durch ein Forschungsteam der Otto-von-Guericke-Universität Magdeburg untersucht wurden, bestand das Forschungsprojekt *Mediennutzung und Schulleistung* aus drei sozialwissenschaftlichen Studienteilen, die von Mitarbeitern des Kriminologischen Forschungsinstituts Niedersachen durchgeführt wurden.

Im *ersten Studienteil*, einer Befragung von 5.529 westdeutschen Viertklässlern und 14.301 westdeutschen Neuntklässlern[1], wurden korrelative Zusammenhänge zwischen Mediennutzung, Schulleistung und Sozialverhalten im Grund- und Sekundarschulalter untersucht, die im Rahmen dieser Arbeit insbesondere in den Kapiteln 2 und 4 noch näher dargestellt werden (vgl. auch Mößle et al., 2007). Dieser erste sozialwissenschaftliche Studienteil wurde neben der Volkswagenstiftung vom *Programm Polizeiliche Kriminalprävention der Länder und des Bundes* (ProPK), den Landesmedienanstalten der Länder Nordrhein-Westfalen und Niedersachsen sowie den beteiligten Kommunen und Landkreisen finanziell gefördert. Mit dem Landkreis Soltau-Fallingbostel und der Stadt Oldenburg, zwei der Regionen, in denen im Jahr 2005 Schülerbefragungen stattfanden, wurde vereinbart, dass eine erste Stufe des Präventionskonzepts in diesen beiden Regionen durchgeführt und getestet werden soll (vgl. auch S. 258 - 264 in dieser Arbeit).

Im *zweiten Studienteil*, einem medienpsychologischen Experiment zum Einfluss der Gewaltmediennutzung auf die Lern- und Konzentrationsleistungen junger Erwachsener (vgl. Rehbein, 2010), wurden die genauen Hintergründe des schulleistungsmindernden Einflusses rezeptiver und interaktiver Gewaltmediennutzung untersucht, die in der Literatur erwähnt und in der Schülerbefragung 2005 erneut gefunden wurden.

Die vorliegende Arbeit entstand im Rahmen des *dritten sozialwissenschaftlichen Studienteils* des Projekts *Mediennutzung und Schulleistung*. In diesem dritten Studienteil mit dem Namen *Berliner Längsschnitt Medien* wurden Berliner Grundschülerinnen und Grundschüler über vier Jahre lang begleitet und wiederholt untersucht. Für eine Teilgruppe dieser Schülerinnen und Schüler

---

[1] Zur Methode und Stichprobenziehung vgl. die Beschreibung der KFN-Grundschulbefragung 2005 auf S. 29 und die Beschreibung der KFN-Neuntklässlerbefragung 2005 bei Mößle, Kleimann und Rehbein (2007, S. 48-54)

wurde ein Medienunterrichtskonzept - *Medienlotsen*-Unterrichtsprogramm - zur Prävention problematischer Mediennutzungsmuster entwickelt.

Die Darstellung der theoretischen Herleitung und Entwicklung dieser Unterrichtseinheit bildet den Hauptteil der vorliegenden Arbeit. In einem zweiten, empirischen Teil werden Implementation und Effekte des *Medienlotsen*-Unterrichtsprogramms im Rahmen des Berliner Pilotprojektes evaluiert. Dabei wird im Rahmen der Implementationsevaluation auch gezeigt werden, welche Chancen und Probleme sich bei der Einbindung medienerzieherischer Inhalte in den schulischen Unterricht ergeben. Die Effektevaluation zeigt, welche konkreten Effekte mithilfe schulischer Medienerziehung tatsächlich erreicht werden konnten und welche Implikationen die gefundenen Effekte für die Diskussion über schulische Medienerziehung sowie die Debatte über problematische Medienwirkungen und deren Prävention haben.

Breiter Raum wird in dieser Arbeit der Aufarbeitung zentraler Befunde der Medienwirkungsforschung sowie der Ableitung konkreter Anforderungen für schulische Medienerziehungskonzepte gegeben. Dies geschieht vor dem Hintergrund eines großen Mangels theoretisch und empirisch fundierter Konzepte schulischer Medienerziehung. So existieren zwar mehr als hundert Definitionen von Medienkompetenz (vgl. S. 159 in dieser Arbeit), jedoch beziehen sich bisherige Konzepte (kindlicher) Medienkompetenz kaum auf Ergebnisse der empirischen Medienwirkungsforschung und wurden bisher nur sehr rudimentär empirisch überprüft. Zwar wurden insbesondere in den USA bereits Konzepte zur schulischen Prävention problematischer Mediennutzung auf der Grundlage der empirischen Medienwirkungsforschung entwickelt und auch evaluiert, elaborierte theoretische Überlegungen zur inhaltlichen und didaktischen Konzeption dieser Projekte finden sich hingegen allenfalls ansatzweise. Diese Theorielücken sollen im Rahmen dieser Arbeit geschlossen werden.

Nachfolgend wird die Untergliederung dieser Arbeit nach den einzelnen Kapiteln dargestellt:

Im Anschluss an diese Einführung wird im *zweiten Kapitel* gezeigt, welch breiten Raum die Nutzung elektronischer Medien bereits im Alltag von Klein- und Vorschulkindern einnimmt und wie elektronische Mediennutzung in den Alltag von Grundschulkindern und Jugendlichen integriert ist. Im *dritten Kapitel* werden die Entwicklungsdeterminanten kindlicher und jugendlicher Medienkompetenz dargestellt und die Funktionen der Mediennutzung für die kindliche Entwicklung erläutert. Im *vierten Kapitel* werden die wichtigsten aktuellen Diskussionen über mögliche negative Effekte der dysfunktionalen Nutzung elektronischer Medien dargestellt, wobei der Schwerpunkt auf Erkenntnisse zu den Zusammenhängen zwischen elektronischer Mediennutzung und der Schulleistung Minderjähriger, sowie auf Erkenntnisse zum Zusammenhang zwischen elektronischer Mediennutzung und dem Sozialverhalten von Kindern und Jugendlichen gelegt wird.

Nachdem im Rahmen des *fünften Kapitels* gezeigt wird, dass elterliche Medienerziehung zwar ein geeignetes Instrument zur Vermeidung negativer Mediennutzungseffekte sein kann, diese aber nur unzureichend im Erziehungshandeln vieler Eltern verankert ist, werden im *sechsten Kapitel* drei Dimensionen problematischer kindlicher und jugendlicher Mediennutzung definiert und quantifiziert: Zeitlich problematische Mediennutzung, inhaltlich problematische Mediennutzung und funktional problematische Mediennutzung. Im *siebten Kapitel* dieser Arbeit werden mit der *Medienkompetenz- Perspektive* und der *Health-Promotion-Perspektive* zwei theoretische Ansätze dargestellt, deren methodisches Instrumentarium auf seine Eignung hinsichtlich der Prävention problematischer Mediennutzung von Minderjährigen überprüft wird. Dabei wird deutlich, dass die Medienkompetenz-Perspektive (als der thematisch zunächst naheliegende Ansatz) aufgrund ihrer Unschärfe, ihrer großen Skepsis bezüglich der Ergebnisse der Medienwirkungsforschung und aufgrund eines nur unzureichend konkret entwickelten Instrumentariums problemzentrierter Medienerziehung bei der Entwicklung eines Präventionsprogramms zur Vermeidung problematischer Mediennutzungsmuster nur wenig hilfreiche Ansätze bietet. Der Health-Promotion-Ansatz, mit dem in dieser Arbeit die Forschung und Praxis gesellschaftlicher Gesundheitsförderung bezeichnet wird, bietet ungleich mehr konkrete Ansatzpunkte, wenngleich sie auf das Feld der problematischen Mediennutzung bisher wenig angewendet wurden. Aus den Erkenntnissen der Health-Promotion-Forschung werden im *achten Kapitel* Folgerungen für die Entwicklung eines eigenen schulischen Präventionsprogramms zur Vermeidung problematischer Mediennutzungsmuster im Kindesalter entwickelt.

Im *neunten Kapitel* wird ein *Medienlotsen*-Unterrichtsprogramm zur schulischen Medienerziehung im Grundschulalter vorgestellt, welches auf den in den Kapiteln eins bis acht dargestellten Grundlagen basiert. Dabei wird auch dargestellt, welche konkreten praktischen Schwierigkeiten sich bei der Implementation dieses Konzeptes im Rahmen seines Einsatzes in Berliner Grundschulklassen ergaben. Im *zehnten Kapitel* werden auf der Grundlage eines Kontrollgruppenvergleichs die Effekte des Unterrichtskonzeptes auf die Mediennutzung und die schulischen Leistungen der Berliner Schülerinnen und Schüler und die Medienerziehung durch ihre Eltern dargestellt. Hier wird gezeigt, dass das Unterrichtsprogramm insbesondere die Entwicklung funktional problematischer Mediennutzungsmuster signifikant verhindern konnte, während Effekte auf zeitlich oder inhaltlich problematische Mediennutzungsmuster nur tendenziell festgestellt werden konnten. Zudem wird gezeigt, dass die Kinder der Unterrichtsklassen im Projektverlauf signifikant bessere Mathematiknoten aufwiesen als Kinder der Kontrollgruppe.

Im *elften Kapitel* werden die Ergebnisse der Konzeptentwicklung und der Evaluation der Unterrichtseinheit im Kontext der *in den Kapiteln zwei bis fünf* dargestellten bisherigen Forschungsbefunde diskutiert. Hier wird insbesondere dargestellt, welche neuen Impulse die vorliegende Arbeit für die Definition problematischer Mediennutzungsmuster gegeben hat, in welche Richtung neue Modelle zum Zusammenhang zwischen Mediennutzung und Schulleistung weiterentwickelt werden sollten und was die Ergebnisse der Unterrichtsevaluation für die schulische Medienerziehung in Deutschland bedeuten.

2 Medien im Leben von Kindern und Jugendlichen

Aktuelle Mediennutzungsstudien zeigen, dass der Stellenwert von Medien bereits bei Vorschulkindern groß ist, sich mit dem Älterwerden die Bandbreite der genutzten Medien weiter erhöht, und insgesamt die von Kindern und Jugendlichen mit Kommunikations- und Massenmedien verbrachte Zeit mit steigendem Alter zunehmend an Bedeutung gewinnt. Belegt werden soll dies nachfolgend anhand von Ergebnissen verschiedener Schülerbefragungen des Kriminologischen Forschungsinstituts Niedersachsen (KFN) sowie mit Daten regelmäßiger Befragungsstudien des Medienpädagogischen Forschungsverbundes Südwest (die so genannten KIM-Studien und JIM-Studien). Bezüglich des Fernsehens wird darüber hinaus auch auf Daten der AGF/GfK-Fernsehforschung zurückgegriffen. Dabei wird auch deutlich werden, dass neben dem Alter und dem Geschlecht der Kinder weitere soziodemografische und lebensweltliche Hintergrundfaktoren Verstärker oder Moderatoren der Rolle von Medien im kindlichen und jugendlichen Lebensalltag sind.

Mediennutzung ist Ausdruck kulturellen Handelns eines Individuums und von daher von Anfang an geprägt durch sein soziales und gesellschaftliches Umfeld, sie ist aber zugleich auch Ausdruck der Zugehörigkeit zu einer spezifischen Lebenswelt, einem spezifischen Milieu. Mit verschiedenen grundlegenden, und im Einzelnen sehr unterschiedlichen, theoretischen Konzepten von Bourdieu (1982) oder auch Schulze (1992) sowie lebensweltlichen Ansätzen aus dem Bereich der Marktforschung[2] steht der Medienforschung inzwischen ein ganzes Bündel von Erklärungsmodellen individuellen Medienhandelns zur Verfügung, das auch von Seiten der Medienwirtschaft genutzt und weiterentwickelt[3] wird. Auch einige Analysen der KIM-Studie 2006 basieren auf einem lebensweltlichen Erklärungsansatz (Feierabend & Klingler, 2007b). Allen milieutheoretischen und lebensweltlichen Erklärungsansätzen von Freizeit und Medienhandeln ist dabei gemein, dass der Bildungshintergrund eines Individuums als zentraler milieu-

---

2   Den größten Bekanntheitsgrad dürften die Sinus-Milieus der Heidelberger Sinus Sociovision erreicht haben, die gerade als Analyseinstrumentarium in der Medien- und Mediaforschung große Verbreitung gefunden haben.
3   Etwa die ARD/ZDF-Mediennutzertypologie (Hartmann & Höhne, 2007; Hartmann & Neuwöhner, 1999), die einerseits zur Erklärung des Mediennutzungsverhaltens von Fernseh-, Radio-, und Internetnutzern verwendet wird (Oehmichen & Schröter, 2008), andererseits aber auch als Instrument der Programm- und Mediaplanung verstanden wird.

konstituierender Faktor gilt, der auch das Medienhandeln in entscheidender Weise prägt. Bezogen auf kindliche und jugendliche Mediennutzung bedeutet dies, dass sich Unterschiede der Mediennutzung nicht primär aufgrund des sozioökonomischen Status der Familie manifestieren sollten[4], sondern vor allem mit der elterlichen Bildung und der Bildungsaffinität des Elternhauses sowie dem schulischen Bildungsumfeld der Kinder und Jugendlichen erklärt werden können.

2.1 Vorschulkinder und Medien

Zum Freizeit- und Medienverhalten zwei- bis fünfjähriger Vorschulkinder liegen mit einem Sonderschwerpunkt der Kinder- und Medien-Studie (KIM) 2003 relativ aktuelle Daten vor (Feierabend & Mohr, 2004). Als Teil der KIM 2003 wurden 245 deutschlandweit repräsentativ ausgewählte Eltern von Vorschulkindern zum Medien- und Freizeitverhalten ihrer Kinder befragt. Die Autoren der Studie zeigen, dass hinter dem Spielen im Haus (72 %) die tägliche oder fast tägliche Fernsehnutzung bei 64 Prozent der zwei- fünfjährigen Kinder die zweithäufigste Tätigkeit der Kinder im Jahr 2003 war (S. 456). Zwei- bis Dreijährige schauten bereits zu 58 Prozent täglich oder fast täglich fern, Vier- bis Fünfjährige zu 69 Prozent. Darüber hinaus schauten sich 34 Prozent der Vorschulkinder täglich oder fast täglich Bilderbücher an (allein oder mit ihren Eltern), 30 Prozent hörten täglich oder fast täglich Radio. Neben diesen recht globalen Kennwerten zur täglichen beziehungsweise fast täglichen Verrichtung bestimmter Tätigkeiten wurden im Rahmen der KIM-Vorschulkinderstudie 2003 verschiedene mediale Freizeitaktivitäten der Kinder am Befragungsvortag mithilfe einer viertelstundengenauen Tätigkeitenliste abgefragt. Medientätigkeiten nahmen demnach 162 Minuten täglich ein, wobei Fernsehen, Video und DVD mit mehr als anderthalb Stunden (93 Minuten) täglicher Nutzungszeit das mit Abstand am häufigsten genutzte Medium darstellten (S. 458).

---

4   Was nicht bedeutet, das sozioökonomischer Status und Bildung nicht miteinander verknüpft sind, sondern nur, dass in der Konkurrenz beider Faktoren für die Erklärung medialer Nutzungsmuster der Bildung eine höhere Bedeutung zukommt. In den Analysen zur Mediengeräteausstattung und zu den Mediennutzungszeiten der befragten Viertklässler der KFN-Grundschulbefragung 2005 zeigte sich als durchgehender Befund, dass die Arbeitslosigkeit beider Eltern als ein zentrales Merkmal eines niedrigen sozioökonomischen Status für Mediengerätebesitz und Mediennutzungszeiten weniger Erklärungskraft besaß als die formale Bildung der Eltern (Mößle et al., 2007).

Eine andere Datenquelle zur Erfassung der Fernsehzeiten von Klein- und Vorschulkindern stellt die Untersuchung von Vorschulkindern im AGF/GFK-Fernsehpanel dar, in dem Fernsehnutzungsdaten nicht in Fragebogenform, sondern technisch-verhaltensbasiert mithilfe eines aktiven telemetrischen Verfahrens erfasst werden (GfK-Fernsehforschung, 2005; Schwab & Unz, 2004). Laut dieser Datenquelle verbrachten drei- bis fünfjährige Kinder im Jahr 2009 täglich durchschnittlich[5] 71 Minuten vor dem Fernseher (Feierabend & Klingler, 2010, S. 183)[6].

Vorschulkinder verfügen nach der KIM 2003 in einem gewissen Rahmen bereits über eine eigene Geräteausstattung im Kinderzimmer: Hatten unter zwei- bis dreijährigen Kindern im Jahr 2003 vier Prozent einen eigenen Fernseher im Zimmer stehen, waren es unter vier- bis fünfjährigen bereits zehn Prozent (Feierabend & Mohr, 2004, S. 456). Dabei zeigen Feierabend und Klingler, dass ein eigener Fernseher im Zimmer die Fernsehzeiten von Klein- und Vorschulkindern deutlich erhöht. Drei- bis fünfjährige Kinder ohne ein eigenes Fernsehgerät schauten im Jahr 2009 64 Minuten täglich fern, Kinder dieser Altersgruppe mit eigenem Fernseher wiesen eine Sehdauer von 121 Minuten auf (Feierabend & Klingler, 2010, S. 184 - 185). Laut Feierabend und Mohr (2004, S. 456) besaßen im Jahr 2003 rund sechs Prozent der zwei- bis dreijährigen Vorschulkinder beziehungsweise fünf Prozent der vier- bis fünfjährigen eine Spielkonsole, wobei innerhalb dieser Studie nicht erkennbar zwischen tragbaren (zum Beispiel Gameboy) und stationären Konsolen getrennt gefragt wurde. Interessanterweise zeigte sich bezüglich des Konsolenbesitzes bereits im Vorschulalter ein beachtlicher Geschlechterunterschied: Während Jungen und Mädchen dieser Altersgruppe im Jahr 2003 gleich viele Fernseher besaßen, verfügten doppelt so viele Jungen (8 %) wie Mädchen (4 %) über eine eigene Spielkonsole (S. 456). Einen eigenen Computer besaßen Zwei- bis Dreijährige im Jahr 2003 nicht, während die Eltern der vier- bis fünfjährigen Kinder in sechs Prozent der Fälle über

---

5   Wenn im Rahmen dieser Arbeit von Nutzungsdauer bzw. durchschnittlicher Tätigkeitsdauer gesprochen wird, sind - soweit nicht anders gekennzeichnet - in die Berechnung auch Personen einbezogen, welche die beschriebe Tätigkeit oder Mediennutzungsform gar nicht ausgeführt haben und insofern mit dem Wert 0 in die Berechnung eingehen. Bezogen auf die Fernsehnutzung entspricht das dem Begriff der *Sehdauer*.
6   Die Unterschiede zwischen den AGF/GFK-Daten und den Daten der KIM-Studie sind mit hoher Wahrscheinlichkeit den Unterschieden in der Untersuchungsmethode geschuldet und nicht Anzeichen eines veränderten Fernsehnutzungsverhaltens von Vorschulkindern zwischen 2003 (Erhebungszeitraum der KIM-Studie) und 2008 (GFK/AGF-Daten). Für das Jahr 2003 weisen GFK/AGF eine Fernsehzeit von 69 Minuten aus (Feierabend & Klingler, 2008). Nach dieser Datenquelle hat sich das Fernsehverhalten von Vorschulkindern also kaum geändert.

eigene Computer im Kinderzimmer berichteten (ebenda). Auch hier gab es einen recht deutlichen Geschlechterunterschied, der aufgrund der geringen Fallzahlen allerdings nur schwer interpretierbar ist: Im Durchschnitt aller untersuchten Vorschulkinder verfügten deutlich mehr Mädchen (5 %) über einen eigenen Computer als Jungen (1 %) (ebenda).

Wenn auch über die Geräteausstattung und die mit Medien verbrachten Zeiten von Klein- und Vorschulkindern einige Daten vorliegen, so ist über die genutzten Medieninhalte nur wenig bekannt. Die differenziertesten Erkenntnisse gibt es noch zu inhaltlichen Fernsehvorlieben von Vorschulkindern, da die Fernsehnutzung aller Vorschulkinder ab drei Jahren, die in Haushalten des AGF/GFK-Fernsehpanels leben, einzeln erfasst wird. Mithilfe dieser Datenquelle lassen sich Aussagen über die Nutzungshäufigkeit verschiedener Fernsehprogramme und die Nutzung bestimmter Programmgenres machen. Nach Feierabend und Klingler (2010, S. 190) war der öffentlich-rechtliche Kinderkanal (KI.KA) im Jahr 2009 mit einem Marktanteil von 28,2 Prozent der beliebteste Fernsehsender unter drei- bis fünfjährigen Kindern. Der Privatsender Super-RTL lag mit 27,3 Prozent Marktanteil auf dem zweiten Platz, während alle anderen Sender mit einstelligen Marktanteilen in der Gruppe der Vorschulkinder nur eine recht geringe Rolle spielten. Unter den am häufigsten genutzten Fernsehgenres dominieren eindeutig fiktionale Formate mit 39 Prozent Anteil an der Gesamtfernsehzeit der Vorschulkinder (S. 193). Vorschulkinder sahen im Jahr 2009 darüber hinaus verhältnismäßig etwas mehr Fernsehwerbung (9 % der Gesamtfernsehzeit) als alle anderen Altersgruppen (7 bis 8 % der Gesamtfernsehzeit) (ebenda). Unter den von den Kindern deutlich favorisierten fiktionalen Formaten dominierten eindeutig Zeichentrickfilme. Nach Daten des AGF/GFK-Fernsehpanels waren 70 Prozent der durch Vorschulkinder genutzten Fiction-Formate Animationen (S. 192).

2.2 Kinder und Medien

2.2.1 Mediennutzungszeiten

Die Befragung Kinder und Medien (KIM) 2008 des Medienpädagogischen Forschungsverbundes Südwest zeigt, dass Mediennutzung für Schulkinder im Alter von sechs bis dreizehn Jahren im Vergleich zu Vorschulkindern deutlich an Bedeutung gewinnt: In der für diese Altersgruppe deutschlandweit repräsentativen Befragung gaben 73 Prozent der befragten Kinder an, täglich oder fast täglich fernzusehen, womit das Fernsehen hinter dem Erledigen von

Schulaufgaben (81 %) auf der Rangliste der täglichen Freizeittätigkeiten auf dem zweiten Platz lag (Feierabend & Rathgeb, 2009b, S. 9 - 10)[7]. Es folgten Spielen (draußen: 59 %; drinnen: 51 %), Treffen von Freunden (49 %), die Nutzung von Musikmedien (CD oder Kassette) und des Computers (beides 23 %) sowie des Radios (19 %) (ebenda). Das (fast) tägliche Lesen von Büchern lag dagegen mit einer Häufigkeit von 15 Prozent noch hinter der Nutzung tragbarer Spielkonsolen (16 %). Damit verliert die Zuwendung zu Büchern im Vergleich zu Kindern im Vorschulalter zunächst deutlich an Bedeutung. Von täglichen oder fast täglichen Unternehmungen mit der Familie berichteten 14 Prozent aller befragten Kinder (ebenda).

Die Ausnahmestellung des Fernsehens unter allen Freizeit- und Medienbeschäftigungen wird auch durch die starke Bindung der Kinder an das Fernsehen belegt: Danach gefragt, auf welches Medium die Kinder am wenigsten verzichten können, antworteten im Rahmen der KIM 2008 68 Prozent der Kinder, am wenigsten auf das Fernsehen verzichten zu können. Der Computer folgte mit 12 Prozent aller Nennungen erst mit weitem Abstand (Feierabend & Rathgeb, 2009b, S. 56).

Auch in der KFN-Grundschulbefragung 2005, einer für neun westdeutsche Städte und Landkreise repräsentativen Befragung von 5.529 Schülerinnen und Schülern vierter Grundschulklassen, nahmen schulbezogene Tätigkeiten, Mediennutzung sowie Spielen mit Freunden und erwachsenen Familienmitgliedern den meisten Raum im Leben der befragten Kinder ein. Mithilfe einer auf den Tag vor dem Befragungstag bezogenen Tätigkeitenliste im Stil eines Freizeittagebuches war es - ähnlich wie bei der KIM-Vorschulkinderstudie 2003 - im Rahmen dieser Befragung möglich, das Verhalten der Kinder zeitlich recht genau zu umreißen: Rund sechs Stunden verbrachten die Schülerinnen und Schüler an einem durchschnittlichen Schultag im Frühjahr 2005 mit Schulbesuch und Hausaufgaben (364 Minuten), gut anderthalb Stunden beim Spiel mit Freundinnen oder Freunden (96 Minuten), anderthalb Stunden mit Fernsehen und Video[8], eine gute Dreiviertelstunde (51 Minuten) bei Unternehmungen mit

---

[7] Im Vergleich zur Vorgängerstudie KIM 2006 hat das Fernsehen allerdings leicht an Wichtigkeit verloren. Hier gaben noch 78 Prozent der Kinder an, täglich oder fast täglich fernzusehen (Feierabend & Klingler, 2006).

[8] Beim Vergleich zwischen Minutenangaben der KIM-Vorschulkinder-Studie und Daten der KFN-Grundschülerbefragung ist darauf zu achten, dass die KFN-Daten in der Regel auf Werktage (Schultage) bezogen sind und die KIM-Daten nicht zwischen Schul- und Wochentagen unterscheiden. Vor diesem Hintergrund ist der Befund zu erklären, dass Vorschulkinder der KIM-Studie anscheinend länger fern sehen (93 Minuten) als die Viertklässler der KFN-Studie (90 Minuten). Verrechnet man die auf Schultage bezogenen Fernsehnutzungszeiten der im Rahmen der KFN-Studie dienstags bis freitags befragten

erwachsenen Freunden und Familienmitgliedern und mit dem Spielen von Video- und Computerspielen schließlich 29 Minuten. Das Lesen von Büchern oder Zeitschriften (wobei Lesen für die Schule ausdrücklich nicht angegeben werden sollte) hatte mit schultäglichen Nutzungszeiten von 50 Minuten einen - mit Blick auf die niedrigen täglichen Nutzungshäufigkeiten im Rahmen der KIM-Studie - überraschend hohen Stellenwert (Mößle et al., 2007)[9].

Bereits bei Grundschulkindern sind deutliche Unterschiede zwischen Jungen und Mädchen im Medienverhalten zu verzeichnen. Relativ gesehen präferierten Mädchen gegenüber den Jungen nach Daten der KIM-Studie 2008 die Rezeption von Musikkassetten oder -CDs), während die befragten Jungen zwischen sechs- und dreizehn Jahren deutlich lieber Computer- und Videospiele spielten. Das Fernsehen war beiden Geschlechtern dagegen gleich wichtig: 32 Prozent der Mädchen und 30 Prozent der Jungen gaben das Fernsehen als eine von drei möglichen Lieblingsaktivitäten an (Feierabend & Rathgeb, 2009b). Diese unterschiedlichen Präferenzen spiegeln sich auch in den Zeiten wieder, die Mädchen und Jungen mit verschiedenen Tätigkeiten verbringen. Die größten Unterschiede zeigen sich im Hinblick auf das Computer- und Videospielen. Nach Daten der KFN-Grundschulbefragung 2005 nutzten Jungen täglich 43 Minuten Computer-

---

Schülerinnen und Schüler mit den montags befragten Schulkindern, deren Angaben sich auf einen Wochenendtag beziehen (Fernsehen/Video/DVD: 133 Minuten), kommt man auf 102 Minuten tägliche Nutzung von Fernsehen/Video/DVD bei Grundschulkindern vierter Klassen.

[9] Validieren lassen sich diese Angaben durch den Vergleich mit Daten der KIM-Studie 2008, in deren Rahmen Eltern nach den Mediennutzungszeiten ihrer Kinder gefragt wurden. Die Eltern berichteten hier von 91 Minuten Fernsehzeit der sechs- bis dreizehnjährigen Kinder, was gut mit den Daten der KFN-Schülerbefragung korrespondiert. Auch die Verhaltensdaten der AGF/GFK-Fernsehforschung weisen ähnliche Fernsehzeiten für diese Altersgruppe aus: Im Jahr 2009 schauten demnach sechs- bis neunjährige Kinder 80 Minuten fern, zehn- bis dreizehnjährige Kinder 100 Minuten (Feierabend & Klingler, 2010). Insgesamt ergibt sich so eine relativ deutliche Übereinstimmung der Studien bezüglich der Fernsehnutzung von Kindern. Die Nutzung des Computers durch sechs bis dreizehnjährige Kinder gaben Eltern im Rahmen der KIM-Studie 2008 mit 40 Minuten an (Feierabend & Rathgeb, 2009b), die Nutzung von Computer- und Konsolenspielen mit 29 Minuten Auch diese Angaben korrespondiert mit den in der KFN-Grundschulbefragung 2005 erhobenen 29 Minuten Computer- und Konsolenspielzeit. Deutliche Abweichungen ergeben sich jedoch zwischen den Daten der KFN-Grundschulbefragung 2005 und der KIM-Studie 2008 bezüglich des Lesens. Die Elternangaben im Rahmen der KIM-Studie weisen lediglich 23 Minuten tägliche Lesezeit aus (Feierabend & Rathgeb, 2009b). Hier spielt mutmaßlich die Tatsache eine Rolle, dass im Rahmen der KFN-Befragung auch das Lesen von Comics und Zeitschriften explizit unter die Kategorie "Lesen" gefasst wurde (Mößle et al., 2007). Über alle durch mehrere Studien und Methoden erfassten Mediennutzungsvariablen hinweg kann aber von recht konsistenten Befunden gesprochen werden.

und Videospiele, Mädchen lediglich 16 Minuten. Die KIM-Studie 2008 berichtet leider keine nach Jungen und Mädchen aufgeschlüsselten Computerspielzeiten[10], die Vorgängerstudie KIM 2006 (Feierabend & Rathgeb, 2007) kommt für Jungen zu ähnlichen Computerspielzeiten (48 Minuten) wie die Studie des KFN, weist allerdings für Mädchen mit 33 Minuten einen deutlich höheren Wert aus als die KFN-Studie. Dennoch ergibt sich auch hier ein deutlicher Geschlechterunterschied. Bezüglich des Fernsehens zeigen sich zwischen den Geschlechtern kaum nennenswerte Unterschiede. Noch am größten erscheint der Geschlechterunterschied in den Daten der KFN-Grundschulbefragung 2005, nach der Jungen an einem Werktag 102 Minuten Fernsehen, Video und DVD schauten und Mädchen 80 Minuten (Mößle et al., 2007). Die KIM-Studie 2008 berichtet dagegen keine Geschlechterunterschiede und auch die verhaltensbasierten Daten der Arbeitsgemeinschaft Fernsehforschung (AGF), in deren Auftrag die Gesellschaft für Konsumforschung (GfK) Fernsehnutzungsdaten erhebt, zeigt für Fernsehzeiten im Alter zwischen 3 und 13 Jahren keinen deutlichen Geschlechterunterschied. Jungen sahen im Jahr 2009 mit 87 Minuten lediglich 3 Minuten länger täglich fern als Mädchen (84 Minuten) (Feierabend & Klingler, 2010, S. 184).

Neben der Frage, inwieweit das Geschlecht Medienvorlieben und Mediennutzungszeiten beeinflusst, wird immer wieder auf die Bedeutung des elterlichen Bildungshintergrundes für die Rolle verschiedener Medien im Alltag von Kindern hingewiesen (vgl. beispielsweise Kleimann, Mößle, Rehbein & Pfeiffer, 2006). So kommt die KFN-Grundschulbefragung 2005 zu dem Befund, dass Kinder aus formal hoch gebildeten Elternhäusern[11] an Schultagen 58 Minuten Fernsehen, Videos und DVDs nutzen, während Kinder aus formal gering gebildeten Elternhäusern 134 Minuten werktäglich mit diesen Medien verbringen (Mößle et al., 2007, S. 61). Bei den Computer- und Videospielzeiten zeigen sich entsprechende Unterschiede. Während Kinder mit hohem formalem Bildungs-

---

10   Ein deutlicher Geschlechterunterschied in der Nutzungszeit lässt sich jedoch auch hier ableiten: So gab es bei den Jungen doppelt so viele tägliche Computer- bzw. Konsolenspieler (25 %) als bei den Mädchen (11 %) (Feierabend & Rathgeb, 2009b).

11   Die elterliche Bildung wurde im Rahmen dieser Studie nicht von den Kindern selbst eingeschätzt, sondern durch geschulte Interviewer bei den Klassenlehrerinnen und -lehrern der Kinder erfragt. Dieses Vorgehen erzeugte allerdings eine größere Anzahl von Missings, da die Lehrkräfte sich oftmals nicht zutrauten, zu den Eltern aller Schülerinnen und Schülern verlässliche Angaben zu machen (Baier, Pfeiffer, Windzio & Rabold, 2006). Als Kinder aus Elternhäusern mit hoher formaler Bildung galten dabei Befragte, von denen mindestens ein Elternteil ein Abitur oder einen Studienabschluss hatte, während Elternhäusern dann eine geringe formale Bildung zugeordnet wurde, wenn beide Eltern höchstens einen Hauptschulabschluss hatten (Mößle et al., 2007, S. 52).

hintergrund angeben, schultäglich 19 Minuten zu spielen, liegen die Computer- und Videospielzeiten bei Kindern niedrig gebildeter Eltern bei 41 Minuten (ebenda).

2.2.2 Mediengerätebesitz

Der große Stellenwert des Fernsehens unter Kindern zeigt sich auch in der Ausstattung mit eigenen Fernsehgeräten. Die Daten der KFN-Grundschulbefragung 2005 zeigen für im Schnitt zehnjährige Grundschülerinnen und Grundschüler der vierten Klasse einen eigenen Fernseher bei rund 36 Prozent der Kinder (Mößle et al., 2007) und der Durchschnitt der im Rahmen der KIM-Studie 2008 untersuchten sechs- bis dreizehnjährigen Kinder verfügte 2008 zu 42 Prozent über einen eigenen Fernseher im Zimmer (Feierabend & Rathgeb, 2009b). Der mit acht Prozentpunkten doch beträchtliche Unterschied zwischen KFN- und KIM-Daten ist mit einiger Sicherheit zum großen Teil auf die unterschiedlichen Befragungszeitpunkte zurückzuführen[12]. Trotz ähnlicher Fernsehnutzungszeiten von Jungen und Mädchen zeigen sich zwischen den Geschlechtern recht deutliche Unterschiede in der Ausstattung der Kinderzimmer mit eigenen Fernsehgeräten. Die KFN-Grundschulbefragung 2005 ermittelte hier eine Differenz von rund elf Prozent (Mädchen: 31 Prozent; Jungen: 42 Prozent), der Ausstattungsunterschied lag laut KIM 2008 bei nur drei Prozent (Mädchen: 40 %; Jungen: 43 %). Bezüglich des Fernsehbesitzes im Kinderzimmer zeigt die KFN-

---

12 Dabei spiegeln die etwas aktuelleren Daten der KIM-Studie 2008 im Vergleich mit den 2005 erhobenen KFN-Daten einen Trend wieder, der sich auch in einem Vergleich der unterschiedlichen KIM-Studien nachzeichnen lässt: Die KIM 2000 ermittelte einen Fernsehgerätebesitz von Kindern zwischen sechs und dreizehn Jahren von 34 Prozent (Feierabend & Klingler, 2000). Drei Jahre später wies die KIM 2003 eine Besitzquote von 38 Prozent aus (Feierabend & Klingler, 2003). Die KIM 2005 kam auf einen Fernsehgerätebesitz von 42 Prozent (Feierabend & Rathgeb, 2006), die KIM 2006 schließlich auf 44 Prozent eigener Fernseher im Kinderzimmer (Feierabend & Rathgeb, 2006). Damit liegt in der KIM 2008 der Fernsehgerätebesitz erstmals leicht unter dem Niveau der Vorgängerstudie. Der Unterschied zwischen KIM 2005 (Fernsehbesitzquote: 42 %) und KFN-Viertklässlerbefragung 2005 (36 %) ist höchstwahrscheinlich mit den unterschiedlichen Stichproben zu erklären. So beziehen sich die Auswertungen der KFN-Schülerbefragung 2005 allein auf westdeutsche Gebiete, die in den ersten Jahren nach der Wiedervereinigung in der Geräteausstattung der Kinder deutlich hinter den ostdeutschen Bundesländern lagen (Feierabend & Klingler, 2001). In einer Sonderauswertung der KFN-Viertklässlerbefragung 2005, die parallel zur Hauptuntersuchung auch für das Bundesland Thüringen durchgeführt wurde (Baier et al., 2006) zeigte sich mit einer Fernsehausstattungsquote der Kinder von 50 Prozent eine deutliche Abweichung nach oben gegenüber den meisten westdeutschen Kindern (Kleimann & Mößle, 2006).

Grundschulbefragung 2005 beträchtliche Differenzen zwischen Kindern aus formal hoch und formal niedrig gebildeten Elternhäusern: Besitzen Kinder hoch gebildeter Eltern zu lediglich 16 Prozent einen eigenen Fernseher, nennen Kinder formal niedrig gebildeter Eltern zu 57,3 Prozent einen Fernseher ihr Eigen (Mößle et al., 2007, S. 55).

Bezüglich des Besitzes eigener (stationärer) Spielkonsolen zeigte die KFN-Grundschulbefragung 2005, dass unter 10-jährigen Viertklässlern rund 27 Prozent der Schülerinnen und Schüler über ein solches Gerät verfügten (Mößle et al., 2007), in der KIM 2008 zeigte sich eine Besitzquote stationärer Spielkonsolen unter sechs- bis dreizehnjährigen Kindern von 25 Prozent (Feierabend & Rathgeb, 2009b). Im Grundschulalter steigt auch die Ausstattung mit Computern deutlich an. So kommt die KIM 2008 für sechs- bis dreizehnjährige Kinder auf eine Ausstattungsquote mit eigenen Computern von 15 Prozent (ebenda), die KFN-Grundschulbefragung 2005 zeigt für rund 10-jährige Viertklässlerinnen und Viertklässler eine Besitzquote von 36 Prozent[13](Mößle et al., 2007). Die deutlich größere Präferenz von Jungen für Computer- und Videospiele macht sich deutlich in der Geräteausstattung der Kinderzimmer bemerkbar. Bei der KFN-Grundschulbefragung 2005 gaben 41 Prozent der Jungen an, einen eigenen Computer im Zimmer zu besitzen, 38 Prozent berichteten von einer eigenen stationären Spielkonsole. Dagegen besaßen lediglich 32 Prozent der Mädchen einen eigenen Computer und nur 16 Prozent eine eigene Spielkonsole (ebenda). Auch die KIM-Studie 2008 kommt mit einer Differenz von 10 Prozent zu einem großen Geschlechterunterschied beim Besitz stationärer Spielkonsolen (Mädchen: 20 %; Jungen: 30 %)[14] und zu einer mit sechs Prozent ebenfalls deutlichen Differenz beim Besitz eines eigenen Computers (Mädchen: 12 %; Jungen: 18 %) (Feierabend & Rathgeb, 2009b).

Beim Besitz von Spielkonsolen und Computern sind - ähnlich wie beim Fernsehbesitz - deutliche Unterschiede zwischen den Bildungsschichten festzustellen. Mößle et al. berichten für Kinder aus hoch gebildeten Elternhäusern eine Besitzquote eigener Spielkonsolen von 11,3 Prozent der Befragten, bei Kindern aus niedrig gebildeten Elternhäusern lag die Besitzquote bei 42,7 Prozent (Mößle et

---

13 Die doch deutlichen Unterschiede im Ausstattungsniveau der Kinder mit eigenen Computern zwischen der KFN-Befragung und der KIM-Studie sind mutmaßlich mit der größeren Zahl jüngerer Kinder zu erklären, die in der Stichprobe der KIM berücksichtigt werden. Wie die altersspezifischen Analysen der KIM 2002 zeigen, steigt sie Computerausstattung von Kindern aber gerade innerhalb der ersten Grundschuljahre deutlich an.
14 Allerdings haben Mädchen im Vergleich zwischen KIM-2006 und KIM-2008 beim Konsolenbesitz stark aufgeholt. So lag die Geschlechterdifferenz 2006 noch bei 18 Prozentpunkten (Mädchen 13 %, Jungen 31 %) (Feierabend & Rathgeb, 2007).

al., 2007, S. 55). Beim PC-Besitz fallen die Unterschiede längst nicht so deutlich aus. 32,6 Prozent Kinder hoch gebildeter Eltern hatten 2005 einen eigenen Computer im Zimmer, Kinder gering gebildeter Eltern besaßen zu 42,3 Prozent einen eigenen Computer (ebenda).

2.2.3 Medieninhalte

Hinsichtlich der Vorlieben der Kinder bei den Medieninhalten geben sowohl die Daten aus dem AGF/GFK-Fernsehpanel wie auch die Befragungsdaten des Medienpädagogischen Forschungsverbundes Südwest und des Kriminologischen Forschungsinstituts Niedersachsen Aufschluss. Dabei soll im Folgenden auf Fernseh- und Computer(-spiel-)inhalte eingegangen werden.

2.2.3.1 Fernsehinhalte

Unter allen Kindern des AGF/GFK-Fernsehpanels (3 - 13 Jahre) war im Jahr 2009 Super-RTL mit einem Marktanteil von 21,3 Prozent der am meisten genutzte Sender (Feierabend & Klingler, 2010, S. 190). Am beliebtesten war Super-RTL bei Sechs- bis Siebenjährigen, bei älteren Kindern nimmt die Wichtigkeit dieses Senders proportional zum Lebensalter ab, unter 12- bis 13-Jährigen stand er im Jahr 2009 mit einem Anteil von 11,2 Prozent an der Gesamtfernsehzeit dieser Altersgruppe nicht mehr an erster Stelle, sondern belegte hinter Pro7 (15,5 %) und RTL (13,0 %) den dritten Rang (ebenda). Der Kinderkanal erreichte mit einem Gesamtmarktanteil von 15,5 Prozent unter den Drei- bis Dreizehnjährigen den zweiten Rang bei den Marktanteilen, aber auch hier gilt, dass seine Beliebtheit mit steigendem Alter der Kinder deutlich sinkt (ebenda).

Bereits unter Kindern lassen sich Geschlechterunterschiede in der Beliebtheit bestimmter Fernsehinhalte feststellen. Am beliebtesten sind unter beiden Geschlechtern Zeichentrickformate, allerdings bevorzugen Jungen Zeichentrickserien noch einmal deutlich stärker als Mädchen (in 61 % der Zeit, die Jungen Fernsehserien schauen, nutzen sie Zeichentrickserien, Mädchen in 47 %) (S. 193). Insgesamt stellen fiktionale Formate (Spannung, Komödie, Unterhaltung/Drama, Animation) unter Jungen (39 %) wie Mädchen (38 %) das am häufigsten genutzte Format dar, während Informations- (Marktanteil: 22 %) und Unterhaltungsprogramme (14 %) deutlich weniger wichtig sind (ebenda). Im Rahmen der KIM 2008 wurden Kinder konkret nach ihren Lieblingssendungen im Fernsehen gefragt. Die unter Kindern beliebteste Sendung mit neun Prozent aller Nennungen war im Jahr 2008 demnach *Spongebob*, eine Zeichentrickserie die auf Super-RTL ausgestrahlt wird, und die besonders von Kindern zwischen sechs und sieben Jahren häufig genannt wurde (19 %). Die zweitbeliebteste Fernsehsendung war 2008 die auf RTL ausgestrahlte Daily Soap *Gute Zeiten - Schlechte Zeiten* (6 %), die besonders unter Mädchen sehr beliebt ist (11 %).

2.2.3.2 Nicht altersgemäße Filme und Fernsehsendungen

Im Rahmen der KFN-Grundschulbefragung 2005 wurden die Kinder neben ihren allgemeinen Fernsehsenderpräferenzen auch nach ihren Erfahrungen mit Filmen und Fernsehsendungen befragt, die erst für Jugendliche ab 16 Jahren beziehungsweise Erwachsene freigegeben sind. 18 Prozent der Mädchen und 34,4 Prozent der Jungen gaben an, in der letzten Woche einen solchen Film beziehungsweise eine solche Sendung gesehen zu haben (Mößle et al., 2007, S. 70). Gruppenspezifische Auswertungen zeigten, dass Kinder aus formal niedrig gebildeten Elternhäusern rund dreimal so häufig nicht altersgemäße Inhalte nutzten wie Kinder aus formal hoch gebildeten Elternhäusern (ebenda), und dass Kinder mit eigenem Fernsehgerät im Zimmer rund doppelt so häufig Filme oder Fernsehsendungen „ab 16/18" schauten, als Kinder ohne ein eigenes Fernsehgerät im Zimmer (S. 65).

2.2.3.3 Computerspielinhalte

Im Bereich der Computer- und Videospiele können Kinder aus einem äußerst breiten inhaltlichen Angebot auswählen. So berichtete die in Deutschland für die Alterseinstufung aller auf Trägermedien veröffentlichten Computer- und Videospiele beauftragte Unterhaltungssoftware-Selbstkontrolle (USK) von jährlich 2607 (Jahr 2006) bis 3100 (Jahr 2009) Prüfverfahren für unterschiedliche Spieletitel[15] (Unterhaltungssoftware Selbstkontrolle (USK), 2007, 2010). 65,2 Prozent dieser Titel bekamen im Jahr 2009 die Altersfreigabe „ohne Altersbeschränkung" beziehungsweise „ab 6 Jahren", so dass knapp zwei Drittel aller

---

15 Dabei ist allerdings zu berücksichtigen, dass es sich dabei nicht immer um unterschiedliche Spiele handelt. Viele Spieltitel werden parallel für unterschiedliche Plattformen (PC, Playstation 2 oder 3, Nintendo Wii, etc...) publiziert und müssen für jede Plattform einzeln bei der Unterhaltungssoftware Selbstkontrolle (USK) eingereicht werden.

eingereichten Spiele zumindest theoretisch für Kinder im Grundschulalter erhältlich waren (Unterhaltungssoftware Selbstkontrolle (USK), 2010). Im Durchschnitt besaßen Kinder zwischen sechs und dreizehn Jahren im Jahr 2008 14 eigene Computer- oder Videospiele, Jungen verfügten über deutlich mehr Spiele (17) als Mädchen (10) (Feierabend & Rathgeb, 2009b, S. 29). Auch bei den favorisierten Spieltiteln und Spielgenres zeigen sich deutliche geschlechtsspezifische Unterschiede: Jungen spielen sehr viel häufiger als Mädchen Sport-, Adventure- und verschiedene Actionspiele, Mädchen nutzen häufiger als Jungen Alltagssimulationsspiele, Fun- oder Partyspiele sowie Lernspiele (Feierabend & Rathgeb, 2009b, S. 30 - 31; Mößle, 2009, S. 18 - 21).

2.2.3.4 Nicht altersgemäße Computer- und Videospiele

Auch wenn ein Großteil der unter Kindern beliebtesten Titel höchstens Alterseinstufungen „ab 6 Jahren" erhalten hat, zeige die KIM 2008, dass 30 Prozent der sechs- bis dreizehnjährigen Kinder bereits Spiele gespielt zu haben, für die sie noch nicht alt genug sind (Feierabend & Rathgeb, 2009b, S. 31), wobei Jungen deutlich häufiger betroffen waren (35%) als Mädchen (23%). Auch im Rahmen der KFN-Grundschulbefragung 2005 gaben 33,5 Prozent aller befragten Viertklässlerinnen und Viertklässler an, bereits ein Spiel mit einer Freigabe „ab 16 Jahren" gespielt zu haben (Jungen: 50,1%; Mädchen: 16,7%), 18 Prozent eines mit einer Freigabe „ab 18 Jahren" (Jungen: 28,9%; Mädchen: 7,2%) (Mößle, 2009, S. 21). Mößle et al. (2007) baten die befragten Kinder, im Rahmen der KFN-Grundschulbefragung 2005 anzugeben, welche drei Spiele sie derzeit am meisten spielen. Rund ein Fünftel der Jungen, aber lediglich 3 Prozent der Mädchen gaben dabei mindestens ein Spiel mit einer Freigabe „ab 16 oder 18 Jahren" an, so dass insgesamt 12,2 Prozent aller Kinder ein solches Spiel spielten (ebenda). Als am häufigsten genutztes Spiel mit einer Altersfreigabe „ab 16 Jahren" nennen Mößle et al. (2007, S. 62) in diesem Kontext das Spiel *Grand Theft Auto (GTA)*, ein Third-Person-Action-Game, welches im Jahr 2005 von 5,7 Prozent aller befragten Kinder gespielt wurde (Jungen: 10,0%; Mädchen: 1,4%).

Das Spielen nicht altersgemäßer Computer- und Videospiele ist mithin insbesondere unter Jungen zu finden. Zudem zeigen Mößle et al. (2007, S. 70), dass Kinder aus Elternhäusern mit niedriger formaler Bildung rund dreimal so häufig regelmäßig nicht altersgemäße Spiele „ab 16 Jahren" spielen wie Kinder mit formal hoch gebildeten Eltern. Darüber hinaus weisen die Autoren auf große Unterschiede zwischen Kindern mit beziehungsweise ohne eigene Spielkonsole im Zimmer hin. So legen sie beispielsweise dar, dass Kinder, deren Spielkonsole im eigenen Zimmer stand, zu 24,4 Prozent zum Befragungszeitpunkt ein Videospiel mit einer Freigabe „ab 16 Jahren" spielten, während Kinder, deren Spielkonsole anderswo im Haus aufgestellt war, dies nur zu 10,7 Prozent angaben (2007, S. 67).

2.3 Jugendliche und Medien

2.3.1 Mediennutzungszeiten

Im Leben deutscher Jugendlicher gewinnen Medien im Vergleich zu jüngeren Minderjährigen abermals an Bedeutung, es verschieben sich allerdings deutlich die Schwerpunkte zwischen den Medien. Im Rahmen der Studie Jugend und Medien (JIM) 2009 erfasste der Medienpädagogische Forschungsverbund Südwest in ähnlicher Weise wie in den KIM-Studien die Freizeit und Medieninteressen von 1.200 deutschland-repräsentativ telefonisch befragten 12- 19-jährigen Jugendlichen (Feierabend & Rathgeb, 2009a). Der größte Unterschied zum Freizeitverhalten von Kindern zeigt sich in der breiten täglichen Verwendung der Medien durch Jugendliche. Vier von fünf Jugendlichen gaben im Rahmen der JIM-2009-Studie an, täglich ein Handy zu nutzen (79 %), rund zwei Drittel nutzten täglich das Internet (65 %) oder den Fernseher (63 %) (Feierabend & Rathgeb, 2009a, S. 16 - 17). Die größten Unterschiede zwischen weiblichen und männlichen Jugendlichen offenbarten sich bei der Nutzung von Büchern sowie von nicht internetgestützten Computer- und Konsolenspielen. So lasen Mädchen sehr viel häufiger (52 % täglich/mehrmals wöchentlich) als Jungen (29 %). Offline-Computer- und Konsolenspiele wurden von Jungen zu 53 Prozent mindestens mehrmals wöchentlich genutzt, von Mädchen lediglich zu 17 Prozent. Recht deutliche Geschlechterunterschiede zeigen sich auch bei der Handynutzung und der DVD- beziehungsweise Videorezeption. Mädchen nutzten häufiger das Handy (täglich/mehrmals pro Woche: 92 %; Jungen: 84 %), Jungen schauten mehr Videos und DVDs (täglich/mehrmals pro Woche: 33 %; Mädchen: 25 %) (ebenda).

Feierabend und Rathgeb untersuchten im Rahmen der JIM-Studie 2009 auch die subjektive Relevanz der Medien für die Jugendlichen (S. 19 - 21). Musik hören und Internetnutzung waren für knapp 90 Prozent der Befragten die wichtigste Mediennutzungsform, es folgten die Handynutzung (72 %), das Fernsehen (69 %) und das Lesen von Büchern (53 %). Damit zeigt sich wie bei der Nutzungsfrequenz, dass unter den Jugendlichen die Verwendung des Internet inzwischen eine wichtigere Rolle spielt als das Fernsehen. Die deutlichsten

Geschlechterunterschiede von mehr als 20 Prozentpunkten zeigen sich bezüglich der Wichtigkeit von Büchern und Computerspielen. Mädchen gaben zu 64 Prozent an, das Lesen von Büchern sehr wichtig oder wichtig zu finden, damit nahm das Lesen von Büchern den fünften Platz in der Wichtigkeit der Medientätigkeiten ein. Unter den Jungen bezeichneten hingegen nur 42 Prozent Bücherlesen als sehr wichtig oder wichtig, damit lag diese Tätigkeit auf dem achten Platz der wichtigen Medien. Fast spiegelbildlich stellt sich diese Geschlechterdifferenz bei der Nutzung von Computerspielen dar. Für 65 Prozent der Jungen war Computerspielen wichtig oder sehr wichtig, damit lag es auf dem vierten Platz der Wichtigkeitsrangfolge. Bei Mädchen lag dieser Wert bei lediglich 24 Prozent, damit lag Computer spielen auf dem achten Platz (ebenda).

Die Relevanz der Medien Internet, Fernsehen und Computer(spiele) findet sich auch in den Daten der KFN-Schülerbefragung 2007/2008 wieder, in der 44.601 jugendliche Neuntklässlerinnen und Neuntklässler in 61 zufällig ausgewählten Städten und Landkreis befragt wurden, so dass von einem deutschland-repräsentativen Sample 15-jähriger Jugendlicher ausgegangen werden kann (Baier, Pfeiffer, Simonson & Rabold, 2009). Im Rahmen dieser Befragung ergaben sich tägliche Fernsehnutzungszeiten (inkl. DVD und Video) von 201 Minuten für Jungen sowie 213 Minuten für Mädchen, eine tägliche Nutzungszeit von Computer- und Videospielen (Online und Offline) von knapp einer Stunde (56 Minuten) für Mädchen und 141 Minuten für Jungen[16] sowie etwas mehr als 100 Minuten Internetchatnutzung für beide Geschlechter (Mädchen: 113 Minuten, Jungen: 103 Minuten)[17] (Rehbein, Kleimann & Mößle, 2009b, S. 15 - 16).

---

16 Der Vergleich von JIM-2009-Daten und denen der KFN-Schülerbefragung 2007/2008 zeigt, dass die Daten der JIM recht deutlich unter denen des KFN liegen. Gaben Jungen im Rahmen der JIM 2009 an, 98 Minuten Video- und Computerspiele zu spielen (online und offline), waren es bei der KFN-Befragung 141 Minuten. Bei den Mädchen dagegen lagen die Daten der JIM 2009 (53 Minuten) nur leicht unter denen des KFN (56 Minuten). Ein Hauptgrund der Differenz beider Studien ist in der Tatsache zu vermuten, dass in die durchschnittlichen Nutzungszeiten der KFN-Befragung die Wochenendnutzung eingeflossen ist, während im Rahmen der JIM 2009 explizit nach werktäglicher Nutzung gefragt wurde. Bereits Mößle et al. (Mößle et al., 2007, S. 81) konnten indes zeigen, dass sich insbesondere die Computerspielzeiten von männlichen Jugendlichen am Wochenende gegenüber der werktäglichen Nutzung um rund 50 Minuten erhöhen.

17 Bezüglich der Internetnutzung kann zwischen JIM 2009 und KFN-Schülerbefragung 2007/2008 kaum verglichen werden, da im Rahmen der JIM-Studie nur die Gesamtinternetzeit (ohne Onlinecomputerspiele) abgefragt wurde. Diese lag mit 146 Minuten bei Jungen und 121 Minuten bei Mädchen wenig überraschend über den Daten der KFN-Studie (Feierabend & Rathgeb, 2009a, S. 32). Im Rahmen der JIM 2009 war Chatten über

Die in der KFN-Schülerbefragung 2007/2008 erfassten Lesezeiten zeigen im Vergleich zu den Viertklässlern der KFN-Grundschulbefragung, dass dem Lesen in der Freizeit insbesondere bei Jungen mit Erreichen der Adoleszenz weniger Bedeutung zukommt. So lasen männliche Jugendliche lediglich 25 Minuten täglich (unter den männlichen wie weiblichen Grundschülern 2005 waren es noch rund 50 Minuten täglich), weibliche Jugendliche lasen 43 Minuten (Mößle et al., 2007, S. 58; Rehbein et al., 2009a, S. 16). Lesen besitzt mithin weiterhin einen gewissen Stellenwert für Jugendliche, in der täglichen Nutzung nimmt diese Tätigkeit aber mit zunehmendem Alter ab und wird damit gegenüber den zunehmend genutzten elektronischen Medien weniger wichtig. Innerhalb der elektronischen Medien verliert das Fernsehen trotz weiterhin hoher Nutzungszeiten seinen Stellenwert als klares Leitmedium zunehmend an das Internet, welches im Stellenwert unter den Jugendlichen bereits das Fernsehen überholt hat und in der täglichen Nutzungszeit mit dem Fernsehen gleichzieht.

2.3.2 Mediengerätebesitz

Der Siegeszug der digitalen Medien lässt sich auch an der Geräteausstattung der Jugendlichen ablesen. Zunächst steigt in der Adoleszenz die Ausstattung mit eigenen Fernsehern im Gegensatz zum Kindesalter noch einmal deutlich an. Die JIM 2009 kommt zu einer Fernsehausstattungsquote im eigenen Zimmer der befragten 12- bis 19-jährigen Jugendlichen von 60 Prozent, die KFN-Schülerbefragung 2007/2008 ermittelte für durchschnittlich 15-jährige Jugendliche 69,5 Prozent eigene Fernseher im Zimmer (Feierabend & Rathgeb, 2009a, S. 7 - 8; Rehbein et al., 2009b, S. 17). Die Geschlechterdifferenzen in der Ausstattung mit Fernsehgeräten fallen laut KFN-Schülerbefragung 2007/2008 mit rund 10 Prozentpunkten (Jungen: 74,3 %; Mädchen: 64,4 %) noch recht deutlich aus, in der JIM 2009 mit ergab sich lediglich ein minimaler Besitzvorsprung der männlichen Jugendlichen (Jungen: 61 %; Mädchen: 60 %) (ebenda). Die JIM 2009 berichtet für 12- bis 19-jährige Jugendliche eine Besitzquote für stationäre Spielkonsolen von 45 Prozent, fast ebenso die KFN-Schülerbefragung 2007/2008 mit rund 46 Prozent (ebenda). Besonders zeigt sich an der Geräteausstattung mit Computern der Wandel der Medienwelt zwischen Kindheit und Adoleszenz. Da der Computer weit stärker als im Kindesalter für schulische Aufgaben und für die Kommunikation mit Freunden genutzt wird, steigt die Be-

Instant Messenger die am stärksten frequentierte Internet-Funktion, chatten in Chaträumen die vierthäufigste Nutzungsart (Feierabend & Rathgeb, 2009a, S. 34).

sitzquote laut KFN-Schülerbefragung 2007/2008 auf rund 70 Prozent, die Daten der JIM 2009 gleichen mit 71 Prozent Besitzquote fast exakt denen des KFN (ebenda). Damit liegt die Ausstattung mit Computern inzwischen leicht über der Fernsehausstattung.

Erwartungsgemäß zeigen sich auch bei den Jugendlichen bezüglich der Mediengeräteausstattung deutliche Geschlechterunterschiede. Am stärksten fallen diese beim Besitz stationärer Spielkonsolen aus. Sowohl die JIM-Studie 2009 wie auch die KFN-Schülerbefragung 2007/2008 berichten hier von deutlichen Unterschieden zwischen 23 und 34 Prozentpunkten Differenz zugunsten der Jungen (JIM: Jungen: 56 %; Mädchen: 33 %; KFN: Jungen: 62,5 %; Mädchen: 28,3 %). Beim Computerbesitz zeigt sich ein Unterschied von 17 Prozentpunkten im Rahmen der KFN-Schülerbefragung 2007/2008 (Mädchen: 61,2 %; Jungen: 78 %) beziehungsweise von fünf Prozentpunkten im Rahmen der JIM-Studie 2009 (Mädchen: 72 %; Jungen: 77 %) (ebenda).

2.3.3 Medieninhalte

2.3.3.1 Fernsehinhalte

Im Rahmen der JIM 2009 wurden Jugendliche zumindest auf Senderebene zu ihren inhaltlichen Fernsehpräferenzen befragt (Feierabend & Rathgeb, 2009a, S. 27 - 28). Dabei ergab sich wie bereits in den Vorläuferstudien eindeutig, dass Jugendliche private Fernsehprogramme präferieren. Beliebtester Fernsehsender unter den Jugendlichen war mit weitem Abstand Pro7. 45 Prozent aller Befragten nannten ihn im Rahmen der JIM 2008 als ihren Lieblingssender. Es folgten RTL (13 %), Sat.1 (6 %) und MTV (5 %). Auch bei den Jugendlichen zeigten sich hinsichtlich der Fernsehsenderpräferenz deutliche Geschlechterunterschiede, wobei der bei beiden Geschlechtern auf dem ersten Platz liegende Sender Pro7 bei Jungen (50 %) noch etwas beliebter war als bei Mädchen (40 %). Dagegen nannten Mädchen zu 18 Prozent RTL als Lieblingssender, Jungen zu 9 Prozent (ebenda).

Wie bei den Kindern zeigt sich auch bei Jugendlichen, dass die Zahlen für Fernsehgerätebesitz und tägliche Fernsehnutzung, für Videospielkonsolenbesitz und Video- und Computerspielzeiten dann am höchsten sind, wenn die Jugendlichen aus Elternhäusern mit niedrigem formalen Bildungshintergrund stammen und/oder derzeit die Hauptschule besuchen (Mößle et al., 2007). Lediglich hinsichtlich der Ausstattung mit Computern, die in allen weiterführenden Schulformen inzwischen auch für viele schulische Aufgaben genutzt werden, ergeben sich kaum Ausstattungsunterschiede zwischen Bildungsschichten und Schulformen. Auch hinsichtlich der Internetnutzungszeiten (nicht mitgerechnet internetbasierte Computerspiele) unterscheiden sich Schülerinnen und Schüler verschiedener Schulformen und verschiedener Bildungshintergründe inzwischen kaum mehr , während das Internet vor einigen Jahren noch als Medium höher gebildeter Jugendlicher galt (Feierabend & Rathgeb, 2009a; Mößle et al., 2007).

2.3.3.2 Nicht altersgemäße Filme und Fernsehsendungen

Die Nutzung nicht altersgemäßer Film- und Fernsehinhalte ist unter Jugendlichen weit verbreitet. Die im Rahmen der KFN-Neuntklässlerbefragung 2005[18] untersuchten 15-jährigen Jugendlichen gaben zu 56,6 Prozent an, mindestens mehrmals im Monat Actionfilme zu schauen, die ab 16 Jahren freigegeben sind. 40,2 Prozent sagten, mehrmals monatlich oder häufiger Filme mit einer Freigabe von 18 Jahren anzuschauen (Mößle et al., 2007, S. 85). Die Nutzung der in dieser Abfrage noch nicht berücksichtigten Horrorfilme wurde entsprechend einzeln abgefragt. 35,6 Prozent schauten mindestens mehrmals im Monat Horrorfilme „ab 16", 25,3 Prozent nutzten Horrorfilme „ab 18". Hinzu kamen noch Sex- oder Pornofilme, die von 18,2 Prozent mehrmals im Monat oder häufiger genutzt wurden (ebenda). Jungen schauten alle genannten Filmgenres deutlich häufiger als Mädchen, so dass zumindest für männliche Jugendliche festgestellt werden kann, dass insbesondere die Nutzung gewalthaltiger Actionfilme einen festen Bestandteil im Medienalltag innehat. So nutzten knapp drei Viertel der Jungen (73,2) mindestens mehrmals monatlich Filme „ab 16", 57,1 Prozent schauten entsprechend häufig Filme „ab 18" (S. 86). Horrorfilme „ab 16/18" sowie Sex- und Pornofilme wurden von einem runden Drittel der Jungen in entsprechender Frequenz genutzt (ebenda). Spielte die Rezeption erotischer beziehungsweise pornografischer Formate für Mädchen kaum eine Rolle (1,8%), wurden die anderen Gewaltfilmformate von weiblichen Befragten zu knapp 20 bis rund 40 Prozent mit einiger Regelmäßigkeit genutzt (Horrorfilme „ab 18: 18,3%; Actionfilme „ab 18": 23,2%; Horrorfilme „ab 16": 31,7%; Actionfilme „ab 16": 40,1%). Im Jugendalter ist also - ebenso wie bei Kindern - nicht altersgemäße Filmnutzung maßgeblich durch das Geschlecht vermittelt. Zudem zeigen sich - wenn auch nicht so deutlich wie bei den Viertklässlern - Effekte des elterlichen

---

18 Die KFN-Neuntklässlerbefragung 2005 war die Vorläuferstudie der KFN-Schülerbefragung 2007/2008. Im Rahmen der KFN-Neuntklässlerbefragung 2005 wurden 14.301 jugendliche Neuntklässler in elf westdeutschen Städten und Landkreisen befragt (Mößle et al., 2007, S. 113 - 126). Die Befragung war für die Population die Neuntklässler/innen der beteiligten Städte und Landkreise repräsentativ.

Bildungshintergrundes (S. 90). So gaben Jugendliche mit niedrigem formalen Bildungshintergrund im Elternhaus zu 18 Prozent an, täglich oder mehrmals pro Woche Gewaltfilme „ab 18" anzuschauen, während dies unter Jugendlichen aus formal hoch gebildeten Elternhäusern lediglich 10,9 Prozent taten (ebenda).

2.3.3.3 Computer- und Videospielinhalte

Auch im Jugendalter unterscheiden sich Genrepräferenzen für Computer- oder Videospiele sehr deutlich zwischen Jungen und Mädchen. Weibliche Jugendliche bevorzugen in erster Linie Alltagssimulationen, Geschicklichkeits- und Gelegenheitsspiele sowie Karaokespiele, männliche Jugendliche spielen am häufigsten Shooter- und Actionspiele sowie Sport- und Rennspiele (Feierabend & Rathgeb, 2009a, S. 42; Mößle, 2009, S. 18 - 21)[19]. Im Vergleich zur Gruppe der Kinder zeigt sich bei Jugendlichen ein deutlich diversifiziertes Spektrum an Nutzungskonstellationen: Insgesamt dominiert unter Jugendlichen die Nutzung von Multiplayer-Onlinespielen, was vor allem auf die starke Präferenz von Jungen für solche Formate zurückzuführen ist. Erst danach folgen in ungefähr gleicher Nutzungsfrequenz das alleinige Spielen an einer Spielkonsole, an einem PC oder eines Online-Spiels[20] (Feierabend & Rathgeb, 2009a, S. 40). Das gemeinsame Spielen eines Offlinespiels an einem PC oder einer Spielkonsole verliert gegenüber diesen Nutzungsformen an Bedeutung (ebenda). Auch bei den Ergebnissen der verschiedenen Befragungen von Jugendlichen zu ihren Computerspielvorlieben zeigen sich deutliche Übereinstimmungen zwischen KFN-Schülerbefragung 2005 und JIM 2009. Beim Vergleich der JIM 2009 mit der vier Jahre vorher durchgeführten KFN-Schülerbefragung 2005 zeigt sich bei relativer Stabilität der Spielepräferenzen der Jugendlichen der große Beliebtheitssprung des Spiels Word of Warcraft. Kam dieser Titel im Jahr 2005 knapp nicht unter die zehn beliebtesten Spieltitel, wurde er im Rahmen der JIM 2009 als viertbeliebtestes Spiel unter den Jungen gemessen (Feierabend & Rathgeb,

---

19 Bei der Analyse der beliebtesten Spielgenres werden neben den Daten der JIM im Folgenden die Daten der KFN-Neuntklässlerbefragung 2005 berichtet, da hier im Vergleich zur neueren KFN-Schülerbefragung 2007/2008 stärker ausdifferenzierte Analysen bezüglich der Spielvorliebe der Jugendlichen vorliegen und die Daten daher besser mit denen der JIM-Studie vergleichbar sind. Die Trends der KFN-Neuntklässlerbefragung 2005 werden, soweit vergleichbar, durch die KFN-Schülerbefragung 2007/2008 weitgehend bestätigt. Erste Ergebnisse der KFN-Schülerbefragung 2007/2008 zu Genrevorlieben von Jugendlichen finden sich bei Rehbein, Kleimann und Mößle (2009b, S. 17 - 18).
20 Vorzugsweise sind hier wohl browserbasierte Flashgames gemeint.

2009a, S. 42). Außerdem zeigte sich Rahmen der JIM 2009, dass die neue Kategorie der Karaokespiele, die vier Jahre vorher noch keine besonders bedeutende Rolle spielte, unter den Mädchen inzwischen sehr beliebt ist. So kam das Spiel *Singstar* bei den befragten Mädchen auf den zweiten Platz der Beliebtheitsskala (Feierabend & Rathgeb, 2009a, S. 41).

2.3.3.4 Nicht altersgemäße Computer- und Videospiele

Wie bereits gezeigt wurde, sind die beliebtesten Spielgenres männlicher Jugendlicher Shooter- und Actionspiele. Dabei ist darauf hinzuweisen, dass die am häufigsten gespielten Titel dieser Gattung - *Counter Strike* und *GTA* - für ihre verschiedenen Einzeltitel mindestens Altersfreigaben ab 16 Jahren, in Einzelfällen auch „ab 18" bekommen haben. Einige englischsprachige GTA-Titel wurden von der Bundesprüfstelle für Jugendgefährdende Medien indiziert (Bundesprüfstelle für jugendgefährdende Medien (BPjM), 2010b). Auch der beliebte Kriegsshooter *Call of Duty* ist in allen deutschen Versionen der Serie ausschließlich „ab 18" freigegeben und wurde in seinen englischsprachigen Versionen mehrfach indiziert (ebenda). Insgesamt gaben unter den befragten Jugendlichen der KFN-Neuntklässlerbefragung 2005, die noch nicht 16 Jahre alt waren, 68,2 Prozent an, schon einmal ein Spiel mit einer Altersfreigabe ab 16 Jahren gespielt zu haben. Unter den Jungen hatte fast jeder bereits ein solches Spiel gespielt (93,7%), unter den Mädchen nicht ganz die Hälfte der Befragten (46,3%) (Mößle, Kleimann & Rehbein, 2008). Auch mit Spielen „ab 18" hatte eine Mehrheit der Befragten bereits Erfahrung. 53,5 Prozent aller 2005 befragten Neuntklässler unter 18 Jahren haben nach eigenen Angaben schon einmal ein Spiel ohne Jugendfreigabe (ab 18) gespielt (Mädchen: 26,6 %; Jungen: 82,1 %) (ebenda).

Mößle et al. (2007) analysierten detailliert die Angaben der Schülerinnen und Schüler aus dem Jahr 2005, welche drei Spiele derzeit am meisten gespielt wurden. Hier zeigte sich, dass 14,1 Prozent der befragten unter 18-Jährigen zum Befragungszeitpunkt ein Spiel ohne Jugendfreigabe (ab 18) spielten (Mädchen: 2,2 %; Jungen: 25,9 %)(ebenda), 4,4 Prozent der Jungen und nur 0,4 Prozent der Mädchen nannten darüber hinaus ein eindeutig indiziertes Spiel (Mößle et al., 2007, S. 88). Im Gegensatz zum Konsum nicht altersgemäßer Filme durch Jugendliche (vgl. S. 41) und zur Nutzung gewalthaltiger Medien durch Kinder (vgl. S. 35 - 36) lässt sich bezüglich der Nutzung nicht altersgemäßer Computer- und Videospiele durch Jugendliche kein Zusammenhang mit dem elterlichen Bildungshintergrund feststellen (Mößle et al., 2007, S. 90). Feierabend und

Rathgeb stellen lediglich eine etwas größere Erfahrung von Hauptschülerinnen und Hauptschülern mit solchen Spielen fest (72 %) als bei Schülerinnen und Schülern auf Gymnasien (62 %) und Realschulen (63 %) (Feierabend & Rathgeb, 2009a, S. 43). Offensichtlich betrifft das Problem der Nutzung nicht altersgemäßer Computer- und Videospiele jugendliche Jungen aus allen gesellschaftlichen Schichten in ähnlicher Weise.

3 Kindliche Entwicklung, Medienkompetenz und Funktionen der Mediennutzung

Die Nutzung von Medien hat für Kinder und Jugendliche einen hohen funktionalen Stellenwert (Six, 2008). Medienerfahrungen sind nach Hoppe-Graff und Kim ein integrativer Teil der aktiven Aneignung der Welt im Laufe der Ontogenese (Hoppe-Graff & Kim, 2002). Kinder und Jugendliche sind Medienerfahrungen demnach keineswegs "ausgesetzt" oder "ausgeliefert" (Hoppe-Graff & Kim, 2002), sondern nutzen sie mit individuell verschiedenen allgemeinen Entwicklungsvoraussetzungen, unterschiedlich ausgeprägten Medienkompetenzen und unterschiedlichen Bedürfnissen. Identische Medienerfahrungen werden dabei je nach Entwicklungsstand unterschiedlich interpretiert und verarbeitet und je nach Entwicklungsstand kommt ihnen eine unterschiedliche Funktion bei der Alltagsbewältigung sowie der Bewältigung altersspezifischer Entwicklungsaufgaben zu (Hoppe-Graff & Kim, 2002). Im Folgenden sollen daher die entwicklungsbedingten Voraussetzungen und Funktionen der Mediennutzung von Kindern dargestellt werden.

3.1 Entwicklungsvoraussetzungen von Mediennutzung und Medienkompetenz

Kindliche und jugendliche Mediennutzung unterliegt spezifischen Bedingungen, die mit Mediennutzungsbedingungen erwachsener Rezipienten nur eingeschränkt vergleichbar sind. Kinder und Jugendliche befinden sich in individuell verschiedenen Phasen der Persönlichkeitsentwicklung und treten einem medialen Angebot mit anderen Entwicklungsvoraussetzungen gegenüber als ein erwachsener Nutzer. Von zentraler Bedeutung ist mithin die (massen-)kommunikative Kompetenz minderjähriger Mediennutzer/-innen, die untrennbar mit dem jeweiligen Entwicklungsstand verknüpft ist. Je nach Ausprägung dieser Kompetenz bewältigen Kinder und Jugendliche (massen-)kommunikative Aufgaben unterschiedlich kompetent oder scheitern an ihrer Bewältigung. Nachfolgend soll die Frage bearbeitet werden, welche theoretischen und empirischen Erkenntnisse zur kommunikativen Kompetenz und ihrer Entwicklung vorliegen. Die Vielzahl unterschiedlicher wissenschaftlicher Perspektiven auf diesen Gegenstandsbereich macht es zunächst jedoch notwendig, einige Eingrenzungen vorzunehmen.

Zu Recht bemerkt Gapski, Kompetenz beziehungsweise Medienkompetenz seien Komplexbegriffe, die unter einer Wortmarke unterschiedliche Phänomene und Merkmale bündeln (Gapski, 2001, S. 24), zumal Medienkompetenz in der Regel als Spezialfall kommunikativer Kompetenz gesehen und konzipiert ist (zu den unterschiedlichen wissenschaftlichen Perspektiven vgl. Groeben, 2002). Die wechselvolle und zunächst nur wenig kontinuierliche Begriffsgeschichte der Kommunikations- beziehungsweise Medienkompetenz ist unter anderem damit zu erklären, dass erste wissenschaftliche Konzepte aus Wissenschaftsgebieten wie der Linguistik und der Sozialphilosophie heraus entwickelt wurden, die mit der aktuellen wissenschaftlichen und politisch-öffentlichen Debatte über Medienkompetenz nur wenig Schnittstellen aufweisen. Chomsky prägte bereits Anfang der 1970er-Jahre den Terminus Medienkompetenz, wobei der Linguist sich auf syntaktische Aspekte der Sprache bezog, deren Beherrschung bei allen Menschen als „Universalie" genetisch verankert sei, so dass ein Mensch von Geburt an eine Fähigkeit zur Generierung grammatisch korrekter Sätze besitze (Baacke, 1999, S. 32 - 33; Chomsky, 1972; Groeben, 2004, S. 29). Fast zeitgleich veröffentlichte Habermas seine gesellschaftstheoretischen Überlegungen, wonach *Kommunikative Kompetenz* die Basisqualifikation des Menschen darstellt, sich kommunikativ zu verhalten, "d.h. aufgrund fester Regeln des Sprechens sprachliche Äußerungen zu machen und damit Geltungsansprüche zu erheben, die vom Adressaten akzeptiert oder zurückgewiesen werden können" (Hugger, 2008, S. 93). Beide Konzepte beziehen sich auf direkt-sprachliche Kommunikation beziehungsweise die Fähigkeit, sich der Sprache als Kommunikationsmedium kompetent zu bedienen. Im Gegensatz dazu untersuchen neuere Konzepte kommunikationskompetentes Handeln stärker unter Berücksichtigung einer von (technischen) Medien bestimmten Welt, deren Bewohner für ein erfolgreiches Handeln mit einer Reihe außersprachlicher Voraussetzungen von Kompetenzen ausgestattet sind und sein müssen.

Die Grundlagen für aktuell verwendete Kommunikations- beziehungsweise Medienkompetenzkonzepte bilden die Arbeiten von Baacke im Bereich der Medienpädagogik (1973, 1996, 1997) sowie eine Reihe entwicklungspsychologischer Arbeiten zur Entstehung von Kommunikations- und Zeichenkompetenz (Überblicke über entwicklungspsychologische Grundlagen bei Brauner, 2007; Charlton, 2004, 2007; Nieding & Ohler, 2008; Nieding & Ritterfeld, 2008). Ausgehend von Weinerts weithin akzeptiertem Kompetenzbegriff kann bereits hier eine klare Differenzierung dieser unterschiedlichen Sichtweisen skizziert werden. Nach Weinert sind Kompetenzen definiert als

"...die bei Individuen verfügbaren oder durch sie erlernbaren kognitiven Fähigkeiten und Fertigkeiten um bestimmte Probleme zu lösen, sowie die damit verbundenen motivationalen, volitionalen und sozialen Bereitschaften und Fähigkeiten, um die Problemlösungen in variablen Situationen erfolgreich und verantwortungsvoll nutzen zu können." (Weinert, F. E., 2001).

Während entwicklungspsychologische Arbeiten primär darauf abstellen, *wann* kommunikative Kompetenzen aufgrund des kognitiven und emotionalen Entwicklungsstandes erlernt werden können und damit die entwicklungsabhängige Verfügbarkeit der kommunikativen Kompetenzen fokussieren, setzen sich medienpädagogische Medienkompetenzmodelle aufgrund ihrer klar pädagogischen Zielperspektive damit auseinander, *was* wichtige Medienkompetenzen sind und *wie* sie gelehrt und gelernt werden können. Six und Gimmler (2007b, S. 275) schlagen vor diesem Hintergrund vor, den Medienkompetenzbegriff der Entwicklungspsychologie - hier häufig auch als Kommunikationskompetenz beschrieben - als Grundlage des pädagogischen Medienkompetenzbegriffs zu begreifen, da Art, Umfang und Erfolg aller medienpädagogischen Bemühungen letztlich von der allgemeinen kognitiven, emotionalen und sozialen Entwicklung ihrer „Zielgruppe" abhängen. Insofern erscheint es sinnvoll, zunächst die entwicklungspsychologische Forschung bezüglich Medien- und Kommunikationskompetenz vorzustellen, da ihre Erkenntnisse gleichsam die Grundlage für Überlegungen zur Lern- und Lehrbarkeit medienbezogener Kompetenzen bilden[21].

Charlton unterscheidet auf Seiten der Entwicklungsvoraussetzungen für die kindliche Mediennutzung zwischen der Entwicklung *Kommunikativer Kompetenz*, *Kognitiver Kompetenz* und *Emotionaler Kompetenz* (Charlton, 2007). Die Grundlagen aller drei Kompetenzbereiche werden bereits im Säuglings- und Kleinkindalter entwickelt, unterliegen jedoch im Vorschul- und Grundschulalter noch erheblichen Differenzierungen.

3.1.1 Kommunikative Kompetenzen

Hinsichtlich der *Kommunikativen Kompetenz* betont Charlton im Hinblick auf Nutzung und Verständnis von Massenkommunikationsmedien, dass ein Kind zu deren Verständnis zunächst in der Lage sein muss, allgemeinverständliche, *konventionelle Symbole* zu nutzen und zu verstehen. Ist es Säuglingen häufig bereits im neunten Lebensmonat möglich, sich mit ihren Eltern mittels eines selbst erdachten Symbolsystems zu verständigen, beginnt eine massenkommunikative

---

21 Eine ausführliche Darstellung medienpädagogischer Überlegungen zur Medienkompetenz findet sich in einem späteren Kapitel dieser Arbeit (vgl. Kapitel 7 ab S. 159).

Kompetenz erst dort, wo Kinder in der Lage sind, sich konventioneller, auch durch Dritte verständlicher Symbole zu bedienen und andersherum Botschaften durch Dritte, zum Beispiel massenkommunikative Botschaften, als solche wahrzunehmen. Als Einstieg in das Verständnis massenkommunikativer Botschaften kann das Interesse und die Fähigkeit von Kindern im zweiten Lebensjahr gesehen werden, zusammen mit erwachsenen Bezugspersonen Bilderbücher anzuschauen (Charlton, 2007)[22].

3.1.2 Kognitive Kompetenzen

Unter den medienbezogenen *Kognitiven Kompetenzen* unterscheidet Charlton drei wichtige Unterdimensionen (Perspektivenübernahme, Verstehen von Narrationen, Erkennen spezifischer Kommunikationsabsichten), betont aber zugleich, dass je nach analytischem Auflösungsgrad und untersuchtem Medium noch weitaus stärker differenziert werden kann (Charlton, 2007).

3.1.2.1 Perspektivenübernahme

Als erste Grundfertigkeit zum kognitiven Verständnis medialer Botschaften nennt Charlton die Fähigkeit, sich in andere Personen oder auch mediale Figuren hineinzuversetzen. Grundlage dieser Fähigkeit ist es, überhaupt eindeutig zwischen dem Selbst (Selbstbild) und dem Anderen (Fremdbild) unterscheiden zu können. Nach Bischof-Köhler entwickeln Kinder diese Fähigkeit frühestens ab dem 18. Lebensmonat (Bischof-Köhler, 1989). Zum gleichen Zeitpunkt sind sie auch in der Lage, empathisch zu reagieren, zum Beispiel einem anderen weinenden Kind oder einem traurigen Erwachsenen Trost zu spenden[23]. Im Vorschul- und Grundschulalter wird die Fähigkeit, sich in andere Personen hineinzuversetzen, durch weitere Entwicklungsprozesse ausdifferenziert. Mit etwa vier Jahren sind Kinder in der Lage, relativ differenzierte Theorien über das

---

22 Über die besondere Eignung des Bilderbuches als Einstieg in symbolische, massenkommunikative Rezeptions- und Interaktionsprozesse vgl. Charlton & Neumann-Braun (1992) sowie Charlton (2007).
23 Dabei ist deutlich zu unterscheiden zwischen Empathie und Gefühlsansteckung. Säuglinge, die noch keine Differenzierung zwischen dem Selbst und dem Anderen treffen können, fangen an zu weinen, wenn sie andere Kinder weinen hören, weil sie nicht in der Lage sind, die fremde Traurigkeit von der eigenen Gefühlswelt zu unterscheiden (Sagi & Hoffman, 1976).

eigene Denken zu entwickeln (*theory of mind*) und zu verstehen, dass sich eigenes Denken vom Denken anderer Personen unterscheiden kann, weil die Informationsgrundlage unterschiedlich ist (Wimmer & Perner, 1983)[24].

Sind die oben beschrieben kognitiven Fähigkeiten wichtig, um Interesse, Verständnis oder Empathie für Medienfiguren und ihre Entwicklung innerhalb einer Mediengeschichte aufzubauen, so benötigen Rezipienten weitere kognitive Fähigkeiten, um eine Distanz zur medialen Darstellung aufzubauen und sich ihre eigene Sicht auf ein mediales Geschehen zu erarbeiten. Mit der Entwicklung einer *theory of mind* eignen sich Kinder auch im Hinblick darauf wichtige Fähigkeiten an. So beginnen sie ebenfalls mit etwa vier Jahren ein Verständnis für das Vorhandensein mehrerer Perspektiven auf ein Ereignis oder einen Sachverhalt zu entwickeln (Selman, 1984), wobei es Kindern beziehungsweise Jugendlichen erst im Alter von 12 bis 15 Jahren sicher gelingt, eine interessens- und perspektivengebundene Interaktion von zwei oder mehr Personen aus einer objektiven Warte heraus zu betrachten, in der allgemeine gesellschaftliche Maßstäbe angelegt werden (Charlton, 2004). Erst mithilfe dieser Kompetenz kann ein Rezipient das perspektivengeleitete Handeln von Figuren in einer Mediengeschichte und die Spannung, die sich zwischen Medienfiguren ergibt, verfolgen, verstehen und aus der eigenen Perspektive bewerten.

Eine weitere Herausforderung für kindliche Rezipienten ergibt sich aus der Tatsache, dass sie zunächst lernen müssen, zwischen medialen Texten und Rollen einerseits und deren Urhebern andererseits zu differenzieren. Nach Brauner können Kinder mit sechs Jahren zwar bereits zwischen Einstellungen (zum Beispiel Absichten) und Handeln differenzieren, verstehen aber nicht, dass beispielsweise das Verhalten oder die Aussagen eines Schauspielers nicht seinen tatsächlichen Charakter repräsentieren muss (Brauner, 2007). Genauso wenig wird es ihnen gelingen zu verstehen, dass der Urheber eines gruseligen Buches oder Filmes nicht selbst wie der Hauptcharakter seines Werkes denken oder agieren muss. In seinem Modell zu den Grundlagen des Werbeverständnisses von Kindern zeigt Barth, dass Kinder bis zu einem Alter von acht Jahren die Meinung, die erwachsene Darsteller äußern, kaum in Zweifel ziehen, obwohl sie inzwischen prinzipiell den Unterschied zwischen Einstellungen und Handlungen kennen. Sie sind vielmehr überzeugt davon, anhand der Handlung einer Person deren Einstellungen zu erkennen (Barth, 1995). Tatsächlich weist Hawkins in einer frühen Untersuchung zum Fernsehverständnis von Kindern im Vorschulalter bis zur sechsten Klasse nach, dass erst Zehnjährige den Beruf eines Schau-

---

24 Ab diesem Zeitpunkt ist es Kindern aufgrund dieser Unterscheidungsfähigkeit möglich, intentional zu lügen (Charlton, 2007).

spielers verstehen und begreifen, dass die in der Rolle vertretenen Ansichten und Handlungsweisen keinesfalls der persönlichen Meinung oder Handlungsweise eines Schauspielers entsprechen müssen, sondern sich an Anweisungen eines Regisseurs oder Vorgaben eines Drehbuches orientieren (Fitch, Huston & Wright, 1994; Hawkins, 1977)[25].

3.1.2.2 Verstehen von Narrationen

In der zweiten Unterdimension medienbezogener *Kognitiver Kompetenz* fasst Charlton all jene Fähigkeiten und Fertigkeiten zusammen, die es Menschen ermöglichen, mediale Narrationen verstehen zu können. Dabei geht es um die Frage, wann Kinder skriptförmige Ereignisfolgen erkennen und im Gesamtzusammenhang verstehen können. Erst die Entwicklung dieser Fähigkeit ermöglicht auch die Identifikation bestimmter medialer Erzählschemata (Charlton, 2007).

Mit etwa drei Jahren können Kinder ihnen vertraute komplexe Abläufe und Handlungsschemata erkennen und benennen (zum Beispiel den Ablauf eines Kindergeburtstages), wobei sie aber noch nicht in der Lage sind, regelkonformes oder abweichendes Verhalten in ihnen weniger vertrauten Umgebungen zu erkennen und zu bewerten (Charlton, 2007). Mündliche oder medial vermittelte Erzählungen sind ebenfalls als regelgeleitetes soziales Geschehen aufzufassen. In Erzählungen werden Geschehnisse und Erfahrungen logisch und zeitlich in einen sinnvollen Zusammenhang gebracht werden (Charlton, 2007)[26]. Bereits zu Beginn des zweiten Lebensjahres haben Kinder rudimentäre Fähigkeiten entwickelt, reale Ereignisse oder Mediengeschichten nachzuerzählen

---

25 Es ist jedoch anzunehmen, dass diese Unterscheidung in der weitaus stärker medialisierten Welt des 21. Jahrhunderts inzwischen bereits auch durch viele jüngere Kinder getroffen werden kann.
26 Damit erfüllt die Rezeption und Produktion von Geschichten nach Charlton gerade für Kinder eine wichtige Funktion (Charlton, 2007). Die eigenen nicht oder nur schwer verstehbaren und regulierbaren Affekte sowie alle körperlichen und psychosozialen Bedürfnisse werden zu Gegenständen einer sozialen Welt gemacht, die durch die Erzählung weitere Struktur bekommt. Kinder lernen auf diese Weise nicht nur, die Welt als Ordnung aufeinander bezogener Geschehnisse zu begreifen, sie bekommen durch eigenes Erzählen auch Macht über die Interpretation der alltäglichen Ordnung und lernen schließlich, dass sie die Handlungen in ihren Geschichten selbst beeinflussen können. Zugleich lernen sie, dass ihre Erzählungen auch Einfluss auf Wahrnehmung und Verhalten von Zuhörern haben, sich also die Art, wie etwas erzählt wird, auf Reaktionen der Rezipienten auswirkt.

(Charlton, 2007) [27]. Aktives Erzählen konnte mit Beginn des vierten Lebensjahres in Untersuchungen von Einschlafmonologen kleiner Kinder beobachtet werden (Nelson, 1989), in denen zunächst zusammenhangslos vergangene Ereignisse parallel erwähnt werden (Zwei-Ereignis-Geschichten). Im Alter von vier Jahren beginnen Kinder, verschiedene Erzählstränge hintereinander zu erzählen (Froschsprung-Geschichten), wobei ein Zusammenhang zwischen den Erzählsträngen noch nicht erkennbar ist (McCabe, 1997), bis schließlich ab dem Alter von fünf Jahren einzelne Geschichten mit ersten Strukturelementen (Höhepunkt, Ende) erkennbar werden. Frühestens mit sechs Jahren sind in kindlichen Erzählungen schließlich alle Grundelemente[28] einer Geschichte zu erkennen (Charlton, 2007).

Obwohl die Grundelemente menschlicher Narration in verschiedenen Variationen in Mediengeschichten wiederzufinden sind, folgen mediale Darstellungen gleichzeitig auch medien- beziehungsweise formatspezifischen Darstellungsschemata, deren Verständnis im Lauf der kindlichen Entwicklung immer weiter elaboriert wird. Kleine Kinder verstehen komplexere Narrationen noch nicht in Gänze, sondern nehmen lediglich einzelne Szenen der Narration im Zusammenhang wahr und können die einzelnen Szenen einer Geschichte noch nicht zusammenzusetzen (Moser, 1999). Auch werden einzelnen Szenen noch nicht in den Gesamtzusammenhang einer größeren Geschichte gestellt (Barth, 1995). Dabei bevorzugen Kinder nach Barth bis ins Vorschulalter hinein Medieninhalte mit starken audiovisuellen Reizen (schnelle Dialoge, Musikuntermalung, Kinder- und Frauenstimmen, verschiedene Sprecher, Reime und Wiederholungen (Barth, 1995). Ab einem Alter von sieben Jahren zeigen Kinder ein deutlich verbessertes Verständnis komplexerer Handlungen, einzelne Szenen werden miteinander verbunden, Anfang und Ende einer Geschichte werden erkannt (Meadowcroft & Reeves, 1989).

---

27 Strittig ist dabei die Frage, ob bereits vorher ein basales Verständnis für einfache Mediengeschichten vorhanden ist. Bei der Untersuchung dieser Frage ergeben sich allerdings kaum überwindbare Hürden dadurch, dass sie nur anhand verbaler Äußerungen von Kindern zu leisten ist.
28 Typischerweise sind sechs Grundelemente einer mündlichen Erzählung zu finden: Abstract, Orientierung, Komplikation, Evaluation, Auflösung, Coda (Boueke, Schülein, Büscher, Terhorst & Wolf, 1995).

3.1.2.3 Erkennen spezifischer Kommunikationsabsichten

In seiner Aufteilung unterschiedener kognitiver medienbezogener Grundkompetenzen nennt Charlton zuletzt die *Kompetenz des Erkennens spezifischer Kommunikations- und Kommunikatorabsichten* (Charlton, 2007). Er verweist darauf, dass ein Medium durch eine bestimmte kommunikative Absicht eine spezifische Funktion erfüllen soll, die sich sowohl im Inhalt wie auch im Format des Mediums niederschlägt (ebenda). Die notwendigen Voraussetzungen zum eigenständigen Erkennen kommunikativer Absichten und einer angemessenen Interpretation der kommunizierten Inhalte entwickeln Kinder im Laufe der Vor- und Grundschulzeit. Eine grundlegende Kompetenz ist dabei die Unterscheidung zwischen realen und fiktionalen Inhalten. Rothmund, Schreier und Groeben unterscheiden dabei grundsätzlich zwischen drei verschiedenen Ebenen von Realitätsgehalt eines Mediums: Dem Realitätsgehalt eines Werkes, dem Realitätsgehalt der durch das Werk vermittelten Inhalte sowie dem Realitätsgehalt der Rezeption (Rothmund, Schreier & Groeben, 2001b).

Der Realitätsgehalt eines Werkes bezieht sich auf den selbst formulierten Anspruch des Medienprodukts, die Realität abzubilden oder aber fiktionale Inhalte wiederzugeben (Charlton, 2004) und lässt sich in der Regel bereits am Mediengenre erkennen. Nachrichten in den Medien haben beispielsweise einen besonderen Realitätsanspruch, da sie erstens reale Ereignisse abbilden und darüber hinaus den Anspruch erheben, über diese Ereignisse aus einer neutralen Beobachterperspektive heraus zu berichten. Fiktionale Zeichentrickfilme formulieren diesen Anspruch nicht. Besonders schwer fällt die Unterscheidung zwischen Realität und Fiktion auf der Genreebene im Fall von Mischgenres beziehungsweise Genreimitationen. Gerichtsshows beispielsweise suggerieren durch das Engagement von Laienschauspielern als Angeklagte, Beklagte, Kläger oder Nebenkläger auf der einen Seite und ausgebildeten Juristen als Anwalt, Staatsanwalt oder Richter auf der anderen Seite, reale Gerichtsverhandlungen darzustellen, obwohl es sich um konstruierte Fälle handelt. Wrestling-Kämpfe im Fernsehen zeigen alle formalen Elemente von Box- oder Ringkämpfen, wie sie im Fernsehen ausgestrahlt werden, sind in Wirklichkeit jedoch bis in jede Einzelheit einstudierte Shows. Der Realitätsgehalt der durch das Werk vermittelten Inhalte bezieht sich auf die Frage, ob die in einem fiktionalen Werk vermittelten Geschehnisse so oder so ähnlich tatsächlich hätten stattfinden können beziehungsweise inwieweit sich die dargestellten Figuren in realistischer Weise verhalten. Der Realitätsgehalt der Rezeption hängt dagegen davon ab, wieweit die Rezeptionsform des medialen Werkes dem Rezipienten suggeriert, tatsächlich Teil der medialen Handlung zu sein, etwa indem möglichst alle Sinne des Rezipienten angesprochen werden, er in interaktiver Weise selbst in das mediale Geschehen eingebunden wird, oder aber indem die Figuren oder das Milieu in einem Medienprodukt der Erfahrungswelt oder einer Wunschwelt des Rezipienten sehr nahekommen.

Charlton weist darauf hin, dass bei Verwendung dieser differenzierten Unterscheidung zwischen den verschiedenen Realitätsebenen von medialen Produkten kaum eine Zuordnung der Realitätsunterscheidungskompetenzen zu verschiedenen menschlichen Entwicklungsstufen möglich ist (Charlton, 2004). Brauner schlägt vor diesem Hintergrund eine etwas gröbere Dimensionierung nach Rothmund, Schreier und Groeben vor (Brauner, 2007; Rothmund, Schreier & Groeben, 2001a): Die Einteilung in eine Darstellungsdimension und eine Inhaltsdimension, wobei die Darstellungsdimension von einer wenig gefilterten, wenig formalisierten und wenig dramatisierten medialen Darstellung bis hin zu einer stark fokussierten, formalisierten und dramatisierten Darstellung reicht und die Inhaltsdimension durch die beiden Pole "Übereinstimmung mit Geschehnissen der realen Welt" und "Nichtübereinstimmung mit Geschehnissen der realen Welt" (Hawkins, 1977) gekennzeichnet ist.

Die vorgestellten Dimensionierungsvorschläge, die auf Grundlage einer Sichtung der bisherigen Percieved-Reality-Forschung vorgenommen wurden, zeigen, dass ein Großteil der bisherigen empirischen Erkenntnisse zur Fähigkeit von Realitäts-Fiktions-Unterscheidung auf die Rezeption von Fernseh- oder Filminhalten bezogen ist. Auch in ihrem Artikel „Fernsehen als Ersatzwelt: Zur Realitätsorientierung von Kindern" bezieht sich Böhme-Dürr ausschließlich auf den kindlichen Fernsehumgang und leistet hier einen umfassenden Überblick zur Verknüpfung kindlicher Entwicklung und Realitätswahrnehmung im Fernsehen (Böhme-Dürr, 2000). Bis zum Alter von vier Jahren können Kinder demnach nicht zwischen Wirklichkeit, medial vermittelter Wirklichkeit und Fiktion unterscheiden. Medienfiguren im Fernsehen sind ihrer Meinung nach physisch anwesend, sie wohnen im Fernsehen und schlafen dort, wenn das Gerät ausgeschaltet ist. Mit vier Jahren sind sich Kinder des medialen Vermittlungscharakters beim Fernsehen bewusst und unterscheiden realistische und fiktionale Darstellungen anhand grober formaler Kriterien. So erkennen sie Zeichentrickfilme als fiktional und Nachrichten als real, zeigen bei anderen Formaten aber große Unsicherheit (ebenda). Im Grundschulalter wächst die Fähigkeit von Kindern, den Realitätsgehalt einer Sendung aufgrund einzelner Szenen und Sendungsmerkmale zu bestimmen, wobei Kinder sich darauf konzentrieren, einzelne Sachverhalte aus einzelnen Szenen herauszugreifen und diese mit ihren eigenen Erfahrungen abzugleichen (ebenda). Während noch mit acht Jahren die Handlungsweise einer Medienfigur - unabhängig von der Handlung - dann als realistisch eingestuft wird, wenn ein Schauspieler diese Handlung vornimmt, und sie als fiktional charakterisiert wird, wenn die handelnde Person eine Zeichentrickfigur ist, verstehen Kinder erst mit etwa zehn Jahren, dass auch Zeichentrickfiguren realitätsnah agieren können, während die Rolle eines menschlichen Schauspielers vollkommen realitätsfern sein kann (ebenda). Rothmund et al. stellen fest, dass ab dem Alter von rund zehn Jahren viele Kinder ebenso gut zwischen Realität und Fiktion unterscheiden können wie Erwachsene, wobei diese Fähigkeit bei Kindern wie bei Erwachsenen mit der intellektuellen Leistungsfähigkeit korreliert.

Als recht guter Indikator hinsichtlich der Tatsache, inwieweit Kinder in der Lage sind, kommunikative Absichten zu erkennen und den Realitätsgehalt eines Medienformats beziehungsweise eines Medieninhalts richtig einzuschätzen, hat sich das Werbeverständnis von Kindern erwiesen. Im Rahmen eines Forschungsprojektes zum Werbeverständnis von Vorschul- und Grundschulkindern konnten Charlton und Neumann zeigen, dass die Fähigkeit zur richtigen Identifikation von Werbeinhalten erst mit Erreichen des Einschulungsalters bei den meisten Kindern gegeben ist (Neumann-Braun, 2001). Waren im Rahmen von Interviews mit vierjährigen Befragten noch 37 Prozent nicht in der Lage, deutlich erkennbare Werbeinhalte als solche zu kennzeichnen, waren es bei den Fünfjährigen nur noch 21 Prozent. Unter den sechsjährigen machte nur noch rund jedes zehnte Kind (12 %) einen Zuordnungsfehler[29, 30] (ebenda).

Als Moderatoren für die lineare Beziehung zwischen Alter eines Kindes und seiner Fähigkeit zur Realitäts-Fiktions-Unterscheidung gelten nach Rothmund et al. (2001a) der sozioökonomische Status[31] sowie die Nutzungshäufigkeit des Fernsehens. Vielseher tendieren eher dazu, Fernsehinhalte als realistisch einzuordnen als Wenigseher. Insgesamt schließen Rothmund et al., dass zwischen dem Alter eines Kindes und dem einem Medienprodukt bescheinigten Realitätsgrad

---

29 Neumann weist darauf allerdings darauf hin, dass das Erkennen von Werbung noch nicht mit einem tatsächlichen Verstehen des Sinns von Werbung und der ihr zugrundeliegenden Mechanismen einhergeht. Demnach konnten im Rahmen seiner Studie lediglich 2,5 Prozent aller Kinder zwischen 4 und 14 Jahren die Produkt- und Produktionsbedingungen von Werbung korrekt benennen (Neumann-Braun, 2001).
30 In dem Maß, in dem Kinder Werbung als solche erkennen, sank in der Studie von Charlton und Neumann auch der Anteil der Kinder, die gerne Werbung anschauen. Gaben noch 40 Prozent der Vier- bis Sechsjährigen an, gerne Werbung zu sehen, sagten dies lediglich 29 Prozent der Sieben- bis Zehnjährigen und knapp 20 Prozent der Elf- bis Vierzehnjährigen (Neumann-Braun, 2001).
31 Wobei hier nicht eindeutig dargestellt ist, ob sozioökonomischer Status in den analysierten Studien immer unter Kontrolle der intellektuellen Leistungsfähigkeit betrachtet wurde.

ein linearer Zusammenhang besteht, wobei viele Kinder im Laufe ihrer Entwicklung eine Phase durchlaufen, in der sie erste Erkenntnisse über den fiktionalen Charakter vieler Medienprodukte übergeneralisieren und damit auch non-fiktionale Sendungen wie etwa Nachrichten als fiktional bezeichnen (ebenda).

Die mit dem Alter steigende Fähigkeit von Kindern, zwischen Realität und Fiktion sicher unterscheiden zu können, fußt auf der Entwicklung mehrerer kognitiver Parameter, die Charlton (2004) unter den Stichworten *Verarbeitungsgeschwindigkeit, Vorwissen, Gedächtnis* sowie *Sprachverarbeitung vs. Bildverarbeitung* zusammenfasst. So wies Sturm frühzeitig darauf hin, dass Kinder bei der Verarbeitung audiovisueller Informationen schnell überfordert sind, wenn diese Informationen in schneller Schnittfolge präsentiert werden (Sander, 2008; Sturm, 1984). Sturms Appell an die Fernsehschaffenden, Kindern im Rahmen einer Fernsehsendung mehr Raum für die Verarbeitung der aufgenommenen Informationen zu geben und die Folge einzelner Einstellungen eher zu verlangsamen als zu beschleunigen, findet kognitionspsychologische Evidenz durch Kail, der in eigenen Studien (Kail, 1991b; Kail & Hall, 1994) und Metaanalysen (Kail, 1991a) zeigen konnte, dass die Verarbeitungsgeschwindigkeit von Kindern sowohl bei verbalen als auch bei nonverbalen Informationen geringer ist als bei Erwachsenen und dass zwischen Alter und Verarbeitungsgeschwindigkeit ein kurvilinearer Zusammenhang besteht (Kail, 1991b; Miller & Vernon, 1997). So zeigt sich bei fünfjährigen Kindern, dass sie tatsächlich rund eine halbe Sekunde länger für die Verarbeitung einer Information benötigen als ein Erwachsener (Charlton, 2004; Kail, 1991a). Erst im Jugendalter gleichen sich Verarbeitungsgeschwindigkeit von Probanden mit der erwachsener Kontrollgruppen an (Kail, 1991a, 1991b).

Auch der Zusammenhang zwischen Vorwissen und Gedächtnis hat einen Einfluss darauf, wie Kinder mediale Informationen wahrnehmen, verarbeiten und einordnen. Die Frage, welche medialen Informationen aufgenommen und gespeichert werden, hängt entscheidend vom Vorwissen der Kinder und ihren bereits erlernten Verarbeitungsstrategien zur Einordnung von Informationen ab (Charlton, 2004). Kann ein Medieninhalt bereits in vorhandenes Wissen eingeordnet werden und besteht ein allgemeines Skriptwissen zum Umgang mit Art und Inhalt der aufgenommenen Information, wird der medial präsentierte Inhalt deutlich elaborierteren Formen der Verarbeitung und Speicherung zugänglich als eine vollkommen neue Information (Charlton, 2004).

3.1.3 Emotionale Kompetenz

Unter medienbezogener *Emotionaler Kompetenz* versteht Charlton die Fähigkeit, interessierende Themen auszuwählen und belastende Themen zu vermeiden (Charlton, 2007). Medienthemen interessieren nach Charlton besonders dann, wenn sie eigene Erfahrungen der Nutzer ordnen, benennen beziehungsweise bebildern oder wenn sie unbekannte, eventuell riskante Handlungsmöglichkeiten und Handlungsfelder ausmalen (Charlton, 2007). Bereits Vorschulkinder, so Charlton, verfolgen ihre eigenen Themen, wenn sie bestimmte Medienangebote auswählen. So konnte Charlton im Rahmen einer Beobachtungsstudie von zwei- bis sechseinhalbjährigen Kindern als häufigstes Mediennutzungsmuster herausarbeiten, dass das Vorhandensein von Themen aus der aktuellen kindlichen Erfahrungswelt die Entscheidung für einen Medieninhalt beeinflusst, der postrezeptiv wiederum spielerisch verarbeitet wird (Charlton, 2003). Die gleiche Studie zeigte aber auch, dass Kinder häufig thematisch nicht passende Medieninhalte im Sinne der aktuell bearbeiteten Themen und Probleme umdeuten (ebenda). Bezüglich der Vermeidung belastender Themen ergeben sich hingegen keine eindeutigen entwicklungsbezogenen Zusammenhänge. So wird einerseits berichtet, dass bereits Vorschulkinder bekannte Medieninhalte sehr vorsichtig und selektiv rezipieren und von vornherein solche Episoden vermieden werden, von denen die Kinder wissen, dass sie ihnen Angst machen (Charlton, 2007). Andererseits zeigen einige Kinder bereits im Vorschulalter ein Verhalten, das auf "Angstlust" schließend lässt, also ein Verhalten, bei dem sie sich vorsätzlich erschreckenden oder ängstigenden Inhalten aussetzen (Charlton, 2007). Insofern erscheint das Konzept der von Charlton so bezeichneten (medienbezogenen) *Emotionalen Kompetenz* im Vergleich zu den Konzepten der (medienbezogenen) Kommunikativen und der Kognitiven Kompetenzen als am wenigsten ausgearbeitet. Es wird insbesondere nicht klar, ob es sich hier nicht vielmehr um eine Kompetenz zur bewussten Auswahl von Medieninhalten handelt, die emotionale Fähigkeiten und Bedürfnisse berücksichtigt.

3.2 Funktionen der Mediennutzung

Grundsätzlich lassen sich bei den Funktionen von Medien für Kinder und Jugendliche entwicklungspsychologische Funktionen (im Sinne von Entwicklungsaufgaben) von anderen Funktionen unterscheiden. Das durch Havighurst eingeführte Konzept der Entwicklungsaufgaben ordnet jeder Lebensphase spezifische Entwicklungsaufgaben zu (Havighurst, 1972). Nach Hoppe-

Graff und Kim stehen Menschen unseres Kulturkreises in der mittleren Kindheit (6 - 12 Jahre) und der Adoleszenz (12 - 18 Jahre) einigen Entwicklungsaufgaben gegenüber, die mit bestimmten Mediennutzungsformen und -inhalten zwingend verknüpft sind beziehungsweise verknüpft sein können[32]. Dazu zählen das Erlernen angemessenen Geschlechterrollenverhaltens und die Aneignung grundlegender Kulturtechniken wie Lesen, Schreiben oder Rechnen in der mittleren Kindheit sowie die (emotionale) Autonomie von den Eltern und das Akzeptieren der eigenen körperlichen Erscheinung nach der Pubertät (Hoppe-Graff & Kim, 2002). Hoppe-Graff und Kim ergänzen diese Liste noch um das Erlernen von Medienkompetenz als eine erweiterte Kulturtechnik (Hoppe-Graff & Kim, 2002). Bei Havighurst finden sich des Weiteren die Entwicklung von Fantasie und Spiel sowie Sprachentwicklung in der frühen Kindheit sowie das Spiel in Gruppen und das Treffen einfacher moralischer Unterscheidungen in der mittleren Kindheit (Oerter, Rolf & Montada, 2008). Münch und Boehnke ergänzen für die Phase der Adoleszenz die Peergruppenintegration, sexuelle Beziehungen sowie die Lebensstilorientierung (Münch & Boehnke, 1996).

Während das Erlernen von Kulturtechniken unmittelbar die Nutzung beziehungsweise Produktion von Medien und medialen Inhalten erfordert beziehungsweise einschließt, dienen mediale Quellen bei anderen Entwicklungsaufgaben als wichtige Erfahrungsquelle oder bedeutender Bezugspunkt. Bei der Geschlechtsrollenorientierung jüngerer Kinder sind Medien beispielsweise eine weitere Erfahrungsquelle neben ihren primär-unmittelbaren Erfahrungen mit Eltern oder anderen Bezugspersonen. Gerade in einer Zeit, in der Vorstellungen über Geschlechtsrollen stark im Wandel begriffen sind und die im Elternhaus gelebte häufig noch eher traditionelle Aufgabenteilung nicht dem wahrgenommenen gesellschaftlichen Geschlechtsrollenbild entspricht, werden mediale Vorbilder als weiterer Bezugspunkt wichtig. Vorbilder und Idole, die im Rahmen ganz verschiedener Entwicklungsaufgaben eine zentrale Rolle spielen, werden in der heutigen Gesellschaft somit massiv über die Medien transportiert. So gab im Rahmen der KIM 2008 jedes zweite Kind zwischen sechs und dreizehn Jahren an, ein Vorbild beziehungsweise Idol zu haben, wobei nur rund jedes zehnte dieser Kinder eine Person aus dem privaten Umfeld als Vorbild

---

32 Je nach Quelle und Publikationszeitpunkt unterscheiden sich Differenzierung der einzelnen Lebensabschnitte und die ihnen zugewiesenen Altersangaben leicht. Solche Varianzen sind dem Konzept der Entwicklungsaufgaben bereits von Beginn an angelegt, sind sie doch maßgeblich abhängig von den jeweiligen konkret-realen gesellschaftlichen Verhältnissen. Da die Altersgrenzen für die Bewältigung der Entwicklungsaufgaben zudem individuell variabel sind und maßgeblich vom jeweiligen Entwicklungsstand der Person abhängen, ergeben sich hier weitere Unschärfen (Oerter, Rolf & Montada, 2008).

nannte (Feierabend & Rathgeb, 2009b). 37 Prozent aller Kinder, die angaben, ein Vorbild oder Idol zu haben, verorteten dieses im Bereich Film/Fernsehen. Unter den Mädchen spielten außerdem Personen aus der (in der Regel medial vermittelten) Musik eine wichtige Rolle (29 %) (Jungen: 8 %), während Jungen sich ihre Vorbilder sogar hauptsächlich aus dem (ebenfalls meist medial vermittelten) Sport suchen (42 %; Mädchen: 6 %) (Feierabend & Rathgeb, 2009b)[33].

Boehnke, Müller-Bachmann, Hoffman und Münch konnten zeigen, dass Medien (in diesem Fall das Radio) aktiv genutzt werden, um empfundenen Entwicklungsbedarf beziehungsweise gesellschaftlichen Entwicklungsdruck zu minimieren (Boehnke, Müller-Bachmann, Hoffmann & Münch, 2000), wobei dies entweder funktional problemlösend oder kompensatorisch-ausweichend geschehen kann. Six nennt hier insbesondere die Identifikation mit Medienhelden, die stellvertretend für die kindlichen oder jugendlichen Rezipienten Konflikte und Probleme lösen (Six, 2008).

Auch über die Auseinandersetzung mit Entwicklungsaufgaben hinaus werden Medien von Kindern und Jugendlichen funktional eingesetzt. Six (2008, S. 897 - 898) unterscheidet dabei zwischen Funktionen auf der (sozio-)emotionalen Ebene, Funktionen auf der (sozial-)kognitiven Ebene und sozialen beziehungsweise handlungsbezogenen Funktionen, wobei die von ihr beschriebenen Aspekte keinesfalls ausschließlich kindliche beziehungsweise jugendliche Mediennutzung betreffen, sondern auch auf Mediennutzung durch erwachsene Nutzer anzuwenden sind. So werden Medien auf der (sozio-) emotionalen Ebene

---

33 Natürlich lassen diese Zahlen kaum Rückschlüsse auf den tatsächlichen Grad von Wichtigkeit und Wirkung bestimmter Personen und Vorbilder auf bzw. für die eigene Entwicklung und Lebensgestaltung von Kindern und Jugendlichen zu. Der alltägliche Umgang mit primären und sekundären Bezugspersonen , die entscheidenden Einfluss auf die Entwicklung haben, führt sogar zwangsläufig dazu, solchen Personen einen häufig mit vielfältigen (und nicht selten unrealistischen) Wünschen und Projektionen überladenen Vorbildcharakter abzusprechen. Weit entfernten, oft hochgradig stilisierten Medienpersonen kann ein solcher Vorbildcharakter dagegen sehr viel leichter zugesprochen werden. Auch über Ursache und Wirkung kann aufgrund solcher Studien nicht geschlossen werden. Zwar geben Medien durch vielfältig bedingte Selektionsprozesse ein "relevant set" wichtiger Personen und Figuren vor, denen somit eine gewisse Einflusswahrscheinlichkeit zukommt, jedoch werden Vorbilder von Kindern und Jugendlichen in bestimmten Lebensphasen aufgrund bestimmter Bedürfnislagen und einem bestimmten Entwicklungsbedarf heraus aktiv ausgewählt und nach Bedarf auch ausgewechselt (Boehnke & Münch, 1999). Im Hinblick auf die Studie von Feierabend und Rathgeb muss zudem darauf hingewiesen werden, dass die konkrete Fragestellung ("Gibt es eine Person/Gruppe, für die du besonders schwärmst? ") (Feierabend & Rathgeb, 2009b) aufgrund der verwendeten Begrifflichkeiten (schwärmen, Gruppe) viele befragte Kinder in der Weise beeinflusst haben könnte, eine Antwort aus dem Bereich der Medien bzw. medienvermittelten Bereiche wie Sport oder Musik zu geben.

genutzt, um Einsamkeitsgefühle abzubauen, von Problemen abzulenken, einem als negativ erlebten Alltag zu entfliehen oder aber zur allgemeinen Stimmungsregulation (vgl. auch Zillmann & Bryant, 1985). Auch das Bedürfnis von Kindern nach ständig wiederholter Zuwendung zu einem Medienprodukt hat insofern funktionalen Charakter, als es dem Bedürfnis der Kinder nach Sicherheit und Vertrautheit entspricht (Six, 2008, S. 898). Eine von der Forschung vielfach vernachlässigte sozio-emotionale Funktion der Mediennutzung ist die Kompensation von Langeweile, die als Teil stimmungsregulativer Mediennutzungsmotive aufgefasst werden kann. Tatsächlich ist Langeweile sowohl bei Kindern (Feierabend & Rathgeb, 2009b, S. 54) als auch bei Jugendlichen (Feierabend & Klingler, 2007a, S. 64) einer der wichtigsten Gründe der Mediennutzung, Langeweile ist das wichtigste Motiv der Fernsehnutzung überhaupt bei Kindern und Jugendlichen und bei Jugendlichen auch das wichtigste Motiv der Internetnutzung (ebenda).

Unter den (sozial-)kognitiven Funktionen der Mediennutzung nennt Six (2008, S. 898) insbesondere die Befriedigung von Wissensdurst und Neugier, "die Suche nach kognitiver Orientierung sowie Exploration und Erklärung der Realität". Dadurch, dass während der Medienrezeption im Inneren Handlungsstränge, Zeitsprünge und Perspektivenwechsel nachvollzogen werden, verschaffen sich Kinder nach Six "Anregungen für Problemlösungen und andere sich entwickelnde Denkoperationen" (ebenda). Zudem transportieren Medien soziales Wissen, vermitteln grundlegende Werte und Normen und ermöglichen den sozialen Vergleich mit anderen Menschen. So helfen Medien, sich der eigenen Identität zu versichern (ebenda). Unter dem Oberbegriff der sozialen und handlungsbezogenen Funktionen fasst Six alle jene Situationen und Rezeptionsmodi zusammen, in denen Mediennutzung Ausgangspunkt oder Begleitung sozialer Aktivitäten sind oder aber fehlende oder als mangelhaft empfundene soziale Interaktionen kompensieren (etwa durch den Aufbau parasozialer Beziehungen zu Medienfiguren) (ebenda).

4 Problematische Wirkungen der Mediennutzung

Die Diskussion über interindividuell stabile Wirkungen der Mediennutzung ist seit jeher fester Bestandteil der gesellschaftlichen und wissenschaftlichen Diskurse über die Medien. Gleichs These, die intensive Beschäftigung mit Effekten der Mediennutzung resultiere aus einer "*Urfurcht* vor den Wirkungen der Medien" in der Bevölkerung [Kursivsetzung im Original] (Gleich, 2004, S. 588), die Furcht vor schädlichen Medienwirkungen erhalte durch die Entwicklung neuer Medien immer wieder neue Nahrung, wobei die vorgebrachten Argumente immer die gleichen seien (ebenda), ist jedoch in dieser sehr verallgemeinernden Form nicht zuzustimmen. So kann Gleich entgegengesetzt werden, dass zwar mit Einführung neuer Medien neue Medienwirkungsdebatten zu beobachten sind, dass jedoch die These von der Gleichheit der Argumente kaum zutreffen kann, etablierten sich neue Medien doch in historisch jeweils einzigartigen gesellschaftlichen Konstellationen mit jeweils einzigartigen sozialen, gesetzlichen und wirtschaftlichen Bedingungen (vgl. auch Kleimann, 2007). Das Deutschland des späten 20. und frühen 21. Jahrhunderts, in dem etwa über Wirkungen, Gefahren und Nutzen des Internets oder der Computerspiele diskutiert wird, ist eine andere Gesellschaft als diejenige, in der der erste literarische Selbstmord, der erste Filmkuss oder der erste „Zombiestreifen" diskutiert wurde. Obwohl die Debatten der Vergangenheit ähnliche Grundmuster aufwiesen, indem beispielsweise immer wieder über Gewaltdarstellungen oder sittliche Tabubrüche diskutiert wurde, waren sie immer auch differenziert und auf die Besonderheiten des neuen Mediums ausgerichtet.

Die folgende Darstellung der aktuellen Medienwirkungsdebatte dient dem Zweck, Notwendigkeiten gesellschaftlichen und insbesondere pädagogischen Handelns bezüglich kindlicher und jugendlicher Mediennutzung auszuleuchten. Insofern sollen nachfolgend nur solche Medienwirkungsdimensionen dargestellt werden, die einen klaren Bezug zur Erfahrungswelt und zur Entwicklung Minderjähriger haben. Dabei wird nach der Systematik vorgegangen, nicht nach einzelnen Medien oder bestimmten medialen Inhalten zu differenzieren, sondern zwischen den Resultaten medialer Wirkprozesse, den "abhängigen Variablen" zu trennen. Ein zentrales Problem bei der Erforschung von Medienwirkungen und insbesondere von negativen Medienwirkungen stellt die Tatsache dar, dass Mediennutzung und insbesondere problematische Mediennutzung als recht zuverlässiger Indikator für das Vorhandensein einer ganzen Reihe von Risikofaktoren etwa auf die Leistungsentwicklung, die Sozialisation, oder die Gesundheit von Kindern und Jugendlichen gelten kann, ohne dass die Art der Mediennutzung zwingend kausal mit diesen Risikofaktoren verknüpft sein muss. Es werden aus diesem Grund nachfolgend insbesondere solche Studien dargestellt, die versuchen, durch ihr Forschungsdesign (Längsschnittstudien oder Experimentalstudien oder ihre Auswertungsmethodik (beispielsweise Partialkorrelationen oder komplexe Strukturgleichungsmodelle) eigenständige Medieneffekte herauszuarbeiten und Drittvariableneinflüsse weitgehend zu isolieren.

4.1 Mediennutzung und schulische Leistung bzw. Leistungsfähigkeit

Die Zusammenhänge zwischen der Nutzung elektronischer Medien und der schulischen Leistung von Kindern und Jugendlichen sind in seit den 50er-Jahren des letzten Jahrhunderts vielfach quer- und längsschnittlich untersucht worden. Dabei bezog sich die frühe Forschung ausschließlich auf Effekte des sich immer stärker verbreitenden Fernsehens, während Studien seit Mitte der 1980er-Jahre auch Effekte der Nutzung anderer elektronischer Medien (Video, Computerspiele, später auch Internet) thematisierten (Für eine ausführliche Darstellung der bisherigen Forschung vgl. Mößle et al., 2007).

4.1.1 Schulleistung - Begriffsbestimmung und Beschreibung wichtiger Einflussfaktoren

Bevor ein kurzer Überblick über den aktuellen Forschungsstand gegeben wird, soll zunächst kurz der Begriff der schulischen Leistung erläutert werden. Schulleistungen werden von Helmke und Weinert definiert als erworbene bereichsspezifische Kenntnisse, Fertigkeiten und Leistungen, die durch schulbezogene Aufgaben und Leistungstests überprüfbar sind (1997, S. 139). Als zentrale Indikatoren schulbezogener Leistungen gelten dabei Leistungen, die sich aus Tests oder Lehrerbeurteilungen ergeben und in Form von Schulnoten vorliegen (ebenda). Neuere kompetenzorientierte Ansätze der Schulleistungsforschung rekurrieren dabei stärker auf den Erwerb langfristiger Expertise, die sich nicht nur auf den Erwerb bereichsspezifischer Wissensbestände bezieht, sondern auch die Kompetenz zur Anwendung dieser Wissensbestände umfasst. Damit lösen sie sich von der engen Auffassung von Schulleistung als durch den Lehrplan bedingte Verfügbarkeit bereichsspezifischen Wissens und betonen die Relevanz kognitiver Fähigkeiten und Fertigkeiten zur Lösung spezifischer Probleme

(Köller & Baumert, 2008; vgl. auch Rehbein, 2010). Insofern gibt es zumindest zwei unterschiedliche Ansätze, schulbezogene Leistungen zu messen, die in Studien verwendet werden können, welche den Einfluss verschiedener Faktoren (zum Beispiel der Mediennutzung) auf schulbezogene Leistungen untersuchen sollen: Die Messung solcher Leistungsindikatoren, die von der Schule selbst generiert werden (Schulnoten und Leistungszertifikate) und die Messung durch die Schule vermittelter (Basis-)Kompetenzen in Form allgemeiner Kompetenztests (zum Beispiel Lesekompetenzen, mathematische Grundbildung, naturwissenschaftliche Grundbildung, Fähigkeit zum selbstregulierten Lernen, soziale und kommunikative Kompetenzen)(Baumert, Stanat & Demmrich, 2001). Baumert, Stanat und Demmrich verweisen allerdings - entgegen anderer Meinungen in der Literatur - darauf, dass Kompetenzen und schulische Bildungszertifikate durchaus miteinander zusammenhängen. Bildungszertifikate seien, so die Autoren, Kompetenzversprechen, die gegenüber Abweichungen im Einzelfall relativ enttäuschungsfest sind (Baumert, Stanat et al., 2001, S. 31). Zudem zeige die empirische Studienlage durchaus eine Kopplung zwischen formalen Bildungsindikatoren. So hingen Lesekompetenz und mathematische Fähigkeiten in ausgeprägter Weise mit dem erworbenen Bildungsniveau zusammen (ebenda).

Unstrittig ist, dass Schulleistung von einer Vielzahl von Faktoren bedingt und fortwährend beeinflusst ist. Helmke und Weinert unterscheiden hier individuelle, schulische und familiäre Bedingungsfaktoren sowie eine Gruppe „anderer Sozialisationsinstanzen", zu der sie auch die Medien beziehungsweise Medienumwelt zählen (1997). Die Autoren stellen jedoch fest, dass die genauen Zusammenhänge zwischen den einzelnen Faktoren und Schulleistung weitgehend unklar sind (Helmke, A. & Weinert, 1997, S. 139). Die aktuellen kompetenzerwerbsorientierten internationalen Programme zum Vergleich schulischer Leistungen, PISA (Programme for International Student Assessment) und IGLU (Internationale Grundschul-Lese-Untersuchung), berücksichtigten in der Vergangenheit Medien und Mediennutzung von Schülern zunächst lediglich durch Erhebung der Ausstattung mit Mediengeräten (Baumert, Artelt, Carstensen, Sibberns & Stanat, 2001) sowie Abfrage außerschulischer PC-Nutzung von Schülerinnen und Schülern (Bos et al., 2003), obwohl Medien und ihrer Nutzung im diesen Studien zugrundeliegenden Modell bereits Zusammenhänge mit kognitiven, motivationalen und sozialen Lernvoraussetzungen eines Schülers, seinem kulturellen Kapital, den Beziehungen mit seiner Peergroup sowie dem elterlichen Erziehungs- und Unterstützungsverhalten bescheinigt werden (Baumert, Artelt et al., 2001). Insofern „hinkt" die empirische Operationalisierung dieser Studien dem zugrundeliegenden Kompetenzmodell deutlich hinterher, zumal die bisherigen mediennutzungsspezifischen Auswertungen insbesondere der PISA-Studie durchaus als kritikwürdig gelten können (vgl. S. 75 dieser Arbeit).

4.1.2 Mediennutzung und Schulleistung: Die Forschung seit 1950

Deutlich intensiver als die „klassische" Schulleistungsforschung hat sich insbesondere die Medienwirkungsforschung und die Leseforschung der vergangenen Jahrzehnte mit dem Einfluss der Medien auf die Schulleistung beschäftigt. Hier dominierten zunächst Studien zur Wirkung der Fernsehnutzung, innerhalb derer der Fokus auf mögliche negative Effekte der Mediennutzung auf schulische Leistung und verwandte Konstrukte gelegt wurde (vgl. etwa Ennemoser, Schiffer, Reinsch & Schneider, 2003, S. 12). Frühe Studien aus den 1950er- und 1960er-Jahren konnten indes entgegen der Annahme negativer Wirkungen keine, oder aufgrund der Effektstärke kaum relevante negative Effekte der Fernsehnutzung zeigen (ebenda), auch solche mit elaborierten Längsschnittdesigns nicht (vgl. etwa die Studie mit Daten aus den 60er-Jahren von Gortmaker, Salter, Walker & Dietz, 1990). Auch die Meta-Analyse von Williams, Haertel, Haertel und Walberg (1982), in der 274 Korrelationen zwischen Freizeitmediennutzung und schulischem Lernen aus 23 Studien zwischen 1954 und 1978 systematisch analysiert und zusammengefasst wurden, zeigte einen lediglich äußerst schwachen, wenn auch signifikanten negativen Zusammenhang von $r = .05$ zwischen Fernsehnutzung und einem schulischen Leistungsindikator. Als eine der zentralen Studien der Fernsehwirkungsforschung gilt die Studie „The Impact of Television", in der Tannis MacBeth Williams und Kollegen den - für die Forscher - glücklichen Umstand nutzten, dass eine kanadische Kommune erst 1973 Fernsehempfang erhielt - nicht aufgrund einer besonderen geographischen Isolation, sondern aufgrund ihrer Lage in einem „Blinden Fleck" der bisher vorhandenen Fernsehsendestationen - und die Forscher somit in der Lage waren, die Bewohner der Gemeinde, Kinder und Erwachsene vor und nach Einführung des Fernsehens zu untersuchen (vgl. Williams, T. M., 1986)[34]. Die von den Autoren der Studie gefundenen negativen

---

34 Die Einführung des Fernsehens in einer ansonsten durchschnittlichen kanadischen Kommune zu diesem späten Zeitpunkt nutzten die Forscher, die Bewohner dieser „Notel" genannten Kommune, Kinder wie Erwachsene, vor und nach Einführung des Fernsehens intensiv zu Leseleistungen, kognitiver Entwicklung, kognitiver Leistungsfähigkeit, Freizeitgestaltung, sonstiger Mediennutzung, Geschlechtsrollenbildern, Gewaltverhalten sowie einiger weiterer Persönlichkeitsvariablen und Einstellungen zu untersuchen. Als

Effekte des Fernsehens auf den Erwerb von Lesefähigkeiten, Leseverhalten und kreatives Denken stellten den Auftakt einer Reihe von Studienergebnissen der 1980er-Jahre dar, die Belege für negative Effekte der Fernsehnutzung auf schulische Leistungsparameter erbrachten[35]. Eine Meta-Analyse von Razel (2001), in die 305 Korrelationskoeffizienten zu Zusammenhängen zwischen Fernsehnutzung und Schulleistung aus sechs internationalen Studien von 1986 bis 1998 mit N > 1.000.000 Schülerinnen und Schülern einbezogen wurden, zeigte, dass 90 Prozent der dokumentierten Korrelationen zwischen Fernsehzeit und Schulleistung (Lesen, Mathematik und Naturwissenschaften) negativ ausfielen[36]. Das kritische Review der Fernsehwirkungsforschung von Comstock und Scharrer (1999) kommt unter Rückgriff auf ein Zitat von Marie Winn (1977) zu dem Schluss, dass insbesondere eine negative Wirkung von Fernsehnutzung auf Lesefähigkeiten von Kindern nachgewiesen seien: „[...] large amounts of television viewing interfered with learning to read, the ability to concentrate while reading, and promoted the use of reading matter that could be scanned or read in brief segments with low involvement."

4.1.3 Wirkungstheorien

Welche theoretischen Annahmen existieren - jenseits der statistischen Assoziation zweier Sachverhalte - über die Art des Zusammenhangs zwischen Fernsehnutzung und schulischer Leistung? In der Forschung der vergangenen Jahrzehnte konkurrieren mehrere Hypothesen in der Debatte über negative Effekte des Fernsehens auf die schulische Leistung. In einer ersten Gruppe

---

Kontrollgruppen dienten zwei weitere, mit „Notel" weitgehend vergleichbare kanadische Gemeinden, in denen, wie später auch in „Notel", bereits ein Fernsehsender verfügbar war („Unitel"), oder bereits vier Fernsehsender („Multitel") (Williams, T. M., 1986, S. 1 - 8).

35 Die Resultate der kanadischen Studie bezüglich des Erwerbs der Lesefähigkeit von Kindern wurden unter anderem von Anderson et al. (2001) zunächst recht überzeugend relativiert. So verweisen die Autoren zu Recht darauf, dass sich der Fernseheffekt der Studie von Williams et al. vor allem durch die Neueinführung des Fernsehens erklären ließe, der nach Auftreten einer „novelty bubble" wieder verschwinde. Insofern werden die entsprechenden Ergebnisse von Williams et al. an dieser Stelle nicht weiter ausgeführt, insbesondere weil inzwischen überzeugendere Belege einer Beeinträchtigung von Leseerwerb und Leseverhalten von Kindern durch aktuelle Längsschnittstudien vorliegen, für die Anderson et al.'s Argumentation einer „novelty bubble" nicht mehr gelten kann.

36 Zu den Einschränkungen und Differenzierungen dieses Befundes vgl. Razel, 2001, S. 373 - 378.

können all jene Hypothesen und Theorien zusammengefasst werden, die sich mit aus Mediennutzung resultierenden Verdrängungseffekten beschäftigen. **Zeitverdrängungshypothesen** stellen auf die zunehmende mit (elektronischen) Medien verbrachte Zeit ab und folgern daraus die Verdrängung anderer, unter anderem schulnotwendiger Tätigkeiten, insbesondere die Verdrängung schulischen Lernens, der Erledigung von Hausaufgaben oder auch ein vermindertes Engagement für andere leistungsförderliche Freizeittätigkeiten (entsprechende Überblicke bei Comstock, G. A. & Scharrer, 1999; Ennemoser & Schneider, 2007; Mößle et al., 2007, S. 22 - 31; Neuman, 1988). E

Eine weitere Gruppe von Hypothesen fokussiert die von Kindern und Jugendlichen genutzten Medieninhalte und stellt einen Zusammenhang her zwischen der Kumulierung eher kurz- oder mittelfristiger Medienrezeptionseffekte und der schulischen Leistung. Elaborierte Ausarbeitungen dieser **Medieninhaltshypothesen** liegen insbesondere zu Effekten der Gewaltmediennutzung auf das Sozial- und Konfliktverhalten von Kindern und Jugendlichen vor und den Implikationen, die sich hieraus für schulische Leistungen ergeben (vgl. Mößle et al., 2007, S. 41 - 43).

Comstock und Scharrer zeigen, dass sich viele medienbezogene Schulleistungsminderungs-hypothesen in einer dritten, eher heterogenen Gruppe von **Interferenz-Hypothesen** zusammenfassen lassen (Comstock, G. A. & Scharrer, 1999, S. 255 - 256), wobei in dieser Kategorie sowohl Zeitverdrängungs- wie auch Medieninhaltsanteile enthalten sind. Die Gruppe der Interferenz-Hypothesen schließt auch solche Überlegungen ein, die sich auf Minderung bestimmter kognitiver Leistungsdimensionen von Rezipienten beziehen, die sich durch Bevorzugung bestimmter Präsentationsformate durch das Fernsehen erklärt werden sollen. Nach Comstock und Scharrer finden sich in der Fernsehnutzungsforschung der vergangenen Jahrzehnte empirische Belege dafür, dass schulbezogene Tätigkeiten durch Fernsehnutzung nicht oder nur sehr moderat verdrängt werden, dass aber parallele Fernsehnutzung bei der Erledigung schulbezogener Aufgaben (zum Beispiel Fernsehnutzung beim Erledigen von Hausaufgaben oder während des Lernens) nachweisbar negative Effekte hat (vgl. auch Armstrong & Greenberg, 1990). Auch finden Comstock und Scharrer in der Fernsehforschung der Vergangenheit Belege dafür, dass kindliche Vielseher früh fernsehtypische Narrationsweisen, Plots und Präsentationsweisen präferieren und typische Narrationsweisen, Plots und Präsentationen gedruckter Geschichten im Laufe der Zeit immer stärker als farblos, langweilig und wertlos ablehnen. In einer immer noch stark am Lesen und textbasierter Inhaltsvermittlung orientierten Schule erzielen demzufolge solche Schülerinnen und Schüler bessere Leistungserfolge, die im Umgang mit gedruckten Inhalten geübter sind und diese Art der Vermittlung stärker wertschätzen (Comstock, G. A. & Scharrer, 1999, S. 261 - 264; vgl. auch Koolstra & Van der Voort, 1996). Andere auf den Medieninhalt bezogene Theorien, wie etwa die der direkten Konzentrationsfähigkeitsminderung durch starke Fernsehnutzung (Gadberry, 1980) konnten bisher nicht empirisch bestätigt werden (Ennemoser & Schneider, 2007, S. 366). Vielmehr erscheint es plausibel, dass die Konzentrationsfähigkeit durch starke frühe Fernsehnutzung nicht dauerhaft gemindert wird, sondern bei Vielsehern eine geringe Motivation besteht, ihre Aufmerksamkeit auf von ihnen als eher minderwertig angesehene, gedruckte Medieninhalte zu lenken.

Insgesamt muss jedoch darauf verwiesen werden, dass die Trennung zwischen Zeitverdrängungshypothesen, medieninhaltsbezogenen Hypothesen und Interferenzhypothesen eher das Resultat nachträglicher Versuche darstellt, die bisherige Forschung zu strukturieren, als dass sich die Hypothesen bei den relevanten Autoren wirklich trennscharf unterscheiden lassen. Da die Schulleistungsminderung durch Mediennutzung nur als langfristiger Effekt denkbar ist und nach Hypothesen differenzierte Experimentalstudien kaum denkbar erscheinen, lassen sich die konkurrierenden Hypothesen kaum empirisch gegeneinander testen. So können empirische Studien lediglich versuchen, die Kausalität des Effektes von Medien (insbesondere Fernsehnutzung) auf Schulleistung nachzuweisen, nicht aber die genauen Effekte erklären.

4.1.4 Fernsehnutzung und Schulleistung

Die eindeutigste empirische Studienlage ergibt sich auf dem Feld der Forschung zum Zusammenhang zwischen Fernsehnutzung und Lesefähigkeiten von Kindern. Die publizierten Studien stellen selten keine, zumeist aber negative Effekte der Fernsehnutzung in der Vor- und Grundschulzeit auf die Leseleistungen beziehungsweise -fähigkeiten fest. Konnten ältere Studien nur geringe (vgl. die Meta-Analyse von Williams, P. A. et al., 1982) oder, wie die Längsschnittstudie von Gortmaker, Salter, Walker und Dietz (1990), die auf Daten aus den 1960er-Jahren zurückgreift, keine Effekte feststellen, liegen inzwischen drei neuere elaborierte Studien im Längsschnittdesign[37] aus den USA, aus Deutsch-

---

37 Obwohl forschungsorganisatorisch und forschungsökonomisch extrem aufwändig, haben Längsschnittanalyse doch den großen Vorteil gegenüber reinen Querschnittsuntersuchungen, dass - mit adäquatem Analyseinstrumentarium - statistische Zusammenhänge zwischen Variablen mehrerer Messzeitpunkte eindeutig kausal interpretiert werden

land und den Niederlanden mit recht konsistenten Ergebnissen vor, die durchaus signifikant negative Effekte des Fernsehens auf Lesefähigkeiten von Kindern feststellen.

Tabelle 1: Längsschnittstudien zum Einfluss des Fernsehen auf Lesefähigkeiten von Kindern

	Koolstra, van der Voort & van der Kamp (1997)	Zimmerman & Christakis (2005)	Ennemoser (2003a), Ennemoser & Schneider (2007)
Forschungsdesign	Längsschnitt	Längsschnitt	Längsschnitt
Untersuchungszeitraum	1989 - 1991	1994 - 2000	1998 - 1999
Untersuchungsregion	Niederlande	USA	Süddeutschland
Alter der Untersuchungsteilnehmer	8 - 10 Jahre	0-7 Jahre	5 - 10 Jahre
Stichprobengröße	N = 1.050	N = 1.797	N = 332
Stichprobenziehung	Quotierte Stichprobe von Kindern in 16 Schulen Südhollands	Randomisiert (Oversampling für bestimmte ethnische Gruppen)	Anfallende Stichprobe
Erhebungsmethode	Standardisierte, schriftliche Befragung im Klassenverband	Postalisch-schriftliche standardisierte Interviews	Persönliche standardisierte Interviews, standardisierte Tests, Selbstausfüller-Medientagebuch

können, ohne dabei den Beschränkungen der ebenfalls zur Kausalanalyse geeigneten experimentellen Verfahren zu unterliegen (vgl. Pfeiffer, C., Mößle, Kleimann & Rehbein, 2008).

Tablle 1 (fortgesetzt)

	Koolstra, van der Voort & van der Kamp (1997)	Zimmerman & Christakis (2005)	Ennemoser (2003a), Ennemoser & Schneider (2007)
Operationalisierung der Fernsehnutzung	Fernsehnutzungsdauer und -inhalt (Unterhaltung und Information) (Selbstauskunft)	Fernsehnutzungsdauer (Fremdauskunft Mutter)	Fernsehnutzungsdauer (Fremdauskunft durch Eltern mittels Medientagebuch; Selbstauskunft mittels Medientagebuch)
Gemessene Dimensionen schulischer Leistungsfähigkeit	Leseverständnis Text-Dekodierungsfähigkeiten	Fähigkeiten in der Texterkennung Fähigkeiten im Leseverständnis Zusätzlich: Mathematische Fähigkeiten	Lesegeschwindigkeit Leseverständnis Wortschatz Allgemeiner sprachlicher Entwicklungsstand
Kontrollierte Variablen	Intelligenz der Kinder Sozioökonomischer Status der Eltern (inkl. Bildungshintergrund)	Ethnischer Hintergrund der Kinder Kognitive Stimulation durch Eltern Sprachfähigkeiten der Eltern Bildungshintergrund der Mutter Intelligenz der Mutter	Intelligenz der Kinder Schulabschluss der Eltern Berufsausbildung der Eltern Derzeitige Tätigkeit der Eltern

Tablle 1 (fortgesetzt)

	Koolstra, van der Voort & van der Kamp (1997)	Zimmerman & Christakis (2005)	Ennemoser (2003a), Ennemoser & Schneider (2007)
Hauptresultate	Negativer Einfluss der Häufigkeit von TV-Unterhaltungskonsum auf das Leseverständnis. Positiver Einfluss der häufigen Rezeption ausländischer Filme mit Untertiteln auf das Leseverständnis	Negativer Einfluss frühen Fernsehkonsums (im Alter von unter drei Jahren) auf schulnahe kognitive Leistungen	Negativer Einfluss häufigen Fernsehkonsums auf Sprach- und Lesekompetenzen

Koolstra, van der Voort und van der Kamp (1997) (vgl. Tabelle 1) zeigten, dass die Häufigkeit der Fernsehnutzung bei Kontrolle der Intelligenz der Kinder sowie des elterlichen Hintergrunds zu schlechteren Testleistungen der Kinder beim Leseverständnis und der Dekodierung von Texten führte. Dieser Effekt zeigte sich vor allem für Kinder, die überwiegend Unterhaltungssendungen nutzten. Nur Kinder, die bereits im frühen Grundschulalter untertitelte Fernsehsendungen anschauten, profitierten davon im Hinblick auf bessere Lesefähigkeiten. Auch Zimmerman und Christakis (2005) kamen in Ihrer Sekundäranalyse des amerikanischen National Longitudinal Survey of Youth 1979 - Children and Young Adults (NLSY '79 und NLSY-Child) zu dem Schluss, dass ein linear-negativer Zusammenhang zwischen der Häufigkeit früher Fernsehnutzung im Alter von unter drei Jahren und den Lesefähigkeiten (Texterkennung und Leseverständnis) von Kindern im Alter von sechs bis sieben Jahren existiert. Für die mathematischen Fähigkeiten der Kinder, die in dieser Studie zusätzlich untersucht wurden, zeigten sich analoge Zusammenhänge. In Deutschland fanden Ennemoser, Schiffer, Reinsch und Schneider (Ennemoser, 2003b; Ennemoser et al., 2003; Ennemoser & Schneider, 2007; Schiffer, Ennemoser & Schneider, 2002) ebenfalls einen quer- wie längsschnittlich signifikanten negativen Zusammenhang zwischen häufiger Unterhaltungsfernsehnutzung und schwächeren Sprach- und Lesekompetenzen. Die Autoren wiesen dabei insbesondere klare

Effekte der Unterhaltungsfernsehnutzung in der ersten Klasse auf Lesekompetenzen in der dritten Klasse nach (Ennemoser & Schneider, 2007, S. 363).

Gestützt werden die oben genannten Längsschnittergebnisse durch aktuelle Studien wie die von Borzekowski und Robinson (2005), die einen rein korrelativen Zusammenhang zwischen Leseleitung und Fernsehgerätebesitz von Drittklässlern fand, sowie durch weitere Studien, in deren Zentrum nicht allein die Lesefähigkeit von Kindern stand, sondern die allgemeinen schulisch-akademischen Leistungen von Kindern und Jugendlichen.

So legten Winterstein und Jungwirth (2006) Daten aus deutschen Einschulungsuntersuchungen von N = 1894 Vorschulkindern zwischen fünf und sechs Jahren vor, in denen sie Fernsehzeiten der Kinder und ihre Leistungen im Mensch-Zeichentest (MZT) korrelierten. Dabei zeigten vielsehende Kinder signifikant schlechtere Ergebnisse im MZT, der als guter Indikator der allgemeinen kognitiven Entwicklung von Kindern gilt (ebenda, S. 205). Neben solchen korrelativen Befunden ist auch auf eine Reihe von Längsschnittbefunden zu verweisen: Anderson, Huston, Schmitt, Linebarger und Wright (2001) publizierten eine Studie, in der sie von 1981 bis 1983 in zwei Kohorten von insgesamt N = 655 fünfjährigen Vorschulkindern die Fernsehnutzung die Kinder mithilfe von Fernsehtagebüchern erhoben[38] und diese Daten 1994, also rund zwölf Jahre später, mit den Schulnoten der inzwischen durchschnittlich 17-jährigen Schülerinnen und Schüler korrelierten. Die Autoren stellen insgesamt eindeutige Effekte vorschulischer Fernsehnutzung fest, sehen jedoch eine dominante Rolle des jeweiligen Inhalts der genutzten Fernsehsendungen, der von leicht positiven Effekten auf die Schulleistung bei primärer Nutzung informativer Programme bis zu deutlich negativen Effekten bei primärer Nutzung unterhaltsamer, insbesondere gewalthaltiger Fernsehsendungen reicht (S. 20 - 21). Eindeutig negative Effekte des Fernsehens auf schulische Leistungen konstatieren Hancox, Milne und Poulton (2005) die eine zwischen 1972 und 1973 geborene Geburtskohorte bis ins Alter von durchschnittlich 26 Jahren begleiteten, in diesem Zeitraum zu sechs Messzeitpunkten Fernsehnutzungsdaten sammelten und darüber hinaus differenzierte Daten zur schulischen Leistungsentwicklung, Schulabbruchquoten und akademischen Abschlüssen erhoben. Insgesamt, stellen sie fest, sei Fernsehnutzung in Kindheit und Jugend mit signifikant höheren Schulabbruchraten und schlechteren akademischen Abschlüssen im Alter von 26 Jahren assoziiert

---

38 Zur Eignung von Fernseh- bzw. Medientagebüchern zur validen Erfassung der Mediennutzung vgl. insbesondere Reinsch, Ennemoser und Schneider (1999), ebenso Anderson, Field, Collins, Lorch und Nathan (1985) sowie Bechtel, Achelpohl und Akers (1972).

(S. 614). Dabei waren die Autoren in der Lage, den Intelligenzquotienten, den sozioökonomischen Status des Elternhauses und die Einschätzung von Lehrern und Eltern über verschiedene Verhaltensprobleme der Kinder zu kontrollieren.

Dass nicht nur die Lesefähigkeiten negativen Fernsehnutzungseffekten unterliegen, sondern auch schulische Leistungen in anderen Fächern, legen auch Erkenntnisse der oben bereits erwähnten Studien von Zimmerman und Christakis (2005) sowie von Borzekowski und Robinson (2005) nahe, da hier neben Leseleistungen jeweils auch mathematische Fähigkeiten getestet wurden. Für den deutschsprachigen Raum zeigte dies auch die KFN-Grundschulbefragung 2005, die - bei Kontrolle des elterlichen Bildungshintergrundes und des Familienklimas, der ethnischen Herkunft und der Deutschkenntnisse der Kinder bei Einschulung - negative Korrelationen für die drei Kernfächer Deutsch, Sachkunde und Mathematik mit der von den N = 5.529 befragten Viertklässlerinnen und Viertklässlern selbst eingeschätzten Fernsehzeit auswies (Mößle et al., 2007, S. 91 - 102). Der negative Effekt der Fernsehnutzung zeigte sich sowohl auf der zeitlichen (Nutzungsdauer) wie auch der inhaltlichen Ebene (Gewaltmedienanteil), und wurde sowohl bei den Schulnoten der Kinder als auch bei den Empfehlungen der Lehrerinnen und Lehrer für eine weiterführende Schule deutlich. Insgesamt weisen aktuelle Studien somit auf problematische Wirkungen der Fernsehnutzung im Vor- und Grundschulalter auf Leseleistungen wie auch auf allgemeine Schulleistung und die weitere akademische Laufbahn hin.

In der Literatur zu Medienwirkungen auf Schulleistungen wird immer wieder die Frage diskutiert, ob die gängige Praxis, Medieneffekte und insbesondere Effekte der Mediennutzungszeit auf Schulleistung als linearen Zusammenhang zu modellieren, überhaupt zulässig ist (Comstock, G. A. & Scharrer, 1999; Ennemoser & Schneider, 2007; Neuman, 1988; Razel, 2001; Williams, P. A. et al., 1982). So zeigte sich besonders in frühen Studien zur Wirkung der täglichen Fernsehnutzung die Tendenz eines kurvilinearen Zusammenhangs. Kinder und Jugendliche mit maßvoller Fernsehnutzung wiesen nicht nur bessere Schulleistungen auf als vielsehende Kinder, sondern auch leicht bessere Leistungen als Schülerinnen und Schüler, die den Fernseher gar nicht nutzten (Razel, 2001; Williams, P. A. et al., 1982). Andere Studien, etwa die Würzburger Längsschnittstudie von Ennemoser und Schneider fanden keinen kurvilinearen Zusammenhang, sondern linear-negative Effekte (Ennemoser & Schneider, 2007). Die zunächst methodische Diskussion über die genaue Art des Zusammenhangs ist insofern von Relevanz für die in dieser Arbeit behandelte Fragestellung, als die Frage der „richtigen Dosis" kindlicher Mediennutzung im pädagogischen Kontext häufig diskutiert wird und besonders Eltern in der täglichen Erziehungspraxis immer wieder beschäftigt. Allerdings lässt sich die Relevanz dieser Frage durchaus auch anzweifeln, solange die „richtige Dosis" der Mediennutzung auf die reinen Medienzeiten beschränkt bleiben. Comstock und Scharrer bezweifeln daher die Relevanz der Diskussion um die genaue Art des Zusammenhangs und verweisen dabei auf den engen Zusammenhang zwischen Fernsehnutzungszeiten und verschiedenen inhaltlichen Nutzungsmustern.

> Thus, light viewing by young persons is associated with more instrumental and information-oriented use that is unlikely to interfere with and might enhance scholastic performance, whereas heavy viewing reflects not only greater use but greater emphasis on less scholastically useful content (Comstock & Scharrer, 1999, S 254).

Da die wenigsten Studien Mediennutzungszeiten und genutzte Medieninhalte getrennt differenziert voneinander erfassen, besteht somit die Möglichkeit, dass kurvilineare Zusammenhänge zwischen Mediennutzung und Schulleistung durch verschiedene inhaltliche Nutzungsmuster erklärt werden. Insofern spielt die Frage nach inhaltlichen Mediennutzungsmustern eine ganz wesentliche Rolle bei der Postulierung eines Zusammenhangs zwischen Mediennutzung und Schulleistung.

Können viele der oben beschriebenen Korrelationen zwischen Fernsehnutzung als Belege für die Zeitverdrängungshypothese angeführt werden, zeigen insbesondere Anderson et al. (2001), dass empirische Befunde auch überzeugend mit inhaltsbezogenen Theorien zu begründen sind. Schulische Leistungen sind, so die Überlegung, durch schriftliche und mündliche Leistungsmessungen validierte und durch Schulnoten dokumentierte Vermutungen von Lehrern über das Leistungsniveau einer Schülerin oder eines Schülers. Da die Prozesse der Leistungserbringung durch den Schüler und der Leistungsbewertung durch die Lehrkraft soziale Prozesse sind, die somit auch immer vom Verhältnis beider Personen bestimmt und zudem durch bestimmte Erwartungen auf beiden Seiten geprägt sind, beeinflusst ein auffälliges Sozialverhalten eines Schülers auch den Prozess der Notenvergabe. So kann beispielsweise Aggressivität auf Seiten eines Schülers zu einer Spirale von Ablehnung durch die Lehrkraft, weniger Leistung, geringerer Arbeitsqualität, schlechteren Noten, verringerter Erfolgsmotivation führen (Mößle et al., 2007, S. 41), die schließlich in einer Ablehnung der durch die schulisch vermittelte Lern- und Lernerfolgskultur mündet (vgl. auch Anderson, D. R. et al., 2001; MacBeth, 1996; Williams, T. M., 1986).

Ein genauer Blick in die Befunde der Einzelstudien zur Überprüfung der Inhaltshypothese zeigt jedoch insofern ein differenziertes Bild, als dass einzelne Studien besonders im Hinblick auf die genutzten Inhalte zu keineswegs konsistenten Ergebnissen kommen. So zeigen Anderson, Huston, Schmitt, Linebarger und Wright (2001), dass die Nutzung bestimmter Informations- und Infotainment-Inhalte im Vorschulalter bei Kontrolle wichtiger Einflussfaktoren leicht positiv mit schulischer Leistung im Jugendalter korreliert ist. Diese Erkenntnis korrespondiert im Übrigen mit Befunden von Linebarger und Walker (2005), die schon bei Kleinkindern positive Effekte bestimmter Sendungen auf Wortschatz und sprachliches Ausdrucksvermögen feststellten, während andere, ebenfalls auf Kleinkinder zugeschnittene Formate (wie etwa die Teletubbies) negative Effekte auf das sprachliche Ausdrucksvermögen und/oder den Wortschatz hatten. Bezüglich der Nutzung des seit Jahrzehnten sehr populären Edutainment-Formates „Sesamstraße" durch Kinder im Klein- und Vorschulalter gibt es sehr unterschiedliche Befunde. Sie reichen von negativen Effekten der Nutzung dieses Formates auf das sprachliche Vermögen bis hin zu kleinen, aber robust positiven Effekten der Sesamstraßen-Nutzung auf Sprachlernen, Schulfähigkeit und spätere bessere Schulnoten (vgl. auch die von Comstock, G. A. & Scharrer, 1999, zusammengefassten Befunde zu den positiven Effekten der Sesamstraße, S. 235 - 236; sowie Kleimann & Mößle, 2006, S. 5). Darüber hinaus zeigten Koolstra, van er Voort und van der Kamp, dass die regelmäßige Rezeption von untertitelten Filmen durch Grundschulkinder deren Leseleistungen signifikant positiv beeinflusst (Koolstra et al., 1997).

Nicht nur zwischen Nutzungszeiten und genutzten Inhalten muss differenziert werden, auch die von den Kindern in den Nutzungsprozess eingebrachten Prädispositionen und Fähigkeiten sind nicht zu vernachlässigen (vgl. etwa die differenzierte Darstellung bei Ennemoser, 2003b). Klaren globalen Effekten stehen also differenzierte Effekte auf Subgruppenebene gegenüber, die sowohl mit der zeitlichen Mediennutzung als auch mit den genutzten Medieninhalten in Verbindung gebracht werden können. Trotz der Wichtigkeit solcher differenzierter Betrachtungen darf aber im Hinblick auf notwendiges gesellschaftliches Handeln und gebotene pädagogische Maßnahmen, die im Einzelnen im Rahmen dieser Arbeit noch zu diskutieren sind, das problematische Wirkpotential häufiger und inhaltlich problematischer Fernsehnutzung auf schulische Leistungen keinesfalls unterschätzt werden. So vielversprechend etwa die Nutzung einzelner Fernsehsendungen auf bestimmte Entwicklungsaspekte sein kann, zeigen Mediennutzungsstudien doch sehr eindeutig, dass solche eindeutig leistungsförderlichen Mediennutzungsmuster keinesfalls die Regel, sondern die klare Ausnahme sind. Zudem zeigen Studien wie die von Anderson, Huston, Schmitt, Linebarger und Wright (2001) oder von Linebarger und Walker (2005) immer nur den relativen Nutzen eines bestimmten Medieninhaltes gegenüber einem anderen. Aus entwicklungspsychologischer Sicht entscheidend wäre aber der Vergleich der Nutzung eher entwicklungsförderlicher Fernsehinhalte mit anderen Medien und vor allem auch nichtmedialen Aktivitäten und deren Wirkung.

4.1.5 Computer(-spiel-)nutzung und Schulleistung

Neben den Effekten der Fernsehnutzung auf die schulische Leistung ist in den letzten Jahren der Einfluss interaktiver Computer- und Konsolenspiele auf die Schulleistung von Kindern verstärkt untersucht worden. Obwohl die Frage nach leistungsmindernden Effekten der Computerspielnutzung bereits durch Studien in den achtziger Jahren aufgeworfen wurde (Harris & Williams, 1985; Lin & Lepper, 1987), dominierte doch anfangs die auch durch empirische Studien belegte Hoffnung auf leistungsförderliche Effekte der Computerspielnutzung. David Walsh und Douglas Gentile fassen die Gründe für diese Hoffnungen wie folgt zusammen: "Video games are natural teachers. Children find them highly motivating; by virtue of their interactive nature, children are actively engaged with them; they provide repeated practice; and they include rewards for skillful play" (Walsh & Gentile, 2004). Walsh und Gentile verweisen darauf, dass es mithilfe speziell entwickelter Spiele bereits gelungen sei, Einstellungen, Fähigkeiten und Verhalten von Kindern zu ändern, etwa im Bereich des Gesundheitsverhaltens. In der Tat ist inzwischen belegt, dass Computerspielen helfen kann, das räumliche Vorstellungsvermögen von Erwachsenen und auch Kindern zu verbessern (De Lisi & Wolford, 2002; Green, C. Shawn & Bavelier, 2006) und die visuelle Aufmerksamkeit zu steigern (Green, C. S. & Bavelier, 2003; Risenhuber, 2004). Auch über den erfolgreichen Einsatz von Bildungssoftware, darunter zahlreiche Programme mit Computerspielcharakter, gibt es inzwischen zahlreiche Belege (vgl. die Metaanalyse von Murphy, Penuel, Means, Korbak & Whaley, 2002).

Die PISA-Studie der OECD (2001) schien die positiven Zusammenhänge zwischen Computer(-spiel-) nutzung und schulischen oder schulnahen Leistungsindikatoren zunächst zu bestätigen, indem eine positive Korrelation zwischen höheren Lese- und Mathematikkompetenzen jugendlicher Schülerinnen und Schüler und der Verfügbarkeit eines Computers festgestellt wurde. In einer Re-Analyse der deutschen PISA-Daten durch Fuchs und Wößmann (2004) zeigte sich jedoch, dass bei Kontrolle des familiären Hintergrundes (insbesondere der elterlichen Erziehung und des sozioökonomischen Status) die Verfügbarkeit eines Computers zu einem umgekehrten Effekt, namentlich einer verminderten Lese- und Mathematikkompetenz, führte. Der Computerbesitz, so die Interpretation der Autoren, war Anfang des Jahrhunderts vor allem Indikator eines hohen sozioökonomischen Status, der wiederum mit einem höheren Bildungsniveau im Elternhaus und folglich besseren Ausgangsbedingungen für die Schullaufbahn ihrer Kinder verknüpft war. Wurde der Computer von den Schülern tatsächlich genutzt, so Fuchs und Wößmann, so diente er hauptsächlich als Spieleplattform, was, so die These der Autoren im Sinne der Zeitverdrängungshypothese, eher vom Lernen ablenke als mathematische oder sprachliche Kompetenzen zu steigern. In ähnlicher Weise kann auch die Analyse von Wittwer und Senkbeil (2008) interpretiert werden, innerhalb derer sich die Autoren mit der Aussage der OECD auseinandersetzen, die Verfügbarkeit und häufige Nutzung eines Computers steigere die mathematischen Kompetenzen der in der zweiten PISA-Studie untersuchten Schülerinnen und Schüler (OECD, 2006). Wittwer und Senkbeil zeigen, dass bei Kontrolle wichtiger Faktoren wie Geschlecht, Migrationshintergrund, kognitiven Fähigkeiten sowie Fernsehnutzungshäufigkeit und Nutzung inhaltlich problematischer Filmgenres[39] der Nutzung des Computers kein positiver, sondern ein (wenn auch nicht signifikanter) tendenziell eher negativer Einfluss zukommt (Wittwer & Senkbeil, 2008, S. 1565 - 1566). Positive Effekte der Computernutzung auf die bei PISA 2003 getesteten Mathematik- und Problemlösungskompetenzen konnten dagegen nur für eine Gruppe von Schülern tatsächlich nachgewiesen werden: So genannte *smart-users* (18 Prozent der PISA-Stichprobe), die ein breites Spektrum der Computernutzung aufweisen (breite Nutzung sowohl für schulbezogene Tätigkeiten, Unterhaltungszwecke sowie zur Kommunikation) und sich diese Nutzung selbst angeeignet haben (S. 1566 - 1567).

Vor dem Hintergrund der hauptsächlichen Verwendung des Computers als Spielplattform und angesichts der Tatsache, dass unter den genutzten Spielen eher solche mit problematischen Inhalten als solche mit eindeutig entwicklungs- oder leistungsförderlichen Inhalten genutzt werden (vgl. S. 36 und S. 43 in dieser Arbeit), erscheint es wenig erstaunlich, dass auch andere Studien, die sich nicht mit den Potentialen und Effekten von Lernspielen beschäftigen, sondern mit den alltäglichen Nutzungsvorlieben von Schülerinnen und Schülern, einhellig zu eher leistungsmindernden Effekten der Computerspielnutzung kommen. Gentile Lynch, Linder und Walsh (2004) stellen in einer Studie an N = 607 amerikanischen Acht- und Neuntklässlern eine negative Korrelation zwischen der Computerspielzeit und den durchschnittlichen Schulnoten der befragten Schülerinnen und Schüler fest. Auch Roberts, Foehr und Rideout (2005) fanden in einer für die USA repräsentativen Querschnittsbefragung von 2.023 Schülerinnen und Schülern der dritten bis zwölften Klasse negative Korrelationen zwischen Computerspielnutzung und der schulischen Leistung.

---

39 Dabei hat die Nutzung von Filmgenres wie Horror- oder Pornofilm bei Kontrolle der wichtiger Einflussfaktoren einen signifikant negativen Einfluss auf die Mathematik- und Problemlösungskompetenzen der untersuchten Schülerinnen und Schüler (Wittwer & Senkbeil, 2008, S. 1566)

Die Studie von Foehr und Rideout macht an mehreren Punkten deutlich, wie vergleichsweise wenig entwickelt der Forschungsstand zum Zusammenhang zwischen Computerspielen und Schulleistung im Gegensatz zur Fernsehforschung ist und wie dringend notwendig weitere Forschungsarbeit zu den Effekten der aktuellen Bildschirmmediennutzung von Kindern auf schulische Leistung ist. Zwar kann es generell als Stärke der Studie von Roberts Foehr und Rideout angesehen werden, dass im Rahmen ihrer Studie neben dem Computerspielen noch weitere für den Alltag von Schülerinnen und Schülern relevante Medien berücksichtigt wurden[40], doch leider bleibt die Studie auf der Ebene der bivariaten Korrelationen stehen. Weder berücksichtigen die Autoren in der Auswertung des Zusammenhangs zwischen Mediennutzung und Schulleistung den sozial-kulturellen Hintergrund der Befragten, noch bedienen sie sich angemessener statistischer Verfahren, um den Einfluss der Nutzung einzelner Medien auf die schulische Leistung parallel zu erfassen. Zudem muss es als problematisch angesehen werden, dass Schülerinnen und Schüler einer Altersspanne von acht bis achtzehn Jahren untersucht wurden, ohne in der Auswertung zwischen einzelnen Altersgruppen zu differenzieren, obwohl die gegenwärtige Studienlage zu Fernsehnutzung und Schulleistung recht eindeutig zeigt, dass Mediennutzungseffekte auf die schulische Leistung eher bei jüngeren Altersgruppen zu erwarten sind (vgl. auch Mößle et al., 2007, S. 102).

Ausdrücklich hingewiesen werden muss bei allen zitierten Studien zur Wirkung der Computer(-spiel-)nutzung auf Schulleistung, dass es sich um Querschnittsstudien handelt, so dass kausale Wirkrichtungen zwar inhaltlich plausibel sind, empirisch aber nicht die gleiche Aussagekraft haben, wie die oben beschriebenen Längsschnittstudien zur Wirkung des Fernsehens auf Lese- und Schulleistungen. Weis und Cerankosky (2010) trugen diesem Defizit Rechnung und veröffentlichten eine feldexperimentelle Studie, in deren Rahmen sie den Spielkonsolenbesitz von Grundschulkindern systematisch variierten und die Effekte des Gerätebesitzes auf Fähigkeiten in Lesen, Mathematik und schriftlichem Ausdruck untersuchten. Im Rahmen dieser Studie wurden N = 64 Jungen zwischen sechs bis neun Jahren (Durchschnittsalter = 7.9 Jahre) untersucht, wobei eine Teilgruppe der Jungen (n = 34) eine Spielkonsole erhielt[41]. Im

---

40 Die in dieser Studie ebenfalls betrachtete Nutzung von Fernsehen, DVD- und Videofilmen hatte aber keine signifikanten negativen Effekte auf die schulische Leistung, wenngleich auf der deskriptiven Ebene regelmäßige Nutzer dieser Medien leicht schlechtere Schulleistungen aufwiesen.
41 Voraussetzung für eine Teilnahme an der Studie war vorher bekundete Bereitschaft der Eltern der Jungen, ihren Kindern in absehbarer Zeit eine Spielkonsole kaufen zu wollen, wobei zu Beginn der Studie keines der Kinder eine Spielkonsole besaß. Jungen der

Rahmen einer Pre- und einer Post-Messung (nach vier Monaten) wurden mithilfe standardisierter Tests die Lese,- Rechen,- und Schreibfähigkeiten der Jungen ermittelt. Zugleich wurden die Lehrkräfte der Kinder nach möglichen schulischen Problemen der Probanden befragt. Nach Kontrolle der Intelligenz der Jungen zeigten sich signifikante Unterschiede zwischen Kontroll- und Experimentalgruppe bezüglich der Lese- und Schreibfähigkeit nach Abschluss der Feldphase des Experimentes. Jungen der Experimentalgruppe schnitten in beiden Tests signifikant schlechter ab, in den Mathematiktests zeigten sich keine Unterschiede. Den Effekt auf die Lesefähigkeiten klassifizierten die Autoren mit $\eta^2 = 0.042$ als moderat, den Effekt auf den schriftlichen Ausdruck mit $\eta^2 = 0.081$ als groß. Zudem berichteten Lehrkräfte von Jungen aus der Experimentalgruppe in der Nachmessung signifikant häufiger von schulischen Problemen der Jungen. Als Mediator der Beziehung zwischen Spielkonsolenbesitz und den Leistungsproblemen der Jungen identifizierten die Forscher die Videospielzeiten der Jungen. Nach Kontrolle dieser Zeiten wurde die Beziehung zwischen Konsolenbesitz und Lese- beziehungsweise Schreibfähigkeiten nicht mehr statistisch bedeutsam. Aufgrund der Mediator-Funktion der Spielzeit interpretierten die Autoren die von Ihnen gefundenen Effekte als Beleg für die Zeitverdrängungshypothese. Als weitere Stütze für ihre Interpretation nannten sie die Tatsache, dass die von den Probanden genutzten Spieltitel nur auf moderate Gewaltexposition während der Feldzeit hindeuteten und das Treatment keine signifikanten Effekte auf das Sozialverhalten der Probanden hatte. Insofern sahen die Autoren für Wirkmechanismen in Sinne der Inhaltshypothese (vgl. S. 66 in dieser Arbeit) keine Belege.

4.1.6 Fernseh- *und* Computerspielnutzung als Einflussfaktoren auf Schulleistung

Einige neuere Studien haben versucht, Effekte der Fernseh- und Computerspielnutzung parallel zu messen und zu modellieren, um so dem Medienalltag von Schülerinnen und Schülern und daraus folgenden Effekten auf schulische Leistung eher gerecht zu werden. So berichten Mößle et al. (2007) im Rahmen ihrer Analyse von Daten der KFN-Grundschülerbefragung 2005 (zur Studien-

---

Kontrollgruppe bekamen die Spielkonsole nach Abschluss der Feldphase. Eine weitere Teilnahmevoraussetzung war, dass in der Biografie der teilnehmenden Jungen bisher keine Entwicklungs- oder Verhaltensstörungen aufgetreten waren und keine gesundheitlichen oder schulischen Probleme aufgetreten waren. Im Rahmen der Post-Messung wurde zudem sichergestellt, dass Jungen der Kontrollgruppe während der Feldzeit keine Spielkonsole bekommen hatten (Weis & Cerankosky, 2010).

anlage vgl. S. 29 in dieser Arbeit) von schwachen bis mittleren Effekten sowohl der Fernsehnutzung als auch der Nutzung von Computerspielen auf die schulische Leistung, wobei das Bildungsniveau im Elternhaus, das Familienklima und die Sprachkenntnisse der Kinder wie auch Ethnie und Alter der Kinder systematisch kontrolliert wurden. Vor allem konnte die Studie belegen, dass zeitlichen und inhaltlichen TV- und Computerspielnutzungsdimensionen unabhängig voneinander Einfluss auf die Schulleistung der befragten Schülerinnen und Schüler zukommt. Die Autoren kommen zu dem Schluss, dass sowohl auf der Verdrängungshypothese basierende Theorien wie auch die Inhaltshypothese bestätigt werden konnten[42]. Dabei kommt der Nutzung von Gewaltmedieninhalten mit entwicklungsgefährdendem Potential eine tendenziell höhere Wirkung zu als der rein zeitlichen elektronischen Mediennutzung. Das in Abbildung 1 gezeigte Strukturgleichungsmodell zeigt drüber hinaus, dass aufgrund der höheren Mediennutzungszeiten und der vergleichsweise häufig benutzten problematischen Medieninhalte vor allem Jungen unter Medieneffekten auf die schulische Leistung zu leiden haben. Ein darüber hinaus gehender Interaktionseffekt zwischen Geschlecht und Mediennutzung auf Schulleistung kann dagegen nicht festgestellt werden. Jungen und Mädchen mit vergleichbarer Mediennutzung und vergleichbarem sozio-kulturellen Hintergrund wiesen durchschnittlich nicht signifikant voneinander abweichende Schulnoten auf (Mößle et al., 2007, S. 102 - 103).

---

[42] Allerdings weist Rehbein (2010) in seiner Darstellung der KFN-Ergebnisse nicht zu Unrecht darauf hin, dass bei den Mediennutzungszeiten zwischen Fernsehnutzungszeiten und Computerspielnutzungszeiten unterschieden werden sollte. Bei getrennten varianzanalytische Auswertungen zum Einfluss von Fernseh- bzw. Computerspielzeiten auf Schulleistungen zeigte sich für die Gruppe der durch ihre sonstigen Lebensumstände eher bevorzugten Schülerinnen und Schüler ein robuster, signifikanter Fernsehzeiteffekt, während Computerspielzeiten zwar ebenfalls in der Tendenz negativen Einfluss hatten, dieser jedoch knapp das Signifikanzniveau von $p < .05$ verfehlte (Mößle et al., 2007, S. 97).

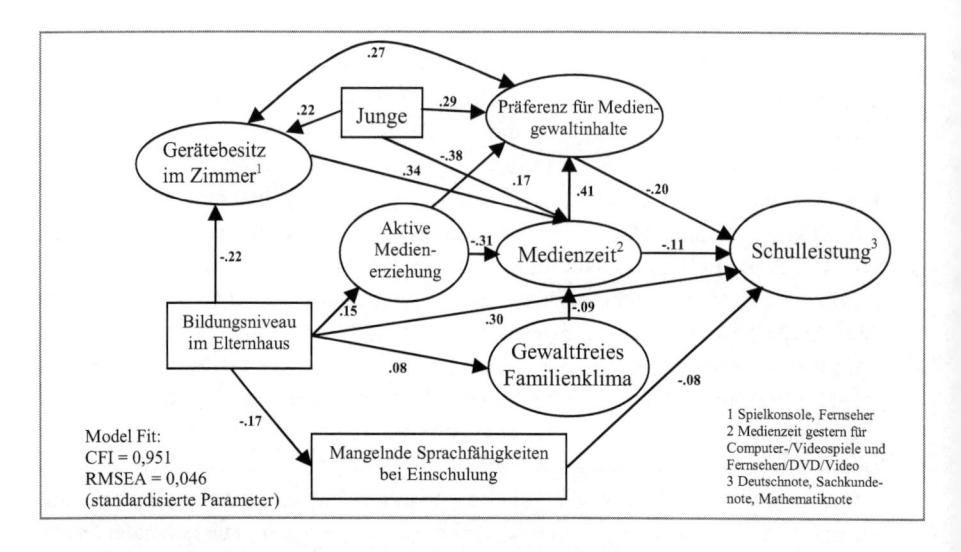

Abbildung 1: Pfadmodell zum Einfluss von Mediennutzung auf Schulleistung (entnommen aus Mößle et al., 2007, S. 99)[43]

Darüber hinaus zeigte die Studie, dass Medieneffekte auf Schulleistungen keineswegs nur in so genannten Risikopopulationen auftreten können. Zwar zeigt sich eindeutig, dass soziokulturell benachteiligte Kinder einem höheren Risiko unterliegen, ein eher problematisches Mediennutzungsverhalten aufzuweisen, gleichzeitig wurde aber deutlich, dass die Leistungen von Schülerinnen und Schüler mit vergleichsweise hohem soziokulturellen Status in besonderem Maße unter der Mediennutzung leiden, sollte diese durch lange Nutzungszeiten und problematische Medieninhalte gekennzeichnet sein (S. 130). Auf ähnliche internationale Befunde in Studien zum Effekt der Fernsehnutzung auf schulische Leistung weisen auch Comstock und Scharrer (1999, S. 248) in ihrem Review über die Resultate großer US-amerikanischer Schulleistungsstudien hin. Während sich bei durch ihre sonstigen Lebensumstände eher bevorzugten Schülerinnen und Schüler der stärkste Fernsehzeiteffekt auf Schulleistung zeigte, konnten stark benachteiligte Schülerinnen und Schüler durch lange Fernsehzeiten eher noch profitieren.

---

43 Weitere im Modell kontrollierte Faktoren: Ethnie, Alter der Kinder und Einfluss des Geschlechts auf Deutsch- und Mathematiknote.

4.1.7 Fazit zum Zusammenhang zwischen elektronischer Mediennutzung und Schulleistung

Zusammenfassend lässt sich festhalten, dass die derzeitige Studienlage eindeutig negative Effekte der Nutzung elektronischer Bildschirmmedien auf die schulische Leistung von Kindern und Jugendlichen ergibt, wobei insbesondere Vor- und Grundschulkinder von solchen Effekten betroffen sind. Obwohl ausdrücklich darauf verwiesen werden muss, dass elektronische Mediennutzung nur ein (und selbstredend nicht der wichtigste) Einflussfaktor auf schulische Leistungen ist, zeigt doch die Forschungslage, dass sowohl hinsichtlich der Fernsehnutzung als auch der Computerspielnutzung eindeutige Belege für einen negativen Zusammenhang mit schulischer Leistung existierten. Dabei sprechen die Ergebnisse verschiedener Studien dafür, dass sowohl der Art der genutzten Medien als auch der für die Mediennutzung aufgewendeten Zeit ein Effekt für schulische Leistungsparameter zukommt. Solche Effekte treten zwar subgruppenspezifisch differenziert auf, andererseits lassen sich aber keine klaren Tendenzen beschreiben, welche Schülerinnen und welche Schüler als besonders gefährdet gelten. Keinesfalls sollte diese Ergebnislage dahingehend interpretiert werden, dass elektronische Medien per se einen leistungsmindernden Einfluss haben. So konnte die Forschung überzeugende Befunde zu leistungsfördernden Effekten einzelner Fernsehsendungen wie auch einzelner Computerspiele liefern. Solche Effekte zeigten sich aber ausschließlich bei auf die jeweilige Altersgruppe zugeschnittenen Medienangeboten mit klarem edukativem Hintergrund. Gleichzeitig muss aber darauf hingewiesen werden, dass die Nutzung solcher Medien im Alltag von Schülerinnen und Schülern kaum eine Rolle spielt und dass die von ihnen präferierten Medienangebote solche entwicklungs- und leistungsfördernden Effekte nicht haben. Zugleich zeigen bisherige Studien, dass es zwar bestimmte Risikopopulationen und Kindern und Jugendlichen gibt, die besonders dazu neigen, eine zeitlich oder inhaltlich problematische Mediennutzung aufzuweisen, trotzdem sind die Effekte einer solchen Mediennutzung bei allen soziokulturellen Subgruppen zu erkennen.

4.2 Mediennutzung und Sozialverhalten

Wenn die Frage nach den Effekten der Medien auf das Sozialverhalten von Mediennutzern gestellt wird, steht dahinter zumeist nicht das Interesse an Medieneffekten auf das gesamte Sozialverhaltensrepertoire eines Menschen, sondern ein Interesse an bestimmten Teilen menschlichen Sozialverhaltens. Geht man davon aus, dass Sozialverhalten alle menschlichen Verhaltensweisen umfasst, die auf Reaktionen beziehungsweise Aktionen anderer Menschen zielen, wäre die Frage nach Medieneffekten tatsächlich nicht umfassend zu beantworten. Im Kontext der Debatte um Medieneffekte auf Kinder und Jugendliche wird unter Sozialverhalten zumeist ausdrückliches prosoziales Verhalten verstanden, also ein Verhalten, das ein einträchtiges Zusammenleben ermöglicht und fördert beziehungsweise sein genaues Gegenteil, das antisoziale Verhalten, welches in sozialen Konflikten mündet und diese zum Teil gezielt fördert. In diesem Sinne sollen auch im folgenden Abschnitt nicht Medieneffekte auf die Gesamtheit menschlichen Sozialverhaltens dargestellt werden, sondern lediglich solche Effekte auf explizit antisoziales und prosoziales Verhalten.

4.2.1 Antisoziales Verhalten

4.2.1.1 Theoretische Modelle

Nach Bandura sind Menschen - von elementaren Reflexen abgesehen - nicht mit angeborenen Verhaltensrepertoires ausgestattet, so dass diese erlernt werden müssen (Bandura, 1979, S. 25). Sozialverhalten wird dabei wie andere Verhaltensweisen auch vielfach durch unmittelbares Erfahrungslernen vermittelt (S. 26), indem sich Menschen mit positiven und negativen Wirkungen ihrer Handlungen auseinandersetzen und ihr weiteres Handeln danach ausrichten, welche Handlungen als erfolgreich beurteilt wurden (Bekräftigungslernen) (ebenda). Bandura verweist darauf, dass Lernen "ein außerordentlich mühsames Geschäft [wäre] - vom Risiko ganz zu schweigen - wenn die Menschen als einzige Richtlinie für künftiges Tun nur die Auswirkungen ihres eigenen Handelns hätten" (S. 31). So werden nach Bandura die meisten menschlichen Verhaltensweisen durch Beobachtung von Modellen erlernt und dem Lernenden bleiben so, bevor er die betreffende Verhaltensweise selbst ausgeführt hat, überflüssige Fehler erspart (ebenda). Empirische Belege für Banduras Theorie vom Lernen am Modell wurden frühzeitig am Beispiel der Imitation filmisch vermittelter aggressiver Verhaltensmuster durch Kinder experimentell bestätigt (Bandura,

Ross & Ross, 1961, 1963) und wurden seitdem fester Bestandteil des Kanons klassischer Gewaltmedienwirkungstheorien (vgl. etwa Gleich, 2004; Hoppe-Graff & Kim, 2002; Kunczik, M. & Zipfel, 2004; Petersen & Kleimann, 2005). Dies hatte zur Folge, dass Banduras sozial-kognitive Lerntheorie (Bandura, 1979) in der medienwissenschaftlichen Debatte fortwährend im Kontext der Gewaltmediendebatte wahrgenommen wurde, während Gentile et al. (2009, S. 753) zu Recht darauf hinweisen, dass der dem Modell-Lernen zugrundeliegende lerntheoretische Ansatz Ausgangspunkt für eine deutlich umfassendere Theorie zum Verständnis von Mediennutzung und ihren (negativen wie positiven) Wirkungen sein kann.

Anderson und Bushman (Anderson, C. A. & Bushman, 2002; Bushman & Anderson, 2002) haben verschiedene Theorien[44] kurzfristiger und langfristiger, kognitiver und emotionaler Gewaltmedienwirkungen zusammengetragen und mit ihrem General Aggression Model ein umfassendes lerntheoretisches Modell kurzfristiger und langfristiger Gewaltmedienwirkungen formuliert. Im Rahmen dieses Modells zeigen die Autoren, dass die Wirkung gewalthaltiger Medieninhalte in maßgeblicher Weise von situativen Eigenschaften der Nutzung und personalen Eigenschaften des Nutzers abhängt, die in entscheidender Weise die Verarbeitung gewaltmedialer Stimuli und eventuelle Verhaltenseffekte oder Effekte in der Ausbildung bestimmter Erregungszustände sowie kognitiver und affektiver Strukturen beeinflussen. Jeder einzelne Gewaltmediennutzungsvorgang wird dabei als Lernprozess verstanden, wobei zwischen (zum Teil unbewussten) Lernvorgängen niedriger Ordnung (etwa assoziatives Lernen durch Verknüpfen positiver oder negativer Affekte mit bestimmten audiovisuellen Inputs[45]) und elaborierten Lernvorgängen (zum Beispiel dem Modell-Lernen zum Verhalten in bestimmten sozialen Konfliktsituationen) unterschieden werden kann. Als Resultat solcher Lernprozesse entsteht nach Anderson und Bushman langfristig ein Netzwerk bestimmter Wahrnehmungsskripte und -schemata sowie

---

44 Die Autoren verknüpfen (S. 29 - 32) in ihrem General Aggression Model die Cognitive Neoassociation Theory (Collins & Loftus, 1975), Sozial-kognitive Lerntheorie (Bandura, 1979), Skript-Theorie (Schank & Abelson, 1977), Excitation-Transfer-Theorie (Zillmann, 1983) und Social Interaction Theory (Tedeschi & Felson, 1994).

45 Der Anblick eines Messers kann demnach je nach Vorerfahrungen ein Assoziationsnetz aggressiver Konzepte, Angst-/Fluchtkonzepte und selbst Harmoniekonzepte aktivieren, je nachdem ob der Beobachter mit einem solchen Gegenstand positiv-aggressive Erfahrungen (etwa durch den effektiven Messereinsatz in einem Computerspiel), negative Erfahrungen (als „Beobachter" einer brutalen Raubüberfall-Szene in einem Roman) oder positiv harmonische Erfahrungen (durch die Aktivierung eines im Fernsehen gesehenen Konzeptes „Messer als hochwertiges Werkzeug zur Herstellung einer Holzschnitzerei") gemacht hat.

entsprechender Verhaltensskripte und -schemata, die etwa in sozialen Konfliktsituationen aktiviert werden.

In der Folge kann sich bereits die Wahrnehmung einer nicht sofort eindeutig zu interpretierenden sozialen Situation stark zwischen zwei Individuen unterscheiden. So kann ein Zusammenstoß mit einem Passanten auf der Straße entweder als unglücklicher Zufall oder als absichtliche Handlung des Anderen interpretiert werden (Theorie und empirische Befunde zum so genannten hostile attribution bias etwa bei Crick & Dodge, 1994). Selbst bei einheitlicher Wahrnehmung und Interpretation der Situation als Unfall unterscheiden sich unter Umständen die Verhaltensresultate interindividuell sehr deutlich[46]. Und auch die Reaktion des Anderen kann unterschiedlich interpretiert werden[47]. Werden die eben beschriebenen Wahrnehmungs- und Entscheidungsprozesse durch die fortwährende Rezeption medialer Gewalt beeinflusst und geprägt, fördert dies nach Anderson und Bushman die langfristige Ausbildung einer aggressiven Persönlichkeit (Bushman & Anderson, 2002, S. 1680).

Die Extremform antisozialen Verhaltens bildet ohne Zweifel das *Gewaltverhalten* beziehungsweise das *gewalttätige Verhalten*. Im Rahmen der Gewaltmedienwirkungsforschung muss zunächst deutlich unterschieden werden, *welche* Gewalt im Fokus des Forschungsinteresses steht: Die in den Medien präsentierte Gewalt, die aus medialen Nutzungsangeboten resultierende Gewalt, oder beides zugleich. Im Rahmen medien-, kommunikations,- oder publizistikwissenschaftlicher Arbeiten wird die Definition von Gewalt in der Regel anhand der medial präsentierten Gewalt vorgenommen. Nach Merten (1999, S. 62) lässt sich Gewalt im engeren Sinne als "zielgerichtete, direkte Schädigung von Menschen durch Menschen beziehungsweise als körperlicher Angriff auf Sachen verstehen". Menschliches Gewaltverhalten kann nach Bushman und Anderson (2001), Geen (2001), Baron und Richardson (1994) sowie Berkowitz (1993) definiert werden als

---

46   Entschuldige ich mich als erster, um die Situation - unabhängig von meiner tatsächlichen Schuld - zu bereinigen, so wie ich es durch Beobachtungen in den Medien oder der Realität gelernt habe? Erwarte ich zuerst die Entschuldigung des Anderen - weil er jünger, kleiner oder neu in der Gegend ist? Stelle ich den Anderen analog zum Verhalten meiner realen oder medialen Vorbilder sofort zur Rede, da ich seine Unaufmerksamkeit als Respektlosigkeit und Ehrverletzung betrachte und ein solches Verhalten mir gegenüber nicht dulden kann?

47   War das Abwinken des Anderen als Geste des Eingestehens eigener Schuld zu verstehen oder als weiteres Zeichen der Ignoranz, so dass ich in einer ähnlichen Situation ähnlich wie meine medialen oder realen Vorbilder zukünftig noch bestimmter oder aggressiver auftreten sollte, um eine angemessene Reaktion zu erhalten?

"...any behavior directed toward another individual that is carried out with the proximate (immediate) intent to cause harm. In addition, the perpetrator must believe that the behavior will harm the target, and that the target is motivated to avoid the behaviour." (hier zitiert nach Anderson, C. A. & Bushman, 2002, S. 28).

Diese Definition enthält bereits diverse Einschränkungen[48] des Gewaltbegriffs, erscheint aber dem ganz überwiegenden Teil der Gewaltmedienforschung angemessen, wobei sich im Rahmen der Medieninhaltsforschung trotz des recht engen Gewaltbegriffs zahlreiche Probleme in der Messung solcher Gewalt ergeben[49]. Im Rahmen dieser Arbeit, die in diesem Abschnitt nach Medienwirkungen auf das Verhalten (von Kindern und Jugendlichen) fragt, interessiert aber vor allem die aus medialen Nutzungsangeboten resultierende Gewalt beim (minderjährigen) Nutzer. Die Mehrheit der einschlägigen Studien wählt hier (allein schon aus methodischen Gründen) zumeist nicht gewalttätiges Verhalten als resultierende Variable, sondern verschiedene Formen aggressiver Einstellungen, Kognitionen und Verhaltensäußerungen, also lediglich gewaltnaher Parameter. Der noch wenig überzeugenden Aufteilung solcher Parameter von Paik und Comstock (1994) in ihrer Meta-Analyse der Wirkungen von Fernsehgewaltnutzung[50] setzen Anderson und Bushman in ihren Meta-Analysen zur Wirkung von interaktiver (Computer-)Mediengewalt die folgende Aufteilung

---

48 So subsumiert Merten (1999, S. 21 - 22) zunächst völlig zu Recht auch strukturelle Gewalt, kollektive Gewalt, latente Gewalt und nicht-intentionale Gewalt unter einem breiten Gewaltbegriff, verweist aber zugleich auf die Schwierigkeiten, die sich aus der Unschärfe eines derart breiten Gewaltbegriffes ergeben, etwa hinsichtlich der Objektivierbarkeit dieser Arten von Gewalt und der damit verbundenen Schwierigkeiten einer Operationalisierbarkeit von Gewalt im Rahmen empirischer, insbesondere inhaltsanalytischer Studien.
49 Etwa in Bezug auf die Zielgerichtetheit/Intentionalität einer Handlung oder der dem Willen des Opfers, nicht Ziel von Gewalt zu werden. Anderson und Bushman (2002, S. 29) verweisen auf das Beispiel des freiwilligen, obschon schmerzhaften Zahnarztbesuchs sowie auf sado-masochistische sexuelle Praktiken.
50 Paik und Comstock (1994, S. 531 - 533) unterscheiden bei den Wirkungen von Fernsehgewalt zwischen simuliert-aggressivem Verhalten (simulated aggressive behavior), geringfügig aggressivem Verhalten (minor aggressive behavior) und illegalen Handlungen (illegal activites). Unter simuliert-aggressivem Verhalten werden dabei aggressive Verhaltensmuster von Probanden in experimentellen Studien verstanden, die beispielsweise vorgeblich echte Elektroschockgeräte bei anderen Probanden auslösen oder mit Gewaltspielzeug spielen. Diese Formen simuliert-aggressiver Handlungen setzen Paik und Comstock selbstberichteter Gewaltintention gleich. Als geringfügig aggressiv bezeichnen die Autoren Gewalthandlungen gegen Sachen oder Gewalt gegen Personen, die nicht als illegal gesehen werden kann. Unter den illegalen (Gewalt-)handlungen verstehen Paik und Comstock Diebstahl (burglary), schweren Diebstahl (grand theft) sowie jegliche direkte illegale Gewalt gegen Personen (Mord, Selbstmord, Messerstecherei, etc.).

gewaltnaher Parameter entgegen: Sie unterschieden zunächst zwischen aggressivem Verhalten (aggressive behavior), aggressiven Kognitionen (aggressive cognitions), aggressiven Affekten (aggressive affects), Unterstützungsverhalten in aggressiven Konfliktsituationen (helping behavior) und allgemeiner körperlicher Erregung (physiological arousal) (Anderson, C. A., 2004; Anderson, C. A. & Bushman, 2001). Diese an der zumeist kurzfristigen Messbarkeit aggressionsnaher Parameter ausgerichtete Aufteilung ergänzten sie später im Rahmen ihres General-Aggression-Models um die folgende Aufteilung, in der auch längerfristige Gewaltmedienwirkungen berücksichtigt werden (vgl. Anderson, C. A. & Bushman, 2002, S. 42): Aggressive Überzeugungen und Einstellungen (aggressive beliefs and attitudes), aggressive Wahrnehmungsschemata (aggressive perceptual schemata), aggressive Erwartungsschemata (aggressive expectation schemata), aggressive Verhaltensskripte (aggressive behavior scripts) sowie Desensibilisierung für Aggressivität (aggressive desensitization). Eine Kumulation all dieser Faktoren führt nach Anderson und Bushman langfristig zur Ausbildung und Festigung einer aggressiven Persönlichkeit (increase in aggressive personality).

Der von Anderson und Bushman vorgeschlagenen letzten Kategorie von Gewaltmedienwirkungen, der Aggressions- beziehungsweise Gewaltdesensibilisierung kommt hier eine Sonderrolle zu. Denn die Desensibilisierungsforschung proklamiert zunächst keine Steigerung von Aggressivität, sondern eine allmähliche Abschwächung beziehungsweise Löschung kognitiver, emotionaler und verhaltensbezogener Reaktionen auf Mediengewalt infolge wiederholter Gewaltmediennutzung (Mößle et al., 2007, S. 36). Dieser empirisch inzwischen gut belegte Prozess (Bartholow, Bushman & Sestir, 2006; Carnagey, Anderson & Bushman, 2007; Funk, Baldacci, Pasold & Baumgardner, 2004; eine Kurzübersicht zur Desensibilisierungsforschung bei Mößle & Kleimann, 2009) stellt aber keineswegs einen Widerspruch zur sonstigen Mediengewaltforschung dar. Vielmehr wird als Folge von Gewaltdesensibilisierung proklamiert, dass einerseits die Sensibilität für reale Gewaltkonflikte geschwächt wird, was zu geringerer Hilfs- oder Eingriffsbereitschaft bei realen gewalttätigen Konflikten führen kann, und dass andererseits die Hemmschwelle zur eigenen Anwendung von Gewalt sinkt, da entsprechende Situationen im Rahmen von Filmmedienrezeption oft genug stellvertretend durch den Protagonisten miterlebt oder im Rahmen eines Computerspiels selbst trainiert wurden. Carnagey et al. resümieren: In short, the modern entertainment medial landscape could accurately be described as an effective systematic violence desensitization tool." (Carnagey et al., 2007, S. 7).

4.2.1.2 Empirische Studien zur Wirkung von Medien auf antisoziales Verhalten

Obwohl die Erforschung der Wirkungen von Mediengewalt fortwährend von methodologischen Debatten (etwa um die Eignung korrelativer Querschnittsuntersuchungen zur Aussage über Medienwirkungen) und (durchaus notwendigen) Diskussionen um definitorische und theoretische Fragen begleitet wurde, ergibt sich zum aktuellen Zeitpunkt ein zwar differenziertes, tendenziell jedoch recht eindeutiges Bild[51]. So kommen Huston und Wright 1998 nach einem Review der Studienlage zur Wirkung von Fernsehgewalt auf Kinder zu dem folgenden Schluss: „There is little doubt that viewing television violence has a causal effect on aggressive behavior, though there is disagreement about the magnitude and social importance of the effect." (Huston & Wright, 1998, S. 1043). Noch eindeutiger äußert sich Huesmann in seinem Review zum Fortschritt von empirischer Forschung und Theorielage der Gewaltmedienforschung:

> "Since the early 1960s, research evidence has been accumulating that suggests that exposure to violence in television, movies, video games, cell phones, and on the Internet increases the risk of violent behavior on the viewer's part, just as growing up in an environment filled with real violence increases the risk of them behaving violently." (Huesmann, L. R., 2007, S. 6)

Michael Kunczik und Astrid Zipfel, die 2004 die letzte große Aktualisierung der in Deutschland einschlägigsten Zusammenfassung der Gewaltmedienforschung vorgelegt haben kommen zu dem folgenden Fazit:

> "Versucht man trotz der erwähnten vielfältigen Probleme eine Bilanz zu ziehen, so ist zunächst festzuhalten, dass die Annahme einer generellen Ungefährlichkeit von Mediengewalt fast nicht mehr vertreten wird. Weitreichende Übereinstimmung herrscht auch darüber, dass die Auswirkungen von Mediengewalt jedoch differenziert betrachtet werden müssen. Die Korrelationsmaße der meisten Untersuchungen sprechen für einen kleinen bis mittelstarken Zusammenhang zwischen Mediengewalt und Aggressivität des Rezipienten." (Kunczik, M. & Zipfel, 2004, S. 289)

---

51 Dass diese Tatsache gar nicht oft genug betont werden kann, zeigt eine Untersuchung zur Differenz zwischen wissenschaftlicher Erkenntnislage und der nachrichtenmedialen Darstellung des Zusammenhangs zwischen Mediengewalt und Gewaltverhalten in Amerika (Bushman, Brad J. & Anderson, Craig A., 2001). Die Autoren zeigen, dass seit Anfang der 1970er-Jahre bis Anfang des 21. Jahrhunderts in der medialen Berichterstattung die Wirkung von Mediengewalt auf Gewaltverhalten zunehmend relativiert wurde, während die internationale Studienlage zur Gewaltmedienforschung seit Anfang der 1990er-Jahre eher höhere Korrelationen zwischen Mediengewalt und Gewaltverhalten ausweist, als noch in den 1970er- und 1980-Jahren.

4.2.1.2.1 Meta-Analysen

4.2.1.2.1.1 Meta-Analysen zur TV-Gewalt

Die in den oben zitierten Reviews zitierten Aussagen werden durch eine Reihe von Meta-Analysen gestützt, die in den letzten Jahren veröffentlicht wurden. So resümieren Paik und Comstock (1994) in ihrer Meta-Analyse von 217 empirischen[52] Studien zur Wirkung von TV-Gewalt von 1957 bis 1990, dass Fernsehgewalt aggressives und antisoziales Verhalten eindeutig erhöhe (der mittlere Zusammenhang zwischen Fernsehgewalt und Gewaltverhalten lag demnach bei $r = 0.31$ und Cohen's $d = 0.65$), wobei die Stärke des Effektes vor allem abhängig von der betrachteten zu erklärenden Variable sei (S. 538). So zeigen sich für explizite Gewaltkriminalität die geringsten Effektstärken der Fernsehgewaltnutzung, für niederschwelligeres Gewaltverhalten zeigten sich höhere Effektstärken (ebenda). Paik und Comstock verweisen darauf, dass sich in den von ihnen analysierten Studien Effekte der Fernsehgewalt in allen Altersgruppen zeigten, sowohl in Vorschul- und Schulpopulationen, als auch bei Studierenden und Erwachsenen, wobei sich für die jüngeren Populationen die höheren Effektstärken zeigten, für die erwachsenen Populationen eher geringe Effektstärken (S. 537). Dies könne aber, so die Autoren, keinesfalls als Entwarnung verstanden werden (etwa insofern, als Vorschul- und Schulkinder am wenigsten in der Lage sein, aggressives Verhalten in einer für die Gesellschaft gefährlichen Form auszuleben). Stattdessen verweisen Paik und Comstock auf die durch Längsschnittstudien belegten Langzeitwirkungen früher Gewaltmediennutzung auf Gewaltverhalten im Erwachsenenalter (ebenda)[53].

---

52 In die Analyse einbezogen wurden labor- und feldexperimentelle Studien, Längsschnittanalysen sowie Fragebogenuntersuchungen im Querschnittsdesign.

53 Die von Paik und Comstock als Beleg zitierten Panelstudien von Lefkowitz, Eron, Walder und Huesmann (1977) sowie von Milavsky, Kessler, Stipp und Rubens (1982) wurden allerdings insbesondere von Savage (2004) in verschiedenen datenanalytischen Aspekten sowie der Operationalisierung von Gewaltverhalten als abhängiger Variable scharf kritisiert. In einer Meta-Analyse der bisherigen Forschung zur Wirkung von Medien-, und insbesondere Fernsehgewalt kommen Savage und Yancey (2008) sogar zu dem Schluss, sie hätten keine einzige Studie finden können, die ihren Ansprüchen an die Erforschung des Zusammenhangs von Mediengewalt und Gewaltverhalten genügen könne (S. 786). Es erscheint allerdings befremdlich, dass die Autoren auf Grundlage dieser Argumentation folgern, die 26 von ihnen analysierten Studien „did not suggest that exposure to media violence is associated with criminal aggression" (Savage & Yancey, 2008, S. 772), obwohl 15 dieser Studien signifikante Mediengewalteffekte berichten. Stattdessen erklären die Autoren: "In summary, because the burden, in science, is to reject the null hypothesis only when we have a high degree of confidence that actual values

In einer weiteren Studie unterzog Comstock (2008) 14 Jahre nach seiner Meta-Analyse zum Zusammenhang zwischen Fernsehnutzung und Gewaltverhalten sieben meta-analytische Studien[54], die den Zusammenhang zwischen Film- und Fernsehnutzung beziehungsweise Film- und Fernsehgewaltdarstellungen und Gewaltverhalten untersuchen, einem detaillierten Review (darunter die eigene Studie von 1994). Auch im Rahmen dieser Studie zeigte sich in allen meta-analytischen Studien ein signifikanter Zusammenhang zwischen genutzten Gewaltinhalten in Film- und Fernsehen und aggressivem Verhalten (S. 1187), wobei Paik und Comstocks eigene Studie den größten Effekt fand ($r = 0.31$) und eine Meta-Analyse von Hogben (1998) mit $r = 0.11$ den geringsten Effekt. Obwohl Comstock bei Sichtung aller Meta-analytischen Studien, ähnlich wie in der Meta-Analyse von 1994, die größten Zusammenhänge zwischen Fernsehnutzung und Gewalt bei sehr jungen (Vorschulkindern) fand, zeigten Studien mit älteren Probanden keine wesentlich kleineren Effekte der Gewaltmediennutzung. Diesen im Widerspruch zur Studie von 1994 stehenden Befund interpretiert er so, dass offenbar die Mediengewalteffekte nicht automatisch kleiner werden, wenn mit zunehmenden Alter die kognitiven Fähigkeiten zur Fiktions-Realitäts-Unterscheidung und zur Differenzierung zwischen mitreißenden Szenen und den unter Umständen zwielichtigen Motiven der Protagonisten wachsen. Stattdessen seien, so seine Interpretation, die von Jugendlichen und Erwachsenen genutzten Gewaltdarstellungen deutlich komplexer und somit nicht mehr so eindeutig im Sinne einer Distanzierung von der gezeigten Gewalt zu interpretieren (S. 1196).

Comstock identifiziert in den von ihm analysierten Studien fünf Faktoren, die Fernsehgewalteffekte auf Aggressivität besonders zu begünstigen scheinen: Eine Prädisposition des Nutzers für aggressives beziehungsweise antisoziales Ver-

---

are not zero, using the most rigorous methods available before drawing firm conclusions about a phenomenon, it is our conclusion that the effects of exposure to media violence on criminally violent behavior have not been established" (S. 787). Dieser Argumentation kann mit Comstock (2008) entgegnet werden, der unter Berufung auf Hunter und Smith (2004) bemerkt: "the perfect study is a myth, but the weaknesses of any one or several studies—in operationalization, sample, or data analysis and interpretation—are largely overcome when studies are pooled for analysis." (S. 1188).

54 Eine Liste der untersuchten Meta-Analysen bei Comstock (2008, S. 1187). Entgegen Comstocks Beschreibung (S. 1186) der Meta-Analyse von Bushman und Anderson (2001) bezieht sich letztere aber nicht ausschließlich auf Fernsehgewalt, sondern auf sämtliche experimentellen Studien bezüglich medialer Gewalt und Aggressivität. Nach Bushman und Anderson wurde die PsychINFO-Datenbank zu diesem Zweck nach den folgenden Begriffen durchsucht: violen* oder aggress*, TV, televis*, film, movie, screen, music, radio, video game, computer game, electronic game, cartoon, comic, pornograph*, erotic*, news, book, magazine, sport (S. 484).

halten, eine zu strenge oder gleichgültige elterliche Erziehung, unbefriedigende soziale Beziehungen, niedrige psychische Gesundheit oder eine diagnostizierte Verhaltensstörung (S. 1205). Insgesamt, so Comstock, werde die Hypothese zum Zusammenhang zwischen Fernsehnutzung und aggressivem sowie antisozialen Verhalten durch seine Analyse bestätigt. Die von ihm betrachteten Meta-Analysen sprächen des Weiteren für einen kausalen Zusammenhang von Gewaltmediennutzung und Gewalt (S. 1184). Mit Blick auf die mit allgemein prekären Entwicklungsbedingungen (sozioökonomischer Status, elterliche Bildung, Zugang zu Bildungschancen, etc.) von Kindern verknüpften fünf Begünstigungsfaktoren der Effekte von Mediengewalt, kommt Comstock zu dem folgenden Schluss:

> "This raises questions about the social function of the media and their possible role—although surely unintended by anyone who has anything at all to do with them—in maintaining an underclass of the marginally educated, marginally employed, and frequently incarcerated." (Comstock, G., 2008, S. 1207).

Auch Christensen und Wood (2007) kamen in ihrer Meta-Analyse zu dem Ergebnis, dass Fernsehgewalteffekte auf Gewaltverhalten keinesfalls mit zunehmendem Alter linear abnehmen. Die Autoren analysierten ausschließlich experimentelle Studien mit Kindern und Jugendlichen, in denen das Gewaltverhalten der Probanden in der natürlichen Interaktion mit anderen Probanden im Anschluss an die Rezeption gewalthaltiger Fernsehinhalte durch geschulte Beobachter einzeln klassifiziert wurde. Als Gewaltverhalten wurde dabei direkte Gewalt gegen andere im Raum vorhandene Personen definiert (S. 152). Unter den 29 von ihnen gefunden zwischen 1950 und 2004 durchgeführten experimentellen Studien fanden Christensen und Wood 13 Studien, in denen Effektstärken berechnet werden konnten (S. 157). Als mittlere am jeweiligen Studiensample gewichtete Effektstärke dieser Studien berichten die Autoren ein $r = 0.17$ beziehungsweise Cohens $d = 0.35$ (S. 158). Der im Vergleich zu Comstocks Daten kleinere Fernsehgewalteffekt erscheint insofern plausibel, als die Messung der abhängigen Variable (direkt beobachtbare Gewalt gegen eine andere reale Person im Rahmen natürlicher Interaktion) als sehr konservatives Maß zu bezeichnen ist.

Bemerkenswert erscheint aber vor allem der zweite zentrale Befund der Studie, nach dem die Stärke des Zusammenhangs zwischen Fernsehgewalt und Gewaltverhalten zunächst zwischen Vorschulalter und spätem Grundschulalter ansteigt und in der Phase der Adoleszenz wieder abnimmt (S. 163)[55]. Die Autoren interpretieren dies als Bestätigung ihrer Annahme, dass sehr junge Kinder einerseits noch nicht in der Lage sind, mediale Gewaltbotschaften zu erfassen und aufzunehmen, so dass sie - zumindest nach recht kurzfristigem Stimulus - nicht zu direkter Gewalt gegenüber Gleichaltrigen führt, während andererseits Jugendliche aufgrund von Vorerfahrungen und bereits relativ klar herausgebildeten Einstellungen gegenüber Gewalt für experimentellen Mediengewaltstimuli nicht mehr so anfällig sind wie jüngere Kinder. Vor diesem Hintergrund postulieren die Autoren für das Verhältnis von Gewaltmedienanfälligkeit und Alter die Form einer umgekehrten U-Kurve, die im Grundschulalter ihren Höhepunkt hat, in einem Alter nämlich, in dem die kognitive Fähigkeit von Kindern zur Aufnahme medialer Botschaften bereits stark entwickelt ist, während die Internalisierung gesellschaftlicher gewaltbezogener Normen noch nicht komplett vollzogen ist und auch die Übernahme medialer Verhaltensmuster relativ unvoreingenommen geschieht.

4.2.1.2.1.2 Meta-Analysen zur Computerspielgewalt

Eine erste Meta-Analyse zum Zusammenhang zwischen der Nutzung von Computer- und Videospielen und Aggressivität wurde im Jahr 2001 von John Sherry vorgelegt. Darin untersuchte der Autor 25 voneinander unabhängige Studien mit einer Gesamtzahl von $N = 2.722$ Probanden, die bis zum Jahr 2000 zu diesem Komplex vorlagen (Sherry, S. 415). Dabei handelte es sich um sechs Querschnittsbefragungen und 16 Experimentalstudien, in denen Aggressivität beziehungsweise Gewaltverhalten entweder direkt (in Form von Verhaltensbeobachtungen oder Verhaltenstests) oder indirekt (via Fragebogen) gemessen wurde (S. 416 - 417). Mit einer mittleren Effektstärke von $r = 0.15$ beziehungsweise Cohen's $d = 0.30$ zeigte sich ein robuster, wenn auch schwacher Zusammenhang zwischen der Nutzung gewalthaltiger Computerspiele und Aggressivität[56]. Als verblüffend bezeichnet Sherry das Ergebnis seiner Studie, dass der Effekt der Gewaltspielnutzung auf Aggressivität bei Experimentalpro-

---

55 Für die Altersgruppe unter 6 Jahren berichten die Autoren einen Effekt von $d = 0.27$ ($r = 0.13$), für die Altersgruppe zwischen 6 und 10 Jahren einen Effekt von $d = 0.66$ ($r = 0.31$) und für jugendliche Probanden einen Effekt von $d = 0.12$ ($r = 0.06$).
56 In einer neueren Publikation relativiert Sherry (2007) dieses Ergebnis allerdings deutlich, indem er bemerkt, ein kausaler Zusammenhang zwischen beiden Variablen sei aufgrund seiner Meta-Analyse nicht zu ziehen, allenfalls wiese seine Studie auf eine erhöhte Wahrscheinlichkeit eines solchen Zusammenhangs hin (S. 259).

banden negativ mit der Spielzeit korreliert war (S. 422 - 425). Sherry weist in diesem Zusammenhang darauf hin, dass der gefundene Zeiteffekt besonders auf zwei Studien beruhe, deren sonstige Parameter (Probandengruppe, gespieltes Spiel: Mortal Kombat, Operationalisierung der abhängigen Variable) gleich waren, so dass die unterschiedlichen Effekte der Studien mit hoher Wahrscheinlichkeit auf die Spielzeit zurückzuführen seien (S. 425). Möglicherweise, folgert der Autor, sei nach einer nur kurzen Spielzeit von 10 Minuten das allgemeine Arousal-Level der Probanden einfach höher, während nach einer Spielzeit von 75 Minuten eine Gewöhnung an das Spiel und die Spielgewalt stattgefunden habe und einige Probanden unter Umständen eher gelangweilt gewesen seien (ebenda). Vor diesem Hintergrund empfiehlt er weiterführende Studien, in denen Effekte von Desensibilisierung, Langeweile oder möglicherweise Effekte im Sinne der Katharsis-Hypothese untersucht werden (ebenda)[57].

Ein Vergleich seiner Ergebnisse mit der Meta-Analyse von Paik und Comstock (1994) zum Zusammenhang zwischen Fernsehnutzung und Aggressivität, deren mittlere Effektstärke bei Cohen's $d = 0.65$ lag, lässt den Autor dabei zunächst zu dem Schluss kommen, die Effekte der Nutzung interaktiver Gewalt auf Gewaltverhalten beziehungsweise Aggressivität seien kleiner als beim Fernsehen (Sherry, 2001, S. 424). Diese Interpretation kann aber durchaus kritisiert werden, wobei Sherry eine wichtige Überlegung selbst präsentiert. So berichtet er einen signifikanten Zusammenhang zwischen der in einer Studie gefundenen Effektstärke und dem Zeitpunkt ihrer Durchführung (S. 422). Je jünger die Studie war, desto größer war der berichtete Effekt. Sherry interpretiert dies so, dass einerseits der grafische Realismus der Spiele im Laufe der Zeit größer geworden sei und sich andererseits auch die Art der in den publizierten Studien genutzten Spiele mit der Zeit geändert habe. Handelte es sich bei den ersten Spielen häufig um recht abstrakte Spiele mit dem Hintergrund eines sportlichen Wettkampfes, sei die Art der präsentierten Gewalt in jüngeren Studien eher menschlich und realistisch gewesen (S. 424). Vor diesem Hintergrund lassen sich zukünftig möglicherweise größere Effekte der Computerspielnutzung auf Gewaltverhalten erwarten. Ein anderer Punkt, der Sherrys Interpretation in Frage stellt, Gewaltfernsehnutzung sei stärker mit Gewaltverhalten korreliert als die Nutzung von Gewaltcomputerspielen, ist die Frage danach, warum Sherry ausgerechnet die Analyse von Paik und Comstock (1994) als Referenzpunkt wählt, während vier der acht von Comstock (2008) identifizierten Meta-Analysen zu Fernsehgewalt und Gewaltverhalten Effektgrößen ausweisen, die kleiner oder gleich dem von Sherry berichteten Effekt von $r = 0.15$ sind.

---

57 vgl. auch die Ausführungen zur Desensibilisierungsforschung auf S. 86 in dieser Arbeit.

Anderson, Bushman und Kollegen haben wiederholt den Zusammenhang zwischen der Nutzung interaktiver Computerspiele und verschiedener gewaltnaher Parameter (vgl. S. 86 in dieser Arbeit) meta-analytisch untersucht (Anderson, C. A., 2004; Anderson, C. A. & Bushman, 2001; Anderson, C. A. et al., 2010). Nach Auswertung von insgesamt 136 Forschungsberichten experimenteller, längs- und querschnittlicher Studien mit 381 voneinander unabhängigen Stichproben kommen Anderson et al. (2010) zu dem Ergebnis, die Nutzung gewalthaltiger Computerspiele sei signifikant mit aggressivem Verhalten, vermindertem prosozialen Verhalten, gesteigerten aggressiven Kognitionen, gesteigerten aggressiven Affekten und gesteigerter physiologischer Erregung korreliert, sowie mit geringer Empathie und gesteigerter Gewaltdesensibilisierung. Allein für aggressives Verhalten als Folge der Nutzung von Computerspielgewalt berichtet Anderson von Messungen an 68.131 Probanden aus 140 unabhängigen Stichproben mit einer durchschnittlichen Effektstärke von $r = .19$ (Anderson, C. A. et al., 2010, S. 162). Damit lag der mittlere Effekt der Nutzung interaktiver Gewaltmediennutzung auch in diesen Studien etwas unter dem des Fernsehens. In ihrer jüngsten Meta-Analyse berücksichtigen Anderson et al. dabei auch zahlreiche mögliche Moderatoreffekte, wobei sich Moderatoren wie Geschlecht oder Kultur (westlich vs. asiatisch) nicht signifikant auswirkten[58].

4.2.1.2.1.3 Meta-Analysen zur Fernseh- *und* Computerspielgewalt

Bushman und Huesmann untersuchten 2006 mithilfe eines sehr ähnlichen meta-analytischen Vorgehens wie dem von Anderson und Bushman bei der Analyse von den Computerspielgewalteffekten den allgemeinen Einfluss von Gewaltmedieninhalten (Fernsehen, Filme, Computer- und Videospiele, Musik und Comics) auf verschiedene gewaltnahe Parameter (vgl. S 86 in dieser Arbeit). In 431 zwischen 1887 und 2000 veröffentlichten Studien mit zusammen N = 68.463 Teilnehmern fanden sie signifikante schwache bis mittlere positive Medien-

---

[58] Im Rahmen dieser Meta-Analyse setzen sich die Autoren auch kritisch mit Publikationen von Ferguson und Kollegen auseinander (Ferguson, 2007a, 2007b; Ferguson & Kilburn, 2009), die auf der Grundlage eigener Meta-Analysen keine signifikanten Effekte von Computerspielgewalt auf Gewaltverhalten erkennen wollen. Da der Kritik von Anderson et al. (2010) an den datenanalytischen Methoden von Ferguson und Kollegen beim Umgang mit gefundenen Studien vom Autor dieser Arbeit ausdrücklich zugestimmt wird, werden Fergusons Analysen und Interpretationen im Rahmen dieser Arbeit nicht näher dargestellt.

effekte auf aggressives Verhalten ($r = 0.19$), auf aggressive Gedanken ($r = 0.18$), aggressive Gefühle ($r = 0.27$), körperliche Erregung (arousal) ($r = 0.26$), sowie schwache negative Effekte auf vermindertes prosoziales Verhalten (helpful behavior) ($r = -0.08$). Diese Effekte fanden die Autoren sowohl bei Kindern (264 Studien mit N = 50.312 Teilnehmern) als auch bei Erwachsenen (167 Studien mit N = 18.151 Teilnehmern), wobei sich in einer varianzanalytischen Auswertung höhere Effektstärken der Gewaltmediennutzung bei Kindern zeigten, wenn die Studie Langzeiteffekte der Gewaltmediennutzung untersuchte (S. 351). Bei erwachsenen Studienteilnehmern zeigten sich dagegen stärkere kurzfristige Effekte. Bushman und Huesmann führen dies darauf zurück, dass kurzfristiges Priming durch Gewaltmedieninhalte besonders dann funktioniere, wenn ein bereits elaboriertes kognitives Netzwerk aggressiver Skripte, Überzeugungen und Schemata existiert. Dies sei bei Erwachsenen eher der Fall, während Kinder ein solches Netzwerk erst noch entwickeln müssen. Vor diesem Hintergrund interpretieren die Autoren die größeren Langzeiteffekte der Mediengewaltnutzung bei Kindern als erste Resultate der Etablierung eines solchen Netzwerkes (S. 350).

4.2.1.2.2 Längsschnittstudien

4.2.1.2.2.1 Längsschnittstudien zum Fernsehen

Neben den oben aufgeführten Meta-Analysen wurde in den letzten Jahren eine Reihe von Längsschnittstudien zur Gewaltmediennutzung von Kindern und Jugendlichen veröffentlicht, die die Langzeiteffekte der Mediengewaltnutzung auf das Verhalten in den Blick nehmen. So publizierten Johnson, Cohen, Smailes, Kasen und Brook (2002) eine Studie, in welcher N = 707 Probanden von 1975 bis 2000 vom sechsten bis zum dreißigsten Lebensjahr begleitet wurden. Dabei zeigte sich ein signifikanter Zusammenhang zwischen Fernsehkonsum[59] im Alter von 14 Jahren und Gewaltkriminalität[60] im Alter von 22 Jahren bei Kontrolle wichtiger Faktoren (Vernachlässigung in der Kindheit, niedriges Familieneinkommen, geringe elterliche Bildung, Gefährlichkeit des

---

59 Dabei wurde im Rahmen von Interviews allein die Zeit erfragt, die die Probanden durchschnittlich vor dem Fernseher verbringen (Johnson, J. G. et al., 2002, S. 2469).
60 Gewaltkriminalität im Alter von 22 und 30 Jahren wurde durch Auswertung offizieller Strafregistereinträge der untersuchten Personen beim Federal Bureau of Investigation (FBI) erfasst (Johnson, J. G. et al., 2002, S. 2469).

Wohnviertels und psychiatrische Auffälligkeiten der Jugendlichen, vorherige Auffälligkeit durch Gewaltverhalten und frühere Fernsehzeiten), sowie zwischen Fernsehkonsum im Alter von 22 Jahren und Gewaltkriminalität im Alter von 30 Jahren. Dieser Zusammenhang zeigte sich im Übrigen nicht zwischen Fernsehkonsum und reinen Eigentumsdelikten (Diebstahl, Vandalismus und Brandstiftung) (S. 2470). Obwohl Johnson et al. mit dieser Studie eindrucksvoll einen direkten Zusammenhang zwischen Fernsehnutzung und polizeilich registrierter Gewaltkriminalität belegen konnten, muss doch als Schwäche der Studie geltend gemacht werden, dass die Autoren lediglich die Fernsehzeit der Studienteilnehmer erhoben, nicht aber die Inhalte. Zwar belegen zahlreiche Studien einen eindeutigen Zusammenhang zwischen erhöhter Fernsehzeit und erhöhtem Gewaltmedienkonsum bei Kindern und Jugendlichen (vgl. etwa Gentile et al., 2004; Mößle et al., 2007), womit indirekt auf einen Effekt der Mediengewaltinhalte geschlossen werden kann. Jedoch bleiben Johnson et al. den direkten Beleg für diese Interpretation schuldig[61]. Zudem erscheint der Fokus der Studie auf den Fernsehkonsum im Alter mit 14 Jahren vor dem Hintergrund der aktuellen Erkenntnislage verfehlt. Zwar ist es umso bemerkenswerter, dass die Autoren auch beim Fernsehkonsum mit 14 noch Effekte fanden, eine parallele Auswertung der Effekte des kindlichen Fernsehkonsums wäre für die theoretische Debatte weitaus fruchtbarer gewesen, zumal solche Daten nach Angaben der Autoren offenbar vorlagen (2002, S. 2469 - 2470).

Eine differenziertere Erfassung der Art des Fernsehkonsums gelang Huesmann, Moise-Titus, Podolski und Eron (2003). Auf der Grundlage einer ursprünglich auf zwei Jahre angelegten Panelstudie zum Gewaltverhalten von N = 557 sechs- bis neunjährigen amerikanischen Grundschülerinnen und Grundschülern in den Jahren 1977 und 1978 (vgl. Huesmann, L. R. & Eron, 1986; Huesmann, L. R., Lagerspetz & Eron, 1984) wurde rund 15 Jahre später, zwischen 1992 und 1995, eine erneute Befragung aller noch auffindbaren nunmehr 21- bis 23-jährigen N = 329 Studienteilnehmer realisiert. Zur Messung der TV-Nutzung in der Kindheit nutzten die Autoren Selbstangaben der Kinder, die im Alter von acht Jahren in einer Liste von 80 aktuellen Fernsehsendungen ankreuzen konnten, wie häufig sie welche Sendung schauen und welche Sendung sie als ihre Lieblingssendung bezeichnen würden. Alle Sendungen wurden bezüglich ihres Gewaltgehaltes von Psychologie-Studenten beurteilt, so dass zur Fernsehnutzung der Kinder nicht nur bezüglich der genutzten Menge, sondern auch des Gewaltgehaltes Daten vorlagen (Huesmann, L. R. et al., 2003, S. 205). Zusätzlich wurde die Identifikation der Kinder mit Protagonisten bekannter ge-

---

61 Vgl. auch die Kritik von Savage (2004, S. 119 - 120).

walthaltiger Fernsehsendungen gemessen sowie die Einschätzung der Kinder zum Realismus von Fernsehgewalt (S. 205 - 206). Die Messung der Fernsehnutzung der 15 Jahre später befragten jungen Erwachsenen geschah in ähnlicher Weise (vgl. S. 206). Aggressives Verhalten der Kinder wurde mithilfe eines getesteten Peer-Rating-Verfahrens erfasst, Gewaltverhalten der jungen Erwachsenen durch eine Kombination aus Selbst- und Fremdangaben sowie amtlicher Statistiken (Eintragungen ins staatliche Straf- beziehungsweise Verkehrsregister (S. 206 - 207).

Anhand von Regressions- und Cross-Lagged-Strukturgleichungsmodellen belegten Huesmann et al. signifikante Korrelationen zwischen Fernsehgewaltnutzung in der Kindheit und Aggressivität im Erwachsenenalter, selbst wenn die Intelligenz der Kinder und die Bildung der Eltern kontrolliert wurden. Dabei zeigte sich aggressives Verhalten im Erwachsenenalter besonders dann, wenn in der Kindheit eine Identifikation mit gewalttätigen TV-Protagonisten des gleichen Geschlechts vorlag und TV-Gewalt von den Kindern als eher realistisch eingeschätzt wurde. Diese Effekte galten für männliche wie weibliche Befragte gleichermaßen. Zwar fanden die Autoren im Rahmen ihrer Studie wie erwartet, dass frühe Gewaltauffälligkeit in der Kindheit sowohl Gewaltauffälligkeit im Erwachsenenalter wie auch Gewaltmediennutzung beeinflusst, doch konnten sie durch Verwendung von Cross-Lagged-Modellen zeigen, dass mit hoher Wahrscheinlichkeit ein kausaler Zusammenhang zwischen früher Gewaltfernsehnutzung und späterer Aggressivität besteht.

4.2.1.2.2.2 Längsschnittstudien zur Computerspielnutzung

Beleuchten die bisher diskutierten Längsschnittstudien den Zusammenhang zwischen (Gewalt-) Fernsehnutzung und Aggressivität, haben andere Autoren den Zusammenhang zwischen der Nutzung gewalthaltiger Computerspiele und Aggressivität im Längsschnitt untersucht. So publizierten Wallenius & Punamäki (2008) eine Längsschnittstudie an N = 316 finnischen Kindern und Jugendlichen, die zweimal, zunächst im Alter von 10 Jahren (jüngere Alterskohorte) beziehungsweise 13 Jahren (ältere Alterskohorte), zwei Jahre später im Alter von 12 Jahren (jüngere Alterskohorte) und 15 Jahren (ältere Alterskohorte), befragt wurden. Mithilfe regressionsanalytischer Modelle[62] untersuchten die Autoren

---

62 Nach dem Vorbild von Anderson und Anderson (1996) und Anderson und Dill (2000) verwendeten die Autoren ein regressionsanalytisches Verfahren zur „Zerstörung" eines Effektes (zum Beispiel von Mediengewalt auf Gewaltverhalten) durch schrittweises

den Zusammenhang zwischen der Nutzung gewalthaltiger Computerspiele und gewalttätigem Verhalten gegenüber anderen (zur Operationalisierung und Validität der verwendeten Selbstauskunftsskalen siehe S. 288). Dabei fanden sie nach Kontrolle von Trait-Gewalt, und Alter der befragten Schülerinnen und Schüler longitudinale Effekte der Nutzung gewalthaltiger Computerspiele auf aggressives Verhalten, die aber durch das Geschlecht und die Eltern-Kind-Kommunikation der Befragten unterschiedlich beeinflusst waren (S. 291). So zeigte sich bei Kontrolle weiterer wichtiger Einflussfaktoren bei Mädchen dann ein kausaler Zusammenhang zwischen Gewaltspielen und Gewaltverhalten, wenn sie von einer defizitären Kommunikation mit ihren Eltern berichteten. Jungen hingegen waren, entgegen der Vorannahmen der Autoren, dann besonders anfällig für Gewaltspieleffekte, wenn sie die Kommunikation mit ihren Eltern als gut beschrieben. Dahingegen zeigte häufige Gewaltspielnutzung bei Jungen mit schlechtem Kontakt zu den Eltern keine Effekte. Da Jungen dieser letzten Gruppe von vornherein ein hohe Aggressionsniveau aufwiesen, interpretieren Wallenius und Punamäki diesen Effekt dahingehend, dass Jungen dieser Gruppe aufgrund mangelnden elterlichen Engagements in der Medienerziehung bereits früher mit der Nutzung von Gewaltcomputerspielen angefangen haben (was sich im anfänglichen Aggressionsniveau zeige) und inzwischen gegenüber Spielgewalt desensibilisiert seien. Da Gewaltdesensibilisierung nicht direkt erhoben wurde, konnte diese Interpretation nicht im Rahmen der veröffentlichten Studie überprüft werden.

Ergebnisse einer dem Design der finnischen Studie von Wallenius und Punamäki ähnlichen Untersuchung publizierten Möller und Krahé im Jahr 2009. Dabei konnten die Autorinnen mithilfe einer Längsschnittstudie an N = 295 Berliner Schülerinnen und Schüler siebter und achter Schulklassen (Durchschnittsalter zum ersten Messzeitpunkt: 13,3 Jahre) einen direkten längsschnittlichen Einfluss gewalthaltigen Computerspielens auf physische Aggressivität

---

Auspartialisieren anderer bekannter Einflussfaktoren. Beim Destructive Testing im Rahmen von Längsschnittanalysen mit 2 Messzeitpunkten wird nach Behauptung des Effektes eines zur Disposition stehenden zum Zeitpunkt t1 gemessenen Einflussfaktors gegenüber anderen Einflussfaktoren auf eine zu t2 gemessene abhängige Variable in einem letzten Schritt die zu t1 gemessene abhängige Variable als Einflussfaktor in die Analyse aufgenommen. Da diese Variable bei relativ konstanten menschlichen Eigenschaften (wie zum Beispiel Gewaltverhalten) mutmaßlich den größten Einfluss auf die zu t2 gemessene abhängige Variable hat, ist die Chance mit diesem Verfahren besonders hoch, den zur Disposition stehenden Einflussfaktor zu „zerstören". Gelingt dies nicht, gilt der so geprüfte Einflussfaktor als robust.

nachweisen[63]. Nach der Analyse des Computerspielverhaltens und Selbstangaben zum eigenen Gewaltverhalten der befragten Schülerinnen und Schüler zu zwei 30 Monate auseinander liegenden Messzeitpunkten (zum zweiten Messzeitpunkt nahmen noch N = 143 Schülerinnen und Schüler an der Befragung teil), kamen die Autorinnen zu dem Schluss, es könnte keine Bestätigung für die Hypothese gefunden werden, die Befunde der internationalen Forschung zur Korrelation zwischen Gewaltverhalten und Gewaltcomputerspielen sei darauf zurückzuführen, dass von Grund auf aggressivere Jugendliche aggressivere Spiele auswählten (Selektionshypothese) (S. 85). Vielmehr sehen sie in ihren Ergebnissen einen klaren Beleg für die „Sozialisations-Hypothese", wonach diejenigen, die mehr Zeit mit Gewaltspielen verbringen, aggressiver werden (ebenda). Dabei zeigten sich signifikante Effekte der Nutzung von Gewaltcomputerspielen bereits bei relativ geringer Spielenutzung (ebenda). In ihrer Dissertation bemerkt Möller, die absoluten Effekte des Gewaltspielkonsums seien zwar als moderat zu bezeichnen, es müsse allerdings bedacht werden, dass es sich bei der Nutzung gewalthaltiger Videospiele „lediglich um einen Aspekt des allgemeiner gefassten Faktors Mediengewalt handelt" (2006, S. 7).

4.2.1.2.2.3 Wirkungen von Filmen *und* Computerspielen im Längsschnitt

In Längsschnittanalysen von Anderson, Gentile und Buckley (2007) sowie von Hopf, Huber und Weiß (Hopf, Huber & Weiß, 2008) wurde versucht, die Effekte der Gewaltmediennutzung nicht *entweder* am Beispiel des Computerspielens *oder* des Film- beziehungsweise Fernsehkonsums zu analysieren, sondern *beide* Aspekte parallel zu untersuchen. Ein solches Vorgehen wird nicht nur der Lebensrealität von Kindern und Jugendlichen weitaus mehr gerecht, sondern es ermöglicht zudem, die Frage zu beantworten, bei welcher Art der Gewaltmediennutzung größere Effekte zu erwarten sind. Die Längsschnittstudie von Hopf, Huber und Weiß (2008) untersuchte den Zusammenhang der Nutzung von

---

63 Es handelt sich dabei um eine Nachfolgestudie der Dissertation von Möller (2006), die bereits nach einem Zeitraum von sechs Monaten Einflüsse des Computer- und Videospielens auf Aggressivität nachweisen konnte. Möller kam bereits in dieser Publikation zu dem Schluss, ihre Daten belegten „eine Art „Abwärtsspirale" der Medienkonsum-Aggressions-Beziehung (2006, S. 7). Aggressive Jugendliche zeigten, so Möller, zunächst ein verstärktes Interesse für gewalthaltige Medieninhalte, wobei die Nutzung dieser Inhalte wiederum zu einer Bekräftigung ihrer aggressiven Disposition führe (ebenda). Dabei betont Möller, dass bereits nach sechs Monaten der Effekt der Gewaltspielnutzung auf die Aggressivität größer war, als der Effekt der persönlichen Gewaltdisposition (Trait-Gewalt) auf die Auswahl von Gewaltspielen (ebenda).

Gewaltmedien und aggressivem Verhalten von N = 314 im Durchschnitt 12-jährigen (erster Messzeitpunkt Ende 1999/Anfang 2000) bis knapp 15-jährigen (zweiter Messzeitpunkt Ende 2002/Anfang 2003) Hauptschülerinnen und Hauptschüler mit gewaltdelinquentem Verhalten. Die Beschränkung auf Schülerinnen und Schüler dieser Schulform bietet den Vorteil, eine durch Gewaltprävalenz besonders belastete Gruppe zu untersuchen (vgl. etwa Baier et al., 2006; wie auch die Studienübersicht bei Hopf et al., 2008, S. 82). Im Rahmen der Studie zeigte sich, dass die Nutzung gewalthaltiger Fernsehsendungen, von Gewalt- beziehungsweise Horrorfilmen und gewalthaltigen Computerspiele einen direkten längsschnittlichen Effekt sowohl auf Gewaltverhalten der Befragten in der Schule (Schulgewalt) als auch auf (selbst berichtete) Gewaltdelinquenz hatte (S. 90). Eine separate Analyse der Effekte einzelner Medien ergab, dass Gewaltcomputerspielnutzung den stärksten Effekt auf selbstberichtete Gewaltdelinquenz hatte (S. 87), während die Nutzung von Gewalt- beziehungsweise Horrorfilmen am stärksten mit Schulgewalt verknüpft war (S. 86). Für die Nutzung von Fernsehgewalt ergaben sich die schwächsten, teilweise nur indirekte Effekte (S. 86 - 87). Damit liefert die Studie von Hopf et al. nicht nur einen weiteren Beleg für einen kausalen Zusammenhang zwischen Gewaltmediennutzung und Gewaltverhalten, sondern gibt Hinweise auf unterschiedlich große Effekte unterschiedlicher Medien. Leider unterlassen es die Autoren, separate Medieneffekte auf Gewaltverhalten gleichzeitig zu modellieren. Damit hätten die Ergebnisse von Mößle et al. (2007, S. 111 - 112) auch längsschnittlich überprüft werden können, wonach die Nutzung von Gewaltcomputerspielen stärker kausal mit Gewaltdelinquenz verbunden ist, während die Nutzung von Horror- und Gewaltfilmen zumindest bei Jugendlichen eher als Indikator für hohe Gewaltakzeptanz und einen mit Gewaltprävalenz verknüpften Lebensstil zu sein scheint.

Unterstützung für diese Interpretation liefern Daten der amerikanischen Längsschnittstudie von Anderson, Gentile und Buckley (2007). Diese zu zwei Messpunkten im Abstand von durchschnittlich fünf Monaten durchgeführte Studie an N = 430 Dritt-, Viert- und Fünftklässlern (Durchschnittsalter zum ersten Messzeitpunkt: 9,6 Jahre) zeigte direkte längsschnittliche Effekte der Nutzung von Gewaltcomputerspielen und Gewaltfilmen auf aggressive Attributionen der Befragten, verbales und physisches Gewaltverhalten[64]. Mithilfe von regressionsanalytischen Verfahren zeigten die Autoren, dass in direkter

---

64 Verbale Gewalt wurde dabei mithilfe eines peer-nomination-Verfahrens durch die Mitschüler gemessen, physische Gewalt mithilfe eines Indexes aus peer-nomination, Lehrer/innen- und Selbstangaben (Anderson, C. A. et al., 2007, S. 97 - 101).

Konkurrenz der Medieneffekte untereinander (Computerspiele vs. Film/Fernsehen) gewalthaltige Computerspiele einen signifikanten Einfluss behalten, während der direkte Effekt der Filmnutzung nicht mehr signifikant wurde (S. 117). Anderson et al. warnen allerdings davor, dies als Beleg eines Nulleffektes der Gewaltfilmnutzung zu werten. Vielmehr weise das Ergebnis einfach auf den größeren Effekt der Computerspielnutzung hin, der wegen der hohen Korrelation von Gewaltcomputerspiel- und Gewaltfilm-/-fernsehnutzung den Effekt der Gewaltfilm- oder -fernsehnutzung unterdrücke (ebenda). Neben der Dissertation von Möller (2006) ist die Publikation von Anderson et al. die zweite, die bereits Gewaltmedieneffekte nach wenigen Monaten nachweisen konnte. Bezog sich die Studie von Möller auf jugendliche Schülerinnen und Schüler, befanden sich die Studienteilnehmerinnen und -teilnehmer von Anderson et al. (zumindest zu einem sehr großen Teil) noch im Kindesalter, so dass nach den Ergebnissen dieser beiden Studien davon ausgegangen werden muss, dass Gewaltmedieneffekte im Alter von neun bis 16 Jahren bereits nach einem recht kurzen Zeitfenster mit regelmäßiger Gewaltmediennutzung auftreten können.

4.2.1.3 Zusammenfassung zur Wirkung von Mediengewalt auf Aggressivität

Wie gezeigt werden konnte, ist die Wirkung sowohl rein rezeptiver als auch interaktiver Mediengewalt sowohl meta-analytisch als auch längsschnittlich auf aggressives Verhalten von Erwachsenen als auch insbesondere von Kindern eindeutig belegt worden. Wiesen erste meta-analytische Studien darauf hin, dass der Effekt von Fernseh- oder Filmgewalt auf Gewaltverhalten oder gewaltnahe Parameter etwas größer ist, als der Effekt von interaktiver Gewalt, weisen aktuelle Studien darauf hin, dass Computer- und Videospielgewalt in aktuellen Spielen Gewaltverhalten stärker beeinflusst als rein rezeptive Gewalt. Zwar stellt, so Kunzcik und Zipfel in ihrem Review zur Gewaltwirkungsforschung bis 2004, „[…] Mediengewalt nur einen Faktor innerhalb eines komplexen Bündels von Ursachen für die Entstehung gewalttätigen Verhaltens dar" (S. 289). Dabei ist allerdings zu berücksichtigen, „dass sich hinter einem geringen Einfluss für den Durchschnitt der Medieninhalte und Rezipienten durchaus stärkere Effekte für bestimmte Inhalte und bestimmte Rezipienten verbergen können […]" (ebenda). Und die Autoren folgern:

> „Auswirkungen von Mediengewalt auf Aggressionsverhalten sind am ehesten bei jüngeren, männlichen Vielsehern zu erwarten, die in Familien mit hohem Fernseh(-gewalt-)konsum aufwachsen und in ihrem unmittelbaren sozialen Umfeld (d. h.

in Familie, Schule und Peergroup) viel Gewalt erleben (so dass sie hierin einen „normalen" Problemlösungsmechanismus sehen), bereits eine violente Persönlichkeit besitzen und Medieninhalte konsumieren, in denen Gewalt auf realistische Weise und/oder in humorvollem Kontext gezeigt wird, gerechtfertigt erscheint und von attraktiven, dem Rezipienten möglicherweise ähnlichen Protagonisten mit hohem Identifikationspotenzial ausgeht, die erfolgreich sind und für ihr Handeln belohnt oder zumindest nicht bestraft werden und dem Opfer keinen sichtbaren Schaden zufügen („saubere Gewalt)" (Kunczik, M. & Zipfel, 2004, S. 289).

4.2.2 Prosoziale Effekte

4.2.2.1 Theoretischer Hintergrund

Vor dem Hintergrund der sozial-kognitiven Lerntheorie und damit verknüpfter theoretischer Ansätze erscheint es zunächst trivial, dass Mediennutzung nicht nur geeignet ist, problematische Lernprozesse anzuregen und zu unterstützen, die antisoziales und aggressives Verhalten der Probanden zur Folge haben, sondern dass Mediennutzung ebenso das Potential zur Initialisierung und Vertiefung prosozialer Lernprozesse innewohnt. So konnte bereits gezeigt werden, dass im Rahmen der schulischen Bildung insbesondere interaktive Medien erfolgreich eingesetzt wurden, um Lernen anzuregen und zu Lerninhalte zu festigen (vgl. S. 75 in dieser Arbeit). Ebenso sind aus dem Bereich der Gesundheitsfürsorge und der Therapie verschiedener Krankheiten Wirkungen des Einsatzes klassischer und interaktiver Medien belegt (vgl. statt vieler etwa Bandura, 1998, 2004). Abseits des schulischen Lernens und der Gesundheitsfürsorge wird immer wieder auch die Rolle der Medien als Vermittlungsinstanz prosozialer Inhalte und Verhaltensmodelle betont. Wird etwa in der Schule oder in der Therapie beispielsweise ein Computerprogramm sehr zielgerichtet eingesetzt, um effektiv Vokabeln zu lernen oder einem an Diabetes erkrankten Kind ein adäquates Ernährungs- und Selbstmedikationsverhalten beizubringen, sind ebenso nicht-intendierte prosoziale Wirkungen von Mediennutzung denkbar, die sich aus der Nutzung von prosozialen Medieninhalten ergeben. Analog zum General Aggression Model von Anderson und Bushman erarbeiteten Gentile et al. (2009) (ebenfalls unter Mitwirkung von Bushman und Anderson) das General Learning Model, mit dessen Hilfe die Akquisition prosozialer Skripte, Einstellungen und Verhaltensweisen theoretisch beschrieben wird.

4.2.2.2 Empirische Ergebnisse

4.2.2.2.1 Fernsehen

Die prosozialen Effekte der Fernsehnutzung sind empirisch relativ gut erforscht, wenn auch nicht annähernd so ausführlich wie die antisozialen Effekte (Mares & Woodard, 2007, S. 297). Mares und Woodard (2001, 2007) untersuchten im Rahmen einer Aktualisierung der ersten großen Meta-Analyse von Hearold (1986) die Studienlage zur Wirkung prosozialer Fernsehinhalte auf prosoziales Verhalten von Kindern. Dabei fanden sie 34 unabhängige experimentelle beziehungsweise Befragungsstudien mit insgesamt N = 5.473 Studienteilnehmerinnen und -teilnehmern, in denen als abhängige Variable prosoziales Verhalten gemessen wurde. Als prosozial sowohl bezüglich der gezeigten Inhalte als auch bezüglich der gemessenen abhängigen Variablen definierten[65] die Autorinnen dabei erstens „positive Interaktionen (positive interaction)", zum Beispiel freundschaftliches miteinander Spielen oder auch friedliches Konfliktlösungsverhalten (Mares & Woodard, 2001, S. 184). Zweitens definierten die Autoren altruistisches Verhalten (aufopferungsvolle Freundlichkeit, Teilen, Schenken, Helfen inkl. Anbieten von Hilfe sowie Trösten) als prosozial. Drittens wurde die Reduzierung von gesellschaftlichen Stereotypen sowohl auf Medieninhaltsseite wie auch auf Effektseite[66] als prosozial definiert. Und schließlich nahmen die Autorinnen auch Studien zur Wirkung prosozialer Medieninhalte auf Aggressivität in die Analyse auf, da vermutet werden konnte, dass aggressives Verhalten (verbale und physische Aggressivität) durch prosoziale Medieninhalte gemindert wird[67].

Insgesamt fanden Mares und Woodard signifikante moderate Effekte prosozialer Inhalte auf das Verhalten von Kindern ($r = 0.27$). Die größten Effekte berichten sie für Mediendarstellungen altruistischen Verhaltens auf altruistisches Verhalten der kindlichen Rezipienten. Dies sei, so die Autorinnen, deshalb wenig überraschend, als bei dieser Unterdimension prosozialen Verhaltens am ehesten eine inhaltliche Übereinstimmung zwischen Treatment (Medieninhalt) und

---

65 Die genauen Definitionen von Prosozialität unterscheiden sich in den beiden verfügbaren Veröffentlichungen der Autoren leicht. Insofern wurde darauf geachtet, alle in beiden Veröffentlichungen genannten Unterdimensionen zu erwähnen.
66 Auf Effektseite wurden hier Messungen zu Einstellungen oder Verhaltensweisen gegenüber häufig als stereotyp dargestellten Personen, Gesellschaftgruppen oder Gesellschaften einbezogen.
67 Mit der Fokussierung auf diese drei Bereiche prosozialen Verhaltens unterscheiden sich die Autoren recht deutlich von der Vorläufer-Studie von Hearold (1986).

Effektvariable gegeben sei (2001, S. 184). Diese Interpretation erscheint auch vor dem Hintergrund der sozial-kognitiven Lerntheorie Banduras plausibel, wird hier doch postuliert, dass Modell-Lernen dort am besten funktioniert, wo eine Übertragung eines medial präsentierten Modells besonders einfach ist. Darüber hinaus fanden Mares und Woodard auch signifikante schwache Effekte prosozialer Fernsehprogramme auf positive Interaktionen, Reduzierung von Stereotypen und Reduzierung von Gewalt. Mit Blick auf das Alter der jeweiligen Studienteilnehmer kamen sie zu dem Schluss, dass die Wirkung prosozialer Medienbotschaften offenbar im Alter von drei Jahren recht gering ist und bis zum Alter von sieben Jahren deutlich zunimmt. Bei zwölfjährigen Kindern seien bereits wieder kleinere Effekte zu beobachten, die bei Jugendlichen dann noch einmal etwas kleiner würden (2007, S. 297). Dies sei, so die Autorinnen, ein deutlich anderer Befund als die von Paik und Comstock (1994) veröffentlichten Daten, nach denen Gewalteffekte der Gewaltmediennutzung bereits sehr früh zu beobachten seien und kleine Kinder als besonders anfällig für Gewalteffekte seien (Mares & Woodard, 2007, S. 296). Mares und Woodard führen diesen Unterschied darauf zurück, dass erst mit Erreichen eines bestimmten Alters Kinder in der Lage seien, den Gehalt prosozialer Medienbotschaften so zu erfassen, so dass sie in ihrem persönlichen Umfeld ein entsprechendes Verhalten entwickeln könnten (Mares & Woodard, 2007, S. 297).

Im Vergleich der Effekte prosozialer Inhalte mit aggressiv-antisozialen Inhalten zeigen sich nach Einschätzung der Autoren keine deutlichen Unterschiede. Ermittelte Hearold (1986) in ihrer Meta-Analyse noch fast doppelt so starke Effekte prosozialer Inhalte gegenüber antisozialen Inhalten und argumentierte damit im Sinne der Hypothese starker prosozialer Effekte des Fernsehens, schließen Mares und Woodard, in der Größe der Effekte sei ihre Studie in etwa mit der Studie von Paik und Comstock vergleichbar, während die Effektstärke (=Power) von Mediengewalt auf Gewaltverhalten womöglich noch etwas höher einzuschätzen sei als die Effektstärke prosozialer Inhalte auf prosoziales Verhalten (Mares & Woodard, 2001, S. 185). Insgesamt, so die Autorinnen, müsse aber berücksichtigt werden, dass die gleiche Effektstärke pro- und antisozialer Inhalte noch nichts über das inhaltliche Angebot im Fernsehen und dessen Nutzung aussage (Mares & Woodard, 2007, S. 296). Unter Verweis auf US-amerikanische Inhaltsanalysen des Fernsehprogramm sowie Studien zur Fernsehnutzung von Kindern geben sie zu bedenken, dass angesichts eines hohen Levels häufig humoristisch oder glorifiziert dargestellter Gewalt mit entsprechend hoher Nutzung durch Kinder und angesichts eines recht überschaubaren Angebotes explizit prosozialer Inhalte in Frage stünde, inwieweit sich die Effekte prosozialer Inhalte in der Lebenswirklichkeit von Kindern tatsächlich niederschlagen (S. 281 - 283). Zumal Folgendes festzustellen sei: Wenn prosoziale Inhalte im Fernsehen gezeigt werden, dann häufig im Kontext von Gewaltdarstellungen, wenn Gewalt gezeigt wird, dann nur selten im Kontext gewaltkritischer Botschaften (S. 282).

4.2.2.2.2 Computerspiele

Bezüglich der Effekte prosozialer Inhalte und Konzepte von Computerspielen besteht nach Meinung von Hogan und Strasburger (2008, S. 547) wie auch Gentile et al. (2009, S. 755) ein großes Defizit in der Forschung. Zwar erscheint es berechtigt, wenn Walsh und Gentile bezüglich der Effekte des Computerspielens folgern:

> "[...] video games could have large effects, some of which are intended by game designers, and some of which may not be intended. [...] Given the fact that video games are able to have several positive effects, it should come as no surprise that they also can have negative effects" (Walsh & Gentile, 2004).

Belastbare empirische Erkenntnisse zu prosozialen Wirkungen von Computerspielen finden sich jedoch kaum. Theoretisch, so Gentile et al. (S. 754), bieten Computerspiele aufgrund ihrer Beschaffenheit als interaktive Medien, eine ganze Reihe von Möglichkeiten, mit und aus ihnen zu lernen. Mithilfe eines internationalen Forschungsprogramms aus einer Querschnittstudie, einer Längsschnittstudie und einem Experiment, haben die Autoren versucht, prosoziale Effekte des Computerspielens nachzuweisen. So zeigten sie anhand von Regressionsdaten einer Befragung von N = 727 durchschnittlich 13-jährigen Schülerinnen und Schülern aus Singapur, dass das Spielen prosozialer Computerspiele[68] positiv mit allen in der Studie verwendeten Indikatoren für prosoziales Verhalten korreliert war (Hilfsverhalten, Kooperation und Teilen, Empathie, emotionale Aufmerksamkeit). Ein negativer Zusammenhang zeigte sich dagegen zwischen der Nutzung prosozialer Computerspiele und Indikatoren für Aggressivität und aggressives Verhalten (S. 756), wie auch zwischen der Nutzung gewalthaltiger Computerspiele und den prosozialen Indikatoren Hilfsverhalten und Empathie[69] (zwischen Gewaltspielnutzung und Emotionaler Auf-

---

68 Der prosoziale Charakter der Spiele wurde dabei durch ein mit Expertenratings abgesichertes Selbstratingverfahren der befragten Schülerinnern und Schüler festgestellt (Gentile et al., 2009, S. 756).
69 Einen Befund diskutieren die Autoren im Rahmen Ihres Artikels leider nicht. So zeigte sich ein signifikanter, negativer Zusammenhang zwischen der wöchentlichen Spielzeit und allen Indikatoren von Prosozialität. Da die Nutzung sowohl gewalthaltiger wie auch

merksamkeit sowie Kooperation und Teilen zeigten sich keine signifikanten Zusammenhänge) (ebenda).

Um die Querschnittsbefunde auch kausal interpretieren zu können, führten Gentile et al. zusätzlich eine Längsschnittuntersuchung an N = 780 Fünftklässlerinnen und Fünftklässlern sowie N = 1.050 Acht- sowie Elftklässlerinnen und -klässlern durch. Der erste und der zweite Messzeitpunkt lagen drei bis vier Monate auseinander. Dabei fanden Gentile et al. auch einen längsschnittlichen Zusammenhang zwischen der Nutzung prosozialer Computerspiele und Prosozialität (S. 757), wobei die Autoren von einer fortwährenden Interaktion der Nutzung prosozialer Inhalte und Prosozialität in Form einer ständigen Verstärkung ausgehen[70]. In einer dritten Teilstudie testeten die Autoren schließlich, wie weit, analog zu Befunden des General-Aggression-Models, empirische Umsetzungen des General-Learning-Ansatzes neben Langzeiteffekten auch Kurzzeiteffekte finden können. Zu diesem Zweck wurde ein Experiment mit N = 161 durchschnittlich 19-jährigen Studentinnen und Studenten durchgeführt, in dem die kurzfristigen Auswirkungen des Spielens prosozialer, gewalthaltiger und neutraler Spiele geprüft wurden. Es zeigte sich, dass das 20-minütige Spielen eines im Rahmen einer Pilotstudie als prosozial eingestuften Spiels zu größerer Hilfsbereitschaft und weniger Missgunst führte, während Spielerinnen und Spieler eines Gewaltspiels signifikant weniger hilfsbereit und signifikant missgünstiger waren als Spielerinnen und Spieler eines prosozialen Spiels (S. 759 - 760)[71]. Insgesamt sehen die Autoren das von ihnen postulierte General-Learning-

prosozialer Spiele mit gesonderten Koeffizienten ebenfalls in die Regression mit eingegangen war, zeigt sich hier offenbar ein vom Spielinhalt unabhängiger negativer Zusammenhang zwischen reiner Spielzeit und Prosozialität. Dieser Befund, der - zumindest bezüglich der Empathie - auch im Rahmen anderer Studien offenbar wurde (Kleimann & Mößle, 2008), ist an anderer Stelle dahingehend interpretiert worden, dass wenig empathische Kinder und Jugendliche sich aufgrund dieses Defizits stärker in virtuelle Welten flüchten als ihre Altersgenossen, wodurch Empathiemangel und weitere soziale Kompetenzdefizite sich weiter verstärken (Mößle & Kleimann, 2009, S. 40 - 41).

70 Insgesamt erscheint dieser Studienteil allerdings wenig elaboriert. So wird weder dem Umstand der recht großen Altersspanne der teilnehmenden Schüler/innen theoretisch oder datenanalytisch überzeugend Rechnung getragen, noch werden die datenanalytischen Befunde hinreichend deskriptivstatistisch eingeführt oder inferenzstatistisch abgesichert. So hätte beispielsweise ein Cross-Lagged-Modell weitere Auskunft über den genauen Interaktionsmechanismus zwischen Prosozialität und der Nutzung prosozialer Computerspiele geben können.

71 Gestestet wurde dies mithilfe eines Tests, in dem die Probanden im Anschluss an das 20-minütige Spieles eines Computerspiels eine Reihe von Puzzle-Aufgaben für einen angeblichen Mitspieler auswählen sollten. Den Probanden wurde erklärt, der Mitspieler würde 10 Dollar gewinnen, wenn er die Aufgaben richtig löst. Die Probanden sollten aus einem Set von 10 leichten, 10 mittelschweren und 10 schweren Puzzle-Aufgaben 11 Aufgaben

Model durch die drei Teilstudien vorläufig bestätigt und kommen somit zu dem Schluss, dass die Frage positiver oder negativer Wirkungen des Computerspieles durch die Art der genutzten Spiele bestimmt wird (S. 761). Zugleich weisen sie darauf hin, dass unabhängig vom Inhalt der Spiele lange Spielzeiten zu negativen Displacement-Effekten führen können, indem beispielsweise schulische Leistung gemindert oder die Entwicklung sozialer Kompetenzen reduziert werden kann (ebenda).

4.2.3 Zusammenfassung zu Medienwirkungen auf Sozialverhalten

Insgesamt lässt sich festhalten, dass die Nutzung rezeptiver und interaktiver Medien signifikante Effekte auf das Sozialverhalten von Menschen hat, was im vorangegangenen Abschnitt besonders am Beispiel von Kindern und Jugendlichen gezeigt wurde. Dabei zeigt sich, das insbesondere lerntheoretische Ansätze im Sinne von Banduras sozial-kognitiver Lerntheorie geeignet sind, Medieneffekte auf das Sozialverhalten zu erklären, insbesondere wenn sie, wie das General-Aggression-Model von Anderson und Bushman, weitere wichtige Theorien zur affektiven Medienwirkung (beispielsweise Zillmans Excitation-Transfer-Theorie), zur Entwicklung kognitiver Strukturen (Cognitive Neoassociation Theory; Skripttheorie) und zur Entstehung sozialer Interaktionsprozesse (Social Interaction Theory) berücksichtigen. Obwohl theoretisch und empirisch sowohl prosoziale als auch antisoziale Effekte begründet und gefunden werden können, muss dabei berücksichtigt werden, dass die Nutzung explizit antisozial-gewalthaltiger Medien unter Kindern und Jugendlichen zumindest im Fernsehen die Nutzung explizit prosozialer Medien deutlich überwiegt. Bezüglich der Computerspielnutzung gibt es zwar deutliche Hinweise auf eine breite Nutzung gewalthaltiger Spiele (vgl. S. 36 und 43 in dieser Arbeit), jedoch fehlen bisher Studien, in denen die Nutzung explizit prosozialer Spiele repräsentativ erhoben wurde. Insgesamt spricht jedoch vieles dafür, dass prosoziale Medieneffekte, obschon lerntheoretisch genauso gut begründbar wie anti-

---

für den Mitspieler heraussuchen. Der durchschnittliche Schwierigkeitsgrad eines vom Probanden ausgewählten Aufgabensets galt als Indikator für Hilfsbereitschaft (Helpful = viele leichte Aufgaben) bzw. Missgunst (Hurtful = viele schwere Aufgaben). „Hurtful" wurde hier als „Missgunst" bzw. „missgünstig" ins Deutsche übertragen, da das Auswählen eines schweren Puzzles aus Sicht des Autors dieser Arbeit weniger ein Anzeichen von Schädigungsabsicht des Probanden ist, als vielmehr ein Anzeichen dafür, dass dem vorgeblichen Mitspieler ein leichtes Gewinnen der 10 Dollar nicht gegönnt wurde.

soziale Effekte, im Lebensalltag von Kindern und Jugendlichen eine kleinere Rolle spielen als antisoziale Effekte.

4.3 Medienwirkungen auf physische Parameter

Jenseits der kommunikationswissenschaftlichen Diskussion über Mediennutzungseffekte auf Kinder und Jugendliche existiert seit einigen Jahren eine weitgehend eigenständige Forschungstradition zu Medieneffekten auf Kindern und Jugendliche im Bereich der Pädiatrie und Jugendmedizin sowie der Psychiatrie. Hier wird vor allem der Zusammenhang zwischen Mediennutzung und der körperlich-seelischen Befindlichkeit und Entwicklung von Kindern und Jugendlichen diskutiert. Unbestritten ist, dass insbesondere die tägliche Beschäftigung mit AV- und IT-Medien zu verschiedenen körperlichen Beschwerden führen kann. Diese aus der Arbeitswelt bekannten Phänomene zeigen sich auch für Fernseh- und Computernutzung von Kindern und Jugendlichen (ein Überblick bei Egmond-Fröhlich et al., 2007). So wurde inzwischen die Korrelation zwischen kindlicher (Tazawa & Okada, 2001) und jugendlicher (Hakala, Rimpela, Saarni & Salminen, 2006; Sjolie, 2004) Computerspielnutzung mit diversen muskuloskeletalen Beschwerden belegt. Aber auch häufiger Fernsehkonsum von Schulkindern ist mit Beschwerden aus diesem Bereich, insbesondere mit Rückenschmerzen korreliert (Kristjansdottir & Rhee, 2007; Mohseni-Bandpei, Bagheri-Nesami & Shayesteh-Azar, 2007; Sjolie, 2004; Troussier, Davoine, de Gaudemaris, Fauconnier & Phelip, 1994). Zudem weisen medizinische Studien bei Schulkindern auf deutliche Anzeichen von Augenermüdung und Augenbeschwerden nach längerer Computernutzung hin (Misawa, Shigeta & Nojima, 1991) und berichten von signifikant häufigeren Kopfschmerzen bei Schulkindern mit häufiger Fernsehnutzung (Toyran, Ozmert & Yurdakök, 2002). Darüber hinaus liegt inzwischen eine Reihe von Studien vor, die einen kausalen Zusammenhang zwischen der Nutzung elektronischer Medien und der Übergewichtigkeit sowie einem gestörten Essverhalten von Kindern und Jugendlichen nahelegen, zwischen Mediennutzung und Bewegungsarmut, zwischen Mediennutzung und Schlafstörungen sowie zwischen Mediennutzung und der allgemeinen emotionalen Belastung von Kindern und Jugendlichen.

4.3.1 Schlafstörungen

Einschlafprobleme und Schlafstörungen gelten in der pädiatrischen Literatur als Auslöser oder Verstärker verschiedener psychischer, sozialer oder medizinischer Probleme insbesondere von Kindern im Grundschulalter (vgl. statt vieler Lehmkuhl, Wiater, Mitschke & Fricke-Oerkermann, 2008; Stein, Mendelsohn, Obermeyer, Amromin & Benca, 2001). So gilt aus Schlafstörungen resultierende Tagesmüdigkeit allgemein als signifikanter Prädiktor für defizitäre motorische und kognitive Leistungen (Pilcher & Huffcutt, 1996)[72] und - bezogen insbesondere auf Grundschulkinder - als Prädiktor für Aufmerksamkeits- und Schulleistungsprobleme (Owens, Spirito, McGuinn & Nobile, 2000; Stein et al., 2001) sowie als Prädiktor verschiedener Verhaltensprobleme, zum Beispiel Aggressivität (Chervin, Hedgera, Dillonb & Pituch, 2000; Stein et al., 2001). Dabei wurde wiederholt ein Zusammenhang zwischen Mediennutzung und (Ein-)Schlafproblemen von Kindern und Jugendlichen gefunden (Johnson, Jeffrey G., Cohen, Kasen, First & Brook, 2004; Owens et al., 1999).

Mehrere Studien konnten zeigen, dass besonders extensive Fernsehnutzung durch Kinder zu späteren Einschlafzeiten und daraus resultierend kürzeren Schlafzeiten führt (Adam, Snell & Pendry, 2007; Crönlein et al., 2007; Gaina et al., 2007; Heins et al., 2007; Li et al., 2007) sowie zu einer Minderung der Schlafeffizienz (Dworak, Schierl, Bruns & Struder, 2007). Crönlein et al. (2007) wiesen dabei darauf hin, dass neben den reinen Nutzungszeiten auch die jeweils genutzten Inhalte zu beachten sind, da in ihrer Studie an N = 137 Jugendlichen Schlafzeiten wie auch verschiedene Einschlafprobleme, subjektives Empfinden der Schlafqualität und subjektives Empfinden der eigenen Leistungsfähigkeit mit den konkret genutzten TV-Medieninhalten in unterschiedlicher Form korreliert

---

[72] Pilcher und Huffcutt (1996) untersuchten den Einfluss von Schlafdeprivation auf Stimmung, kognitive und motorische Leistungen im Rahmen einer Meta-Analyse von N = 19 zwischen 1986 und 1993 durchgeführten Schlafdeprivationsexperimenten an N = 1.932 erwachsenen Probanden. Dabei zeigten sie, dass sowohl kurzfristige wie auch langfristige Schlafdeprivation signifikant negative Effekte auf die Stimmung der Probanden wie auch deren kognitive und motorische Fähigkeiten hat (S. 323), wobei sich die der größte Effekt bei der Stimmung der Probanden zeigte, der zweitgrößte Effekt bei kognitiven Leistungen und der schwächste Effekt bei motorischen Leistungen. Alle gefundenen Effekte werden von den Autoren als „nicht marginal" bezeichnet. Williamson und Feyer (2000) verglichen die Effekte zwischen Schlafdeprivation und Alkoholkonsum und kamen zu dem Schluss, dass kognitive und motorische Leistungen von erwachsenen Probanden nach kurzem Schlafentzug ungefähr denen von Probanden mit einer Blutalkoholkonzentration von 0,5 Promille entsprachen, während längerer Schlafentzug zu Leistungen führte, die mit Probanden vergleichbar waren, die eine Blutalkoholkonzentration von 1,0 Promille aufwiesen.

waren. Auch intensive Computerspielnutzung ist mit kürzeren Schlafzeiten von Kindern (Heins et al., 2007)[73] und kürzeren Schlafzeiten von Jugendlichen (Rehbein, Kleimann & Mößle, 2009a) korreliert. Zudem konnten Dworak et al. (2007) experimentell nachweisen, dass längeres Computerspielen für geringere Schlafqualität und vermittels dieses Faktors für schlechtere verbale Erinnerungsleistungen von Jugendlichen (Durchschnittsalter: 13,5 Jahre) verantwortlich gemacht werden kann. Einen deutlichen Mediennutzungseffekt auf Schlafzeiten, Schlafqualität und Schlafstörungen fanden verschiedene Studien besonders dann, wenn Kinder über eigene elektronische Mediengeräte im Zimmer berichteten (Lehmkuhl et al., 2008; Li et al., 2007; Owens et al., 1999).

4.3.2 Übergewicht

Ein Zusammenhang zwischen Mediennutzung, Übergewichtigkeit und Bewegungsarmut kann inzwischen als belegt gelten, wobei die Stärke des Zusammenhangs als schwach zu bezeichnen ist. Als Ursache für diesen Zusammenhang gelten insbesondere der durch die Mediennutzung verursachte Bewegungsmangel (Burke et al., 2006; Epstein et al., 2008; Rey-López, Vicente-Rodríguez, Biosca & Moreno, 2008) sowie eine durch Fernsehwerbung verstärkte falsche Ernährung (vgl. statt vieler Hastings, Gerard, McDermott, Angus, Stead & Thomson, 2007). Die pädiatrische Literatur der letzten Jahre beklagt einen eindeutigen Trend zu mehr Übergewichtigkeit (Ambler, 2004; Bundred, Kitchiner & Biuchan, 2001; The Henry J. Kaiser Foundation, 2004; World Health Organisation, 2000) und Bewegungsmangel (ein Überblick der internationalen Studienlage bei Bös, 2003) unter Kindern und Jugendlichen verschiedener Industriestaaten und sieht in der Nutzung elektronischer Medien einen wichtigen Einflussfaktor auf beide Entwicklungen.

Tatsächlich kamen Marshall, Biddle, Gorely, Cameron und Murdey (2004) in einer Meta-Analyse von 107 Querschnitts-, Längsschnitts- und Interventionsstudien zum Zusammenhang der Fernseh-, Computer- und Videospielnutzung mit Körperfettgehalt[74] und Bewegungsarmut von Kindern und Jugendlichen zum

---

73 Erwähnt sei in diesem Zusammenhang auch die Studie von Tazawa und Okada (2001), in der 1.143 japanische Schulkinder zwischen sechs und elf Jahren u. a. auf körperliche Indikatoren für Schlafmangel (zum Beispiel deutliche dunkle Augenringe) kinderärztlich untersucht wurden. Computerspielen war demnach signifikant mit dem Vorhandensein von Schlafmangelindikatoren korreliert.
74 Der Körperfettgehalt gilt als zuverlässiger Indikator gesundheitsrelevanter Übergewichtigkeit. Er wird im Rahmen größerer epidemiologischer Studien oder

dem Schluss, dass sowohl zwischen Fernsehnutzung, Körperfettgehalt und Bewegungsarmut als auch zwischen Computerspielnutzung, Körperfettgehalt und Bewegungsarmut ein signifikanter Zusammenhang besteht. Die mittlere Effektstärke zwischen Fernsehnutzung und Körperfettgehalt geben die Autoren mit $r_c{}^{75} = 0.08$ an, die mittlere Effektstärke zwischen Computerspielnutzung und Körperfettgehalt mit $r_c = 0.13$ (S. 1241). Fernsehnutzung war nach dieser Studie mit $r_c = -0.13$ mit physischer Aktivität korreliert, Computerspielnutzung mit $r_c = -0.14$ (S. 1242). Der von Marshall et al. gefundene schwache, obschon signifikante Zusammenhang zwischen Mediennutzung und Körperfettgehalt, der von anderen Autoren als Indikator für eine Verstärkungswirkung der Mediennutzung ohnehin genetisch vorhandener Prädisposition interpretiert wurde (Egmond-Fröhlich et al., 2007), ist vor allem im Hinblick auf die altersdifferenzierte Ausweisung mittlerer Effektstärken interessant. Hier zeigen Marshall et al., dass Medieneffekte auf Körperfettgehalt am höchsten im Vor- und Grundschulalter sind ($r_c = 0.19$ im Alter von 0 - 6 Jahren beziehungsweise $r_c = 0.13$ im Alter von 7 - 12 Jahren), während sie bei Jugendlichen nicht oder kaum messbar sind. Ein umgekehrter Zusammenhang zeigt sich zwischen Mediennutzung, Alter und physischer Aktivität. Während bei jugendlichen Stichproben ein solcher Zusammenhang durch die Meta-Analyse bestätigt wird ($r_c = -0.15$ im Alter von 13 - 18 Jahren), sind die Zusammenhänge bei jüngeren Stichproben deutlich schwächer ($r_c = -0.12$ im Alter von 7 - 12 Jahren; $r_c = -0.06$ im Alter von 0 - 6 Jahren). Insgesamt, so folgern Marshall et al., reiche allein der Konsum elektronischer Medien kaum aus, um Übergewichtigkeit in einem klinisch relevanten Maß zu steigern (S. 1241). Erst in Verbindung mit anderen Faktoren und unter Berücksichtigung der Tatsache, dass allein die Schule Kinder und Jugendliche täglich mehrere Stunden lang zum Stillsitzen veranlasse, komme Medienkonsum eine Bedeutung für Übergewichtigkeit zu.

    Trotz der kleinen Effekte und Unsicherheiten bei der Beurteilung der genauen Wirkmechanismen verweisen die Autoren aber darauf, dass es deutliche An-

---

    Zusammenhangsstudien zumeist durch Messung der Hautfaltendicke erhoben. Aufgrund der hohen Korrelation zwischen Hautfaltendicke und Body-Mass-Index (BMI) (vgl. Robinson, 1999, S. 1562), kann auch der BMI selbst als recht guter indirekter Indikator für den Körperfettgehalt gelten. 60 % der von Marshall et al. analysierten Studien zum Körperfettgehalt verwendeten die Hautfaltendicke als primären Indikator, 37 % die Messung des BMI durch Gewichts- und Größenmessung, 3 % verwendeten entweder selbst berichtete Größen- und Gewichtsangaben zur BMI-Berechung oder direkte klinische Strahlungsmessverfahren (1 Studie).

75 Als Maß für die mittlere Effektstärke verwendeten die Autoren eine korrigierte Form von Pearsons r: Die vollständig korrigierte am Untersuchungssample korrigierte mittlere Effektstärke rc (Marshall et al., 2004, S. 1239).

zeichen für eine kausale Korrelation zwischen Mediennutzung, Übergewicht und Bewegungsarmut gebe (Marshall et al., 2004, S. 1242). Dabei verweisen sie auf die signifikante übergewichtsreduzierende und bewegungsfördernde Wirkung von Interventionsprogrammen (Epstein, Leonard H., Paluch, Gordy & Dorn, 2000; Gortmaker, Steven L. et al., 1999; Robinson, 1999), in denen die Menge der Fernseh- und Computerspielnutzung reduziert wurde.

Bei der Frage nach genauen Wirkmechanismen von Mediennutzung auf Übergewichtigkeit wird einerseits der mit ausdauerndem Medienkonsum assoziierte Bewegungsmangel ins Feld geführt, andererseits wird auf die ungünstige Wirkung medienvermittelter Werbung für kalorienreiche, ansonsten aber nährwertarme Snacks und Nahrungsmittel verwiesen. Insofern gilt es zwischen möglichen Effekten der Fernsehnutzung und der Nutzung interaktiver Computerspiele deutlich zu differenzieren, da Bewegungsmangel eine Folge beider Tätigkeiten sein kann, während ernährungsbezogene Werbebotschaften im Rahmen von Computerspielen derzeit (noch) keine Rolle spielen. Da viele diesbezügliche Studien häufig lediglich die mit Fernsehen oder elektronischen Medien insgesamt verbrachte Zeit messen, können solche Studien zunächst wenig über die genaue Art des Zusammenhangs zwischen Mediennutzung und Übergewichtigkeit aussagen.

4.3.2.1 Wirkmechanismen: Werbung

Dass Werbung tatsächlich einen Einfluss auf die Produktwahrnehmung und das Konsumverhalten von Kindern hat, zeigten Desmond und Carveth (2007) in einer Meta-Analyse zur Wirkung von Werbung auf Kinder und Jugendliche. Die berichteten Effekte wurden von den Autoren allerdings als schwach eingestuft (S. 176). So fanden sie im Rahmen ihrer Analyse von 14 Studien mit voneinander unabhängigen Stichproben mit $N = 4.253$ Probanden einen durchschnittlichen Effekt von $r = 0.14$ der Werbenutzung auf (positivere) Einstellungen zu den beworbenen Marken (S. 175). Darüber hinaus identifizierten Desmond und Carveth sechs Studien mit voneinander unabhängigen Stichproben mit insgesamt $N = 1.297$ Probanden zur Frage, inwieweit Werbung konkrete Verhaltenseffekte auf Kinder und Jugendliche hat. Hier fanden sie einen durchschnittlichen Effekt von $r = 0.155$. Das Resümee der Autoren, die signifikante, aber schwache Korrelation zwischen Werberezeption, Einstellungen und Verhalten lasse auf keine praktischen Auswirkungen der Werbung schließen (S. 176), erscheint allerdings, zumindest im Hinblick auf das Ernährungsverhalten von Kindern, fragwürdig, befand sich im Analyse-Sample der Studie nur ein Experiment (Dawson, Jeffrey & Walsh, 1988) zu Werbeeffekten auf das Ernährungsverhalten von Kindern. Umfangreiche systematische Literaturreviews von Hastings et al. (2003), Hastings, Gerard, McDermott, Angus, Stead und Thomson (2007) sowie Livingstone (2005) zur allgemeinen Werbewirkung auf die Ernährung von Kindern und Reviews zur speziellen Wirkung von TV-Werbung auf kindliches Ernährungsverhalten (Kunkel et al., 2004; McGinnis, Gootman & Kraak, 2005) belegen dagegen eindeutige und relevante Effekte der Werbung insbesondere für kalorienreiche Produkte auf das Ernährungsverhalten von Kindern und Jugendlichen. Hastings et al. fassen die Studienlage zu Werbeeffekten folgendermaßen zusammen:

> „Evidence from more complex studies (capable of establishing causality) shows that this promotional activity is having an effect on children. [...] food promotion influences children's food preferences, and encourages them to ask their parents to purchase foods they have seen advertised. Food promotion has also been shown to influence children's consumption and other diet-related behaviours and outcomes. These effects are significant, independent of other influences and operate at both brand and category level." (Hastings, Gerard et al., 2007, S. 2).

Livingstone und Helsper warnen in diesem Kontext vor der Annahme, die stärksten Werbeffekte seien bei den jüngsten Kindern zu vermuten. Vielmehr habe sich die Werbung den je nach Alter der Kinder unterschiedlichen Kompetenzen im Umgang mit persuasiver Kommunikation angepasst und sei in allen Altersstufen ungefähr gleich wirksam (2006, S. 576). Würden jüngere Kinder mit geringerer Werbekompetenz unter Zuhilfenahme attraktiver oder prominenter Akteure, Jingles und farbenfroher Bildsprache angesprochen, sei Werbung für ältere Kinder und Teenager eher argumentativ gestaltet und enthalte bereits Antworten auf bekannte Gegenargumente (ebenda).

4.3.2.2 Wirkmechanismen: Bewegungsmangel

Dass neben der in den Medien rezipierten Werbung auch Bewegungsmangel während der Mediennutzung eine Ursache für Übergewichtigkeit sein kann, zeigen Studien, in denen Mediennutzungszeiten und genutzte Medieninhalte nicht (zum Beispiel durch alleinige Abfrage der durchschnittlichen Fernsehnutzungszeiten) untrennbar konfundiert sind. Myrtek und Scharff (2000) belegten mithilfe einer physiologischen Monitoring-Studie[76] an N = 100 elf- und

---

76 Dabei wurden sämtliche Untersuchungsteilnehmer für 23 Stunden mit einem Minicomputer ausgestattet, der mithilfe entsprechender Sensoren kontinuierlich Herzfrequenz

N = 100 15-jährigen Schülerinnen und Schülern in Süddeutschland, dass Vielseher deutlich geringe körperliche Aktivitäten im Laufe eines Tages aufweisen und insbesondere stärkere Belastungen (Treppen steigen, Fahrrad fahren) meiden. Die Schweizer Querschnittsstudie von Stettler, Signer und Suter (2004) an N = 872 Kindern erster bis dritter Klassen belegte darüber hinaus einen Zusammenhang zwischen Computerspielnutzung und Übergewichtigkeit unter statistischer Kontrolle der Fernsehnutzung und weiterer wichtiger soziodemografischer Merkmale der Schülerinnen und Schüler, was letztlich für einen eigenständigen Effekt der medieninduzierten Bewegungsarmut auf Übergewichtigkeit spricht.

4.3.3 Essstörungen

Der - wenn auch geringe - Zusammenhang zwischen Mediennutzung und Übergewichtigkeit erscheint manchem insofern paradox, als das in den Medien präsentierte Schönheitsideal ein vollkommen anderes ist. Das insbesondere durch Fernsehen und Zeitschriften verstärkte Schönheitsideal ist das einer - aus medizinischer Sicht - untergewichtigen Frau beziehungsweise eines schlanken, unrealistisch muskelstrotzenden Mannes (eine Zusammenfassung einiger Befunde bei Groesz, Levine & Murnen, 2002, S. 2). Und so finden sich neben den oben beschriebenen Medieneffekten auf die Entwicklung einer Übergewichtigkeit in der Literatur ebenso Hinweise, dass auch Essstörungen wie Magersucht oder Bulimie einen Zusammenhang mit bestimmten Mediennutzungsmustern aufweisen. Stice, Schupak-Neuberg, Shaw & Stein (1994) fanden im Rahmen einer Befragungsstudie an N = 238 Psychologiestudentinnen erstmals einen direkten schwachen bis mittleren Zusammenhang zwischen der Intensität der Zeitschriften- und TV-Nutzung[77] und der Häufung anorexie- und bulimieassoziierter Symptome. Über die kausale Richtung dieses Zusammenhangs sagt die gefundene Korrelation freilich nichts aus, zumal der Auflösungsgrad der Mediennutzung äußerst beschränkt war.

---

und Bewegungsaktivität aufzeichnete und auswertete (Myrtek, Foerster & Brügner, 2001).
77 Im verwendeten Intensitätsindex der Mediennutzung wurde die Menge der im letzten Monat genutzten Zeitschriften der Genres Gesundheit und Fitness, Beauty und Mode, Unterhaltung, Kunst und Klatsch mit der Anzahl der Stunden verrechnet, die im letzten Monat für die Rezeption für TV-Comedy, TV-Drama und TV-Gameshows aufgewendet wurde (Stice et al., 1994, S. 837).

Einen weiteren Hinweis auf einen Zusammenhang zwischen Mediennutzung und gestörtem Essverhalten brachte eine Studie in Nadroga (Fiji), wo erst im Jahr 1995 das Fernsehen eingeführt wurde (Becker, Burwell & Gilman, 2002). Mithilfe von zwei Querschnittsmessungen (möglicherweise gestörten) Essverhaltens aller Schülerinnen fünfter bis siebter Klassen in Nadroga vor (N = 63) und drei Jahre nach Einführung des Fernsehens (N = 65) konnten Aussagen darüber gemacht werden, inwieweit sich das traditionell sehr wenig problematische Essverhalten der jugendlichen Inselbewohnerinnen nach Einführung des Fernsehens änderte. Tatsächlich wiesen die Autoren der Studie einen signifikanten Anstieg gestörten, insbesondere bulimischen Verhaltens junger Mädchen nach Einführung des Fernsehens nach. Insgesamt betrachtet sind die beiden dargestellten Studien jedoch die einzigen Studien, die einen direkten Zusammenhang zwischen bulimisch-anorektischen Essstörungen herstellen, insgesamt gilt die diesbezügliche Studienlage als äußerst lückenhaft (Harrison & Cantor, 1997).

Als wenig strittig gilt indessen der Befund, dass Fernsehnutzung und insbesondere Zeitschriftennutzung im Zusammenhang mit der Internalisierung medienvermittelter geschlechtstypischer Schönheitsideale steht und daraus folgend zu einer größeren Unzufriedenheit mit dem eigenen Körper führt. Insbesondere Mädchen erscheinen anfällig für die Übernahme unrealistischer (dünner) Schönheitsideale, da Mädchen bereits frühzeitig vermittelt wird, ihren Körper zu gebrauchen, um anderen zu gefallen (Stephens, Hill & Hanson, 1994). In einer Meta-Analyse von 25 experimentellen Studien mit 43 unabhängigen Stichproben mit an N = 2.292 Probandinnen untersuchten Groesz, Levine und Murnen (2002) die Effekte der medialen Präsentation dünner Schönheitsideale auf die Zufriedenheit von Mädchen und jungen Frauen mit ihrem eigenen Körper. Dabei fanden die Autoren einen mittleren Effekt von Cohen's $d = -0.31$ der medialen Präsentation auf die Körperzufriedenheit der Frauen (S. 11). Bemerkenswert erscheint in diesem Zusammenhang, dass die Analyse von Groesz, Levine und Murnen diese Effekte bereits bei Mädchen im vorpubertären Alter fand. Neuere Befragungsstudien zum Zusammenhang zwischen alltäglicher Mediennutzung und der Wahrnehmung des eigenen Körpers konnten dies für acht- bis elfjährige Mädchen (Jung & Peterson, 2007) beziehungsweise neun- bis zwölfjährige Mädchen (Clark & Tiggemann, 2006) erneut bestätigen, wobei Clark und Tiggemann zeigten, dass der Mediennutzung kein direkter Einfluss auf Selbstwahrnehmung und Körperzufriedenheit zukommt, sondern nur indirekte Medieneffekte vermittels der Kommunikation mit Peers zu beobachten sind (S. 638 - 639). Baumann (2009) bemerkt völlig zu Recht, dass die Entwicklung einer Essstörung Resultat eines komplexen Gefüges individueller Faktoren in

Interaktion mit komplexen Umweltbedingungen ist. White (1992) zeigt, dass biologisch-genetische, psychologische, familiäre und soziokulturelle Faktoren die Entstehung einer Essstörung bedingen (wobei die Medien nur ein Faktor unter vielen weiteren soziokulturellen Faktoren sind). Und doch zeigt sich insbesondere bei weiblichen Jugendlichen und auch bereits bei Kindern, dass Medien ein Verstärkungsfaktor solcher Störungen sein können.

4.3.4 Fazit zu Medienwirkungen auf physische Parameter

Es konnte gezeigt werden, dass die Nutzung elektronischer Medien bei Kindern und Jugendlichen - insbesondere in der pädiatrischen Literatur - mit einer Reihe gesundheitlicher Probleme assoziiert wird. Neben aus der Arbeitswelt bekannten Phänomenen wie muskuloskeletalen Beschwerden, Augenbeschwerden und Kopfschmerzen belegen eine Reihe von Studien einen Zusammenhang von elektronischer Mediennutzung mit Übergewichtigkeit, Bewegungsarmut, gestörtem Essverhalten und Schlafstörungen. Das Gros der Studien bleibt aufgrund ihrer Querschnittsanlage allerdings einen eindeutigen Kausalitätsnachweis schuldig. Wo elaborierte Studien zur Kausalität dieser Zusammenhänge vorliegen, zeigt sich in der Regel ein sehr schwacher direkter Effekt der elektronischen Mediennutzung (zum Beispiel bei der Forschung zu Übergewichtigkeit und Essstörungen), so dass davon auszugehen ist, dass die genannten medienassoziierten Probleme das Resultat eines komplexen Gefüges individueller Faktoren in Interaktion mit komplexen Umweltbedingungen sind. Elektronische Medien dürften hier in der Regel eher als Problemverstärker denn als Hauptursache wirken.

4.4 Computerspielabhängigkeit

Ein Forschungsgegenstand, der mit der zunehmenden Verbreitung interaktiver, multimedialer Unterhaltungsmedien immer stärker in den Vordergrund getreten ist, ist der Aspekt suchtartiger Mediennutzung. Während Young, Pistner, O'Mara und Buchanan (1999) auf der Grundlage einer onlinegestützten Befragung von amerikanischen Psychotherapeuten fünf verschiedene Erscheinungsformen suchtartiger Mediennutzung[78], so genannte *Cyber-Disorders*, identifiziert haben,

---

78 Young et al. unterscheiden zwischen Cybersexual Addiction (Abhängigkeit von pornografischen Angeboten im Internet), Cyber-relational Addiction (übermäßige Pflege von

erscheint im Hinblick auf die Mediennutzung von Kindern und Jugendlichen die Computerspielabhängigkeit von besonderer Relevanz und wurde in den letzten Jahren bei weitem am intensivsten untersucht (ein Überblick zum nationalen und internationalen Forschungsstand bei Rehbein et al., 2009a). Ist zeitlich exzessives Computerspielen von Kindern und Jugendlichen auch ein bereits länger diskutiertes Phänomen[79], standen bisher eher die Folgen eines solchen Spielverhaltens im Fokus. Der Frage, ob zeitlich exzessives Computerspielen - zunächst unabhängig von vermuteten Wirkungen - ein auch von den Betroffenen wahrgenommenes, eigenständiges Problem darstellen kann, wurde erst in Studien der letzten zehn Jahre nachgegangen.

4.4.1 Theoretischer Hintergrund

Studien von Yang (2001), Hauge und Gentile (2003), Grüsser, Thalemann, Albrecht und Thalemann (2005), Wölfling, Thalemann und Grüsser (2007), sowie Studien des Kriminologischen Forschungsinstituts Niedersachsen (Baier & Rehbein, 2009; Rehbein et al., 2009a) kommen zu dem Schluss, dass bei einem Teil jugendlicher Exzessivspieler/-innen Verhaltensmuster vorliegen, die mit einer stoffgebundenen Abhängigkeit nach Maßgabe internationaler Diagnosekriterien des ICD-10 vergleichbar sind[80]. Betroffene Jugendliche berichten von

---

Onlinebeziehungen), Net Compulsions (abhängiges Glückspiel, Kaufen und Handeln im Internet), Information Overload (abhängiges Surfen oder Absuchen von Datenbanken) sowie Computer Addiction (inkl. abhängiges Computerspielen).

79 Zur Problematik schlechterer Schulleistungen infolge von Time-Displacement-Effekten durch zeitlich exzessives Computerspielen vgl. Mößle et al. (2007) sowie S. 62 bis 81 in dieser Arbeit. Zur möglichen Problematik mangelnder sozialer Kompetenzen als Folge zeitlich exzessiven Computerspielens vgl. Mößle und Kleimann (2009), Kleimann und Mößle (2008) sowie Fußnote 69 in dieser Arbeit.

80 In der zehnten Revision der internationalen statistischen Klassifikation der Krankheiten und verwandter Gesundheitsprobleme (ICD-10, German Modification, Version 2010, Kapitel V, Psychische und Verhaltensstörungen, F12) wird das Abhängigkeitssyndrom beschrieben als eine „Gruppe von Verhaltens-, kognitiven und körperlichen Phänomenen, die sich nach wiederholtem Substanzgebrauch entwickeln. Typischerweise besteht ein starker Wunsch, die Substanz einzunehmen, Schwierigkeiten, den Konsum zu kontrollieren, und anhaltender Substanzgebrauch trotz schädlicher Folgen. Dem Substanzgebrauch wird Vorrang vor anderen Aktivitäten und Verpflichtungen gegeben. Es entwickelt sich eine Toleranzerhöhung und manchmal ein körperliches Entzugssyndrom." (Deutsches Institut für Medizinische Dokumentation und Information, 2009; eine ausführliche Erläuterung bei Rehbein & Borchers, 2009)

einem starken Verlangen[81] danach, Computerspiele zu nutzen, von zunehmendem Kontrollverlust über das eigene Spielverhalten, zunehmender Fokussierung des eigenen Denkens und Handelns auf Herbeiführung und Aufrechterhaltung der Spielsituation, von der Notwendigkeit immer längerer Spielzeiten zur Herbeiführung einer Befriedigung des Spielverlangens, einer Fortsetzung des Computerspielens trotz bereits erfolgter negativer sozialer oder beruflich-schulischer Konsequenzen sowie regelrechten Entzugserscheinungen bei längerer Spielabstinenz.

Das Konzept nicht-stoffgebundener Verhaltenssüchte wurde bereits seit Ende des 19. Jahrhunderts diskutiert (Grüsser & Thalemann, 2006), fand jedoch erst im Form des Pathologischen Glückspielens Eingang in die Klassifikationen psychischer Störungen (ein Überblick zur Erforschung und Diagnostik von Verhaltenssüchten bei Grüsser, Poppelreuter, Heinz, Albrecht & Saß, 2007; sowie bei Wölfling, Müller & Beutel, 2009). Da Pathologisches Glücksspiel als Impulskontrollstörung klassifiziert wird, ist das allgemeine Konzept der Verhaltenssüchte ebenso wie das spezifische Konzept der Computerspielabhängigkeit derzeit nicht offiziell anerkannt, obwohl eine angemessene Diagnostik und Behandlung suchtartiger Verhaltensweisen dadurch deutlich erschwert wird (Grüsser et al., 2007; Rehbein et al., 2009a; Wölfling et al., 2009) und die theoretische Ausarbeitung des Verhaltenssuchtkonzept inzwischen äußerst elaboriert ist. So zeigten Grüsser et al. (2007) unter Berufung auf den derzeitigen internationalen Forschungsstand, dass bei der Entstehung und Aufrechterhaltung einer Verhaltenssucht psychologischen ebenso wie neurobiologischen Faktoren eine große Bedeutung zukommt und postuliert einen integrativen Ansatz aus lerntheoretischen und neurobiologischen Befunden zur Erklärung der Entstehung von Verhaltenssüchten wie der Computerspielabhängigkeit (S. 1001). Demnach sei die Erinnerung an die positive Suchtmittelwirkung der zentrale Motivator für das süchtige Verhalten. Die Ausübung von süchtigem Verhalten sei auch bei substanzungebundener Verhaltenssucht erlernt, wodurch Lernprozessen, insbesondere der klassischen und operanten Konditionierung eine entscheidende Rolle sowohl bei der Entstehung wie Aufrechterhaltung einer Sucht zukomme (ebenda). Zuvor neutrale Reize (zum Beispiel externale Stimuli wie der Anblick eines Spielautomaten oder internale Reize wie bestimmte Gefühlszustände oder Stresssituationen) werden demnach mit dem Suchtverhalten oder der Sucht-

---

81 Starkes Verlangen (Craving) ist allerdings im Hinblick auf die Diagnostik von Computerspielabhängigkeit als problematisch kritisiert worden und wird daher häufig nicht als zentrales Kennzeichen einer Computerspielabhängigkeit gesehen (Rehbein & Borchers, 2009; Rehbein et al., 2009a).

mittelwirkung assoziiert und lösen so als erlernte (konditionierte) Reize einen motivationalen Zustand (Suchtmittelverlangen) und eine erlernte (konditionierte) Reaktion (Suchtmittelgebrauch) aus (ebenda). Die Erinnerung an den „erfolgreichen" Suchtmittelgebrauch trage dann nach den Prinzipien der operanten Konditionierung zur weiteren Verstärkung und Wiederholung des Suchtverhaltens bei (ebenda).

Nach Grüsser et al. wird bei der Verhaltenssucht ähnlich wie bei der stoffgebundenen Abhängigkeit dem verhaltensverstärkenden Belohnungssystem eine zentrale Rolle zugeschrieben. Innerhalb dieses Belohnungssystems finde sich ein hoch komplexes Zusammenspiel bestimmter Neurotransmitter wie Dopamin, Serotonin sowie verhaltensmodulierender Neuropeptide wie auch lernrelevanter wichtiger Botenstoffe aus dem glutamatergen System, die in den letzten Jahren immer besser als physiologische Korrelate der lerntheoretischen Suchtentstehungsmodelle identifiziert werden konnten (ebenda). Griffiths (2008) sowie Rehbein et al. (2009a) argumentieren nun, dass sich in bestimmten Computerspielen, insbesondere Online-Rollenspielen, spielstrukturelle Merkmale finden, die mithilfe operanter Konditionierungsprozesse und insbesondere intermittierender Verstärkungsprozesse (einer besonderen Spielart der operanten Konditionierung, innerhalb derer bestimmtes Verhalten nur unregelmäßig verstärkt wird) Spielmotivation weiter steigern und suchtartiges Spielverhalten zusätzlich intensiveren. Diese Verstärkungen erfolgen in Computerspielen mithilfe ausgefeilter Belohnungssysteme. Die Kombination verschiedener belohnender Elemente (etwa durch Vergabe von Punkten, Ranglistenplatzierungen, frei gespielter Ausrüstungsgegenstände, neuer Fähigkeiten oder Gestaltungsmöglichkeiten der eigenen Spielfigur) und die Variation der Belohnungsfrequenz erhöht den Spielanreiz und die Spielgratifikation. Zudem erfolgt in Multi-Player-Spielen eine zusätzliche Belohnungsverstärkung durch Prestige- und Einflussgewinn in der Spiel-Community, womit dem Computerspielen vielfach auch eine identitätsstiftende Bedeutung für den Spieler zukommt (ebenda). Es erscheint daher nur folgerichtig, dass insbesondere unter Spielern von Massive Multiplayer Online Roleplay Games (MMORPGs), also Rollenspielen, die mithilfe von per Internet vernetzten Computern von vielen hundert oder tausend Spielern gleichzeitig gespielt werden, aufgrund der Kombination aller oben genannten Spielmerkmale eine signifikante Häufung suchtartigen Computerspielverhaltens zu finden ist.

Rehbein, Kleimann und Mößle zeigten, dass unter Spielern des weltweit erfolgreichsten MMORPGs *World of Warcraft* der Anteil von als computerspielabhängig oder abhängigkeitsgefährdet eingestuften männlichen Jugendlichen mit 20,1 Prozent fast dreimal so hoch lag, wie unter dem Durchschnitt männlicher jugendlicher Computerspieler (Anteil abhängiger oder abhängigkeitsgefährdeter Spieler hier: 7,7 %) (Rehbein et al., 2009a, S. 145). Selbst unter statistischer Kontrolle weiterer eine Abhängigkeit begünstigender Faktoren (vgl. Rehbein et al., 2009b, S. 29) zeigte sich ein stabiler signifikanter Effekt der Nutzung von MMORPGs auf die Entstehung einer Computerspielabhängigkeit.

4.4.2 Prävalenzzahlen

4.4.2.1 Computerspielabhängigkeit bei Jugendlichen und jungen Erwachsenen

Derzeit sind nur wenige verlässliche Studien zur Prävalenz zur Computerspielabhängigkeit verfügbar, wobei sich fast alle publizierten Studien auf Computerspielerinnen und -spieler im Jugendalter beziehen. Die Spannbreite bisher veröffentlichter Prävalenzzahlen zur Computerspielabhängigkeit unter Jugendlichen reicht dabei von 5 bis 15 Prozent (Rehbein & Borchers, 2009, S. 43 - 44). Einerseits hängt dies mit der Uneinheitlichkeit diagnostischer Standards zusammen, andererseits arbeiten die meisten bisher veröffentlichten Studien mit anfallenden Stichproben.

Die „Pathologisierung" des Computerspielens durch teilweise zweistellige Abhängigkeitsprävalenzen ist verschiedentlich kritisiert worden (Griffiths, Mark D., 2009; Rehbein & Borchers, 2009; Rehbein et al., 2009a). So wird in einigen Studien beispielsweise die reine mit Computerspielen verbrachte Zeit ab einer bestimmen Menge als ein Abhängigkeitskriterium definiert, was eine Abgrenzung zwischen leidenschaftlichem, aber ansonsten zunächst unproblematischem Spielverhalten und suchtartigem Verhalten deutlich erschwert. Anderseits wurden teilweise Abhängigkeitskriterien des amerikanischen Diagnosemanuals DSM-IV[82] weitgehend unverändert auf die Computerspiel-

---

82 Im DSM-IV-Manual (Diagnostic and Statistical Manual of Mental Disorders DSM-IV-Text Revision) der American Psychiatric Association werden die Kriterien einer stoffgebundenen Abhängigkeit folgendermaßen definiert:
A maladaptive pattern of substance use, leading to clinically significant impairment or distress, as manifested by three (or more) of the following, occurring at any time in the same 12-month period:

(1) tolerance, as defined by either of the following: (a) a need for markedly increased amounts of the substance to achieve Intoxication or desired effect (b) markedly diminished effect with continued use of the same amount of the substance

(2) Withdrawal, as manifested by either of the following: (a) the characteristic withdrawal syndrome for the substance (refer to Criteria A and B of the criteria sets for

nutzung übertragen, ohne sie dem Forschungsgegenstand angemessen zu gewichten. Diesen Überlegungen wird inzwischen in neueren Erhebungsinstrumenten Rechnung getragen (Meerkerk, Van Den Eijnden, Vermulst & Garretsen, 2009; Rehbein et al., 2009a). Landesweit repräsentative Daten stehen bisher nur für 15-jährige Jugendliche in Deutschland (Rehbein et al., 2009a) sowie für acht- bis achtzehnjährige US-amerikanische Kinder beziehungsweise Jugendliche (Gentile, 2009) zur Verfügung.

Mithilfe einer schriftlichen Befragung von N = 15.168 Schülerinnen und Schüler neunter Klassen (Durchschnittsalter: 15,3 Jahre) ermittelten Rehbein, Kleimann und Mößle deutschlandweit repräsentative Prävalenzdaten für diese Altersgruppe von 1,7 Prozent computerspielabhängigen Jugendlichen. Weitere 2,8 Prozent wurden als computerspielabhängigkeitsgefährdet eingestuft. Basierend auf der eigens entwickelten Computerspielabhängigkeitsskala KFN-CSAS-II, die sich eng an die Suchtklassifikation des ICD-10 anlehnt, wurden dabei insbesondere männliche Jugendliche als anfällig für eine Computerspielabhängigkeit identifiziert. So wurden 3 Prozent Jungen, aber nur 0,3 Prozent der Mädchen als computerspielabhängig klassifiziert. Weitere 4,7 Prozent der Jungen und nur 0,5 Prozent der Mädchen wurden als gefährdet eingestuft (Rehbein et al., 2009a, S. 143 - 144).

Withdrawal from the specific substances) (b) the same (or a closely related) substance is taken to relieve or avoid withdrawal symptoms

(3) the substance is often taken in larger amounts or over a longer period than was intended

(4) there is a persistent desire or unsuccessful efforts to cut down or control substance use

(5) a great deal of time is spent in activities necessary to obtain the substance (e.g., visiting multiple doctors or driving long distances), use the substance (e.g., chain-smoking), or recover from its effects

(6) important social, occupational, or recreational activities are given up or reduced because of substance use

(7) the substance use is continued despite knowledge of having a persistent or recurrent physical or psychological problem that is likely to have been caused or exacerbated by the substance (e.g., current cocaine use despite recognition of cocaine-induced depression, or continued drinking despite recognition that an ulcer was made worse by alcohol consumption)

(American Psychiatric Association, 2001, Kursivsetzung durch den Autor)

Gentile (2009) legte eine landesweit nach eigenen Angaben repräsentative[83] Online-Befragung von N = 1.178 US-amerikanischen Minderjährigen im Alter von 8 bis 18 Jahren vor, mit deren Hilfe er eine Computerspielabhängigkeitsprävalenz[84] unter Computerspielerinnen und Computerspielern von 8,5 Prozent schätzt. Dieser Wert ist im Vergleich zu den Daten von Rehbein et al. (2009a) deutlich höher, kommt letztere Studie selbst unter computerspielenden Jungen (die auch in der Studie von Gentile deutlich höhere Belastungswerte aufweisen) nur auf 7,7 Prozent abhängige und gefährdete Computerspieler. Diese hohe Prävalenz ist jedoch unter mehreren Gesichtspunkten anzuzweifeln[85] und bedarf einer dringenden Revision.

Obwohl Prävalenzwerte einzelner Studien mit einiger Sicherheit als zu hoch erscheinen, um ein ernsthaft pathologisches Geschehen zu beschreiben, und obwohl kaum repräsentative landesweite Prävalenzdaten vorliegen, lässt sich dennoch bereits feststellen, dass Computerspielabhängigkeit ein ernstzunehmendes Problem mit ernsthaften Folgen darstellt. So zeigten Rehbein et al. (2009a), dass männliche computerspielabhängige Jugendliche Leistungseinbrüche in der Schule aufweisen, dass sie aufgrund ihrer Abhängigkeit deutlich häufiger der Schule fernbleiben und dass sie neben dem Computerspielen kaum einer regelmäßigen realweltlichen Freizeitbeschäftigung nachgehen (S. 144).

---

83 Zu diesem Zweck wurde im Online-Panel des Markt- und Meinungsforschungsinstitutes Harris-Interactive eine altersgeschichtete Stichprobe gezogen. Ob es sich beim Online-Panel selbst um zufällig ausgewählte Personen oder um eine Quota-Stichprobe handelt, ist der Publikation nicht zu entnehmen. Auch die Tatsache, dass der Besitz eines Internetanschlusses Grundvoraussetzung für eine Befragungsteilnahme ist, wird nicht weiter diskutiert, obwohl diese Tatsache beim konkreten Forschungsgegenstand „Computerspielabhängigkeit" von nicht unerheblicher Bedeutung ist.
84 Gentile selbst verwendet zumeist die Begrifflichkeit *pathological video game use*, spricht aber immer wieder auch von *addiction* und verwendet bei Konstruktion seiner Skala für *pathological video game use* die DSM-IV-Kriterien für stoffgebundene Süchte.
85 Obwohl kulturspezifische Unterschiede in der Computerspielnutzung zwischen den USA und Deutschland hier natürlich auch eine Rolle spielen können, lässt sich der Unterschied wahrscheinlich vor allem mit einer deutlich konservativeren (und exakteren) Diagnostik in der deutschen Studie erklären, in der beispielsweise das Craving nicht als typisches Merkmal einer Computerspielabhängigkeit operationalisiert wird, in der aufgrund ihrer Konstruktion bestimmte Kernkriterien (wie beispielsweise das Auftreten negativer Konsequenzen) zwingend erfüllt sein müssen und die eine differenzierte Abstufung des Auftretens von Abhängigkeitskriterien ermöglicht. Noch ein weiteres Ergebnis von Gentile spricht gegen die Tatsache, dass hier tatsächlich Computerspielabhängigkeit gemessen wurde: Obwohl aufgrund theoretischer Überlegungen als auch aufgrund empirischer Befunde (vgl. Mößle & Rehbein, 2008; Rehbein et al., 2009b) davon ausgegangen werden muss, dass die Prävalenz von Computerspielabhängigkeit zumindest heutzutage in der Adoleszenz die höchste Auftretenswahrscheinlichkeit hat, berichtet Gentile, es gäbe keinen Zusammenhang zwischen Computerspielabhängigkeit und Alter.

Zudem weisen diese Jugendlichen geringere Schlafzeiten und eine erhöhte psychische Belastung auf (ebenda). Mößle und Rehbein (2008) wiesen darüber hinaus an einem Sample junger Erwachsener Berufsschüler und Gymnasiasten einen hohen Leidensdruck von computerspielabhängigen Personen hinsichtlich gesundheits- und leistungsbezogener sowie sozialer Folgen des abhängigen Computerspielens nach. Zugleich fanden sich weder in dieser Studie noch in der deutschlandrepräsentativen Schülerstudie Belege dafür, dass Computerspielabhängigkeit lediglich das Symptom einer anderen zugrundeliegenden psychischen Erkrankung darstellen könnte (Rehbein et al., 2009b, S. 42). Einer Depressions-, oder Angsterkrankung kam unter Berücksichtigung subklinischer Merkmale ebenso keine Relevanz für die Vorhersage von Computerspielabhängigkeit im Jugend- und Erwachsenenalter zu, wie auch andere Suchterkrankungen keine besonders auffälligen Komorbiditäten zu Computerspielabhängigkeit aufwiesen (Mößle & Rehbein, 2008).

4.4.2.2 Computerspielabhängigkeit im Kindesalter

Im Vergleich zu Untersuchungen über Computerspielabhängigkeit unter Jugendlichen und jungen Erwachsenen ist die Studienlage zu Computerspielabhängigkeit im Kindesalter noch einmal deutlich defizitärer. Zwar untersuchte Gentile (2009) im Rahmen seiner Erhebung pathologisches Computerspielverhalten von 8 - 18-jährigen Kindern und Jugendlichen in den USA, weist in seiner Darstellung der Ergebnisse jedoch keine altersdifferenzierten Prävalenzen pathologischer Computerspielnutzung aus (vgl. Fußnote 85).

Im deutschsprachigen Raum liegen derzeit zwei Studien an Berliner Grundschülerinnen und Grundschülern vor. Einerseits untersuchte die Forschungsgruppe um Grüsser und Thalemann eine anfallende Stichprobe von N = 323 Kindern der sechsten Grundschulklasse[86] (Durchschnittsalter: 11,8 Jahre) im Hinblick auf ihr Computerspielverhalten (Grüsser et al., 2005; Thalemann, Albrecht, Thalemann & Grüsser, 2004). Anderseits publizierten Rehbein, Kleimann und Mößle (2009b, S. 30 - 40) Ergebnisse ihrer Untersuchung der Computerspielnutzung von 1.156 für Berlin repräsentativ ausgewählten Grundschülern der fünften Grundschulklassen (Durchschnittsalter: 11,4 Jahre).

---

86 Im Gegensatz zu den meisten anderen deutschen Bundesländern reicht in Berlin der Grundschulbesuch von der ersten bis zur sechsten Klasse. Eine Ausnahme bildet der Besuch eines Gymnasiums mit altsprachlichem Bildungsgang, der bereits nach Abschluss der vierten Klasse beginnt.

Grüsser et al. (2005) berichten von 9,3 Prozent der Schülerinnen und Schüler, die ein exzessives Computerspielverhalten aufweisen. Dabei seien Jungen mit 13,1 Prozent exzessiver Computerspieler deutlich häufiger betroffen als Mädchen (4,7 %). Obwohl innerhalb des Klassifikationsinstruments zur *exzessiven Computerspielnutzung* unter anderem Abhängigkeitsmerkmale nach ICD-10-Standard abgefragt wurden, weisen die Autoren darauf hin, „dass für das Kindesalter [...] Formulierungen wie „nichtstoffgebundene Abhängigkeit" jedoch nur mit Vorsicht verwendet werden [sollten] (S. 193) und wählen insofern durchgängig den Terminus des „exzessiven Computerspielens"[87]. Zu deutlich geringeren Prävalenzzahlen im Sinne einer Abhängigkeit problematischer Computerspielnutzung kommt die Studie des KFN (Rehbein et al., 2009b, S. 30 - 40). In der Studie, die mit dem Abhängigkeitsklassifikationsinstrument KFN-CSAS-I[88] arbeitete, wurden 0,8 Prozent der Schülerinnen und Schüler als abhängig, sowie weitere 1,2 Prozent der Befragten als abhängigkeitsgefährdet klassifiziert (S. 34). Damit kommen Rehbein et al., selbst bei Zusammenfassung beider als problematisch einzustufenden Spielergruppen auf - im Vergleich zu Grüsser et al. - „lediglich" zwei Prozent Schülerinnen und Schüler mit auffälligem Computerspielverhalten. Auch in der KFN-Studie waren Jungen deutlich häufiger betroffen als Mädchen: 1,4 Prozent der männlichen Fünftklässler wurden als abhängig klassifiziert, 2,4 Prozent als abhängigkeitsgefährdet. Unter den Mädchen erschienen lediglich 0,2 Prozent als computerspielabhängig und 0,0 Prozent als abhängigkeitsgefährdet.

Da das in der KFN-Studie verwendete Klassifikationsinstrument in identischer Form in der KFN-Neuntklässlerbefragung 2005 von 14.301 Schülerinnen und Schülern neunter Klassen in elf deutschen Städten und Landkreisen verwendet wurde (Mößle et al., 2007, S. 113 - 126), ist hier ein Vergleich der Abhängigkeitsprävalenzdaten zwischen Fünftklässlern und Neuntklässlern möglich. In der Auswertung der Daten der KFN-Schülerbefragung 2005 wurden 3,3 Prozent der Befragten als abhängigkeitsgefährdet und 1,4 Prozent der Be-

---

87 Dies erscheint im Rahmen dieser Studie insofern besonders gerechtfertigt, da im Klassifikationsinstrument Kernkriterien der Computerspielabhängigkeit additiv mit Kriterien der Spielzeit verknüpft werden, wobei letztere eigentlich nicht als diagnostischer Indikator verwendet werden sollten, sondern allenfalls zur Validierung einer Klassifikation herangezogen werden sollen.
88 Im Gegensatz zum oben bereits erwähnten Nachfolger KFN-CSAS-II ist die KFN-CSAS-I drei Items kürzer (11 Items) und enthält lediglich Items zu den Abhängigkeitsmerkmalen „Fortsetzung trotz negativer Konsequenzen", „Kontrollverlust" und „Entzugserscheinungen", während - anders als in der KFN-CSAS-II - „Toleranzentwicklung" und „Einengung des Denkens und Handelns" nicht erfasst werden (vgl. Rehbein et al., 2009b, S. 33).

fragten als abhängig eingestuft (Baier & Rehbein, 2009, S. 149). Insofern ergibt sich auch in diesem direkten Vergleich zweier mit demselben Instrument getesteten Stichproben unterschiedlichen Alters, dass Computerspielabhängigkeit besonders im Jugendalter eine besondere Relevanz zu haben scheint.

Rehbein et al. (2009b) konnten bereits für Schülerinnen und Schüler der fünften Klasse eine Reihe von Risikofaktoren herausarbeiten, bei deren Kumulation sich bereits im Kindesalter problematische, suchtartige Computerspielnutzungsmuster zeigen, und die spätestens im Jugendalter Prädiktoren einer Computerspielabhängigkeit sind. So zeigten die Autoren, dass die Nutzung bestimmter Spielgenres sowie bestimmte Nutzungsmotive als Indikatoren problematischen Computerspielens gelten können. Nach Ihrer Interpretation besteht ein besonderes Risiko zur Entwicklung einer späteren Computerspielabhängigkeit dann, wenn Computerspielnutzung bereits frühzeitig zur (dysfunktionalen) Kompensation realweltlicher Misserfolge eingesetzt wird und wenn bereits im Kindesalter Spiele mit klar militärischem Charakter, Spiele mit hoher Gewaltdichte sowie Onlinerollenspiele genutzt werden (S. 41 - 44). Vor diesem Hintergrund empfehlen sie die Berücksichtigung spielimmanenter Abhängigkeitsmerkmale bei der Alterseinstufung eines Computerspiels durch den gesetzlichen Jugendmedienschutz sowie eine deutliche Sensibilisierung von Computerspielherstellern, Computerspielerinnen und Computerspielern sowie Eltern minderjähriger Computerspielnutzerinnen und -nutzer, um der Entwicklung suchtartiger Spielnutzungsmuster frühzeitig zu begegnen (S. 45 - 46).

5 Elterliche Medienerziehung

So wie das familiäre Umfeld und insbesondere der elterliche Einfluss die kindliche Entwicklung und Sozialisation in allen wichtigen Lebensbereichen entscheidend beeinflusst, kommt dem familiären Umfeld auch für die Entwicklung kindlicher Mediennutzungsmuster eine entscheidende Bedeutung zu. Unter Bezug auf Bronfenbrenners sozial-ökologischen Ansatz der kindlichen Entwicklung (vgl. Bronfenbrenner, 1981) folgert Böcking (2007): Die von den Eltern geschaffenen Strukturen und Möglichkeiten beeinflussen die dem Kind allgemein zur Verfügung stehenden Handlungsoptionen beziehungsweise Verhaltensweisen. Das durch sie geschaffene familiäre und häusliche Umfeld spiele somit eine entscheidende Rolle in der Mediensozialisation von Kindern. Ähnlich argumentiert Goodman (1983), die dafür plädiert, individuelle Fernsehnutzung besonders im Kontext des Familiensystems zu untersuchen. Durch die Forschung ist inzwischen gut belegt, wie vielfältig der elterliche Einfluss auf das Mediennutzungsverhalten ihrer Kinder ist. Eltern gestalten in umfassender Weise die Mediensozialisation ihrer Kinder, indem sie die familiäre Mediengeräteausstattung steuern und den Zugang zu Medien regulieren, indem sie ihre eigenen Einstellungen gegenüber verschiedenen Medien, Medieninhalten und Mediennutzungsmustern formulieren, indem sie gemeinsam genutzte Medieninhalte kommentieren und mit ihren Kindern über Medieninhalte kommunizieren, indem sie durch ihre eigene Mediennutzung Vorbild für kindliche Mediennutzung sind und nicht zuletzt, indem sie nicht medienbezogene Handlungsoptionen der Freizeitgestaltung anbieten (vgl. etwa Hardy et al., 2006; Saelens et al., 2002; Salmon, Jo, Timperio, Telford, Carver & Crawford, 2005).

Der Vorbildfunktion der Eltern kommt dabei eine besonders entscheidende Rolle zu, wie verschiedene Studien nachweisen konnten (Gentile, 2002; Granich, Rosenberg, Knuiman & Timperio, 2008). Studien, in denen sowohl kindliche als auch elterliche Mediennutzung erfasst wurden, konnten signifikante Zusammenhänge zwischen elterlichem und kindlichem Mediennutzungsverhalten nachweisen (Gentile, 2002; Hardy et al., 2006; Salmon, Jo et al., 2005). Auch die deutsche KIM-Studie zeigt, dass die Medienbindung[89] der Eltern die Medien-

---

89 Das Konstrukt „Medienbindung" wurde so erfasst, dass im Rahmen der KIM-Studie gefragt wurde, auf welches Medium Kinder bzw. Eltern am wenigsten verzichten könnten (Feierabend & Rathgeb, 2009b, S. 55).

bindung der Kinder und damit auch die entsprechenden Mediennutzungszeiten maßgeblich beeinflusst (Feierabend & Rathgeb, 2009b, S. 56; ähnlich auch für die Schweiz: Süss, 2004).

Die Forschung der letzten Jahrzehnte hat sich insbesondere damit beschäftigt, in welcher Weise Eltern die Medien- und speziell die Fernsehnutzung ihrer Kinder begleiten und reglementieren (*Parental Mediation*). Für elterliches Fernsehbegleitverhalten konnten dabei für die USA, die Niederlande und auch für die Schweiz drei verschiedene Erziehungsstile herausgearbeitet und empirisch validiert werden: Restriktive elterliche Begleitung (*restrictive mediation*), aktive beziehungsweise instruktive elterliche Begleitung (*active/instructive mediation*), und *(Social) Co-Viewing* (Böcking, 2006; Nathanson, 1999; Valkenburg, Krcmar, Peeters & Marseille, 1999; Warren, Gerke & Kelly, 2002). Bedeutet restriktive elterliche Begleitung, dass Regeln über Fernsehzeiten, die Nutzung bestimmter Fernsehinhalte und auch Verbote bezüglich bestimmter Fernsehinhalte von den Eltern festgelegt werden, werden im Rahmen eines aktiv-instruktiven Fernseherziehungsstils dem Kind während des Fernsehens von den Eltern Inhalte und Handlungsweisen bestimmter Charaktere einer Fernsehsendung kritisch erklärt. (Social) Co-Viewing bedeutet, dass Eltern und Kinder aus Spaß oder Gewohnheit gemeinsam Fernsehen, ohne dass Eltern den Inhalt kritisch erläutern. Warren, Gerke und Kelly (2002) weisen daraufhin, dass Eltern in der Regel Elemente aller drei Fernseherziehungsstile verwenden. Je nach Situation oder Inhalt einer Fernsehsendung greifen Eltern zu der einen oder anderen Variante, so dass das Auftreten verschiedener Fernseherziehungsstile miteinander korrelieren kann.

Die Forschung kommt zu uneinheitlichen Ergebnissen darüber, welche Form der elterlichen Begleitung kindlichen Fernsehens am häufigsten angewendet wird. Zeigten die meisten US-amerikanischen Studien, dass aktiv-instruktive Begleitung am wenigsten ausgeprägt ist, während je nach Studie restriktive Begleitung oder Co-Viewing am häufigsten vorkamen (vgl. die kurze Übersicht bei Warren et al., 2002, S. 89), zeigten Valkenburg et al. (1999) in einer repräsentativen Telefonbefragung für die Niederlande, dass hier Co-Viewing vor aktiv-instruktiver Begleitung am häufigsten praktiziert wurde, restriktive Begleitung am wenigsten. In Böckings Studie an einer für die deutschsprachige Schweiz repräsentativen Quota-Stichprobe zeigte sich für Schweizer Eltern eine relative Dominanz restriktiver elterlicher Begleitung vor aktiv-instruktiver Begleitung, während Co-Viewing die geringste Rolle spielte (2007, S. 494).

Bezüglich der Frage nach den Wirkungen verschiedener elterlicher Medienerziehungsstile wurden insbesondere die Effekte des Elternverhaltens auf Mediengewaltwahrnehmung sowie Gewalteinstellungen und -verhalten bei Kindern untersucht. Nathanson (1999) konnte nachweisen, dass restriktive elterliche Medienerziehung dazu führt, dass Kinder die Rezeption von Mediengewalt als weniger wichtig ansehen, dass sie Gewaltmedieninhalten weniger Aufmerksamkeit schenken und eine signifikant niedrigere Gewaltneigung aufweisen. Für aktiv-instruktive Medienerziehung zeigten sich ähnliche, wenn auch kleinere Effekte. Die Aufmerksamkeit von Kindern gegenüber Mediengewalt sank bei dieser Art der Medienerziehung allerdings nicht. Co-Viewing hingegen zeigte keinerlei Effekte (ebenda). Als interessant erweist sich in diesem Zusammenhang der Befund aus einer Nachfolgestudie, die zu dem Resultat kam, dass Kinder aktiv-instruktive Begleitung ihrer Eltern häufig missverstehen. So wurde das intensive Besprechen einer Fernsehgewaltszene, die Eltern offensichtlich als problematisch ansahen, von den Kindern so interpretiert, dass ihre Eltern Fernsehgewalt mögen (Nathanson, 2001a, S. 213). Aktive Mediationsstrategien bergen mithin die Gefahr, von Kindern fehlinterpretiert zu werden. Ergebnisse einer weiteren Studie von Nathanson (2002) weisen darauf hin, dass restriktive Mediationsstrategien bei Jugendlichen weniger erfolgreich sind. Tatsächlich zeigt sich auch, dass restriktivere Medienerziehung eher bei jüngeren Kindern als bei älteren Kindern und Jugendlichen praktiziert wird (Böcking, 2007, S. 496; Warren et al., 2002, S. 103).

Neben dem Alter der Kinder sind auch noch weitere Faktoren bedeutsam für die Frage, ob Eltern einen wirksamen, das heißt einen restriktiven und/oder aktiv-instruktiven Medienerziehungsstil bevorzugen. So gilt die Anwendung restriktiver Mediationsstrategien nicht nur als assoziiert mit einem geringeren Lebensalter der Kinder (Böcking, 2007, S. 496; Warren et al., 2002, S. 103), sondern auch mit höherer Bildung im Elternhaus (Böcking, 2007, S. 496; Mößle et al., 2007, S. 74), einer höheren Besorgnis der Eltern vor negativen Medieneffekten (Böcking, 2007, S. 496; Nathanson, Eveland, Park & Paul, 2002, S. 397; Warren et al., 2002, S. 103) sowie der allgemeinen Verfügbarkeit der Eltern und ihrem allgemeinen Engagement bei der Freizeitgestaltung und Begleitung des Kindes (Warren et al., 2002, S. 103). Mößle et al. fanden Hinweise darauf, dass restriktivere Mediationsstrategien eher gegenüber Mädchen als gegenüber Jungen angewendet werden (Mößle et al., 2007, S. 74), ein Umstand, der nach Böcking (2007, S. 487) möglicherweise so erklärt werden könnte, dass Mädchen als verletzlicher und damit als schutzbedürftiger wahrgenommen werden als Jungen.

Interessanterweise scheinen zur Vorhersage aktiv-instruktiver elterlicher Verhaltensweisen ähnliche Faktoren wie bei restriktiver Medienerziehung relevant zu sein (vgl. etwa Warren et al., 2002, S. 103). Dies ist ein deutlicher Hinweis darauf, dass restriktive und aktiv-instruktive Mediation häufig in Kombination angewandt werden (so auch Nathanson, Eveland, Park & Paul, 2002, S. 396). Ergebnisse von Nathanson et al. (2002) lassen sich so interpretieren, dass die Entscheidung für aktiv-instruktive Medienerziehung gegenüber restriktiver Medienerziehung davon abhängt, als wie fähig sich Eltern einschätzen, mögliche negative Medieneffekte durch aktive Mediation zu unterbinden. Erscheint Eltern das Risiko negativer Wirkungen eher groß und schätzen sie ihre eigene Kompetenz, diese Wirkungen durch aktive Mediation zu minimieren, als eher gering ein, greifen sie zu einer restriktiveren Strategie (zum Beispiel Ausschalten des Fernsehers). Wenn sie das Risiko als nicht so hoch einschätzen oder wenn sie von einer hohen Wirksamkeit ihrer Intervention ausgehen, greifen sie eher zu einer aktiven Mediationsstrategie.

Liegen zur Medienerziehung beim Fernsehen einige internationale Daten zu Formen von Mediationsstrategien und deren Einflussfaktoren vor, stellt sich für Deutschland insbesondere die Frage nach der konkreten Verbreitung elterlicher Medienerziehung (womit sowohl restriktive wie auch aktiv-instruktive Formen gemeint sein können) bezüglich des Fernsehens wie auch bezüglich anderer elektronischer Medien. Ein Vergleich der Daten der KIM-Studie 2008 mit denjenigen der KFN-Grundschulbefragung 2005 zeigt, dass es hier voneinander abweichende Einschätzungen gibt, je nachdem, ob Eltern oder Kinder zu diesem Punkt befragt werden. So berichten die im Rahmen der KIM-Studie 2008 befragten Eltern zu jeweils rund 80 Prozent, dass es mit ihren Kindern Absprachen hinsichtlich erlaubter Inhalte und Mediennutzungszeiten für Fernsehen, Internet, Computerspiel- und allgemeine PC-Nutzung gibt (Feierabend & Rathgeb, 2009b, S. 59 - 60). In der KFN-Grundschulbefragung 2005 wurden die Kinder nach der Medienerziehung durch ihre Eltern bezüglich der Fernsehnutzung und der Computerspielnutzung befragt[90]. Hier zeigte sich, dass die durchschnittlich zehnjährigen Befragten lediglich zu 42,1 Prozent von durchgängiger Fernseherziehung durch ihre Eltern berichteten und zu 26,9 Prozent von deutlichen Ansätzen von Fernseherziehung, während insgesamt 31,1 Prozent angaben, die Fernseherziehung im Elternhaus sei deutlich defizitär oder nicht vorhanden (Mößle et al., 2007, S. 72; zur Logik der Skalenbildung siehe S. 71) . Bei der Computerspiel-Medienerziehung fielen die Werte etwas geringer aus: So berichteten hier 38,9 Prozent von durchgängiger Medienerziehung im Elternhaus und 21,2 Prozent von deutlichen Ansätzen von Medienerziehung, während zusammengenommen 39,8 Prozent der Befragten angaben, die Computerspiel-

---

90 Zu diesem Zweck wurde eine Skala zur restriktiven Medienbegleitung eingesetzt, in der nach festen zeitlichen und inhaltlichen Regeln zur Mediennutzung sowie allgemeinem elterlichem Interesse an der Mediennutzung gefragt wurde (Mößle et al., 2007, S. 71).

Medienerziehung sei defizitär oder nicht vorhanden (Pfeiffer, Christian, Mößle, Rehbein & Kleimann, 2007, S. 341). Die Unterschiede zwischen Eltern- und Kinderangaben in den verschiedenen Studien zeigen, dass das, was Eltern ihren Kindern vermitteln wollen, nicht dem entsprechen muss, was bei ihren Kindern ankommt. Auch Nathanson (2001a, S. 212) konnte feststellen, dass zwischen Angaben zur Medienerziehung zwischen Kindern und Eltern lediglich schwache, allenfalls mittlere Korrelationen zu finden sind, wobei restriktive Formen der Medienerziehung eher korrekt interpretiert werden als aktive Formen.

Die Daten zur Medienerziehung in Deutschland zeigen aber vor allem, dass zwischen 20 Prozent (Elternangaben in der KIM-Studie 2008) und 40 Prozent (Kinder-Angaben zur Computerspielerziehung durch ihre Eltern in der KFN-Grundschulbefragung 2005) der Kinder keine grundlegenden Regeln zur Medienerziehung durch ihre Eltern vermittelt bekommen. Sowohl die Daten der KFN-Grundschulbefragung 2005 als auch der KIM 2008 zeigen, dass Medienerziehung systematisch mit dem Bildungsniveau im Elternhaus zusammenhängt (Feierabend & Rathgeb, 2009b, S. 59; Mößle et al., 2007, S. 74). Bei der Computerspiel-Medienerziehung berichteten beispielsweise Kinder aus Elternhäusern mit hohem Bildungsniveau zu 72,9 Prozent von mindestens deutlichen Ansätzen von Medienerziehung durch ihre Eltern. Kinder aus Elternhäusern mit niedrigem Bildungsniveau geben dies nur zu 45,1 Prozent an.

Die Studie von Mößle et al. (2007, S. 72) zeigte darüber hinaus, dass engagierte elterliche Medienerziehung sowohl beim Fernsehen als auch beim Computerspielen mit deutlich geringerer Nutzung von nicht-altersangemessenen Medieninhalten unter den Kindern verknüpft ist (so spielten Kinder, die über durchgängige Medienerziehung im Elternhaus berichteten, rund sechsmal weniger häufig Computerspiele, die ab 16/18 Jahren freigegeben waren, als Kinder ohne elterliche Medienerziehung). Auch die täglichen Mediennutzungszeiten von Schülerinnen und Schülern mit engagierter elterlicher Medienerziehung waren deutlich niedriger als bei Schülerinnen und Schülern ohne elterliche Medienerziehung (S. 73).

Nathanson (2001b) konnte zeigen, dass elterliche Medienerziehung bei Jugendlichen keine oder höchstens kleine Effekte hat. Dieser Befund ist zunächst konsistent mit entwicklungspsychologischen Theorien zur Ablösung Jugendlicher vom Elternhaus (Oerter, R. & Dreher, 2008, S. 318 - 320) und zur Forschungslage hinsichtlich elterlicher Medienerziehungsbemühungen bei Jugendlichen (Nathanson, 2001b, S. 252). Nathanson weist aber darauf hin, dass dies nicht einfach als Zeichen größerer Autonomie der Jugendlichen gegenüber äußeren Einflüssen zu werten ist, sondern dass medienbezogene Einstellungen und Verhaltensweisen in der Peergroup wichtiger werden und ihrerseits deutliche

Effekte auf die Mediennutzung und die Interpretation von Medieninhalten durch Jugendliche haben (ebenda). Während gezeigt werden konnte, dass aktive elterliche Mediationsstrategien geeignet sein können, Effekte problematischer Medieninhalte zu minimieren, kommt Nathanson zu dem Ergebnis, dass Kommentierungen und Diskussionen über genutzte Medieninhalte in der Peergroup tendenziell negative Effekte haben. Die gemeinsame Nutzung problematischer Medieninhalte könne gruppenkonstitutionellen Charakter haben in Abgrenzung zu anderen Gleichaltrigen und auch den Eltern. Insofern sei, so die Ergebnisse einer empirischen Studie, die Kommunikation über gemeinsam genutzte problematische Medieninhalte von positiven Wertungen der Jugendlichen geprägt, führe so zu positiveren Einstellungen gegenüber solchen Inhalten und - so es sich um Mediengewaltinhalte handelt - zu höherer Aggressivität (Nathanson, 2001b).

Zusammenfassend lässt sich zum Komplex der elterlichen Medienerziehung feststellen, dass sie - ob nun primär restriktiv-regelbasiert oder auch aktiv-instruktiv - ein wirksames Mittel ist, negative Medieneffekte zu verhindern: Erstens durch den Umstand, dass - zumindest im Fall klar definierter Regeln - weniger problematische Medieninhalte genutzt werden. Zweitens dadurch, dass sich Kinder im Fall klar kommunizierter elterlicher Einstellungen zu problematischen Medieninhalten - ob nun durch Regeln oder klare Kommentierungen - rezipierte Gewaltmodelle weniger zu eigen machen. Hier zeigen sich für den restriktiven Stil - zumindest bei jüngeren Kindern - etwas größere Effekte, während aktiv-instruktive Medienerziehung der Gefahr unterliegt, durch Kinder fehlinterpretiert zu werden.

Insgesamt wird Medienerziehung bei weitem nicht in allen Familien praktiziert. Insbesondere in Familien mit formal niedrigem Bildungshintergrund, für die bereits gezeigt werden konnte, dass Medieninhalte mit entwicklungsbeeinträchtigendem Potential etwas häufiger genutzt werden und elektronische Medien überdurchschnittlich lang rezipiert werden, wird weniger Medienerziehung praktiziert als in Familien mit formal hohem Bildungshintergrund. In der Adoleszenz verliert der Einfluss der Eltern auf das Medienverhalten ihrer Kinder zunehmend an Bedeutung, stattdessen stellen Gleichaltrige eine immer wichtigere Instanz für die Ausrichtung eigener medienbezogener Einstellungen und Verhaltensweisen dar.

6 Problematische Mediennutzungsmuster von Kindern und Jugendlichen

Es kann festgehalten werden, dass Mediennutzung ein zentraler Bestandteil des Alltags von Kindern und Jugendlichen ist, und dass je nach Alter, Geschlecht, persönlichen Vorlieben und sozialem Umfeld Unterschiede in Art und Ausmaß der Mediennutzung existieren (vgl. S. 25 - 44). Es wurde gezeigt, dass Minderjährige verschiedener Entwicklungsstufen über unterschiedliche Kompetenzen der Mediennutzung verfügen (vgl. S. 45 - 56), und dass bestimmte Arten des Mediengebrauchs mit gesundheitlichen, kognitiven, emotionalen und behavioralen Wirkrisiken verknüpft sind (vgl. S. 61 - 124). Dabei wurde deutlich, dass einige dieser Wirkrisiken primär mit dem zeitlichen Ausmaß der Mediennutzung verknüpft sind (vgl. insbesondere die Ausführungen zur Zeitverdrängung lernförderlicher Aktivitäten ab S. 65), dass andere eher aufgrund der Inhalte der Mediennutzung angenommen werden (vgl. insbesondere den Abschnitt zum Modelllernen und zum General Aggression Modell ab S. 82). wobei in den meisten Fällen, in denen von ungünstigen Medienwirkungen ausgegangen werden muss, zeitlich exzessive und inhaltlich problematische Mediennutzung miteinander interagieren. Elterliche Medienerziehung, auch das wurde bereits deutlich, kann hier eine wichtige Moderatorvariable sein, wird aber in vielen Familien gar nicht oder nur unzureichend praktiziert (vgl. S. 125 - 130). Vor dem Hintergrund der bisher zusammengestellten Erkenntnisse zur Mediennutzung von Kindern und Jugendlichen, ihren Wirkungen und deren Bedingungsfaktoren soll im Folgenden der Versuch unternommen werden, eine Definition von problematischer Mediennutzung zu erarbeiten, die auf den Erkenntnissen der Medienwirkungsforschung aufbaut.

6.1 Problemfelder

Es erscheint zunächst plausibel, dass ab einer gewissen täglichen Mediennutzungsmenge und bei Überschreiten bestimmter inhaltlicher Grenzen bei Minderjährigen von problematischer Mediennutzung oder sogar von Medienmissbrauch gesprochen werden sollte. Doch finden sich in der Literatur derzeit keine klaren Definitionen solcher Mediennutzungsformen von Kindern und Jugendlichen und demzufolge auch keine umfassenden empirischen Studien zu diesem Thema. Stattdessen werden, wie bereits gezeigt, allenfalls einzelne Problembereiche der Mediennutzung Minderjähriger ausgewählt, beschrieben und in ihren Wirkungspotentialen ausgeleuchtet. Warum aber wird der Begriff der problematischen Mediennutzung oder des Medienmissbrauchs nicht eindeutig definiert, obwohl kaum jemand bezweifeln wird, dass im Einzelfall Formen des Medienmissbrauchs existieren?

Anders als etwa im Fall des Tabak- oder Alkoholkonsums fällt eine Missbrauchsdefinition wohl vor allem deshalb schwer, weil Medien ein inzwischen unverzichtbarer, funktionaler Bestandteil im Leben von Kindern und Jugendlichen sind (vgl. S. 56 - 59). Ohne Medien ist eine adäquate Bewältigung des Alltags in der heutigen Gesellschaft kaum vorstellbar, die Entwicklung von Medien(-nutzungs-)kompetenz gilt als wichtige Entwicklungsaufgabe von Kindern und Jugendlichen (vgl. S. 56). Vor dem Hintergrund großer interindividueller Differenzen in der Entwicklung von Medienkompetenzen selbst gleichaltriger Minderjähriger sowie angesichts der alters- und entwicklungsbedingt unterschiedlichen geistigen Reife im Umgang mit Medieninhalten und den damit verbundenen Selbstkontrollfähigkeiten von Kindern und Jugendlichen, erscheint eine wissenschaftlich begründete eindeutige Problemdefinition tatsächlich schwer.

Meixner und Jerusalem (2006) unternahmen den Versuch einer etwas umfassenderen Definition, indem sie unter dem Begriff der „exzessiven Mediennutzung" zeitlich im Altersdurchschnitt deutlich überdurchschnittliche Mediennutzung charakterisierten und sie in Zusammenhang mit Merkmalen suchtartiger Nutzung sowie dysfunktionaler Problembewältigung stellten, wobei die Autoren sich zunächst auf die Fernseh- und die Internetnutzung von Jugendlichen beschränkten. Eine eindeutige Definition exzessiver Mediennutzung bleiben sie allerdings schuldig, ebenso eine Begründung der Beschränkung auf die Fernseh- und Internetnutzung.

Van Egmond-Fröhlich et al. (2007) rekurrierten ausschließlich auf zeitliche Mediennutzungsdimensionen und definierten Medienmissbrauch als die Vorstufe von Mediensucht. Medienmissbrauch sei bei Kindern und Jugendlichen demnach gekennzeichnet durch chronisch übermäßigen Medienkonsum von täglich mehr als vier Stunden, der mit Kontrollverlust über die Mediennutzungszeit und Einengung des Verhaltensraums verknüpft sei und der trotz negativer sozialer, schulischer oder biophysiologischer Konsequenzen fortgeführt werde (S. 2561). Im Gegensatz zur Sucht sehen die Autoren beim Medienmissbrauch lediglich die Kriterien der Toleranzentwicklung und der Entzugserscheinungen (noch) nicht erfüllt. Diese Definition ist allerdings insofern zu kritisieren, als weder die zeitliche Grenze (mehr als vier Stunden tägliche Mediennutzung) noch die enge Anlehnung an die Suchtkriterien ausreichend empirisch oder argumentativ begründet wurde. Ebenso ist anzumerken dass inhaltliche Nutzungskriterien bei der Missbrauchsdefinition keine Rolle spielen und dass sich die Definition von Medienmissbrauch global auf die Mediennutzung von Kindern und Jugendlichen bezieht und keine altersbezogenen Differenzierungen vorgenommen werden.

Six (2007) schlägt vor, exzessive Mediennutzungsmuster zunächst anhand einer statistischen Norm (zum Beispiel das oberste Quartil der statistischen Durchschnittsnutzung eines Mediums) zu definieren (S. 357 - 358)[91] und dann wie folgt verschiedene exzessive Mediennutzungsmuster zu unterscheiden (S. 359):

(1) Exzessiv-funktionale Mediennutzung
(2) Exzessiv-dysfunktionale Mediennutzung
(3) Pathologische Handlungsmuster
(4) Süchtiger Mediengebrauch

Exzessiv-funktionale Mediennutzungsmuster sind nach Six dadurch gekennzeichnet, dass einerseits zwar eine zeitlich exzessive Mediennutzung vorliegt, ein Individuum seine Anliegen aber zielgerichtet und selbstgesteuert umsetzt. Im Vergleich zu verfügbaren Alternativoptionen erscheint dabei die Mediennutzung als relativ passendes Mittel. Es werden keine gravierenden negativen Konsequenzen erlebt und im Durchschnitt entsteht eine positive Effizienzbilanz zwischen Nutzen (der angestrebten Gratifikation) und Kosten (zeitlicher Aufwand, eventuelle negative Konsequenzen). Der vom Individuum geforderte

---

[91] Auch wenn bei der Beschreibung und Definition exzessiver Mediennutzungsmuster die Orientierung an Verteilungskennwerten - zumindest im Gegensatz zu willkürlich gezogenen Grenzwerten - grundsätzlich zu begrüßen ist, stellt sich hier doch die Frage, warum ausgerechnet das oberste Quartil der Medienzeiten einer Population eine „exzessive" Mediennutzung darstellen soll. Im Gegensatz zu anderen Kontexten, in denen die Aufsplittung einer Verteilung in beispielsweise vier gleich große Gruppen zur Veranschaulichung durchaus das Mittel der Wahl sein kann, geht es bei der Klassifizierung eines Verhaltens als „exzessiv" darum, das Verhalten nach Definition des Dudens als „außerordentlich", „das Maß überschreitend" oder auch „ausschweifend" zu beschreiben ("Exzessivität. Exzessiv," 2006). Bei Annahme einer (annähernden) Normalverteilung liegen jedoch lediglich 16 Prozent der Population mehr als eine Standardabweichung über dem statistischen Durchschnittswert und damit außerhalb des empirischen Normalbereiches. Wer nun die Klassifikation eines Verhaltens als „exzessiv" auf Verteilungskennwerte stützt, sollte konsequenterweise auch „harte" Verteilungskennwerte wie die Grenze einer Standardabweichung als Abgrenzungskriterien wählen und keine einfache Viertelung der Verteilung vornehmen.

Kosten-Nutzen-Abgleich erfordert dabei ständige Reflexion des eigenen Medienhandelns (ebenda).

Exzessiv-dysfunktionale Mediennutzungsmuster werden von funktionalen Mediennutzungsmustern dadurch abgegrenzt, dass sie von geringerer Zielgerichtetheit und Kontrolle der Mediennutzung gekennzeichnet sind und die Mediennutzung insofern deutlich weniger „effektiv" ist. Im ungünstigen Fall wird Mediennutzung anderen Alternativoptionen vorgezogen, auch wenn diese eine günstigere Effizienzbilanz aufweisen (ebenda).

Demgegenüber definiert Six **pathologische (Medien-)Handlungsmuster** als exzessiv-dysfunktional in Kombination mit einer Einsicht des Nutzers, dass die eigenen Mediennutzungszeiten zu hoch sind und längerfristig negative Konsequenzen der Mediennutzung wahrgenommen werden (ebenda).

Süchtigen Mediengebrauch versteht Six als zeitlich exzessive Mediennutzung in Kombination mit den klassischen (Verhaltens-)Suchtmerkmalen nach Kriterien des DSM-IV (ebenda) (vgl. auch Fußnote 82).

Allgemein kritisch zu sehen ist an Sixs Strukturierungsansatz, dass die Autorin von einem instrumentell-reflektiven Gebrauch von Medien ausgeht. Ist diese Sicht hinsichtlich des Medieneinsatzes zu Informationszwecken noch nachvollziehbar, stellt sich bei der Unterhaltungsmediennutzung die Frage, wie im konkreten Fall die „Effizienz" des Medieneinsatzes im Vergleich zu alternativen Optionen gemessen werden soll und wie diese im konkreten Fall vom einzelnen Mediennutzer bilanziert wird. So definiert Six als Kriterium des Grades der Dysfunktionalität von Mediennutzung immer die Wahrnehmung des Mediennutzers selbst, nicht die Außensicht eines Dritten. Ist dies im Falle eines erwachsenen Mediennutzers unter Umständen noch vertretbar, ergibt sich im Hinblick auf die Mediennutzung Minderjähriger das Problem, dass hier nicht oder nur eingeschränkt davon ausgegangen werden kann, dass eigene Mediennutzung hinreichend komplex reflektiert werden kann. Gerade im Hinblick auf kindliche Mediennutzung ist vor diesem Hintergrund auch Sixs Umschreibung des exzessiv-funktionalen Mediennutzungstypus zu kritisieren, da hier einerseits komplexe Reflexionen der eigenen Mediennutzung erforderlich sind und andererseits Einschätzungen hinsichtlich der Wahrscheinlichkeit negativer Konsequenzen der Mediennutzung getroffen werden sollen, was aufgrund des langfristigen Charakters vieler problematischer Medienwirkungen nahezu unmöglich erscheint.

Darüber hinaus muss die Frage gestellt werden, ob exzessive Mediennutzungsmuster im Kindesalter überhaupt als funktional beschrieben werden können, da exzessive Mediennutzung nur wenig Spielraum für weitere entwicklungsförderliche Erfahrungen und Tätigkeiten lässt. Auch moderne Medienumgebungen und -simulationen können aufgrund ihrer Beschränkung auf die audiovisuelle Sinneswahrnehmung und ihrer immer noch vergleichsweise wenig komplexen Struktur keinesfalls Erlebnisse in der realen Welt hinreichend komplex imitieren und entwicklungsförderliche Effekte solcher Erlebnisse ausreichend kompensieren. Zudem wird auch von Six die Nutzung problematischer Medieninhalte nicht als eigenständiger Faktor exzessiver Mediennutzung gesehen, obwohl es gerade im Hinblick auf die Mediennutzung Minderjähriger naheliegt, dass eine auf problematische Medieninhalte fokussierte Mediennutzung trotz unter Umständen zeitlich noch moderaten Nutzungsumfangs bereits als dysfunktional-exzessiv interpretiert werden könnte.

Trotz der oben genannten Kritikpunkte muss betont werden, dass die Kategorisierung exzessiver Mediennutzungsmuster von Six einen Fortschritt gegenüber den anderen genannten Definitionen darstellt. So wird erstens berücksichtigt, dass zeitlich exzessive Mediennutzung bei ausreichender Reflexionsfähigkeit eines Individuums durchaus auch funktionalen Charakter haben kann. Zweitens weisen die Überlegungen darauf hin, dass auch dysfunktional-exzessive Mediennutzung bereits unterhalb der „Suchtschwelle" erkennbar sein kann. Insofern wird durch Six eine begrüßenswerte Differenzierung des Problemfeldes geleistet. Zugleich verknüpft Six die Kategorisierung exzessiver Mediennutzung auch mit empirisch begründeten Wirkungsannahmen. So nennt sie als mögliche negative Wirkungen exzessiv-dysfunktionaler Mediennutzung die Entwicklung problematischer Werte und Normen, Stereotype und Weltbilder sowie problematischen Sozialverhaltens, die Beeinträchtigung der eigenen Leistungsfähigkeit und die damit verbundenen Konsequenzen in Schule, Studium und Beruf sowie diverse psychische Folgen wie etwa die Ausbildung oder Ausweitung psychosozialer Probleme und Störungsbilder (soziale Desintegration, Einsamkeit, geringes Selbstwertgefühl, Depression, Angststörungen) (S. 361 - 362). Wobei zumeist nicht von monokausalen Wirkungen der Mediennutzung, sondern von Verstärkerkreisläufen und der Beteiligung zahlreicher Drittvariablen ausgegangen werden muss.

6.2 Eigene Problemdefinition

Wie bereits gezeigt wurde, existieren bei Minderjährigen drei Hauptfelder der problematischen Nutzung von Medien: Eine zeitlich exzessive Mediennutzung, eine inhaltlich problematische Mediennutzung sowie eine funktional problematische Mediennutzung.

Es wurde gezeigt, dass die Frage nach genauen Grenzen *zeitlich exzessiver Mediennutzung* nicht ohne Bezug auf das Alter und den jeweiligen Entwicklungsstand eines Minderjährigen zu beantworten ist. Insofern wird auf diesen Punkt im Rahmen der Explikation der unten aufgeführten Problemdefinition gesondert einzugehen sein. Unter *inhaltlich problematischer Mediennutzung* soll im Folgenden die Nutzung von Medieninhalten verstanden werden, die geeignet sind, die Entwicklung von Kindern und Jugendlichen eines bestimmten Alters oder ihre Erziehung zu einer eigenverantwortlichen und gemeinschaftsfähigen Persönlichkeit zu beeinträchtigen (Kinder- und Jugendbeeinträchtigung, im Folgenden „entwicklungsbeeinträchtigende Medien" genannt) oder zu gefährden (Kinder- und Jugendgefährdung, im Folgenden „jugendgefährdende Medien" genannt) (Bundesprüfstelle für jugendgefährdende Medien (BPjM), 2010a)[92]. Der Begriff der *funktional problematische Mediennutzung* zielt nicht auf die Medieninhalte ab, sondern auf Motivation und Kontext der Mediennutzung. Werden Medien etwa fortwährend vehement eskapistisch im Sinne dysfunktionaler Stressregulation genutzt, oder substituieren parasoziale Interaktionen und Beziehungen zu Medienfiguren in auffälliger Weise realsoziale Interaktionen und Beziehungen, wird von einer funktional problematischen Mediennutzung ausgegangen (vgl. auch die Ausführungen zur Computerspielabhängigkeit auf S. 115 - 124).

Da altersabhängige Medienkompetenzen und Entwicklungsaufgaben von zentraler Bedeutung sind für die Beurteilung des problematischen Charakters von Mediennutzung (vgl. S. 45 - 59), muss das Alter eines Minderjährigen bei der Definition problematischer Mediennutzung berücksichtigt werden.

---

92 Dieses Begriffsverständnis entspricht dem des gesetzlichen Jugendmedienschutzes, der in Deutschland durch die Bundesprüfstelle für jugendgefährdende Medien (BPjM) sowie den obersten Landesjugendbehörden gewährleistet wird. Es muss allerdings darauf hingewiesen werden, dass sich die Begriffsdefinitionen des gesetzlichen Jugendmedienschutzes zunächst an gesetzlichen Normen und ihrer rechtswissenschaftlichen Auslegung orientieren, nicht an Ergebnissen der human- und sozialwissenschaftlichen Medienwirkungsforschung. Allerdings wird durch die Rechtssprechung des Bundesverfassungsgerichtes durchaus ein bestimmter Grad an Übereinstimmung zwischen gesetzlicher Norm und wissenschaftlicher Forschung gefordert. Nach Brunn et al. (2007) hat der Gesetzgeber nach Auffassung des Bundesverfassungsgerichtes zwar einen breiten gesetzgeberischen Spielraum und ist im Hinblick auf die faktischen Voraussetzungen des Jugendschutzes „[...] keineswegs gezwungen, sich einer Mehrheitsauffassung in der Wissenschaft anzuschließen oder aber darauf zu warten, dass wissenschaftlich eindeutige Ergebnisse etwa über die Wirkung bestimmter Inhalte auf Kinder oder Jugendliche vorliegen [...]". Andererseits aber sei die Grenze des gesetzgeberischen Beurteilungsspielraumes erreicht, „[...] wenn er wissenschaftlich nicht mehr vertretbaren oder gar offensichtlich fehlsamen Auffassungen folgt." (Brunn et al., 2007, S. 82).

Nachfolgend werden die oben angeführten Dimensionen problematischer beziehungsweise missbräuchlicher Mediennutzung altersdifferenziert konkretisiert, indem bereits vorhandene Erkenntnisse zur Mediennutzung der jeweiligen Altersgruppe berücksichtigt werden. Dabei wird problematische Mediennutzung der jeweiligen Altersgruppe auf zeitlicher, inhaltlicher und funktionaler Ebene definiert. Soweit verfügbar, werden im Anschluss für jede Altersgruppe Prävalenzzahlen problematischer Mediennutzung berichtet.

6.3 Dimensionen problematischer Mediennutzung im Kleinkind- und Vorschulalter

6.3.1 Zeitlich problematische Mediennutzungsmuster

6.3.1.1 Definition

Hinsichtlich der (problematischen) Mediennutzung von Klein- und Vorschulkindern liegen lediglich zum Fernsehen einige Daten vor. Im Schnitt weisen zwei- bis fünfjährige Kinder zwischen 71 Minuten (Feierabend & Klingler, 2010) und 88 Minuten (Feierabend & Mohr, 2004) tägliche Fernsehzeit auf. Bezüglich zeitlich-problematischer Dimensionen der Fernsehnutzung existieren zumindest Ansätze von Definitionen, so etwa durch die Bemühungen einiger Autoren, eine Kategorie von Vielsehern zu definieren. Für die Annahme, dass die Zugehörigkeit zur Vielseherkategorie im Vorschulalter generell als problematisch zu klassifizieren ist, sprechen die Ergebnisse der Medienwirkungsforschung. Hier zeigt sich, dass bereits recht gering ausgeprägte Fernsehnutzung in diesem Alter negative Effekte haben kann, insbesondere auf verschiedene Dimensionen kognitiver Leistungen (Lesekompetenzen, allgemeine Schulleistungen, unter Umständen auch Aufmerksamkeitsleistung und Konzentrationsfähigkeit, (vgl. S. 62 - 81)), aber auch auf das kindliche Sozialverhalten (Mößle & Kleimann, 2009). Zwar weisen die KIM sowie die Daten der AGF/GFK, die deutschlandweit größten Studien zur vorschulischen Fernsehnutzung, keinerlei Verteilungskennwerte aus, jedoch liegen einige andere Studien zu diesem Thema vor.

Grüninger und Lindemann (2000) schlagen vor, bei einem Fernsehkonsum von Kindergartenkindern von täglich über zwei Stunden von Vielsehern zu sprechen, wobei sie sich auf Verteilungskriterien ihrer eigenen Studie[93] beziehen, der zufolge Kindergartenkinder durchschnittlich 64 Minuten täglich den Fernseher nutzten und die Vielseher ungefähr das oberste Zehntel der Verteilung bilden. Ennemoser und Schneider (2007), in deren Studie Vorschulkinder[94] durchschnittlich 58,5 Minuten tägliche Fernsehzeit[95] aufwiesen, diskutieren in ihrer Studie die Definition des „Vielsehens" ebenfalls und schlagen vor, eine solche Definition effektbasiert vorzunehmen, das heißt in diesem Fall konkret anhand der Befunde der Medienwirkungsforschung zur Beeinträchtigung späterer Lesekompetenzen durch Fernsehnutzung im Vorschulalter [96]. Dabei konzentrieren sich Ennemoser und Schneider auf die 72,5 Prozent der Fernsehzeit, die mit Unterhaltungsfernsehen ohne edukativen Fokus verbracht wird (ebenda, S. 353). Die Autoren zeigen, dass die zunächst verteilungsbasiert ermittelte Zugehörigkeit zur Gruppe der Vielseher mit 91,4 Minuten Unterhaltungsfernsehzeit mit deutlich geringen Lesekompetenzen im Grundschulalter einhergeht. Selbst die Zugehörigkeit zur Gruppe der moderaten Nutzer von Unterhaltungsfernsehen mit durchschnittlich 30 Minuten Unterhaltungsfernseh-

93 Die von den Autoren dieser Studie 1996 erhobenen Daten wurden mithilfe einer Elternbefragung ermittelt, innerhalb derer schriftliche Fragebögen an Eltern aus 53 Kindertagesstätten in Ostwestfalen (Bielefeld und Gütersloh) verteilt wurden. 1028 von 3000 verteilten Fragebögen wurden ausgefüllt zurückgegeben. Damit sind die Daten aufgrund der regionalen Beschränkung bzw. der (nicht randomisierten) Stichprobenziehung zwar nicht repräsentativ, erscheinen aber vor dem Hintergrund der von den Autoren dargelegten Stichprobenkennwerte, die auf eine breite Abbildung der regionalen Vorschulkinderpopulation hinweist (Grüninger & Lindemann, 2000, S. 43 - 48) und aufgrund fehlender Alternativdaten aus anderen Studien letztlich als hinreichend berichtenswert.
94 Die im folgenden dargestellten Daten und Überlegungen zur Studie von Ennemoser und Schneider beziehen sich jeweils nur auf die jüngere Alterskohorte, da sich diese zum ersten Messzeitpunkt noch im Vorschulalter befand, während die ältere Alterskohorte der Studie zum ersten Messzeitpunkt bereits eingeschult war.
95 Es ist allerdings darauf hinzuweisen, dass in der Studie von Ennemoser und Schneider zwei unterschiedliche Alterskohorten aus Bayern und Baden-Württemberg untersucht wurden, zwei Bundesländer, in denen die durchschnittliche Mediennutzung von Kindern geringer ausfallen dürfte als im Bundesschnitt. Das legen zumindest Befragungsdaten der KFN-Schülerbefragungen nahe (vgl. Mößle et al., 2007).
96 Dabei unternehmen die Autoren zunächst den Versuch, mithilfe der Meta-Analyse von Razel eine Vielseherdefinition aus der Literatur abzuleiten. Letztlich verwarfen sie diese Überlegungen aber, da Razels Studie zwar eine klare Aussage dazu macht, ab welcher Fernsehnutzungsmenge im Vorschulalter später negative Schulleistungseffekte zu erwarten sind, diese Hochrechnung aber sehr zweifelhaft ist. So beruht Razels Hochrechnung erstens nicht auf empirischen Daten zur Mediennutzung von Vorschulkindern, sondern auf der Mediennutzung älterer Schüler/innen, zweitens können Razels Ergebnisse auf die deutsche Fernsehnutzungskultur mit deutlich geringen Fernsehzeiten im Kindes- und Jugendalter nicht einfach übertragen werden (vgl. auch Ennemoser & Schneider, 2007, S. 357).

zeit zeigte im Längsschnitt signifikant schlechtere Leseleistungen (ebenda, S. 358 - 359). Einen weiteren Versuch effektbasierter Vielseherdefinition machten Winterstein und Jungwirth (2006), die in ihren Untersuchungen an fünf- bis sechsjährigen Vorschulkindern korrelative Zusammenhänge zwischen einem verzögerten kognitiven Entwicklungsstand der Kinder und einer durchschnittlichen täglichen Fernsehnutzung ab 90 Minuten und länger fanden (ebenda, S. 209).

Die Literatur für die Altersgruppe der Klein- und Vorschulkinder ergibt somit kein konsistentes Bild. Mit einiger Sicherheit kann die von Grüninger und Lindemann vorgeschlagene Vielsehergrenze als zu hoch bezeichnet werden, da sie sich lediglich auf das oberste Zehntel der Fernsehnutzungszeitverteilung bezieht, dessen untere Grenze knapp eine Stunde über dem in dieser Studie ermittelten Durchschnittswert liegt und damit auch deutlich über der von Winterstein und Jungwirth effektbasiert begründeten Obergrenze problematischer Fernsehnutzung von 90 Minuten täglicher Fernsehzeit. Letztere Grenze entspricht auch der effektbasierten Vielseherdefinition von Ennemoser und Schneider, wobei Ennemoser und Schneider sogar negative Effekte einer Unterhaltungsfernsehnutzung im Vorschulalter von 30 Minuten und mehr oder einer Gesamtmedienzeit von etwas mehr als 40 Minuten[97] auf die Leseleistung nachweisen. Ennemoser und Schneider bezeichnen den von Ihnen gefunden Effekt mit $\eta^2 = .24$ als mittleren bis großen Effekt (Ennemoser & Schneider, 2007, S. 359), so dass zumindest im Hinblick auf spätere Lesekompetenzen der Schülerinnen und Schüler eine dauerhafte durchschnittliche Nutzung von mehr als einer Dreiviertelstunde täglicher Gesamtfernsehzeit als problematisch zu bezeichnen ist.

Vor dem Hintergrund der empirischen Nachweise negativer Fernsehnutzungswirkungen auf verschiedene Entwicklungsparameter von Klein- und Vorschulkindern erscheint es insofern durchaus gerechtfertigt, eine - relativ zum Nutzungsdurchschnitt dieser Altersgruppe moderate - Fernsehnutzungszeit ab einer Grenze von 45 Minuten täglich als problematisch zu definieren. Diese Definition steht im Übrigen weitgehend im Einklang mit Empfehlungen, die von der American Academy of Pediatrics und dem deutschen Bundesministerium für Familie, Senioren Frauen und Jugend (BMFSFJ) herausgeben wurden, wobei diesen Empfehlungen der genaue Bezug auf empirische Belege ihrer Aussagen

---

97 Im Durchschnitt ergibt sich bei Ennemoser und Schneider ein Verhältnis von 72,5 % Unterhaltungsfernsehzeit zu 27,5 % Bildungsfernsehen, so dass zu den 30 Minuten Unterhaltungsfernsehzeit noch einmal 11,4 Minuten Bildungsfernsehzeit addiert werden müssen, um eine Vergleichbarkeit zu Studien zu gewährleisten, die ausschließlich auf die Gesamtfernsehzeit rekurrieren.

fehlen. Die vom BMFSFJ initiierte Schau-hin!-Kampagne empfiehlt, unter dreijährige Kinder gar kein Fernsehen schauen zu lassen, und für 4- bis 5-jährige Kinder eine maximale Fernsehzeit von 30 Minuten täglich (Projektbüro-„Schau-Hin!-Was-Deine-Kinder-Machen!", 2010a). Diese Leitlinien wurden auch von der Bundeszentrale für gesundheitliche Aufklärung übernommen (BZgA, 2010, S. 12). Die American Academy of Pediatrics hat 1997 eine Informationskampagne gestartet, in der amerikanischen Eltern von Klein- und Vorschulkindern geraten wird, den Kindern bis zum Alter von zwei Jahren elektronische Bildschirmmedien nicht zugänglich zu machen und den täglichen Bildschirmmedienkonsum auf ein bis zwei Stunden[98] zu begrenzen (American Academy of Pediatrics, 1997).

Zu bedenken ist hier freilich eins: Die Zeit, die kleine Kinder mit elektronischen Medien verbringen, besteht nur zu einer knappen Hälfte aus Fernsehzeit. Nach Feierabend und Mohr (2004) verbringen zwei bis fünfjährige Kinder im Durchschnitt 153 Minuten mit elektronischen Medien, also Fernsehen, Radio, Tonträger und anderen (eigene Berechnungen anhand der Daten von Feierabend & Mohr, 2004), ohne dass bezüglich der Nutzung der anderen elektronischen Medien Studien zu etwaigen positiven oder negativen Effekten ihrer Nutzung für die Altersgruppe der Klein- und Vorschulkinder vorliegt. Lediglich bei der Computerspielnutzung liegt es nahe, die in einigen Studien nachgewiesenen Korrelationen hoher Computerspielzeiten mit schlechterer schulischer Leistung (vgl. S. 75 - 78) dementsprechend zu interpretieren, dass hohe Computerspielzeiten im Vorschulalter einerseits hohe Spielzeiten in späteren Altersstufen determinieren (zur Konstanz früh erlernter Mediennutzungsmuster vgl. Rehbein, 2010)[99] und mit hoher Wahrscheinlichkeit auch bereits im Vorschulalter andere wichtige Entwicklungserfahrungen verdrängen. Ähnliches gilt bezüglich der Erkenntnisse zu mangelnden empathischen Fähigkeiten, die bei Vielnutzern von Computerspielen gezeigt werden konnten (Mößle & Kleimann, 2009). Auch wenn die Nutzungsfrequenz von Computer- und Videospielen im Kleinkindalter kaum messbar ist (vgl. S. 26 - 28), ist doch zu

---

98 Diese im Vergleich zu der Empfehlung von *Schau hin!* etwas höheren Richtzeiten sind durch die amerikanische Fernsehkultur zu erklären, in der deutlich höhere Fernsehzeiten als in Deutschland bereits unter Klein- und Vorschulkindern die Regel sind. So berichten Zimmerman und Christakis (2005) in ihrer Studie mit einem für die USA repräsentativen Sample an 1797 Kindern Durchschnittsfernsehzeiten von 2,2 Stunden im Altern von unter 3 Jahren und 3,3 Stunden im Alter von 3 bis 5 Jahren (S. 622). Vor diesem kulturellen Hintergrund sind wahrscheinlich auch die Ergebnisse der Meta-Analyse von Razel (2001) zu sehen, der negative Schulleistungseffekte der kindlichen Fernsehzeit erst ab 3,5 Stunden findet.
99 vgl. dazu auch die Ausführungen ab S. 156 in dieser Arbeit.

erwarten, dass die Spielindustrie daran arbeitet, auch für diese Altersgruppe in Zukunft attraktive Angebote bereitzustellen. Hier zeitliche Grenzen oder sonstige Anforderungen bezüglich der Gestaltung dieser Spiele empirisch fundiert zu umreißen, erscheint derzeit unmöglich. Es kann lediglich auf Empfehlungen verwiesen werden, deren zeitliche Obergrenzen allerdings nicht genau - d. h. effektbasiert begründet sind. So empfiehlt die deutsche Schau-hin!-Kampagne, unter vierjährige Kinder nicht Computer- oder Videospiele spielen zu lassen, und für 4- bis 5-jährige Kinder eine maximale tägliche Video- und Computerspielzeit von 20 - 30 Minuten (Projektbüro-„Schau-Hin!-Was-Deine-Kinder-Machen!", 2010b). Im Hinblick auf die kaum entwickelten Kompetenzen der Kinder, sich interaktive Medieninhalte funktional anzueignen (vgl. S. 45 - 56), der Handlung zu folgen, den in vielen Spielen bestehenden Handlungsdruck zu bewältigen und sich von den attraktiven Bilderwelten selbständig wieder zu lösen, sollte derzeit wohl tatsächlich empfohlen werden, Video- und Computerspiele Kleinkindern gar nicht und Vorschulkindern zwischen vier und fünf Jahren nur im Bereich unter einer halben Stunden täglich zugänglich zu machen. Keinesfalls sollte ein solcher Zugang unbegleitet erfolgen.

6.3.1.2 Prävalenzen

Da die entsprechenden deutschen Studien von AGF/GfK und dem Medienpädagogischen Forschungsverbund Südwest nur durchschnittliche Fernsehnutzungswerte ohne Verteilungskennwerte oder Analysen zur Gruppe der Vielseher enthalten, sind keine aktuellen Daten zur Größe der Gruppe der Vielseher unter deutschen Klein- und Vorschulkindern verfügbar. Lediglich ein indirekter Indikator für zeitlich exzessive Mediennutzung unter Klein- und Vorschulkindern lässt sich aus den Daten der KIM-Studie 2003 ablesen: So berichteten Feierabend und Mohr (2004), dass im Schnitt zehn Prozent der Eltern von Klein- und Vorschulkindern der Aussage zustimmten, ihr Kind dürfe so viel fernsehen, wie es wolle (S. 461), wobei Eltern zwei- bis dreijähriger Kinder der Aussage zu einem höheren Anteil zustimmten (14 %) als Eltern vier- bis fünfjähriger Kinder (7 %).
Grüninger und Lindemann (2000) legten eine - regional eng begrenzte - Studie vor (vgl. S. 137), die 8,5 Prozent der Klein- und Vorschulkinder zwischen drei und sechs Jahren als Vielseher mit mehr als zwei Stunden täglicher Fernsehzeit identifizierte (S. 108). Gemessen an der oben definierten Grenze problematischer Fernsehnutzung von mehr als 45 Minuten täglich ist zu erwarten, dass die Gruppe der Kinder mit mehr als 45 Minuten täglicher Nutzung

sehr deutlich über den Prävalenzen von Grüninger und Lindemann liegen und wahrscheinlich rund die Hälfte deutscher Klein- und Vorschulkinder eine durchschnittliche tägliche Fernsehnutzung von über 45 Minuten aufweisen [100].

6.3.2 Inhaltlich problematische Mediennutzung im Kleinkind- und Vorschulalter

6.3.2.1 Definition

Die aus der politisch-rechtlichen Diskussion stammenden Begrifflichkeiten der Jugendgefährdung beziehungsweise Entwicklungsbeeinträchtigung (vgl. S. 136), die sich insbesondere im deutschen Jugendschutzgesetz und im Jugendmedienschutzstaatsvertrag der Länder finden, haben in der entwicklungspsychologischen Literatur keine eindeutige Entsprechung, die eine klare Orientierungshilfe bei der Operationalisierung dieses Begriffes für die unterschiedlichen Altersgruppen geben könnte. Es konnte aber gezeigt werden, dass die Nutzung von Medieninhalten, die von den mit der Alterskennzeichnung beauftragten Selbstkontrollinstanzen für die jeweilige Altersgruppe als nicht geeignet eingestuft wurden, tatsächlich mit defizitären kognitiven und sozialen Entwicklungsparametern bei Kindern und Jugendlichen korreliert ist (vgl. etwa Mößle & Roth, 2009). Insofern ist die Nutzung von Medieninhalten mit einer Altersbeschränkung, die über dem Lebensalter ihres minderjährigen Nutzers liegt, als inhaltlich problematische Mediennutzung zu werten[101], zumindest sobald sie in einer gewissen Regelmäßigkeit zu beobachten ist. Im Vorschul- und

---

100 So ermittelten Grüninger und Lindemann, dass tägliche bzw. fast tägliche Fernsehnutzer/innen im Vorschulter durchschnittlich 85 Minuten vor dem Fernseher sitzen. In der (nicht repräsentativen) Stichprobe von Grüninger und Lindemann machen die (fast) täglichen Seher einen Anteil von 52,3 Prozent aus (Grüninger & Lindemann, 2000, S. 107), so dass nur knapp die Hälfte dieser Stichprobe keine zeitlich problematische Nutzung aufweist. Da die durchschnittliche Fernsehnutzung der Kinder in dieser Studie mit 64 Minuten noch leicht unter den von AGF/GFK ermittelten Durchschnittswerten liegt, ist in der Gesamtpopulation zumindest mit ähnlich hohen Prävalenzen zu rechnen.
101 Es lässt sich selbstredend trefflich darüber streiten, ob eine solche entwicklungsbeeinträchtigende Wirkung im jeweiligen Einzelfall tatsächlich gegeben ist, da die kindliche und jugendliche Entwicklung nicht schematisch bestimmten Lebensaltersstufen zugeordnet werden kann, sondern interindividuell unterschiedlich verläuft. Aus der Perspektive des Jugendschutzes sollte jedoch nicht der relativ kompetente, medienerfahrene Minderjährige als Beurteilungsmaßstab gelten, sondern aber der unterdurchschnittlich bis durchschnittlich entwickelte Minderjährige, da hier die größten entwicklungsbeeinträchtigenden Effekte zu erwarten sind (vgl. auch Höynck, Mößle, Kleimann, Pfeiffer & Rehbein, 2007, S. 37 - 38).

Kleinkindalter ist dies nach der Logik des deutschen Jugendmedienschutzes dann der Fall, wenn die genutzten Medieninhalte eine Altersfreigabe „ab sechs Jahren" oder höher erhalten haben.

Eine Schwierigkeit ergibt sich bei den für diese Altersgruppe relevanten elektronischen Medieninhalten besonders beim Fernsehen, da nach dem Jugendmedienschutzstaatsvertrag Fernsehinhalte mit einer Einstufung „ab sechs Jahren" ganztägig gezeigt werden dürfen und hier im Übrigen auch keine Kennzeichnungspflicht besteht. Dieser Umstand zeigt, dass im Hinblick auf möglicherweise problematische Fernsehinhalte für diese Altersgruppe nicht die Altersfreigabe, sondern vor allem eine elterliche Kontrolle und Begleitung der kindlichen Fernsehnutzung entscheidend für die Einschränkung inhaltlich problematischer Fernsehnutzung ist. So konnte gezeigt werden, dass zumindest bestimmte Formen elterlicher Begleitung des kindlichen Fernsehkonsums geeignet sein können, potentielle negative Medienwirkungen zu verhindern (Valkenburg et al., 1999; Warren et al., 2002). Insofern erscheint es gerechtfertigt, im Kleinkind- und Vorschulalter auch dann von inhaltlich problematischer Fernsehnutzung auszugehen, wenn diese Fernsehnutzung weitgehend ohne elterliche Kontrolle und Begleitung stattfindet, beziehungsweise wenn die Entscheidung über geeignete Fernsehinhalte - unabhängig von elterlicher Begleitung - allein von den Kindern getroffen wird. Wichtigster Indikator für diese Art problematischer Fernsehnutzung sind Selbstangaben der Eltern, wie sie in der Studie von Feierabend und Mohr (2004) erhoben wurden. Ein weiterer Indikator ist der selbständige Zugang von Kindern zum Fernseher im Kinderzimmer. So konnte zumindest für Grundschüler gezeigt werden, dass der Fernseher im Kinderzimmer nicht nur mit deutlich höheren Nutzungszeiten korreliert ist, sondern auch mit inhaltlich problematischer Fernsehnutzung (vgl. S. 35).

6.3.2.2 Prävalenzen

Wie oben ausgeführt, ist die regelmäßige unbeaufsichtigte Fernsehnutzung durch Klein- und Vorschulkinder als problematisch zu bezeichnen. 19,6 Prozent der Eltern von Klein- und Vorschulkindern zwischen zwei und fünf Jahren berichten nach Feierabend und Mohr (2004), dass ihre Kinder täglich oder fast täglich alleine fernsehen, Eltern von Kleinkindern zwischen zwei und drei Jahren berichten dies zu rund 11,5 Prozent (eigene Berechnungen anhand der Daten von Feierabend & Mohr, 2004). Nach der Studie von Feierabend und Mohr stimmten darüber hinaus zehn Prozent aller Eltern von Klein- und Vorschulkindern der Aussage zu, Kinder in diesem Alter müssten selbst bestimmen dürfen, welche

Fernsehsendungen sie sich anschauen (ebenda, S. 461). Auch der Besitz eines eigenen Fernsehgerätes im Zimmer von Klein- und Vorschulkindern wurde als Indikator problematischer Fernsehnutzung definiert. Nach Feierabend und Mohr (2004) trifft dies auf rund 7 Prozent dieser Altersgruppe zu (S. 456).

6.4 Dimensionen problematischer Mediennutzung im Grundschulalter

6.4.1 Zeitlich problematische Mediennutzung

6.4.1.1 Definition

Obwohl zeitlich exzessive Mediennutzungsmuster von Kindern im Grundschulalter insbesondere in der Studie von Mößle et. al (2007) thematisiert werden, fehlen bisher klare Definitionen und Prävalenzdaten zu diesen Mediennutzungsmustern. Am besten empirisch erforscht ist einmal mehr die Fernsehnutzung von Grundschulkindern. Die tägliche Fernsehzeit von dieser Gruppe liegt, je nach Studie, zwischen 86 Minuten (Feierabend & Klingler, 2010) und 90 Minuten (Mößle et al., 2007) täglich. Nach Buß und Simon (1998) können 3- bis 13-jährige Kinder dann als Vielseher bezeichnet werden, wenn sie täglich mehr als 2,5 Stunden fernsehen. Diese Definition ist allerdings rein verteilungsbasiert und basiert nicht auf Studien zu konkret-negativen Effekten der Fernsehnutzungszeit im Grundschulalter. Ebenfalls verteilungsbasiert bezeichnen Mößle et al. (2007) Grundschulkinder dann als Vielseher, wenn sie mit einer täglichen TV-Nutzung von mehr als zwei Stunden das obere Drittel der Fernsehnutzungsdauerverteilung bilden. Für diese Gruppe weisen die Autoren auch unter Kontrolle wichtiger Merkmale der Primärsozialisation und der elterlichen Bildung negative Zusammenhänge der schulischen Leistung in den Fächern Deutsch, Sachkunde und Mathematik mit der Fernsehzeit nach (S. 91 - 103). Allerdings zeigen sich in dieser Studie auch in der Gruppe der „Normalnutzer" (31 bis 120 Minuten tägliche TV-Nutzung) mit einer Durchschnittsfernsehzeit von rund 80 Minuten unter Kontrolle von Primärsozialisation und elterlicher Bildung bereits im Vergleich mit den „Wenigsehern" (bis 30 Minuten tägliche TV-Zeit) signifikant schlechtere Schulleistungen mit einer schwachen bis mittleren Effektstärke (S. 97).

Ennemoser und Schneider berichten für Grundschulkinder[102] im Rahmen ihrer Längsschnittstudie negative Effekte mittlerer Effektstärke der Unterhaltungsfernsehnutzung auf Lesekompetenzen für die Gruppe der Vielseher mit einer durchschnittlichen Fernsehzeit von 89 Minuten in der zweiten Klasse, 108 Minuten in der dritten Klasse und 136 Minuten in der fünften Klasse (2007, S. 358), während sich für die Normalseher dieser Studie ab einer Grenze von geschätzt 40 Minuten[103] in der zweiten Klasse ebenfalls Effekte zeigten, wenn diese auch, mit Eta-Quadrat-Werten knapp unter 0,1, als schwach zu bezeichnen sind und in den älteren Klassenstufen nicht mehr nachweisbar sind. Insofern erscheint es plausibel, bei Erst- und Zweitklässlern wie bei den Vorschulkindern ab einer durchschnittlichen täglichen Fernsehzeit von mehr als 45 Minuten von zeitlich problematischer Nutzung auszugehen, während bei Dritt- und Viertklässlern etwas höhere zeitliche Obergrenzen erwogen werden sollten, da sich hier erst klare Effekte der Fernsehzeit in der Gruppe der Vielseher zeigten.

Da sich in der Studie von Ennemoser und Schneider die Grenze von rund 55 Minuten durchschnittlicher täglicher Fernsehnutzung als Grenze zwischen der maximalen täglichen Nutzungszeit einiger moderater Nutzer und als minimale Nutzungszeit einiger Vielseher zeigte (S. 358), erscheint bei den älteren Grundschuljahrgängen der dritten und vierten Klasse eine tägliche Fernsehnutzungszeit von 60 Minuten als Untergrenze zeitlich problematischer Fernsehnutzung angezeigt. Diese Grenzen sind in etwa vergleichbar mit den Ratschlägen der Schau-hin!-Kampagne, die in ihrer Elternbroschüre eine maximale Fernsehzeit im Grundschulalter von 5 Stunden pro Woche, also durchschnittlich 43 Minuten Fernsehzeit für Grundschulkinder empfiehlt (Projektbüro-„Schau-Hin!-Was-Deine-Kinder-Machen!", 2010a).

Auch bezüglich anderer elektronischer Mediennutzungsarten liegen derzeit in der Literatur keine klaren Definitionen zeitlich problematischer Nutzung vor. Da die tägliche Computer- und Videospielnutzung von Schülerinnen und Schülern vierter Klassen im Rahmen der KFN-Grundschulbefragung 2005 erhoben wurde, ist es aber möglich, neben der Ermittlung reiner Durchschnittsspielzeiten eine verteilungsbasierte Klassifikation exzessiver Nutzungsmuster vorzunehmen.

---

102 Die Effekte, auf die hier Bezug genommen wird, beziehen sich, wenn nicht ausdrücklich anders deklariert, auf die ältere Alterskohorte der Studie, die von der zweiten bis zur fünften Klasse zu fünf Messzeitpunkten untersucht wurde.
103 Effekte in der zweiten Klasse wurden nur für die jüngere Alterskohorte gefunden. Da für diese Kohorte aber keine genauen Fernsehnutzungsdaten in der zweiten Klasse vorliegen (vgl. die Ausführungen der Autoren zu den finanziell bedingten Messproblemen auf S. 366), wurden die Unterhaltungsfernsehminuten der älteren Kohorte (38,8 Minuten in der zweiten Klasse) zur Grundlage einer Schätzung (rund 40 Minuten) verwendet.

Ausgehend von Verteilungskennwerten der durchschnittlichen täglichen Computer- und Videospielnutzung in der vierten Klasse, die in der KFN-Grundschulbefragung 2005 übereinstimmend mit Daten der KIM 2008 mit rund 30 Minuten angegeben wurde (Feierabend & Rathgeb, 2009b; Mößle et al., 2007), kann eine Grenze von 105 Minuten als Obergrenze „normalen" Computerspielverhaltens definiert werden, da Durchschnittzeiten oberhalb dieser Grenze mehr als eine Standardabweichung über dem statistischen Mittel (33 Minuten) liegen (eigene Berechnungen mithilfe des Datensatzes von Mößle et al., 2007). Es gibt allerdings - wie auf den Seiten 75 bis 78 dieser Arbeit gezeigt - auch bezüglich der Computer- und Videospielnutzung Hinweise auf negative Schulleistungseffekte bei Grundschulkindern, so dass die rein verteilungsbasiert gewonnenen zeitlichen Obergrenzen möglicherweise nach unten korrigiert werden müssen.

Diese Effekte zeigen sich bei der Video- und Computerspielnutzung allerdings weniger klar auf Ebene der Nutzungszeiten als auf der Ebene der genutzten Inhalte. So konnten Mößle et al. bivariate Effekte der Computerspielnutzungszeiten auf schulische Leistungen von Grundschulkindern nachweisen (2007, S. 93), vor allem aber zeigten sich Effekte problematischer Computerspielinhalte (S. 98). Zugleich konnten Mößle et al. aber zeigen, dass der wichtigste Erklärungsfaktor für die Nutzung problematischer Medieninhalte allgemein hohe Mediennutzungszeiten sind (S. 99). Insofern ergibt sich auch eine effektbasierte Argumentation für die Begrenzung der Computerspielzeiten im Grundschulalter, die allerdings anhand der vorliegenden Daten nicht eindeutig quantifiziert werden kann. Die Schau-hin!-Kampagne schlägt Eltern sieben bis zehnjähriger Kinder vor, ihre Kinder nicht länger als 45 Minuten spielen zu lassen (Projektbüro-„Schau-Hin!-Was-Deine-Kinder-Machen!", 2010b, S. 3). Diese offensichtlich an der Empfehlung bezüglich unproblematischer Fernsehzeiten angelehnte Grenze erscheint vor dem Hintergrund mangelnder konkreter effektbasierter Grenzwerte plausibel.

6.4.1.2 Prävalenzen

Mithilfe der Daten der KFN-Grundschulbefragung 2005 lassen sich, in Ermangelung deutschlandrepräsentativer Daten, zumindest recht genaue Schätzungen bezüglich der Prävalenzen zeitlich problematischer Mediennutzung errechnen. Legt man die von Buß und Simon (1998) definierte Vielsehergrenze für 3- bis 13-jährige Kinder von täglich mehr als 2,5 Stunden als Maßstab zeitlich problematischer Fernsehnutzung an, zeigt sich in der KFN-

Grundschulbefragung 2005, dass 12,2 Prozent der befragten Viertklässler oberhalb dieser Grenze liegen, wobei Jungen (14,5 %) eher betroffen sind als Mädchen (9,8 %) (eigene Berechnungen mithilfe des Datensatzes von Mößle et al., 2007). Mit einer solchen Fernsehzeit unterliegen Grundschulkinder allerdings bereits erheblichen Medienwirkungsrisiken (vgl. zum Beispiel die Ausführungen zum Zusammenhang zwischen Fernsehzeiten und schulischer Leistung auf Seite 67 - 74 in dieser Arbeit), so dass, wie oben dargestellt, eine zeitliche Obergrenze von 45 Minuten für Erst- und Zweitklässler sowie von 60 Minuten für Dritt- und Viertklässler gelten sollte (vgl. S. 144 - 146 in dieser Arbeit). Für letztere Gruppe zeigt sich, dass 44 Prozent der bei der KFN-Grundschulbefragung 2005 untersuchten Viertklässler mehr als 60 Minuten täglich fernsehen, wobei auch hier Jungen (49,4 %) einen größeren Vielseheranteil haben als Mädchen (38,6 %) (eigene Berechnungen mithilfe des Datensatzes von Mößle et al., 2007).

Eine zeitlich problematische Computerspielnutzung von mehr als 45 Minuten weisen unter den im Rahmen dieser Studie untersuchten Kindern vierter Grundschulklassen 25,2 Prozent der Schülerinnen und Schüler auf (Jungen: 35,2 %; Mädchen: 15,3 %) (ebenda). Legt man die rein verteilungsbasierte Vielspielergrenze von 105 Minuten zugrunde, die mehr als eine Standardabweichung über dem Nutzungsmittelwert liegt, überschreiten immer noch 10,3 Prozent der Befragten diese Grenze, Jungen deutlich häufiger (15,8 %) als Mädchen (4,9 %) (ebenda).

6.4.2 Inhaltlich problematische Mediennutzung im Grundschulalter

6.4.2.1 Definition

Wie bereits ausgeführt, ist die Nutzung von Medieninhalten mit einer Altersbeschränkung, die über dem Lebensalter ihres minderjährigen Nutzers liegt, als inhaltlich problematische Mediennutzung zu werten (vgl. S. 136 in dieser Arbeit), zumindest sobald sie mit einer gewissen Regelmäßigkeit zu beobachten ist. Im Grundschulalter ist dies immer dann gegeben, wenn die genutzten Medieninhalte eine Altersfreigabe „ab 12 Jahren" oder höher erhalten haben[104].

---

104 Die pragmatische Entscheidung der in Deutschland mit dem Jugendmedienschutz befassten Instanzen, zwischen einer Altersfreigabe „ab 6 Jahren" und „ab 12 Jahren" keine weitere Abstufung vorzunehmen, soll an dieser Stelle nicht breiter diskutiert werden, und kann, trotz aller Kritik im Einzelfall, im Endergebnis als angemessen akzeptiert werden.

Da für das deutsche Fernsehprogramm generell die Einschränkung gilt, dass Inhalte mit einer Freigabe „ab 12 Jahren" in der Regel[105] erst nach 20 Uhr gesendet werden dürfen, Inhalte „ab 16 Jahren" und „ab 18 Jahren" unter expliziter Kennzeichnung erst nach 22 beziehungsweise 23 Uhr, ergeben sich bezüglich der Fernsehnutzung für Kinder im Grundschulalter zumindest bis 20 Uhr deutlich geringere Risiken als für Kinder im Vorschulalter, im Rahmen der nachmittäglichen Fernsehnutzung mit entwicklungsbeeinträchtigenden Inhalten konfrontiert zu werden. Eine ständige elterliche Begleitung erscheint vor diesem Hintergrund in dieser Altersgruppe nicht mehr notwendig. Anders muss das inhaltlich problematische Potential von Computer- und Videospielen, Video- oder DVD-Filmen und Online-Inhalten bewertet werden: Zwar gibt es auch hier eindeutige Regelungen, „ab 12 Jahren", „ab 16 Jahren" und „ab 18 Jahren" freigegebene Inhalte nicht an Kinder unter der entsprechenden Altersgrenze abzugeben, jedoch werden diese Regelungen regelmäßig umgangen, indem (häufig kopierte) Inhalte illegal verbreitet werden, Eltern selbst Zugang zu diesen Inhalten gewähren, ohne ihre Kinder bei der Nutzung kritisch zu begleiten (Mößle et al., 2007, S. 71 - 74) oder indem durch Verfügbarkeit dieser Inhalte auf ausländischen Internetservern eine Durchsetzung der deutschen Jugendschutzregelungen unmöglich gemacht wird[106].

So argumentieren Kunczik (2007, S. 15) sowie Brunn et al. (2007, 108 - 109) unter Berufung auf die Forschungen zur moralischen Entwicklung von Kindern durch Piaget (1954) und Kohlberg (1969) sowie auf wahrnehmungs- bzw. medienpsychologische Untersuchungen von Winick und Winick (1979) sowie Cantor (1998) mit einer gewissen entwicklungspsychologischen Fundierung der unteren wie der oberen Altersgrenze (vgl. auch die Ausführungen zu frühkindlichen und kindlichen Medienkompetenzen auf S. 45 - 56 in dieser Arbeit). Die Forderung, weitere Abstufungen zwischen den Altersgrenzen „ab 6 Jahren" und „ab 12 Jahren" einzufügen, erscheint zwar plausibel, bisher konnte jedoch keine überzeugende Konzeption vorgelegt werden, die einerseits entwicklungspsychologisch begründet und andererseits in der Praxis umsetzbar ist.

105 Ausnahmen sind nach einer Einzelfallprüfung durch die Freiwillige Selbstkontrolle Fernsehen (FSF) möglich, die eine Ausstrahlung zum Beispiel nach Erteilung bestimmter Schnittauflagen genehmigen kann.

106 Da der Besitz von Bildschirmmediengeräten im Zimmer alle zeitlich und inhaltlich problematischen Mediennutzungsmuster verstärkt, muss ein entsprechender Gerätebesitz bei Grundschulkindern als wichtiger Risikofaktor für problematische Mediennutzung gewertet werden (vgl. Mößle et al., 2007, S. 60 - 71), zumal der Mediengerätebesitz mit geringem Engagement der Eltern in der Medienerziehung ihrer Kinder verknüpft ist (ebenda, S. 71 - 74). Als hinreichendes Kriterium problematischer Mediennutzung kann ein solcher Besitz, anders als im Kleinkind- und Vorschulalter, aber nicht gelten, nutzt die Mehrheit der Grundschulkinder mit eigenem Fernsehgerät, eigenem Computer oder eigener Spielkonsole im Zimmer doch diese Medien nicht in zeitlich oder inhaltlich problematischer Weise (ebenda, S. 60 - 71).

6.4.2.2 Prävalenzen

Bereits im Kindesalter ist die Nutzung altersinadäquater Medieninhalte, die gesetzlich erst für ältere Jugendliche (ab 16 Jahren) oder erwachsene Nutzer zugelassen sind, erheblich: 14 Prozent der Mädchen und 30 Prozent der Jungen schauen regelmäßig Fernsehinhalte, die gesetzlich erst ab 16 freigegeben sind. 21,3 Prozent der Jungen in der vierten Klasse berichten davon, derzeit ein Computerspiel „ab 16 oder 18" zu spielen, während unter den Mädchen lediglich 3 Prozent derart auffällig sind (Mößle et al., 2007).

6.4.3 Funktional problematische Mediennutzung und Medienmissbrauch unter Grundschulkindern

Im Gegensatz zu Kindern im Vorschulalter, deren Fähigkeiten zur bewussten und funktionalen Stimmungsregulation durch Mediennutzung stark eingeschränkt sind[107], kann bei Grundschulkindern bereits eine grundsätzliche Fähigkeit zur funktionalen Stimmungsregulation und Alltagsbewältigung angenommen werden. Es wurde bereits dargelegt, dass Mediennutzung eine Reihe von Funktionen im Leben von Kindern erfüllen kann, die es Kindern unter anderem erleichtern, Einsamkeitsgefühle abzubauen, sich von Stress oder Problemen abzulenken oder allgemeiner im Sinne der Mood-Management-Theorie die eigene Stimmungslage zu regulieren (vgl. S. 56 - 59 in dieser Arbeit). Wenig untersucht wurde bisher die Frage, wann die zunächst einmal als funktional anzusehende Fähigkeit, mithilfe von Medien die eigene Stimmung in gewünschter Weise zu optimieren, einen dysfunktionalen Charakter bekommt, indem beispielsweise wahrgenommene Defizite des Alltags fortwährend in Form eskapistischer Mediennutzung verdrängt und kompensiert werden, ohne dass eine aktive Bewältigung der Alltagsprobleme vorgenommen wird (vgl. S. 135). Zu solch explizit dysfunktionaler und damit missbräuchlicher Mediennutzung von Grundschulkindern liegen allein bezüglich der Video- und Computerspielnutzung dieser Gruppe Erkenntnisse vor. So zeigen Rehbein et al. (2009b), dass die bisher entwickelte Theorie zur Computerspielabhängigkeit und das Instrumentarium zur Erfassung von Computerspielabhängigkeit auch auf Kinder

---

107 Eine Ausnahme bildet hier bspw. das Bedürfnis von kleinen Kindern nach wiederholter Rezeption eines Medieninhaltes (zum Beispiel eines Hörspiels), um ein Gefühl von Sicherheit und Vertrautheit zu empfinden (vgl. S. 59 in dieser Arbeit).

im Grundschulalter anwendbar ist[108] (zu inhaltlichen Dimensionen und Messung von Computerspielabhängigkeit vgl. S. 115 - 124 in dieser Arbeit). 1,2 Prozent der Grundschülerinnen und -schüler (0 % der Mädchen, 2,4 % der Jungen) wiesen ein Computerspielverhalten auf, das sie nach Kriterien der Computerspielabhängigkeitsskala KFN-CSAS I (vgl. Seite 123 in dieser Arbeit) als computerspielabhängigkeitsgefährdet kennzeichnet. 0,8 Prozent der Schülerinnen und Schüler werden nach dieser Quelle als abhängig klassifiziert (0,2 % der Mädchen, 1,4 % der Jungen). Da bezüglich der Film- oder Fernsehnutzung bisher keine Definitionen oder Prävalenzdaten zur funktional problematischen Nutzung vorliegen, sollen an dieser Stelle einige Indikatoren für eine funktional problematische Fernsehnutzung definiert werden, die einerseits die grundsätzliche Möglichkeit funktionaler Alltagsbewältigungsstrategien durch Mediennutzung anerkennen und andererseits die Grenze solcher Bewältigungsstrategien markieren. So erscheint Film- oder Fernsehnutzung dann als funktional problematisch, wenn zeitlich oder inhaltlich problematische Film- oder Fernsehnutzung zusätzlich dadurch gekennzeichnet ist, dass diese Mediennutzung fortwährend als Mittel zur Bewältigung von Einsamkeit, Langeweile, Stress oder Ärger eingesetzt wird. Da zeitlich und inhaltlich problematische Film- oder Fernsehnutzung mit jeweils eigenen Wirkrisiken einhergehen, erscheint eine Interaktion solcher Risiken mit der fortwährenden Motivation, Einsamkeit, Langeweile, Stress oder Ärger zu kompensieren, als hoch problematisch. In diesem Fall erscheint es tatsächlich gerechtfertigt, von missbräuchlicher Nutzung dieser Medien auszugehen.

6.5 Dimensionen problematischer Mediennutzung im Jugendalter

6.5.1 Definition

Mit zunehmendem Entwicklungsstand und geistiger Reife eines Minderjährigen fällt es auch zunehmend schwer, eindeutige Kriterien problematischer oder missbräuchlicher Mediennutzung zu definieren. Viele Jugendliche befinden sich in der Pubertät in einer andauernd krisenhaften Phase, in der sie mit Anforderungen von verschiedensten Seiten konfrontiert werden. Elektronische Medien dienen in dieser Phase beispielsweise der Orientierung in der Gesell-

---

108 Es sei allerdings erwähnt, dass die zitierte Studie an Schülerinnen und Schülern fünfter Klassen durchgeführt wurde, die in Berlin noch in den Bereich der Grundschule fallen. Das Durchschnittsalter der Kinder betrug 11,5 Jahre.

schaft, der Selbstversicherung der eigenen Identität, der Selbstdarstellung, als Kommunikationsmedium in der Peergroup oder auch der Ablenkung von den eigenen Schwierigkeiten (vgl. auch S. 56 - 59 in dieser Arbeit).

Insbesondere bei der Identifikation zeitlich problematischer Mediennutzungsmuster fällt es schwer, klare Kriterien zu definieren. Buß (1997) bezeichnet Erwachsene als „Extremvielseher", wenn sie eine tägliche Fernsehnutzung von mehr als fünf Stunden aufweisen[109]. Da Jugendliche und junge Erwachsene unter allen Vielsehern nur einen vergleichsweise geringen Anteil ausmachen, während unter den über 50-jährigen 44 Prozent den Vielsehern zuzurechnen sind[110] (Buß, M., 1997, S. 138), erscheint für Jugendliche allerdings eine eigene Vielseherdefinition notwendig. In der Fernsehforschung werden Personen ab dem Alter von 14 Jahren zum Kreis der erwachsenen Seher gezählt, so dass aus dieser Forschungstradition kaum explizit auf Jugendliche bezogene Definitionen exzessiver Fernsehnutzung entwickelt wurden. Six (2007) schlägt vor, Jugendliche, die täglich mehr als drei Stunden fernsehen, als Vielseher zu betrachten (S. 358). Aufgrund der häufigen Funktion als Begleitmedium gerade im Jugendalter muss allerdings infrage gestellt werden, dass eine solche Fernsehnutzung als explizit problematisch charakterisiert werden kann.

Etwas leichter fällt die Problemdefinition bei solchen Medien, die eine nahezu exklusive Zuwendung des Nutzers erfordern. Hier ist insbesondere das Spielen von Computer- und Videospielen zu nennen. Rehbein et al. (2009a) zeigten, dass männliche Jugendliche mit einer täglichen Computerspielzeit von mehr als 2,5 Stunden täglich, die keine Anzeichen einer Computerspielabhängigkeit aufwiesen, im Vergleich zu männlichen Jugendlichen mit geringeren Spielzeiten signifikant schlechtere Schulleistungen, geringere Schlafzeiten sowie häufiger kein regelmäßiges Engagement in anderen Freizeitaktivitäten aufwiesen. Insofern kann eine solche hohe zeitliche Zuwendung durchaus als problematisch definiert werden.

Bezüglich der inhaltlich problematischen Nutzung sollte auch in dieser Altersgruppe gelten, dass die Altersgrenzen des deutschen Jugendmedien-

---

109 Die Vielseherdefinition bezieht sich ursprünglich auf eine Dreiteilung der empirischen Sehdauersummenkurve der alle fünf Jahre durchgeführten Langzeitstudie Massenkommunikation (Messzeitpunkt: 1979/1980) in 27 % Wenigseher (zwischen 1 Minute und 1 Stunde tägliche Fernsehzeit), 46 % Durchschnittsseher (zwischen 1:01 h und 3 h) und 27 % Vielseher (ab 3:01 h täglich) (Buß, Michael, 1985). Da die Fernsehdauer im Laufe der Jahrzehnte weiter zugenommen hat, teilte Buß die Vielseher in 3 Gruppen: Vielseher I (3:01 h - 4:00), Vielseher II (4:01 h - 5:00 h) und Vielseher III „Extremvielseher" (ab 5:01 h) (Buß, M., 1997, S. 134).
110 Zur Altersverteilung der Extremvielseher werden leider keine weiteren differenzierten Angaben gemacht.

schutzes als Richtschnur zur Beurteilung problematischer Mediennutzung gelten können. Werden explizit „ab 16 Jahren" oder „ab 18 Jahren" freigegebene Medieninhalte mit einer gewissen Regelmäßigkeit genutzt, ist dies als inhaltlich problematische Mediennutzung zu bezeichnen, da diese Medieninhalte geeignet sind, antisoziale Einstellungen und Verhaltensweisen oder eine falsche Selbstwahrnehmung zu verstärken. Als problematisch sollte Mediennutzung im Jugendalter darüber hinaus dann aufgefasst werden, wenn sie dysfunktionale Züge im Sinne einer Realitätsflucht oder einer Abhängigkeit gewinnt (vgl. S. 135 in dieser Arbeit).

6.5.2 Prävalenzen

Wie bereits ausgeführt, fällt es schwer, eindeutige allgemeine Kriterien zur zeitlich problematischen Mediennutzung von Jugendlichen zu definieren. Trotzdem seien an dieser Stelle einige Daten zur zeitlich exzessiven Mediennutzung unter Jugendlichen berichtet, ohne dass bei der Fernsehnutzung der problemhafte Charakter dieser Mediennutzungsmuster eindeutig zu klären ist. Rund zehn Prozent deutscher Jugendlicher sehen im Tagesdurchschnitt sechs Stunden oder länger fern (Rehbein et al., 2009b). 25,8 Prozent der Jugendlichen spielen länger als 2,5 Stunden täglich Video- und Computerspiele (ebenda). 4,3 Prozent der jugendlichen Mädchen und 15,8 Prozent der Jungen weisen sogar ein zeitlich exzessives Computerspielverhalten von mehr als 4,5 Stunden täglich auf (Rehbein et al., 2009a).

14,1 Prozent der im Rahmen der Schülerbefragung 2005 befragten Neuntklässler unter 18 Jahren spielten zum Befragungszeitpunkt ein Spiel ohne Jugendfreigabe („ab 18 Jahren") (Mädchen: 2,2 %; Jungen: 25,9 %) und wiesen somit ein inhaltlich problematisches Computerspielverhalten auf. 40,2 Prozent der Jugendlichen gab im Rahmen dieser Befragung an, mehrmals im Monat Gewaltfilme „ab 18 Jahren" zu schauen (Mößle et al., 2007, S. 85).

Eine erste Studie zur Internetabhängigkeit auch unter Jugendlichen haben Hahn und Jerusalem (2001) vorgelegt. Demnach sind 7,3 Prozent männlicher jugendlicher Internetnutzer und 5,7 Prozent weiblicher jugendlicher Internetnutzer bis 19 Jahre als internetsüchtig zu klassifizieren. Unter 15-jährigen Jugendlichen in Deutschland gelten 1,7 Prozent als computerspielabhängig (Jungen: 3 %; Mädchen: 0,3 %) (Rehbein et al., 2009a). Weitere 2,8 Prozent werden als computerspielabhängigkeitsgefährdet eingestuft (Jungen: 4,7 %; Mädchen: 0,5 %). Es gilt hierbei zu beachten, dass Internetabhängigkeit und Computerspielabhängigkeit sich stark überlagernde Problemfelder sind, da ein überwältigender Großteil der Computerspiele mit nennenswertem Abhängigkeitspotential (nur) online spielbar ist (Mößle et al., 2007; Rehbein & Borchers, 2009; Rehbein et al., 2009a).

6.6 Zusammenfassung: Problematische Mediennutzung von Kindern und Jugendlichen

In diesem Kapitel wurde dargestellt, welche Dimensionen problematischer Mediennutzungsmuster unter Kindern und Jugendlichen in der Forschung diskutiert werden. Dabei wurde deutlich, dass es notwendig ist, für Klein- und Vorschulkinder, Grundschulkinder sowie Jugendliche eigene Spezifikationen problematischer Mediennutzung abzuleiten, die sich auf Ergebnisse der Medienwirkungsforschung stützen. Vor diesem Hintergrund wird eine Definition problematischer Mediennutzung vorgelegt, die für minderjährige Mediennutzer insgesamt Gültigkeit besitzt.

Die Mediennutzung Minderjähriger wird dann als **problematische Mediennutzung** definiert,

- wenn der durchschnittliche tägliche Medienkonsum eines Minderjährigen fortwährend - in einem für jede Altersgruppe gesondert zu definierenden Bereich - oberhalb des Normalbereiches[111] für seine Altersgruppe liegt[112], oder wenn die tägliche Mediennutzung - auch wenn sie noch im Normalbereich der jeweiligen Altersgruppe liegt - ein zeitliches Ausmaß erreicht, bei dem kurz- oder langfristig ein durch Medienwirkungsstudien klar belegter, negativer Effekt in einer relevanten Größe auf zentrale Entwicklungsparameter[113] zu erwarten ist (**zeitlich problematische Mediennutzung**),

---

111 Unter „Normalbereich" soll hierbei der Anteil einer Population verstanden werden, der bezüglich seiner Mediennutzung jeweils eine Standardabweichung um den Durchschnittswert der Population verteilt ist. Unter Annahme der Normalverteilung der Mediennutzungsparameter der Population liegen rund 68 Prozent der Population mit ihrer Mediennutzung innerhalb dieses Normalbereiches und rund 16 Prozent der Population eine Standardabweichung oder mehr über dem Normalbereich.
112 Auch wenn diese Formen der Mediennutzung kurzfristig zunächst keine direkten negativen Effekte auf Verhalten, Einstellungen oder kognitive Leistung oder Leistungsmotivation eines Individuums haben, erscheint vor dem Hintergrund zu erwartender Langzeiteffekte die Charakterisierung solcher Mediennutzungsformen als problematisch gerechtfertigt.
113 Hier seien insbesondere die Bereiche „Kognitive Leistung(-sentwicklung)" sowie „(anti-) soziales Verhalten" genannt.

- und/oder wenn altersunangemessene Medieninhalte mit entwicklungsbeeinträchtigendem Potential zum festen Bestandteil des Mediennutzungsmenüs der betreffenden Person zählen oder wenn die Mediennutzung im Kindesalter durch fortwährendes Fehlen elterlicher Begleitung und Aufsicht gekennzeichnet ist (**inhaltlich problematische Mediennutzung**).

Von dezidiert **missbräuchlicher Mediennutzung** wird ausgegangen,

- wenn zeitlich oder inhaltlich problematische Mediennutzung als fortwährend dysfunktional, pathologisch oder süchtig charakterisiert werden kann, auch wenn gerade Rezipienten im Kindesalter selbst die entsprechende Problemwahrnehmung fehlt.

7 Vermeidung problematischer Mediennutzungsmuster im Kindes- und Jugendalter

In den ersten Kapiteln dieser Arbeit konnte gezeigt werden, dass die Mediennutzung zwar einen wichtigen und vielfach funktionellen Beitrag im Leben von Kindern und Jugendlichen leistet, dass aber gleichzeitig von bestimmten Mediennutzungsmustern negative Wirkrisiken ausgehen. Im vorangegangenen Kapitel wurden diese Mediennutzungsmuster im Sinne eines Risikoverhaltens als problematische oder missbräuchliche Mediennutzung klassifiziert und näher beschrieben. Im Rahmen des folgenden Kapitels soll erörtert werden, unter welchen Bedingungen und mit welchem Instrumentarium es gelingen kann, medienbezogenes Risikoverhalten von Minderjährigen wirkungsvoll zu verhindern.

Hierbei gilt zu berücksichtigen, was über problematische Mediennutzung von Minderjährigen zusammengetragen wurde: Es wurde deutlich gemacht, dass Hinweise problematischer Mediennutzungsmuster bereits bei 7 bis 19 Prozent[114] der Kinder im Vorschulalter zu finden sind, dass problematische zeitliche und inhaltliche Mediennutzung bei Minderjährigen im Grundschul- und Jugendalter im (teilweise deutlich) zweistelligen Prozentbereich liegt, dass insbesondere bezüglich der Fernsehnutzungszeiten im späten Grundschulalter rund die Hälfte der Jungen und mehr als ein Drittel der Mädchen Mediennutzungszeiten aufweisen, die bereits negative Effekte auf die schulische Leistungsfähigkeit annehmen lassen (vgl. S. 144 - 147 in dieser Arbeit) und dass sich im Jugendalter inhaltlich und zeitlich problematische Mediennutzung insbesondere bei Jungen weiter verfestigt. Insofern sprechen allein diese Fakten dafür, medienbezogenem Risikoverhalten möglichst früh entgegenzuwirken.

---

114 7 Prozent der Klein- und Vorschulkinder haben einen eigenen Fernseher im Zimmer, 19 Prozent schauen (fast) täglich alleine Fernsehen (vgl. S. 26 - 28 in dieser Arbeit). Zur Frage, ob diese Kennzahlen lediglich Risikoindikatoren oder aber eindeutige Indikatoren für tatsächlich vorhandene problematische Mediennutzung sind, vgl. die Diskussion auf S. 143).

7.1 Vorüberlegungen

Aus der entwicklungspsychologischen Forschung und der psychologischen Gesundheitsforschung zum Risikoverhalten von Kindern und Jugendlichen ergeben sich weitere stützende Elemente für die Notwendigkeit möglichst früh einsetzender Maßnahmen gegen die Etablierung problematischer Mediennutzungsmuster im Kindesalter: Allgemein kann die Adoleszenz als eine Entwicklungsstufe gesehen werden, die als „window of vulnerability" für gesundheitsschädigende Verhaltensweisen und allgemeiner Risikobereitschaft gelten (Seiffge-Krenke, 2008, S. 829). Das Gefühl der Invulnerabilität („personal fable"), die Unterschätzung der eigenen Gefährdung durch eigenes oder fremdes Handeln, die Höhergewichtung (angenehmer) unmittelbarer Konsequenzen vor möglichen (negativen) Spätfolgen sowie die Ausblendung oder Marginalisierung bewusster Risiken in konkreten Handlungskontexten gilt für die Adoleszenz als ebenso belegt wie die Tatsache, dass Risikoverhalten als Ausdruck von Autonomiebestrebungen gegenüber dem Elternhaus von Jugendlichen bewusst inszeniert wird. Als verstärkendes Element gilt ein das eigene Verhalten stützende Peermodell (ebenda). Insofern ist jugendliches Risikoverhalten deutlich ausgeprägter als das Risikoverhalten in der Kindheit oder in späteren Lebensphasen. Gleichzeitig sind Jugendliche nur schwer durch Präventions- beziehungsweise Interventionsmaßnahmen zu erreichen, zudem erweisen sich solche Maßnahmen im Jugendalter häufig als wenig effektiv (Jerusalem, 2003, S. 462 - 463; Roth, Rudert & Petermann, 2003, S. 402). So ist nicht zu leugnen, dass medienbezogenes Risikoverhalten von Jugendlichen - analog zu den Erkenntnissen von Jerusalem - als funktional wahrgenommen wird für die Anerkennung im Freundeskreis, die Erweiterung des Erfahrungshorizonts, für die Kompensation von Selbstwertdefiziten, für die Belastungsregulation, für die Demonstration der Zugehörigkeit zu einer Subkultur sowie für den Nachweis von Autonomie und Erwachsensein (vgl. Jerusalem, 2003, S. 462). Es zeigt sich also auch vor diesem Hintergrund, dass Menschen im Jugendalter, in dem sie ein besonders hohes Maß an Risikoverhalten zeigen, schwer durch entsprechende Risikopräventionsprogramme zu erreichen sind, und dass Ansätze, die eine starke Ausprägung solcher Verhaltensformen im Jugendalter zu verhindern suchen, bereits vor Erreichen der Adoleszenz beginnen sollten.

Auch die Erkenntnisse der Mediennutzungsforschung zeigen, dass der Ausbildung problematischer Mediennutzungsmuster bereits frühzeitig begegnet werden sollte. So konnte im Rahmen verschiedener Längsschnittstudien nachgewiesen werden, dass Mediennutzungsmuster von der Kindheit bis ins Erwachsenenalter relativ stabil sind und dass die Wurzeln problematischer

Mediennutzungsmuster in Adoleszenz und Erwachsenenalter überwiegend bereits in der Kindheit zu finden sind. Zwar ändert sich im Laufe der kindlichen Entwicklung und der damit einhergehenden zunehmenden Kompetenzen im Umgang mit (Schrift-)Sprache, narrativen Zusammenhängen und komplexen medialen Darstellungen die Breite der zur Verfügung stehenden Medien und Inhalte, eine Bindung an bestimmte Leitmedien, damit einhergehende Nutzungszeiten sowie grobe Genrepräferenzen bilden sich jedoch bereits frühzeitig heraus.

Insbesondere konnte dies für das Fernsehen gezeigt werden. So wiesen Zimmerman und Christakis (2005) Korrelationen der kindlichen Fernsehnutzungszeiten im Alter von unter drei Jahren, im Alter von drei bis 5 Jahren und im Alter von sechs Jahren von $r = 0.47$[115], $r = 0.60$[116] und $r = 0.29$[117] nach (S. 621). Ennemoser und Schneider (2007) zeigten für die Spanne zwischen Vorschulalter und fünfter Klasse Korrelationen der Fernsehzeiten zu den unterschiedlichen Messzeitpunkten für Unterhaltungsfernsehen sowie für Bildungsfernsehen zwischen $r = 0.36$ und $r = 0.81$ (S. 356). Ähnliche Kennwerte berichten Koolstra et al. (1997) bezüglich der Gesamtfernsehzeit, Unterhaltungsfernsehnutzung und Bildungsfernsehnutzung für Kinder, deren Fernsehnutzung von der zweiten bis sechsten Klasse kontinuierlich gemessen wurde (S. 138). Rehbein (2010) zeigte mithilfe einer Retrospektivbefragung an jungen Erwachsenen, dass Fernsehnutzungszeiten wie auch Computerspielnutzungszeiten ab dem Grundschulalter bis in die Adoleszenz als recht stabil gelten können. Auch bezüglich problematischer Mediennutzung konnten Längsschnittstudien von Hopf et al. (2008, S. 84) sowie von Möller und Krahé (2009, S. 82) sowie von Wallenius und Punamäki (2008, S. 289) zeigen, dass die intraindividuelle Gewaltmedienexposition bezüglich Fernseh-/Videogewalt und/oder Computerspielgewalt im Alter von 10 bis 13 Jahren mit der Gewaltmedienexposition im Alter von 12 bis 16 Jahren auf mittlerem bis starkem Niveau korreliert. Obwohl dies keineswegs überraschend ist, zeigen auch diese Daten doch noch einmal eindringlich, dass Maßnahmen, die medienbezogenes Risikoverhalten von Minderjährigen zu verhindern suchen, möglichst früh einsetzen sollten.

Offen bleibt bis hierher, mit welchem Instrumentarium solche Maßnahmen arbeiten sollen, welche Akteure in diese Maßnahmen eingebunden werden

---

115 Fernsehnutzungszeiten im Alter von unter 3 Jahren korreliert mit Fernsehnutzungszeiten im Alter von 3 - 5 Jahren.
116 Fernsehnutzungszeiten im Alter von 3 - 5 Jahren korreliert mit Fernsehnutzungszeiten im Alter von 6 Jahren.
117 Fernsehnutzungszeiten im Alter von 6 Jahren korreliert mit Fernsehnutzungszeiten im Alter von unter 3 Jahren.

sollten und wie der Erfolg einer Maßnahme definiert und gemessen werden kann.

7.2 Medienbezogenes Risikoverhalten mindern: Zwei theoretische Perspektiven und ihre praktische Umsetzung

Die öffentliche Debatte über kindliche und jugendliche Mediennutzung und deren problematische Dimensionen und Wirkungen ist insbesondere von einem Schlagwort geprägt: „Medienkompetenz". Die Förderung von Medienkompetenz von Kindern und Jugendlichen hat einen festen Platz in der politischen Agenda auf Ebene der Europäischen Union, des Bundes und der deutschen Bundesländer und „steht im Zentrum zahlreicher gesellschafts- und bildungspolitischer Bemühungen (Gysbers, 2008, S. 21; ein Überblick über aktuelle Entwicklungen in Deutschland ebenda auf S. 21 - 25). In Kapitel 3 wurde bereits dargelegt, dass grundsätzlich zwischen dem entwicklungspsychologischen Medienkompetenzbegriff und dem pädagogischen Medienkompetenzbegriff zu trennen ist, wobei die entwicklungspsychologischen Grundlagen von Mediennutzung und Medienkompetenz bereits dargestellt wurden (vgl. S. 45 - 56). Der medienpädagogische Medienkompetenzbegriff leitet sich von der pädagogischen Zielperspektive ab, *was* wichtige Medienkompetenzen sind und *wie* sie gelehrt und gelernt werden können (vgl. S. 47 in dieser Arbeit), wobei die jeweilige kognitive, emotionale und soziale Entwicklung von Kindern und Jugendlichen - zumindest implizit - in allen medienpädagogischen Modellen als Grenze medienpädagogischer Bemühungen wohl „mitgedacht", jedoch kaum explizit diskutiert wird[118].

Neben Theorien und Projekten zur Förderung umfassender Medienkompetenz von Kindern und Jugendlichen entwickelte sich in den letzten zehn Jahren eine durch Medienwirkungsforschung, Gesundheitspsychologie und Pädiatrie geprägte Theorie und Praxis, in der die Prävention problematischer Effekte der Mediennutzung im Mittelpunkt stehen. Vor diesem Hintergrund ist das Thema problematischer Mediennutzungsmuster in den letzten Jahren auch Gegenstand der Gesundheitsförderungsforschung beziehungsweise der Public-Health-Forschung geworden.

Nachfolgend sollen beide Perspektiven, die vereinfachend *Medienkompetenz-Perspektive* und *Health-Promotion-Perspektive* benannt sind, kurz dargestellt werden und anschließend daraufhin überprüft werden, welche Elemente dieser

---

118 Vgl. hierzu auch die Kritik am pädagogischen Medienkompetenzbegriff ab S. 163 in dieser Arbeit.

Perspektiven fruchtbar bei der Konzeption von Maßnahmen zur Reduktion problematischer Mediennutzungsmuster sein können.

7.2.1 Die Medienkompetenz-Perspektive

7.2.1.1 Theoretischer Hintergrund

Mit der Grundlagenarbeit von Baacke (1973) fand der Medienkompetenzbegriff erstmals Eingang in die medienpädagogische Debatte, wobei Baacke zunächst von verschiedenen Dimensionen kommunikativer Kompetenz spricht. Baacke versteht Medienkompetenz als eine systemische Ausdifferenzierung von kommunikativer Kompetenz, indem sich Medienkompetenz in Auseinandersetzung mit den permanenten Veränderungen der Kommunikationsstrukturen durch technisch-industrielle Vorkehrungen und Erweiterungen entwickelt, in denen Menschen sich kommunikativ-handelnd auch mit Medien ausdrücken (Hugger, 2008). Wie Gysbers zutreffend anmerkt, fehlt es dem Medienkompetenzkonzept von Baacke und darauf aufbauenden Ausarbeitungen (etwa Aufenanger, 1997; Schorb, 1997; Tulodziecki, 1998) an einer kompakten Begriffsdefinition (Gysbers, 2008, S. 32), wobei es keinesfalls an Definitionsversuchen mangelt - Gapski listet allein 104 verschiedene Definitionen auf (2001, S. 255 - 293) - sondern an der Kompaktheit. Vielmehr wird das Medienkompetenzverständnis durch Ausdifferenzierung verschiedener Dimensionen von Medienkompetenz näher bestimmt und erläutert (ebenda).

Baacke gliedert Medienkompetenz in die vier Bereiche *Medienkritik, Medienkunde, Mediennutzung* und *Mediengestaltung*. *Medienkritik* bedeutet im Kontext von Baackes Dimensionalisierung die Fähigkeit, problematische gesellschaftliche Prozesse - wie etwa die wirtschaftliche Konzentration von Medienunternehmen - analytisch zu erfassen und dieses Wissen auf sich selbst und das eigene Handeln in ethischer Weise anzuwenden und zu reflektieren. *Medienkunde* beschreibt das Wissen über das gegenwärtige Mediensystem, welches gegliedert werden kann in eine informative Dimension (klassische Wissensbestände, zum Beispiel über unterschiedliche Filmgenres) und in eine instrumentellqualifikatorische Dimension (etwa die Fähigkeit zur Bedienung einer digitalen Benutzeroberfläche). Kompetenz im Bereich der *Mediennutzung* gliedert sich in die (jenseits der rein technischen Kompetenz liegende) Kompetenz zur Rezeption medialer Inhalte sowie die Kompetenz zur (interaktiven) Teilhabe an medialer Kommunikation. *Mediengestalterische Kompetenz* umfasst nach

Baacke alle Fähigkeiten zur innovativen Veränderung des Mediensystems wie auch zur kreativ-ästhetischen Gestaltung medialer Inhalte.

Baackes Medienkompetenz-Konzept wurde im Laufe der letzten drei Jahrzehnte durch zahlreiche Autoren weiterentwickelt, expliziert und auch kritisiert[119]. So bemerkt Groeben (2004), der normative Gehalt in Baackes Konzept, in dem Medienkompetenz als erstrebenswerte Lernaufgabe definiert wird, erschwere eine Überführung des Konzeptes in ein empirisch zu fassendes Konstrukt (S. 28 - 29) und lasse zudem eine (auf das Individuum anwendbare) psychologische Sichtweise vermissen, durch die Medienkompetenz sich als eine Reihe sich erst entwickelnder Fähigkeiten zeigt, die sich im Wechselspiel mit verschiedenen Sozialisationsinstanzen auch unterschiedlich ausprägen können (ebenda). Auch Hurrelmann kritisiert eine "unbefangene" Übernahme des Kompetenzbegriffs durch die Medienpädagogik aus anderen Wissenschaftsbereichen, die mit dem Bereich der Medien eigentlich nichts zu tun haben (2002, S. 308). Tatsächlich lesen sich Baackes Teildimensionen von Medienkompetenz (Medienkunde, Mediengestaltung, etc.) eher wie ein Lehrplan, als dass sie individuelle Kompetenzen beschreiben.

Obwohl sich Baacke in der Beschreibung seiner Teildimensionen von Medienkompetenz nicht explizit an entwicklungspsychologischen Konzepten wie Weinerts Kompetenzbegriff (vgl. S. 46 in dieser Arbeit) orientiert, ist doch zu berücksichtigen, dass seine Konzeption auch auf entwicklungspsychologische und kognitionspsychologische Konzepte bezogen ist (Baacke, 1999, S. 32 - 34) und dass er im Endeffekt immer auf die individuell notwendigen Fähigkeiten zurückkommt, die zur Erreichung der einzelnen Kompetenzdimensionen gefragt sind. Auch Autoren aktueller Medienkompetenzmodelle bemühen sich, den Begriff der Medienkompetenz an psychologische Konzepte weiter anzunähern. So unterteilt Aufenanger Medienkompetenz in die folgenden Unterdimensionen: die *Kognitive, die Moralische, die Soziale, die Affektive, die Ästhetische Dimension sowie die Handlungsdimension* (Aufenanger, 1997). Kübler unterscheidet die Unterdimensionen *Kognitive Fähigkeiten, Analytische und Evaluative Fähigkeiten, Sozial Reflexive Fähigkeiten* sowie *Handlungsorientierte Fähigkeiten* (Kübler, H.-D., 1999). Schorb differenziert bei Medienkompetenz zwischen *Orientierungs- und Strukturwissen, Kritischer Reflexivität, Fähigkeit und Fertigkeit des Medienhandelns* und *Sozialer, Kreativer Interaktion* (Schorb, 1997). Six und Gimmler schließlich unterscheiden zwischen (1) Medienwissen und

---

119 Eine kompakte Darstellung der wichtigsten Autoren und Konzepte findet sich bei Gysbers (2008, S. 29 - 39), eine umfassende Darstellung des Medienkompetenzbegriffs, seiner Definitionen und Dimensionen bei Gapski (2001).

Technikkompetenz, (2) Reflexions- und Bewertungskompetenzen, (3) Nutzungs- und Verarbeitungskompetenzen sowie (4) Speziellen Kommunikatorkompetenzen (2007b, S. 282 - 285). Auch Groeben (2004) legt eine eigene Konzeptionalisierung von Medienkompetenz vor, wobei er konsequent Aspekte wie etwa die Medienkritik durch Handlungs- und Erlebensaspekte technischer, kognitiver, emotional-motivationaler und sozialer Art zu ersetzen sucht (S. 32) und andererseits zu bedenken gibt, dass Medienkompetenz in ein vertikales Raster von Kompetenzen eingeordnet werden können muss (ebenda). Dabei müsse, so Groeben, eine Trennung von übergeordneten Kompetenz-Ebenen gelingen, so dass Medienkompetenz selbst horizontal strukturiert werden kann (S. 33). Eine solche Strukturierung, schlägt Groeben vor, könnte dann nicht hierarchisch sein, sondern (mediennutzungs-)prozessorientiert, wie es etwa Hobbs für das Literacy-Konzept umgesetzt habe (access, analyse, evaluate, and communicate) (ebenda). Damit unternimmt Groeben den Versuch, Medienkompetenzkonzepte der medienpädagogischen Wissenschaft in den (entwicklungs-) psychologischen Kompetenzbegriff zu integrieren. Vor dem Hintergrund seiner eigenen kommunikationswissenschaftlichen Sichtweise schlägt Groeben eine Strukturierung von Medienkompetenz nach medialen Verarbeitungsprozessen auf verschiedenen qualitativen Ebenen (Kognition, Emotion/Motivation, technikbezogene Handlungskomponente, soziale Handlungskomponente etc.) vor (S. 34 - 40):

- Medienwissen/Medialitätsbewusstsein
- Medienspezifische Rezeptionsmuster
- Medienbezogene Genussfähigkeit
- Medienbezogene Kritikfähigkeit
- Selektion/Kombination von Mediennutzung
- (Produktive) Partizipationsmuster
- Anschlusskommunikation

Groebens Medienkompetenzansatz ist durch die Integration psychologischer und pädagogischer Kompetenzkonzepte und die kommunikationswissenschaftlich begründete prozesshafte Strukturierung von Medienkompetenz als der elaborierteste Versuch anzusehen, Medienkompetenz in ihren Teilaspekten und in Abgrenzung von anderen Kompetenzbereichen zu beschreiben. Aufgrund dieses Anspruchs und dem aus seiner Sicht starken normativen Gehalt des medienpädagogischen Medienkompetenzbegriffs bleibt Groebens Medienkompetenzkonzept (bewusst) sehr abstrakt und wenig handlungsleitend für die konkrete medienpädagogische Arbeit mit Kindern und Jugendlichen. Zwar bieten die unterschiedlichen Teilkompetenzen in Groebens Konzeption viele Ansatzpunkte für die pädagogische Überlegungen zur Stärkung dieser Kompetenzfelder, eine weitergehende Ausarbeitung von Groebens Konzept hin zu einer Leitlinie medienpädagogischen Arbeitens fehlt indes noch vollkommen. Insofern ist es wenig verwunderlich, dass Medienkompetenzkonzepte, die Medienkompetenz nicht in individuell (messbare) Teilkompetenzen im Umgang mit Medien strukturieren, sondern als Ziele konkreter medienerzieherischer Arbeit, deutlich stärker von der pädagogischen Praxis und Politik rezipiert wurden. Das bekannteste Konzept dieser Art stammt von Tulodziecki (1998) und ist inzwischen als Koordinierungsrahmen medienerzieherischer Unterrichtsarbeit von den Bundesländern Nordrhein-Westfalen wie auch Niedersachsen übernommen worden (Gysbers, 2008, S. 34).

Tulodziecki definiert fünf Komponenten von Medienkompetenz: Auswählen und Nutzung von Medienangeboten, eigenes Gestalten von Medienbeiträgen, Verstehen und Bewerten von Mediengestaltungen, Erkennen und Aufarbeiten von Medieneinflüssen, sowie das Durchschauen und Beurteilen von (Medienproduktions- und Verbreitungs-) Bedingungen (1998). In der Explikation der unterschiedlichen Komponenten definiert Tulodziecki konkrete Lernziele für die Arbeit mit Kindern und Jugendlichen und entwirft insofern ein medienpädagogisches Curriculum für schulische und außerschulische Medienerziehungsprogramme.

Auswählen und Nutzen von Medienangeboten bedeutet nach Tulodziecki in der pädagogischen Arbeit, dass Kinder und Jugendliche lernen sollen, das Informationspotential der Medien in angemessener Form zu nutzen. Als besonders vielversprechend erscheint es dem Autor, Kindern und Jugendlichen die Möglichkeit zu geben, Nutzungen zu erproben, Nutzungspläne zu entwickeln und zu bewerten sowie Handlungsalternativen zu erfahren und zu diskutieren (Tulodziecki, 1998, S. 702). *Eigenes Gestalten und Verbreiten von Medienbeiträgen* wird nach Tulodziecki durch eigene Mediengestaltungsprojekte der Kinder und Jugendlichen erlernt. Konkret schlägt er die Erarbeitung von Dokumentationen, zum Beispiel Fotodokumentationen vor, die exemplarische Verwirklichung publizistischer Produkte wie zum Beispiel Hörmagazine, sowie die eigene Gestaltung fiktionaler und experimenteller Darstellungen etwa in Form von Videofilmproduktionen (Tulodziecki, 1998, S. 702 - 703). Zur Stärkung der Kompetenz zum *Verstehen und Bewerten von Mediengestaltungen* fordert Tulodziecki die Durchführung von Projekten oder Unterrichtseinheiten, durch welche Kinder und Jugendliche angeregt werden, verschiedene mediale Gestaltungsmittel zu vergleichen und hinsichtlich ihrer besonderen Möglichkeiten und Grenzen zu beurteilen (Tulodziecki, 1998, S. 703). *Die Erkennung und Aufarbeitung von Medieneinflüssen* vermittelt sich gemäß Tulodziecki durch Projekte und Unterrichtseinheiten, die Kindern und Jugendlichen die Existenz von Medienwirkungen in deren Alltagsbereich aufzeigen, zum Beispiel im Gefühlsleben (Spaß, Spannung oder auch Angst), im Bereich der Vorstellungen über alltäglich erfahrbare Gesellschaftsbereiche (zum Beispiel Familie, Arbeit und Politik) oder auch im Bereich der Verhaltensorientierungen, (zum Beispiel im Konflikt- und Freizeitverhalten der Kinder- und Jugendlichen). Auch schlägt der Autor vor, langfristige Medieneinflüsse etwa auf Wertorientierungen oder gesellschaftliche Zusammenhänge aufzuzeigen (Tulodziecki, 1998, S. 703 - 704). Der letzte Punkt in Tulodzieckis Konzeption von Medienkompetenz ist das *Durchschauen und Beurteilen von Bedingungen der Medienproduktion und -distribution*. Hier soll Kindern und Jugendlichen ermöglicht werden, personale, ökonomische, rechtliche und politische Bedingungen von Medienproduktion und Medienverbreitung in unserer Gesellschaft zu durchschauen und eigene Einflussmöglichkeiten zu erkennen und zu nutzen. (Tulodziecki, 1998, S. 704).

7.2.1.2 Kritik

Ein Hauptproblem aller pädagogischen Konzepte, die sich auf Medienkompetenz, ihre Vermittlung und Förderung berufen, ist die große Unschärfe des Begriffs. Durch die Breite seines Geltungsanspruches, durch die Vielzahl und ständige Ausdifferenzierung als wichtig erachteter Teildimensionen verliert das Konzept der Medienkompetenz zunehmend an Kontur, empirischer Messbarkeit und letztlich auch - von seiner rein formelhaften Verwendung einmal abgesehen - an Bedeutung für die konkret-medienpädagogische Praxis. Wie oben bereits angeklungen, wird in den Medienkompetenzkonzepten von Baacke, Groeben und Tulodziecki ein zentraler Aspekt von Medienkompetenz permanent gedanklich "mitgeschleift", ohne dass seine Bedeutung für das Verständnis und die Entwicklung von Medienkompetenz explizit und eingehend diskutiert wird: Die Abhängigkeit von Medienkompetenz und den Möglichkeiten ihrer Förderung im schulischen und außerschulischen Kontext mit dem jeweiligen Entwicklungsstand von Kindern und Jugendlichen (vgl. auch Kapitel 3.1). Dies zeigt sich sowohl in Diskussion zu Möglichkeiten und Methoden der Medienkompetenzvermittlung als auch in der Interpretation mediennutzungsbezogener Problemfelder.

7.2.1.2.1 Möglichkeiten der Medienkompetenzvermittlung

Medienkompetenz ist - wie alle Kompetenzen - primär eine Funktion kognitiver Fähigkeiten und Fertigkeiten (vgl. S. 46 in dieser Arbeit). Konzepte zur Steigerung von Medienkompetenz setzen vor diesem Hintergrund auf die Vermittlung von Wissen und medienbezogenen Problemlösungsstrategien. So resümiert Blömeke zur Frage, was Kennzeichen eines guten Medienprojekts im Unterricht aus lehr-lerntheoretischer Sicht sei:

> „Gemäßigt konstruktivistische Ansätze bieten - gestützt durch zahlreiche empirische Untersuchungen - den derzeit angemessensten Rahmen, um den Prozess des [medienkompetenzbezogenen] Wissenserwerbs zu erklären. [...] Dies beinhaltet, dass neue Inhalte nicht als fertiges System bzw. als Welt abgeschlossener Erkenntnisse präsentiert werden, sondern dass Lernende zusammen mit anderen Lernenden eigene Wege suchen." Blömeke (2002, S. 9 - 10)

Medienkompetenz ist mithin das Ergebnis eines durch jedes Kind, jeden Jugendlichen individuell unterschiedlich vollzogenen und von außen nur schwer beeinflussbaren Prozesses der Aneignung einer Wissensbasis, die Grundlage medienkompetenten Handelns ist. Als kritisch zu sehen ist nun, dass die Medienkompetenz-Perspektive die Tatsache ausklammert, dass (Medien-) Verhalten gerade von Kindern keineswegs ausschließlich das Ergebnis eines bewussten, wissensbasierten Lernprozesses ist, sondern dass durch Lernprozesse wie dem Modelllernen (vgl. S. 82 in dieser Arbeit) oder Konditionierungsprozesse (Steiner, 2006, S. 139 - 163) gerade jüngere Kinder entscheidend geprägt werden. Medienhandeln *kann* also auf der Grundlage von Medienkompetenz geschehen, ist aber maßgeblich auch von anderen Lernprozessen gesteuert. Verfechter der Medienkompetenz-Förderung gehen nun davon aus, dass objektiv nicht-funktionales, nicht auf Medienkompetenz gegründetes Medienhandeln durch die Förderung von Medienkompetenz korrigiert werden kann. Dabei klammern sie Ansätze des Verhaltenslernens aus Überlegungen zur Vermittlung angemessener Strategien zum Umgang mit Medien weitgehend aus[120]. So zeigt

---

120 Wenn hier die Fokussierung der Medienkompetenzforschung auf explizit wissensgesteuerte Lernprozesse und ihre Bedeutung für das Handeln kritisiert wird, bedeutet das nicht, dass im Rahmen sozialer Lernprozesse oder der operanten Konditionierung kognitive Kontrolle ausgeschaltet ist bzw. Wissen über einen Gegenstand keine Rolle spielt für die Handlung. Es soll lediglich deutlich werden, dass Handeln keineswegs immer äquivalent zu vorhandenen Wissensbeständen oder äquivalent zu bestimmten Einstellungen ist, mithin keineswegs zwangläufiges Produkt vorhandener Kompetenzen ist. Insofern ist es ein Fehlschluss zu glauben, dysfunktionales Handeln könne nur durch Wissensvermittlung oder Einstellungsveränderungen geändert werden. Denken beeinflusst zwar immer das Handeln, aber Handeln beeinflusst auch immer das Denken (Gage

sich die Fokussierung auf wissensbasierte, selbstgesteuerte Lernprozesse auch bei Spanhel:

> „Der Aufbau von Medienkompetenz beim Kind ist ein selbstgesteuerter Konstruktionsprozess und kann daher nicht von außen, durch die Eltern oder Erzieher im einzelnen gesteuert oder bestimmt, sondern nur ausgelöst werden. Gezielte medienpädagogische Maßnahmen, wie z. B. Gängelungen, Verbote oder Strafen in der Familie oder direkt auf Veränderung des Medienhandelns gerichtete Konzepte in Kindergarten oder Grundschule werden daher kaum zu Erfolgen führen." (Spanhel, 1999, S. 13)

Wenn Spanhel auch Recht zu geben ist, dass medienpädagogische Maßnahmen wie „Gängelungen, Verbote oder Strafen" keinesfalls erfolgversprechende Instrumente der Medienkompetenzvermittlung sind, stellt er mit dem letzten Teil seiner Aussage recht pauschal den Sinn schulischer Beeinflussung von Medienverhalten in Frage. Für Spanhel ist funktionales Medienhandeln zwangsläufig Ergebnis von Medienkompetenz. Die Erlangung von Medienkompetenz ist von außen (zum Beispiel Schule) nicht im Einzelnen steuerbar. Dementsprechend vage bleibt seine anschließende Folgerung, was denn Ziel und Inhalte institutioneller Medienkompetenzvermittlung für Kinder sein können:

> „Aufgrund der unterschiedlichen sozialen Handlungskontexte ist nicht zu erwarten, dass die in den Erziehungsinstitutionen Kindergarten und Grundschule vermittelten Medienkompetenzen das Medienhandeln der Kinder in den ganz anders strukturierten Handlungsrahmen von Familie und Freizeit nachhaltig verändern. Das Ziel und der pädagogische Gewinn dieser Maßnahmen liegt im Aufbau und in der Einübung möglichst vielfältiger Handlungsalternativen und Problemlösungsmuster mit Medien in unterschiedlichen sozialen Situationen." (Spanhel, 1999, S. 13)

Medienkompetenzvermittlung ist demnach *kein* geeignetes Instrument der Medienerziehung, wenn es um die Vermittlung kindgerechten, alltäglichen Medienhandelns geht.

7.2.1.2.2 Medienwirkungen aus Sicht der Medienkompetenz-Perspektive

Der „Blinde Fleck" der Medienkompetenzforschung hinsichtlich der Verschiedenartigkeit möglicher Lernprozesse, die beim Umgang mit Medien eine Rolle spielen können, zeigt sich nicht nur im Primat wissensbezogener Unterrichtsgestaltung, sondern auch bei der kritischen Interpretation der Erkenntnisse

---

& Berliner, 1996, S. 269). Somit sind auch Handlungsinstruktionen von außen geeignet, Kognitionen, Wissen und Einstellungen zu verändern, sofern die Handlungsweise vom Lernenden im Nachhinein als positiv und zu anderen Wissens- und Einstellungsbeständen passend erachtet wird.

der Medienwirkungsforschung. So argumentiert Vollbrecht als einer der derzeit prominentesten Vertreter der medienpädagogischen Medienkompetenzforschung gegen die Medienwirkungsforschung:

> „Medien wirken nicht durch ihre Inhalte, sondern durch die Passung ihrer Bedeutungsangebote für die jeweiligen Mediennutzer [...] Entscheidend ist also nicht, ob beispielsweise Bilder zur Identifikation und Nachahmung angeboten werden, sondern ob und wie diese Bilder zu unserer psychischen Realität passen [...] und dann entsprechend dieser Realität gedeutet werden." (Vollbrecht, 2008, S. 151)

Mit dieser Argumentation greift Vollbrecht zwar einerseits die Erkenntnisse der Medienwirkungsforschung auf, dass vergleichsweise starke (positive wie negative) Medienwirkungen unter anderem dann zu erwarten sind, wenn eine hohe Passung zwischen medial präsentiertem Setting der Handlung mit dem Alltagsumfeld des (minderjährigen) Rezipienten besteht und wenn die gezeigten Inhalte geeignet sind, bereits vorhandene Wahrnehmungs- und Handlungsschemata zu verstärken (vgl. S. 82 - 107 in dieser Arbeit). Andererseits aber spricht er problematischen Medieninhalten dann jegliche Wirkung ab, wenn die rezipierten Inhalte nicht der psychischen Realität des Rezipienten entsprechen.

Besonders im Bezug auf kindliche Medienrezipienten erscheint eine solche Sichtweise allerdings unzulässig, sind bei dieser Gruppe doch Wahrnehmungs- und Handlungsschemata keineswegs gefestigt, und ist hier auch die Unterscheidungsfähigkeit zwischen eigener Realität, rezipierter beziehungsweise gespielter Realität und einem Vergleich beider Sphären keineswegs so stabil, wie Vollbrechts Argumentation suggeriert (vgl. S. 45 - 56 in dieser Arbeit). Vollkommen zu Recht weist Spanhel (2002, S. 2) in diesem Zusammenhang darauf hin, dass Kinder heute von Geburt an in hohem Maße medialen Eindrücken und Einflüssen, symbolischen Bedeutungen und Beziehungsbotschaften ausgesetzt seien, die nicht für sie gemacht und bestimmt seien, und die sie nicht (in adäquater Weise) verstehen und bearbeiten können (ebenda). Spanhel betont, dass aufgrund mangelnder empirischer Forschung gerade im Bereich der frühkindlichen Medienwirkungsforschung gar nicht genau abzusehen sei, welche nicht kontrollierbaren, den Entwicklungsprozess beeinträchtigenden oder förderliche Wirkungen Medien haben könnten. Bereits in dieser frühen Entwicklungsphase, so der Autor, bildeten sich später nur schwer korrigierbare Rezeptions- und Handlungsroutinen aus (ebenda). Dies entspricht auch den oben angeführten empirischen Erkenntnissen zur relativen Stabilität individueller Mediennutzungsmuster (vgl. S. 156 - 157 in dieser Arbeit). Bereits kleine Kinder entwickeln, so Spanhel an anderer Stelle, ein System von Wahrnehmungs-, Rezeptions-, Gefühls-, Wertungs- und Handlungsmustern, die sich durch vielfältige Wiederholungen in spezifischen Formen stabilisieren (Spanhel, 1999,

S. 10). Eine solche, auf individuellen Erfahrungen gegründete Medienkompetenz sei deshalb problematisch, weil eben diese Erfahrungen einseitig, auf problematische Inhalte ausgerichtet, und mit entwicklungsgefährdenden Einflüssen verbunden sein könnten (Spanhel, 2002, S. 4). Ergänzen lassen sich diese Überlegungen um die Erkenntnis Tulodzieckis, dass Medienkompetenz, hier verstanden als die Fähigkeit zur Nutzung altersgerechter Medieninhalte in einem zeitlich unproblematischen Rahmen, untrennbar mit der intellektuellen und sozial-moralischen Entwicklung von Kindern und Jugendlichen verbunden ist, die (auch) von familiären und anderen sozialen Rahmenbedingungen mitgeprägt wird (Tulodziecki, 1988).

Insofern erscheinen auch die (teilweise gut begründeten) Vorbehalte der Medienkompetenzforschung vor bewahrpädagogischen Ansätzen dann als unzulässig, wenn, wie in Hoffmanns Darstellung bewahrpädagogischer Ansätze im Handbuch Medienpädagogik, in wenig differenzierter Weise Bemühungen kritisiert werden, Kinder und Jugendliche vor explizit problematischen Medieninhalten zu schützen:

> „Die Grundannahmen der Bewahrpädagogen sprechen den Kindern und Heranwachsenden die Fähigkeit ab, eine medienbezogene Selbstständigkeit zu zeigen und weiter zu entwickeln. Es besteht zwar weitgehend Konsens, dass Kinder und Jugendliche bis zu einem gewissen Grade schutzbedürftig sind; dennoch muss es Ziel jeder Erziehung bleiben, Eigenverantwortlichkeit und Selbstbestimmung bzw. Mündigkeit zu erreichen und immer schon anzunehmen. Die Erkenntnisse der Medienforschung über das komplexe Wirkungsgefüge bei der Mediennutzung bleiben bei vorrangig bewahrenden Ansätzen weitgehend unbeachtet." (Hoffmann, 2008, S. 49)

Frappierend unausgegoren erscheint an dieser Argumentation die Gleichstellung (vernünftiger) medienerzieherischer Ziele mit der Feststellung, Selbstbestimmung beziehungsweise Mündigkeit sei „immer schon anzunehmen". Die Aussage, es bestehe *„zwar weitgehend Konsens, dass Kinder und Jugendliche bis zu einem gewissen Grade schutzbedürftig sind"*, wirkt vor diesem Hintergrund als inhaltsleer, kann doch bei jeder Bemühung, Kinder vor problematischen Medieninhalten zu schützen, kritisiert werden, die Maßnahme missachte die Selbstbestimmung der Betroffenen und verhindere die Entwicklung medienbezogener Selbständigkeit.

7.2.1.3 Förderung von Medienkompetenz - Empirische Forschungslage

Bei der Sichtung der Literatur zur Medienkompetenzförderung erscheint auffällig, wie wenig die theoretischen Überlegungen zur Medienkompetenz bisher mithilfe empirischer Studien überprüft wurden. Grundsätzlich lässt sich zwischen Studien unterscheiden, die die Notwendigkeit medienpädagogischer Aktivitäten im Hinblick auf vorher definierte Zielparameter empirisch überprüfen, Studien, die allgemein die Verbreitung von Aktivitäten zur Medienkompetenzförderung beziehungsweise Medienerziehung erheben, und solchen Studien, die gezielt die Effektivität solcher Maßnahmen messen. Die Notwendigkeit medienerzieherischer Maßnahmen wurde im Rahmen dieser Arbeit bereits belegt (vgl. S. 125 - 130 in dieser Arbeit). Insofern soll an dieser Stelle dargestellt werden, inwieweit die Verbreitung von Programmen zur Förderung von Medienkompetenz in Deutschland empirisch untersucht wurde und inwiefern es bisher gelungen ist, konkrete Medienkompetenzprojekte empirisch zu evaluieren. Dabei sollen solche Projekte und Programme beleuchtet werden, die eine eindeutig medienpädagogische Prägung haben und aus Überlegungen zur Stärkung von Medienkompetenz hervorgegangen sind.

7.2.1.3.1 Status Quo institutioneller Medienerziehung für Kinder

Repräsentative Studien zur allgemeinen Verbreitung von Programen zur Förderung von Medienkompetenz beziehungsweise zu Medienerziehungsinhalten in Deutschland liegen derzeit für nordrhein-westfälische Grundschulen (Tulodziecki et al., 2000) und Kindergärten (Six & Gimmler, 2007a) vor, sowie für niedersächsische Kindergärten (Schneider, Scherer, Gonser & Tiele, 2010) und Schulen (Gysbers, 2008). Grundsätzlich zeigte sich dabei vom Kindergarten bis zum Sekundarschulbereich, dass Medienerziehung in Kindergarten und Vorschule eine eher geringe Rolle im pädagogischen Alltag spielt. Und dies, obwohl sowohl unter Erzieherinnen und Erziehern in Kindergärten als auch unter Lehrkräften eine Sensibilität für problematische Mediennutzung von Kindern und Jugendlichen eher die Regel ist, und obwohl beide Berufsgruppen durchaus der Meinung sind, dass kindliche Alltagsmediennutzung und mögliche problematische Folgen durchaus im Rahmen der pädagogischen Arbeit in Kindergarten und Schule bearbeitet werden sollten (Gysbers, 2008; Schneider et al., 2010; Six & Gimmler, 2007a; Tulodziecki et al., 2000).

Six und Gimmler (2007a) resümieren für den Kindergartenbereich, dass medienpädagogische Handlungsformen im Jahr 2006, „nach wie vor recht selten" waren und nicht häufiger stattfanden als im Jahr 1997, aus dem eine vergleichbare Untersuchung der gleichen Autorengruppe vorliegt (Six, Frey & Gimmler, 1998). Auf einem siebenstufigen Index für praktische Medienerziehung im Kindergarten, den Six und Gimmler (2007a) im Rahmen ihrer Studie berechneten (Einzelheiten zur Indexbildung bei Six & Gimmler, 2007a, S. 243), erhielten 29,5 Prozent aller befragten Erzieherinnen und Erzieher 0 bis 1 Punkte, was die Autoren als „defizitäre Medienerziehung" bezeichnen, weitere 26,6 Prozent der Befragten erreichten 2 Punkte („wenig Medienerziehung"). Nur 23,3 Prozent praktizierten eine „moderat engagierte Medienerziehung" (3 Punkte) und 21 Prozent eine „intensive Medienerziehung" (4-6 Punkte) (S. 244 - 245). Schneider et al. (2010) kommen insgesamt zu dem Schluss, dass die generell sehr skeptischen Befunde von Six und Gimmler (2007a) zum Status Quo medienerzieherischer Aktivitäten in nordrhein-westfälischen Kindergärten durch die eigene niedersächsische Studie „in vollem Umfang unterstützt werden." (Schneider et al., 2010, S. 111). Zudem identifizieren sie zwei Schlüsselfaktoren medienerzieherischen Handelns im Kindergarten: Motivation und Kompetenz (S. 112 - 113). So schätzen sich Erzieherinnen und Erzieher selbst als wenig medienkompetent ein und fühlen sich von der Vielfalt aktueller Medienangebote eher überfordert. Dies hängt nach Schneider et al. auch mit Defiziten in der Aus- und Weitebildung der Erzieherinnen und Erziehern zusammen. Zudem räumen Erzieherinnen und Erzieher - trotz eines durchaus vorhandenen Problembewusstseins im Hinblick auf die (teilweise) problematische Mediennutzung ihrer Kinder - Medienerziehung einen eher niedrigen Stellenwert unter verschiedenen pädagogischen Zielsetzungen ein (ebenda).

In der Grundschule nimmt die Häufigkeit medienerzieherischer Aktivitäten zwar zu, 49,9 Prozent der im Jahr 2000 befragten Grundschullehrerinnen und -lehrer gab jedoch an, im laufenden Schuljahr noch keine Unterrichtseinheit mit diesem Thema durchgeführt zu haben (Six, Frey & Gimmler, 2000, S. 186). Gysbers (2008, S. 62) weist in diesem Zusammenhang allerdings zu Recht darauf hin, dass zum Befragungszeitpunkt das laufende Schulhalbjahr erst zur Hälfte vorbei war und die Zahlen insofern medienerzieherische Aktivitäten in der Grundschule eher unterschätzen.

Gysbers selbst verzichtete im Rahmen seiner Befragung niedersächsischer Primar- und Sekundarschullehrerinnen und -lehrer auf den konkreten Bezugspunkt „laufendes Schuljahr" und befragte die Lehrkräfte allgemein, ob sie bestimmte medienerzieherische Projekte bereits im Unterricht durchgeführt haben. Dabei zeigte sich, dass am häufigsten bereits die Beeinflussung durch Medien (zum Beispiel durch Werbung) im Unterricht zum Thema gemacht wurde (74 % der Befragten gab an, bereits ein entsprechendes Projekt durchgeführt zu haben), es folgten die kritische Analyse von Medienangeboten (57 %), die Analyse des Stellenwertes der Medien für die Schülerinnen und Schüler (53 %), die eigene Gestaltung von Medienangeboten (51 %), sowie drei weitere, deutlich weniger berichtete Inhalte (S. 138 - 139).

Auffällig erscheint, dass Grundschullehrerinnen und -lehrer in Gysbers Befragung durchweg deutlich weniger von medienerzieherischen Aktivitäten berichten als Sekundarstufenlehrkräfte. So berichteten beispielsweise 44 Prozent der Grundschullehrkräfte, noch nie die Beeinflussung durch Medien (zum Beispiel durch Werbung) zum Thema gemacht zu haben, während dies unter Lehrkräften der Sekundarstufe lediglich 16 (Hauptschullehrerinnen und -lehrer) bis 26 Prozent (Gymnasiallehrerinnen und -lehrer) angaben (S. 247). Ebenso gaben 63 Prozent der Lehrkräfte an Grundschulen an, noch keine kritischen Analysen von Medienangeboten durchgeführt zu haben, während dies in der Sekundarstufe deutlich häufiger geschah (Unterer Wert bei Gesamtschullehrerinnen und -lehrern mit 27 %, oberer Wert bei Realschullehrkräften mit 41 %) (ebenda).

Der Einfluss des Elternhauses auf Medienkompetenz und Mediennutzung ihrer Kinder wird von Seiten der Medienpädagogik immer wieder betont (vgl. etwa Spanhel, 1999) und konnte empirisch eindeutig nachgewiesen werden (vgl. S. 125 - 130 in dieser Arbeit). Insofern ist es nicht verwunderlich, dass viele Lehrerinnen und Lehrer das Elternhaus bei Medienkompetenzförderung und Medienerziehung am stärksten in der Pflicht sehen (vgl. bspw. Gallasch, 2000, S. 261 - 265; Gysbers, 2008, S. 153) und Elternarbeit zur Medienerziehung von Kindern bei Erzieherinnen und Erziehern im Kindergarten als noch zentraler angesehen wird als die Medienerziehung der Kinder (Six & Gimmler, 2007a, S. 207). Dennoch gaben rund ein Drittel der Kindergartenerzieherinnen und -erzieher (S. 260) und rund ein Viertel der Grundschullehrkräfte (Six et al., 2000, S. 186) an, selten oder nie Elterngespräche oder Elternabende zu diesem Thema durchzuführen. Die Kindergartenstudie von Six und Gimmler (2007a, S. 260) zeigt, dass solche Elterngespräche, wenn sie denn geführt werden, in der Regel kurze, anlassbezogene Einzelgespräche sind, während Elternabende zu diesem Thema mit 14,1 Prozent eher die Ausnahme sind.

Insgesamt lässt sich festhalten, dass eine institutionell verankerte Medienerziehung in Kindergarten und Schule noch eher die Ausnahme als die Regel ist und dass der Dialog zwischen Eltern, Erzieherinnen und Erziehern sowie Lehrkräften über die Mediennutzung der Kinder noch in unzureichendem Maß Platz im pädagogischen Alltag gefunden hat. Die Autoren der verschiedenen empirischen Studien zu Medienkompetenzförderung und Medienerziehung in Kindergärten und Schulen haben eine ganze Reihe von Faktoren identifiziert, die für den eher unbefriedigenden Status Quo verantwortlich sind. Insbesondere werden fehlenden eigene Medienkompetenzen und - damit zusammenhängend - geringe medienerzieherische Motivation genannt.

Vor diesem Hintergrund werden von allen genannten Autoren dringende Verbesserungen bei Umfang, Qualität, Praxisnähe und Verbindlichkeit von pädagogischer Aus- und Weiterbildung bezüglich medienerzieherischer Inhalte angemahnt (Gysbers, 2008, S. 17 - 20; Schneider et al., 2010, S. 113; Six & Gimmler, 2007a, S. 291 - 296). Beziehen sich viele dieser Forderungen auf die Ebene der institutionellen Ausbildung pädagogischer Fachkräfte in Kindergärten und Schulen sowie auf Grundsatzentscheidungen der Bildungspolitik, soll im Folgenden ausschließlich auf diejenigen Punkte eingegangen werden, die im Rahmen einer eigenen Maßnahme zur Prävention medienbezogenen Risikoverhaltens von Minderjährigen zu beeinflussen wären. Ausgangspunkt dieser Überlegungen soll dabei das Leitbild eines Pädagogen sein, der Medienerziehung als integralen Teil seiner Arbeit erfolgreich praktiziert. Hier ist insbesondere die Typologie von Gysbers zu beachten, der mit dem *Engagierten Medienprofi* einen empirisch nachweisbaren Lehrer-Typus gefunden hat, welcher mit 15 Prozent Anteil unter der von Gysbers befragten niedersächsischen Lehrerschaft allerdings die kleinste der von Gysbers identifizierten Typengruppen bildet (Gysbers, 2008, S. 166 - 177). Dieser Lehrertypus sei, so Gysbers, in allen Bereichen schulischer Medienpädagogik überdurchschnittlich aktiv. Dies gelte sowohl für den didaktischen Einsatz von Medien als auch insbesondere für den Bereich der Medienerziehung (S. 15). Den *Engagierten Medienprofi* zeichnen neben informationstechnischem Grundlagenwissen sein breites medienerzieherisches Grundlagenwissen sowie seine Kenntnis über die Medienwelt der eigenen Schülerinnen und Schüler aus. Der Typus des *Engagierten Medienprofis* findet sich vor allem in sprachlichen und gesellschaftswissenschaftlichen Fächern, ist in Grundschulen allerdings vergleichsweise wenig zu finden. Frauen sind in dieser Gruppe im Vergleich zu ihrem Anteil an der Gesamtlehrerschaft deutlich unterrepräsentiert. Interessant erscheint, dass dieser Lehrertypus den Medienumgang der eigenen Schülerschaft vergleichsweise wenig kritisch sieht. Diese Aussage erscheint jedoch angesichts der von Gysbers eingesetzten Items zur Erfassung dieser Dimension nur eingeschränkt gültig, da mithilfe der von ihm gewählten Items eine unreflektiert-kulturpessimistische Kritik gemessen wird (Gysbers, 2008, S. 152), keine informiert-kritische Haltung, die von einem Experten des Typs *Engagierter Medienprofi*, der gerade auch medienerzieherisch stark aktiv ist, eher zu erwarten wäre.

Was unterscheidet nun die durchschnittliche Lehrkraft oder Erzieherin von diesem Leitbild? Bezogen auf den Kindergarten zeigt die Befragung von Six und Gimmler (2007a, S. 274) - wie analog die Befragung von Schneider et al. (2010)-, dass Erzieherinnen und Erzieher insbesondere über fehlende medienpädagogische Kompetenz als auch fehlende eigene Medienkompetenz klagen. Auch fehle es ihnen an klaren Einsichten zu theoretischen Grundlagen und praktischen Möglichkeiten medienerzieherischen Handelns. Zudem mangele es

Erzieherinnen und Erzieherin, so die Autoren, an konkreten Kenntnissen zum zeitlichen Ausmaß und den Inhalten kindlicher Mediennutzung, was häufig zu einer gesteigerten, aber unreflektiert-unspezifischen Problemwahrnehmung führe, vor dem Hintergrund fehlender medienerzieherischer Kompetenzen allerdings ohne Konsequenzen in Form medienerzieherischen Handelns bleibe (2007a, S.168-184). Bezogen auf die mangelnde Thematisierung kindlicher Mediennutzung in Elterngesprächen ist dieser Einschätzung der Autoren sicherlich recht zu geben. Allerdings erscheint es auch verständlich, dass Erzieherinnen und Erzieher die kindliche Mediennutzung im täglichen Umgang mit den Kindern eher selten aufgreifen. Dass sich die Erzieherinnen und Erzieher in dem Glauben, die durchschnittlichen Medienzeiten lägen deutlich über[121] einer Grenze, ab der schädliche Einflüsse vermutet werden können [122], bemühen, im Rahmen ihrer pädagogischen Arbeit einen alternativen, „medienfreien" Ausgleich zu schaffen, erscheint zunächst einmal plausibel und - zumindest im Kindergartenalter - auch angemessen.

Als viel problematischer als das Handeln von Erzieherinnen und Erziehern im Kindergarten sind die Befunde von Six et al. (2000, S. 139 - 145) anzusehen, nach denen Grundschullehrkräfte ähnlich wenig medienerzieherisches Engagement zeigen wie Kindergärtnerinnen und Kindergärtner und insgesamt als medienskeptisch zu bezeichnen sind, auf der anderen Seite aber auch verhältnismäßig vage Vorstellungen über mögliche negative wie positive Effekte der kindlichen Mediennutzung haben. Als Konsequenz fordert Gysbers deutlich praxisorientiertere Fortbildungsangebote für Lehrkräfte, die stärker konkret medienerzieherische Themen berücksichtigen (2008, S. 18). Zudem weist er darauf hin, dass Lehrkräften praxisorientierte, didaktisch und methodisch fundierte Materialien insbesondere zur Medienerziehung zur Verfügung gestellt werden müssen (S. 19). Und schließlich fordert er, dass für verschiedene Zielgruppen innerhalb der Lehrerschaft, beispielsweise die medienerzieherisch

---

121 Tatsächlich überschätzen die Erzieher/innen die tägliche zeitliche Mediennutzung von Kindergartenkindern recht deutlich. So gehen sie im Durchschnitt von 127,32 Minuten täglicher Fernsehzeit und 92.07 Minuten täglicher Computerspielzeit aus (Six & Gimmler, 2007a, S.155-157).

122 Hier wiederum erscheint es doch erstaunlich, dass die Antworten der Erzieher/inne/n auf die von Six und Gimmler gestellte Frage, ab welchen täglichen Mediennutzungszeiten Erzieher/inne/n schädliche Einflüsse auf Kinder befürchten, sehr nahe an den zeitlichen Grenzen liegen, die in Kapitel 6 auf der Grundlage der Erkenntnisse der Medienwirkungsforschung abgeleitet wurden. So nimmt der Durchschnitt aller Befragten an, ab einer Grenze von 47,17 Minuten täglicher Fernsehnutzung bzw. 34,73 Minuten täglicher Computerspielnutzung seien schädliche Effekte der Mediennutzung auf Kinder im Kindergartenalter zu befürchten (2007a, S.171).

vergleichweise wenig aktive Gruppe der Frauen, spezielle Angebote gemacht werden sollten (ebenda).

7.2.1.3.2 Evaluierte Maßnahmen zur Förderung von Medienkompetenz

Konkrete Maßnahmen oder Unterrichtseinheiten zur Stärkung von Medienkompetenz mit eindeutig medienpädagogischer Prägung sind national wie international kaum umfassend dokumentiert. Das mag zunächst verwundern, da es an Materialien und Anregungen zu medienpädagogischer Arbeit im schulischen Rahmen nicht fehlt. So stellt Tulodziecki (2008) fest, dass schon "[...] zahlreiche Materialien und Handreichungen, Unterrichts- und Projektbeispiele zur Medienerziehung in Familie, Kindergarten, Schule, Jugendarbeit, Hochschule und Erwachsenenbildung entstanden sind" (S. 112). Bereits für das Jahr 1995 berichtet er von 470 Unterrichts- und Projektbeispielen zur Medienerziehung und verweist mit Bezug auf den Folgezeitraum auf vielfältige Veröffentlichungen mit Projekt und Unterrichtsbeispielen für verschiedene Zielgruppen (ebenda). Neben Publikationen aus dem Printbereich seien auch im Internet zahlreiche Projekt- und Unterrichtsbeispiele, Empfehlungen und Hinweise zur Medienerziehung beziehungsweise Medienbildung zu finden (ebenda).

Dennoch ist hier zu unterscheiden zwischen sehr allgemeinen medienerzieherischen Inhalten und spezifischen Programmen mit klar definierten medienerzieherischen Zielen. So definiert Schorb (2005) Medienerziehung als "pädagogisches Handeln, das zur richtigen, d. h. kritisch-reflexiven Aneignung der Medien anleiten soll (S. 240), während Tulodziecki unter Medienerziehung "alle Aktivitäten und Überlegungen in Erziehung und Bildung [versteht] [...], die das Ziel haben, ein humanes bzw. verantwortliches Handeln im Zusammenhang mit der Mediennutzung und Mediengestaltung zu entwickeln" (2008, S. 110). Dieses breite Verständnis von Medienerziehung hat in der Vergangenheit mit dazu beigetragen, dass in der ohnehin stark heterogenen, föderalen deutschen Bildungslandschaft eine Vielzahl medienerzieherischer Konzepte und Projekte existiert, deren systematische Erfassung und Beurteilung bisher nicht gelungen ist. So stellt Tulodziecki dann auch fest, dass aufgrund einer unzureichenden Datengrundlage nicht umfassend geklärt sei, in welchem Umfang und mit welcher Qualität Medienerziehung in der Praxis stattfinde (Tulodziecki, 2008, S. 113). Diese Aussage zeigt, dass nicht nur die empirische Erfassung konkreter medienerzieherischer Maßnahmen an deutschen Schulen noch am Anfang steht, sondern dass derzeit vollkommen ungeklärt ist, wie es um die Qualität dieser Aktivitäten bestellt ist. Obwohl im Bildungsbereich seit einigen Jahren - nicht zuletzt unter dem Eindruck der lediglich durchschnittlichen Ergebnisse deutscher Schülerinnen und Schüler bei international vergleichenden Bildungsstudien wie PISA- und TIMSS - Qualität, Qualitätsstandards und Evaluation der Qualität von Unterricht einen hohen Stellenwert haben (vgl. etwa Altrichter & Heinrich, 2006; Böttcher, Holtappels & Brohm, 2006; Roeder, 2003), liegen Studien zur Effektivität und Qualität medienpädagogischer Angebote in Deutschland kaum vor.

Brauner (2007) verweist darauf, dass im deutschsprachigen Raum neben Ihrer eigenen Arbeit lediglich ein weiteres evaluiertes Medienkompetenzprojekt (Pöttinger, 1997) publiziert sei. Eigene Recherchen kamen - zumindest für den schulischen Bereich - zu dem gleichen Ergebnis. Das von Brauner evaluierte Projekt richtet sich an Schülerinnen und Schüler ab der achten Klasse mit dem Ziel, insbesondere das Fernsehnachrichtenverständnis der Schülerinnen und Schüler zu verbessern und ihnen eine objektive Auseinandersetzung mit (Nachrichten-)Informationen zu ermöglichen (Brauner, 2007, S. 88). Die Unterrichtseinheit war als außerhalb der Schule stattfindender Projektunterricht konzipiert, in dessen Rahmen an insgesamt sieben Schultagen zur Entstehung von Fernsehnachrichten gearbeitet wurde (S. 90 - 91). Nach zwei theoretischen Einführungstagen, an denen Hintergrundwissen über journalistische Strukturen und Arbeitsweisen sowie zu verschiedenen Präsentationsformen und Erzähl- und Bildstrukturen der Fernsehberichterstattung vermittelt wurden, folgte eine fünftägige Praxiswoche, innerhalb derer die Schülerinnen und Schüler das Gelernte durch eigene Erfahrungen vertieften. Dabei produzierten sie eine eigene Fernsehnachrichtensendung, die am Ende der Projektwoche live über einen Offenen Kanal der Region ausgestrahlt wurde (ebenda). Brauner untersuchte im Rahmen eines Kontrollgruppendesigns das Wissen, die Fertigkeiten und die Einstellungen bezüglich der Konstitution von Nachrichtenmedieninhalten, der Wissensbeschaffung und bezüglich der Meinungsbildung von hessischen Schülerinnen und Schülern neunter bis elfter Klassen unterschiedlicher Schulformen. Während einer ersten Unterrichtsphase wurden N = 141 Schülerinnen und Schüler untersucht, während einer zweiten Unterrichtsphase N = 147 Schülerinnen und Schüler. Dabei konnte ein signifikant deutlicher Wissenszuwachs in allen Bereichen der Nachrichtenmedienherstellung festgestellt werden sowie tendenzielle Leistungssteigerungen im Fertigkeitenbereich der Schülerinnen und Schüler (S. 221).

Das von Pöttinger (1997) entwickelte und selbst evaluierte Unterrichtsprojekt zur Verbesserung von Medienkompetenz richtete sich an Schülerinnen und Schüler erster Grundschulklassen und umfasste eine zehn Doppelstunden dauernde Unterrichtseinheit (S. 201 - 230). Ziel des Projektes war es, die

Medienkompetenz der Teilnehmerinnen und Teilnehmer im Hörspielbereich zu stärken. Konkret sollten die Schülerinnen und Schüler nach Ablauf der Einheit in der Lage sein, Hörspielprodukte angemessen zu erkennen und zu interpretieren (Wahrnehmungskompetenz), sie adäquat in ihrem Alltag auszuwählen, zu nutzen und darüber zu kommunizieren (Nutzungskompetenz) und Hörspiele selbst zu gestalten, zu produzieren und zu veröffentlichen (Handlungskompetenz) (S. 96). Der Unterricht wurde - mit Unterstützung der Klassenleitung - von der Autorin selbst geleitet und im Januar 1995 mit einer ersten Klasse (N = 24) einer Freiburger Grundschule durchgeführt. Ein zu drei Zeitpunkten (Pre, Post und Follow-up nach vier Monaten) ausgeteilter Fragebogen wurde zudem von einer Kontrollklasse (N = 23) derselben Schule ausgefüllt. Mit qualitativen Einzelinterviews mit ausgewählten Schülerinnen und Schülern und einem quantitativen Fragebogen, der sich auch durch Erstklässler bearbeiten ließ, legte die Autorin deskriptive Daten vor, die nach ihrer Einschätzung den Schluss zulassen, dass sich die Wahrnehmungskompetenz der Kinder durch die Hörspielproduktion verbessert hat, während die Nutzungskompetenz der Kinder durch das Hörspielprojekt nicht und die Handlungskompetenz nur langsam und individuell sehr unterschiedlich entwickelte (S. 265 - 266). Empirisch belegen konnte sie diese Folgerungen lediglich bezüglich der Wahrnehmungskompetenz (und auch hier nicht durch inferenzstatistische Tests).

Neben den oben genannten Unterrichtsprojekten sind für Deutschland weitere medienpädagogische Projekte mit systematischer Begleitforschung lediglich für den Vorschulbereich vorhanden. So wurde die Verwendung von Computern beziehungsweise speziellen Computerprogrammen im Rahmen von Kindergartenprojekten durch Studien von Kochan und Schröter (2006) sowie durch Aufenanger und Gerlach (2008) untersucht. Ziel der Studie von Kochan und Schröter war es, die Wirksamkeit des Einsatzes der vom Hersteller Microsoft entwickelten Software „Schlaumäuse - Kinder entdecken Sprache" hinsichtlich der Verbesserung der Sprachbildung, insbesondere der Anbahnung des Schriftspracherwerbs im Vorschulalter zu überprüfen (Kochan & Schröter, 2006, S. 10). Die Schlaumäuse-Software ist ein aus sechs Modulen bestehendes Computerprogramm, in dem Kinder spielerisch ihren Wortschatz erweitern und an Schriftsprache herangeführt werden (zu den einzelnen Modulen vgl. S. 80 der Studie). Die Studie wurde in zwei Staffeln mit jeweils 100 Kindergärten von September 2003 bis Juni 2004 beziehungsweise von September 2004 bis Juni 2005 durchgeführt (S. 12). In den teilnehmenden Kindergärten arbeiteten N = 3.964 drei- bis siebenjährige Kinder mit der Software (S. 13). Als Datenbasis der Untersuchung dienten die Einschätzungen der N = 462 in den Kindergartengruppen beschäftigten Erzieherinnen und Erzieher zum Umgang der

Kinder mit dem Programm und ihrer sprachlichen Entwicklung während und nach dem Untersuchungszeitraum sowie die Angaben von N = 2.137 Eltern, die einen Fragebogen zur allgemeinen und zur sprachlichen Entwicklung ihres Kindes ausfüllten (da der Fragebogen an alle Eltern verteilt wurde, entspricht dies einer Ausschöpfungsquote von knapp 54 Prozent (S. 15).

Hinsichtlich des Projekterfolgs ziehen die Autoren ein geradezu enthusiastisches Fazit, wobei sie sich hauptsächlich auf die Angaben der Erzieherinnen und Erzieher zum Lernerfolg der Kinder stützen. So berichten sie, dass die Kinder nicht nur schnell lernten, den Computer selbstständig zu bedienen und zu nutzen, sondern dass Kinder neben ihrem Sozialverhalten auch ihre (schrift-) sprachlichen Fähigkeiten deutlich verbesserten, dass sie "Schreiben als Ausdrucksform und Lesen als Informationsentnahme erfahren und praktiziert und diese Fähigkeiten auch in ihr Alltagsleben übernommen [hätten], indem sie davon auch zu Hause freiwillig Gebrauch machten" (S. 71). Zudem verweisen die Autoren auf Berichte der Erzieherinnen, "dass sie - gemäß Bielefelder Screening[123] - in der Schlaumäuse-Gruppe deutlich weniger Risikokinder bzgl. späterer Lese-Rechtschreib-Schwierigkeiten hatten als früher" (ebenda).

Es ergeben sich bei Lektüre der Studie allerdings einige gravierende Kritikpunkte: Zunächst wurde die Frage nach den Verbesserungen der (schrift-) sprachlichen Fähigkeiten der Kinder nur aufgrund der Angaben der Erzieherinnen und Erzieher und aufgrund einiger allgemeiner Elternangaben untersucht. Auch wurden Erzieherinnen beziehungsweise Erzieher sowie die Eltern zu den Verbesserungen der Kinder nur einmal, am Ende des Untersuchungszeitraums, befragt. Vorher- Nachher-Befragungen zu diesem Punkt oder standardisierte Tests wurden nicht durchgeführt. Die Autoren der Studie bemerken hierzu, dass "Tests, die lediglich momentane Leistungen zum Testzeitpunkt und unter nicht alltäglichen Bedingungen ermitteln, [...] nicht durchgeführt [wurden]" (S. 11)[124]. Da allen Kindern in den Untersuchungsgruppen die Schlaumäuse-Software zur Verfügung stand, ergibt sich zudem das Problem, dass die Resultate des Projektes nicht mit Entwicklungen in einer Kontrollgruppe untersucht werden konnten. Da anzunehmen ist, dass sich die (schrift-) sprachlichen Fähigkeiten von Kindern zwischen drei und sieben Jahren innerhalb eines

---

123 Bielefelder Screening zur Früherkennung von Lese-Rechtschreibschwierigkeiten (BISC) (Jansen, Mannhaupt, Marx & Skowrone, 1990).
124 Das ist insofern erstaunlich, als die Autoren keine methodischen Probleme damit haben, die mündlichen Berichte von Erzieher/inne/n über die allgemeinen Resultate eines Tests wie des BISC als einen zentralen Erfolg des Projektes zu dokumentieren. Die erkenntnistheoretischen Implikationen dieser paradoxen Argumentation auszuleuchten, wäre ohne Frage interessant, allerdings nicht im Rahmen einer wissenschaftlichen Arbeit.

halben Jahres ohnehin verbessern[125], ergeben sich deutliche Zweifel an der Validität der Ergebnisse.

Die Studie von Aufenanger und Gerlach (2008) untersuchte in den Jahren 2003 und 2004 ein Jahr lang den Einfluss der Computernutzung in sechs hessischen Kindertagesstätten auf computerbezogene Medienkompetenzen und die kognitive Entwicklung von Kindergartenkindern. Je nach Computernutzung und -erfahrung in den untersuchten Kindertagesstätten wurde in sechs Kindergartengruppen unterschiedlicher Einrichtungen eine Computerinfrastruktur aufgebaut oder ergänzt, zusätzlich wurden pädagogische Konzepte zum Computerumgang in den Kindertagesstätten erarbeitet beziehungsweise konkretisiert. Neben Befragungen von Eltern, Erzieherinnen und Erziehern (Einstellungen zur Computernutzung durch Kinder; Umgang des Computers im kindlichen Alltag) wurden zum Anfang und zum Ende des Projektes die Computerkompetenz sowie kognitive Leistungsfähigkeit der Kinder gemessen. Die Computerkompetenz wurde durch zwei Aufgabenblöcke gemessen, wobei die Kinder innerhalb des ersten Blockes bestimmte Aufgaben am Computer zu erledigen hatten und in einem zweiten Block ein bisher unbekanntes Edutainment-Programm erkunden mussten. Kognitive Leistungsfähigkeit wurde mithilfe der Kaufman Assessment Battery for Children (K-ABC) gemessen (Melchers & Preuß, 2003). Untersucht wurden 132 Kinder im Alter von durchschnittlich 4,8 Jahren in sechs verschiedenen Einrichtungen, wobei 131 Kinder an der Pre-Messung und 109 Kinder an der Post-Messung teilnahmen. 110 Kinder besuchten eine der sechs Gruppen, in denen ein Computer eingesetzt wurde, 22 Kinder besuchten zwei Gruppen ohne Computereinsatz (Kontrollbedingung).

Die Autoren kommen nach Auswertung der Daten zu dem Schluss, dass die kognitive Leistungsfähigkeit der Kinder in den Gruppen mit Computereinsatz signifikant gesteigert werden konnte, während der Anstieg der kognitiven Leistungsfähigkeit in den beiden Kontrollgruppen unterhalb der Signifikanzschwelle blieb (Aufenanger & Gerlach, 2008, S. 43 - 50). "Damit wird", so die Autoren "auf jeden Fall deutlich, dass der Computereinsatz [...] nicht nur keine negativen Folgen auf die kognitive und sprachliche Entwicklung der beteiligten Kinder hatte, sondern im Gegenteil sogar zu positiven Entwicklungsfortschritten führte" (S. 46). Bezüglich der Computerkompetenz stellen die Autoren fest, dass die Erhebungen zur Computerkompetenz der befragten Kinder eindeutig zeigten, dass in dem Projektjahr die vorhandenen Kompetenzen ausgeweitet wurden (S. 54). Da diese Aussage allein aufgrund eines Pre-Post-Vergleiches der computerbezogenen Fertigkeiten von Kindern in den Interventionsgruppen be-

---

125 (wenn man sie nicht gerade allein in ein dunkles, schallisoliertes Zimmer sperrt...)

ruht, erscheint diese Aussage wenig überraschend, wie auch die Autoren selbst einräumen. Doch sie ergänzen: "Dass Kinder der Altersgruppe von drei bis sechs Jahren mit dem Computer so enorme Fortschritte machen können, dürfte doch überraschen" (ebenda). Da ein Vergleich mit Kindern aus Kontrollgruppen fehlt, wird letztlich nicht deutlich, wie die Autoren zu dieser Bewertung kommen.

Allgemein muss im Hinblick auf die Studie festgestellt werden, dass die Validierung ihrer Kernbefunde aufgrund zahlreicher Mängel in Forschungsdesign und Datenauswertung nicht gelingen kann. Neben einer stark an Kriterien der qualitativen Sozialforschung ausgerichteten Art der Stichprobenziehung (keine Zufallsauswahl, sondern bewusste Auswahl nach größtmöglicher Varianz der teilnehmenden Einrichtungen nach Region, Trägerschaft und Erfahrung mit Computereinsatz), in deren Rahmen die Zuweisung zu Kontroll- und Interventionsgruppe *nicht* zufällig erfolgte, ist auch das Verhältnis von sechs Interventionsgruppen zu 2 Kontrollgruppen (von denen eine nur n = 6 Kinder aufwies) als problematisch anzusehen. Auch bei der Auswertung einer zentralen abhängigen Variable des Forschungsprojektes, der kognitiven Leistungsfähigkeit der Kinder mittels K-ABC, bleiben die Autoren den schlüssigen Beleg ihrer Folgerungen schuldig. Zwar verwenden sie im Rahmen ihrer Analyse altersnormierte Standardwerte (und werden so der Problematik gerecht, dass sich die kognitive Leistungsfähigkeit von Kindergartenkindern nach einem Jahr durchschnittlich immer erhöhen wird) und versuchen die Re-Test-Problematik bei Vorher-Nachher-Messungen durch Verwendung von Messwiederholungs-t-Tests einzugrenzen. Die große Heterogenität von Interventions- und Kontrollgruppe lässt jedoch keine validen Schlüsse zu, zumal Kontroll- und Interventionsgruppe nie direkt gegeneinander getestet werden (etwa im Rahmen einer Varianzanalyse mit Messwiederholung), sondern nur das Signifikanzniveau der Messwiederholungs-t-Tests in beiden Gruppen miteinander verglichen wird (wobei die nicht signifikanten Werte der Kontrollgruppe im Forschungsbericht nicht dokumentiert werden). Wenn also die Aussage, dass eine pädagogisch angeleitete Auseinandersetzung mit kindgerechter Edutainment-Software nicht zu negativen Entwicklungsfolgen führt, sachlogisch nicht in Zweifel gezogen werden soll, muss doch kritisiert werden, dass die Autoren vor dem Hintergrund der oben beschriebenen Mängel den Nachweis schuldig bleiben, der Einsatz von Computern im Kindergarten führe tatsächlich zu einer überdurchschnittlichen Entwicklung der kognitiven Leistungsfähigkeit von Kindergartenkindern.

Insgesamt zeigt sich, dass in der Literatur nur wenige - teilweise fragwürdig - evaluierte Programme zur Förderung von Medienkompetenz zu finden sind, in deren Rahmen Medienkompetenzen vermittelt werden, die kaum dabei helfen können, die Frage zu beantworten, wie die Entstehung problematischer Mediennutzungsmuster wirkungsvoll verhindert werden kann.

7.2.1.4 Medienkompetenz als Konzept zur Minderung problematischer Mediennutzung - Fazit

In diesem Kapitel wurden maßgebliche Konzeptionen von Medienkompetenz dargestellt, es wurden aktuelle Daten zur medienerzieherischen Praxis in Schulen und Kindergärten zusammengefasst und wissenschaftlich evaluierte Projekte zur Medienkompetenzförderung vorgestellt. Dabei konnte gezeigt werden, dass unter dem semantischen Dach des Begriffs „Medienkompetenz" eine Reihe unterschiedlich konkreter Vorstellungen darüber versammelt ist, welche Medienkompetenzen Kinder, Jugendliche und Erwachsene haben oder aber haben sollten.

Es zeigte sich, dass weder die theoretischen Medienkompetenzkonzeptionen noch empirisch evaluierte Medienkompetenzprogramme gute Ansatzpunkte zur Entwicklung eines eigenen Medienkompetenzprogramms bilden, dessen Ziel es sein soll, die Entwicklung problematischer Mediennutzungsmuster in der Kindheit zu vermeiden. Als deutlich wertvoller erwiesen sich in dieser Hinsicht die Untersuchungen zur allgemeinen medienerzieherischen Kompetenz der pädagogischen Fachkräfte in Kindergärten und Schulen, sowie die Untersuchungen zur allgemeinen Verbreitung medienerzieherischer Maßnahmen in Kindergärten und Schulen. Hier zeigten sich deutliche Ansatzpunkte für eigene Bemühungen in der Fortbildung von Pädagogen und in der Entwicklung geeigneter Materialien.

Darüber hinaus wurde in der kritischen Auseinandersetzung mit einigen zentralen Aussagen der Medienkompetenzforschung gezeigt, dass die fehlende Anschlussfähigkeit theoretischer Medienkompetenzkonzepte für die Entwicklung eigener Bemühungen in der medienbezogenen Prävention durchaus systematisch begründet erscheint. Erstens wurde gezeigt, dass die aktuelle Literatur zur Entwicklung von Medienkompetenz entwicklungspsychologische Aspekte zu wenig berücksichtigt und daher die Besonderheiten einer kindlichen Zielgruppe zu wenig berücksichtigt werden können. Zweitens erscheint die Skepsis der Medienkompetenzforschung gegenüber Theorien und Erkenntnissen der Medienwirkungsforschung als zu gravierend, als dass sich die Autoren von Medienkompetenzkonzepten bereit sehen, diese Erkenntnisse anzuerkennen und in entsprechenden Konzepten zu berücksichtigen. Drittens wurde gezeigt, dass die Erwartungen, mithilfe von institutioneller Medienkompetenzförderung (unter

Umständen problematische) Alltagsmedien-nutzungsmuster nachhaltig im positiven Sinn beeinflussen und verändern zu können, aus Sicht der Medienkompetenzforschung sehr gering sind. Viertens lässt sich festhalten, dass nur wenig und teilweise methodisch defizitäre systematisch-empirische Forschung zu konkreter institutioneller Medienkompetenzförderung im Kindesalter vorliegt, und dass die vorhandene Forschung sich auf, für den Fokus dieser Arbeit, deutlich periphere Bereiche der Medienkompetenzvermittlung bezieht (vgl. S. 173 - 179 in dieser Arbeit).

7.2.2 Die Health-Promotion-Perspektive

Die Bezeichnung Health-Promotion-Perspektive stellt, wie auf Seite 158 dieser Arbeit bereits angesprochen, eine recht grobe Vereinfachung verschiedener Forschungsdisziplinen und -perspektiven dar. So werden im Folgenden Forschungsansätze der Public-Health-Forschung/Gesundheitswissenschaft, der psychologischen Gesundheitsförderung, der Medizin (insbesondere der Pädiatrie) und Teile der Medienwissenschaft dargestellt[126]. Die Zusammenfassung dieser unterschiedlichen Perspektiven folgt der Definition von Haisch, Weitkunat und Wildner (1999, S. 317), die Public Health definieren als „Wissenschaft und Praxis der Krankheitsverhütung, Lebensverlängerung und Gesundheitsförderung durch organisierte, gemeindebezogene Maßnahmen". Mediennutzung von Kindern und Jugendlichen ist aus dieser Perspektive heraus im Idealfall Teil eines gesunden Lebensstils und trägt - analog zum in der Verfassung der Weltgesundheitsorganisation (World Health Organisation, 2009, S. 1) definierten Gesundheitsbegriff - zum „vollständigen körperlichen, seelischen und sozialen Wohlergehen" eines Individuums bei, während Mediennutzung im schlimmsten Fall Auslöser und Verstärker problematischer oder pathologischer Entwicklungen sind kann. Die Wahrnehmung von Mediennutzung als Risikofaktor ist dabei insbesondere durch die Medienwirkungsforschung beeinflusst, deren Ergebnisse - trotz Kritik an methodischen Mängeln und unter Verweis auf weiteren Forschungsbedarf - beispielsweise von Meixner und Jerusalem als deutlicher Indikator für mediennutzungsbezogenen Prä-

---

126 Zur Diskussion über Verflechtungen und Abgrenzungskriterien zwischen Gesundheitswissenschaft/Public-Health-Forschung und Gesundheitspsychologie siehe Weitkunat, Haisch und Kessler (1997); zur Abgrenzung zwischen Public-Health-Ansätzen und Medizin vgl. Hurrelmann, K., Laaser & Razum (2006, S. 23); zum Beitrag medienwissenschaftlicher Forschung für die Public-Health-Forschung vgl. Jazbinsek (2001).

ventionsbedarf im Hinblick auf die Gesundheitsförderung von Kindern und Jugendlichen bewertet wird (Meixner & Jerusalem, 2006, S. 219). Kline fasst die Health-Promotion-Perspektive auf Mediennutzung als potentiellen Risikofaktor unter Berufung auf Berichte des United States Public Service (*The Surgeon General's Vision for a Healthy and Fit Nation*, 2010, S. 6 - 7) folgendermaßen zusammen:

> "From a public health point of view a risk factor is anything that increases the probability that a person will suffer harm. [...] concepts of risk and protection' can be central in framing a 'public health' approach to media which 'involves identifying risk and protective factors, determining how they work, making the public aware of these findings and designing programs to prevent or stop them. (Kline, 2005, S. 240).

Die Forderung nach einer Health-Promotion-Perspektive auf kindliche und jugendliche Mediennutzung wurde bisher nur in Ansätzen aufgenommen. Einer dieser Ansätze bezieht sich auf die Prävention von Übergewichtigkeit. Werbefinanzierte Unterhaltungsmedien wurden frühzeitig als einer der Faktoren identifiziert, der zur Übergewichtigkeit der Bevölkerung beiträgt, obgleich die von der Medienwirkungsforschung gefundenen Effekte als schwach zu bezeichnen sind (vgl. S. 109 - 113 in dieser Arbeit). Ebenso wird bereits seit Längerem die Rolle der Medien bei der Entstehung von Essstörungen diskutiert und erforscht (vgl. S. 113 - 115 in dieser Arbeit). Auch von Seiten der Medienwissenschaft wurde bereits eine Reihe von Studien vorgelegt, die sich mit der Frage beschäftigen, mithilfe welcher Instrumente die Effekte der Gewaltmediennutzung minimiert werden können (vgl. zum Beispiel Studien zu wirksamen elterlichen Interventionsstrategien auf S. 125 - 130 in dieser Arbeit).

Eine umfassende Integration problematischer Mediennutzung im Sinne der in Kapitel 6 geleisteten Definition spielt in gesundheitswissenschaftlichen Überlegungen zur Gesundheitsförderung von Kindern und Jugendlichen bisher jedoch eine untergeordnete Rolle[127]. Dennoch existiert, im Gegensatz zu Programmen

---

127 Es wurde mit Bezug auf die Gewaltmedienwirkungsforschung vereinzelt sogar davor gewarnt, die Prävention von Gewaltmediennutzung zum Gegenstand der Gesundheitsförderung zu machen, bevor nicht die genauen Prozesse der Wirkungen von Mediengewalt auf Aggressivität geklärt worden sind (The Lancet, 2008). So sei die US-amerikanische Wirkungsforschung, auf die auch im Rahmen dieser Arbeit maßgeblich Bezug genommen wird (vgl. vor allem Anderson, C. A. et al., 2008; Bushman & Huesmann, 2006; Gentile et al., 2004), inzwischen stark politisiert und dementsprechend interessengeleitet: „In the USA, tackling violence is highly politicised. Most of the media violence research is led by a group of prominent US psychologists who have helped influence the health agendas of the American Medical Association and American Association of Pediatrics." (S. 1137). Erst wenn noch weitere Aspekte der Gewaltmedienwirkung erforscht seien, solle über entsprechende Präventionsmaßnahmen entschieden werden: „With these kind of data we can establish whether media violence may or may not exac-

der Medienkompetenzförderung, eine ganze Reihe evaluierter Programme zur Förderung eines adäquaten Medienumgangs, die im nachfolgenden Kapitel noch eingehender beschrieben werden (vgl. S. 185 - 189 in dieser Arbeit). Vor allem hat insbesondere die Forschung zur Gesundheitsförderung von Kindern wichtige Arbeit dahingehend geleistet, Gesundheitsförderungsprogramme theoretisch zu fundieren, im Hinblick auf bestimmte Zielgruppen zu optimieren und zu erforschen, welche Akteure und Institutionen in besonderer Weise geeignet sind, erfolgreiche Gesundheitsförderungsprogramme zu gestalten.

7.2.2.1 Zur Theorie von Intervention und Prävention

Die erste grundlegende Definition und Unterteilung präventiver Maßnahmen lieferte Caplan, der Präventionsmaßnahmen in primäre, sekundäre und tertiäre Prävention unterteilte (Caplan, 1964). War Caplans Systematisierung damit zunächst auf psychologische beziehungsweise psychiatrische Anwendungsfelder gerichtet, hat sie inzwischen in verschiedensten sozialen und humanwissenschaftlichen Bereichen breite Akzeptanz gefunden[128]. Eine primäre Prävention nach Caplan hat das Ziel der Senkung der Inzidenzraten psychischer Störungen und Gesundheitsgefährdungen in umschriebenen Populationen (Rollett, 2002, S. 715). Allgemeiner formuliert geht es bei primären Präventionen um die Verringerung des Neuauftretens als negativ wahrgenommener Handlungen oder als negativ wahrgenommener Zustände von Individuen insbesondere durch die Eliminierung oder Reduzierung von Risikofaktoren. Bemühungen, durch frühzeitige Medienerziehung medienbezogenes Risikoverhalten zu verhindern, fallen somit in den Bereich der Primärprävention. Als sekundäre Prävention be-

---

erbate existing mental, psychological, or behavioural health problems. Only then should research focus on how changes in media use can reduce those risks, and not before" (ebenda). Vertreter dieser Ansicht - so wie der Editor des Lancet - verkennen allerdings die Tatsache, dass im Hinblick auf die Gewaltmedienwirkungsforschung mit Sicherheit noch sehr viele Jahre vergehen werden, bis sich die Mitglieder der Scientific Community auf ein konkretes Gewaltmedienwirkungsmodell geeinigt haben. Darüber hinaus ist nicht erkennbar, dass in der Scientic Community tatsächlich Zweifel am Einfluss von Gewaltmediennutzung zumindest auf kindliches Verhalten bestehen.

128 Da in der kommunikationswissenschaftlichen wie auch der pädagogischen Forschung entsprechende grundlegende Systematisierungen fehlen, wird im Folgenden fast ausschließlich auf Konzepte aus dem Bereich der Public- Health- wie der psychologischen Gesundheitsforschung zurückgegriffen. Es sei aber grundsätzlich darauf verwiesen, dass damit problematische Mediennutzungsmuster nicht per se mit einer Auffälligkeit bzw. Störung in einem psychologisch-medizinischen Verständnis gleichgesetzt werden.

zeichnete Caplan die Senkung der Prävalenzraten von Krankheiten dank Früherkennung (Screening) und frühzeitiger Behandlung (Caplan, 1964). Übertragen in den subklinischen Bereich bedeutet dies, dass bereits aufgetretene, aber beeinflussbare Fehlentwicklungen korrigiert werden sollen, um weitere negative Konsequenzen zu verhindern (Rollett, 2002, S. 716). Bezogen auf die Prävention medienbezogenen Risikoverhaltens heißt dies, dass bereits bestehende problematische Mediennutzungsmuster korrigiert und bereits eingetretenen negativen Effekten frühzeitig begegnet werden soll. Tertiäre Prävention schließlich hat nach Caplan das Ziel, auf bereits eingetretene Schädigungen einzuwirken (ebenda) und deckt sich damit weitgehend mit dem Konzept der Rehabilitation. Bezogen auf problematische Mediennutzungsmuster existieren tertiärpräventive Einrichtungen im Bereich der Nachsorge von Computerspielabhängigkeit.

Medienpräventionsprogramme, die in der Regel darauf zielen, negative Medienwirkungen im Vorhinein zu vermeiden, sind somit dem Bereich der Primärprävention zuzuordnen, wobei in der Regel sekundärpräventive Elemente (Identifikation bereits vorhandener problematischer Mediennutzungsmuster und gegebenenfalls Minderung negativer Effekte) enthalten sind. Dabei lässt sich auch die Primärprävention noch weiter untergliedern in *universelle* Präventionsprogramme, die eine gesamte Population ansprechen und *selektive* Programme, die Teile eine Population ansprechen, die durch das Vorhandensein bestimmter bekannter Risikofaktoren risikodisponierter erscheinen als die Durchschnittspopulation (Cardemil & Barber, 2001). Jenseits der medizinischen Prävention definiert Franzkowiak (2010) zwei Zielrichtungen von Prävention: Die Verhaltensprävention, die auf die Änderung als risikobehaftet identifizierter Verhaltensweisen zielt und die Verhältnisprävention, die auf die Änderung als risikobehaftet geltender Umwelt- und Lebensbedingungen fokussiert ist. Eine systemische Perspektive der Prävention versucht, Instrumente beider Ansätze zur verknüpfen.

Jerusalem unterscheidet weiterhin zwischen pathogenetisch beziehungsweise risikoorientierter Prävention und ressourcenorientierter Prävention. Risikoorientierte Präventionsprogramme zur Gesundheitsförderung im Kindes- und Jugendalter bestehen demnach darin, „gesundheitliche Risiken und Risikoverhaltensweisen zu vermeiden oder, wenn dies nicht gelingt, ihre gesundheitsschädlichen Folgen möglichst gering zu halten" (Jerusalem, 2006, S. 32). Im Gegensatz dazu zielt ressourcenorientierte Gesundheitsförderung „auf die Stärkung individueller Ressourcen (zum Beispiel emotionale, kognitive und soziale Kompetenzen) oder systemischer Ressourcen (zum Beispiel Familienzusammenhalt, Schulklima)" (Jerusalem, 2006, S. 33). Es lassen sich bei ressourcenorientierter Gesundheitsförderung darüber hinaus themenspezifische

Programme, die bestimmte Fähigkeiten beziehungsweise Kompetenzen stärken sollen, von unspezifischen Programmen unterscheiden, die beispielsweise allgemeine Lebenskompetenzen fördern sollen (ebenda).

Besondere Aufmerksamkeit wird in der Präventionsforschung der Frage gewidmet, welche Faktoren dazu beitragen, ein Präventionskonzept erfolgreich zu gestalten. Bond und Hauf (2004) haben auf der Grundlage einer Sichtung der Literatur zur erfolgreichen Primärprävention psychischer Gesundheitsstörungen einen Katalog der zehn wichtigsten Erfolgsfaktoren primärpräventiver Maßnahmen vorgelegt, der sich auch auf primärpräventive Maßnahmen in anderen Anwendungsbereichen übertragen lässt:

(1) Theorie- und Forschungsbasierung bei Entwicklung der Maßnahmeninhalte, der Maßnahmenstruktur und der Implementation.
(2) Eindeutige und realistische Zielformulierung, die bei den beteiligten Gruppen auf breite Zustimmung stößt.
(3) System- und ebenenübergreifende Perspektive mit Berücksichtigung vielfältiger Einflussmöglichkeiten auf die Entwicklung und vielfältiger Entwicklungswege.
(4) Angemessene Dosierung der Maßnahme mit Berücksichtigung von Erinnerungen an die Maßnahmeninhalte in gewissen Zeitabständen („booster sessions", „follow ups"), um die erwünschten Ergebnisse zu erreichen und aufrechtzuerhalten.
(5) Berücksichtigung der vorhandenen Stärken, Kompetenzen und protektiven Faktoren, aber auch der Risiken und Schwierigkeiten beteiligter Individuen und Systeme.
(6) Sensitivität für die besonderen Belange der Zielgruppe bei den Maßnahmeninhalten, der Maßnahmenstruktur und der Implementation.
(7) Qualitativ anspruchsvolle Evaluation (mit Berücksichtigung auch unerwünschter Effekte) und laufende Überwachung der Maßnahmenumsetzung.
(8) Umfangreiche Maßnahmendokumentation zur Nutzbarmachung in verschiedenen Kontexten und durch verschiedene Vermittler.
(9) Berücksichtigung der Ressourcen, die zur Maßnahmenumsetzung erforderlich sind.
(10) Berücksichtigung des sozio-politischen Kontextes, in dem die Maßnahme zum Einsatz kommen soll.

(Bond & Hauf, 2004; deutsche Übersetzung angelehnt an
Lohaus, Domsch & Klein-Heßling, 2008, S. 509 - 510)

Im Hinblick auf die Frage, welche Faktoren bei Präventionsprogrammen im Kindesalter besonders zu berücksichtigen sind, werden in der Literatur vornehmlich die folgenden Punkte diskutiert: Alter der Kinder, Programminhalte, die beteiligten Akteure sowie der institutionelle Kontext des Programms. Lohaus und Lißmann bemerken allerdings, dass eine umfassende theoretische Konzeption der Prävention im Kindesalter, die insbesondere entwicklungspsychologische Aspekte berücksichtigt, bisher fehlt. Sie verweisen jedoch gleichzeitig auf eine Fülle evaluierter erfolgreicher Einzelmaßnahmen (2006, S. 84), deren konzeptionelle Vorannahmen Vorbildcharakter für weitere Programme haben könnten. Vor diesem Hintergrund sollen nachfolgend die wichtigsten derzeit bekannten Präventionsprogramme dargestellt werden, die einen veränderten Umgang mit Medien oder eine stärkere Reflexion des Medienumgangs Minderjähriger zum Ziel hatten. Anschließend sollen daraus Implikationen und zentrale Erfolgsfaktoren für die Konzeption eines eigenen Präventionsprogramms abgeleitet werden.

7.2.2.2 Empirische Ergebnisse

Bezüglich bereits durchgeführter medienbezogener Präventionsprogramme lassen sich zwei Hauptgruppen medienbezogener Aktivitäten unterscheiden, in denen positive Interventionseffekte nachgewiesen werden konnten[129]: Präventionsprogramme zur Gewaltreduktion sowie Programme zur Förderung gesunden Ernährungs- und Bewegungsverhaltens[130]. Die Prävention beziehungsweise Reflexion problematischer Mediennutzungsmuster ist somit in diesen Programmen immer Mittel zur Erreichung anderer gesundheitsbezogener

---

129 Nachfolgend wird nur auf solche Interventionsprogramme eingegangen, zu denen eine wissenschaftlich-evaluative und veröffentlichte Begleitforschung vorliegt. Interventionsprogramme ohne Begleitforschung bzw. mit lediglich anhand "Grauer Literatur" belegter Begleitforschung werden nicht berücksichtigt. Zudem beschränkt sich die nachfolgende Darstellung auf solche Studien, deren Hauptzielgruppe Kinder oder Jugendliche darstellen.
130 Programme zur Prävention von Tabakkonsum beinhalten teilweise zwar ebenfalls Elemente der Reflexion der eigenen Mediennutzung (insbesondere mit Bezug auf Werbeinhalte und ihre Wirkung; vgl. hier Gonzales, Glik, Davoudi & Ang, 2004; Pinkleton, Weintraub Austin, Cohen, Miller & Fitzgerald, 2007), werden aufgrund des insgesamt geringen Mediennutzungsbezugs an dieser Stelle ausgeklammert, zumal sich die gefundenen Programme allein auf Jugendliche beziehen und lediglich Effekte auf der Einstellungsebene, nicht aber auf der Verhaltensebene zeigten.

beziehungsweise sozialer Ziele. All diesen Maßnahmen ist gemein, dass sie fast ausschließlich auf Fernsehnutzungsgewohnheiten von Kindern oder Jugendlichen zielen und bei der Reflexion von Medieninhalten wiederum fast ausschließlich Fernsehbotschaften gemeint sind, während andere Formen elektronischer Mediennutzung kaum eine Rolle spielen.

7.2.2.2.1 Mediengewaltprävention

Kunczik und Zipfel unterscheiden in ihrem Überblick zu Interventionen (hier im Sinne primär- oder sekundärpräventiver Präventionsmaßahmen zu verstehen) zum Umgang mit Mediengewalt unter Bezug auf Cantor und Wilson (Cantor & Wilson, 2003) drei grundsätzlich verschiedene Interventionsstrategien und trennen die unterschiedlichen Interventionsmaßnahmen nach den Hauptakteuren bei der Durchführung einer Maßnahme (Kunczik, M. & Zipfel, 2004). Unter „Interventionsstrategien" verstehen die Autoren dabei sowohl Maßnahmen zur Förderung der Medienkompetenz im Sinne eines kritischen Verständnisses von Medieninhalten, als auch restriktive Maßnahmen, die beispielsweise die Rezeption problematischer Inhalte (beziehungsweise eine Reduktion des Fernsehkonsums) verhindern. Als erste Untergruppe von Medieninterventionsstrategien nennen Kunczik und Zipfel Maßnahmen, die von Eltern ergriffen werden. Die zweite Gruppe umfasst medienpädagogische Lehrpläne und Programme an Schulen, die dritte Gruppe subsumiert (massen-) medienvermittelte Botschaften (Kunczik, M. & Zipfel, 2004).

Mit Hinblick auf Forschungsergebnisse zu elterlichen Interventionsmaßnahmen kommen die Autoren dabei zu dem Schluss, dass solche Maßnahmen generell effektiv sein können, wenn Eltern aktive Interventionsstrategien anwenden (Eltern sprechen mit Kindern über Medieninhalte und bewerten diese Medieninhalte explizit) und - bei jüngeren Kindern - klare Regeln und Restriktionen formulieren (vgl. auch Kapitel 5, S. 125 - 130 in dieser Arbeit). Je jünger die Kinder sind, desto erfolgversprechender seien die Maßnahmen (Kunczik, M. & Zipfel, 2004). Allerdings verweisen die Autoren unter Bezug auf Studien von Valkenburg, Warren und anderen darauf, dass ein hoher Bildungsstand der Eltern, eine kontinuierliche Anwesenheit der Eltern zu Hause, eine generelle Besorgnis der Eltern über negative Medieneffekte und ein generell hohes elterliches Engagement die Anwendung medienpädagogischer Maßnahmen fördern (Kunczik & Zipfel, 2004; Valkenburg, Krcmar, Peeters & Marseille, 1999; Warren, 2001; Warren, Gerke & Kelly, 2002) und somit im

Umkehrschluss besonders die Kinder durch solche Maßnahmen *nicht* erreicht werden, die ihrer am Dringendsten bedürften.

Insofern wächst nach Kunczik und Zipfel die Bedeutung schulischer Interventionsprogramme, deren Ergebnisse sie wie folgt zusammenfassen: Obwohl nur wenige wissenschaftlich evaluierte Schulinterventionsprogramme bezüglich der Reduktion und Reflexion von Mediengewaltinhalten vorliegen (Cantor & Wilson, 2003; Rosenkoetter, Rosenkoetter, Ozretich & Acock, 2004), kann insgesamt ein Erfolg schulischer Programme zur Medienerziehung konstatiert werden, wenn entsprechende Maßnahmen über einen längeren Zeitraum wiederholt werden. Dabei haben Programme, in deren Rahmen die Reflexion über schädliche Wirkungen von Mediengewalt im Mittelpunkt steht, zwar eine Wirkung bezüglich der Reduktion von Mediengewalteffekten (zum Beispiel Reduktion von Gewaltverhalten), die Faszination gegenüber Mediengewalt sowie eine deutlich geringe Nutzung von Mediengewalt konnte jedoch nicht erreicht beziehungsweise belegt werden (Kunczik, M. & Zipfel, 2004; Rosenkoetter et al., 2004).

Interessanterweise sind Maßnahmen, die allein auf die Drosselung von Medienkonsum zielen, ohne dabei das Thema "Gewalt" direkt zu thematisieren ebenfalls in der Lage, Effekte von Mediengewalt zu reduzieren (Robinson, Wilde, Navracruz, Haydel & Varady, 2001). Diese Ergebnisse könnten derart interpretiert werden, dass gut gemachte Programme mit Elementen, in denen Kinder intensiv über Mediengewalt reflektieren, zwar kurzfristig in der Lage sind, Gewaltverhalten zu reduzieren[131], dass langfristig aber keine Wirkungen erzielt werden können, da das Mediennutzungsverhalten selbst nicht wesentlich beeinflusst werden konnte. In Verbindung mit dem von Kunczik und Zipfel berichteten Resultat, dass Reflexionselemente vor allem bei älteren Schülergruppen erfolgreich sind, muss befürchtet werden, dass schulische Interventionsprogramme für jüngere Schüler, in denen reflexive Elemente vor verhaltensnäheren Elementen[132] dominieren, nicht oder nur kurzfristig erfolgreich sind[133]. Vielmehr sollten schulische Medieninterventionselemente für

---

131 Diese Interpretation liegt auch nahe, da Gewaltverhalten innerhalb der Studien oft in Form von schulischer Gewalt gemessen wurde, beispielsweise über ein Peer-Rating-Verfahren, in dem Schüler/innen einer Klasse alle anderen Schüler/innen ihrer Klasse bezüglich ihres Gewaltverhaltens einstufen müssen. Dass didaktisch gut aufgebaute und interessante Inhalte in der Lage sind, das Sozialverhalten von Schüler/innen beispielsweise auf dem Schulhof kurzfristig positiv zu beeinflussen, liegt auf der Hand.
132 Zum Beispiel die Vereinbarung eines bestimmten Mediennutzungsverhaltens über einen definierten Zeitraum.
133 Kunczik und Zipfel verweisen sogar auf eine Studie von Doolittle, in der gezeigt wurde, dass Schulprogramme kontraproduktiv sind, wenn Schüler/innen zur Produktion gewalt-

jüngere Zielgruppen auch immer Regeln hinsichtlich angemessener Mediennutzungszeiten und angemessener Medieninhalte vermitteln und entsprechendes Verhalten im Klassenverband einüben. Robinson und Kollegen (1999; 2001) beziehen sich bei der Beschreibung der Unterrichtsinhalte explizit auf die Erkenntnisse der sozial-kognitiven Lerntheorie Banduras (1979), in der Lernen durch die Orientierung an Verhaltensmodellen im Mittelpunkt steht.

Eine dritte Gruppe präventiver Maßnahmen fassen Kunczik und Zipfel unter dem Punkt "Medieninhalte mit Anti-Gewalt-Botschaften" zusammen, wobei sie sich im Wesentlichen auf eine Analyse von Cantor und Wilson stützen (Cantor & Wilson, 2003). Insgesamt, so die Autoren, können solche Programme durchaus positive Effekte erzielen, wenn die Programme sehr eindeutige Botschaften enthalten und im Rahmen der Thematisierung von Gewalt vor allem das Leiden der Opfer darstellen (Kunczik, M. & Zipfel, 2004). Allerdings konnten die analysierten Studien in der Regel lediglich Einstellungsänderungen bezüglich Gewalt beziehungsweise eine höhere Empathie der Rezipienten bezüglich des Leidens der Opfer messen, eine tatsächliche Reduktion von Gewaltverhalten wurde nicht berichtet.

7.2.2.2.2 Übergewichtsprävention

Eine bedeutende Zahl in der Vergangenheit durchgeführter Präventionsstudien ging der Frage nach, in welchem Maß medienerzieherische Maßnahmen geeignet sind, Gewichtsprobleme von Kindern und Jugendlichen zu reduzieren und die körperliche Fitness zu verbessern. Ausgehend von Studien zum Zusammenhang zwischen Medienkonsum und Gewichtsproblemen (Adipositas beziehungsweise Anorexie), besteht der Ansatz dieser Studien darin, Kinder und Jugendliche zu einem maßvollen Umgang mit den Medien zu motivieren und zugleich den Einfluss von Werbung und medialen Stereotypen auf das eigene Ernährungsverhalten zu erkennen. Auch hier lassen sich Studien zur Effektivität elterlicher Maßnahmen und Studien zur Effektivität schulischer Programme unterscheiden.

Epstein und andere konnten in einer zweijährigen feldexperimentellen Studie nachweisen, dass sich Medienzeiten (Fernsehzeiten und Computerspielzeiten) von durchschnittlich sechsjährigen Kindern signifikant und dauerhaft verringern lassen, wenn Eltern ein elektronisches Gerät zur Regulierung der Medienzeiten

haltiger Medien angeregt werden, um ihr allgemeines Involvement zu erhöhen (Doolittle, 1980; Kunczik, M. & Zipfel, 2004). Es ist allerdings fraglich, inwieweit dies noch mit einer Reflexion über Mediengewalt beschrieben werden kann.

ihrer Kinder einsetzen (behavioral engineering technology) (Epstein et al., 2008). Gleichzeitig wurde in dieser Studie auch nachgewiesen, dass sich in der Interventionsgruppe Ernährungsverhalten und Body-Mass-Index der Probanden deutlich günstiger entwickelte als in der Kontrollgruppe. Allerdings berichtet Epstein von einer hohen Verweigerungs- beziehungsweise Abbruchquote unter eingangs kontaktierten Familien. Von 185 kontaktierten Familien nahmen 115 nicht an der Untersuchung teil beziehungsweise brachen die Studie ab, wobei unter 51 dieser Fälle systematische Ausfälle befürchtet werden müssen, da bei Kindern dieser Familien der Body-Mass-Index offenbar oberhalb des 75. Perzentils lag und auch erhebliche Medienzeiten berichtet wurden, sie mithin zur Kernzielgruppe der Studie gehörten.

Insofern erscheinen auch hier insbesondere Studien zur Effektivität schulischer Maßnahmen interessant, da sich über die Schulen eine breitere Bevölkerungsgruppe erreichen lässt. Tatsächlich konnten Robinson und andere mithilfe eines ähnlichen Studiendesigns wie bei Epstein zeigen, dass ähnliche Effekte auch erzielt werden können, wenn eine behavioral engineering technology in Kombination mit schulischem Medienunterricht in der Grundschule eingesetzt wird (Robinson, 1999), ohne dass dabei ähnliche hohe Abbruchraten berichtet wurden[134]. Aber auch ohne den Einsatz elektronischer Medienzeitbegrenzer konnten Austin und andere zeigen, dass Medienunterricht ein effektives Mittel ist, gestörte Ernährungsgewohnheiten (Adipositas wie auch Anorexie) zu verändern (Austin, Field, Wiecha, Peterson & Gortmaker, 2005). Dabei war diese Intervention, die sich ausschließlich auf Mädchen sechster und siebter Schulklassen bezog, aber nicht allein medien- beziehungsweise mediennutzungsbezogen, sondern integrierte die medienbezogene Intervention in ein Bündel weiterer Maßnahmen (Aufklärung über Ernährungsfragen im Unterricht etc.), so dass es schwierig ist, eine Aussage darüber zu treffen, in welcher Weise der medienbezogene Teil des Programms zum Erfolg des Gesamtprogramms beigetragen hat. So konnten Salmon und andere zeigen, dass auch ein Ernährungsunterrichtsprogramm ohne Medienbezug geeignet sein kann, Mediennutzung zu reduzieren (Salmon, J., Ball, Hume, Booth & Crawford, 2008).

---

134 Robinson setze dabei auf einen reinen Medienunterricht, Informationen über gesunde Ernährung etc. wurden den Schülern nicht gegeben.

8 Folgerungen für die Prävention problematischer Mediennutzung im Kindesalter

Welche Hinweise ergeben sich aus den Erkenntnissen der Health-Promotion-Forschung zur erfolgreichen Gestaltung präventiver Maßnahmen und den oben dargestellten medienbezogenen Präventionsprogrammen für die Entwicklung eines eigenen Konzeptes zur Prävention problematischer Mediennutzungsmuster im Kindesalter? Diese Frage soll im Hinblick auf die folgenden Merkmale des Präventionskonzeptes beantwortet werden, so dass anschließend eine genaue Definition der Präventionsziele und der gewählten Präventionsinstrumente erfolgen kann:

- Allgemeine Ziele und Reichweite des Programms
- Alter
- Beteiligte Akteure und Institutionen

8.1 Allgemeine Ziele und Reichweite des Programms

Es wurde bereits dargelegt, dass Mediennutzungsmuter bereits im Kindesalter problematische Ausprägungen haben können (vgl. S. 137 - 150 in dieser Arbeit). Insofern existiert bereits im Kindesalter neben der großen Gruppe mit derzeit unproblematischer Mediennutzung, deren medienbezogene Einstellungen und Verhaltensweisen auch für die Zukunft und insbesondere für Phasen krisenhaften Wandels es zu festigen gilt, eine zweite, kleinere Gruppe, deren aktuelle Mediennutzung bereits das Risiko dauerhaft problematischer Mediennutzungsmuster impliziert. Vor dem Hintergrund der Tatsache, dass „[...] bedeutsame Verhaltens- und Lebensstile sich im Laufe der Sozialisation früh entwickeln und stabilisieren und später nur sehr schwer wieder zu ändern sind [...]" (Jerusalem, 2006, S. 31), erscheint es wichtig und geboten, mit Programmen der Medienprävention beide Gruppen anzusprechen, also in die primärpräventive Bemühung der Vermeidung problematischer Mediennutzungsmuter auch sekundärpräventive Inhalte einfließen zu lassen. Der praktische Vorteil der Betonung des primärpräventiven Elements liegt zunächst auf der Hand: Ein entsprechendes Programm kann schnell in einer Zielpopulation implementiert werden, ohne vorher ein Screening durchführen zu müssen, um besondere Risikoträger oder Kinder mit bereits problematischer Mediennutzung zu identifizieren. Allerdings kann kritisiert werden, dass mit einem solch breiten Präventionsansatz die Belange besonderer Risikoträger beziehungsweise Kinder mit bereits problematischer Mediennutzung nicht ausreichend Beachtung finden und die Maßnahme im Hinblick auf besonders risikoexponierte Mitglieder der Zielpopulation nicht effektiv ist. Dies erscheint aber zunächst als ein technisches Problem und nicht als grundsätzlicher Widerspruch, solange es gelingt, die Belange besonderer Risikopopulationen im Rahmen eines Präventionsprogramms hinreichend zu berücksichtigen.

Ziel muss es also sein, ein im Ansatz sehr allgemeines primärpräventives Programm gezielt um sekundärpräventive Elemente zu bereichern. Einen solchen Weg beschreitet auch die überwiegende Anzahl der oben dargestellten Interventionsprogramme. Ein weiterer bedenkenswerter Aspekt hinsichtlich Ziel und Reichweite eines Präventionsprogramms ist die Einfachheit beziehungsweise Replizierbarkeit seiner Umsetzung. Die Replikation des schulbasierten Medienerziehungsprogramms von Robinson (1999), welches sich im Hinblick auf eine Reduktion von Aggressivität und Fettleibigkeit bei Grundschulkindern zumindest kurzfristig als effektiv erwies, erfordert beispielsweise einen recht hohen zeitlichen Aufwand und nicht unbeträchtlichen finanziellen Aufwand auf Seiten von Schule und Eltern[135], so dass zumindest fraglich erscheint, ob ein solches Programm trotz nachgewiesener Effektivität in größerem Maße zur Anwendung kommen kann.

Eine Maßnahme, deren Ziel es ist, medienbezogenes Risikoverhalten von Minderjährigen wirkungsvoll zu verhindern, sollte grundsätzlich den Anspruch haben, nicht nur kurzfristige, sondern auch mittel- und langfristige Wirkungen zu entfalten. Insofern ist darauf zu achten, Prozesse in Gang zu setzen und - mittels Wiederholung und Verstärkung - zu etablieren, die auch nach Abschluss der

---

135 So umfasste das Programm 18 inhaltlich vorstrukturierte Unterrichtsstunden innerhalb von zwei Monaten, weitere 17 Unterrichtsstunden, in denen kurz die Forschritte der Schüler/innen bei der Einhaltung vereinbarter Medienzeiten besprochen wurden sowie die Verteilung eines elektronischen Geräts zur Medienzeitbegrenzung, welches im Rahmen der Studie allen Eltern der 106 in der Unterrichtsgruppe befindlichen Grundschüler/inne/n kostenlos zur Verfügung gestellt wurde (regulärer Preis: 99 US-Dollar (http://www.tvallowance.com). Ein Satz Unterrichtsmaterialien für Lehrkräfte mit Handlungsanweisungen und Kopiervorlagen für Schüler-Arbeitsblätter kostet 199,- US-Dollar (http://notv.stanford.edu). Wilde, Lauritsen, Saphir und Robinson (2004) weisen zwar darauf hin, dass die Nutzung der elektronischen Medienzeitbegrenzer im Rahmen des Medienunterrichts optional ist, die empirisch nachgewiesenen Effekte des Programm wurden jedoch unter Verwendung dieser Geräte erzielt.

Maßnahme derart weiterlaufen, dass medienbezogenes Risikoverhalten dauerhaft verhindert wird (vgl. Bond & Hauf, 2004, 4. Kriterium: Angemessene Dosierung der Maßnahme). Jerusalem (2006, S. 51) betont, dass soziale Eingebundenheit ein wesentlicher protektiver Faktor gegenüber Risikoverhalten ist. Daher ist es wichtig, nicht nur Lernprozesse und Verhaltensänderungen bei den primären Adressaten der Maßnahme zu initiieren, sondern auch wirkungsvolle Impulse in wichtigen potentiell stützenden Bezugsinstanzen zu setzen und vorhandene Ressourcen in diesen Bezugsinstanzen zu stärken: der Familie, der Peergroup sowie der Schule. Dies entspricht auch der Forderung von Bond und Hauf nach Berücksichtigung vorhandener Stärken und protektiver Faktoren sowie dem Kriterium nach einer system- und ebenenübergreifenden Perspektive der Prävention (vgl. Bond & Hauf, 2004, Kriterien 3 und 5).

In Kapitel 7.2.1 (ab S. 159) wurde bereits darauf hingewiesen, dass in Deutschland eine Vielzahl medienerzieherischer Konzepte und Projekte existiert, ohne dass sich aus den zahlreichen Pilotprojekten bisher ein medienerzieherischer Standard herausgebildet hat. Ein Grund für diesen Umstand ist wohl auch im weitgehenden Fehlen empirischer Studien zur Wirksamkeit der meisten Projekte zu sehen. Darüber hinaus wurde bereits angesprochen, dass viele, auch evaluierte medienbezogene Projekte sehr spezielle Ziele der Medienkompetenzvermittlung verfolgen und sich auf eher periphere Bereiche der Medienerziehung beziehen (vgl. S. 173 - 179 in dieser Arbeit). Ebenso wurde bereits die häufig defizitäre medienerzieherische Kompetenz von Lehrkräften angesprochen, die im schulischen Bereich der Medienerziehung ein Grund für geringe Umsetzung medienerzieherischer Inhalte sein kann (vgl. S. 168 - 173 in dieser Arbeit). Ein Ziel der zu entwickelnden Maßnahme soll es daher sein, ein für Akteure der Medienerziehung leicht zugängliches, leicht verständliches und effizient einsetzbares Programm zu entwickeln, dessen Akzeptanz eine breitere Implementation über den reinen Pilotcharakter der Maßnahme hinaus gewährleistet.

8.2 Alter

Die Auseinandersetzung mit den Belangen und besonderen Eigenschaften der Zielgruppe einer Prävention wird bereits von Bond und Hauf (2004, 6. Erfolgskriterium) betont. Auch wenn die Meinung zunächst einleuchtend erscheint, dass die Prävention problematischer Verhaltensweisen möglichst früh beginnen muss, zumal kindliche Einstellungs- und Verhaltensmuster noch nicht derart habitualisiert und teilweise automatisiert sind, wie dies etwa bei Jugendlichen oder Erwachsenen der Fall ist, sind verhaltensorientierten Präventionsprogrammen bei Kindern dennoch Grenzen gesetzt.

So betonen Lohaus und Lißmann insbesondere die Rolle der geistigen Entwicklung von Kindern, die Möglichkeiten und Grenzen präventiver Maßnahmen im Kindes- und Jugendalter determiniert (Lohaus & Lißmann, 2006). Sie verweisen darauf, dass Kinder in unterschiedlicher Weise in der Lage sind, Präventionsinformationen aufzunehmen und zu verarbeiten, diese Informationen auf ihr konkretes Verhalten und dessen Konsequenzen zu beziehen und ihr Verhalten entsprechend zu reflektieren und zu regulieren (ebenda). So konstatieren die Autoren hinsichtlich der kognitiven Fähigkeiten von Kindern im Klein- und Vorschulalter, dass diese noch ein mangelndes Verständnis für die Zusammenhänge und Kausalbeziehungen von Ereignissen haben und insofern für Argumente bezüglich möglicher negativer Folgen eines für sie als angenehm empfundenen Verhaltens schwer empfänglich sind (S. 61). Insbesondere würden von kleinen Kindern oft falsche kausale Bezüge hergestellt. Auch könne aufgrund eines ausgeprägten Egozentrismus des Denkens von kleinen Kindern noch nicht nachvollzogen werden, dass als unangenehm empfundene Maßnahmen (wie zum Beispiel Impfungen oder Verbote), einem positiven Zweck dienen und Akteure, die an solchen Maßnahmen beteiligt sind, ein positives Ziel verfolgen (S. 62). Erst im Grundschulalter sei ein grundlegendes Verständnis für einfache Ursache-Wirkungsbeziehungen vorhanden und es könne bei als einschränkend und unangenehm empfundenen Maßnahmen die Einsicht über einen positiven Zweck und die prinzipielle Gutwilligkeit der ausführenden Akteure entwickelt werden (S. 63). Auch die Möglichkeiten der Verhaltenssteuerung sind stark entwicklungsabhängig. Klein- und Vorschulkinder besitzen noch nicht die entsprechende Kontrolle über ihr eigenes Handeln. So fassen Arnold und Lohaus zusammen, dass Vorschulkinder zwar durch Fremdinstruktion zu bestimmten Handlungen veranlasst werden können, demgegenüber aber weniger leicht dazu, Handlungen zu unterlassen. Erst im Alter von fünf bis sechs Jahren sei die gezielte Handlungshemmung durch Sprache möglich (ebenda, S. 75).

Prävention kann mithin im frühkindlichen Bereich fast ausschließlich fremdkontrolliert (zum Beispiel durch Eltern) stattfinden, da kleine Kinder weder die kognitive noch emotionale Reife besitzen, Präventionsbotschaften korrekt zu verstehen, zu verarbeiten, zu speichern und auf sich selbst zu beziehen. Darüber hinaus besitzen sie - selbst unter der (rein theoretischen) Voraussetzung ausreichender kognitiver Fähigkeiten - noch nicht die entsprechende Kontrolle über ihr eigenes Handeln.

(Eltern-Kind-)Verhältnisorientierte Präventionsansätze können somit durchaus wichtige Grundlagen oder Ergänzungen späterer verhaltensorientierter Präventionsarbeit sein (ebenda, S. 58 - 59), jedoch werden sie gerade im Hinblick auf Mediennutzungsverhalten die Arbeit mit den Kindern nie ersetzen können, ist doch individuelle Mediennutzung als aktive, individuelle Handlung zu verstehen, bei der Medien absichtsvoll und selektiv zur Befriedigung eigener Bedürfnisse eingesetzt werden (Vogel, Suckfüll & Gleich, 2007, S. 353) und damit vor allem als selbstgesteuerter und der eigenen Reflexion zugänglicher Prozess. In Kapitel 3 (S. 45 - 59 in dieser Arbeit) wurde darüber hinaus darauf verwiesen, dass Kinder erst im Grundschulalter die Fähigkeit besitzen, Medieninhalte so zu verstehen, dass auch Reflexionen über mediale Handlungen und Geschichten möglich sind, dass erst in diesem Alter Realitätsgehalt von Medieninhalten beurteilt werden, insbesondere Werbung von redaktionellen Inhalten unterschieden werden kann. Kinder im Grundschulalter befinden sich also (zumindest im Durchschnitt) auf einer Entwicklungsstufe, auf der ein grundlegendes Verständnis (elektronischer) Medieninhalte erwartet werden kann, während inhaltlich problematische Nutzungsmuster - zumindest im Vergleich zum Jugendalter - noch relativ schwach ausgeprägt sind.

Ein weiteres, wenn auch rein forschungspraktisches Problem ergibt sich bei sehr früh ansetzenden Präventionsprogrammen aus der Tatsache, dass Erfolge von Präventionsprogrammen im Vorschulalter nur sehr aufwändig zu evaluieren sind. Selbstauskünfte der Kinder können kaum standardisiert erhoben werden und sind in ihrer Validität deutlich eingeschränkt. Valide Fremdbeurteilungs- beziehungsweise Beobachtungsinstrumente sind dagegen sehr aufwändig, was wiederum die Gesamtkosten der Maßnahme erheblich erhöht.

Vor diesem Hintergrund ist zu erklären, dass erfolgreiche evaluierte Medieninterventionsprogramme vor allem für Kinder im Grundschulalter dokumentiert sind (vgl. Robinson, Wilde et al., 2001; Rosenkoetter et al., 2004). Es ist allerdings aufgrund der Erkenntnisse der Mediennutzungsforschung (vgl. insbesondere S. 156 - 157 in dieser Arbeit) und der Medienwirkungsforschung (vgl. S. 61 - 124 in dieser Arbeit) darauf hinzuweisen, dass medienbezogene Präventionsprogramme in der Grundschule nicht erst in der vierten Klasse einsetzen sollten. Die Erkenntnisse von Ennemoser und Schneider (2007) weisen beispielsweise darauf hin, dass klare negative Effekte der Unterhaltungsfernsehnutzung auf schulische Leistungen gerade von der ersten bis dritten Klasse nachgewiesen werden konnten. Dies zeigt, dass entsprechende Präventionsprogramme spätestens zu diesem Zeitpunkt ansetzen sollten.

8.3 Beteiligte Akteure und Institutionen

8.3.1 Eltern

Es konnte bereits gezeigt werden, dass Mediennutzungsmuster von Kindern stark durch elterliche Medienerziehung und elterliches Vorbild geprägt sind (vgl. S. 125 - 130 in dieser Arbeit). Die Familie und insbesondere die Eltern bilden für Kinder bis zur Adoleszenz die wichtigste Bezugsgröße und sind insofern ein wichtiger Partner bei der Prävention kindlichen Risikoverhaltens (Elben & Lohaus, 2003, S. 389). Auch konnte gezeigt werden, dass das elterliche Vorbild im Hinblick auf die kindliche Mediennutzung einen wichtigen Einflussfaktor darstellt, sowohl als Regulativ wie auch als Verstärker. Das Ansetzen medienbezogener Risikoprävention im Elternhaus hat somit zweifellos den Vorteil, diejenige Instanz in den Fokus zu nehmen, deren Einfluss auf das kindliche Medienverhalten als besonders groß einzuschätzen ist. Andererseits zeigen die oben berichteten Ergebnisse von Interventionsstudien, dass im Rahmen elternhauszentrierter Interventionsprogramme systematische Ausfälle gerade bei Familien mit problematischen Mediennutzungsmustern zu erwarten sind (Epstein et. al., 2008; vgl. auch S. 188 in dieser Arbeit). und dass sich insbesondere dort vielversprechende Ergebnisse medienbezogener Prävention zeigten, wo neben der Familie andere Instanzen einbezogen wurden (vgl. auch S. 185 - 189 in dieser Arbeit).

Systemische Präventionsansätze, innerhalb derer verschiedene Lebensbereiche und soziale Kontexte von Personen eingebunden werden, gehen, wie bereits dargestellt, von einer besonderen protektiven Kraft sozialer Eingebundenheit gegenüber Risikoverhalten aus (vgl. S. 156 in dieser Arbeit). Über systemische Zugänge, in denen neben dem Elternhaus auch weitere wichtige soziale Kontexte von Kindern, insbesondere die Schule, sowie Gleichaltrige in den Fokus genommen werden, kann es deutlich besser gelingen, mediennutzungsbezogene Defizite oder fehlende Teilnahmebereitschaft an einem Präventionsprogramm in dem einen sozialen Kontext (zum Beispiel Elternhaus oder Peergroup) durch Engagement in einem anderen sozialen Kontext abzufedern.

8.3.2 Schule

Vor dem Hintergrund der obigen Überlegungen bietet sich die Schule als Zentrum präventiver Maßnahmen an, da aufgrund der allgemeinen Schulpflicht hier ein „Zugriff" auf alle Kinder möglich ist, da schulzentrierte Präventionen in der Regel ganze Klassen und damit auch einen großen Teil der Peergroup der Kinder erfasst und da, besonders in der Grundschule, durch die Schule kommunizierte Inhalte auch in Elternhäusern Beachtung finden, die sonst schlecht oder gar nicht erreichbar sind. Jerusalem betont darüber hinaus auch Vorteile für Organisation und Evaluation einer Maßnahme:

> „Der weitaus größte Teil der Prävention und Gesundheitsförderung bei Kindern und Jugendlichen findet in der Schule statt, da Schule einen relativ einfachen Zugang zu repräsentativen Altersstichproben eröffnet und durch ihren organisatorischen Rahmen gruppenbezogene Maßnahmen sowie Planung und Umsetzung von Untersuchungsplänen zur Evaluation der Programmmaßnahmen erleichtert. Zudem verbringen Kinder und Jugendliche einen Großteil ihres Alltags in der Schule, die über viele Jahre ihre kognitive, soziale und emotionale Entwicklung und damit auch die Entwicklung gesundheitlicher Risikoverhaltensweisen beeinflusst." (Jerusalem, 2003, S. 461)

Die Schule ist demnach prinzipiell ein geeignetes Zentrum eines Präventionsprogramms zur Minimierung medienbezogenen Risikoverhaltens von Kindern. Aufgrund der Überlegungen zu relevanten Altersgruppen einer solchen Präventionsmaßnahme (vgl. S. 193 - 196 in dieser Arbeit), wird deutlich, dass Grundschulen aufgrund des Entwicklungsstandes der Kinder und der zu erwartenden positiven Effekte einer Maßnahme ein besonders geeignetes Umfeld für eine entsprechende Maßnahme bilden.

Neben den *allgemeinen* Vorteilen schulischer Prävention ergeben sich auch weitere *spezielle* Chancen und Vorteile schulischer Prävention, die mit dem konkreten Thema des hier verfolgten Präventionsanliegens zusammenhängen. So betreffen mehrere der in Kapitel 4 beschrieben Effekte problematischer Mediennutzung die Arbeit von Schulen und Lehrkräften unmittelbar (so zum Beispiel Aggressivität und Schulleistungen) und wecken insofern ein deutliches Interesse bei Lehrkräften und Schulleitungen. In Zeiten sinkender Schülerzahlen[136] gibt es im Rahmen der Schulentwicklung zahlreiche Bemühungen, das Profil einzelner Schulen - unter anderem eben durch nachweisbare Aktivitäten in der Medienerziehung - zu stärken und einzelne Schulen für Kinder und ihre Eltern attraktiver zu machen.

Es wurde bereits angedeutet, dass insbesondere medienbezogene Präventionsmaßnahmen in Grundschulen auch einige Probleme mit sich bringen. Bereits Grundschulen unterliegen vor dem Hintergrund internationaler Kompetenzvergleichsstudien wie TIMMS einem großen Druck, Basiskompetenzen der Schülerinnen und Schüler in so genannten Kernfächern zu stärken. Gleichzeitig werden an die Institution Schule Präventions- und

---

136 Zwischen 1995 und 2008 sanken die Schülerzahlen an allgemeinbildenden Schulen um knapp 10 Prozent (Statistisches Bundesamt, 2009, S. 125).

Bildungsanliegen aus ganz verschiedenen Bereichen wie der Ernährungsforschung und der Wirtschaft herangetragen, aber auch der Missbrauchs- und Kriminalprävention, der Sexual- oder der Verkehrserziehung (Kleimann, 2009). Bereits Grundschulen müssen somit den Spagat schaffen zwischen der von Politik und vielen Eltern geforderten Konzentration auf die Vermittlung von Kernkompetenzen und der Ausweitung des Curriculums im Hinblick auf Themen, die bisher nicht zum klassischen Bildungskanon gehörten. In Ermangelung eines eigenen Unterrichtsfachs gilt es demnach, medienerzieherische Bildungsanliegen in den bestehenden Kanon einzugliedern. Eine weitere Herausforderung für die Realisierung eines medienbezogenen Präventionsprogramms in der Grundschule stellt die mäßig verankerte Praxis der Medienerziehung gerade in Grundschulen dar (vgl. die Ausführung in dieser Arbeit zum Status Quo schulischer Bemühungen in der Medienerziehung auf S. 168 - 173).

Vor dem Hintergrund, dass sich insbesondere Grundschullehrerinnen, aus denen sich die Lehrerschaft von Grundschulen zu 88 Prozent rekrutiert (Statistisches Bundesamt, 2009, S. 133), trotz eines deutlichen Problembewusstseins im Hinblick auf kindliche Mediennutzung bisher wenig konkret mit der alltäglichen Medienwelt der Kinder auseinandersetzen und wenig medienerzieherische Inhalte in ihren Unterricht einfließen lassen, ergibt sich hier ein deutlicher Fortbildungsbedarf, wenn gewährleistet werden soll, dass die Prävention medienbezogenen Risikoverhaltens in Grundschulen durch Lehrkräfte geleistet werden soll. Auch das hohe Durchschnittsalter deutscher Lehrkräfte mit rund 48 Jahren (Statistisches Bundesamt, 2006)[137] kann zu Problemen führen, sind doch die aktuellen Alltagsmedienerfahrungen von Kindern im Grundschulalter, die im Rahmen medienerzieherischen Unterrichts unbedingt anzusprechen sind, weder mit den eigenen kindlichen Medienerfahrungen der Lehrkräfte noch - zumindest im Durchschnitt - mit den Medienerfahrungen ihrer eigenen Kinder zu vergleichen. Vor dem Hintergrund, dass zumindest ein großer Teil der Lehrkräfte ab dem 19. Berufsjahr zu konservativ-pessimistischer Haltung gegenüber neuen Konzepten und ihrer Wirksamkeit tendiert (Huberman, 1989), ist zu erwarten, dass nicht nur Wissensdefizite zur alltäglichen Mediennutzung von Kindern auf Seiten der Lehrkräfte auszugleichen sind, sondern dass bei einem Teil der Lehrkräfte mit einer gewissen Skepsis gegenüber einem Konzept der Prävention medienbezogenen Risikoverhaltens durch die Schule zu rechnen ist.

---

137 Angaben zum Durchschnittsalter von Grundschullehrkräften in Deutschland wurden vom Statistischen Bundesamt nicht veröffentlicht. Gysbers (2008, S. 240) kommt in seiner für Niedersachsen repräsentativen Befragung zu einem Durchschnittsalter von 46,8 Jahren.

Wenn auf Seiten der Lehrkräfte u. U. einige Problemen bei der Umsetzung zu erwarten sind, kann dennoch als unstrittig gelten, dass nachhaltige schulische Prävention medienbezogenen Risikoverhaltens nur dann erfolgen kann, wenn sie durch die regulären Lehrkräfte, nicht etwa von externen Experten durchgeführt wird. Zwar geben Lohaus, Domsch und Klein-Heßling (2008, S. 501) zu bedenken, dass zumindest jugendliche Schülerinnen und Schüler die Vermittlung präventiver Inhalte am ehesten durch externe Experten wünschen, während Lehrkräfte als Vermittler solcher Inhalte weniger gewünscht werden, dennoch erscheint die Forderung nach der Einbindung externer Experten als eher realitätsfern in Bezug auf den oben formulierten Anspruch der breiten Implementierbarkeit der Maßnahme über einen reinen Pilotcharakter hinaus (vgl. die Ausführungen zu den allgemeinen Zielen des Programms ab Seite 191). So beklagt auch Molderings (2007, S. 70) für den Bereich der Ernährungserziehung in der Grundschule, deren Status dem der Medienerziehung in der Grundschule in vielen Bereichen ähnlich ist[138], dass die Durchführung des Unterrichts häufig durch externe Experten erfolgt, und die tägliche Unterrichtspraxis in der Schule in nur unzureichend berücksichtigt wird.

Zusammenfassend lässt sich festhalten, dass Schulen, insbesondere Grundschulen, prinzipiell besonders günstige Voraussetzungen zur Durchführung präventiver Maßnahmen haben, dass es hinsichtlich der Etablierung einer medienerzieherischen Prävention aber auch eine Reihe von Herausforderungen gibt, die es bei der Planung und Durchführung der Maßnahme zu beachten gilt.

8.4 Spezifizierung der Präventionsziele und der gewählten Präventionsinstrumente

Aufgrund der vorstehenden Überlegungen ist es nunmehr möglich, die allgemeinen Ziele des Programms unter Ergänzung grundlegender Schritte zur Zielerreichung zu konkretisieren und damit einen wichtigen Teil des zweiten

---

138 Ähnlichkeiten zwischen beiden Bereichen existieren etwa bei der frühzeitigen Entwicklung relativ stabiler Ernährungs- bzw. Mediennutzungsmuster, der wichtigen Rolle des Elternhauses sowie der ähnlich oberflächlichen Verankerung von Ernährungserziehung und Medienerziehung in schulischen Rahmenrichtlinien (ein Überblick zu Einflussfaktoren gesunder Ernährung und schulischer Verankerung der Medienerziehung bei Molderings, 2007, S. 7 - 77). Darüber hinaus wird Medienerziehung (etwa im Hinblick auf den Umgang mit Werbung) in einigen Präventionsprogrammen zur Ernährungserziehung als ein Baustein verwendet.

Kriteriums der von Bond und Hauf (2004) entwickelten Erfolgsfaktoren primärpräventiver Maßnahme zu erfüllen:
Ziel des Präventionsprogramms ist es, durch ein

- schulisches Medienerziehungsprogramm,
- welches auf Kinder ab der dritten Grundschulklasse
- und ihr familiäres Umfeld ausgerichtet ist,
- und das von Grundschullehrkräften vermittelt wird,
- die Entwicklung zeitlich, inhaltlich und funktional problematischer Mediennutzungsmuster messbar, nachhaltig und replizierbar zu verhindern
- und bereits bestehende problematische Mediennutzungsmuster aufzubrechen.

8.4.1 Evaluation

Hager und Hasselhorn (2000) verweisen darauf, dass eine Maßnahme nur dann als wissenschaftlich fundiert gelten kann, wenn zumindest ansatzweise Inhalte und Vermittlungsarten theoretisch begründet sind und der empirische Nachweis der Wirksamkeit oder Effektivität der Maßnahme erbracht wurde. Dies entspricht auch dem siebten Kriterium von Bond und Hauf (2004) zur Durchführung erfolgreicher Prävention (vgl. S. 184 in dieser Arbeit). Unter Bezug auf die Evaluation schulischer Maßnahmen spricht Helmke (2009, S. 269) von der Notwendigkeit, die Qualität von Schule und Unterricht kontinuierlich zu prüfen, zu sichern und ggf. zu verbessern. Evaluationen sind demnach gekennzeichnet durch die

(1) Systematische Erfassung[139]
(2) der Durchführung oder der Ergebnisse
(3) eines Programmes oder einer Maßnahme
(4) verglichen mit vorgegebenen Standards, Kriterien, Erwartungen oder Hypothesen
(5) mit dem Ziel der Verbesserung des Programmes oder der Maßnahme.

---

139 Die Tatsache, dass im Rahmen einer wissenschaftlich-systematischen Evaluation die drei Hauptkriterien wissenschaftlichen Arbeitens (Objektivität, Reliabilität und Validität) erfüllt werden müssen, kann dabei als selbstverständlich vorausgesetzt werden.

Die Evaluation der im Folgenden weiter zu spezifizierenden Maßnahme soll vor allem empirische Effekte der Maßnahme im Hinblick auf noch genauer festzulegende Erfolgskriterien messen. Mittag (2006, S. 99) nennt drei Hauptarten der Evaluation: Die Evaluation der Programmkonzeption, die Evaluation der Programmdurchführung sowie die Evaluation der Programmwirksamkeit. In einer etwas differenzierteren Darstellung unterscheiden Mittag und Hager (2000) fünf verschiedene Evaluationsarten, die sie den vier verschiedenen Stufen des zu evaluierenden Programms zuordnen (siehe Abbildung 2):
Die (1) Evaluation der Programmkonzeption vor der Erprobung des Programms, die (2) formative Evaluation während der Erprobung des Programms, die (3) Evaluation der Programmdurchführung und die (4) Evaluation der Programmwirksamkeit, während der Durchführung des Programms, die (4) Evaluation der Programmwirksamkeit und (5) Evaluation der Programmeffizienz nach Durchführung des Programms.

Evaluationsarten

vor der Erprobung des Programms	**Evaluation der Programmkonzeption** Antizipatorische oder prospektive Evaluation
während der Erprobung des Programms	**Formative Evaluation** Fortlaufende Evaluation, ggf. Modifikation der Programmkonzeption
während der Durchführung des Programms	**Evaluation der Programmdurchführung** Implementations- und Begleitforschung sowie Prozessevaluation
	Evaluation der Programmwirksamkeit Prozessevaluation, Ergebnis- und Erfolgsevaluation
nach der Durchführung des Programms	**Evaluation der Programmeffizienz** Kosten-Nutzen und Kosten-Effektivitäts-Analysen

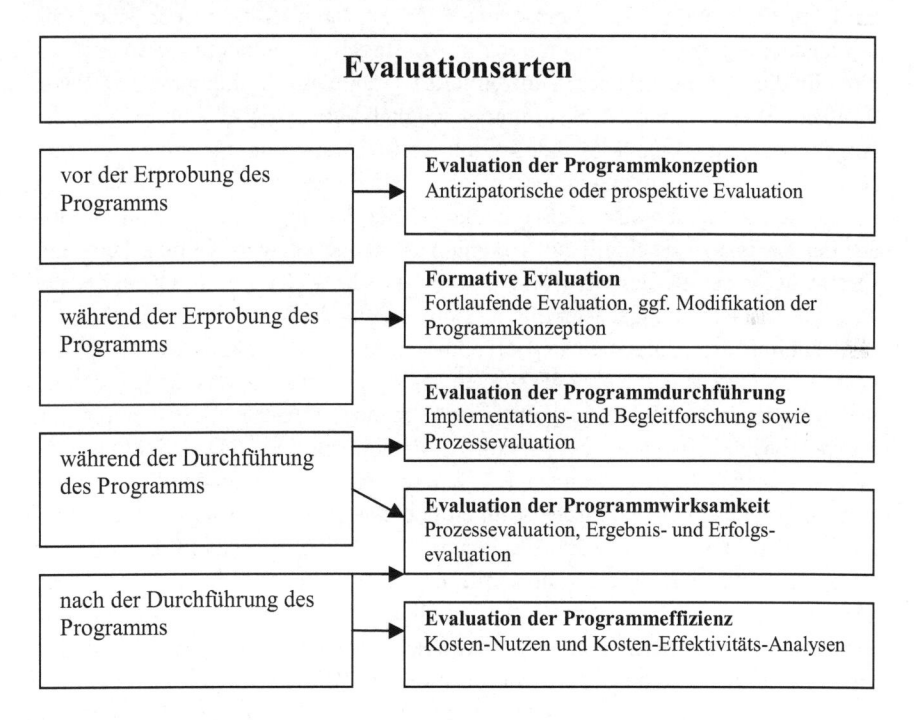

Abbildung 2: Übersicht zur Evaluation von Präventionsprogrammen

Im Folgenden soll dargestellt werden, welche Evaluationsformen im Hinblick auf das hier zu entwickelnde Präventionsprojekt als zentral erachtet werden.

8.4.1.1 Evaluation der Programmkonzeption

Bezüglich der Evaluation der Programmkonzeption macht Mittag (2006) eine Reihe von Durchführungsvorschlägen, um die Angemessenheit der Problemdefinition und der Zielbestimmung des Programms, der Annahmen und Hypothesen zur Wirksamkeit sowie der Annahmen zu eventuellen Nebenwirkungen des Programms zu evaluieren. Außerdem schlägt Mittag einen frühzeitigen Dialog mit den Akteuren der Präventionsmaßnahme über Machbarkeit und Evaluierbarkeit der Maßnahme vor (S. 100 - 104). Wottawa (2006, S. 671) schränkt die praktische Bedeutung der Programmkonzeptionsevaluation allerdings deutlich ein. Das Idealziel, Einschätzungen zur Angemessenheit von Problemdefinition und Zielbestimmung des Programms im Vorhinein zu bewerten, sei, wenn überhaupt, nur bei sehr kleinen, der Grundlagenforschung nahe stehenden Evaluationsansätzen möglich. Normalerweise sei die Zielsetzung der Evaluation zu unklar, zu kontrovers oder zu langfristig, zudem seien die Rahmenbedingungen des Programms in der Regel zu veränderungssensitiv, als dass fundierte (und allgemein akzeptierte) Urteile über Angemessenheit von Problemdefinition und Zielbestimmung möglich seien. Als einziges Mittel, die Angemessenheit von Problemdefinition und Zielbestimmung einem wissenschaftlichen Urteil zugänglich zu machen, kann insofern nur eine möglichst genaue und intersubjektiv nachvollziehbare Begründung der Problemdefinition auf der Basis wissenschaftlicher Erkenntnisse vorgeschlagen werden. Dies entspricht auch der Forderung Bond und Haufs (2004, Kriterium 1) nach einer Theorie- und Forschungsbasierung bei Entwicklung der Maßnahme.

Bezüglich der Annahmen und Hypothesen zur Wirksamkeit sowie den Annahmen zu eventuellen Nebenwirkungen des Programms verweist Mittag darauf, dass gerade diese Punkte aufgrund mangelnder empirischer Daten immer nur prospektivisch-antizipatorischer Natur sein können (S. 104), allerdings, so Wottawa (2006, S. 673), können Ergebnisse bereits existierender Evaluationsstudien Grundlage einer Einschätzung darüber sein, ob die avisierten Programmziele realistisch sind oder nicht. Ein kurzer Überblick über thematisch verwandte Programme und ihre Evaluation wurde in dieser Arbeit bereits auf den Seiten 185 - 189 geleistet, die bereits skizzierten allgemeinen Ziele des Programms sind vor diesem Hintergrund nicht als unrealistisch einzustufen. Möglich und wichtig erscheint es auch, Mittags Forderung nach einem Dialog mit den Akteuren der Präventionsmaßnahme über Machbarkeit und Evaluierbarkeit der Maßnahme zu erfüllen, so dass dieser Teilbereich der Konzeptionsevaluation in die weitere Planung der Maßnahme einbezogen werden soll.

8.4.1.2 Formative Evaluation und Evaluation der Programmdurchführung

Da Maßnahmen zur Prävention problematischer Mediennutzungsmuster bei Kindern zumindest im deutschsprachigen Raum bisher nicht wissenschaftlich dokumentiert und evaluiert wurden, ist die Forderung nach einer formativen Evaluation gut begründet. In Kapitel 8.1 wurde darauf hingewiesen, dass ein ausdrückliches Ziel ist, ein für Akteure der Medienerziehung leicht zugängliches und leicht verständliches Programm zu entwickeln. Insofern ist es notwendig, gerade diese Punkte bereits während der Erprobung des Programms zu evaluieren, da ein Scheitern der Maßnahme an diesen Punkten mit einiger Wahrscheinlichkeit die gesamte Wirksamkeit des Programms beeinträchtigen würde und zudem die Relevanz des Programm ganz grundsätzlich in Frage stellen würde. Bei Präventionsmaßnahmen an Kindern ergeben sich insbesondere Fragen hinsichtlich der Verständlichkeit und Altersangemessenheit der Programminhalte (vgl. Seite 193 - 196 in dieser Arbeit), so dass es äußerst sinnvoll ist, diese Fragen spätestens während der Erprobung der Maßnahme zu klären. Wenn diese Punkte bereits während der Programmerprobung geklärt werden, ist eine Implementationsforschung während der Programmdurchführung nicht zwingend notwendig, kann aber dennoch Anhaltspunkte über mögliche Probleme in der Programmimplementation liefern. Insbesondere sollten solche Sachverhalte begleitend zur Programmdurchführung erfasst werden, von denen angenommen werden kann, dass sie intervenierende Größen im Rahmen der Programmwirksamkeitsevaluation darstellen.

8.4.1.3 Evaluation der Programmwirksamkeit

Mittag und Hager (2000) unterscheiden zwischen Programmwirksamkeitsevaluationen während des laufenden Programms und nach Abschluss des Programms. Zweifellos ist die Programmwirksamkeitsevaluation nach Abschluss des Programms der Kern aller evaluativen Maßnahmen und wird auch in der hier beschrieben Maßnahme das entscheidende Kriterium für die Beurteilung des Programms sein. In Kapitel 8.1 wurde zudem deutlich gemacht, dass im Rahmen der Maßnahme darauf zu achten sein wird, Prozesse in Gang zu setzen und - mittels Wiederholung und Verstärkung - zu etablieren, so dass medienbezogenes Risikoverhalten dauerhaft verhindert wird. Die durch diesen Anspruch bereits angedeutete Langfristigkeit der Maßnahme ermöglicht es, durch zwischenzeitliche Effektmessungen angedeutete Entwicklungen der Programmwirksamkeit zu analysieren und in die Feinjustierung weiterer Programmabschnitte einfließen zu lassen.

8.4.1.4 Evaluation der Programmeffizienz

Wie bei den allgemeinen Zielen des Programm beschrieben, soll es auch darum gehen, ein effizient einsetzbares Programm zu entwickeln, dessen Akzeptanz eine breitere Implementation über den reinen Pilotcharakter der Maßnahme hinaus gewährleistet. Es stellt sich allerdings die Frage, inwieweit die Programmeffizienz eines schulischen Präventionsprogramms im Rahmen einer aufwändigen Effizienzevaluationsstudie geklärt werden muss, da mit Jerusalem (2003, S. 461) darauf verwiesen werden kann, das schulische Präventionsmaßnahmen unter organisatorischen und ökonomischen Gesichtspunkten sehr günstige Präventionsformen darstellen. Die Frage der Programmeffizienz stellt sich insofern bei einer Maßnahme, die von Lehrkräften mithilfe schulüblicher didaktischer Medien durchgeführt wird, nicht so vordringlich wie bei Präventionsprogrammen mit deutlich schwerer zu erreichenden Zielgruppen.

8.4.1.5 Evaluation - Fazit

Aus den obigen Ausführungen wird deutlich, dass die Ergebnisevaluation nach Ende des Programms zwar den Hauptteil einer Evaluation ausmachen sollte, dass aber wichtige Erkenntnisse auch durch Einbezug von Teilen einer Konzeptionsevaluation, einer formativen Evaluation und einer Evaluation der Programmdurchführung gewonnen werden können. Insofern sollte die reine Ergebnisevaluation durch Aspekte der angesprochenen Evaluationsarten angereichert werden.

8.4.2 Prävention medienbezogenen Risikoverhaltens in der Grundschule

8.4.2.1 Lehrkräfte als Schlüsselfiguren des Präventionserfolges

Mit der Entscheidung, die Durchführung der Maßnahme in die Hände der regulären Lehrkräfte zu legen, ergeben sich eine Reihe besonderer Herausforderungen, denn Lehrkräfte werden dadurch zu Schlüsselfiguren für den Erfolg der Maßnahme. Ihre Teilnahmemotivation, ihre Kompetenz bei der Vermittlung der Unterrichtsinhalte und ihre Fähigkeit, Schülerinnen, Schüler und Eltern für die Teilnahme an der Maßnahme zu motivieren, sind entscheidend für Erfolg oder Misserfolg der Präventionsmaßnahme. Nicht umsonst verweisen Bond und Hauf (2004) darauf, dass der Erfolg einer Maßnahme entscheidend von der Zustimmung und Motivation der beteiligten Gruppen (zweiter Teil des Kriterium 2, vgl. S. 184 in dieser Arbeit) und einer Berücksichtigung der vorhandenen Kompetenzen, aber auch der Schwierigkeiten beteiligter Individuen abhängt (Kriterium 5, vgl. S. 184 in dieser Arbeit).

Die Lehr-Lernforschung verweist darauf, dass Unterrichtserfolg von den Eigenschaften und Kompetenzen der Lehrkräfte[140], den vorhandenen Ressourcen und Bedingungen auf Schülerseite[141] sowie einer Passung zwischen Unterricht und Schülervoraussetzungen abhängt (Ruf, Hofer, Keller & Winter, 2008), dass aber auch Erwartungen von Lehrkräften über Erfolg einer Unterrichtseinheit bei bestimmten Schülerinnen oder Schülern den tatsächlichen, objektiv gemessenen Lernerfolg beeinflussen ("Pygmalioneffekt", vgl. Bromme et al., 2006, S. 311). Daneben ist auch den motivationalen Grundvoraussetzungen auf Seite der Lehrkräfte Rechnung zu tragen. So wäre es ein grober Fehler, Lehrkräfte als bloße „Ausführende" eines vorstrukturierten Präventionskonzeptes zu begreifen. Weinert (1998, S. 181 - 183) betont, dass aus organisationspsychologischer Sicht Mitsprache der Beteiligten an einem Prozess fundamental wichtig ist für die Arbeitsmotivation und die Erreichung gesteckter Ziele. Auch wenn darauf hingewiesen wurde, dass es besonders an Grundschulen an medienerzieherischer Praxis und Kompetenz auf Seiten viele Lehrkräfte fehlt, wäre es fatal, die allgemeine didaktische Expertise von Lehrkräften und die durchaus vorhandenen Erfahrungen von Medienerziehungsexperten unter den Lehrkräften nicht mit einzubeziehen.

---

140 Zur Schwierigkeit, konkrete Eigenschaften „guter Lehrer/innen" herauszuarbeiten vgl. Bromme, Rheinberg, Minsel, Winteler und Weidenmann (2006, S. 296 - 334). Vielversprechend erscheint den Autoren der Ansatz, „gute" Lehrer/innen als Experten zu begreifen (2006, S. 332), die Unterrichtssituationen auf der Basis professioneller Kategorien wahrnehmen (zum Beispiel in Form eines Abgleichens von erfahrungsgemäß erfolgreichen *curriculum scripts* oder *Unterrichtsskripts* mit konkret beobachteten Abläufen), sich aktiv Ziele setzen und diese im Rückgriff auf ein breit gefächertes (Fach-) Wissen verfolgen (S. 305 - 306).
141 Gage und Berliner (1996, S. 49 - 225) nennen hier insbesondere die kognitive Entwicklung der Schüler/innen (Intelligenz, Sprachentwicklung, moralische Entwicklung) sowie kulturspezifische, geschlechtsspezifische und begabungsspezifische Unterschiede. Wild, Hofer und Pekrun (2006) ergänzen die Lernmotivation der Schüler/innen, die Anwendung angemessener Lernstrategien und die Fähigkeit zur funktionalen Regulierung von Emotionen.

Ein Präventionsprogramm, das durch Lehrkräfte vermittelt werden soll, muss demnach insbesondere die Voraussetzungen auf Seiten der Lehrkräfte berücksichtigen, um erfolgreich zu sein und möglichst viele Schülerinnen und Schüler zu erreichen.

Dabei werden die folgenden Vorraussetzungen als entscheidend für den Erfolg der Maßnahme erachtet:

(1) Die Lehrkräfte müssen von der Notwendigkeit des Medienunterrichtes überzeugt sein.
(2) Die Lehrkräfte müssen die Schule als einen geeigneten Ort für Medienprävention ansehen.
(3) Die Lehrkräfte müssen von der potentiellen Wirksamkeit der Maßnahme überzeugt sein.
(4) Die Lehrkräfte müssen von der didaktischen Konzeption der Maßnahme überzeugt sein.
(5) Die Lehrkräfte müssen die Durchführung von Medienunterricht vor Eltern und der Schulleitung rechtfertigen können.
(6) Die Lehrkräfte müssen in ihrer Expertise, ihren eigenen Vorstellungen der Unterrichtsgestaltung und ihrer eigenen Meinung zum Präventionsgegenstand ernst genommen werden.
(7) Das Unterrichtskonzept muss den didaktischen und inhaltlichen Kompetenzen und Vorstellungen möglichst aller beteiligten Lehrkräfte entsprechen und genügend Hilfestellungen bei der Durchführung der Maßnahme bieten.
(8) Die Maßnahme muss den materiellen Ressourcen der beteiligten Schulen angepasst sein.

Um die oben aufgeführten Erfolgskriterien der Maßnahme auf Lehrerseite erreichen zu können, werden die folgenden Instrumente als passend erachtet: *Fundierte Konzeption* (Punkte 2-8), *gute Schulung der Lehrkräfte* (Punkte 1-5), und *Einbindung der Lehrkräfte in die Konzeption* (Punkte 6-8). Nachfolgend sollen die theoretischen Überlegungen zur inhaltlichen Konzeption der Maßnahme dargelegt werden. Die Beschreibung von Schulung der Lehrkräfte und die Einbindung der Lehrkräfte in die Konzeption werden im nächsten Teil dieser Arbeit, der Beschreibung der Programmdurchführung dargelegt.

8.4.2.2 Konzeption

8.4.2.2.1 Integration von Medienerziehung in bestehende Curricula

Um die praktische Etablierung von Medienerziehung und Prävention medienbezogenen Risikoverhaltens in der Grundschule zu rechtfertigen, kann neben der gesellschaftlichen Notwendigkeit und den präventionspraktischen Überlegungen zur Schule als besonders geeignetem Raum für präventive Maßnahmen auch auf den Bildungs- und Erziehungsauftrag der Schule im Bereich der Mediennutzung verwiesen werden. Aktuelle Richtlinien und Lehrpläne enthalten zahlreiche Verweise auf die Notwendigkeit und die Möglichkeiten medienerzieherischen Handelns in der Grundschule[142].

Insbesondere der Sachunterricht bietet sich als Ankerpunkt eines solchen Programms an. So argumentiert Mitzlaff:

> „Die Primarstufe gilt als erster Ort einer systematischen schulischen Medienerziehung [...] Auf Grund seiner Zielsetzung, seiner inhaltlichen Struktur und seiner besonderen didaktischen Konzeption erscheint der Sachunterricht als ideales Zentrum dieser grundsätzlich fächerübergreifenden (cross-curricularen) Aufgabe; analog zur „Umweltbildung" bzw. einer „Bildung für nachhaltiges Denken und Handeln" [...] kommt ihm die Rolle eines Zentrierungsfaches der frühen Medienerziehung zu." (Mitzlaff, 2007, S. 182)

Zu möglichen Inhalten medienerzieherischen Handelns im Sachunterricht erklärt Mitzlaff, kritische Medienerziehung bleibe nicht beim Medien-Handling und bei Medienkunde stehen, sondern frage „schon früh nach den individuellen und gesellschaftlichen Wirkungen der Medien" (S. 184). Der Sachkundeunterricht sei *„der Ort schlechthin* für die technik-, medien- und innovationskritische Reflexion und die kreative Suche nach Handlungsalternativen" (ebenda, Kursivsetzung im Original).

Mitzlaffs Einschätzungen decken sich mit den Vorgaben zu Inhalten des Sachunterrichts in den Rahmenlehrplänen zum Sachunterricht verschiedener Bundesländer. So heißt es im gemeinsam erarbeiteten Rahmenlehrplan der

---

142 So konnten Müller und Tulodziecki für Nordrhein-Westfalen zeigen, dass nordrhein-westfälische Richtlinien bereits im Jahr 2000 vielfältigen Spielraum für medienerzieherische Aktivitäten gaben und dass in den Lehrplänen der einzelnen Fächer „zahlreiche explizite Hinweise für Lehrerinnen und Lehrer" zur Praktizierung von Medienerziehung in der Grundschule zu finden waren (Möller, D. & Tulodziecki, 2000, S. 383 - 384). Ähnliches zeigt auch ein Blick in die aktuellen Rahmenrichtlinien und Lehrpläne anderer Bundesländer, ohne dass an dieser Stelle ein systematischer Überblick über die Situation in allen Schulfächern und in allen Bundesländern geleistet werden kann. Die entsprechenden, einstimmig beschlossenen, Dokumente der Kultusministerkonferenz (KMK) der Länder sowie der Bund-Länder-Kommission für Bildungsplanung und Forschungsförderung (BLK) zeigen jedoch, dass die prinzipielle Wichtigkeit von Medienerziehung und eine entsprechende Ausbildung der Lehrkräfte von allen Bundesländern anerkannt wurde (vgl. den kurzen Überblick bei Gysbers, 2008, S. 21 - 22). Im Folgenden wird exemplarisch auf Rahmenlehrpläne der Bundesländer Brandenburg, Berlin, Mecklenburg-Vorpommern und Bremen eingegangen, weil die gemeinsamen Lehrpläne dieser Länder für Berlin, dem Umsetzungsort des hier beschriebenen Präventionskonzeptes (zu den Gründen der Ortswahl vgl. S. 234 in dieser Arbeit), entscheidende Bedeutung zukommt.

Länder Brandenburg, Berlin und Mecklenburg-Vorpommern, neben dem rezeptiven und kreativ produktiven Mediengebrauch im Sachunterricht trete „mit der Reflexion des eigenen Mediengebrauchs die kritische Beurteilung des Einsatzes von Medien und ihrer aktiven Auswahl hinzu." (Ministerium für Bildung Jugend und Sport des Landes Brandenburg, Senatsverwaltung für Bildung Jugend und Sport Berlin & Ministerium für Bildung Wissenschaft und Kultur Mecklenburg-Vorpommern, 2004, S. 29). Weiter heißt es dort: „Mit zunehmender Sicherheit im Umgang mit verschiedenen Medien werden die Schülerinnen und Schüler auch sensibel für deren Risiken und lernen, sie verantwortungsbewusst zu nutzen." (S. 30). Dabei wird für den Sachunterricht der ersten und zweiten Klasse die Anforderung formuliert, die Schülerinnen und Schüler „sollen sich mit Medienerfahrungen auseinandersetzen", als Inhalte dieses Unterrichts werden unter anderem die „maßvolle Fernseh- und Computernutzung" genannt (S. 37). Für die dritte und vierte Klasse findet sich die Anforderung „Medienangebote begründet auswählen und kritisch bewerten", wobei unter den Unterrichtsinhalten darauf verwiesen wird, dass diese Anforderung für Informations-, Kommunikations- und auch Unterhaltungsmediennutzung gelte und die zu behandelnden Medien Buch, Zeitschrift, Radio, aber auch Fernsehen, Film und Computerspiel seien (S. 45).

Der Sachkundeunterricht ist nach Mitzlaff (2007, S. 184) Zentrum medienerzieherischen Handelns in der Grundschule. Keineswegs sei er aber alleiniges Fach der Medienerziehungsvermittlung, sondern strahle auf die anderen Fächer aus und werde durch die genuinen Beiträge dieser Fächer zur Medienerziehung flankiert und erweitert. Basis- beziehungsweise Schlüsselkompetenz von Medienkompetenz bleibe Lesekompetenz. Damit kommt auch dem grundschulischen Deutsch- beziehungsweise Sprachunterricht als Fach der Vermittlung medienerzieherischer Inhalte besondere Bedeutung zu. Auch für den Deutschunterricht finden sich in den Rahmenlehrplänen der Bundesländer konkrete Anforderungen und Inhaltsvorschläge bezüglich medienerzieherischer Inhalte. Die Behandlung der Nutzung elektronischer Medien und ihrer Nutzung im Deutschunterricht, wird im Rahmenlehrplan Deutsch für Grundschulen der Länder Brandenburg, Berlin, Bremen und Mecklenburg-Vorpommern damit begründet, dass unter Verwendung eines weiten Textbegriffs elektronische Medieninhalte ebenfalls als Texte anzusehen seien. Dieser Textbegriff schließe „literarische Texte ebenso wie Sach- und Gebrauchstexte ein. Er bezieht sich auf Texte in Printmedien, audiovisuellen und digitalen Medien und berücksichtigt kontinuierliche und nicht-kontinuierliche Texte" (Ministerium für Bildung Jugend und Sport des Landes Brandenburg, Senatsverwaltung für Bildung Jugend und Sport Berlin, Senator für Bildung und Wissenschaft Bremen &

Ministerium für Bildung Wissenschaft und Kultur Mecklenburg-Vorpommern, 2004, S. 28). Weiter heißt es dort, im Deutschunterricht der Grundschule „werden die Medienerfahrungen der Schülerinnen und Schüler aufgegriffen und weiterentwickelt. Sie lernen, Medien kriterienorientiert so auszuwählen, dass ihre Nutzung mit den gesetzten Zielen und Absichten übereinstimmt" und lernen unter anderem „Medienangebote kritisch zu bewerten" (ebenda). Für den Deutschunterricht der dritten und vierten Klasse werden dabei die Anforderungen formuliert, Medienerfahrungen sollten reflektiert und Merkmale und Wirkungen von Medien miteinander verglichen werden (S. 38).

Der Sach- und der Deutsch/Sprachunterricht bieten somit eine Fülle inhaltlicher Ankerpunkte für die Einbettung einer medienerzieherischen Präventionseinheit zur Vermeidung problematischer Mediennutzungsmuster im Kindesalter. Insofern eröffnet sich schulischer Unterrichtsprävention im Bereich der Medienerziehung besonders dann die Chance für eine Implementierung im Unterricht, wenn es gelingt, Unterrichtsmedien[143] und Methoden zu verwenden, die den Gegebenheiten und Lernzielen beider Fächer entsprechen. Da in der Grundschule zu erwarten ist, dass der Deutsch-/ Sprachunterricht und/oder der Sachkundeunterricht in der Regel von der Klassenlehrerin beziehungsweise dem Klassenlehrer durchgeführt wird, erscheint es zudem möglich, dass es dieser Lehrkraft aufgrund ihres großen Gesamtstundenkontingentes in der Klasse möglich ist, Medienerziehungsinhalte zeitlich relativ variabel im Unterricht einzubringen und unter Umständen in mehreren Fächern, insbesondere dem Deutsch und dem Sachkundeunterricht, medienerzieherische Inhalte zu thematisieren.

8.4.2.2.2 Unterrichtsinhalte und -aufbau

8.4.2.2.2.1 Vorüberlegungen

In Kapitel 6 wurden drei unterschiedliche Dimensionen problematischer Mediennutzung definiert, die zeitlich problematische Mediennutzung, die inhalt-

---

143 Der didaktische Medienbegriff ist dabei vom kommunikationswissenschaftlichen Medienbegriff und dem alltäglichen Gebrauch des Wortes „Medien" deutlich zu unterscheiden. Voß und Kerres (2008) bemerken hierzu: „Didaktische Medien beinhalten immer - mit einer bestimmten Intention aufbereitete - mediale Inhalte bzw. arrangierte mediale Umgebungen. Es geht um Lehrbücher, Videos, Computersimulationen oder digitale Folien, aber auch um alle für Lehr-Lern-Zwecke medial aufbereiteten Inhalte sowie um das lernförderliche Arrangement von mediengestützten Umgebungen in Unterrichtsräumen oder im Internet." (S. 158).

lich problematische Mediennutzung sowie die dysfunktionale beziehungsweise pathologische Mediennutzung. Es wurde durch die vorangehenden Ausführungen deutlich, dass diese Dimensionen problematischer Mediennutzung nicht unabhängig voneinander sind, sondern sich gegenseitig verstärken können. So erhöhen hohe Mediennutzungszeiten bei Kindern die Gefahr einer intensiveren Nutzung nicht altersgemäßer Medieninhalte. Zeitlich und inhaltlich problematische Nutzung erhöht das Potential schulischer und sozialer Probleme, denen unter Umständen im Zuge dysfunktionaler Stressregulation zunehmend ausweichend durch Flucht in exzessive Mediennutzungsmuster begegnet wird.

Aufgrund der Komplexität möglicher negativer Medienwirkungszusammenhänge wird schnell deutlich, dass es aufgrund des Alters der Schülerinnen und Schüler sowie aufgrund beschränkter zeitlicher Ressourcen im Rahmen grundschulischen Medienunterrichtes kaum möglich ist, die verschiedenen Formen problematischer Mediennutzung im Rahmen einer Unterrichtseinheit gleichzeitig anzusprechen. Andererseits zeigt der oben schablonenhaft skizzierte Prozess der Entwicklung problematischer Mediennutzungsmuster, dass insbesondere die Vermeidung hoher Mediennutzungszeiten ein wichtiger Schlüssel zur Vermeidung inhaltlich problematischer und dysfunktional-pathologischer Mediennutzung ist. So konnte insbesondere die Studie von Robinson und Kollegen (1999; 2001) zeigen, dass eine auf Reduktion kindlicher Mediennutzungszeiten gezielte Unterrichtsintervention offenbar geeignet ist, auch gewalttätige Verhaltensweisen zu reduzieren, welche vor allem mit inhaltlich problematischer Mediennutzung assoziiert werden.

8.4.2.2.2.2 Das SMART-Modell

Da das im Rahmen der Studie von Robinson entwickelte Unterrichtsprogramm SMART (SMART: Student Media Awareness to Reduce Television) für Grundschülerinnen und -schüler im Alter von neun Jahren konzipiert wurde, ist eine prinzipielle Orientierung an den verwendeten Unterrichtsmethoden und -inhalten möglich. Die Besonderheit dieses von der Stanford Medical School publizierten Programms (vgl. Wilde et al., 2004) besteht im Gegensatz zu anderen Präventionsprogrammen mit medienerzieherischen Inhalten darin, dass allein die Nutzung von Fernsehen, Video, DVD und Computerspielen thematisiert wird, nicht etwa Gewalt, Übergewichtigkeit oder andere mit problematischer Mediennutzung assoziierte Probleme[144]. Das Programm versteht sich explizit nicht als Intervention zur Förderung von Medienkompetenz (engl.: media literacy) und vermittelte keine Kompetenzen in der kritischen Mediennutzung (Robinson, Saphir, Kraemer, Varady & Haydel, 2001, S. 180), sondern fokussierte allein den „zeitfressenden Charakter" der Nutzung elektronischer Medien in Kombination mit Überlegungen und Vorschlägen zur alternativen Freizeitgestaltung. Die Original-Unterrichtseinheit fand 1996 bis 1997 statt und wurde durch eine summative Effektevaluation begleitet (eine Pre- und eine Post-Messung). Untersucht wurden N = 227 Schülerinnen und Schüler in zwei Schulen in vergleichbaren Stadtteilen. 106 Schülerinnen und Schüler besuchten eine dritte oder vierte Klasse in der Interventionsschule, 121 Schülerinnen und Schüler besuchten eine dritte oder vierte Klasse in der Kontrollschule. Bezüglich der kindlichen Mediennutzung konnte Robinson nachweisen, dass die wöchentlichen Medienzeiten der Schülerinnen und Schüler, welche an der Medienunterrichtseinheit teilnahmen, von 22,7 Stunden (Fernseh-, Video/DVD- und Computerspielzeiten addiert) auf 13,6 Stunden reduziert wurden, während die Medienzeiten in der Kontrollgruppe weitgehend stabil blieben (24,8 Stunden zum ersten Messzeitpunkt, 23,9 Stunden beim zweiten Messzeitpunkt) (Robinson, 1999, S. 1565)[145].

144 Im Rahmen der Unterrichtseinheit wird über mögliche negative Wirkungen der exzessiven Nutzung elektronischer Medien durchaus gesprochen, sie enthält aber keine spezifischen Anleitungen oder Übungen zur Vermeidung von Gewalt oder zur Übergewichtsreduktion. Mit der Betonung dieses Umstandes versuchen die Autoren zu belegen, dass die Interventionseffekte hinsichtlich Gewaltreduktion und Übergewichtsreduktion kausal der Reduktion elektronischer Medienzeit zuzuschreiben waren, nicht etwa Unterrichtsinhalten bezüglich der „abhängigen Variablen" Aggressivität und „Fettleibigkeit. Hinsichtlich der Fettleibigkeitsreduktion führt diese Aussage aber etwas in die Irre. In Robinsons (1999, S. 1562) Artikel zum Effekt des Programms auf Übergewichtigkeit von Kindern heißt es, das Programm habe keine Botschaften dahingehend vermittelt, elektronische Mediennutzung *speziell* durch aktive beziehungsweise sportliche Freizeitbetätigung zu ersetzen. Im von Wilde und Kollegen publizierten Unterrichtsprogramm der Stanfort-Studie wird aber sportliche Betätigung als eine von mehreren alternativen Freizeitmöglichkeiten zur Mediennutzung vorgestellt (Wilde et al., 2004: Lesson 5-6, S. 37 - 48). Damit wird sportliche Betätigung zwar nicht *speziell* hervorgehoben, aber den Kindern durchaus als sinnvolle Freizeittätigkeit vermittelt.

145 Die Elternangaben zu den Medienzeiten in Interventions- und Kontrollgruppe zum ersten und zweiten Messzeitpunkt weichen von den oben berichteten Angaben der Kinder zwar etwas ab, bestätigen aber die eindeutigen Effekte der Intervention: Wöchentliche Nutzung von Fernsehen, Video, DVD und Computerspielen in der Interventionsgruppe vor der Unterrichtseinheit: 19,23 Stunden; Nutzungszeiten nach der Unterrichtseinheit: 14,17 Stunden; Nutzungszeiten in der Kontrollgruppe zum ersten Messzeitpunkt: 22,02 Stunden; Nutzungszeiten in der Kontrollgruppe zum zweiten Messzeitpunkt: 21,23 Stunden.

Die Unterrichtseinheit bezieht sich ausdrücklich auf die sozial-kognitive Lerntheorie und deren Kriterien erfolgreichen Lernens (Bandura, 1979; Robinson, Wilde et al., 2001; Wilde et al., 2004) mit dem Ziel, das Mediennutzungsverhalten von Grundschulkindern so zu ändern, dass Mediennutzungszeiten reduziert und Medien selektiver genutzt werden (Wilde et al., 2004, S. 3). Innerhalb des Unterrichts wird mit Präsentation, (von der Lehrkraft assistiertem) Nachvollzug und Nachahmung erfolgreicher Verhaltensmodelle gearbeitet, mit Selbstverpflichtungen in Form von Klassenverträgen sowie mit dem Einsatz verstärkender und motivierender Elemente wie der Verleihung von Urkunden für erreichte Teilziele sowie der Stärkung des Gemeinschaftsgefühls in der Klasse, indem sie bei der Erreichung bestimmter Ziele gegen andere Klassen derselben Schule antrat[146]. Darüber hinaus werden Eltern in regelmäßigen Abständen über die Hintergründe und Fortschritte des Unterrichtes informiert und werden ermutigt und angeleitet, die Fortschritte ihrer Kinder zu fördern, zu loben und durch Änderung eigenen Medienverhaltens sowie durch gemeinsame Aktivitäten mit den Kindern zu verstärken.

---

[146] Nach Gage und Berliner (1996, S. 354 - 360) ist die Stärkung des Zusammengehörigkeitsgefühls in der Klasse ein geeignetes Mittel zur Stärkung der Lernmotivation. Einerseits können auch leistungsschwächere Schüler so am Erfolg der Gruppe teilhaben, andererseits werden, bei entsprechender didaktischer Steuerung, leistungsstärkere Schüler/innen motiviert, andere Schüler/innen beim Erreichen bestimmter Ziele zu unterstützen.

Tabelle 2: Aufbau des SMART-Medienerziehungsunterrichts (eigene Zusammenfassung und Übersetzung der Übersicht von Wilde et al. (2004)

Stunde	Zeit (in Minuten)	Stundenziele	Aktivitäten
1	35-45	Die Schüler/innen werden darauf aufmerksam, wie viel Fernsehen sie schauen. Die Schüler/innen erstellen eine Übersicht, wie viel Zeit die gesamte Klasse mit Fernsehnutzung verbringt. Die Schüler/innen erhalten einen Elterninformationsbrief.	Die Schüler/innen entschlüsseln ein Wort-Puzzle, berechnen ihre gestrigen Fernsehnutzungszeiten, erstellen gemeinsam eine Übersicht der Fernsehnutzungszeiten der gesamten Klasse und diskutieren über ihre Fernsehgewohnheiten. Außerdem erhalten die Schüler/innen einen Elternbrief, in dem Eltern kurz die Hintergründe der Unterrichtseinheit erklärt werden. Dies schließt die Vermittlung grundlegender Erkenntnisse der Mediennutzungsforschung und Medienwirkungsforschung ein.
2	30-40	Die Schüler/innen werden aufgefordert, eine Woche lang ein Medientagebuch zu führen, in dem sie ihre Fernseh- und Videozeiten und ihre Computerspielzeiten notieren.	Die Schüler/innen werden mit der Methode des Medientagebuchs vertraut gemacht und werden aufgefordert, in der nächsten Woche ihre Nutzung von Fernsehen, Video, DVD und Computerspielen zu erfassen.

Tabelle 2 (fortgesetzt)

Stunde	Zeit (in Minuten)	Stundenziele	Aktivitäten
3	45-55	Die Schüler/innen sollen lernen, dass sie eigentlich andere Freizeittätigkeiten dem Fernsehen vorziehen. Die Schüler/innen werden mit negativen Effekten der Mediennutzung vertraut gemacht. Die Schüler/innen erhalten einen Elterninformationsbrief.	Die Schüler/innen reden über Aktivitäten, die sie mögen, erstellen eine Liste mit negativen Effekten der exzessiven Fernsehnutzung und lösen ein Buchstabenrätsel auf einem Arbeitsblatt, dessen Lösung lautet: *„Schalte den Fernseher aus und hab Spaß!"* Außerdem erhalten die Schüler/innen einen Elternbrief, in dem Eltern kurz die Hintergründe des *„Schalt-aus!"-Konzeptes* (siehe 4. Stunde) vorgestellt werden, sie auf die Wichtigkeit von alternativen Freizeitaktivitäten hingewiesen werden und einige Möglichkeiten gemeinsamer Aktivitäten von Eltern und Kindern vorgestellt werden.
4	25-35	Den Schüler/innen wird das *„Schalt-aus!"-Konzept* vorgestellt. Die Schüler/innen werden mit den Stufen des *„Schalt-aus!"-Programms* vertraut gemacht.	Die Schüler/innen geben ihre Medientagebücher ab und diskutieren über die Ergebnisse. Sie diskutieren über eine Reduktion ihrer Fernsehzeiten, lernen das *„Schalt-aus!"-Konzept* kennen (10 Tage ohne Fernsehen, Video, DVD und Computerspiele). Sie kreieren ein Banner für den Klassenraum, auf dem ein Name für die Klasse und ein Slogan der Klasse steht (Original-Beispielname: *„TV Busters"*. Original- Beispielslogan: *„Wake-up TV Zombies!"*

Tabelle 2 (fortgesetzt)

Stunde	Zeit (in Minuten)	Stundenziele	Aktivitäten
5	40-50	Die Schüler/innen beginnen mit dem „Schalt-aus!"-Programm. Die Schüler/innen werden motiviert, an dem Programm teilzunehmen.	Die Schüler/innen werden im Rahmen einer Einführungszeremonie zur Teilname am „Schalt-aus!"-Programm willkommengeheißen. Sie bekleben symbolisch die Mattscheibe eines Fernsehers mit Arbeitsblättern, auf denen alternative Tätigkeiten beschrieben sind. Sie gehen gemeinsam den „Schalt-aus!"-Vertrag durch und werden motiviert, am Programm teilzunehmen. Anschließend bekommen sie das „Schalt-aus!"-Paket (enthält „Schalt-aus!"-Vertrag, Elternbrief, „Schalt-aus!"-Tagebuch, die täglichen „Schalt-aus!"-Belege, die von Eltern und Kindern täglich unterschrieben werden, ein Schild zum Verkleben des Fernsehers mit dem Titel „Schalt-aus!-Programm läuft!" sowie einen Stapel Karten mit alternativen Freizeitaktivitäten).

Tabelle 2 (fortgesetzt)

Stunde	Zeit (in Minuten)	Stundenziele	Aktivitäten
6	35-45	Die Schüler/innen erstellen eine Liste von Tätigkeiten, die Fernseh-, Video-, DVD,- und Computerspielnutzung ersetzen können. Die Schüler/innen werden in das *Wählscheiben-Verfahren* zur Auswahl nicht-medialer Freizeittätigkeiten eingeführt. Die Schüler/innen erhalten einen Elterninformationsbrief.	Die Schüler/innen lösen ein Bilderrätsel (Lösung: *„Wenn ich nicht fernsehe, kann ich viele andere Dinge tun."*), vervollständigen ein Arbeitsblatt mit dem Titel *„Lustige und kreative Aktivitäten"* und erstellen eine gemeinsame Klassenliste ihrer Ideen. Sie basteln sich eine *Wählscheibe* mit alternativen Freizeittätigkeiten, an der sie zu Hause drehen können, wenn sie nach Alternativen zur Fernsehnutzung suchen. Außerdem erhalten die Schüler/innen einen Elternbrief, in dem Eltern aufgefordert werden, ihre Kinder beim erfolgreichen Meistern des *„Schalt-aus!"-Programms* zu unterstützen und in dem weitere gemeinsame alternative Freizeittätigkeiten für Kinder und Eltern vorgestellt werden.
7	25-35	Die Schüler/innen entwickeln die Fähigkeit, Fernseh-, DVD-, Video- und Computerspielnutzung zu vermeiden.	Die Schüler/innen diskutieren über Strategien, der Versuchung der Nutzung von Fernsehen, Video, DVD und Computerspielen nicht erliegen. Sie denken über Lösungen für spezifische Situationen nach, in denen die Verlockung besonders hoch ist und entwickeln prototypische Lösungen für typische Situationen.

Tabelle 2 (fortgesetzt)

Stunde	Zeit (in Minuten)	Stundenziele	Aktivitäten
8	25-35	Die Schüler/innen feiern ihren Einsatz und ihre Erfolge nach Beendigung des „Schaltaus!"-Programms. Die Schüler/innen tauschen ihre positiven Erfahrungen aus.	Die Schüler/innen werden zur Abschlusszeremonie des „Schaltaus!"-Programms willkommen geheißen. Je nach Teilnahmeerfolg am Programm erhalten sie Teilnahmeurkunden oder Abschlussurkunden. Wird die Unterrichtseinheit in mehreren Klassen durchgeführt, erhält die Klasse mit den meisten Abschlussurkunden einen Klassenpreis.
9	50-60	Die Schüler/innen beschließen ein wöchentliches Budget zur Nutzung von Fernsehen, Video, DVD und Computerspielen. Die Schüler/innen werden in das wöchentliche SMART-Slip-Monitoring-System eingeführt. Die Schüler/innen erhalten einen Elterninformationsbrief.	Die Schüler/innen beschließen gemeinsam ein wöchentliches Budget für Fernsehen, Video, DVD und Computerspiele und halten dies in einem Vertrag fest. Es wird erklärt, dass sie jede Woche einen SMART-Slip einreichen können, auf dem durch ihre Unterschrift und die Unterschrift ihrer Eltern bestätigt wird, dass sie sich an das Budget gehalten haben. Zur Belohnung für jeden eingereichten SMART-Slip bekommen die Kinder Sammelkarten. Außerdem wird Ihnen versprochen, dass sie alle fünf Wochen, in denen sie sich an das Budget gehalten haben, eine besondere Urkunde bekommen. Zudem erhalten die Schüler/innen einen Elternbrief, im dem Eltern kurz die Hintergründe SMART-Slip-Verfahrens und ihre Rolle dabei erläutert wird.

Tabelle 2 (fortgesetzt)

Stunde	Zeit (in Minuten)	Stundenziele	Aktivitäten
9a (optional)	40-50	Den Schüler/innen wird das TV-Allowance-System vorgestellt. Die Schüler/innen entscheiden über ihren geheimen TV-Allowance-Code. Die Schüler/innen bekommen Informationen zum Kauf, zur Installation und zu Nutzung des TV-Allowance-Systems.	Den Schüler/innen wird erklärt, wie ihnen das TV-Allowance-Gerät dabei helfen kann, das Fernsehbudget einzuhalten. Sie lernen, wie das Gerät funktioniert und bekommen Elterninformationen zu dem Gerät ausgehändigt. Anschließend denken sie sich einen eigenen Geheimcode für das Gerät aus, mit dem sie sich einloggen können.
10	35-45	Die Schüler/innen erkennen einige negative Wirkungen exzessiver Fernsehnutzung.	Die Schüler/innen diskutieren über negative Wirkungen der Fernsehnutzung und werden aufgefordert, das Bild eines TV-Zombies zu entwerfen, mit dessen Hilfe andere Menschen davor gewarnt werden sollen, zu viel fern zu sehen. Diese Bilder werden gegen Ende der Stunde in der Klasse gezeigt.

Tabelle 2 (fortgesetzt)

Stunde	Zeit (in Minuten)	Stundenziele	Aktivitäten
11	40-50	Die Schüler/innen erlernen die Anwendung von Strategien zur Vermeidung der Nutzung von Fernsehen, Video, DVD oder Computerspielen.	Die Schüler/innen erhalten verschiedene Rollenspiel-Szenarien, in denen sie von anderen zur Mediennutzung aufgefordert werden. Sie entwerfen Antworten, in denen sie auf diese Aufforderungen reagieren, üben gemeinsam das Spielen der fertigen Szenen, führen sie vor der Klasse auf und diskutieren inwieweit die Szenen auf das echte Leben übertragbar sind.
12	25-35	Die Schüler/innen entwickeln einen Plan zur Einhaltung des Medienbudgets während der Ferien. Die Schüler/innen erhalten einen Elterninformationsbrief.	Die Schüler/innen führen ein Brainstorming durch zu der Frage, was sie während der Ferien unternehmen könnten. Sie füllen Arbeitsblätter aus, auf denen sie Sätze mit Ideen zur nichtmedialen Freizeitgestaltung vervollständigen. Außerdem erhalten die Schüler/innen einen Elternbrief, in dem Eltern erläutert wird, dass in den Ferien besonders viel Fernsehen, Filme und Computerspiele genutzt werden und weitere alternative Freizeitmöglichkeiten für Kinder (mit und ohne Eltern) vorgestellt werden.

Tabelle 2 (fortgesetzt)

Stunde	Zeit (in Minuten)	Stundenziele	Aktivitäten
13	35-45	Die Schüler/innen denken über Alternativen zur Fernsehnutzung nach. Die Schüler/innen erhalten einen Elterninformationsbrief.	Die Schüler/innen lesen die Geschichte „Fred's TV" über einen Jungen, der zu viel fern sieht. Sie werden aufgefordert, sich ein eigenes Ende der Geschichte auszudenken, in dem sie beschreiben, was Fred tut, anstatt Fernsehen zu schauen. Anschließend diskutieren sie über Wege, anderen zu helfen, nicht so viel fern zu sehen. Außerdem erhalten die Schüler/innen einen Elternbrief, in dem Eltern erläutert wird, wie sie ihr Kind durch einige Regeln und durch ein Belohnungssystem dabei unterstützen können, auch zukünftig ihr Medienbudget einzuhalten.
14	35-45	Die Schüler/innen erinnern sich an ihre Erfahrungen mit der Reduktion ihrer Nutzung von Fernsehen, Video, DVD und Computerspielen. Die Schüler/innen werden Fürsprecher der Mediennutzungsreduktion, um andere Schüler/innen zu überzeugen.	Die Schüler/innen vergleichen ihre derzeitige Mediennutzung mit ihrer Mediennutzung am Anfang der Unterrichtseinheit, indem sie die Übersicht der ersten Stunde mit einer aktuellen Übersicht vergleichen. Sie sprechen über die Notwendigkeit, anderen zu helfen, ihre elektronische Mediennutzung zu begrenzen. Die Schüler/innen erarbeiten in Kleingruppen Briefe an andere Kinder, in denen sie beschreiben, wie die Reduktion der Medienzeiten ihr Leben verändert hat.

Tabelle 2 (fortgesetzt)

Stunde	Zeit (in Minuten)	Stundenziele	Aktivitäten
15	40-50	Die Schüler/innen vertreten ihre Argumente zur Reduktion der Zeiten für Fernsehen, Video, DVD und Computerspiele vor anderen Kindern.	Den Schüler/innen wird gesagt, dass die Briefe, die sie in der letzten Stunde geschrieben haben, andere Kinder motivieren sollen, auch weniger fern zu sehen, Filme zu schauen oder Computer zu spielen. Die Schüler/innen lesen die in der letzten Stunde erarbeiteten Briefe laut und werden dabei auf Video aufgenommen.
15a (optional)	35-45	Die Schüler/innen beschreiben ihre Erfahrungen mit der Reduktion ihrer Mediennutzung in einem Brief an den Präsidenten.	Die Schüler/innen reden darüber, wie wichtig es ist, anderen von ihren positiven Erfahrungen mit der Reduktion der Medienzeiten zu erzählen. Jede/r Schüler/in entwirft einen eigenen Brief an den Präsidenten, in dem er/sie die positiven Erfahrungen schildert.

Tabelle 2 (fortgesetzt)

Stunde	Zeit (in Minuten)	Stundenziele	Aktivitäten
16	30-40	Die Schüler/innen erstellen gemeinsam eine Kollage mit alternativen Tätigkeiten zur Nutzung von Fernsehen, Video, DVD und Computerspielen. Die Schüler/innen erhalten einen Elterninformationsbrief.	Die Schüler/innen erstellen gemeinsam eine Kollage mit dem Titel „Entdecke Deine Welt!", auf der jede/r Schüler/in auf einem Bild und einer Bildunterschrift festhält, was seine/ihre Lieblingsaktivitäten sind. Die Klassenkollage wird anschließend an einem öffentlichen Ort in der Schule ausgestellt. Außerdem erhalten die Schüler/innen einen Elternbrief, in dem Eltern für ihre Unterstützung bei dem Unterrichtsprogramm gedankt wird, in dem sie auf die Wichtigkeit intelligenter, selektiver Mediennutzung hingewiesen werden und ermutigt werden, die wöchentlichen Mediennutzungsbudgets beizubehalten.

Zentrales Lernziel der Unterrichtseinheit ist es, Schülerinnen, Schülern und Eltern zu vermitteln, dass kindliche Medienzeiten für Fernsehen, Video/DVD und Computerspiele sieben Stunden wöchentlich nicht überschreiten sollten[147].

---

147 Es wird allerdings im Unterrichtsmanual darauf hingewiesen, dass die Lehrkräfte prinzipiell frei in der Modifikation dieses Zieles sind, wenn es ihnen als unrealistisch erscheint oder wenn sie der Meinung sind, das Ziel lasse sich in der Klasse nicht vermitteln. Es wird allerdings betont, das Ziel von 7 Stunden pro Woche (1 Stunde pro Tag) sei die beste Lösung: „Note to teacher: Ideally, the TV Budget [Anmerkung: Unter dem Begriff „TV Budget" wird in diesem Fall auch Video, DVD und auch das Spielen von Video- und Computerspielen subsumiert] will be set at 7 hours a week, an average of one hour per day. Keep in mind that it is much easier to increase the TV Budget, if it turns out to be too difficult to maintain, than it is to decrease the TV Budget [...] Write student suggestions on the board. Eliminate those that are much higher and lower than 7 hours

Es wurde bereits angemerkt, dass der zeitliche Umfang des SMART-Programms beträchtlich ist (vgl. S. 192 in dieser Arbeit). So besteht das Programm aus 16 festen und zwei optionalen Unterrichtsstunden, bis zu 17 (SMART-Talk-) Stunden, in denen die Lehrkräfte sich während anderer Unterrichtsstunden einige Minuten lang nach den Erfolgen der Kinder beim Einhalten des vereinbarten Medienbudgets erkundigen. Zudem ist der Unterricht - zumindest bei Anschaffung eines optionalen TV-Allowance-Gerätes - mit einigen Kosten verbunden (vgl. Fußnote 135). Das Programm findet in einem Schuljahr statt, das Originalprogramm, auf das sich die zitierten Evaluationsstudien von Robinson und Kollegen (1999; 2001) beziehen, begann im Oktober und endete (unterbrochen von zwei Wochen Winterferien) Ende Januar (plus acht kurze SMART-Talk-Einheiten, die einmal wöchentlich nach Beendigung des Medienunterrichtes stattfanden und einer SMART-Talk-Stunde Ende März, in der die Urkunden für Erreichen bestimmter Budgetziele überreicht wurden.

Das Programm sieht keine weitere Auffrischung der Inhalte in Folgemonaten oder einem folgenden Schuljahr vor. Die Kommunikation mit den Eltern ist fester Bestandteil der Unterrichtseinheit, aber einseitig-linear. Es werden insgesamt sechs Elternbriefe durch die Klassenlehrkraft ausgegeben. Das Programm hat eine primärpräventive Ausrichtung, Schülerinnen und Schüler mit besonders problematischer Mediennutzung werden, wohl auch um Stigmatisierungen zu vermeiden, nicht direkt angesprochen. Andererseits stehen die den Kindern vom Programm empfohlenen Mediennutzungszeiten in einem deutlichen Gegensatz zur normalen Mediennutzung im Ursprungsland des Unterrichtskonzeptes, den USA, was sich auch in den von Robinson im Rahmen der Evaluation erhobenen Mediennutzungszeiten zeigt (Robinson, 1999, S. 1565). Insofern ist anzunehmen, dass die Mehrheit der Schülerinnen und Schüler der Original-Unterrichtseinheit durchaus eine problematische Mediennutzung aufwies.

Das Gegenbild eines Kindes mit adäquater Mediennutzung ist der „TV-Zombie", der von den Kindern im Rahmen der Unterrichtseinheit als abschreckendes Beispiel auch - bewusst überzeichnet - gemalt wird (vgl. Tabelle 2, Lektion 10). Die Lehrkraft ist innerhalb der Unterrichtseinheit Moderator von klar strukturierten und didaktisch gesteuerten Diskussionen unter den Schülerinnen und Schülern, in erster Linie aber motivierender Instruktor, der Kinder für erreichte Teilziele lobt und den Teamgeist der Klasse beim Bewältigen der Einhaltung des Medienbudgets stärkt. Eine über das 105 Seiten starke Unterrichtsmanual hinausgehende Einarbeitung in das Thema der kind-

per week. Guide the discussion so that a 7-hour budget is chosen." (Wilde et al., 2004, S. 60).

lichen Mediennutzung ist nicht notwendig, klar problemfokussierte Fakten zur Mediennutzung werden den Lehrkräften im Manual auf wenigen Seiten präsentiert. Im Originalprogramm fand vor Beginn der Unterrichtseinheit eine zusätzliche Schulung statt, das Manual lässt sich aber auch ohne weitere Schulung anwenden. Im Unterrichtsmanual sind sämtliche benötigten Arbeitsblätter und Folien als Kopiervorlagen enthalten, für jeden Unterrichtsschritt und jede Instruktion finden die Lehrkräfte wörtliche Beispiele. Damit ist das SMART-Curriculum zwar sehr zeitaufwändig in der Durchführung, aber wenig zeitaufwändig in der Vorbereitung.

Es stellt sich die Frage, inwieweit die im SMART-Programm verwirklichte Prävention medienbezogenen Risikoverhaltens vor dem Hintergrund der bisher erarbeiteten theoretischen Grundlagen und der formulierten Ansprüche inhaltlich und didaktisch passend ist und inwiefern es auf Präventionsbemühungen in Deutschland übertragbar ist.

Die Stärken des Programms liegen eindeutig in der inhaltlich überschaubaren Komplexität und der klaren Fokussierung auf konkrete Verhaltensänderungsziele. Die Evaluation des Programms konnte eindrucksvolle Effekte bei der Reduktion der Medienzeiten nachweisen (vgl. S. 187 und 189). Die präzise Ausarbeitung des Manuals erscheint sehr anwenderfreundlich, die regelmäßige Ansprache der Eltern zeigt, welch große Bedeutung die Autoren einer Einbeziehung dieser Instanz in die Intervention zumessen. Insgesamt erfüllt diese Maßnahme eine ganze Reihe der von Bond und Hauf (2004) formulierten Kriterien erfolgreicher Primärpräventionskonzepte. Das Programm ist aufgrund einer (wenn auch knappen) klar definierten Problemstellung erarbeitet und fußt auf einem theoriegeleiteten und fundierten Ansatz zur Verhaltensänderung bei Kindern (Kriterium 1). Es besitzt eine eindeutige und - relativ[148] - realistische Zielformulierung (Kriterium 2), wurde anspruchsvoll evaluiert und umfassend dokumentiert (Kriterien 7 und 8). Auch wenn das Originalprogramm durch Einsatz des TV-Allowance-Gerätes für die Eltern einige Kosten verursachte, ist das Programm relativ ressourcenschonend und verlangt auf Seiten der Schule keine besondere Ausstattung (Kriterium 9). Das Programm versucht durch regelmäßige Elterninformation der wichtigen Rolle der Eltern bei der Etablierung kindlicher Mediennutzungsmuster gerecht zu werden und wählt mit dem Schulsetting ein geeignetes Umfeld präventiver Maßnahmen (Kriterium 3).

---

148 Das Ziel, die kindlichen elektronischen Medienzeiten auf 7 Stunden pro Woche zu reduzieren, wurde zwar deutlich nicht erreicht, dennoch wurde die Medienzeit im Vergleich zur Kontrollgruppe deutlich gesenkt.

8.4.2.2.2.3 Kritik am SMART-Modell

Obwohl die eindeutige Wirksamkeit des SMART-Unterrichts das beste Argument für seine Gesamtkonzeption ist, muss angemerkt werden, dass Robinson und Kollegen (1999; 2001) nur kurzfristige Effekte belegen konnten. Die durch Eltern und Lehrkräfte kontrollierte Phase freiwilliger kindlicher Medienzeitbegrenzung endete am 30. März 1997, die Post-Messung der kindlichen Medienzeiten fand im April 1997 statt, so dass zwischen Intervention und Messung maximal vier Wochen lagen. Spätere Kontrollmessungen sind nicht dokumentiert. Inhaltlich problematische Mediennutzung oder dysfunktionale Mediennutzungsmotive wurden weder im Rahmen der Unterrichtseinheit angesprochen, noch wurden Effekte der Intervention auf diese Variablen gemessen. Es ist zwar vor dem Hintergrund anderer Studienergebnisse hoch plausibel (vgl. bspw. Mößle et al., 2007), dass auch Gewaltmediennutzung reduziert wurde (wofür auch die aggressionsmindernden Effekte der Intervention sprechen, vgl. S. 187 in dieser Arbeit), belegt wurde dies jedoch nicht. Außerdem ist darauf zu verweisen, dass die in drei Fachzeitschriftartikeln publizierte Evaluation des Medienunterrichtsprogramm lediglich an einer Schule stattfand[149], so dass nicht sichergestellt ist, inwieweit das Programm auch in anderen Schulen ähnliche Effekte erbringt.

Vor dem Hintergrund, dass keine langfristigen Effekte des Programms nachgewiesen werden konnten und angesichts der Tatsache, dass im Rahmen des SMART-Konzeptes keine Überlegungen zur Integration des Programms in zukünftige medienerzieherische Aktivitäten der Schule angestellt werden, stellt sich die Frage, inwieweit das Programm in der Lage ist, problematische Mediennutzungsmuster auch langfristig zu verhindern. Die Konzentration auf die Reduktion von Mediennutzungszeiten und das Fokussieren nicht medialer Freizeitaktivitäten ist hinsichtlich des Alters der Kinder, ihrer Entwicklungsaufgaben und hinsichtlich der Wichtigkeit realweltlicher Erfahrungen und Erfolgserlebnisse zwar durchaus gerechtfertigt. Es ist zudem durchaus plausibel anzunehmen, dass die dauerhafte zeitlich Reduktion der eigenen Mediennutzung das Medienhandeln derart beeinflusst, dass Medien weniger dysfunktional (zum Beispiel im Sinne dysfunktionaler Copingstrategien) eingesetzt werden und problematische Medieninhalte eher weniger genutzt werden. Die Fähigkeit zur Kontrolle der

---

149 In der Einleitung des SMART-Manuals wird allerdings darauf verwiesen, dass das Programm inzwischen an elf nordamerikanischen Grundschulen an mehr als 1.000 Kindern in vier unterschiedlichen Schulbezirken evaluiert wurde. Offenbar wurden die zusätzlichen Evaluationen nicht öffentlich publiziert.

eigenen Mediennutzungszeiten ersetzt aber nicht - selbst wenn angenommen wird, dass der erzielte Interventionseffekt auf Mediennutzungszeiten auch längerfristig bestehen sollte - die Fähigkeit zum kritischen Umgang mit (bspw. gewalthaltigen) Medieninhalten, zumal im SMART-Programm auch die Elterninformationen keine Ratschläge zum Umgang mit gewalthaltigen Medieninhalten im Rahmen der Medienerziehung geben und Eltern die besondere Problematik der Gewaltmediennutzung nicht vermittelt wird. Auch den Kindern werden keine Verhaltensstrategien vermittelt, wie damit umzugehen ist, wenn es im Freundeskreis als „cool" gilt, gewalthaltige Medieninhalte zu nutzen, was insofern bedenklich ist, da Kinder in Gemeinschaft mit Gleichaltrigen gemeinsam genutzte Mediengewalt positiv attribuieren (vgl. S. 129 in dieser Arbeit). Insofern stellt sich die Frage, ob der hohe Aufwand an Unterrichtszeit (16 bis 18 Stunden plus 17 SMART-TALK-Zeiten), der im SMART-Programm gefordert wird, nicht eher auf mehrere Blöcke in einem längeren Zeitraum verteilt werden, und durch weitere Unterrichtselemente bezüglich weiterer problematischer Mediennutzungsmuster angereichert werden sollte.

Auch die Berücksichtigung der - neben den Kindern - wichtigen Zielgruppen „Lehrkräfte" und „Eltern" im Rahmen des SMART-Programms kann kritisiert werden. So ist der Kontakt zwischen den Lehrkräften als Moderatoren der Unterrichtseinheit und den Eltern immer indirekt und formal, vor allem in Form der vorgefertigten Elternbriefe[150], es findet aber keine direkte Kommunikation zwischen Eltern und Lehrkräften über die Mediennutzung der Schülerinnen und Schüler statt, so dass konzeptuell kein Rahmen vorgesehen ist (zum Beispiel ein Elternabend), in dem Eltern spezifische Vorbehalte gegen das Unterrichtskonzept äußern können, weitere Vorschläge zu Inhalten des Medienunterrichtes machen können oder in dem Besonderheiten der Mediennutzung in der Klasse besprochen werden können. Die Nichtberücksichtigung solcher Elemente widerspricht in Teilen dem fünften Kriterium von Bond und Hauf (2004), nach dem eine Präventionsmaßnahme die vorhandene Stärken, Kompetenzen und potentiell protektive Faktoren, aber auch besondere Risiken und Schwierigkeiten beteiligter Individuen und Systeme berücksichtigt werden sollten. Dies ist auch insofern wenig optimal, als die Lehrkräfte selbst in diesem Programm keineswegs umfassend über die alltägliche kindliche Mediennutzung, die besonderen Vorlieben der Kinder, ihre verschiedenen Mediennutzungsmotive und die Funktionen der Medien im kindlichen Alltag informiert werden. Auch die

---

150 Es gibt zwar im Manual (Wilde et al., 2004, S. 5) einen Hinweis, Eltern könnten als Freiwillige in der Klasse helfen, Schüler/innen zur Teilnahme am Schalt-aus!-Programm zu motivieren, konkretere Umsetzungsvorschläge gibt es aber nicht.

problematischen Aspekte der Mediennutzung werden knapp, fasst stichwortartig vermittelt, so dass ein tiefgreifendes Verständnis etwa zu genauen Wirkmechanismen von Gewaltmediennutzung nicht ermöglicht wird. Die Lehrkräfte sind zwar schnell in der Lage, das Unterrichtsprogramm durchzuführen, gewinnen aber durch das Manual kaum nachhaltige medienerzieherische oder medienpädagogische Kompetenz. Zudem bleiben ihnen wenig Freiheiten, eigene konzeptionelle Ideen in die Gestaltung des Unterrichtes einzubringen.

Hinsichtlich der auf Seite 207 formulierten Ziele, welche ein Interventionskonzept auf Seiten der Lehrkräfte erreichen sollte, erfüllt das SMART-Programm nicht alle Ziele. So wurde dort formuliert, dass Lehrkräfte in ihrer Expertise, ihren eigenen Vorstellungen der Unterrichtsgestaltung und ihrer eigenen Meinung zum Präventionsgegenstand ernst genommen werden sollten und dass ferner das Unterrichtskonzept den didaktischen und inhaltlichen Kompetenzen möglichst aller beteiligten Lehrkräfte entsprechen sollte. Im Rahmen des SMART-Programms ist eine Lehrkraft vor allem Instrukteur und Motivator. Ein im Anhang (vgl. Anhang A1) beigefügtes Extrembeispiel macht deutlich, dass die Rolle der Lehrkräfte in dieser Unterrichtseinheit dem Selbstverständnis vieler deutscher Lehrkräfte nicht entsprechen wird. Insgesamt kann dies unter Umständen dazu führen, dass das Konzept zwar durchaus starke Effekte (zumindest bei der Mediennutzungsreduktion) erzeugt, es aber durchaus Schwierigkeiten bei einer breiten Implementation geben kann.

8.5 Spezifizierung der Erfolgskriterien des Programms

In Kapitel 8.1 wurden die allgemeinen Ziele eines Präventionsprogramms zur Vermeidung problematischer Mediennutzung von Kindern formuliert, die vor dem Hintergrund von Überlegungen zum Alter der Zielgruppe, Ort und beteiligten Akteuren des Präventionsprogramms in Kapitel 8.4 nochmals präzisiert wurden. Dabei lassen sich die Ziele des Präventionsprogramms aufteilen in *Implementationsziele* und *Wirkungsziele* des Programms. Nachdem mit dem SMART-Konzept ein konkretes Beispiel schulischer Prävention problematischer Mediennutzung vorgestellt wurde, werden nachfolgend für die Implementation und die Wirkung des Programms spezifische Erfolgkriterien definiert, die das zu entwickelnde Programm erfüllen soll.

Implementationsziele

Das Unterrichtsprogramm wird von zufällig ausgewählten Grundschullehrkräften ab der dritten Klasse im Rahmen des regulären Deutsch- oder Sachkundeunterrichts derart umgesetzt, dass alle Bestandteile des Unterrichtskonzeptes zum Einsatz kommen.

Um den Einsatz des Unterrichtskonzeptes durch Grundschullehrkräfte mit allen wichtigen Bestandteilen zu gewährleisten, werden die folgenden Teilziele definiert:

(1) Die Lehrkräfte erklären sich nach einer offenen Diskussion über Art, Umfang und Wirkpotential des Unterrichtskonzeptes bereit, den Unterricht durchzuführen.
(2) Das Unterrichtskonzept wird nach seiner Durchführung von den Lehrkräften als wirkungsvoll im Hinblick auf seine Wirkungsziele beurteilt.
(3) Das Unterrichtskonzept wird nach seiner Durchführung von den Lehrkräften als dem Alter der Schülerinnen und Schüler angemessen beurteilt.
(4) Das Unterrichtskonzept wird nach seiner Durchführung von den Lehrkräften als hinreichend konkret beurteilt, ohne dass pädagogische Gestaltungsmöglichkeiten einzelner Elemente als zu gering beurteilt werden.
(5) Das Unterrichtskonzept wird von den Schülerinnen und Schülern der beteiligten Klassen angenommen.

Wirkungsziele

Schülerinnen und Schüler aus Klassen, die am Unterrichtsprogramm zur Prävention problematischer Mediennutzungsmuster teilgenommen haben, entwickeln weniger problematische Mediennutzungsmuster als andere Kinder. Um dieses allgemeine Wirkungsziel zu überprüfen, werden die folgenden Teilziele formuliert:

(1) Kinder aus Klassen, die am *Medienlotsen*-Unterrichtsprogramm teilgenommen haben, besitzen im Vergleich zu anderen Kindern weniger Fernseher, Computer und Spielkonsolen in ihrem Kinderzimmer.

(2) Eltern von Kindern, die am *Medienlotsen*-Unterrichtsprogramm teilgenommen haben, zeigen ein größeres Engagement bei der Medienerziehung als Eltern einer Vergleichsgruppe.

(3) Kinder aus Klassen, die am *Medienlotsen*-Unterrichtsprogramm teilgenommen haben, weisen im Vergleich zu anderen Kindern geringere tägliche Nutzungszeiten für elektronische Medien auf.

(4) Kinder aus Klassen, die am *Medienlotsen*-Unterrichtsprogramm teilgenommen haben, weisen im Vergleich zu anderen Kindern zu einem geringeren Anteil zeitlich problematische Mediennutzungsmuster auf.

(5) Kinder aus Klassen, die am *Medienlotsen*-Unterrichtsprogramm teilgenommen haben, weisen im Vergleich zu anderen Kindern zu einem geringen Anteil inhaltlich problematische Mediennutzungsmuster auf.

(6) Kinder aus Klassen, die am *Medienlotsen*-Unterrichtsprogramm teilgenommen haben, weisen im Vergleich zu anderen Kindern zu einem geringen Anteil funktional problematische Mediennutzungsmuster auf.

Die oben beschriebenen Wirkungsziele fokussieren direkt auf verschiedene Aspekte der kindlichen Mediennutzung. In Kapitel 4 wurde begründet, warum ein Programm zur Prävention problematischer Mediennutzungsmuster im Kindesalter auch für andere Lebensbereiche relevant sein kann. So finden sich in der Literatur zahlreiche Belegte für einen negativen Effekt problematischer Mediennutzungsmuster auf die schulische Leistungsentwicklung und das Sozialverhalten von Kindern. Um die gesellschaftliche Relevanz eines Programms zur Prävention problematischer Mediennutzungsmuster zu belegen, sollte daher auch gezeigt werden, dass das Programm - vermittelt über die Prävention problematischer Mediennutzungsmuster - einen Effekt auf von problematischer Mediennutzung beeinflussbare Lebensbereiche der Kinder hat. Bei einer Prävention im schulischen Umfeld liegt es nahe, die Entwicklung der schulischen Leistungsfähigkeit der teilnehmenden Kinder in den Fokus zu nehmen, zumal diese schulischen Leistungsparameter direkt in den Schulen erhoben werden können. Als siebtes Wirkungsziel wird also formuliert:

(7) Kinder aus Klassen, die am *Medienlotsen*-Unterrichtsprogramm teilgenommen haben, weisen im Vergleich zu anderen Kindern bessere schulische Leistungen auf.

9 Gestaltung, Implementation und Durchführungsevaluation des Unterrichts

In den vorangegangenen Kapiteln wurde beschrieben, dass die Nutzung elektronischer Medien im Alltag von Kindern und Jugendlichen bereits ab der Vorschulzeit eine bedeutende Rolle spielt (vlg. Kapitel 2), während sich die kognitiven und emotionalen Kompetenzen die zur Nutzung dieser Medien notwendig sind, erst im Laufe der Kindheit und frühen Adoleszenz entwickeln (vlg. Kapitel 3). Es wurde gezeigt, dass die Nutzung elektronischer Medien für Kinder und Jugendliche zahlreiche Funktionen bei der Entwicklung und Alltagsbewältigung erfüllen kann (vlg. Kapitel 3, S. 56 - 59), dass eine zeitlich exzessive oder inhaltlich problematische Mediennutzung aber auch negative Wirkungen auf schulische Leistungen, das Sozialverhalten, körperliches Wohlbefinden (Schlafstörungen, muskuloskeletale Beschwerden, Adipositas und Essstörungen) haben kann (vgl. Kapitel 4). Darüber hinaus wurde am Beispiel der Computerspielabhängigkeit gezeigt, wie problematische Mediennutzungsmuster mittelfristig zu Formen von Verhaltenssucht führen können (vgl. S. 115 - 124), durch die die beschrieben negativen Wirkungsmechanismen weiter verstärkt werden. Auf dieser Grundlage wurden problematische Mediennutzungsmuster bei Kindern und Jugendlichen definiert und in ihrer Prävalenz beschrieben (vlg. Kapitel 6), wobei für Vorschulkinder, Kinder und Jugendliche - soweit möglich - kritische Merkmale zeitlicher, inhaltlicher und dysfunktionaler Mediennutzung erarbeitet wurden (vgl. die Zusammenfassung auf S. 153 - 154).

Anschließend wurde mithilfe der theoretischen Perspektiven *Medienkompetenz* und *Health Promotion* untersucht, mit welchem Instrumentarium die Entstehung problematischer Mediennutzungsmuster bereits im Kindesalter verhindert werden könnte (vgl. Kapitel 7), welche Voraussetzungen zu beachten sind und welche bereits etablierten Konzepte in Überlegungen zur Prävention medienbezogenen Risikoverhaltens im Kindesalter einbezogen werden können (vgl. Kapitel 8). Dabei wurde deutlich, dass insbesondere die Health-Promotion-Perspektive ein Ansatz ist, welcher der vorher beschriebenen Problematik exzessiver Mediennutzungsmuster gerecht wird. So werden erstens Befunde der Medienwirkungsforschung von Vertretern dieser Perspektive ernst genommen, zweitens existiert durch die Arbeiten zur Primärprävention kindlichen und jugendlichen Risikoverhaltens bereits ein Instrumentarium, an das sich Konzepte der Verhinderung problematischer Mediennutzungsmuster anlehnen können.

Schließlich wurde das Ziel formuliert, ein in der Praxis leicht anwendbares schulisches Primärpräventionskonzept für Grundschulkinder ab der dritten Klasse zu entwickeln, das von Grundschullehrkräften vermittelt wird und welches auch das familiäre Umfeld der Kinder einbezieht. Es wurde ferner der Anspruch formuliert, dass das Programm auch Kinder mit bereits bestehenden problematischen Mediennutzungsmustern ansprechen soll und dass der Erfolg des Programms nach wissenschaftlichen Kriterien bewertet werden soll. Das nun folgende Kapitel beschreibt die konkreten Schritte bei der Entwicklung und Durchführung dieses schulischen Präventionskonzeptes.

9.1 Der Berliner Längsschnitt Medien - Zur Wirkung schulbasierter Unterrichtsinterventionen auf die kindliche Mediennutzung

Um die Implementation medienerzieherischer Inhalte und die Effekte primärpräventiver Prävention problematischer Mediennutzung in der Grundschule möglichst langfristig messen zu können, wurde als Ort für die Implementierung und Evaluation des Präventionsprojektes das Bundesland Berlin ausgewählt, da hier der Regelbesuch der Grundschule bis zur sechsten Klasse vorgesehen ist. Die Schülerinnen und Schüler bleiben bis Ende der sechsten Klasse in ihrem Klassenverband und können so vier Jahre lang mithilfe der gleichen Methode im Klassenverband befragt werden. Zudem bietet das Land Berlin aufgrund seiner Bevölkerungsdichte, Geschichte und geografischen Lage die einmalige Chance, Schülerinnen und Schüler aus sehr unterschiedlichen sozialen und kulturellen Bezügen zu untersuchen.

Die Untersuchung mit dem Namen *Berliner Längsschnitt Medien* bildete den dritten sozialwissenschaftlichen Teil des von der Volkswagenstiftung finanzierten interdisziplinären und multizentrischen Forschungsprojektes *Mediennutzung und Schulleistung* (vgl. die Projektbeschreibung in der Einleitung dieser Arbeit ab S. 20). Es ist zu beachten, dass mithilfe des Datensatzes dieser Längsschnittuntersuchung zwei Forschungsfragen parallel untersucht wurden. Die nachfolgenden Ausführungen zum *Berliner Längsschnitt Medien* in der vorliegenden Arbeit beziehen sich ausschließlich auf den Interventionsteil der Untersuchung, in dem mithilfe eines Kontrollgruppendesign die längsschnittlichen Effekte von Medienunterricht in der Grundschule untersucht wurden (vgl. Abbildung 3, S. 236). Eine dazu parallel laufende Studie untersuchte - unabhängig von medienerzieherischen schulischen Aktivitäten - mithilfe der gleichen Daten langfristige Effekte kindlicher Mediennutzungsmuster auf schulische Leistung, Intelligenz, Sozialverhalten und körperliche Fitness von

Schülerinnen und Schülern. Erste Ergebnisse dieses Studienteils wurden parallel zur vorliegenden Veröffentlichung von Mößle, Kleimann, Rehbein und Pfeiffer (2010) sowie Mößle und Roth (2009) publiziert.

Im Mai 2005 stimmte die Berliner Senatsverwaltung für Bildung, Jugend und Sport der Durchführung einer vierjährigen Unterrichtsevaluationsstudie zum Medienunterricht in Grundschulen zu. Durch die längsschnittliche Konzeption des *Berliner Längsschnitt Medien* eröffnete sich für das Präventionsprojekt die wichtige Möglichkeit, die Vermittlung der Präventionsinhalte nicht auf eine Unterrichtseinheit zu beschränken, sondern mit den Schülerinnen und Schülern im Rahmen mehrerer Unterrichtsinterventionen in drei aufeinanderfolgenden Jahren zum Thema der kindlichen Mediennutzung und ihren Risiken zu arbeiten und durch eine Befragung im darauf folgenden Jahr auch längerfristige Effekte medienerzieherischer Maßnahmen in der Schule zu ermitteln. Mit der Entscheidung für das Bundesland Berlin als Ort zur Durchführung und Evaluation des Medienunterrichtes ergaben sich auch bestimmte Voraussetzungen für die Möglichkeiten der Einbettung entsprechender Unterrichtsinhalte in die jeweiligen Rahmenlehrpläne des Bundeslandes Berlin, die in Kapitel 8 (ab S. 207) bereits beschrieben wurden.

Die Studie wurde als feldexperimentelles Kontrollgruppendesign angelegt (vgl. Abbildung 3, S. 236). Einer Gruppe zufällig ausgewählter Berliner Grundschulklassen, in denen in drei aufeinander folgenden Jahren Medienunterrichtseinheiten durchgeführt werden sollten, wurden 20 zufällig ausgewählte Berliner Grundschulklassen gegenübergestellt, in denen kein Medienunterricht stattfand. Die in Abbildung 3 dargestellte dritte Gruppe, die Baselinegruppe, spielt für die vorliegende Untersuchung zwar keine weitere Rolle, wird jedoch dennoch erwähnt, da sie Teil der ursprünglichen Stichprobe war (vgl. die Ausführungen auf S. 237 sowie Fußnote 152

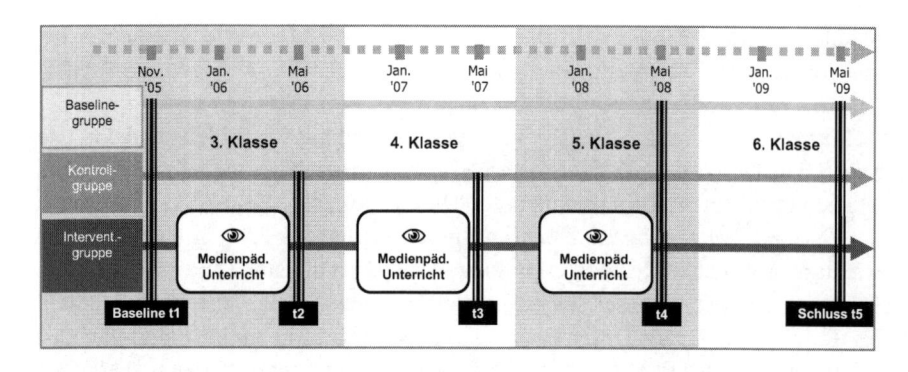

Abbildung 3: Studiendesign des *Berliner Längsschnitt Medien*

9.1.1 Stichprobenziehung und Zuweisung zur Unterrichtsbedingung

Aus der Grundgesamtheit aller N = 1.042 Berliner Klassen[151] der dritten Jahrgangsstufe, in denen im Mai 2005 N = 24.714 Kinder beschult wurden, wurden zunächst jene Klassen ausgeschlossen, in denen sich n = 15 oder weniger Schülerinnen und Schüler befanden. Die verbleibenden n = 1009 Klassen mit N = 24.352 Schülerinnen und Schülern wurden in eine zufällige Stichprobenziehung aufgenommen. Anschließend wurden n = 80 Klassen aus jeweils unterschiedlichen Grundschulen zufällig ausgewählt, wobei Ostberliner Klassen mit einer etwas höheren Gewichtung in die Ziehung eingingen als Westberliner Klassen. In einem Anschreiben an die Schulleitungen der gezogenen n = 80 Klassen im Frühjahr 2005, welches von einem Empfehlungsschreiben Berliner Senats für Bildung, Jugend und Sport begleitet war, wurden die Schulleiter um Mitwirkung an der Studie gebeten (vgl. Anhänge A2 und A3). Wurde von der Schulleitung eine schriftliche Genehmigung zur Durchführung der Studie an ihrer Schule unterschrieben, wurden die Schulleiterinnen beziehungsweise Schulleiter gebeten, ein Schreiben mit der Bitte um Teilnahme an der Studie an die Klassenleitung der vorher gezogenen Klasse zu übergeben. Sowohl in den Direktorenanschreiben als auch in den Schreiben an die Klassenlehrkräfte (vgl. Anhang A4) wurde darauf hingewiesen, dass die Zuweisung der betreffenden Klasse zur Unterrichtsgruppe oder zur Kontrollgruppe noch nicht erfolgt sei und

---

151 Eine entsprechende Klassenliste wurde dem KFN vom Berliner Senat für Bildung, Jugend und Sport zur Verfügung gestellt.

das Resultat einer Zufallsziehung sei. Letztlich erklärten sich n = 47 Klassenlehrerinnen beziehungsweise Klassenlehrer grundsätzlich bereit, an der Studie teilzunehmen, sieben Lehrkräfte aus dieser Gruppe teilten allerdings im Vorhinein mit, aus schulorganisatorischen Gründen nicht am Unterrichtsteil der Studie teilnehmen zu können. Diese sieben Klassen wurden der so genannten *Baseline*-Bedingung zugewiesen, in deren Rahmen kein Medienunterricht stattfinden sollte und nur drei statt fünf Befragungen vorgenommen wurden[152].

Im November 2005 wurden alle Schülerinnen und Schüler der 47 Klassen zu verschiedenen Lebensbereichen befragt, insbesondere ihrem schulischen und familiären Umfeld sowie ihrem Freizeitverhalten[153]. Von den n = 1.129 in den Klassen beschulten Kindern nahmen n = 943 Schülerinnen und Schüler, von denen eine elterliche Genehmigung zur Teilnahme an der Befragung vorlag, an der Untersuchung zum ersten Messzeitpunkt teil. Erst im Anschluss an diesen ersten Messzeitpunkt (im Folgenden abgekürzt mit MZP1) fand die zufallsbasierte Zuweisung der Klassen zur Unterrichtsbedingung beziehungsweise Kontrollbedingung statt, um aufgrund der t1-Messung der Mediennutzungszeiten und der Intelligenz der Schülerinnen und Schüler darüber befinden zu können, ob Schülerinnen und Schüler der Unterrichtsgruppe und der Kontrollgruppe bezüglich dieser Kriterien vergleichbar sind. Da sich hinsichtlich dieser Kriterien keine grundsätzlichen Bedenken zur Vergleichbarkeit der Gruppen ergaben, wurde den Lehrkräften Anfang Januar 2006 mitgeteilt, welcher Gruppe ihre Klasse zugeteilt wurde. 20 Klassen mit insgesamt n = 498 Schülerinnen und Schülern wurden der Unterrichtsgruppe zugeteilt, 20 Klassen mit insgesamt n = 469 Schülerinnen und Schülern der Kontrollgruppe. Die Klassenlehrkräfte der Unterrichtsgruppe bekamen mit der Benachrichtigung über die Gruppenzuweisung gleichzeitig eine Einladung zum ersten Lehrkräfteworkshop Mitte Februar 2006, in dessen Rahmen Einzelheiten zur ersten Medienunterrichtseinheit mit ihnen erarbeitet werden sollten. Nach der Baseline-Messung im November 2005 (MZP1) fanden zwischen Mai und Juni 2006 (MZP2), 2007 (MZP3), 2008 (MZP4) und 2009 (MZP5) vier weitere Erhebungen mit dem in Tabelle 12 auf Seite 299 dieser Arbeit beschriebenen Instrumentarium statt. Im

---

152 Ursprünglich sollte ein Vergleich zwischen Baseline-Gruppe und Kontrollgruppe Aussagen darüber ermöglichen, inwieweit allein die alljährliche Messung der kindlichen Mediennutzung selbst ohne Medienunterricht einen interventionsähnlichen Effekt erzielt. Aufgrund der speziellen schulischen Bedingungen in den Baseline-Klassen, erwies sich ein Vergleich zwischen Kontrollgruppe und Baselinegruppe als zu artifiziell, um wissenschaftliche Aussagen zu dieser Frage machen zu können.
153 Eine ausführliche Übersicht zur den verwendeten Erhebungsinstrumenten findet sich in Tabelle 12 auf Seite 299 dieser Arbeit.

Frühjahr 2006, 2007 und 2008 wurden in den Unterrichtsklassen die auf den Seiten 248 bis 293 beschriebenen Unterrichtseinheiten durchgeführt. Im Vorfeld dieser Unterrichtseinheiten fanden im Februar 2006, im Februar 2007 und im Februar 2008 jeweils Lehrkräfteworkshops zur Vorbereitung der Unterrichtseinheiten statt. Eine Übersicht über alle drei Unterrichtseinheiten, teilnehmende Klassenpopulationen sowie zentrale Instrumente dieser Unterrichtseinheiten finden sich in Tabelle 3 auf Seite 239.

Tabelle 3: Unterrichtseinheiten des schulischen Medienlotsen-Präventionsprojektes

Zielgruppe	*Vom Leichtmatrosen zum Medienlotsen* (März - Mai 2006)	*Die ELIZA-Protokolle* (März - Mai 2007)	*Medienlotsen gesucht!* (März - Mai 2008)
Klassen	n = 19	n = 18	n = 5
Schüler/innen	n = 471 Lesegeschichte Arbeitsblätter Medientagebuch Fernsehplan Medienvertrag	n = 442 Lesegeschichte Arbeitsblätter	n = 111 Wettbewerb
Eltern	Elternabende Dreisprachige Informationsbroschüre (Frühjahr 2006)	DVDs (12/2007) Dreisprachige Informationsbroschüre (12/2007)	
Lehrer/innen	Workshop (2/2006)	Workshop (2/2007)	Workshop (2/2008)

Anmerkung: Die Zahl der in der Tabelle angegebenen Teilnehmerinnen und Teilnehmer weicht von der Zahl der auf Seite 237 angegebenen Schülerinnen und Schüler aller Unterrichtsklassen ab, da die Unterrichtseinheiten nicht in allen Klassen durchgeführt wurden.

9.2 Expertenworkshop

Am 12. Juli 2005 fand ein erster Expertenworkshop zur Entwicklung geeigneter Medienunterrichtsinhalte für Schülerinnen und Schüler ab der dritten Klasse statt. Zwei Mitglieder des KFN-Forschungsteams erörterten mit zwei Experten für Primarschuldidaktik und Medienpädagogik des Niedersächsischen Landesamtes für Lehrerbildung und Schulentwicklung (NiLS), einer Lehrerin für die Sekundarstufe sowie einem Autoren und Produzenten von Unterrichtsfilmen und Medieneinheiten Bedingungen, Inhalte und Didaktik einer Medienunterrichtseinheit. Moderiert wurde der Workshop vom Autor dieser Arbeit[154] und einem weiteren Kollegen.

Nach einer Einleitung zu Zielen und Zeitplanung des Projektes, wurden in einer ersten Runde spontane Eindrücke, didaktische Anregungen und Kritikpunkte bezüglich der Projektziele, der Zeitplanung und der Projektverwirklichung gesammelt ("Blitzlicht"-Statements, vgl. Lipp & Will, 2004, S. 94 - 96) und anschließend zusammengefasst. Anschließend wurde ein Katalog von sieben Leitfragen[155] mit Hilfe einer Kartenabfrage (zur Verwendung der Kartenabfrage in Expertenworkshops vgl. Lipp & Will, 2004, S. 75 - 86) abgearbeitet. Die Ergebnisse der Kartenabfrage wurden aufgrund der unterschiedlichen Gewichtung, die die Workshopteilnehmer der Beantwortung der Leitfragen zumaßen, in Form thematischer Cluster zusammengefasst (zur Methode des Clusterings vgl. Lipp & Will, 2004, S. 78), die Relevanz einzelner Statements wurden von jedem Workshopteilnehmer anschließend mit Punkten bewertet (zur Methode des Punktens vgl. Lipp & Will, 2004, S. 110 - 115).

Nachfolgend sind ausschließlich jene Aussagen zusammengefasst, die im Konsens aller Teilnehmer als relevant erachtet wurden. Statements, bei denen keine Einigkeit der Anwesenden über Relevanz und Richtigkeit der Aussage erzielt werden konnten, wurden in der nachfolgenden Zusammenfassung nicht berücksichtigt.

---

154 Die Moderatoren beschränkten sich im gesamten Workshop auf die die Organisation des Ablaufs, die Erklärung der verschiedenen Abfragerunde sowie auf Verständnisfragen zu einzelnen Statements bzw. Nachfragen, wenn bestimmte Punkte des Leitfadens nicht bearbeitet worden waren.

155 Leitfragen: (1) Welche didaktischen Methoden bieten sich in welcher Reihenfolge an? (2) Wie viele Unterrichtsstunden sollten aus Expertensicht mindestens für die medienpädagogische Intervention verwendet werden? (3) Wie muss das Unterrichtsmaterial gestaltet sein? (4) Welche Mehrarbeit kommt durch den medienpädagogischen Unterricht auf die Beteiligten (Lehrer, Aufsichtsbehörden, Eltern) zu? (5) Wie kann innerhalb des Unterrichtskonzeptes ein Höchstmaß an Standardisierung erreicht werden, ohne dass sich Lehrende in ihren Möglichkeiten zu stark eingeschränkt fühlen? (6) Wie müsste die Lehrerfortbildung gestaltet sein, dass sie eine bestmögliche Mischung aus Effektivität und Teilnahmemotivation bietet? (7) Wie können Eltern möglichst effektiv in den Unterricht mit eingebunden werden?

9.2.1 Cluster 1: Implementierung des Unterrichtskonzeptes in organisatorische Strukturen

Die teilnehmenden Experten waren sich einig darüber, dass ein Unterrichtskonzept zur Prävention problematischer Mediennutzungsmuster im Kindesalter möglichst enge Bezüge zu den landesspezifischen Rahmenlehrplänen ausweisen sollte, um auch auf Seiten der Schulbehörden und der Schulleitungen akzeptiert zu werden. Hier wurde allgemein eine große Zustimmung zu den Projektinhalten auf Seiten von Schulbehörden und Schulleitungen erwartet, was auch für wichtig erachtet wurde, um weniger motivierte Lehrkräfte von der Teilnahme an dem Projekt zu überzeugen. Dieser Punkt sei auch deshalb von großer Bedeutung, da die Begleitforschung zum Erfolg des Konzeptes von der Genehmigung der Schulbehörden und der Schulleitungen abhängig sei. Zudem wurde angeregt, bei der erforderlichen Fortbildung der Lehrkräfte eng mit den zuständigen Fortbildungsstellen zu kooperieren, damit die Veranstaltung als offizielle Lehrkräfte-Fortbildung anerkannt wird. Dies wurde auch als wichtig für die Motivation der Lehrkräfte bei der Teilnahme an dem Präventionskonzept erachtet.

9.2.2 Cluster 2: Lehrkräftefortbildung und Lehrkräftemotivation

Alle Teilnehmerinnen und Teilnehmer stimmten darin überein, dass es wichtig sei, teilnehmenden Lehrkräften ein „fertiges Unterrichtspaket" vorzulegen, das wenig eigene Entwicklungsarbeit auf Seiten der Lehrkräfte erfordert. Dies sei auch deshalb wichtig, um mögliche Effekte des Präventionsprojektes auf das konkrete Unterrichtskonzept zurückführen zu können. Es wurde jedoch auch betont, dass Lehrkräfte mit einem fertigen Konzept nicht einfach „überrumpelt" werden dürften, da dies bei Unklarheiten oder Ablehnung einer Konzeptinhalte schnell zur Ablehnung des gesamten Konzeptes beitragen können. Insofern solle das Konzept im Vorhinein noch einmal mit einigen Lehrkräften besprochen und aufgrund ihres kritischen Feedbacks angepasst werden. Als durchaus hilfreich wurde es von allen Teilnehmerinnen und Teilnehmern des Workshops erachtet, den Lehrkräften das SMART-Projekt[156] vorzustellen, um einem verbreiteten Skeptizismus zu beggenen, durch Schulprojekte kindliche Verhaltensmuster kaum ändern zu können. Andererseits wurde aber betont, inhaltlich solle das Konzept auf Botschaften und Methoden beruhen, die für Deutschland als erfolg-

---

156 vgl. die Beschreibung des SMART-Projekts ab S. 211

versprechend angesehen würden und insofern teilweise andere Wege als das SMART-Projekt gehen.

9.2.3 Cluster 3: Didaktik, Methoden und Materialien

Ausdrücklich unterstrichen wurde von den Teilnehmerinnen und Teilnehmern des Workshops, dass das Thema des Unterrichts, die Nutzung von Medien, keineswegs zu einem starken Einsatz von elektronischen Medien im Unterricht führen müsse. Vielmehr müsse der Grundsatz gelten, dass die Verwendung der Medien immer von den Inhalten und didaktischen Zielen bestimmt sei. Der gezielte Einsatz neuer Medien könne allerdings zuweilen einen wichtigen Impuls setzen, um das Interesse der Schülerinnen und Schüler zu wecken. Es müsste aber immer bedacht werden, dass der Einsatz Neuer Medien, zumal interaktiver Medien, spezielle Ressourcen auf Seiten der Schule voraussetzt, die nicht unbedingt überall gegeben seien und darüber hinaus zeitaufwändig sein könne. Dieser Zeitaufwand dürfe nicht zulasten wichtiger didaktischer Ziele gehen. Sehr begrüßt wurde die Idee der Verwendung eines Medientagebuches im Rahmen des Unterrichts, um eine Sensibilisierung der Schülerinnen und Schüler für die eigene Mediennutzung zu erreichen und Grundlage einer Diskussion in der Klasse über die Mediennutzung der Kinder zu schaffen. Außerdem könne mit einem Medientagebuch ein Impuls dahingehend gesetzt werden, dass die Schülerinnen und Schüler selbst kleine Forschungsprojekte zur Mediennutzung in ihrem Umfeld durchführen und die Ergebnisse in der Klasse vorstellen. Allgemein befürwortet wurde die Verwendung von Klassenvereinbarungen beziehungsweise Verträgen zur Mediennutzung nach dem SMART-Konzept, solange diese Vereinbarungen flexibel gestaltbar seien und somit Besonderheiten in den Klassen berücksichtigt werden könnten.

9.2.4 Cluster 4: Zeitliche Planung und Gestaltung des Unterrichtes

Die Teilnehmerinnen und Teilnehmer unterstützten zwar die Meinung, das Unterrichtsprojekt dürfe keinen unzumutbar breiten Raum im Unterricht einnehmen, so dass die Vermittlung anderer Unterrichtsstoffe zu kurz kommen würde, andererseits sei eine zu große zeitliche Begrenzung nicht sinnvoll (die in einem Statement aufgeworfenen Frage, ob eine erste Unterrichtseinheit mit einem Umfang von acht Schulstunden ausreichend sei, wurde allgemein verneint). Als idealer zeitlicher Rahmen für eine Lehrkräftefortbildung zur Durchführung der Unterrichtseinheit wurde ein zeitlicher Rahmen von drei, maximal vier Stunden erachtet. Wichtig sei es aber, die Unterrichtseinheit zu einer Zeit durchzuführen, in der der „Prüfungs- und Notendruck" weniger groß sei. Zudem sei in diesen Zeiten (um die Weihnachtszeit sowie einige Wochen vor den Sommerferien) auch der elterliche Terminplan sehr voll, so dass eine effiziente Einbindung der Eltern in den Medienunterricht sich schwierig gestalten könne.

9.2.5 Cluster 5: Einbindung der Eltern

Bei der Frage, in welchem Rahmen Eltern in die Gestaltung der Unterrichtsintervention einbezogen werden könnten, wurde die Verwendung von Elterninformationsbroschüren und Elternbriefen zwar nicht abgelehnt, dennoch sei die Veranstaltung von Elternabenden das wichtigste Instrument zur Einbeziehung von Eltern. Dieser Elternabend müsse zeitlich kurz vor oder kurz nach Beginn der Unterrichtseinheit platziert werden. Zwar gebe es bei Elternabenden immer wieder das Problem, dass insbesondere Eltern problematischer Schüler nicht teilnehmen würden (wobei dieses Problem in der Grundschule nicht so stark ausgeprägt sei, wie in der Sekundarstufe), dies könne aber unter Umständen dadurch vermieden werden, keinen Themenelternabend zur Medienerziehung anzubieten, sondern die entsprechenden Informationen bei einem „regulären" Elternabend zu geben, der wegen der zu treffenden organisatorischen und finanziellen Entscheidungen zumeist besser besucht sei. Eine hohe Elternbeteiligung sei auch insofern wichtig, da für eine Teilnahme der Schülerinnen und Schüler an der Begleitforschung im Grundschulalter die ausdrückliche elterliche Zustimmung eingeholt werden müsse und ein Elternabend ein gutes Forum sei, Eltern von der Wichtigkeit der Untersuchung zu überzeugen. Außerdem würde dies wahrscheinlich auch die Elternbeteiligung an der Begleitforschung (Elternfragebögen) erhöhen. Zudem wurde von allen am Workshop Beteiligten dafür plädiert, den Elternabend unter Mitwirkung eines externen Experten zur kindlichen Mediennutzung durchzuführen, da die Anwesenheit einer solchen Person erfahrungsgemäß die Teilnahmemotivation an der Veranstaltung und die Aufmerksamkeit während der Veranstaltung erhöhe.

9.3 Konzeption und Evaluation des Medienlotsen-Unterrichtsprogramms

In den nachfolgenden Unterkapiteln wird die Konzeption von drei Unterrichtseinheiten für Schülerinnen und Schüler der dritten, vierten und fünften Klasse dargestellt. Die drei Unterrichtseinheiten des Medienlotsen-Programms tragen die Namen *Vom Leichtmatrosen vom Medienlotsen, Die ELIZA-Protokolle* sowie *Medienlotsen gesucht!* Die Unterrichtseinheiten bauen, obwohl inhaltlich weitgehend voneinander unabhängig, auf die Ergebnisse der jeweils vorangegangenen Unterrichtseinheit auf. Die Entwicklung und Implementierung der Unterrichtseinheiten wurde von Anfang an als „lernendes Modell" konzipiert, so dass das Feedback der Lehrkräfte im Rahmen der Konzeption und Organisation der Unterrichtseinheiten an möglichst vielen Abschnitten berücksichtigt werden konnte. In Tabelle 4 auf S. 245 sind die einzelnen Konzeptions- und Evaluationsschritte für alle drei Unterrichtseinheiten dargestellt.

Jeder Unterrichtseinheit ging ein Workshop mit den beteiligten Lehrkräften voraus, in dem erste Ergebnisse der Schülerbefragungen zum letzten Messzeitpunkt und auch erste Erkenntnisse zu Effekten der vorangehenden Unterrichtseinheiten berichtet wurden. Darauf aufbauend wurde gemeinsam mit den Lehrkräften das Konzept der neuen Unterrichtseinheit entwickelt. Dabei wurden vom Autor dieser Arbeit die medienerzieherischen Ziele der Unterrichtseinheit präsentiert und ein konzeptioneller Vorschlag mit Umsetzungsbeispielen in den Workshop eingebracht. Konzeptioneller Vorschlag sowie Umsetzungsvorschläge wurden im Anschluss vor dem Hintergrund didaktischer, inhaltlicher und organisatorischer Aspekte diskutiert. Auf Grundlage der Workshopprotokolle wurden dann alle Unterrichtsmaterialien und Begleittexte vom Autor dieser Arbeit fertig gestellt und den Lehrkräften in fertigen Klassensätzen zur Verfügung gestellt.

Tabelle 4: Überblick über die wichtigsten Konzeptions- und Evaluationsschritte des *Medienlotsen*-Programms

Name der Unterrichtseinheit	Vom Leichtmatrosen zum Medienlotsen	Die ELIZA-Protokolle	Medienlotsen gesucht!
Klasse	3. Klasse	4. Klasse	5. Klasse
Vorbereitungsworkshop	Februar 2006	Februar 2007	Februar 2008
Durchführung der Unterrichtseinheit	März bis Mai 2006	März bis Mai 2007	März bis Mai 2008
Pretest	November 2005 bis Februar 2006 an 44 Klassen in Oldenburg und Soltau-Fallingbostel	--	--
Evaluationsschritte	**Konzeptevaluation** im Rahmen des Pretests im November 2005	--	--
	Formative Evaluation im Anschluss an den Pretest im Februar 2006	--	--
	Konzeptevaluation im Rahmen der Vorbereitungsworkshops im Februar 2006	**Konzeptevaluation** im Rahmen der Vorbereitungsworkshops im Februar 2007	**Konzeptevaluation** im Rahmen der Vorbereitungsworkshops im Februar 2008

Tabelle 4 (fortgesetzt)

Name der Unterrichtseinheit	Vom Leichtmatrosen zum Medienlotsen	Die ELIZA-Protokolle	Medienlotsen gesucht!
Evaluationsschritte	**Evaluation der Programmdurchführung** auf Grundlage einer Lehrkräftebefragung im Mai/Juni 2006	**Evaluation der Programmdurchführung** auf Grundlage einer Lehrkräftebefragung im Mai/Juni 2007	**Evaluation der Programmdurchführung** auf Grundlage einer Lehrkräftebefragung im Mai/Juni 2008
	Ergebnisevaluation im Rahmen der summativen Evaluation des Gesamtkonzeptes	**Ergebnisevaluation** im Rahmen der summativen Evaluation des Gesamtkonzeptes	**Ergebnisevaluation** im Rahmen der summativen Evaluation des Gesamtkonzeptes

Da mit der Entwicklung und Umsetzung des *Medienlotsen*-Medienunterrichtskonzeptes in vielen Bereichen Neuland beschritten wurde, erfolgte im Anschluss an die Konzeption der ersten Unterrichtseinheit eine Erprobung des Programms in 40 norddeutschen Schulklassen (in der Stadt Oldenburg und im Landkreis Soltau-Fallingbostel), die von einer formativen Evaluation begleitet wurde (zu den Ergebnissen dieser Evaluation vgl. die Ausführungen ab S. 259 in dieser Arbeit). Aus organisatorischen Gründen wurden die Unterrichtseinheiten beim Konzepttest in Norddeutschland in vierten Klassen erprobt, deren Schülerschaft zum Zeitpunkt der Programmdurchführung (November 2005 bis Februar 2006) etwas älter war (im Durchschnitt 6 Monate älter), als die Schülerschaft der dritten Klassen *im Berliner Längsschnitt Medien* bei der Programmdurchführung (März bis Mai 2006).

Erst im Anschluss an die Erprobung wurde das Unterrichtskonzept im Rahmen des *Berliner Längsschnitt Medien* eingesetzt. Im Anschluss an die Durchführung jeder Unterrichtseinheit im Rahmen des *Berliner Längsschnitt Medien* wurde eine Evaluation der Programmdurchführung mithilfe einer Lehrkräftebefragung durchgeführt. Die Entscheidung, die Programmdurchführung mithilfe von Daten einer Lehrkräftebefragung zu evaluieren, erfolgte einerseits aus forschungsökonomischen, andererseits auch aus sachlichen und methodischen Gründen. So wäre es theoretisch möglich gewesen, auch die Schülerinnen und Schüler selbst im Rahmen der auf die drei Unterrichtseinheiten folgenden Messzeitpunkte (MZP2, MZP3, MZP4) zu ihren Meinungen über das

Unterrichtskonzept oder ihrem medien- und medienwirkungsbezogenen Wissen zu befragen. Einerseits hätte eine solche Befragung den ohnehin schon beträchtlichen Untersuchungsaufwand vergrößert, was langfristig gesehen neben forschungsökonomischen Gesichtspunkten auch zu höherer Untersuchungsmüdigkeit geführt hätte. Zudem wurde auf Seite 229 in dieser Arbeit dargestellt, dass als maßgebliches Kriterium der Implementationsfähigkeit eines Unterrichtsprogramms zur Prävention problematischer Mediennutzungsmuster im Kindesalter die *Bereitschaft der Lehrkräfte* angesehen wird, ein solches Unterrichtsprogramm durchzuführen.

9.3.1 Das erste Unterrichtskonzept (3. und 4. Klassen)

In Kapitel 8 (S. 207 - 210) wurde bereits deutlich, dass ein Präventionskonzept inhaltlich und didaktisch so gestaltet werden sollte, dass es sowohl im Deutsch-/Sprachunterricht als auch im Sachunterricht eingesetzt werden kann, idealerweise in beiden Fächern. Das erfolgreiche Beispiel des amerikanischen SMART-Konzeptes (vgl. S. 211 - 226 in dieser Arbeit) hat gezeigt, dass die Vermittlung positiver Rollenvorbilder, deren Verstehen und angeleiteter Nachvollzug geeignete Mittel zur Verhaltensänderung von Schülerinnen beziehungsweise Schülern sein können, wenn entsprechende motivationale Verstärker eingesetzt werden (zum Beispiel durch die Belohnung wichtiger Teilerfolge oder die Stärkung des Zusammengehörigkeitsgefühls in der Klasse). Es wurde bereits zuvor dargestellt, dass Modell-Lernen immer dann besonders erfolgreich ist, wenn die Verhaltensmodelle in alltagsnahen Settings platziert sind, die der Lebenswelt der Schülerinnen und Schüler weitgehend entsprechen. Im Rahmen der Auseinandersetzung mit dem SMART-Konzept wurde aber auch kritisch angemerkt, dass die Prävention inhaltlich problematischer Mediennutzungsmuster im Rahmen des Programms nicht ausreichend berücksichtigt wurde und dass die Rolle der Lehrkraft im SMART-Programm in dieser Form nur schwerlich auf Deutschland übertragbar sein wird (vgl. auch die ab S. 226 formulierte Kritik am SMART-Programm). Es wurde darüber hinaus gezeigt, dass gerade Grundschullehrkräfte in Deutschland nur wenig konkretes Wissen über die alltägliche Mediennutzung ihrer Schüler haben und ihre durchaus medienkritische Haltung sehr unspezifisch ist, was sie deutlich vom Idealbild eines „Engagierten Profis" in der Medienerziehung unterscheidet (vgl. S. 169 - 173 in dieser Arbeit). Andererseits wurde von den Beteiligten des Expertenworkshops darauf hingewiesen, dass eine Fortbildung der Lehrkräfte im Vorfeld der Unterrichtsprävention nur einige Stunden dauern sollte und dass auf dieser Grundlage bereits die Durchführung der Unterrichtsprävention möglich sein sollte (vgl. S. 242 in dieser Arbeit).

9.3.1.1 Unterrichtsmaterial

Vor dem Hintergrund der oben beschriebenen Anforderungen und Herausforderungen wurde das Unterrichtskonzept *Vom Leichtmatrosen zum Medienlotsen* entwickelt. Als zentrales Unterrichtsmedium wurde die Form einer Lesegeschichte für Kinder gewählt, die sowohl im Sachunterricht als auch im Deutschunterricht einsetzbar ist. Dies geschah insbesondere aus dem Grund, da die Arbeit mit Texten Lehrkräften bestens vertraut ist und somit das vielen Lehrkräfte mutmaßlich wenig vertraute Thema der kindlichen Alltagsmediennutzung mit einem vertrauten didaktischen Medium verknüpft wird. Zudem wurde auch im Expertenworkshop darauf hingewiesen, dass der Einsatz Neuer Medien, zumal interaktiver Medien, spezielle Ressourcen auf Seiten der Schule voraussetzt, die nicht unbedingt überall gegeben sind und darüber hinaus zeitaufwändig sein kann (vgl. S. 242 in dieser Arbeit). Während der Einsatz spezieller Kinder- und Jugendliteratur im Deutschunterricht breit etabliert und didaktisch ausgearbeitet ist (vgl. Jesch, 2005) hat sich auch in der Sachunterrichtsdidaktik die Meinung durchgesetzt, dass neben kindgerechten Sachtexten und -büchern auch fiktionale Texte „zur Erschließung von Lebenswirklichkeit" beitragen können (Gläser, 2007, S. 164), wobei der Inhalt „an der Alltagswelt und den Erfahrungen der Kinder anknüpfen [sollte] und darüber hinaus möglichst Identifikationsmöglichkeiten bieten [sollte]" (Ehlers, 2004, S. 119). Dabei sollten nach Ehlers Handlungsmöglichkeiten eröffnet werden, „so dass mit dem Buch im wahrsten Sinne des Wortes umgegangen werden kann." (ebenda). Wedel-Wolff betont dabei die möglichst individuelle Ausrichtung von Texten: „Das, was das Kind selbst betrifft, was es persönlich angeht, das ist wichtig und interessant." (2006, S. 19). Ehlers hebt bei der Verwendung von fiktionalen Texten im Sachunterricht besonders die Rolle des Vorlesens der Texte hervor:

> „Leider und zu Unrecht ist das Vorlesen lange Zeit sozusagen ‚aus der Mode gekommen', sowohl in der Familie, aber auch in der Schule. Hier wie da fehlt angeblich die Zeit. Die positiven Effekte des Vorlesens werden nicht genügend gewürdigt. [Auch] in den meisten Lehrplänen wird das Vorlesen eher wenig beachtet. Erst in jüngster Zeit hat die bereits genannte PISA-Studie das Vorlesen wieder weiter in das Zentrum des Interesses gerückt. [...] Das Vorlesen sollte in den Schulen wieder einen grundsätzlich größeren Stellenwert erhalten und sich nicht nur auf das Vorlesen während der Frühstückspause beschränken. [...] Auf gar keinen Fall darf das Vorlesen aber für Kinder zu einem langweiligen oder gar beängstigenden Ereignis werden. Wir alle erinnern uns vermutlich noch an die peinlichen Momente in der Schule, wenn ein vorlesendes Kind ins Stocken geriet oder sich mühsam von Zeile zu Zeile vorarbeitete. [...] Es erscheint sinnvoll, Lesen und den Umgang mit Büchern nicht als reine Technik zu üben, sondern das Lesen sollte immer mit ansprechenden Inhalten zu tun haben und einen Lustgewinn bedeuten." (Ehlers, 2004, S 117)

Reinhard (2003, S. 18 - 22) betont im Hinblick auf die Verwendung von Geschichten in pädagogischen Kontexten, dass Geschichten den Rezipienten wichtige Sekundärerfahrungen vermitteln können, wenn Primärerfahrungen nicht möglich sind. Im Rahmen präventiver Maßnahmen, in denen es regelmäßig um die Vermeidung bestimmter Handlungs- oder Einstellungsmuster geht, sind Primärerfahrungen mit dem Unterrichtsgegenstand indes häufig nicht nur nicht möglich, sondern sogar ausdrücklich nicht erwünscht. Insofern eignen sich Lesegeschichten aufgrund ihrer Möglichkeit der Thematisierung problematischer

Inhalte ganz besonders, da durch die rein textliche Vermittlung der Inhalte einerseits eine hinreichend plastische Darstellung des Geschehens und andererseits eine hinreichend distanzierte Form der Rezeption ermöglicht wird.

In Ermangelung geeigneter Kinderliteratur oder geeigneter Lehrbuchtexte für Kinder, die sich mit dem Thema der kindlichen Mediennutzung auseinandersetzen, wurde vom Autor dieser Arbeit eine Lesegeschichte konzipiert und geschrieben. Die sprachliche und inhaltliche Gestaltung der Geschichte sollte einen Einsatz sowohl in der dritten als auch in der vierten Grundschulklasse ermöglichen. Im Rahmen der Geschichte wird der Lernprozess einer fiktionalen Schulklasse und ihrer Klassenlehrerin zum Thema „Mediennutzung von Kindern" nachvollzogen. Die Lesegeschichte rankt sich dabei um drei zentrale Instrumente der Medienerziehung: ein Medientagebuch, einen Mediennutzungsplan und einen Medienvertrag, die auch im Rahmen des SMART-Projektes genutzt wurden (vgl. S. 211 - 226). In 15 Mini-Episoden wird die Geschichte der Klasse 4b erzählt, die mit ihrer Klassenlehrerin Frau Siebrecht eine Klassenfahrt an die Nordsee macht (vgl. auch die Textbeispiele in Tabelle 5, S. 252). In einer im Prinzip „medienfreien" Umgebung brechen zwischen den Schulkindern und ihrer Lehrerin während des Aufenthaltes in der Jugendherberge immer wieder Konflikte über die Medien der Kinder auf. Sie beschweren sich, dass sie bestimmte Fernsehsendungen verpassen, bestimmte Videospiele nicht spielen können. Dabei zeigt sich schnell, dass es zwischen Schülern und Lehrerin große Unterschiede in der Nutzung und Bewertung von Medien gibt. Während sich die Lehrerin Frau Siebrecht Sorgen macht, dass ihre Klasse zu viel vor dem Fernseher oder dem Computer sitzt, verteidigt Leon, einer ihrer Schüler, immer wieder seine Freude am stundenlangen Fernsehen und Computer spielen. Außerdem zeigt sich, dass auch Erwachsene, Eltern und Lehrer, auf Medien wie das Fernsehen nicht verzichten wollen und häufig keine guten Vorbilder für die von ihnen kritisierten Kinder sind. Frau Siebrecht stellt den Kindern die Methode das *Medientagebuches* vor und lässt die Kinder auf Grundlage eines retrospektiven Tagebuches der letzten Woche vor der Klassenfahrt erheben, wie lange sie täglich elektronische Medien nutzen. Die Leuchtturmwärterin Anneliese, die von der Klasse im Rahmen eines Ausflugs besucht wird, vermittelt schließlich zwischen den Kindern und ihrer Lehrerin. Sie bringt Frau Siebrecht auch auf die Idee, wie man die Kinder zu einer bewussten Mediennutzung bewegen kann, ohne die Medien zu verteufeln. Dabei wird die Notwendigkeit betont, Medienfreizeit und nicht-mediale Freizeitgestaltung in ein ausgewogenes Verhältnis zu bringen. Anneliese stellt am Beispiel des *Fernsehplans* eine Methode vor, die Mediennutzung langfristig zu planen und zu begrenzen (vgl. Tabelle 5, Textbeispiel 5). Wieder in der Schule zurück, schließt die Klasse 4b einen *Medienver-*

trag, in dem die Kinder zusammen mit der Lehrerin festlegen, wie sie in Zukunft mit dem Fernseher und dem Computer umgehen sollen. Der genaue Inhalt des Vertrages bleibt genauso offen wie auch viele andere Details.

Für jede Lese-Episode wird den Lehrkräften eine Reihe von Verständnisfragen für die Schülerinnen und Schüler mitgegeben. Zudem werden Vorschläge für Aktivitäten und Diskussionen in der Klasse gemacht. Dabei vollziehen die Klassen, in denen das Unterrichtskonzept durchgeführt wird, Schritt für Schritt die Aktivitäten und Diskussion der Klasse 4b in der Lesegeschichte nach. Auch die Schülerinnen und Schüler in der Unterrichtsklasse führen ein Medientagebuch, entwickeln Mediennutzungspläne und schließen am Ende der Unterrichtseinheit einen Medienvertrag. Vor dem Hintergrund der vermuteten defizitären Kenntnisse vieler Lehrkräfte über alltägliche kindliche Mediennutzungsmuster wurde im Rahmen der Geschichte ein gegenseitiger Lernprozess inszeniert, in dessen Rahmen die Lehrerin zunächst von den Kindern lernt, welche Medien für sie von Bedeutung sind und in welchem Ausmaß diese Medien genutzt werden (vgl. Tabelle 5, Textbeispiele 1, 2 und 5). Die Kinder wiederum lernen durch ihre Lehrerin Verfahren kennen, mit deren Hilfe sie erkennen, wie stark ihr Alltag von Mediennutzung geprägt ist (vgl. Tabelle 5, Textbeispiel 5). Zudem wird ihre Mediennutzung von der Lehrerin mitunter kritisch kommentiert, wobei die Kommentare zunächst sehr unspezifisch-kritisch sind, dann aber - mit zunehmendem Lernprozess der Lehrerin - immer treffender werden. Darüber hinaus bringt der Dialog mit der Lehrerin auch Gespräche unter den Kindern in Gang. Wenn sie auch vor ihrer Lehrerin nicht gerne zugeben, dass deren Kritik in einigen Punkten stimmen könnte, erzählen sie sich untereinander durchaus von unangenehmen Medienerfahrungen (vgl. Tabelle 5, Textbeispiele 3 und 4).

Tabelle 5: Textbeispiele aus der Lesegeschichte *Vom Leichtmatrosen zum Medienlotsen*

Textbeispiel 1: Kinder erklären ihre Medien	Textbeispiel 2: Erfolg beim Computerspiel
Leon fühlt sich sofort angesprochen. „Ich habe überhaupt keinen Computer!" ruft er. „Aber eine Playstation", ruft Aische. „Das ist doch das Gleiche." „Du hast doch überhaupt keine Ahnung", sagt Leon. „Eine Playstation ist eine Spielkonsole und ein Computer ist… eben ein Computer." „Was ist denn der Unterschied?" erkundigt sich Frau Siebrecht. Sie weiß es nämlich auch nicht genau. „Eine Spielkonsole ist nur zum Spielen da", sagt Markus noch bevor Leon antworten kann. „Mit einem Computer kann man alles Mögliche machen. Im Internet surfen, Texte schreiben, Fotos angucken, alles eben." „Dann ist ein Computer doch viel besser, oder?" fragt Frau Siebrecht. „Nö, der ist nämlich viel komplizierter und es dauert viel länger, bis man ihn gestartet hat. Mit meiner Spielkonsole könnte sogar meine Mutter umgehen", antwortet Leon und die Klasse lacht.	Frau Siebrecht hat eine neue Aufgabe für die Kinder. Sie möchte, dass jeder aufschreibt, was an Computerspielen gut ist und was nicht so gut ist. Damit es leichter für die Kinder wird, bittet Frau Siebrecht sie, ein schönes Erlebnis mit einem Computerspiel aufzuschreiben und ein nicht so schönes Erlebnis. Zehn Minuten lang ist es mucksmäuschen-still im Raum, weil alle Kinder angestrengt nachdenken und schreiben. Dann dürfen die Kinder der Reihe nach vorlesen, was sie aufgeschrieben haben. Leon hat Folgendes geschrieben: „Schön war, als ich zum ersten Mal gegen meinen Bruder Need for Speed gewonnen habe. Das ist ein Autorennspiel", fügt er hinzu, als ihn seine Lehrerin fragend anguckt. Er liest weiter. „Ich habe ganz lange geübt, weil mein Bruder fast ein Jahr älter ist als ich und vorher immer gewonnen hat. Aber dann habe ich gewonnen und seitdem gewinne ich fast immer."

Tabelle 5 (fortgesetzt)

Textbeispiel 3: Isolation	Textbeispiel 4: Angst
„Ich habe einen Onkel Alex", wispert Daniel, „der ist bloß zehn Jahre älter als ich. Das kommt daher, weil er der jüngste Bruder meiner Mutter ist. Und Alex spielt die ganze Zeit solche Spiele, von denen Sarah eben erzählt hat." „Cool!" sagt Leon fast schon laut. „Nee, überhaupt nicht cool", flüstert Daniel zurück. „Meine Mutter hat zu meinem Vater gesagt, dass sie sich ganz große Sorgen um Alex macht, weil er fast nur noch in seinem Zimmer sitzt und kaum mehr mit anderen Leuten spricht." [...] Leon ist für eine Weile still. [...] Schließlich dreht er sich zu Daniel um. „Glaubst du denn wirklich, dass dein Onkel vom Computer spielen so komisch geworden ist?" fragt er. „Keine Ahnung", sagt Daniel. „Ich glaube, Mama hat mal gesagt, dass Alex schon als Kind Schwierigkeiten hatte, Freunde zu finden. Aber durch das Computer spielen hat er sich bestimmt noch weniger bemüht als vorher." „Zum Glück hab ich ja schon Freunde", meint Leon schließlich und gähnt herzhaft. „Bevor ich so werde wie dein Onkel Alex, müsst ihr mich einfach warnen." „Machen wir", flüstert Markus zurück, bevor er einschläft. „Kannste dich drauf verlassen."	Frau Siebrecht sieht, dass Sarah ganz klein auf ihrem Stuhl geworden ist. „Na, Sarah, möchtest du nicht vorlesen?" „Ich habe aber kein schönes Erlebnis aufgeschrieben, sondern nur ein schlimmes", sagt Sarah leise. Dann liest sie vor: „Einmal hat mein Bruder mir ein Computerspiel gezeigt, das ganz schlimm war. Da waren überall böse Monster, die man abschießen musste und man hat richtig ihr Blut gesehen. Und die ganze Zeit war unheimliche Musik. [...] Danach habe ich die ganze Nacht schlecht geträumt und durfte schließlich bei meinen Eltern im Bett schlafen. „Memme!" zischt Daniel ihr zu, aber Frau Siebrecht hat es gehört. „Daniel, du bist ganz schön gemein", tadelt sie ihn. „Ich möchte, dass ihr heute Nachmittag alle ein Bild malt. Es soll ein Bild sein, über etwas, was ihr im Fernsehen oder beim Computer spielen gesehen habt und was euch richtig Angst gemacht hat."

Tabelle 5 (fortgesetzt)

Textbeispiel 5: Die Eltern und der Fernsehplan	**Textbeispiel 6: Alternativen**
Am Ende der nächsten Woche reden die Kinder der 4b am Freitagmittag noch einmal mit Frau Siebrecht über das Thema Medien. Alle berichten, ob sie es geschafft haben, ihre Fernsehliste einzuhalten. Einige haben die Liste nicht ganz genau eingehalten, aber dafür an einem anderen Tag eine Sendung gestrichen. Selbst Leon hat an zwei Tagen gar kein Fernsehen geguckt. „Ich hab mich aber ganz schön heftig mit meinen Eltern rumgestritten", sagt er. „Mama lässt den Fernseher nämlich immer in der Küche laufen, wenn sie was kocht. Und als sie wollte, dass ich helfe, hab ich ihr gesagt, dass die Sendung, die gerade im Küchenfernseher lief, nicht auf meinem Plan steht. Da hat sie ihn schließlich ausgemacht. Aber als Papa und Mama einmal abends eine Serie beim Essen gucken wollten, haben sie den Fernseher nicht abgeschaltet. Ich bin ganz schön ausgeflippt, weil das doch mein fernsehfreier Tag werden sollte. Aber Pustekuchen. Ist aber echt nicht meine Schuld!"	„Sehen Sie, Frau Siebrecht, ein Computer ist nämlich manchmal auch sehr hilfreich!" ruft Leon. „Man kann zum Beispiel etwas erst am Computer üben und es dann im normalen Leben anwenden. Mein Bruder lernt schon Englisch, und der hat ein Computerprogramm, mit dem man Englisch üben kann." Da muss Frau Siebrecht ihm Recht geben. Die Klasse überlegt eine Zeit lang, was man mithilfe von Medien noch Nützliches machen kann. Nur Sarah ist immer noch schlecht gelaunt. Damit sie wieder bessere Laune bekommt, lässt Frau Siebrecht sie und ein paar andere Kinder die lustigsten Stellen aus ihrem persönlichen Logbuch der letzten Woche vorlesen. Und schließlich stellt Daniel seine Lieblingsfreizeitbeschäftigung vor: Handball spielen. Als er davon erzählt, können alle sehen, wie seine Augen zu leuchten beginnen. Weil die erste Stunde bald schon vorbei ist und Frau Siebrecht auch noch normalen Unterricht machen will, verspricht sie den Kindern, dass die anderen ihre Lieblingsbeschäftigungen im Laufe dieser oder der nächsten Woche vorstellen dürfen, immer am Anfang einer Stunde.

Die Konstruktion der Geschichte ist an dem Dreischritt „Medienumgang bewusst machen" -> „Folgen des Medienumgangs erkennen" -> „Alternativen entwickeln" orientiert (vgl. Abbildung 4).

```
┌─────────────────────────────────────────────────┐
│                                                 │
│              ┌─────────────────────────┐        │
│              │ Medienumgang bewusst machen │    │
│              └─────────────────────────┘        │
│   e                    ⇩                        │
│   r                                             │
│   e          ┌─────────────────────────┐        │
│   i          │ Folgen des Medienumgangs erkennen │
│   s          └─────────────────────────┘        │
│   i                    ⇩                        │
│   b                                             │
│   i          ┌─────────────────────────┐        │
│   s          │   Alternativen entwickeln   │    │
│   n          └─────────────────────────┘        │
│   e                                             │
│   s                                             │
│   d                                             │
│   l                                             │
│   e                                             │
│   f                                             │
│   m                                             │
│   U                                             │
└─────────────────────────────────────────────────┘
```

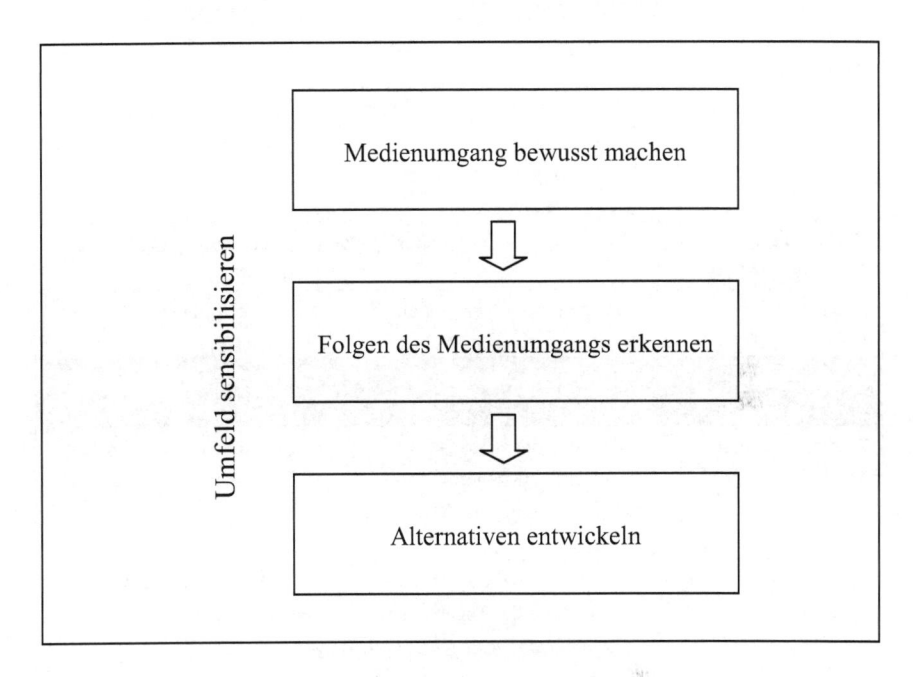

Abbildung 4: Lernschritte der Unterrichtseinheit

Da im Rahmen der Geschichte immer wieder klar wird, dass das Gelernte nur mit Unterstützung der Eltern umgesetzt werden kann, wird deutlich, dass die „Sensibilisierung des Umfeldes" ein zentraler Stützpfeiler für den Erfolg des Medienerziehungsunterrichts ist. Vor diesem Hintergrund wird im Unterrichtsleitfaden für die Lehrkräfte die Wichtigkeit eines Elternabends zum Thema der Medienerziehung betont. In Tabelle 6 auf Seite 256 wird die episodische Struktur der Lesegeschichte *Vom Leichtmatrosen zum Medienlotsen* dargestellt, wobei für jedes Kapitel die angesprochenen Themen und die Stufe des Lernprozesses dargestellt werden.

Tabelle 6: Aufbau, Themen und Lernstufen der Unterrichtseinheit *Vom Leichtmatrosen zum Medienlotsen*

Kapitel	Angesprochene Themen	Dimension
Eine Woche ohne Spongebob	- Einführung des Medienbegriffes	Medienumgang bewusst machen
Alles Medien oder was?	- Kategorisierung verschiedener Medienarten - Vorstellung verschiedener Mediennutzungsmodi	Medienumgang bewusst machen
Käpt'n Fischers Logbuch	- Vorstellung der Tagebuchmethode	Medienumgang bewusst machen
Aus der Übung	- Gründe für die Nutzung und Faszination von Medien	Medienumgang bewusst machen
Das Freizeitlogbuch	- Aufgabenbeschreibung Freizeit- und Medientagebuch	Medienumgang bewusst machen
Wie man hundert Millionen Würmer zählt	- Erklärung der wissenschaftlich-empirischen Methodik - Wichtigkeit genauer Messungen - Durchschnitt	Medienumgang bewusst machen
Wie man richtig auswertet	- Einführung in die systematische Auswertung der Tagebuchangaben - Vergleich eigenen Medienverhaltens mit dem Medienverhalten anderer Kinder	Medienumgang bewusst machen
Den ganzen Tag vor der Spielkonsole	- Unterscheidung Spielkonsole, Computer - Beschreibung eigener technischer Medienkompetenz im Vergleich zu den Eltern - Beschreibung eigener Gefühle nach stundenlangem Medienkonsum - Vor- und Nachteile von Geräten im Zimmer	Medienumgang bewusst machen Folgen des Medienumgangs erkennen

Tabelle 6 (fortgesetzt)

Kapitel	Angesprochene Themen	Dimension
Ganz schön schlimm	- Medienwirkungen: Faszination und Erfolgserleben - Medienwirkungen: Vernachlässigung von Alltagspflichten und schulischen Aufgaben - Medienwirkungen: Angst - Weitere Medienwirkungen	Folgen des Medienumgangs erkennen
Bettgeflüster	- Medienwirkungen: Abhängigkeit - Medienwirkungen: Soziale Isolation	Folgen des Medienumgangs erkennen
Ein schlechtes Vorbild	- Wahrgenommene Mediennutzung von Erwachsenen (Eltern, Lehrer/innen) - Diskussionsangebot: Der richtige Umgang mit Fernsehen	Folgen des Medienumgangs erkennen Alternativen entwickeln
Leuchttürme und Lotsen	- Gründe für die Fernsehnutzung: Langeweile, Gewohnheit - Möglichkeiten und Grenzen der Selbstkontrolle	Alternativen entwickeln
Der Zweiwochenplan	- Einführung des Fernsehplans als Methode der Selbstregulierung - Einführung der Aufgabe, beliebte nicht-mediale Freizeitbeschäftigungen zu finden und zu beschreiben	Alternativen entwickeln
Brettspiele und Lerncomputer	- Unterscheidung virtueller Misserfolge und als real wahrgenommener Misserfolg in Spielsituationen - sinnvoller Einsatz von Medien - Beschreibung non-medialer Freizeitmöglichkeiten	Alternativen entwickeln
Der Vertrag	- Einführung des Medienvertrages - Mögliche Dimensionen eines Medienvertrages	Alternativen entwickeln

Begleitend zur Geschichte wurde Lehrkräften eine Mappe mit einem kurzen schriftlichen Leitfaden zur Durchführung des Unterrichts (vgl. Anhang A7) sowie kapitelspezifischen Aufgabenvorschlägen zur Verfügung gestellt (vgl. Anhang A8). Begleitend zur Mappe enthielt das Unterrichtsmanual Kopiervorlagen für ein Medientagebuch (vgl. Anhang A9), sowie eine Elterninformationsbroschüre mit Tipps zur Medienerziehung von Grundschulkindern in deutscher, türkischer und russischer Sprache (Kleimann, Restemeier & Rehbein, 2006). In einer drei- bis vierstündigen Schulung wurden allen teilnehmenden Lehrkräften während der ersten Stunde empirische Grundlagen zur Mediennutzung von Kindern, vermittelt, insbesondere zum zeitlichen Ausmaß der Mediennutzung, Inhalten der Mediennutzung und ausgewählten Medienwirkungen. Als Datengrundlage dienten dabei die Ergebnisse der KFN-Schülerbefragung 2005 (Mößle et al., 2007). Im Rahmen dieser Schulung wurden den Lehrkräften auch Vorschläge zur Gestaltung von Elternabenden gemacht[157].

9.3.1.2 Konzeptevaluation und Pretest

Der erste Einsatz des Unterrichtskonzeptes in den Regionen Oldenburg und Soltau-Fallingbostel diente der Evaluation der Unterrichtskonzeption und der formativen Evaluation der Unterrichtseinheit. Dabei wurden die Klassenlehrkräfte[158] von $N = 21$ zufällig ausgewählten vierten Klassen[159] im Landkreis

---

157 Die Elternabende in den Unterrichtsklassen der Berliner Längsschnittevaluation wurden allerdings unter Mitwirkung eines Projektmitarbeiters des KFN gestaltet (vgl. die Ergebnisse der Expertenworkshops zur generellen Wichtigkeit von Elternabenden auf S. 243 dieser Arbeit sowie die Schlussfolgerungen zur Elternbeteiligung nach der formativen Evaluation auf S. 264).

158 Da den Klassenlehrer/innen in der Grundschule in der Regel ein großes Stundenkontingent in unterschiedlichen Fächern in ihrer Klasse zur Verfügung steht, konnte vermutet werden, dass diese Lehrkräfte am besten in der Lage sein würden, den Medienunterricht in ihren Lehrplan der nächsten Monate integrieren zu können.

159 Die Klassen der eingeladenen Lehrkräfte hatten im Frühjahr 2005 an der KFN-Grundschulbefragung 2005 teilgenommen, welcher in Oldenburg eine zufällige Stichprobenziehung vorangegangen war, in Soltau-Fallingbostel war eine Vollerhebung aller vierten Klassen durchgeführt geworden (Baier et al., 2006). Aus dem Pool aller im Frühjahr befragten Schulen wurden für die Erprobung des Präventionskonzeptes in Oldenburg $N = 19$ Klassen und in Soltau-Fallingbostel $N = 16$ Klassen zufällig ausgewählt. Stichprobenausfälle durch grundsätzliche Teilnahmeverweigerungen am Präventionskonzept (Oldenburg $N = 8$, Absagequote: 42 %; Soltau-Fallingbostel $N = 7$, Absagequote: 44 %) wurden durch Nachrückerklassen ausgeglichen, so dass schließlich in Oldenburg $N = 23$ Klassen aus 10 verschiedenen Schulen ihre Teilnahme zusagten, in Soltau-Fallingbostel $N = 21$ Klassen aus 8 verschiedenen Schulen.

Soltau-Fallingbostel und von N = 23 zufällig ausgewählten vierten Klassen der Stadt Oldenburg zu Workshops[160] eingeladen, in deren Rahmen sie über zentrale Ergebnisse der KFN-Schülerbefragung 2005 informiert wurden und anschließend um Rückmeldung zum ersten Konzeptionsvorschlag der ersten Stufe des Präventionskonzeptes (*Vom Leichtmatrosen zum Medienlotsen*) gebeten wurden.

Die Rückmeldungen der beteiligten Lehrkräfte zum Unterrichtskonzept fielen insgesamt sehr positiv aus. Alle Lehrkräfte waren nach Vorstellung des Konzeptes bereit, die Unterrichtseinheit durchzuführen. Die überwiegende Anzahl der an dem Workshop beteiligten Lehrkräfte gab an, den Unterricht in den Fächern Deutsch und Sachkunde geben zu wollen. Trotz der allgemeinen Zustimmung zu dem Konzeptvorschlag wurden eine Reihe von Verbesserungsvorschlägen hinsichtlich des Textbuchlayouts gemacht, es wurden einige Hinweise auf schwer verständliche Textpassagen in der Lesegeschichte gegeben sowie hinsichtlich einiger Texte in der Elterninformationsbroschüre. Zudem wurden die Aufgaben- und Fragenvorschläge von einigen Lehrkräften als zu wenig konkret kritisiert. Es wurde allerdings von fast allen Anwesenden die Meinung geäußert, die Aufgaben- und Fragenvorschläge seien eher als Anregung aufzufassen und die konkrete Umsetzung in den Klassen sei dann Aufgabe der Lehrkräfte.

Im Hinblick auf die auf Seite 229 festgelegten Implementationsziele des Unterrichtsprogramms lässt sich festhalten, dass das erste Implementationsziel als erreicht angesehen werden kann: Alle am Workshop beteiligten Lehrkräfte erklären sich bereit, den Unterricht durchzuführen.

Aufgrund der Vorschläge der Lehrkräfte im Workshop wurden Layout und einige Texte der Lesegeschichte, Vorschläge zum zeitlichen Rahmen des Unterrichts sowie inhaltliche und didaktische Details dieser ersten Unterrichtseinheit überarbeitet. Von der Elterninformationsbroschüre wurden Übersetzungen in die türkische und die russische Sprache in Auftrag gegeben, die in beliebiger Anzahl von den Lehrkräften der einzelnen Klassen angefordert werden konnten.

9.3.1.3 Formative Evaluation

In Kapitel 8 wurde als Ziel der formativen Evaluation des entwickelten Medienunterrichtskonzeptes angegeben, die Bewertung der Lehrkräfte insbesondere zu

---

160 Für beide Regionen wurden je zwei Workshoptermine angeboten, am 8. und 9. November 2005 in Oldenburg sowie am 14. und 15. November 2005 in Bad Fallingbostel.

Verständlichkeit und Altersangemessenheit des Programms nach ersten Testläufen des Programms einzuholen, um vor der Durchführung des Hauptprogramms sicher gehen zu können, dass die Programmwirksamkeit nicht an diesen Punkten scheitert. Es wurde darüber hinaus darauf hingewiesen, dass subjektive Einschätzungen der Lehrkräfte zur Wirksamkeit des Programms auf ihre Schülerschaft für die tatsächliche Wirksamkeit eines Programms eine durchaus wichtige Rolle spielen können („Pygmalion-Effekt", vgl. S. 205 in dieser Arbeit). Insofern sollte auch dieser Punkt Gegenstand einer formativen Evaluation während der Testphase des Programms sein.

Die Unterrichtseinheit *Vom Leichtmatrosen zum Medienlotsen* wurde von Mitte November 2005 bis Mitte Februar 2006 in 44 Klassen in 18 verschiedenen Grundschulen der Regionen Soltau-Fallingbostel und in Oldenburg durchgeführt. Direkt im Anschluss an die Durchführung erfolgte im Februar 2006 eine Befragung aller an der Unterrichtsintervention beteiligten Lehrkräfte in ihren Schulen. Die Lehrkräfte erhielten von geschulten Interviewerinnen oder Interviewern einen 12-seitigen Fragebogen, der nach einer kurzen Instruktion von den Lehrkräften selbst ausgefüllt wurde. Der Fragebogen wurde im Anschluss durch die Interviewerin oder den Interviewer wieder eingesammelt. In 40 der 44 Unterrichtsklassen wurden Fragebögen ausgefüllt (der Fragebogen findet sich im Anhang A10 dieser Arbeit). Da fünf dieser Fragbögen von nicht am Medienunterricht beteiligten Lehrkräften ausgefüllt worden waren, lagen letztlich 35 gültige Lehrkräftefragebögen mit Einschätzungen zum Verlauf und zur Bewertung des Medienunterrichtes vor.

Die befragten Lehrkräfte waren im Durchschnitt 49,9 Jahre alt (SD = 10,2), 31 Lehrkräfte waren weiblichen (88,6 %), 4 Lehrkräfte männlichen Geschlechtes. Gefragt danach, wie gut den Lehrkräften die Klasse bekannt sei, in der der Medienunterricht durchgeführt wurde (3-stufige Skala: 1 = nicht gut; 2 = eher gut; 3 = sehr gut), gaben 25 Lehrkräfte an, die Klasse sehr gut zu kennen, 10 Lehrkräfte kannten die Klasse eher gut. Im Durchschnitt unterrichteten sie die Klasse seit 36 Monaten (SD = 11,1), 34 der Lehrkräfte hatten die Funktion der Klassenlehrkraft inne. 27 Lehrkräfte gaben an, in der betreffenden Klasse unter anderem das Fach Deutsch zu unterrichten, 26 gaben Sachunterricht, 20 dieser Lehrkräfte waren für den Unterricht in beiden Fächern zuständig. Keine der befragten Lehrkräfte war weder für den Deutschunterricht zuständig, noch für den Sachkundeunterricht. Im Durchschnitt gaben die Lehrkräfte an, 13,4 Unterrichtsstunden für den Medienunterricht verwendet zu haben (SD = 3,8; Median: 12 Unterrichtsstunden), es wurden mindestens 7 Unterrichtsstunden gegeben, die längste Unterrichtsdauer betrug 22 Unterrichtsstunden.

Die Einschätzung der Lehrkräfte zur Medienunterrichtseinheit war nach dem praktischen Einsatz der Unterrichtsmaterialien überwiegend positiv. Auf die Frage, wie gut sie durch die vorangegangene Lehrkräfteschulung auf den Unterricht vorbereitet worden waren (4-stufige Antwortskala: 1 = sehr gut; 2 = eher gut; 3 = weniger gut; 4 = gar nicht gut) antworteten 17 Lehrkräfte mit „sehr gut", und weitere 15 Lehrkräfte mit „eher gut". Lediglich zwei Lehrkräfte fühlten sich „weniger gut" auf den Unterricht vorbereitet, eine Person machte keine Angabe. Auf die Frage, wie gut die Geschichte bei den Kindern der Klasse angekommen sei (4-stufige Antwortskala: 1 = sehr gut; 2 = eher gut; 3 = weniger gut; 4 = gar nicht gut), antworteten 23 Lehrkräfte, die Geschichte sei sehr gut angekommen, die anderen 12 Lehrkräfte gaben an, die Geschichte sei gut angekommen. 34 Lehrkräfte beurteilten die Geschichte nach dem Einsatz im Unterricht als dem Alter der Kinder angemessen, nur eine Lehrkraft befand die Geschichte sei eher für jüngere Kinder geeignet[161]. Die Aufgabenvorschläge, die den Lehrkräften zur Bearbeitung der Lesegeschichte zur Verfügung gestellt worden waren, befanden 17 der befragten Lehrerkräfte als sehr hilfreich, 14 als eher hilfreich und 4 Lehrkräfte als weniger hilfreich (4-stufige Antwortskala: 1 = sehr hilfreich; 2 = eher hilfreich; 3 = weniger hilfreich; 4 = gar nicht hilfreich).

Die Lehrkräfte wurden auch danach gefragt, inwieweit sie ihre pädagogische Freiheit bei der Medienerziehung durch die Unterrichtseinheit zu sehr eingeschränkt sahen, oder ob sie sich mehr konkrete Vorgaben zur Durchführung der Unterrichtseinheit gewünscht hätten[162]. Lediglich eine Lehrkraft gab an, sie wäre gerne noch freier in der Planung und Gestaltung des Unterrichtes gewesen, sechs Lehrerinnen beziehungsweise Lehrer hätten sich dagegen mehr konkrete Vorschläge zur Planung und Gestaltung des Unterrichtes gewünscht. 28 Lehrkräfte befanden die Vorschläge zur Gestaltung und Planung des Unterrichtes als gerade richtig. Die Einschätzungen der Befragten, ob die Medienunterrichtseinheit auch längerfristige Wirkung auf das Medienverhalten der Schülerinnen oder Schüler hat, lässt sich als „vorsichtig optimistisch" interpretieren: Auf einer vierstufigen Skala (1 = „ja, auf jeden Fall"; 2 = „eher ja; 3 = „ eher nein; 4 = „nein,

---

161 Konkrete Fragestellung: „Ist die Geschichte *Vom Leichtmatrosen zum Medienlotsen* dem Alter der Kinder in Ihrer Klasse angemessen?" Es gab drei Antwortmöglichkeiten: 1.: „Ja, genau richtig." 2.: „Nein, die Geschichte ist eher passend für jüngere Kinder." 3.: „Nein, die Geschichte ist eher passend für ältere Kinder."

162 Konkret lautete die Frage: „Die Unterrichtseinheit ist so gestaltet, dass Sie relativ frei in der konkreten Gestaltung des Unterrichtes sind. Wie beurteilen Sie diesen Aspekt?" Es gab drei Antwortmöglichkeiten: 1.: „Ich hätte mir mehr konkrete Vorschläge für die Planung und Gestaltung des Unterrichtes gewünscht." 2.: „Ich wäre in meinen Entscheidungen über Planung und Gestaltung des Unterrichtes gerne freier gewesen." 3.: „Ich fand die Vorschläge für Planung und Gestaltung des Unterrichtes gerade richtig."

auf keinen Fall") antworteten drei Lehrkräfte mit „ja, auf jeden Fall", 25 Befragte mit „eher ja" und lediglich 6 Lehrkräfte mit „eher nein". Eine Person machte keine Angaben zu diesem Punkt.

Um einschätzen zu können, inwieweit alle zentralen Elemente der Unterrichtseinheit auch tatsächlich eingesetzt worden waren, wurden die Lehrkräfte konkret nach dem Einsatz der Elemente *Lesegeschichte, Fernsehplan, Medienvertrag, Elternbroschüre* und *Elternabend* gefragt. Tabelle 7 zeigt, dass die *Lesegeschichte* und das *Medientagebuch* von allen befragten Lehrkräften zumindest in Teilen eingesetzt wurden. Auch der Fernsehplan und die Elterninformationsbroschüre wurden sehr häufig eingesetzt und von lediglich 3 beziehungsweise 2 Lehrkräften gar nicht verwendet.

Tabelle 7: Einsatz der verschiedenen Unterrichtselemente durch die Lehrkräfte (n = 35 Unterrichtsklassen, in denen Medienunterricht durchgeführt wurde)

Unterrichtselement	komplett eingesetzt	teilweise eingesetzt	nicht eingesetzt	Keine Angabe
Lesegeschichte	34	1	-	-
Medientagebuch	31	4	-	-
Fernsehplan	19	13	3	-
Medienvertrag	10	10	13	2
Elterninformationsbroschüre	33	-	2	-
Elternabend	20 [163]	-	15	-

Probleme zeigten sich jedoch hinsichtlich der Implementation der Unterrichtselemente *Medienvertrag* und *Elternabend*. Diese wurden nur von 20 Lehrkräften eingesetzt, 9 Lehrkräfte setzten hingegen keins der beiden Elemente ein. Vor dem Hintergrund, dass beiden Elementen eine entscheidende Bedeutung im Hinblick auf die Sensibilisierung des Elternhauses und das zukünftige Medienverhalten der Schülerinnen und Schüler zukommt, müssen diese Ergebnisse als unbefriedigend bewertet werden. In den Klassen, in denen Elternabende stattfanden, war die Teilnahmequote an den Elternabenden zudem nicht besonders hoch. Die Lehrkräfte gaben im Schnitt eine Teilnahmequote von 56 Prozent an (SD = 23,7). Dabei zeigte sich, dass bei den fünf Elternabenden, die als zusätz-

---

163 15 mal als Teil eines Elternabends, 5 mal als Themenelternabend zur Medienerziehung.

licher Themenelternabend zur Medienerziehung konzipiert waren, die Teilnahmequote mit 31,6 Prozent (SD = 30,3!) deutlich unter der Teilnahmequote jener Elternabende lag, bei denen das Thema Medienerziehung in einen regulären Elternabend integriert wurde (Durchschnittliche Teilnahmequote von 66,3 %, SD = 9,8).

Die Tatsache, dass von neun Lehrkräften weder ein Elternabend durchgeführt wurde, noch ein Medienvertrag erarbeitet wurde, spricht für eine systematische Verknüpfung des Fehlens beider Elemente. Zeitmangel war offensichtlich nicht der Grund für den Verzicht. So zeigt sich, dass Lehrkräfte, die beide Elemente nicht verwendet haben, nicht weniger Zeit für die Unterrichtseinheiten verwendet haben (13,3 Unterrichtsstunden; SD = 2,8), als ihre Kollegen, die beide oder zumindest eins der beiden Elemente einsetzten (13,4 Unterrichtsstunden; SD = 4,3). Auch in der Einschätzung der Wirksamkeit des Unterrichts, der Altersangemessenheit der Unterrichtsinhalte und der Bewertung der Lesegeschichte durch die Schülerschaft gab es keine systematischen Unterschiede zwischen den Gruppen. Auffälligkeiten zeigten sich bei der Gruppe der neun „Verweigerer" jedoch hinsichtlich der Einschätzungen zur Lehrerschulung und der Qualität des Unterrichtsmaterials. So fanden sich die beiden Lehrkräfte, welche die Lehrerschulung zur Unterrichtseinheit als „weniger gut" beurteilten, in der Gruppe der Verweigerer, drei Mitglieder dieser Gruppe empfand die Unterrichtsmaterialen als zu wenig konkret. Zudem befanden sich in der Gruppe der „Verweigerer" überproportional mehr ältere Lehrkräfte. Sechs der neun Lehrkräfte in dieser Gruppe waren 55 Jahre oder älter, nur zwei Lehrkräfte waren jünger als 49 Jahre.

Die Ergebnisse der formativen Evaluation zeigen insgesamt eine gute Akzeptanz der Unterrichtseinheit auf Seiten der Lehrkräfte und - nach Aussagen der Befragten - auch auf Seiten der Schülerinnen und Schüler. Die Qualität der Schulung, die Altersangemessenheit der Inhalte, die Passung zwischen Vorgaben des Konzeptes und pädagogischer Freiheit sowie das Wirkpotential der Unterrichtseinheit wurden vom Durchschnitt der Lehrkräfte als gut eingeschätzt. Probleme zeigten sich bei der Implementierung der Instrumente *Medienvertrag* und *Elternabend*. Bezüglich der Verwendung des Medienvertrages wurde für die Umsetzung des Programms im Rahmen des *Berliner Längsschnitt Medien* die Konsequenz gezogen, dass im Rahmen der Lehrkräfteschulung noch deutlicher auf die Wichtigkeit dieses Instrumentes hingewiesen werden sollte. Da sich im Rahmen der formativen Evaluation zeigte, dass insbesondere ältere Lehrkräfte, die darüber hinaus weniger zufrieden mit der Schulung und den Unterrichtsinhalten waren, dieses Element nicht einsetzten, wurde für die Durchführung des Hauptprogramms beschlossen, im Rahmen des vorangehenden Lehrkräfteworkshops insbesondere auf die Fragen und Einwände älterer Lehrkräfte einzugehen und zusammen mit den Lehrkräften praktische Beispiele zu Form und Inhalt eines Medienvertrages zu erarbeiten.

Bezüglich der Veranstaltung von Elternabenden wurden drei Schlussfolgerungen gezogen: Erstens erscheint es notwendig, im Rahmen der Lehrkräfteschulung auf die Wichtigkeit dieses Instrumentes hinzuweisen. Zweitens sollte Lehrkräften dringend geraten werden, keinen eigenen Themenelternabend zu veranstalten, sondern das Thema Medienerziehung in einen regulären Elternabend zu integrieren, da hier eine deutlich höhere Teilnahmequote zu erwarten ist. Drittens sollte - wegen der insgesamt eher mäßigen Teilnahmequote auch an regulären Elternabenden mit dem Thema Medienerziehung - darüber nachgedacht werden, den Elternabend unter Mitwirkung eines externen Experten zu veranstalten, wie dies im Expertenworkshop bereits angeregt wurde (vgl. S. 243 in dieser Arbeit). Dies war im Rahmen des Pretests von Seiten des KFN und der teilnehmenden Schulen nicht zu leisten, wurde aber für die Hauptstudie in Berlin fest eingeplant.

9.3.1.4 Durchführung und Evaluation der ersten Unterrichtseinheit

9.3.1.4.1 Konzeptänderungen im Vergleich zum Konzepttest in Oldenburg und Soltau-Fallingbostel

Aufgrund der allgemein positiven Ergebnisse der formativen Evaluation des ersten Unterrichtskonzeptes wurde das Konzept weitgehend unverändert in den 20 Unterrichtsklassen des *Berliner Längsschnitt Medien* eingesetzt. Dabei wurde im Rahmen der Lehrkräfteworkshops in Berlin, die Mitte Februar 2006 stattfanden, die Wichtigkeit der Elemente Medienvertrag und Elternabend im Vergleich zum Konzepttest in Soltau-Fallingbostel und Oldenburg stärker betont. Bezüglich der Elternabende wurde den Lehrkräften nahegelegt, das Thema der Medienerziehung nicht bei einem reinen Themenelternabend zu besprechen, sondern im Rahmen eines allgemeinen Elternabends, in dessen Rahmen auch andere finanzielle und organisatorische Entscheidungen zu treffen waren. Außerdem wurde den Lehrkräften angeboten, dass ein Mitglied des KFN-Forschungsteams als Experte für kindliche Mediennutzung für einen 30- bis 45-minütigen Vortrag im Rahmen eines von den Lehrkräften organisierten Elternabends zur Verfügung steht.

9.3.1.4.2 Durchführung des Unterrichts

Am dem Medienunterricht vorangehenden Lehrkräfte-Workshop im Februar 2006 nahmen 16 Lehrkräfte der 20 Unterrichtsklassen teil, den vier Lehrkräften, die aus Krankheitsgründen fehlten, wurden alle Unterlagen schriftlich zugestellt. Zwischen März und Juni 2006 wurde die Medienunterrichtseinheit in 19 der 20 Unterrichtsklassen durchgeführt. Über die Gründe der Nicht-Durchführung der Unterrichtseinheit in einer Klasse können keine Angaben gemacht werden, da die betreffende Lehrkraft den Fragebogen für Lehrkräfte nicht ausfüllte und im direkt folgenden Schuljahr die Klassenleitung der betreffenden Klasse wechselte. In 17 der 19 Unterrichtsklassen fanden Elternabende unter Beteiligung eines Mitglieds des KFN-Forschungsteams statt. In zwei Klassen wurden von den Lehrkräften keine Elternabende organisiert.

9.3.1.4.3 Evaluation der Programmdurchführung

Die Evaluation der Programmdurchführung fand in Form einer Befragung der Lehrkräfte der Unterrichtsklassen zur Implementation des Medienunterrichtes statt. In Kapitel 8 wurde bereits dargelegt, dass Implementationsforschung während der Programmdurchführung Anhaltspunkte über mögliche Probleme in der Programmimplementation liefern kann und insbesondere solche Sachverhalte begleitend zur Programmdurchführung erfasst werden sollten, von denen angenommen werden kann, dass sie intervenierende Größen im Rahmen der Programmwirksamkeitsevaluation darstellen.

Die Unterrichtseinheit wurde in den teilnehmenden Klassen zwischen Februar 2006 und Juni 2006 durchgeführt. Die Befragung der N = 19 Lehrkräfte, in deren Klassen die Medienunterrichtseinheit *Vom Leichtmatrosen zum Medienlotsen* durchgeführt wurde, fand im Rahmen des zweiten Messzeitpunktes (t2; Mai/Juni 2006) des *Berliner Längsschnitt Medien* statt. Von allen N = 19 Lehrkräften wurden gültige Fragebögen ausgefüllt[164].

---

[164] In einem Fall wurde der Unterricht zum Teil von einem Lehramtsreferendar ausgeführt, der Fragebogen aber von der Klassenlehrkraft ausgefüllt. Da der Unterricht des Referendars von dieser Lehrkraft regelmäßig besucht und beaufsichtigt wurde, wurde auch dieser Fragebogen in die Auswertung mit einbezogen. Von der Lehrkraft, in deren Klasse der Unterricht nicht durchgeführt wurde, wurde auch kein Lehrkräftefragebogen ausgefüllt, so dass Rückschlüsse auf die Gründe der Nichtdurchführung des Programms nicht möglich sind.

Die befragten Lehrkräfte waren im Durchschnitt 46,4 Jahre alt (SD = 7,6), 17 Lehrkräfte waren Frauen (89,5 %), 2 Lehrkräfte Männer. Neun der Befragten gaben an, die Klasse, in der der Medienunterrichts durchgeführt wurde, „sehr gut" zu kennen, zehn Befragte kannten die Klasse „eher gut" (3-stufige Skala: 1 = nicht gut; 2 = eher gut; 3 = sehr gut), wobei die Lehrkräfte die Klasse im Durchschnitt seit 27 Monaten (SD = 11,3) unterrichteten. Alle den Medienunterricht ausführenden Lehrkräfte waren zugleich Klassenlehrkraft in der Klasse. Alle 19 befragten Lehrkräfte gaben an, in der betreffenden Klasse unter anderem das Fach Deutsch zu unterrichten, 18 Lehrkräfte gaben auch Sachunterricht. Im Durchschnitt wurden 14,1 Unterrichtsstunden für den Medienunterricht verwendet (SD = 5,3; Median: 7 Unterrichtsstunden), wobei mindestens 5 Unterrichtsstunden stattfanden. Die längste Unterrichtdauer betrug 26 Unterrichtsstunden. Damit lag das verwendete Stundenkontingent in etwa auf dem Niveau des Konzepttests in Oldenburg und Soltau-Fallingbostel, wo durchschnittlich 13,4 Unterrichtsstunden benötigt wurden.

Die Einschätzung der Lehrkräfte zur Medienunterrichtseinheit war nach dem praktischen Einsatz der Unterrichtsmaterialien durchaus positiv, wobei nicht von allen Lehrkräften Antworten zu allen Teilbereichen des Unterrichtspaketes gemacht wurden. Von den 15 Lehrkräften, die am Lehrerworkshop zur Vorbereitung der Unterrichtseinheit teilgenommen hatten, beurteilten 9 den Workshop als „sehr gut", 5 beurteilten ihn als eher gut, eine Lehrkraft befand ihn als „weniger gut" (4-stufige Antwortskala: 1 = sehr gut; 2 = eher gut; 3 = weniger gut; 4 = gar nicht gut). 12 Lehrkräfte gaben an, die Lesegeschichte *Vom Leichtmatrosen zum Medienlotsen* sei „sehr gut" bei ihren Schülerinnen und Schülern angekommen, 6 schätzen die Akzeptanz der Geschichte bei den Kindern mit „eher gut" ein, eine Lehrkraft mit „weniger gut" (4-stufige Antwortskala: 1 = sehr gut; 2 = eher gut; 3 = weniger gut; 4 = gar nicht gut). Damit lag die von den Lehrkräften wahrgenommene Akzeptanz der Geschichte bei den Kindern in etwa auf dem Niveau des Konzepttests in Oldenburg und Soltau-Fallingbostel. 18 Lehrkräfte befanden die Geschichte für ihre Schülerschaft als altersangemessen, eine Lehrkraft befand die Geschichte sei eher für ältere Kinder geeignet[165]. Dies entspricht in etwa der Einsätzung der Lehrkräfte beim Konzepttest in Soltau-Fallingbostel und Oldenburg und zeigt, dass die Geschichte aus Lehrkräftesicht sowohl in dritten wie auch in vierten Klassen angewendet

---

165 Konkrete Fragestellung: „Ist die Geschichte *Vom Leichtmatrosen zum Medienlotsen* dem Alter der Kinder in Ihrer Klasse angemessen?" Es gab drei Antwortmöglichkeiten: 1.: „Ja, genau richtig." 2.: „Nein, die Geschichte ist eher passend für jüngere Kinder." 3.: „Nein, die Geschichte ist eher passend für ältere Kinder."

werden kann. Die vorbereiteten Fragen und Aufgabenvorschläge, befanden 6 der befragten Lehrerinnen und Lehrer als sehr hilfreich, 8 als eher hilfreich und 5 Lehrkräfte als weniger hilfreich (4-stufige Antwortskala: 1 = sehr hilfreich; 2 = eher hilfreich; 3 = weniger hilfreich; 4 = gar nicht hilfreich), womit die Einschätzung der Berliner Lehrkräfte kritischer ausfiel als die Einschätzung der Lehrkräfte im Konzepttest.

Die Frage nach der Angemessenheit des Unterrichtsmaterials bezüglich der Handlungsfreiheit der Lehrkräfte[166] wurde wie folgt beantwortet. Fünf Befragte hätten sich mehr konkrete Vorschläge zur Planung und Gestaltung des Unterrichtes gewünscht, 14 Lehrkräfte befanden die Vorschläge zur Gestaltung und Planung des Unterrichtes als gerade richtig. Damit fiel auch diese Einschätzung, obschon insgesamt deutlich positiv, etwas kritischer aus als beim Konzepttest. Ähnliches zeigte sich bei der Einschätzung der Berliner Lehrkräfte bezüglich der längerfristigen Wirkung der Unterrichtseinheit. Auf der vierstufigen Skala (1 = „ja, auf jeden Fall"; 2 = „eher ja; 3 = „ eher nein; 4 = „nein, auf keinen Fall") antworteten zwei befragte mit „ja, auf jeden Fall", zehn Befragte mit „eher ja" und 6 Lehrkräfte mit „eher nein". Eine Person machte keine Angaben zu diesem Punkt.

Auch im *Berliner Längsschnitt Medien* wurden die Lehrkräfte nach dem Einsatz der zentralen Elemente der Unterrichtseinheit gefragt, und gebeten, Angaben über die Verwendung der Elemente *Lesegeschichte, Fernsehplan, Medienvertrag, Elternbroschüre* und *Elternabend* zu machen (vgl. Tabelle 8, S. 268). Es zeigte sich, dass die *Lesegeschichte* und das *Medientagebuch* von allen befragten Lehrkräften zumindest in Teilen eingesetzt wurden, auch die Elternbroschüre wurde von allen Lehrkräften, die Angaben zu diesem Punkt machten, verteilt. Dieses Ergebnis entspricht in etwa dem des Konzepttests in Oldenburg und Soltau-Fallingbostel. Hinsichtlich des Fernsehplans zeigte sich in Berlin eine leicht geringere Durchführungsquote als beim Konzepttest, wobei 15 Lehrkräfte angaben, das Instrument zumindest teilweise eingesetzt zu haben.

---

166 Konkret lautete die Frage: „Die Unterrichtseinheit ist so gestaltet, dass Sie relativ frei in der konkreten Gestaltung des Unterrichtes sind. Wie beurteilen Sie diesen Aspekt?" Es gab drei Antwortmöglichkeiten: 1.: „Ich hätte mir mehr konkrete Vorschläge für die Planung und Gestaltung des Unterrichtes gewünscht." 2.: „Ich wäre in meinen Entscheidungen über Planung und Gestaltung des Unterrichtes gerne freier gewesen." 3.: „Ich fand die Vorschläge für Planung und Gestaltung des Unterrichtes gerade richtig."

Tabelle 8: Einsatz der verschiedenen Unterrichtselemente durch die Lehrkräfte in N = 19 Unterrichtsklassen, in denen Medienunterricht durchgeführt wurde

Unterrichtselement	komplett eingesetzt	teilweise eingesetzt	nicht eingesetzt	Keine Angabe
Lesegeschichte	17	2	-	-
Medientagebuch	16	2	-	1
Fernsehplan	8	7	3	1
Medienvertrag	3	7	8	1
Elterninformationsbroschüre	18	-	-	1
Elternabend	17 [167]	-	2	-

Der Medienvertrag wurde in Berlin, wie bereits beim Konzepttest in Norddeutschland, verhältnismäßig wenig eingesetzt, wobei der Einsatz in Berlin noch nicht einmal an das Niveau beim Konzepttest heranreichen konnte. Lediglich drei Lehrkräfte führten dieses Unterrichtselemente komplett durch, sieben zumindest in Ansätzen. Dies zeigt, dass die Bemühungen, innerhalb des Lehrkräfteworkshops die Wichtigkeit dieses Elementes zu betonen, nicht erfolgreich waren. Über konkrete Gründe, warum der Medienvertrag nur relativ wenig eingesetzt wurde, lässt sich allerdings nur spekulieren. Die im Rahmen der formativen Evaluation herausgearbeiteten Einflussfaktoren auf die weniger konsequente Umsetzung dieses Unterrichtselementes zeigten sich im Rahmen der Berliner Studie weniger deutlich. So waren die Lehrkräfte, die den Medienvertrag nicht einsetzten, weder älter als ihre Kolleginnen und Kollegen, noch waren sie weniger zufrieden mit dem Einführungsworkshop, oder den vorbereiteten Arbeitsblättern. Allerdings hätten sich drei Lehrkräfte, die den Medienvertrag nicht einsetzen, mehr konkrete Vorschläge zur Durchführung des Unterrichtes gewünscht, während fünf Lehrkräfte die Vorschläge für gerade richtig befand. In der Gruppe derer, die den Medienvertrag einsetzen, war die Beurteilung der Konkretheit der Vorschläge deutlich höher (9 fanden die Vorschläge gerade richtig konkret, lediglich 2 hätten sich konkretere Vorschläge gewünscht). Zudem zeigten sich die Lehrkräfte, die den Medienvertrag nicht einsetzten, deutlich skeptischer im Hinblick auf die längerfristige Wirkung des Unterrichts. Von den sieben Lehrkräften dieser Gruppe, die die Frage nach der

---

[167] 9 mal als Teil eines Elternabends, 8 mal als Themenelternabend zur Medienerziehung.

längerfristigen Wirksamkeit des Unterrichts beantworteten, gaben drei Lehrkräfte an, der Unterricht habe eher längerfristige Wirkungen, vier dagegen sagten, der Unterricht habe eher keine längerfristigen Wirkungen.

Im Gegensatz zum Medienvertrag, der im Vergleich zum Konzepttest nicht häufiger eingesetzt wurde, konnte die Quote durchgeführter Elternabende und die Teilnahme an diesen Elternabenden im Gegensatz zum Konzepttest deutlich gesteigert werden, wobei sich insbesondere die Mitwirkung eines externen Experten positiv ausgewirkt haben dürfte. In 17 von 19 Klassen wurden Elternabende unter Mitwirkung eines externen Experten zur Medienerziehung durchgeführt, die Teilnahmequote lang nach Einschätzung der Lehrkräfte bei durchschnittlich 65,2 Prozent (SD = 22,3), wobei die im Rahmen des Workshops kommunizierte Strategie, den Elternabend nicht als reinen Themenelternabend zur Medienerziehung zu konzipieren, nur von 9 Lehrkräften umgesetzt wurde. Die 8 Lehrkräfte, die zu einem Themenelternabend Medienerziehung einluden, gaben an, dass zum Zeitpunkt des Elternabends keine weiteren organisatorischen oder inhaltlichen Themen mit den Eltern zu besprechen gewesen seien. Dabei zeigt sich auch im Rahmen des *Berliner Längsschnitt Medien,* dass bei den 8 Elternabenden, die als reiner Themenelternabend zur Medienerziehung konzipiert waren, die Teilnahmequote mit 56,6 Prozent (SD = 18,6) deutlich unter der Teilnahmequote jener Elternabende lag, bei denen das Thema Medienerziehung in einen regulären Elternabend integriert wurde (Durchschnittliche Teilnahmequote von 72,8 %, SD = 23,6).

Die Ergebnisse der Evaluation der Durchführung der ersten Medienunterrichtseinheit zeigen insgesamt eine recht gute Akzeptanz der Unterrichtseinheit auf Seiten der Lehrkräfte und - nach Aussagen der Pädagogen - auch auf Seiten der Schülerinnen und Schüler, wobei die Unterrichtseinheit insgesamt etwas skeptischer aufgenommen wurde als beim Konzepttest in Norddeutschland. Als positives Resultat der Konsequenzen der formativen Evaluation konnte die Teilnahmequote an den Elternabenden deutlich gesteigert werden, der Medienvertrag wurde jedoch nur in unzureichendem Maß umgesetzt.

9.3.2 Das zweite Unterrichtskonzept (4. Klassen)

Im Rahmen der ersten Unterrichtseinheit *Vom Leichtmatrosen zum Medienlotsen* (vgl. S. 248 - 258) wurden die Schülerinnen und Schüler für die Bedeutung elektronischer Medien in ihrem Alltag sensibilisiert. Gleichzeitig fand ein Dialog zwischen Kindern und Lehrkräften über den Medienalltag der Kinder statt, so dass die Lehrkräfte in der Lage waren, auf dieser Basis zusammen mit ihrer Schülerschaft Konzepte zur Erfassung des Medienalltags (Medientagebuch), zur Planung der Mediennutzung (Fernsehplan) und zur ausgewogenen Freizeitgestaltung (Medienvertrag) zu erarbeiten.

Bei der Konzeption einer nachfolgenden Unterrichtseinheit galt es zunächst zu entscheiden, inwieweit die mit den Schülerinnen und Schülern bisher erarbeiteten Inhalte und Verhaltensweisen im Sinne einer „booster session" (vgl. S. 184 in dieser Arbeit) lediglich verstärkt werden sollten, oder ob eine nachfolgende Unterrichtseinheit andere Schwerpunkte bei der Auseinandersetzung mit problematischen Mediennutzungsmustern und ihrer Prävention setzen sollte. Letztlich wurde entschieden, eine Unterrichtseinheit mit neuen thematischen Schwerpunkten zu erarbeiten. Vor dem Hintergrund, dass bereits in der vierten Klasse und insbesondere bei männlichen Schülern problematische Mediennutzungsmuster nachgewiesen wurden, von denen anzunehmen ist, dass sie sich zumindest bei einigen Schülern im Jugendalter verfestigen (vgl. Kapitel 6 in dieser Arbeit), sollte die zweite Unterrichtseinheit vor allem problematische Mediennutzungsmuster, ihre Entstehungshintergründe und ihre Wirkungen, stärker in den Blick zu nehmen. Auf den Seiten 193 - 195 dieser Arbeit wurde bereits dargestellt, dass Kinder im späten Grundschulalter durchaus in der Lage sind, kausale Beziehungen zwischen problematischen Mediennutzungsmustern und ihren Wirkungen zu verstehen. Es wurde aber auch gezeigt, dass ein grundsätzliches Verständnis dieser kausalen Beziehungen gerade bei Minderjährigen mit bereits problematischen Mediennutzungsmustern keineswegs zu einer Verhaltensänderung führen muss, da ihr Verhalten von ihnen selbst als durchaus funktional wahrgenommen werden kann (vgl. S. 156 - 158 in dieser Arbeit), da sie aus ihrem sozialen Umfeld, insbesondere der Peergroup, in ihrem Verhalten teilweise eher gestützt als in Frage gestellt werden (vgl. S. 129 in dieser Arbeit), und da ihnen häufig ein Verständnis für negative Auswirkungen fehlt, wenn diese sich erst mittel- oder langfristig zeigen. Insofern erschien es bei der Konzeption der zweiten Unterrichtseinheit besonders wichtig, nicht nur die Schülerinnen und Schüler - insbesondere jene mit bereits problematischer Mediennutzung - auf die potentiellen Risiken ihres Medienhandelns aufmerksam zu machen, sondern auch ihr Umfeld - Peers, Lehrkräfte und Eltern - für die

Risiken problematischer Mediennutzung zu sensibilisieren und Anzeichen einer solchen problematischen Mediennutzung zu erkennen. Auch die zweite Unterrichtseinheit wurde nach dem Dreischritt „Medienumgang bewusst machen" - „Folgen des Medienumgangs erkennen" - „Alternativen erkennen" aufgebaut (vgl. Abbildung 4, S. 255) wobei die Lesegeschichte insbesondere die Folgen problematischen Medienumgangs thematisiert.

9.3.2.1 Unterrichtsmaterial

Aufgrund der positiven Rückmeldungen der Berliner Lehrkräfte zum Instrument der Lesegeschichte als Zentrum medienerzieherischer Aktivitäten im Unterricht, wurde auch für die zweite Unterrichtseinheit eine Lesegeschichte entwickelt (zu den Vorteilen dieses Instrumentes vgl. S. 248 - 250 in dieser Arbeit). Auch dieses Mal sollte gewährleistet sein, dass die Unterrichtseinheit sowohl in den Fächern Deutsch als auch im Sachkundeunterricht eingesetzt werden kann, um den Lehrkräften größtmögliche Flexibilität in der zeitlichen Planung ihres Unterrichts zu ermöglichen. Das Thema der zweiten Unterrichtseinheit erforderte jedoch neue Überlegungen zur Konzeption der Lesegeschichte. Kinder mit problematischer Mediennutzung mithilfe einer Lesegeschichte direkt zu einer Verhaltensänderung zu bewegen, wurde von Anfang an als wenig erfolgversprechend angesehen. Daher sollte es primäres Ziel dieser Unterrichtseinheit sein, (noch) nicht betroffene Schülerinnen und Schüler im Rahmen der Unterrichtseinheit für die Existenz solcher problematischer Mediennutzungsmuster zu sensibilisieren, um sich einerseits selbst vor der Entwicklung solcher Mediennutzungsmuster zu schützen und um andererseits frühzeitig zu erkennen, wenn Kinder in der Klasse oder im Freundeskreis Medien in problematischer Weise nutzen. Auf diese Weise sollte erreicht werden, dass Kinder mit problematischen Mediennutzungsmustern von den Peers in der Klasse keine Unterstützung für ihr Verhalten finden, sondern durch das Feedback ihrer Mitschüler für eine Änderung ihres Verhaltens motiviert werden.

Um dies zu erreichen, musste gewährleistet sein, dass problematische Mediennutzung in der Lesegeschichte als ein Verhaltensmuster dargestellt wird, von dem unter Umständen jedes Kind und jeder Jugendliche betroffen sein kann. Die Schülerinnen und Schüler sollten sich bewusst werden, dass problematisches Medienverhalten spezifische Ursachen hat und dass Betroffene Unterstützung dabei brauchen, ihr Medienverhalten zu ändern. Gleichzeitig sollten auch Lehrkräfte durch die Geschichte sensibilisiert werden, frühzeitig Anzeichen problematischer Mediennutzung bei ihren Schülerinnen und Schülern zu erkennen.

Vor dem Hintergrund dieser Überlegungen wurde eine Geschichte entwickelt, deren Hauptfigur sich aufgrund familiärer Probleme immer mehr in die Welt eines Computerspiels flüchtet. Der sympathische Charakter der Hauptfigur und eine detaillierte Darstellung seiner Handlungsmotive macht es den Leserinnen und Lesern leicht, sich mit der Figur zu identifizieren, seine Flucht in die Welt seines Computerspiels wird jedoch stets als problematisch beschrieben.

Konkret wird in der Lesegeschichte eine einzige Nacht im Leben eines Dreizehnjährigen mit dem Namen Bela geschildert. Nur einige Jahre älter als die Zielgruppe der Geschichte, bietet Bela durchaus Identifikationspotential für Leserinnen und Leser im Grundschulalter. Belas Leben ist zum Zeitpunkt der Handlung geprägt von großen Belastungen. Im Mittelpunkt seiner Aufmerksamkeit steht die Sorge um seine Mutter, die im Krankenhaus liegt, um an einem Krebsgeschwür operiert zu werden (vgl. Tabelle 9, S. 274, Textbeispiel 1). Da der Vater die Mutter ins Krankenhaus begleitet hat, ist Bela für einige Tage unter der Aufsicht einer Nachbarin allein in der elterlichen Wohnung. Neben der Sorge um die Mutter und der nächtlichen Einsamkeit in der Wohnung hat Bela auch mit schulischen Problemen zu kämpfen. Seine Noten sind in letzter Zeit - wohl auch aufgrund der Belastungen in der Familie - massiv abgerutscht. Doch seinem strengen und unnahbaren Deutschlehrer kann oder will sich Bela nicht anvertrauen.

Auch im Freundeskreis gibt es Probleme. Bela, der in letzter Zeit in seiner Freizeit fast ausschließlich ein Fantasyspiel[168] am Computer spielt (vgl. Tabelle 9, S. 274, Textbeispiele 1 und 2), hat sich von seinen alten Freunden in letzter Zeit immer weiter entfernt. Die beiden Freunde teilen Belas Leidenschaft für das Computerspiel nur bedingt und sind außerdem fest in die zahlreichen Freizeitaktivitäten ihrer Familien eingebunden. Auch diese offene Zurschaustellung des intakten Familienlebens seiner Freunde belastet Bela, der sich von seinen Eltern aufgrund der Erkrankung seiner Mutter in letzter Zeit wenig beachtet fühlt (vgl. Tabelle 9, Textbeispiel 4).

So sitzt Bela zum Anfang der Geschichte noch spät am Abend vor dem Computer seines Vaters, spielt allein sein Computerspiel und arbeitet zeitgleich an einem Aufsatz über den gebürtigen Berliner Informatiker Joseph Weizenbaum, dessen Arbeiten in den sechziger Jahren die Forschungen zur Künstlichen Intelligenz prägten. Durch den Aufsatz wird Bela auf das von Weizenbaum ent-

---

168 Ein erfundenes Computerspiel, welches als eine Mischung aus den Computerspielen *Warcraft* und *World of Warcraft* konzipiert ist.

wickelte Computerprogramm *ELIZA* aufmerksam. *ELIZA* wurde bereits in den sechziger Jahren programmiert um zu zeigen, wie mittels eines Computerprogramms ein menschlicher Gesprächspartner simuliert werden kann. Über einen Link im Internet gelangt Bela zu einer modernen Version von *ELIZA* und fängt an, sich spaßeshalber mit ihr zu unterhalten. Obwohl er fasziniert von der Echtheit einiger Antworten von *ELIZA* ist, erkennt er relativ schnell die Grenzen dieses Computerprogramms. *ELIZA* antwortet oftmals schematisch, wiederholt sich oder bezieht sich in ihren Antworten nicht auf das vorher Gesagte. Schließlich schläft Bela, erschöpft vom Arbeiten und dem langen Spielen am Computer, am Schreibtisch ein.

Als Bela nach einem Albtraum erwacht, sieht er, dass *ELIZA* ihm auf seine letzte Frage anders geantwortet hat als vorher. Die Antwort wirkt menschlich. Und tatsächlich: Im darauf folgenden Gespräch verhält sich *ELIZA* wie ein menschlicher Gesprächspartner. Bela berichtet *ELIZA* von seinen zahlreichen Problemen, von seiner Einsamkeit und von seiner Leidenschaft für das Fantasy-Computerspiel. Daraufhin zeigt *ELIZA* ihm Gespräche mit zwei anderen Jugendlichen, die sie protokolliert hat: Die *ELIZA*-Protokolle von Fiona und Mario. In diesen Gesprächen wird deutlich, warum Medien für Kinder und Jugendliche wichtig sein können, aber auch, welche Probleme die Abhängigkeit von diesen Medien unter Umständen mit sich bringt (vgl. Tabelle 9, Textbeispiel 5). Zum ersten Mal seit langer Zeit fühlt sich Bela nicht mehr einsam und unverstanden.

Tabelle 9: Textbeispiele aus der Lesegeschichte *Die ELIZA-Protokolle*

Textbeispiel 1: Flucht ins Spiel	Textbeispiel 2: Selbstwirksamkeit
Wieder schweifen seine Gedanken ab zu seinen Eltern, zu seiner Mutter, die in irgendeinem Krankenhaus weit weg in Österreich liegt und zu seinem Vater, der schweigend neben ihrem Bett sitzt und sich Sorgen macht. Immer macht er sich Sorgen... Dann ist Bela mittendrin. Schwerter klirren, Metall trifft auf Metall, Holz auf Holz, und überall schreien Feinde und Verbündete durcheinander. […] Bela hält kurz inne und klickt sich dann in eine seiner Kasernen, um neue Truppen zu rekrutieren. Es dauert mehr als eine Stunde, bis er den Feind endlich besiegt hat und auch das letzte Gebäude der Orks zerstört ist.	„In diesen Spielen kann ich jemand ganz anderes sein. Ich bin kein dreizehnjähriger Schüler mehr, kein normales Kind mit normalen Eltern und einem normalen Leben. Ich kann ein Zauberer oder ein Elfenkrieger sein. Oder auch ein Ork, ein Troll oder ein Kobold. Ich trage Rüstungen, die leicht sind wie Seide und hart wie Diamanten. Ich bin ein Meister aller Waffen, kann mit Schwert, Bogen und Speer umgehen und bin stärker als alle anderen. […] Die Welt ist anders dort, mit riesigen Wäldern und großen, uneinnehmbaren Burgen. Sie ist voller Magie. […] Ich kann Verwundete heilen und Kobolde verfluchen. Ich kann einen mächtigen Eisregen beschwören und ihn gegen eine feindliche Armee schicken. Das ist nicht die Wirklichkeit. Es ist viel besser! Wie ein Märchen, in dem man selber mitspielt."

Tabelle 9 (fortgesetzt)

Textbeispiel 3: Einsamkeit	Textbeispiel 4: Abschottung
Der Bildschirmschoner wird aktiviert, hunderte kleine Lichtpunkte fliegen ihm entgegen und verschwinden am Rand des Monitors. Wie spät ist es? 3:45 Uhr. [Bela] steht kurz auf, und tastet sich langsam durch die Dunkelheit bis zur Kommode mit den Teelichten. Er nimmt die Tüte mit den Kerzen und den Streichhölzern heraus und geht zurück zum Schreibtisch. Das Streichholz flackert auf, als er es am rauen Rand der Schachtel reibt und dann nochmals, als er zwei Teelichte entzündet. Er stellt sie rechts und links des Bildschirms auf und setzt sich wieder vor die Tatstatur. Dann wartet er. Bela ist alleine. Nie hat er sich einsamer gefühlt als gerade jetzt.	„[Ich] lasse mir weder von Lukas, von meinem Lehrer noch von einem verdammten Computerprogramm erzählen, dass ich zu viel Computer spiele! Warum denn nicht? Was ist so schlimm daran, dass ich einmal gut in etwas bin? Soll ich den ganzen Tag hier sitzen und mir Sorgen machen? Soll ich abends um acht ins Bett gehen, nur damit ich die ganze Nacht Albträume habe? Soll ich nachmittags irgendwelchen Schwachsinn mit meinen Freunden und ihren ach-so-tollen Eltern unternehmen, damit alle mir zeigen können, dass bei ihnen alles in Ordnung ist und bei mir nicht? […] Computerspielsüchtig, ha! Ich würde manchmal am liebsten in mein Spiel hineinkriechen und nie wieder herauskommen! Wer weiß, kann ja sein, dass mich jemand vermisst. Du hast doch keine Ahnung, *ELIZA*! Ihr wisst doch alle nichts über mich."

Tabelle 9 (fortgesetzt)

Textbeispiel 5: Fiona	Textbeispiel 6: Albtraum
„Ich kann es sehen, *ELIZA*, jeden Tag im Fernsehen kann ich sehen, wie die Schauspielerinnen aussehen, wie die Leute in der Werbung aussehen und wie die Nachrichtensprecherinnen aussehen! Und auch in den Casting-Shows: Hast du schon mal gesehen, wer da in die nächste Runde kommt? […] Ich kann dir sagen, wer da NICHT weiterkommt: Die fetten Mädchen, die fliegen raus! Letztens haben sie eine dicke Frau gezeigt. Gut, die hat nicht wirklich super gesungen, aber weißt du, was die im Fernsehen gemacht haben? Bei jedem Schritt, den sie gegangen ist, haben die mit der Kamera gewackelt, als wenn die Erde bebt! Und während sie gesungen hat, haben die das Trompeten eines Elefanten eingespielt! Und meine Eltern? Sie haben gelacht!!! Meine eigenen Eltern haben darüber gelacht! Und als ich wütend geworden bin, haben sie gesagt, dass ich keinen Humor habe."	Das Telefon klingelt, doch Bela lässt es läuten. Zu aufgewühlt ist er, um einen klaren Gedanken zu fassen. […] Panisch rennt Bela aus dem Arbeitszimmer und tastet sich durch den dunklen, kalten Flur. Wieder klingelt das Telefon. Er muss dringend jemanden finden. Immer wieder der gleiche Flur. Er muss sich beeilen, sonst ist es zu spät, doch er kann sich nicht bewegen. Wie angewurzelt steht er in der Mitte des Ganges, und niemand ist da, um ihm zu helfen. Unten aus dem Treppenhaus kommen Schritte. Marschierende Stiefel. Raue Stimmen erklingen, das Klirren rostiger Säbel: Orks! Hunderte! Wo sind seine Waffen? Irgendwo in der Nähe zischt eine Kerze und erlischt. Bela schreit auf und schreckt hoch. Das Telefon klingelt weiter und weiter. Schlaftrunken und verstört nimmt er schließlich ab. Es ist seine Mutter.

Doch dann passiert etwas Seltsames: Die verständnisvolle *ELIZA* verwandelt sich. Im Gespräch über die in den Protokollen angesprochenen Probleme entpuppt sie sich als größenwahnsinniges Computerprogramm, das den Menschen seine Lösungen aufzwingen will. Auch für Bela hat sie schnell eine Lösung parat: Sein Computerspiel muss schnellstmöglich gelöscht werden. Belas Protest wischt sie barsch beiseite. Dann beginnt sie mit der Umsetzung ihres Plans: Erst kontrolliert *ELIZA* Belas Computer, später dringt sie sogar in die Telefonanlage ein. Bela gerät in Panik und die ganze Szenerie gewinnt mehr und mehr albtraumhafte Züge. Das Telefon klingelt. Dann erwacht Bela (vgl. Tabelle 9, Textbeispiel 6). Die siebte Szene der Geschichte beschreibt ein letztes Gespräch zwischen Bela und *ELIZA*. Es wird deutlich, dass die *ELIZA*, die sich zunächst wie ein echter Mensch verhielt und sich nach und nach in ein Monster verwandelte, nur einem Traum von Bela entsprungen ist. Bela berichtet der echten, der Computer-*ELIZA*, dass seine Eltern wieder zuhause sind und seine Mutter wieder gesund wird. Alles scheint sich zum Guten zu wenden.

Tabelle 10: Aufbau und Themen der Unterrichtseinheit

Kapitel	Inhalt	Angesprochene Themen
1. Nachtschicht	Einführung der Hauptfigur Bela	- Sorgen und Probleme im Zusammenleben der Familie - Einsamkeit - Schulprobleme - Verwenden von Internetseiten wie wikipedia.de für die Hausaufgaben
2. Ein Gespräch in der Dunkelheit	Einführung des Computerprogramms *ELIZA*	- Faszination und Grenzen künstlicher Intelligenz - Faszination von Computerspielen
3. Ich bin ein Meister aller Waffen	Belas Gespräch mit *ELIZA* über seine Sorgen und die Faszinationskraft von Computerspielen	- Konflikte im Freundeskreis - Computerspielsucht - Einsamkeit
4. Fiona	Protokoll eines Gesprächs zwischen *ELIZA* und einem Mädchen namens Fiona über Handys, SMS, Chatten, Casting-Shows und über den Fluch, nicht dem klassischen Schönheitsideal zu entsprechen	- Umzug in eine andere Stadt (neue Klasse, Verlust der alten Freunde) - Neue Medien als Instrumente der Kommunikation mit alten Freunden - Konflikte mit Eltern über die Mediennutzung (Zeit, Kosten) - Probleme mit dem in den Medien vermittelten Schönheitsideal
5. Mario	Protokoll eines Gesprächs zwischen *ELIZA* und Mario über das Spielen von Gewaltcomputerspielen	- Negative Wirkungen von Gewalt in Computerspielen - Gründe der Faszination von Gewalt in den Medien - Umgang mit vertraulichen Informationen

Tabelle 10 (fortgesetzt)

Kapitel	Inhalt	Angesprochene Themen
6. Notbremse	*ELIZA* wird größenwahnsinnig und dringt in Belas Computer ein	- Konsequenzen aus bedenklichem Mediennutzungsverhalten - Die Rolle der Eltern in der Medienerziehung - „Denkstrukturen" von Computern vs. Denkstrukturen von Menschen - Sicherheit im Internet und Schutz vor unerwünschten Übergriffen
7. Abschied	Belas letztes Gespräch mit *ELIZA*. Es wird aufgelöst, dass Kapitel 3 bis 6 von Bela nur geträumt wurden	- Auflösung der Geschichte

Im Gegensatz zur ersten Unterrichtseinheit enthalten *Die ELIZA-Protokolle* keine klaren Handlungsanleitungen zum Umgang mit Alltagsmedien. Im Gegenteil: Der zunächst verständnisvolle Gesprächspartner *ELIZA* entpuppt sich zunehmend als kalt kalkulierende Maschine mit wenig Verständnis für den Hintergrund des Medienhandelns ihrer Gesprächpartner. In den die Lesegeschichte begleitenden Fragestellungen und Aufgaben (vgl. Anhang A13) werden die Kinder aufgefordert, Lösungen für die Probleme von Bela, Fiona und Mario zu finden, die den Betroffenen mehr helfen als die kurzsichtigen Lösungen des Computerprogramms *ELIZA*. Bei der Entwicklung neuer Lösungen können Schülerinnen, Schüler und Lehrkräfte auf das im Rahmen der ersten Unterrichtseinheit *Vom Leichtmatrosen zum Medienlotsen* erlernte Hintergrundwissen zurückgreifen.

9.3.2.2 Konzeptevaluation und Durchführung

Der Aufbau von Empathie zum Protagonisten der Geschichte und der Aufbau von Spannung über den Ausgang der Geschichte sind die zentralen Elemente, um die Kinder für Belas Probleme, seine Mediennutzung und deren Ursachen zu interessieren. Um zu gewährleisten, dass die Anlage der Geschichte und ihre erzählerische Umsetzung diesen Kriterien entspricht, wurden die Hintergründe der Unterrichtseinheit, das erste Konzept der Geschichte sowie Textbeispiele für ihre Umsetzung auf einem Lehrkräfteworkshop im Februar 2007 den am Unterrichtsprogramm teilnehmenden Lehrkräften vorgestellt. N = 19 Lehrkräfte der 20

Unterrichtsklassen nahmen an dem Workshop teil, eine Lehrkraft fehlte ohne Angabe von Gründen[169]. Das auf dem Workshop vorgestellte Konzept erhielt bereits alle Elemente der fertigen Geschichte, es fehlten allerdings noch die Gesprächsprotokolle mit den anderen Jugendlichen (Kapitel 4 „Fiona" und Kapitel 5 „Mario). Obwohl die Textbeispiele und die Anlage der Lesegeschichte großen Anklang bei allen anwesenden Lehrkräften fanden, wurde von mehreren Lehrkräften der Wunsch geäußert, außer der Geschichte von Bela noch weitere thematische Ankerpunkte zu setzen, um weitere Problemfelder der kindlichen und jugendlichen Mediennutzung bearbeiten zu können. Aus diesem Grund wurden die Gesprächsprotokolle mit Fiona und Marion eingefügt, in denen die Themen Chatten und SMSen, Mediengewalt und medienvermittelte Schönheitsideale verarbeitet wurden. Außerdem wurde von einer Lehrkraft die Befürchtung geäußert, eine zu spannende beziehungsweise „gruselige" Geschichte könne bei Kindern oder bei den Eltern auf Ablehnung stoßen. Aufgrund dieser Anmerkung wurde der Traumcharakter der Geschichte stärker herausgestellt.

Darüber hinaus wurde im Rahmen des Workshops über weitere Möglichkeiten der Elterninformation debattiert. Von mehreren Lehrkräfte wurde dabei darauf verwiesen, dass ihnen im Anschluss an die letzten Weihnachtsferien aufgefallen sei, wie stark zu Weihnachten geschenkte Video- und Computerspiele, Fernseher und Spielkonsolen das Medienverhalten ihrer Schülerinnen und Schüler in Richtung einer inhaltlich und zeitlich problematischeren Nutzung beeinflusst hätten. Obwohl im Rahmen des Workshops nicht verifiziert werden konnte, inwieweit die beschriebenen Fallbeispiele auch einen empirisch nachweisbaren Trend beschreiben, wurde mit den Lehrkräften vereinbart, den Eltern vor dem nächsten Weihnachtsfest eine weitere Informationsbroschüre zukommen zu lassen. Kritik wurde auch an der zu erwartenden zeitlichen Dauer der Unterrichtseinheit laut, die in etwa den gleichen zeitlichen Rahmen wie die erste Unterrichtseinheit benötigen sollte. Da in sieben Unterrichtsklassen nach den Sommerferien die Klassenlehrkraft gewechselt hatte, mussten einige der „neuen" Lehrkräfte überzeugt werden, die Unterrichtseinheit in ganzer Länge durchzuführen, obwohl sie selbst nie einer Durchführung dieser Einheiten zugestimmt hatten. Zwei neu hinzugekommene Lehrkräfte ließen sich überzeugen, bei zu starker Zeitknappheit die Unterlagen zum Unterricht an andere in der Klasse

---

169 Dabei handelte es sich um die Lehrkraft der Klasse, in der bereits ein Jahr zuvor kein Unterricht durchgeführt worden war. Nachträgliche Recherchen ergaben, dass auch in dieser Klasse nach dem Sommer die Klassenlehrkraft gewechselt hatte und offenbar alle betreffenden Unterlagen sowie die Einladung zum aktuellen Workshop nicht an die neue Klassenlehrkraft weitergegeben worden waren.

unterrichtende Kolleginnen oder Kollegen weiterzugeben, so dass diese die Durchführung des Unterrichts übernehmen. Da im Rahmen des Lehrkräfteworkshops deutlich wurde, dass in den meisten anderen Unterrichtsklassen nach der vierten Klasse ebenfalls ein Wechsel der Klassenlehrkraft stattfinden würde, wurden die derzeitigen Klassenlehrerinnen und Lehrer dringend gebeten, ihren Nachfolgerinnen beziehungsweise Nachfolgern möglichst alle Informationen und Unterrichtsmaterialien zum Medienunterrichtsprogramm zu übergeben, um auch eine dritte Unterrichtseinheit in der fünften Klasse möglich zu machen. Allerdings wurde von mehreren Lehrkräften deutliche Skepsis dahingehend geäußert, ob eine weitere Unterrichtseinheit im folgenden Jahr, ob nun von ihnen oder einer Nachfolgelehrkraft verantwortet, Platz im dichten Lehrplan der fünften Klasse finden würde.

Nach einer auf den Lehrkräfteworkshop folgenden zweiwöchigen Bearbeitung der Geschichte wurde allen 20 Unterrichtsklassen Anfang März 2007 die fertige Lesegeschichte inkl. Aufgabenbeispielen im Klassensatz zu Verfügung gestellt. In einer Klasse (derselben, in der bereits ein Jahr zuvor kein Unterricht stattfand), wurde kein Unterricht durchgeführt. In 19 der 20 Unterrichtsklassen wurde nach Angaben im Lehrkräftefragebogen Medienunterricht durchgeführt. In 17 Klassen wurde die Lesegeschichte Die *ELIZA-Protokolle* verwendet. Eine Lehrkraft befand die Geschichte als nicht angemessen für ihre Schülerschaft und entwickelte in Anlehnung an die Inhalte der ursprünglichen Geschichte eine eigene Geschichte. In einer weiteren Klasse wurde die Geschichte ebenfalls nicht verwendet, ohne dass Angaben darüber vorliegen, welche Inhalte stattdessen im Unterricht behandelt wurden. Aufgrund der fehlenden Angaben zu den alternativen Aktivitäten wird in der Folge davon ausgegangen, dass in dieser Klasse kein den *ELIZA-Protokollen* gleichwertiger Medienerziehungsunterricht stattfand. Dahingegen fand mit der Lehrkraft, die eine eigene Geschichte und eigene Aufgabenstellungen zu dieser Geschichte erarbeitet hatte, ein ausführlicher Austausch zu den Inhalten des modifizierten Unterrichts stattfand, so dass die selbst entwickelte Einheit dem ursprünglichen Konzept als so ähnlich eingeschätzt werden kann, dass die Durchführung der Unterrichtseinheit in dieser Klasse als gegeben bewertet wird. Damit wurde der Medienunterricht *Die ELIZA-Protokolle* in 17 der 20 Unterrichtsklassen durchgeführt, in einer Klasse wurde eine vom Inhalt und Zeitaufwand vergleichbare Unterrichtseinheit durchgeführt. Im November des gleichen Jahres wurde den Lehrkräften aller 20 Unterrichtsklassen ein Klassenset von DVDs mit beiliegender dreisprachiger Informationsbroschüre zugesandt mit der Bitte, die DVDs über die Schülerinnen und Schüler an die Eltern weiterzugeben. Auf der DVD befand sich ein Beitrag der Fernsehsendung *nano* (ausgestrahlt auf dem Sender *3sat*, Erstausstrahlung am

10.09.2007) über das Berliner Medienunterrichtsprogramm. In der beiliegenden Informationsbroschüre wurden den Eltern aller Unterrichtsklassen auf deutsch, türkisch und russisch erste Erfolge[170] der Unterrichtseinheit im Hinblick auf die Medienausstattung, die Mediennutzung und die schulische Leistung der Kinder in den Unterrichtsklassen dargestellt. Mithilfe dieser Materialien sollten Eltern in der Vorweihnachtszeit motiviert werden, ihren Kindern ausschließlich altersgemäße Medieninhalte zugänglich zu machen, Vereinbarungen über Mediennutzungszeiten zu treffen und keine Fernseher oder Spielkonsolen im Kinderzimmer zu erlauben.

9.3.2.3 Evaluation der Programmdurchführung

Analog zum Vorgehen bei der Evaluation der ersten Unterrichtseinheit wurde auch die Durchführung der zweiten Unterrichtseinheit durch eine Befragung der teilnehmenden Lehrkräfte evaluiert. Auch hier lag das Hauptaugenmerk auf der Identifikation möglicher Probleme in der Programmimplementation und der Erfassung von Sachverhalten, die möglicherweise intervenierende Größen im Rahmen der Programmwirksamkeitsevaluation darstellen.

Die Unterrichtseinheit wurde in den teilnehmenden Klassen zwischen April und Juni 2007 durchgeführt. Wie im Vorjahr fand die Befragung der N = 20 Lehrkräfte der Unterrichtsklassen im Rahmen des anstehenden Messzeitpunktes des *Berliner Längsschnitt Medien* statt (2007: t3). Von allen 19 Lehrkräften in denen Medienunterricht durchgeführt wurde (*Die ELIZA-Protokolle* beziehungsweise vergleichbarer Unterricht oder anderer Medienunterricht) wurden gültige Fragebögen ausgefüllt[171]. Von der Lehrkraft, in deren Klasse der Unterricht nicht durchgeführt worden war, lag zwar ein Fragebogen vor, dieser enthielt aber keine gültigen Angaben. Im Folgenden werden jeweils die Merkmale und Bewertungen aller 19 Lehrkräfte berichtet. Bei den Angaben zur Verwendung einzelner Unterrichtselemente werden nur die Angaben der 18 Lehrkräfte einbezogen, die *Die ELIZA-Protokolle* verwendeten.

---

170 Die in der Elternbroschüre berichteten Effekte wurden wissenschaftlich erstmals in Pfeiffer, Mößle, Kleimann & Rehbein (2007) publiziert.
171 Fünf der befragten Lehrkräfte gaben an, den Unterricht nicht selbst durchgeführt zu haben bzw. in Kooperation mit anderen Lehrkräften. Da sie durch den Interviewer oder die Interviewerin instruiert worden waren, nicht zu beantwortende Fragen zum Unterricht mit der durchführenden Lehrkraft abzustimmen, wurden Angaben dieser Lehrkräfte, soweit sie vorlagen, dennoch als gültig angesehen.

Die befragten Lehrkräfte waren durchschnittlich 46,9 Jahre alt (SD = 7,1). 14 Lehrkräfte waren weiblich (73,7 %), fünf Lehrkräfte männlich. 12 Befragte kannten die Klasse, in der Medienunterricht durchgeführt wurde, „sehr gut", 7 gaben an, die Klasse „eher gut" zu kennen (3-stufige Skala: 1 = „nicht gut"; 2 = „eher gut"; 3 = „sehr gut"). Alle Befragten gaben an, Klassenlehrerin beziehungsweise Klassenlehrer der Klasse zu sein. Im Schnitt wurde die jeweilige Klasse von den Befragten bereits seit 23,6 Monaten unterrichtet (SD = 15,3)[172]. 16 Befragte unterrichteten das Fach Deutsch in der Klasse, 15 Befragte das Fach Sachkunde, 13 Lehrkräfte unterrichteten beide Fächer in der jeweiligen Klasse. Eine Lehrkraft unterrichtete keins der beiden Fächer (Hier wurde der Medienunterricht von einer anderen Lehrkraft durchgeführt, wobei nicht die Geschichte *Die ELIZA-Protokolle* verwendet wurde). Im Durchschnitt wurden für die Unterrichtseinheit *Die ELIZA-Protokolle* 11,1 Unterrichtsstunden benötigt (SD = 5,3; Median: 10 Unterrichtsstunden). Die kürzeste Unterrichtseinheit dauerte 4 Unterrichtsstunden, die längste Einheit 20 Unterrichtsstunden. Damit fiel die für die zweite Unterrichtseinheit benötigte Unterrichtszeit um durchschnittlich drei Unterrichtsstunden kürzer aus als bei der ersten Unterrichtseinheit (vgl. S. 266).

Sechs der Befragten beurteilten den der Unterrichtseinheit vorausgehenden Workshop als „sehr gut", elf befanden ihn als „gut", eine Person als „weniger gut", eine Person machte keine Angabe zu diesem Punkt (4-stufige Antwortskala: 1 = sehr gut; 2 = gut; 3 = weniger gut; 4 = gar nicht gut). Acht Lehrkräfte gaben an, die Lesegeschichte *Die ELIZA-Protokolle* sei „sehr gut" bei den Kindern ihrer Klasse angekommen, in neun Klassen wurde die Geschichte nach Wahrnehmung der Lehrkräfte als „gut" beurteilt (4-stufige Antwortskala: 1 = sehr gut; 2 = gut; 3 = weniger gut; 4 = gar nicht gut), zwei Lehrkräfte machten keine gültige[173] Angabe. Damit war die Akzeptanz der Geschichte in der Klasse deutlich positiv, aber nicht ganz so positiv wie die erste Unterrichtseinheit. Zu erklären ist dieser Punkt möglicherweise mit der Wahrnehmung der Lehrkräfte zur Altersangemessenheit der Lesegeschichte. Zwar wurde die Geschichte von 13 Lehrkräften als altersangemessen beurteilt, 5 Lehrkräfte (darunter auch jene Lehrkraft, die eine eigene Geschichte geschrieben hatte) gaben aber an, die Geschichte sei eher etwas für etwas ältere Kinder[174] (eine

---

172 Die im Vergleich zur Vorjahrbefragung (t2; 2006: Durchschnittliche Unterrichtsdauer der Lehrkraft in der Klasse: 27 Monate; SD = 11,3) ist mit dem Wechsel der Klassenlehrkraft in 6 der erfassten Klassen nach den letzten Sommerferien zu erklären.
173 Dabei handelte es sich um diejenigen Lehrkräfte, in deren Unterricht statt der *ELIZA-Protokolle* andere Inhalte verwendet wurden.
174 Konkrete Fragestellung: „Ist die Geschichte *Die ELIZA-Protokolle* dem Alter der Kinder in Ihrer Klasse angemessen?" Es gab drei Antwortmöglichkeiten: 1.: „Ja, genau richtig."

Lehrkraft machte keine Angabe). Bessere Bewertungen als in der ersten Unterrichtseinheit bekamen dagegen die vorbereiteten Aufgaben und Fragen. Neun Lehrkräfte beurteilten sie als „sehr hilfreich", acht Lehrerinnen und Lehrer befanden sie als „eher hilfreich", drei Befragte - darunter jene beiden, in deren Klassen andere Inhalte verwendet wurden - machten keine Angaben zu diesem Punkt (4-stufige Antwortskala: 1 = sehr hilfreich; 2 = eher hilfreich; 3 = weniger hilfreich; 4 = gar nicht hilfreich).

Auch die Angemessenheit der Unterrichtseinheit bezüglich der Handlungsfreiheit der Lehrkräfte[175] wurde von den Befragten positiver beurteilt als bei der ersten Unterrichtseinheit: Hatten im letzten Jahr 14 Lehrkräfte geäußert, die Materialien seien „gerade richtig", befanden dieses Mal alle 16 Lehrkräfte, die zu diesem Punkt eine Angabe machten, die Unterrichtsmaterialen als „gerade richtig", 3 Lehrkräfte - darunter jene beiden, in deren Klassen andere Inhalte verwendet wurden - machten keine Angaben zu diesem Punkt. Etwas positiver als beim letzten Mal (vgl. S. 266) äußerten sich die Befragten auch zu der Frage, inwieweit die Unterrichtsinhalte eine längerfristige Wirkung auf das Verhalten der Schülerinnen und Schüler habe (4-stufige Antwortskala: 1 = „ja, auf jeden Fall"; 2 = „eher ja"; 3 = „eher nein; 4 = „nein, auf keinen Fall"). Drei Lehrkräfte gaben an, es gäbe „auf jeden Fall" längerfristige Wirkungen, zehn Lehrkräfte urteilten mit „eher ja", vier Lehrkräfte mit „eher nein", zwei Lehrkräfte - jene beiden, in deren Klassen andere Inhalte verwendet wurden - machten keine Angaben.

Da im Rahmen der zweiten Unterrichtseinheit die Lesegeschichte sowie die zugehörigen Fragen und Aufgaben die einzigen verwendeten Unterrichtsmedien darstellen, wurden die Lehrkräfte gebeten, Angaben darüber zu machen, inwieweit alle Kapitel, Fragen und Aufgaben auch tatsächlich bearbeitet wurden. In Tabelle 11 sind die Antworten der Lehrkräfte auf diese Fragen dargestellt. Dabei zeigt sich, dass alle Kapitel der Geschichte von 16 Klassen bearbeitet wurden. Die Lehrkraft, von der keine detaillierten Angaben zur Verwendung einzelner Kapitel und Aufgaben gemacht werden konnten (vgl. Fußnote 176) gab an, zumindest Kenntnis darüber zu haben, dass die Geschichte im Unterricht

---

2.: „Nein, die Geschichte ist eher passend für jüngere Kinder." 3.: „Nein, die Geschichte ist eher passend für ältere Kinder."

175 Konkret lautete die Frage: „Die Unterrichtseinheit ist so gestaltet, dass Sie relativ frei in der konkreten Gestaltung des Unterrichtes sind. Wie beurteilen Sie diesen Aspekt?" Es gab drei Antwortmöglichkeiten: 1.: „Ich hätte mir mehr konkrete Vorschläge für die Planung und Gestaltung des Unterrichtes gewünscht." 2.: „Ich wäre in meinen Entscheidungen über Planung und Gestaltung des Unterrichtes gerne freier gewesen." 3.: „Ich fand die Vorschläge für Planung und Gestaltung des Unterrichtes gerade richtig."

verwendet wurde. Auch die zugehörigen Fragen wurden ganz überwiegend im Unterricht bearbeitet, lediglich in drei Kapiteln gaben jeweils unterschiedliche Lehrkräfte an, die Fragen nicht bearbeitet zu haben. Am wenigsten Verwendung fanden die vorgeschlagenen Aufgaben, wobei aber auch hier insgesamt von einem guten Implementationsniveau der vorgeschlagenen Aufgaben gesprochen werden kann. Insgesamt spiegelt sich in der großen Akzeptanz der Fragen und Aufgaben die recht positive Einschätzung der Lehrkräfte zur Qualität der Fragen und Aufgaben wieder, die oben bereits berichtet wurde.

Tabelle 11: Verwendung der verschiedenen Elemente der Unterrichtseinheit ($N = 16^{176}$)

	Kapitel gelesen		Fragen bearbeitet		Aufgaben bearbeitet	
	ganz oder teilweise	nein	ganz oder teilweise	nein	ganz oder teilweise	nein
1. Nachtschicht	16	-	16	-	12	4
2. Ein Gespräch in der Dunkelheit	16	-	15	1	14	2
3. Ich bin ein Meister aller Waffen	16	-	16	-	13	3
4. Fiona	16	-	16	-	15	1
5. Mario	16	-	15	1	14	2
6. Notbremse	16	-	15	1	Keine Aufgabe	
7. Abschied	16	-	Keine Fragen		15	1

Insgesamt ergibt sich hinsichtlich der Implementation und Durchführung der zweiten Unterrichtseinheit ein zweigeteiltes Bild. Einerseits konnte die Einheit lediglich in 17 von 20 Klassen in der ursprünglich konzipierten Form durchgeführt werden, in zwei Klassen wurden selbst entwickelte beziehungsweise nicht näher beschriebene Medienunterrichtskonzepte eingesetzt (wobei Inhalte und Länge des von einer Lehrkraft selbstentwickelten Unterrichts mit den *ELIZA-Protokollen* durchaus vergleichbar sind), in einer Klasse (derselben, die bereits das erste Unterrichtskonzept nicht angenommen hatte) wurde gar kein Medienunterricht durchgeführt. In den 17 Klassen, in denen *Die ELIZA-*

---

176 Berücksichtigt wurden Angaben von N = 16 Lehrkräften, in deren Unterricht *Die ELIZA-Protokolle* verwendet wurden. Eine Lehrkraft konnte keine Angaben über die Verwendung einzelner Elemente machen, da der Unterricht von einer anderen Lehrkraft durchgeführt wurde.

Protokolle verwendet wurden, wurde das Material wiederum recht vollständig verwendet und stieß - nach Wahrnehmung der Lehrkräfte - auf durchaus gute Akzeptanz bei den Schülerinnen und Schülern. Dies wiederum ist als Implementationserfolg zu interpretieren. Allerdings wurde von mehreren Lehrerinnen und Lehrern kritisiert, die Lesegeschichte sei eher für ältere Schülerinnen beziehungsweise Schüler geeignet, was in einem Fall dazu führte, dass die Lehrkraft in ihrem Unterricht eine eigene Geschichte einsetzte. Das im Gegensatz zur ersten Unterrichtseinheit etwas „schlankere" Konzept der *ELIZA-Protokolle* führte dazu, dass etwas weniger Unterrichtzeit verwendet wurde als beim Konzept *Vom Leichtmatrosen zum Medienlotsen*. Auf der einen Seite ist dies im Hinblick auf die bessere Implementierbarkeit in anderen Schulklassen natürlich zu begrüßen. Auf der anderen Seite stellt sich aufgrund der zahlreichen Themenkomplexe der Unterrichtseinheit die Frage, inwieweit die Unterrichtsinhalte in teilweise weniger als zehn Unterrichtsstunden ausreichend zu bearbeiten waren.

9.3.3 Das dritte Unterrichtskonzept (5. Klassen)

Mit den Unterrichtskonzepten *Vom Leichtmatrosen zum Medienlotsen* und *Die ELIZA-Protokolle* wurden Beispiele der Vermittlung medienerzieherischer Inhalte für dritte und vierte Grundschulklassen erarbeitet, mit denen Lehrkräfte und Grundschulkinder für die Wichtigkeit einer altersgerechten Mediennutzung sensibilisiert werden sollen und auf deren Grundlage Regeln für einen altersgerechten kindlichen Medienumgang im Grundschulalter erarbeitet werden können. Die Umsetzung des medienerzieherischen Unterrichts in Berlin eröffnete die Chance, die kindliche Alltagsmediennutzung ein weiteres Mal im selben Klassenverband zum Thema zu machen, da in Berlin die fünfte und sechste Klasse Teil der Grundschule sind. Da diese dritte Unterrichtseinheit zugleich die letzte Unterrichtseinheit war[177], sollte sie einen abschließenden Impuls bei Schülerinnen und Schüler und deren sozialem Umfeld, Freunden und Familien, für die Entwicklung langfristig funktionaler Mediennutzungsmuster setzen. Gleichzeitig sollten die Schülerinnen und Schüler in die Lage versetzt werden, die in den letzten beiden Jahren behandelten Unterrichtsinhalte erneut aufzugreifen und kreativ zu verarbeiten. Damit sollte eine Idee des SMART-Konzeptes aufgegriffen werden, in dessen Rahmen die Schülerinnen und Schüler am Ende der Unterrichtseinheit (vgl. S. 214, Tabelle 2, Lektionen 14 - 16) Möglichkeiten erarbeiteten, die gewonnenen Erkenntnisse vor anderen Schülerinnen und Schülern zu präsentieren und Kinder mit problematischer Mediennutzung zu motivieren, elektronischer Mediennutzung weniger Zeit in ihrem Alltag einzuräumen.

Vor diesem Hintergrund wurde die Idee entwickelt, alle beteiligten Klassen im Rahmen des Unterrichtes 10- bis 20-minütige Spielszenen entwickeln zu lassen, in denen sie auf Grundlage einiger vorgegebener Fallskizzen die problematischen Seiten der Nutzung elektronischer Medien darstellen, und Auswege aus problematischen Formen der Mediennutzung zeigen. Diese Szenen sollten in den Schulen vor Eltern, Lehrkräften und Kindern der dritten bis sechsten Klassen vorgeführt werden. Gleichzeitig sollte die Idee des SMART-Programms aufgenommen werden, unter den am Medienunterricht beteiligten Schulklassen einen Wettbewerb auszutragen. Bestand der Wettbewerb im SMART-Programm darin, diejenige Klassengemeinschaft zu belohnen, die am

---

177 Auf diese Weise wurde gewährleistet, dass beim letzten Messzeitpunkt (t5) des *Berliner Längsschnitt Medien* am Ende der sechsten Klasse, ein Jahr nach der letzten Unterrichtsintervention, mögliche längerfristige Effekte des medienerzieherischen Unterrichts gemessen werden konnten.

erfolgreichsten beim Schalt-aus!-Programm abgeschnitten hatte, sollte der Wettbewerb der Berliner Klassen in der kreativsten Umsetzung einer vorgegebenen Fallskizze bestehen. Da in rund der Hälfte der Unterrichtsklassen im fünften Schuljahr mutmaßlich ein Wechsel der Lehrkraft bevorstand, wurde entschieden, weder die Fallskizzen noch die genauen Modalitäten des Wettbewerbes genau festzulegen, sondern das genaue Vorgehen mit den beteiligten Lehrkräften abzustimmen, um eine möglichst hohe Teilnahmequote an der letzten Unterrichtseinheit zu gewährleisten. Zur Vorbereitung des Lehrkräfteworkshops im Februar 2008 wurden drei Fallskizzen entwickelt, in denen aktuelle Probleme kindlicher beziehungsweise jugendlicher Mediennutzung aufgegriffen wurden: das Mobbing in internetbasierten Schüler-Communities, die Nutzung äußerst gewalthaltiger Computerspiele in einer Clique männlicher Schüler und Computerspielabhängigkeit. Zudem wurde ein Plan zur Veranstaltung eines eintägigen Theaterwettbewerbes entworfen, in dessen Rahmen die Schülerschaft aller Unterrichtsklassen die von ihnen entwickelten Szenen vor Schülerinnen, Schülern und Lehrkräften der anderen Schulen und einer Jury präsentieren sollten.

9.3.3.1 Konzeptevaluation

Das Unterrichtskonzept wurde im Februar 2008 auf einem Lehrkräfteworkshop vorgestellt und mit den anwesenden Lehrkräften diskutiert. 16 Pädagogen nahmen an dem Workshop teil, vier Lehrkräfte fehlten aus Zeit- oder Krankheitsgründen. Im Vorfeld der Organisation des Workshops stellte sich heraus, dass nach den Sommerferien in weiteren acht Klassen die Klassenleitung gewechselt hatte, so dass in diesem dritten Unterrichtsjahr lediglich sechs Lehrkräfte dabei waren, die von Anfang an der Teilnahme am Medienunterricht zugestimmt hatten. Obwohl die Idee der Entwicklung kurzer szenischer Inszenierungen von problematischer Mediennutzung und Lösungswegen aus solchen Nutzungsmustern zunächst bei der Mehrzahl der Lehrkräfte auf Zustimmung traf, zeigte sich bei der konkreten Planung des Vorhabens schnell, dass die meisten Lehrkräfte nicht bereit waren, einen ähnlichen zeitlichen Aufwand zu betreiben wie in den Vorjahren. Das wurde auch damit begründet, dass die Klassenlehrerinnen und -lehrer in der fünften Klasse weniger Fächer in ihren Klassen unterrichteten, als in der dritten und vierten Klasse, dass weniger Klassenleiterinnen und -leiter das Fach Deutsch unterrichteten und das Fach Sachkunde, das bisher ebenfalls für die Vermittlung der medienerzieherischen Inhalte genutzt wurde, in der fünften Klasse durch andere Fächer ersetzt wird

(i. d. R. Naturwissenschaften, Erdkunde, Geschichte). Zudem konnte kein gemeinsamer Termin für die Veranstaltung eines gemeinsamen Wettbewerbstages gefunden werden, selbst die Veranstaltung von zwei Wettbewerbstagen mit jeweils der Hälfte der Klassen war nicht möglich. Zweitens sahen sich einige Lehrkräfte aufgrund fehlender didaktischer Expertise nicht in der Lage, mit ihren Klassen szenische Darstellungen zu entwickeln, mit denen die Schülerinnen und Schüler bei einem Wettbewerb in Konkurrenz zu anderen Klassen bestehen können. Darüber hinaus zeigte sich rund die Hälfte der Anwesenden nicht einverstanden mit der Idee, die Schülerinnen und Schüler ihre Szenen anhand vorgegebener Fallskizzen entwickeln zu lassen. Vielmehr wurde angeregt, die Kinder sollten die Szenen aufgrund persönlicher Erfahrungen mit ihren Alltagsmedien entwickeln. Besonders der letzte Punkt stellte vor dem Hintergrund der Gesamtkonzeption des Medienerziehungsunterrichts ein Problem dar. Bereits auf den Workshops in den beiden Jahren zuvor war von einigen Lehrkräften immer wieder kritisiert worden, die in der Unterrichtseinheit angesprochenen Probleme seien in der Lebenswelt der meisten ihrer Schülerschaft von wenig Relevanz. Auch wenn diese Kritik zunächst verständlich erscheint - es wurde bereits deutlich gemacht, dass zeitlich, inhaltlich und insbesondere funktional problematische Mediennutzungsmuster keineswegs die Mehrheit der Kinder betreffen - ist es doch Kennzeichen der meisten risikoorientierten Konzepte der Primärprävention, dass das zu vermeidende Risikoverhalten in der Regel nur bei einer Minderheit einer Population entwickelt wird. Wenn Lebensweltorientierung des Unterrichtes aber bedeutet, dass die Thematisierung explizit risikobehafteten Verhaltens im Rahmen der Prävention stark eingeschränkt wird, droht der Präventionscharakter der Maßnahme insgesamt verloren zu gehen. Insofern ergab sich als Essenz des Lehrerworkshops ein gewisses Dilemma: Letztlich waren weniger als die Hälfte der Lehrkräfte bereit und in der Lage, die inhaltlichen und organisatorischen Aufwände, den das in den Workshop eingebrachte Konzept bedeutet hätte, mitzutragen. Ein für die Inhalts- und Gestaltungswünsche der Lehrkräfte offeneres Konzept bedeutete aber zwangsläufig deutlich eingeschränkte Möglichkeiten der Steuerung inhaltlicher und gestalterischer Lernprozesse.

9.3.3.2 Modifikation der Konzeptidee und Durchführung

Aufgrund der geringen Akzeptanz des in den Lehrkräfteworkshops eingebrachten dritten Unterrichtskonzeptes wurde auf der Grundlage des ersten Vorschlages ein offeneres Konzept entwickelt, das dennoch wichtige Kernbestandteile des ursprünglichen Konzeptes enthalten sollte. So wurde die Beibehaltung des Wettbewerbselements als wichtig angesehen, um die Teilnahmemotivation der Kinder aufrecht zu erhalten. Als weiterer wichtiger Punkt sollte das Transferelement erhalten bleiben: Das Unterrichtskonzept sollte bisher Gelerntes erneut aufgreifen und von den Kindern fordern, bisher erarbeitete Erkenntnisse vor anderen Schülerinnen und Schülern, Eltern und Lehrkräften darzustellen. Daher wurde ein neues Konzept mit weniger konkreten inhaltlichen und gestalterischen Vorgaben erarbeitet, welches diese Elemente enthielt und von dem vermutet wurde, dass es bei den beteiligten Lehrkräften auf größere Zustimmung stoßen würde: Der Wettbewerb *Medienlotsen gesucht!*. Allen 20 Medienunterrichtsklassen des *Berliner Längsschnitt Medien* wurden Ausschreibungen für den Wettbewerb *Medienlotsen gesucht!* zugesandt (vgl. Anhang A15). Als Preise wurden die Finanzierung eines Tages- oder Wochenendausfluges der Klasse und Medien für die Klassenbibliothek ausgeschrieben, die von der Projektleitung zur Verfügung gestellt wurden. Im Ausschreibungstext wurden die Schülerinnen und Schüler darauf aufmerksam gemacht, dass sie in den letzen beiden Jahren zu regelrechten „Medienexperten" ausgebildet worden sind. Nun wurden sie aufgefordert, ihr in den letzten beiden Jahren angesammeltes Wissen über Medien, Mediennutzung und die Chancen und Gefahren elektronischer Mediennutzung an andere Kinder ihrer Schule weiterzugeben. Dabei bekamen sie die folgende Aufgabenstellung:

> Tragt in der Klasse alles zusammen, was Ihr über Medien und ihre sinnvolle Nutzung gelernt habt. Sammelt alles, was Ihr über Fernsehen, Computerspiele, Spielkonsolen, Handys, das Internet und andere Medien wisst und was Ihr über Chancen und Gefahren dieser Medien gelernt habt. Ihr könnt auch einen Medienexperten einladen, der Euch mit weiteren Tipps und Informationen unterstützt. Überlegt dann gemeinsam, wie Ihr Euer Wissen an andere Schülerinnen und Schüler Eurer Schule weitergeben könnt. Setzt Eure Idee in die Tat um und dokumentiert Euer Projekt. Diese Dokumentation ist Euer Wettbewerbsbeitrag.

Bis zum Ende der Frist von Wettbewerbsbeiträgen wurden fünf Klassenbeiträge eingereicht. Der Siegerbeitrag bestand in einem Multimediaprojekt, in dem sich die Schülerinnen und Schüler einer Klasse mit dem *Kampf gegen die Grüne Langeweile* beschäftigten. Dabei zeigten sie anhand von Bildern, Collagen und digitalen Präsentationen, wie Langeweile erfolgreich bekämpft werden kann, ohne den Fernseher oder den Computer einzuschalten. Mit selbst gemalten Bildern zur Geschichte *Vom fernsehverrückten Frank* illustrierten sie außerdem die Geschichte eines Kindes, in dessen Kinderzimmer eines Tages ein Fernseher einzieht und das Kind, welches buchstäblich vor den Fernseher gefesselt wird, nicht mehr aus dem Zimmer lässt. Beiträge drei weiterer Klassen thematisierten das Problem der exzessiven Computernutzung anhand von selbstgedrehten

Videofilmen. Eine Klasse führte eine Befragung zur Mediennutzung der Schülerschaft ihrer Grundschule durch, verglich diese Ergebnisse mit den Resultaten derselben Befragung, die an der Partnerschule im schottischen Glasgow durchgeführt wurden und veröffentlichte einen mehrseitigen Forschungsbericht in der Schülerzeitung. Außerdem führte die Klasse ein kurzes Theaterstück im Rahmen eines schulweiten Gauklerfestes auf, in dem sie mit Tanz- und Akrobatikeinlagen Freizeitalternativen zur Mediennutzung zeigten. Zudem stellten die Schülerinnen und Schüler in der Schülerzeitung auch Computerspiele vor, die Spielspaß mit Lernen, Musizieren oder Bewegung kombinieren.

9.3.3.3 Evaluation der Programmdurchführung

Bereits die geringe Quote von Wettbewerbsbeiträgen (lediglich 5 von 20 Klassen) zeigt einen unbefriedigenden Erfolg bei der Implementation der dritten Unterrichtseinheit in der Gruppe der Unterrichtsklassen. In der im Rahmen des vierten Messzeitpunktes des *Berliner Längsschnitt Medien* (2008: t4) durchgeführten Befragung der teilnehmenden Lehrkräfte zeigte sich, dass über die fünf Teilnehmerklassen hinaus noch drei weitere Klassen an einem Wettbewerbsbeitrag gearbeitet hatten. Da das zeitliche Engagement dieser Klassen entweder gar nicht quantifiziert wurde oder mit maximal vier Unterrichtsstunden angegeben wurde und von den Lehrkräften auch nicht näher beschrieben wurde, konnte das Engagement dieser Klassen letztlich nicht als Beteiligung an der dritten Unterrichtseinheit gewertet[178] werden, so dass im Ergebnis die Teilnahme von fünf Klassen an der dritten Unterrichtseinheit konstatiert werden kann. Eine Lehrkraft, die am Unterrichtsprogramm teilnahm, war seit Beginn der Studie ab der dritten Klasse dabei, eine Lehrkraft war ab der vierten Klasse in den Medienerziehungsunterricht involviert, drei Lehrkräfte waren bei dieser Unterrichtseinheit zum ersten Mal dabei. Damit zeigt sich, dass neu hinzugekommene Lehrkräfte zwar im Rahmen des Workshops zur dritten Unterrichtseinheit deutliche Bedenken hinsichtlich des zeitlichen und organisatorischen Aufwandes des Medienunterrichts äußerten, sich letztlich aber keineswegs überdurchschnittlich der Durchführung der Unterrichtseinheit verweigerten. Vielmehr wird deutlich, dass von den sechs Lehrkräften, die bereits zwei Unterrichtseinheiten durchgeführt hatten (die also von Anfang an grundsätzlich der Teilnahme am Unterrichtsprojekt zugestimmt hatten), lediglich eine Lehrkraft bereit war, sich bei der

---

178 Damit unterscheidet sich die Ergebnisdarstellung in dieser Arbeit von den Angaben in Mößle et al. (2010), wo von acht teilnehmenden Klasse berichtet wurde.

Durchführung einer dritten Einheit zu engagieren. Die durchschnittliche Unterrichtsdauer in den teilnehmenden fünf Klassen betrug 11,4 Stunden (SD = 6,2), wobei eine Klasse lediglich vier Unterrichtsstunden für den Wettbewerbsbeitrag verwendete. Die Klasse, die beim Wettbewerb den ersten Patz belegte, benötigte 15 Unterrichtsstunden für die Erarbeitung ihres Projektes, am längsten (20 Unterrichtsstunden) beschäftigte sich jene Klasse mit dem Projekt, die sowohl eine Befragung zur Mediennutzung in der eigenen Schule und der Partnerschule durchführte und darüber hinaus ein kleines Theaterstück entwickelte.

Bei der Auswertung der Lehrkräftefragebögen aller 19 Klassen der Unterrichtsgruppe (aus einer Klasse lag kein Fragebogen vor) zeigte sich, dass 15 Klassenlehrkräfte[179] der Unterrichtsgruppe weiblich waren (75 %), fünf waren männlich. Von den am Unterricht teilnehmenden Lehrkräften waren vier weiblich, eine männlich. Im Durchschnitt waren die Lehrkräfte der Unterrichtsgruppe 48,8 Jahre alt (SD = 7,2). Tatsächlich unterrichteten nur noch 12 Klassenleiterinnen und -leiter das Fach Deutsch. Damit bestanden, verglichen mit den ersten beiden Unterrichtseinheiten, die bisher ungünstigsten Bedingungen zur Implementation des Unterrichts durch die Klassenlehrkraft. Von den Lehrkräften der sechs Klassen, die den Medienunterricht durchgeführt hatten, gaben vier unter anderem das Fach Deutsch, eine Lehrkraft, die lediglich Mathematik in ihrer Klasse unterrichtete, hatte auf den Beitrag lediglich vier Unterrichtsstunden verwendet. Eine Lehrkraft, die ebenfalls kein Deutsch unterrichtete, dafür aber unter anderem Mathematik und Kunst, hatte mit ihrer Klasse das Befragungsprojekt zur Mediennutzung in ihrer Schule und der Partnerschule in Glasgow durchgeführt und die Ergebnisse im Mathematikunterricht in Form von Tabellen und Grafiken aufbereitet.

Der Wechsel zahlreicher Klassenlehrkräfte in den Klassen der Unterrichtsgruppe zeigte sich auch in den Angaben der Lehrkräfte, wie viele Monate sie ihre Klasse bereits unterrichten. Im Durchschnitt gaben die Lehrkräfte an, ihre Klassen seit 23,1 Monaten zu unterrichten (SD = 15,8). Damit hatte sich dieser Wert im Vorjahresvergleich noch einmal leicht verringert (vgl. S. 266 in dieser Arbeit), obwohl 12 Monate zwischen den Messzeitpunkten lagen. Die subjektive Einschätzung der Lehrkräfte darüber, wie gut sie ihre Klasse kennen, wies ebenfalls auf eine eher hohe Fluktuation der Klassenleitungen im letzten Jahr hin: Sechs Lehrkräfte gaben an, die Klasse, in welcher der Unterricht durchgeführt werden sollte, „sehr gut" zu kennen, zehn gaben an, die Klasse „eher gut" zu kennen, eine Lehrkraft sagte, sie kenne ihre Klasse „nicht gut" (3-stufige Skala:

---

179 Es lagen zwar nur von 19 der 20 Lehrkräfte Fragebögen vor, das Geschlecht der Klassenlehrkräfte ließ sich aber den jeweils aktuellen Organisationsplänen entnehmen.

1 = „nicht gut"; 2 = „eher gut"; 3 = „gut"). Von zwei Lehrkräften, die einen Fragebogen abgegeben hatten, lagen diesbezüglich keine Angaben vor. Da der Medienunterricht nur in 5 von 20 Unterrichtsklassen durchgeführt wurde, und nur von diesen Lehrkräften einige Angaben zu ihrer Bewertung der Wirksamkeit und Akzeptanz der Einheit gemacht wurden, erscheint es schwierig, diese Daten im Hinblick auf die Implementation des ursprünglich erarbeiteten Konzeptes zu interpretieren, da die Heterogenität der einzelnen Unterrichtsprojekte keine eindeutigen Schlüsse darauf zulässt, ob die Einheit aufgrund der Grundkonzeption, der konkreten Umsetzung in der Klasse oder aufgrund des Engagements der Lehrkräfte als angemessen beziehungsweise wirksam eingestuft wurde[180].

Insgesamt muss festgestellt werden, dass die Implementation der letzten Unterrichtseinheit als unbefriedigend zu bezeichnen ist. Einerseits ist dies mit den im Vergleich zu den Vorjahren relativ ungünstigen schulischen Rahmenbedingungen zu erklären: Durch die Reduktion der den Klassenlehrkräften zur Verfügung stehenden Unterrichtszeit, durch den Wegfall des Sachkundeunterrichtes und durch den geringen Anteil an Klassenlehrkräften, die das Fach Deutsch unterrichteten. Die Änderung des Unterrichtskonzeptes auf der Grundlage der Kritik der Lehrkräfte im Vorbereitungsworkshop konnte nicht erreichen, dass der Unterricht in der Mehrzahl der Klassen durchgeführt wurde. Vielmehr zeigt sich, dass einer grundsätzlich positiven Einstellung gegenüber dem Ursprungkonzept von ungefähr der Hälfte der Lehrkräfte im Workshop (vgl. S. 287), eine vollständige Beteiligung von lediglich 5 Klassen am ausgeschriebenen Wettbewerb gegenübersteht. Zudem wurde durch die größeren inhaltlichen Freiheiten der Lehrkräfte bei der Gestaltung des Wettbewerbsbeitrages eine weniger klar risikopräventive Ausrichtung des Unterrichts in Kauf genommen. So enthielt das ursprüngliche Konzept das bindende Element einer Aufführung/Präsentation des Wettbewerbsbeitrags vor der Schulöffentlichkeit und den Eltern, wodurch eine noch stärkere Sensibilisierung der Peergroup und

---

180 Auf die Frage, wie gut die Unterrichtseinheit bei den Schüler/inne/n angekommen sei, antwortete eine Lehrkraft mit „sehr gut", 2 mit „gut", 2 Lehrkräfte machten keine Angaben zu diesem Punkt. Als altersangemessen bewerteten 3 Lehrkräfte das Unterrichtskonzept, 2 gaben an, es sei eher für ältere Kinder angemessen. Hinsichtlich der Frage, ob die Lehrkräfte sich mehr konkrete Vorschläge für die Durchführung des Konzeptes gewünscht hätten, oder ob sie gerne noch freier bei der Gestaltung des Unterrichts gewesen wären, antworten 2 Lehrkräfte, sie wären gerne noch freier in ihren Gestaltungsmöglichkeiten gewesen, eine Lehrkraft fand die Anregungen durch das Konzept gerade richtig, eine Person hätte sich mehr konkrete Vorschläge gewünscht. Auf die Frage nach einer längerfristigen Wirkung des Unterrichtsprogramms antwortete eine Lehrkraft, die Einheit habe „auf jeden Fall" eine längerfristige Wirkung, 4 Lehrkräfte antworteten mit „eher ja". (Zur konkreten Fragestellung und Skalierung der hier berichteten Items vgl. S. 283).

der Eltern erzielt werden sollte. Dieses Ziel konnte aufgrund der geringen Teilnahme der Unterrichtsklassen am Wettbewerb nicht erreicht werden. Dennoch muss festgehalten werden, dass die Wettbewerbsbeiträge der Klassen, die am dritten Unterrichtskonzept teilnahmen, eindeutig belegen, dass in diesen Klassen die Auseinandersetzung mit dem Thema der kindlichen Alltagsmediennutzung in der dritten Unterrichtseinheit und auch in den vorangehenden Einheiten sehr intensiv und kreativ verlief, so dass zumindest in diesen Klassen tatsächlich längerfristige Wirkungen des Unterrichtskonzeptes erhofft werden können.

9.3.4 Fazit zur Implementation des dreistufigen Unterrichtsprogramms

Die Implementation der Unterrichtseinheit zur Prävention problematischer Mediennutzungsmuster im Grundschulalter im Rahmen des *Berliner Längsschnitt Medien* verlief insgesamt recht erfolgreich. Das in Kapitel 8 formulierte allgemeine Implementationsziel konnte - trotz bestimmter Einschränkungen - in einem insgesamt zufriedenstellenden Maß erreicht werden. Das Unterrichtsprogramm zur Prävention problematischer Mediennutzungsmuster wurde von zufällig ausgewählten Grundschullehrkräften ab der dritten Klasse im Rahmen des regulären Deutsch- beziehungsweise Sachkundeunterrichts umgesetzt. Allerdings wurde der Medienunterricht nicht in allen ausgewählten Klassen durchgeführt, ferner kamen im Rahmen des Unterrichts nicht immer alle Bestandteile des Unterrichtskonzeptes zum Einsatz.

Anhand der auf Seite 229 formulierten Teilziele soll die Qualität der Gesamtimplementation des Unterrichtsprogramms zusammengefasst werden:

(1) Die Lehrkräfte erklären sich nach einer offenen Diskussion über Art, Umfang und Wirkpotential des Unterrichtskonzeptes bereit, den Unterricht durchzuführen.

Während die erste Unterrichtseinheit von nach dem Lehrkräfteworkshop in allen zufällig ausgewählten Pretest-Klassen in Oldenburg und Soltau-Fallingbostel und in 19 der 20 zufällig ausgewählten Berliner Klassen ganz oder wenigstens teilweise durchgeführt wurde und die zweite Unterrichtseinheit in 18 Klassen durchgeführt wurde[181], war die Implementationsquote bei der letzten Unterrichtseinheit (5 von 20 Klassen) unbefriedigend. Insgesamt zeigte sich, dass die

---

181 In 17 Klassen mithilfe des Originalmaterials (*Die ELIZA-Protokolle*), in einer Klasse mithilfe einer inhaltlich analogen, selbstentwickelten Geschichte.

Konzeption der ersten beiden Unterrichtseinheiten den Bedürfnissen von Grundschullehrkräften in der dritten und vierten Klasse und den organisationalen Rahmenbedingungen in diesen Jahrgängen deutlich besser angepasst war, als den Besonderheiten Berliner Grundschulen in der fünften Klasse (häufiger Wechsel der Klassenlehrkraft nach der vierten Klasse, weniger Unterrichtszeit der Klassenlehrkraft in der Klasse, Wegfall des Sachunterrichts, weniger Deutschlehrkräfte unter den Klassenlehrerinnen und -lehrern). Die Ausgangsüberlegung, mithilfe des (recht konventionellen) Instrumentes einer Lesegeschichte Kinder und Lehrkräfte an das Thema und die Problemstellungen kindlicher Alltagsmediennutzung heranzuführen, erwies sich sowohl bei der Konzeptevaluation im Rahmen der Vorbereitungsworkshops als auch bei der Durchführungsevaluation als geeigneter Zugang. Auch der Zugang zu den Klassen über die Klassenlehrkraft erwies sich in den ersten beiden Unterrichtsjahren als der richtige Weg, da die Fächer Deutsch und/oder Sachkunde in der weit überwiegenden Zahl der Fälle von diesen Lehrkräften unterrichtet wurden. Als nur eingeschränkt erfolgreich kann die Ansprache der Eltern durch das Unterrichtskonzept bezeichnet werden. Dadurch, dass nur wenige Klassen der Unterrichtsgruppe an der dritten Unterrichtseinheit teilnahmen (und hier nur eine Klasse eine Schulaufführung umsetzte, die sich explizit auch an die Eltern richtete), konnten die vorher eingesetzten Elemente (Elternabende, Informationsbroschüre, Informations-DVD und Begleitbroschüre) durch die Aktivitäten der Schülerinnen und Schüler im Rahmen der dritten Unterrichtseinheit nicht weiter ergänzt werden.

Insgesamt wurde auch deutlich, dass ein kontinuierliches, über mehrere Jahre hinweg laufendes schulisches Medienerziehungsprogramm ohne eine verbindliche Verankerung im Lehrplan nur mit relativ großem Organisationsaufwand möglich ist. In jedem Lehrkräfteworkshop mussten einige Lehrerinnen und Lehrer erneut motiviert werden, an der Unterrichtseinheit teilzunehmen, die Wechsel der Klassenleitung machten es notwendig, immer wieder neue Lehrkräfte in das Programm einzubinden und auf einen ähnlichen Wissensstand zu bringen wie ihre Kolleginnen und Kollegen. Andererseits zeigten auch viele der Lehrkräfte, die von der ersten bis zur dritten Unterrichtseinheit an den Workshops teilnahmen, im dritten Unterrichtsjahr eine gewisse „Teilnahmemüdigkeit". Einen Anteil an der zuletzt eher geringen Teilnahmemotivation dieser Lehrkräfte hatte die Tatsache, dass neben der zeitlichen und organisatorischen Belastung durch die Vorbereitung und Durchführung der Unterrichtseinheiten auch noch die jährlichen Testungen und Befragungen der Klassen hinzukamen (t1 - 4: Zwei Testtage á 2 Schulstunden, t5: Ein Testtag á 2 Schulstunden), die in der Regel in der Unterrichtszeit der Klassenlehrkraft durchgeführt wurden.

Insgesamt ist die Implementation - auch vor dem Hintergrund des hohen methodischen Anspruchs an die externe Validität der Implementation des Unterrichtsprogramms - dennoch als erfolgreich zu bewerten. So fand die Auswahl der Unterrichtsklassen streng randomisiert statt, so dass Selbstselektionseffekte nahezu ausgeschlossen waren. Die Teilnahme an jeder Unterrichtseinheit war für die Lehrkraft freiwillig, eine Lehrkraft hatte keinerlei Sanktionen zu befürchten, wenn sie nicht (mehr) am Medienunterrichtsprogramm teilnahm. Dennoch konnten 19 beziehungsweise 18 Klassenlehrerinnen und -lehrer motiviert werden, an zwei Unterrichtseinheiten teilzunehmen. Insofern legen die Ergebnisse der Evaluation der Durchführung des Unterrichtsprogramms nahe, dass die auf Seite 230 beschriebenen Wirksamkeitserwartungen nicht wesentlich durch eine mangelhafte Implementation der Unterrichtseinheiten gefährdet wurden.

(2) Das Unterrichtskonzept wird nach seiner Durchführung von den Lehrkräften als wirkungsvoll im Hinblick auf seine Wirkungsziele beurteilt.

Sowohl im Rahmen des Konzepttests in Soltau-Fallingbostel und Oldenburg als auch in Rahmen der Hauptuntersuchung in Berlin wurde der ersten Unterrichtseinheit von der überwiegenden Mehrzahl der Lehrkräfte potentielle Wirksamkeit bescheinigt (vgl. S. 261 beziehungsweise 283). Auch die zweite Unterrichtseinheit wurde von rund drei Viertel der teilnehmenden Lehrkräfte als potentiell wirksam in Hinblick auf die Unterrichtsziele beschrieben (vgl. S. 283). Im Hinblick auf die dritte Unterrichtseinheit lässt sich trotz der insgesamt unbefriedigenden Implementationsquote immerhin festhalten, dass diejenigen Lehrkräfte, deren Klassen am Wettbewerb teilnahmen, den Unterricht für wirkungsvoll erachteten (vgl. S. 292, Fußnote 180). Insofern ist die Beurteilung der Lehrkräfte zur Wirksamkeit des Unterrichtsprogramms insgesamt als positiv zu beschreiben.

(3) Das Unterrichtskonzept wird nach seiner Durchführung von den Lehrkräften als dem Alter der Schülerinnen und Schüler angemessen beurteilt.

Zur Frage der Altersangemessenheit der drei Unterrichtseinheiten zeigte sich, dass alle drei Unterrichtseinheiten mehrheitlich als dem Alter der Kinder angemessen bezeichnet wurden, wobei ein Trend dahingehend zu erkennen ist, dass die erste Unterrichtseinheit die beste Bewertung erhielt und die dritte Unterrichtseinheit am schlechtesten bewertet wurde. So wurde die erste Unterrichtseinheit sowohl im Konzepttest als auch in der Berliner Hauptstudie fast ausschließlich als altersangemessen bezeichnet, während die zweite Unterrichtseinheit „nur" von knapp drei Vierteln der antwortenden Lehrkräfte als altersangemessen eingeschätzt wurde und die dritte Unterrichtseinheit gerade noch von der Mehrheit der antwortenden Lehrkräfte als altersgerecht eingeschätzt wurde.

(4) Das Unterrichtskonzept wird nach seiner Durchführung von den Lehrkräften als hinreichend konkret beurteilt, ohne dass pädagogische Gestaltungsmöglichkeiten einzelner Elemente als zu gering beurteilt werden.

Die Balance zwischen Gestaltungsfreiheit und Konkretheit der Unterrichtsvorschläge wurde bei den ersten beiden Unterrichtseinheiten sowohl im Rahmen des Konzepttests in Soltau-Fallingbostel und Oldenburg als auch in der Berliner Hauptstudie als überwiegend „genau richtig" bezeichnet, wobei sich die Berliner Lehrkräfte bei der ersten Unterrichtseinheit nicht ganz so positiv äußersten wie die Lehrkräfte beim Konzepttest in Norddeutschland, während die Passung der zweiten Unterrichtseinheit durchgängig als „genau richtig" bewertet wurde. Bei der dritten Unterrichtseinheit zeichnete sich hingegen kein klares Meinungsbild ab.

(5) Das Unterrichtskonzept wird von den Schülerinnen und Schülern beteiligter Klassen angenommen.

Auf die Frage, wie die jeweilige Unterrichtseinheit bei den Kindern angekommen sei, antworteten sowohl die am Konzepttest in Norddeutschland als auch in Berlin teilnehmenden Lehrkräfte bezüglich der ersten beiden Unterrichtseinheiten fast ausschließlich, der Unterricht sei „sehr gut" oder „gut" angekommen, lediglich eine Berliner Lehrkraft bescheinigte der ersten Unterrichtseinheit, dass sie „weniger gut" angekommen sei. Zur dritten Unterrichtseinheit lagen lediglich drei Angaben zu diesem Punkt vor, auch hier wurde angegeben, die Unterrichtseinheit sei „sehr gut" oder „gut" angekommen.

Es zeigt sich, dass die Implementation des Unterrichtskonzeptes sowohl im Konzepttest als auch in der Hauptstudie erfolgreich war, dass aber die dritte Unterrichtseinheit sowohl beim Implementationsniveau als auch in der Beurteilung durch die Lehrkräfte recht deutlich gegenüber den ersten beiden Unterrichtseinheiten abfällt.

10 Effektevaluation des Unterrichts

Auf Seite 200 dieser Arbeit wurde als Ziel des Unterrichtsprogramms formuliert, die Entwicklung zeitlich, inhaltlich und funktional problematischer Mediennutzungsmuster messbar, nachhaltig und replizierbar zu verhindern oder bereits bestehende problematische Mediennutzungsmuster aufzubrechen. Im nachfolgenden Kapitel wird dargestellt, inwieweit sich die Verwirklichung der einzelnen Programmziele empirisch nachweisen lassen kann.

10.1 Befragungsablauf

Das Studiendesign des *Berliner Längsschnitt Medien*, in den die Evaluation des Unterrichtsprogramms eingebettet war, wurde bereits auf Seite 234 - 239 beschrieben. Die Erhebungen zu den Messzeitpunkten MZP1 bis MZP4 fanden in den jeweiligen Schulklassen an zwei aufeinanderfolgenden Untersuchungstagen in jeweils zwei aufeinanderfolgenden Schulstunden statt. Zum MZP5 war lediglich ein Untersuchungstag mit zwei aufeinanderfolgenden Schulstunden pro Klasse notwendig. Die Baseline-Messung zu MZP1 wurde im November 2005 in 47 Berliner Grundschulklassen durchgeführt (zum Studiendesign vgl. Abbildung 3, S. 236), die zweite Messung (MZP2) im Mai/Juni 2006, alle folgenden Messungen (MZP3 bis MZP5) im Jahresabstand zu MZP2 (Mai/Juni 2007, Mai/Juni 2008, Mai/Juni 2009). Dabei wurden die Untersuchungen von einem geschulten Interviewer oder einer geschulten Interviewerin durchgeführt. Es wurden ausschließlich Kinder untersucht, für die eine schriftliche Genehmigung eines Erziehungsberichtigten vorlag.

Wie auf Seite 234 bereits dargestellt, wurden an den Untersuchungstagen Daten für zwei parallele Fragestellungen gesammelt. Es wird im Folgenden ausschließlich auf diejenigen Untersuchungsinstrumente eingegangen, die im Laufe der folgenden Analyse verwendet wurden. So stand am ersten Untersuchungstag neben weiteren Untersuchungsinstrumenten die Beantwortung eines Schülerfragebogens im Mittelpunkt, dessen Bearbeitung in etwa eine Zeitstunde in Anspruch nahm. Zu den Messzeitpunkten MZP1 bis MZP3 wurde der gesamte Schülerfragebogen per Overhead-Projektor an eine Klassenwand projiziert, alle Fragen und Antwortmöglichkeiten wurden von der Interviewerin oder dem Interviewer laut vorgelesen und gegebenenfalls erläutert. Erst wenn die gesamte

Klasse mit der Beantwortung einer Frage fertig war, wurde die nächste Frage bearbeitet. Auf diese Weise wurde sichergestellt, dass alle Kinder alle Fragen verstanden und genug Zeit zur Beantwortung hatten. Während der letzten beiden Messzeitpunkte wurden Teile des Fragebogens von den Kindern selbständig bearbeitet, die sich im letzten Messzeitpunkt als vollkommen unproblematisch hinsichtlich Verständnis und Zeitaufwand erwiesen hatten.

Zu den Messzeitpunkten MZP1, MZP3, MZP4 und MZP5 wurden den Schülerinnen und Schülern an diesem Tag auch Fragebögen mit nach Hause gegeben, die von ihren Eltern auszufüllen waren (vgl. Tabelle 13, S. 299). Arabisch-, türkisch- und russischstämmigen Kindern wurde neben einem deutschsprachigen Elternfragebogen auf Wunsch auch ein Exemplar auf Arabisch, Türkisch oder Russisch mitgegeben. Der Klassenleitung wurde am ersten Untersuchungstag ein Lehrkräftefragebogen ausgehändigt, in dem unter anderem für jedes Kind der Klasse Schulnoten und aktuelle Leistungseinschätzungen in den Fächern Deutsch, Mathematik, Sport und Sachkunde erhoben wurden (vgl. Anhang A17). In Klassen der Unterrichtsgruppe wurde die Lehrkraft zusätzlich zur Implementation des Unterrichts befragt (vgl. Anhänge A10, A14, A16).

Am zweiten Untersuchungstag fand neben weiteren Untersuchungen eine umfangreiche Intelligenzdiagnostik mithilfe des CFT-20, WS und ZF statt. Außerdem wurden an diesem Tag auch die Elternfragebogen und der Lehrkräftefragebogen eingesammelt (eine ausführliche Darstellung des Untersuchungsablaufes bei Mößle, 2011, im Druck). Nach Abschluss einer Klassenuntersuchung wurde vom jeweiligen Interviewer ein Feldkontrollbogen ausgefüllt, auf dem Dauer der einzelnen Messungen, besondere Vorkommnisse während der Untersuchung und allgemeine Auffälligkeiten bezüglich der untersuchten Schulklasse und der Schule notiert wurden (vgl. Anhang A18). Alle für die vorliegende Untersuchung verwendeten Testinstrumente und Inhalte finden sich nachfolgend in Tabelle 12 und Tabelle 13.

Tabelle 12: Übersicht über verwendete Testinstrumente und Inhalte aus den Schüleruntersuchungen

Instrument	Inhalt	MZP 1	MZP 2	MZP 3	MZP 4	MZP 5
Schüler-fragebogen	Mediennutzung	X	X	X	X	X
	Medienausstattung	X	X	X	X	X
	Soziodemografie	X	X	X	X	X
	Wahrg. elterliches Medienerziehungsverhalten	X	X	X	X	X
	Computerspielabhängigkeit (KFN-CSAS)				X	X
CFT-20 (Weiß, 1998)	Intelligenz	X	X	X	X	
WS (Weiß, 1998)	Allgemeinbildung und verbale Verarbeitungskapazität	X	X	X	X	
ZF (Weiß, 1998)	Numerische Verarbeitungskapazität	X	X	X	X	

Tabelle 13: Übersicht über verwendete Testinstrumente und Inhalte im Eltern- und Lehrerfragebogen

Instrument	Inhalt	MZP 1	MZP 2	MZP 3	MZP 4	MZP 5
Elternfragebogen	Soziodemografie	X		X	X	X
Lehrerfragebogen	Schulnoten der Kinder	X	X	X	X	X
	Gegenwärtige Schulleistung	X	X	X	X	X
	Rückmeldung Medienunterricht		X	X	X	

Alle Fragebögen wurden von geschulten Kodierern in eine standardisierte Eingabemaske eingegeben. Alle weiteren Datenbereinigungs- und Auswertungsschritte wurden mithilfe des Programms SPSS (Versionen 14 bis 17) vorgenommen. Die Zuordnung der Einzeldatensätze der Kinder aus den verschiedenen Messzeitpunkten erfolgte über eine eindeutige Nummer, die jedem Kind vor seiner ersten Befragungsteilnahme zugeordnet wurde. Die Liste mit der Zuordnung von Name und Befragtennummer der Kinder wurde von der Klassenlehrkraft erstellt und während der gesamten Untersuchungsdauer von vier Jahren in der Schule verwahrt, so dass den beteiligten Wissenschaftlern eine Zuordnung von Namen und Befragtennummern nicht möglich war.

10.2 Beschreibung der Stichprobe

N = 1.067 Schülerinnen und Schüler der Unterrichts- und Kontrollgruppe nahmen an mindestens einem Messzeitpunkt des *Berliner Längsschnitt Medien* teil. Wie in Tabelle dokumentiert, lag die Teilnahmequote an den Untersuchungen zu den unterschiedlichen Messzeitpunkten in Unterrichts- und Kontrollgruppe zwischen 76 Prozent (Kontrollgruppe, MZP5) und 90 Prozent (Unterrichtsgruppe, MZP 2).

Hinsichtlich des Alters[182] unterschieden sich beide Gruppen nicht signifikant voneinander[183]. Zum ersten Messzeitpunkt waren die Kinder beider Gruppen im Durchschnitt 8,9 Jahre alt, zum letzten Messzeitpunkt 12,4 beziehungsweise 12,5 Jahre alt. Zeigten sich hinsichtlich des elterlichen Bildungsniveaus[184] deskriptive

---

182 Das Alter wurde zu den Messzeitpunkten 1 und 2 durch die folgende Frage erhoben: „Wie alt bist du?" Antwortmöglichkeit: „Ich bin _____ Jahre alt." Zu den Messzeitpunkten 3, 4 und 5 hieß die Frage: „Wie alt bist du?" Antwortmöglichkeit: „Ich bin ☐ 8 ☐ 9 ☐ 10 ☐ 11 ☐ 12 (+„MZP4: ☐ 13+, MZP5: ☐ 14+) Jahre alt."
183 T-Test zu Altersunterschieden zwischen den Gruppen: $t(828) = -1{,}50, p = .13$
184 Das elterliche Bildungsniveau wurde anhand der Elterangaben im Elternfragebogen ermittelt. Dabei wurde der ausfüllende Elternteil gefragt: „Welchen höchsten Schulabschluss haben Sie und Ihr Partner?" Antwortmöglichkeiten (jeweils für sich selbst und den Partner: ☐ noch Schüler ☐ Schule beendet ohne Abschluss ☐ Volks-/Hauptschulabschluss ☐ Mittlere Reife/Realschulabschluss ☐ Fachhochschulreife ☐ Abitur/Hochschulreife ☐ anderen Abschluss, und zwar _____ " Aus den Angaben für beide Partner wurde der höchste formale Schulabschluss als maßgeblich ausgewählt. Die Angaben „noch Schüler", „Schule beendet ohne Abschluss" und „Volks-/Hauptschulabschluss" wurden als „niedriges formales Bildungsniveau im Elternhaus", „Mittlere Reife/Realschulabschluss" als mittleres formales Bildungsniveau im Elternhaus" und „Fachhochschulreife", „Abitur/Hochschulreife" als „hohes formales Bildungsniveau im Elternhaus" klassifiziert.

Unterschiede dahingehend, dass Kinder der Unterrichtsgruppe zu etwas geringeren Anteilen aus Elternhäusern mit niedrigem formalen Bildungsniveau stammten (12,5 % vs. 14,6 % in der Kontrollgruppe) und etwas häufiger aus Elternhäusern mit hohem formalen Bildungsniveau (55,9 % vs. 50,1 % in der Kontrollgruppe), wurde dieser Unterschied zum ersten Messzeitpunkt nicht signifikant[185], auch zu den folgenden Messzeitpunkten nicht[186]. Kinder mit Migrationshintergrund[187] waren in beiden Klassen zu ähnlichen Anteilen anzutreffen (MZP1: Unt.-Gr.: 25,8 %; Kontr.-Gr.: 24,7 %), so dass sich auch hier weder zum ersten Messzeitpunkt noch zu den folgenden Messzeitpunkten bedeutsame Unterschiede zeigten [188]. Signifikante Differenzen zwischen Unterrichts- und Kontrollgruppe zeigten sich zum ersten Messzeitpunkt hinsichtlich der Geschlechterverteilung[189] in den Gruppen[190]. So lag der Anteil männlicher Schüler in der Unterrichtsgruppe bei anfangs 47,8 Prozent, während er in der Kontrollgruppe 54,8 Prozent betrug. Wurde dieser Unterschied auch noch zum zweiten Messzeitpunkt statistisch signifikant[191], bestanden zu MZP3 bis MZP5 keine bedeutsamen Unterschiede[192] zwischen den Gruppen hinsichtlich der Geschlechterverteilung.

---

185 $\chi^2 (2, N = 749) = 2,46, p = .28$
186 χ^2-Tests zu Unterschieden im elterlichen Bildungsniveau zwischen Kontroll- und Unterrichtsgruppe zu den Messzeitpunkten MZP2 bis MZP5: $\chi^2 (2, N = 731) = 3,05, p = .22$ (MZP2); $\chi^2 (2, N = 724) = 4,91, p = .09$ (MZP3); $\chi^2 (2, N = 650) = 3,34, p = .19$ (MZP4); $\chi^2 (2, N = 641) = 3,74, p = .16$ (MZP5)
187 Der ethnische Hintergrund der Kinder wurde durch folgende Frage erhoben: „Aus welchem Land stammen deine Eltern?" Für Mutter und Vater gab es folgende Antwortalternativen: ☐ Deutschland ☐ Türkei ☐ Polen ☐ Früheres Jugoslawien ☐ Russland/Kasachstan ☐ anderes Land: _____. Die Ausprägung „Migrationshintergrund" wurde all jenen Kindern zugeordnet, bei denen nicht mindestens ein Elternteil aus Deutschland stammte.
188 χ^2-Tests zu Unterschieden im Anteil von Schüler/inne/n mit Migrationshintergrund zwischen Kontroll- und Unterrichtsgruppe zu den Messzeitpunkten MZP! - MZP5: $\chi^2 (1, N = 810) = 0,13, p = .72$ (MZP1); $\chi^2 (1, N = 819) = 0,04, p = .87$ (MZP2); $\chi^2 (2, N = 813) = 0,02, p = .94$ (MZP3); $\chi^2 (1, N = 715) = 0,25, p = .62$ (MZP4); $\chi^2 (1, N = 715) = 0,85, p = .37$ (MZP5)
189 Das Geschlecht der Kinder wurde durch die folgende Frage erhoben: „ Bist du ein... ☐ Junge? ☐ Mädchen?"
190 $\chi^2 (1, N = 810) = 3,97, p < .05$
191 $\chi^2 (1, N = 819) = 5,54, p < .05$
192 χ^2-Tests zu Unterschieden im Anteil von männlichen Schüler/inne/n zwischen Kontroll- und Unterrichtsgruppe zu den Messzeitpunkten MZP3 bis MZP5: ; $\chi^2 (1, N = 813) = 3,08, p = .08$ (MZP3); $\chi^2 (1, N = 715) = 1,75, p = .20$ (MZP4); $\chi^2 (1, N = 715) = 2,36, p = .14$ (MZP5)

Tabelle 14: Beschreibung der Ausgangsstichprobe, N = 1.067[193]

Messzeitpunkt (MZPx) und Untersuchungsgruppe		Teilnahme (in %)	N	Alter M (SD)	männl. (in %)	elterlicher Bildungshintergrund (in %)			Migrationshintergrund (in %)
						niedrig	mittel	hoch	
MZP1	Unterrichtsgruppe	86	428[194] (20 Klassen)	8,89 (0,45)	47,8	12,5	31,6	55,9	25,8
11/2005 3. Klasse	Kontrollgruppe	86	402 (20 Klassen)	8,94 (0,49)	54,8	14,6	35,3	50,1	24,7

---

[193] k.A. Alter MZP1: n = 21; k.A. Alter MZP2: n = 27; k.A. Alter MZP3: n = 21; k.A. Alter MZP4: n = 3; k.A. Alter MZP5: n = 2; k.A. Geschlecht MZP1: n = 1; k.A. Geschlecht MZP2: n = 12; k.A. Geschlecht MZP3: n = 0; k.A. Geschlecht MZP4: n = 1; k.A. Geschlecht MZP5: n = 0; k.A. elterlicher Bildungshintergrund MZP1: n = 70; k.A. elterlicher Bildungshintergrund MZP2: n = 90; k.A. elterlicher Bildungshintergrund MZP3: n = 90; k.A. elterlicher Bildungshintergrund MZP4: n = 67; k.A. elterlicher Bildungshintergrund MZP5: n = 74; k.A. Migrationshintergrund MZP1: n = 2; k.A. Migrationshintergrund MZP2: n = 1; k.A. Migrationshintergrund MZP3: n = 1; k.A. Migrationshintergrund MZP4: n = 0; k.A. Migrationshintergrund MZP5: n = 0

[194] Obwohl in einer Klasse der Unterrichtsgruppe keine Unterrichtseinheit durchgeführt wurde, wird sie zumindest für die ersten beiden Jahre zur Gruppe der Unterrichtsklassen gezählt, da die Lehrkraft an einer Fortbildung (erste Unterrichtseinheit) teilgenommen hat und ihr alle Materialien für die ersten beiden Unterrichtseinheiten zugesandt wurden. Erst im Vorfeld der letzten Unterrichtseinheit verweigerte die verantwortliche Lehrkraft explizit die Teilnahme. Daher wird die Zahl der Unterrichtsklassen zu den Messzeitpunkten t4 und t5 in Tabelle 14 mit 19 statt ursprünglich 20 angegeben.

Tabelle 14 (fortgesetzt)

Messzeitpunkt (MZPx) und Untersuchungsgruppe		Teilnahme (in %)	N	Alter M (SD)	männl. (in %)	elterlicher Bildungshintergrund (in %)			Migrationshintergrund (in %)
						niedrig	mittel	hoch	
MZP2	Unterrichtsgruppe	90	447 (20 Klassen)	9,47 (0,46)	46,3	11,3	31,9	56,8	25,8
5-6/2006 3. Klasse	Kontrollgruppe	85	399 (20 Klassen)	9,51 (0,48)	54,6	13,8	35,7	50,5	25,2
MZP3	Unterrichtsgruppe	88	436 (20 Klassen)	10,39 (0,47)	48,2	11,5	31,8	56,8	26,0
5-6/2007 4. Klasse	Kontrollgruppe	86	398 (20 Klassen)	10,41 (0,47)	54,4	15,0	36,2	48,8	26,4
MZP4	Unterrichtsgruppe	85	375[195] (19 Klassen)	11,44 (0,46)	48,4	11,3	34,9	53,7	28,0
5-6/2008 5. Klasse	Kontrollgruppe	80	358 (20 Klassen)	11,46 (0,52)	53,3	14,6	38,4	47,0	29,7

195 Zur Reduzierung der Unterrichtgruppe von 20 auf 19 Klassen zu den Messzeitpunkten MZP4 und MZP5 vgl. Fußnote 194.

Tabelle 14 (fortgesetzt)

Messzeitpunkt (MZPx) und Untersuchungsgruppe		Teilnahme (in %)	N	Alter M (SD)	männl. (in %)	elterlicher Bildungshintergrund (in %)			Migrationshintergrund (in %)
						niedrig	mittel	hoch	
MZP5	Unterrichtsgruppe	82	363 (19 Klassen)	12,43 (0,47)	47,4	12,1	33,0	54,8	27,5
5-6/2009 6. Klasse	Kontrollgruppe	76	352 (20 Klassen)	12,46 (0,54)	53,1	14,8	37,9	47,3	30,7

Aus der in Tabelle 14 beschriebenen Ausgangsstichprobe wurden für die Effektevaluation des Unterrichtsprogramms diejenigen Kinder ausgewählt, von denen zu allen fünf Messzeitpunkten Erhebungsdaten vorlagen. Damit reduzierte sich die Anzahl der untersuchten Schülerinnen und Schüler von N = 1.067 auf N = 495 Kinder (Unt.-Gr.: n = 249; Kontr.-Gr.: n = 246). Die Beschränkung auf Kinder, die über die gesamten vier Untersuchungsjahre Teil der Studie waren, ermöglicht es, etwaige Unterschiede zwischen den Gruppen auf das Unterrichtsprogramm zurückzuführen. Einerseits wird so die Wahrscheinlichkeit erhöht, dass jedes Kind der Unterrichtsgruppe an allen durchgeführten Unterrichtseinheiten teilgenommen hat, anderseits werden so Einflüsse mit der Mediennutzung konfundierter systematischer Änderungen in der Gruppenzusammensetzung über die Messzeitpunkte vermieden.

Im Folgenden wird die nun auf N = 495 reduzierte Evaluationsstichprobe beschrieben, um einerseits Abweichungen zwischen Unterrichtsgruppe und Kontrollgruppe in wichtigen soziodemografischen Merkmalen ermitteln zu können und andererseits systematische Verschiebungen soziodemografischer Merkmale der Evaluationsstichprobe im Hinblick auf die zufällig gezogene Ausgangsstichprobe identifizieren zu können. In Tabelle 15 ist die so genannte Panelmortalität für die Unterrichts- und die Kontrollgruppe abgetragen. Damit wird die Differenz zwischen der Anzahl der zu MZP1 befragten Kinder und der Anzahl von Kindern bezeichnet, zu denen zu allen 5 Messzeitpunkten Daten vorlagen. Obwohl sich die Panelmortalitätsraten in Unterrichtsgruppe (41,8 %) und Kontrollgruppe (38,8 %) leicht unterschieden, ist wird dieser Effekt statistisch nicht bedeutsam[196].

---

196 χ^2 (1, N = 830) = 0,78, p = .40

Tabelle 15: Beschreibung der Untersuchungsstichprobe, N = 495[197]

Untersuchungs-gruppe	Panelmortalität [198] (t1→t5) nach Gruppe (in %)	N	Alter M (SD) zu MZP1	Alter M (SD) zu MZP5	männl. (in %)	elterlicher Bildungs-hintergrund (in %)			Migrations-hintergrund (in %)
						niedrig	mittel	hoch	
Unterrichts-gruppe	41,8	249 (19 Klassen)	8,91 (0,43)	12,41 (0,43)	45,4	11,7	36,0	52,3	25,3
Kontrollgruppe	38,8	246 (20 Klassen)	8,96 (0,46)	12,46 (0,46)	53,7	12,7	38,4	48,9	28,0
Gesamt	**40,4**	**495**	**8,93 (0,44)**	**12,43 (0,44)**	**49,5**	**12,2**	**37,2**	**50,6**	**26,7**

197 k.A. elterlicher Bildungshintergrund: n = 19; k.A. Alter, Geschlecht, Migrationshintergrund: n = 0
198 100 - (N(MZP1+MZP2+MZP3+MZP4+MZP5) / NMZP1*100)

Das Alter der Kinder der Evaluationsstichprobe unterschied sich mit anfangs durchschnittlich 8,9 Jahren in der Unterrichtsgruppe und rund 9 Jahren in der Kontrollgruppe nicht signifikant[199] voneinander. Auch zum jeweiligen Durchschnittsalter der Kinder der Ausgangsstichprobe sind weder in der Unterrichtsgruppe[200] noch in der Kontrollgruppe[201] statistisch bedeutsame Unterschiede festzustellen. Wie in der Ausgangsstichprobe war der Jungenanteil auch in der Evaluationsstichprobe mit 45,4 Prozent in der Unterrichtsgruppe etwas niedriger als in der Kontrollgruppe (53,7 %), wobei dieser Gruppenunterschied in der Evaluationsstichprobe nicht signifikant[202] war. Im Vergleich der Stichprobendaten von Ausgangsstichprobe zu MZP1 (vgl. Tabelle 14) mit der Evaluationsstichprobe (vgl. Tabelle 15) ist feststellbar, dass männliche Schüler in beiden Gruppen der Evaluationsstichprobe etwas geringer vertreten waren als in der Ausgangsstichprobe. Dieser Unterschied zwischen Ausgangsstichprobe und Evaluationsstichprobe wurde aber weder in der Unterrichtsgruppe[203] noch in der Kontrollgruppe signifikant[204].

Wie in der Ausgangsstichprobe sind auch in der Evaluationsstichprobe auf deskriptiver Ebene Gruppenunterschiede beim formalen Bildungshintergrund im Elternhaus der Kinder zu beobachten. Kinder der Untersuchungsgruppe stammten etwas häufiger aus hoch gebildeten Elternhäusern (52,3 %) als Kinder der Kontrollgruppe (48,9 %). Zugleich kamen etwas weniger Kinder der Unterrichtsgruppe aus formal weniger gebildeten Familien (11,7 %), als dies in der Kontrollgruppe der Fall war (12,7 %). Dieser Gruppenunterschied beim Bildungsniveau im Elternhaus wurde aber nicht signifikant[205]. Allerdings war der Anteil von Kindern aus formal niedrig wie hoch gebildeten Elternhäusern in der Evaluationsstichprobe in beiden Gruppen niedriger als in der Ausgangsstichprobe zu MZP1, während der Anteil von Kindern aus Elternhäusern mit formal mittlerem Bildungsniveau in beiden Gruppen der Evaluationsstichprobe höher war als in der Ausgangsstichprobe[206]. Letztlich war der Unterschied des elter-

---

199 $t(493) = -1{,}15, p = .25$
200 $t(248) = 0{,}78, p = .44$
201 $t(245) = 0{,}57, p = .57$
202 $\chi^2 (1, N = 495) = 3{,}39, p = .07$
203 $\chi^2 (1, N = 249) = 0{,}58, p = .45$
204 $\chi^2 (1, N = 246) = 0{,}13, p = .72$
205 $\chi^2 (2, N = 476) = 0{,}54, p = .79$
206 Mößle zeigt, dass die Unterschiede zwischen Ausgangsstichprobe und Evaluationsstichprobe hinsichtlich des elterlichen Bildungshintergrunds (und des damit korrelierten Migrationshintergrunds) zumindest teilweise systematisch begründet sein können. Kinder aus Elternhäusern mit hohem formalen Bildungsniveau verließen nach der vierten Grundschulklasse häufiger die Grundschule, um ab der fünften Klasse den in Berlin parallel an-

lichen Bildungshintergrundes zwischen Ausgangsstichprobe und Evaluationsstichprobe aber weder in der Unterrichtsgruppe[207] noch in der Kontrollgruppe[208] so hoch, dass er statistisch bedeutsam wird. Der Anteil von Kindern mit Migrationshintergrund ist in der Kontrollgruppe der Evaluationsstichprobe mit 28,0 Prozent etwas, aber nicht signifikant[209] höher als in der Unterrichtsgruppe (25,3 %). Auch im Vergleich zwischen Ausgangsstichprobe und Evaluationsstichprobe werden die leichten Unterschiede im Anteil von Kindern mit Migrationshintergrund weder in der Unterrichtsgruppe[210] noch in der Kontrollgruppe[211] signifikant.

10.3 Evaluation der Programmziele

Auf Seite 230 wurden die verschiedenen Wirkungsziele des Unterrichtspräventionsprogramms festgelegt. Im Folgenden wird die Erreichung der einzelnen Ziele empirisch evaluiert. Für jedes Ziel wird dabei zunächst dargestellt, wie die in den Wirkungszielen enthaltenen Dimensionen kindlicher Mediennutzung im Rahmen des *Berliner Längsschnitt Medien* operationalisiert und für die Evaluation des Unterrichtsprogramms aufbereitet wurden[212]. Anschließend wird anhand von Gruppenvergleichen über die verschiedenen Messzeitpunkte hinweg dargestellt, ob sich die Unterrichtsgruppe signifikant von der Kontrollgruppe im

---

gebotenen altsprachlichen Gymnasialzweig zu besuchen. Andererseits wechselten Kinder aus formal niedrig gebildeten Elternhäusern etwas häufiger den Wohnort und damit auch die Schule (Mößle, 2011, im Druck). Damit erklärt sich unter Umständen auch die etwas größere Panelmortalität in der Unterrichtsgruppe 41,8 %) im Vergleich zu der Kontrollgruppe (38,8 %), da der vergleichweise hohe Anteil von Schüler/inne/n aus formal hoch gebildeten Elternhäusern in der Unterrichtsgruppe zu MZP1 (vgl. Tabelle 14) eine vergleichweise hohe Wechselquote dieser Schüler/innen auf das Gymnasium nahe legt.

207 χ^2 (2, N = 239) = 2,13, p = .35
208 χ^2 (2, N = 237) = 1,32, p = .53
209 χ^2 (1, N = 495) = 0,48, p = .49
210 χ^2 (1, N = 249) = 0,03, p = .89
211 χ^2 (1, N = 246) = 1,48, p = .24
212 Alle Befragungsinstrumente des *Berliner Längsschnitt Medien*, die für diese Arbeit relevante Skalen bzw. Fragen enthalten, finden sich im Original-Layout im Anhang dieser Arbeit (A17-A22). Da die Schülerfragebögen zu allen Messzeitpunkt weitgehend identisch waren, finden sich im Anhang außer dem MZP1-Fragebogen (A20) nur noch die Fragebögen vom MZP4 (Anhang A21) und MZP5 (Anhang A22), da hier erstmals Skalen zur Computerspielabhängigkeit enthalten waren. Eine ausführliche Darstellung der gesamten Befragungsergebnisse des *Berliner Längsschnitt Medien* bei Mößle (2010, im Druck).

Hinblick auf die verschiedenen Zieldimensionen unterscheidet. Bei der inferenzstatistischen Absicherung der Gruppenunterschiede wird dabei im Fall von intervallskalierten Daten auf das Verfahren der Varianzanalyse mit Messwiederholung zurückgegriffen (Nachtigall & Wirtz, 1998, S. 199). Da einige der betrachteten Merkmale nur kategorial-dichotom gemessen werden konnten (zum Beispiel der Besitz eines Mediengerätes), werden in diesen Fällen Chi-Quadrat-basierte Tests angewandt (Nachtigall & Wirtz, 1998, S. 164 - 174). Die Evaluation aller auf Seite 230 formulierten Wirkungsziele schließt mit einer Analyse auf subgruppenspezifische Treatmentsensitivität. So ist es beispielsweise denkbar, dass etwa Kinder aus verschiedenen Bildungsmilieus medienerzieherische oder Kinder verschiedenen Geschlechts Unterrichtsinhalte verschieden wahrnehmen und auch ihr zukünftiges Medienhandeln in unterschiedlicher Weise nach diesen Unterrichtsinhalten ausrichten.

10.3.1 Mediengerätebesitz

In Kapitel 8 wurde als erstes Erfolgskriterium das folgende Wirkungsziel formuliert: „Kinder aus Klassen, die am *Medienlotsen*-Unterrichtsprogramm teilgenommen haben, besitzen im Vergleich zu anderen Kindern weniger Fernseher, Computer und Spielkonsolen in ihrem Kinderzimmer."

10.3.1.1 Operationalisierung und Datendeskription

Der Besitz elektronischer Mediengeräte im Zimmer der Kinder wurde zu allen fünf Messzeitpunkten mit einer identischen Frage erfasst: „Gib bitte an, ob du folgende Geräte bei dir im Zimmer hast." Hier konnten die Befragten bezüglich der Geräte „Fernseher", „Spielkonsole"[213] und „Computer" angeben, ob sich ein entsprechendes Gerät in ihrem Besitz befindet. Wenig überraschend war die Mediengeräteausstattung der Kinder für die drei Mediengeräte über die Messzeitpunkte hinweg mittel bis stark miteinander korreliert[214]. In Tabelle 16 wird

---

213 Der Besitz einer tragbaren Spielkonsole wurde bereits vorher abgefragt, um mögliche Unklarheiten auf Seiten der Befragten zu vermeiden, ob mit dieser Frage auch tragbare Spielkonsolen gemeint sind.
214 Fernsehausstattung: geringste Korrelation zwischen MZP1 und MZP5 mit *Cramers v* = .49, $p < .01$; höchste Korrelation zwischen MZP3 und MZP4 mit $v = .83$, $p < .01$; Ausstattung mit stationären Spielkonsolen: geringste Korrelation zwischen MZP1 und MZP5 mit $v = .32$, $p < .01$; höchste Korrelation zwischen MZP1 und MZP2 mit $v = .63$, $p < .01$;

die Entwicklung des Mediengerätebesitzes über die fünf Messzeitpunkte dargestellt.

Tabelle 16: Mediengerätebesitz der Kinder nach Messzeitpunkt, Geschlecht und Bildungshintergrund (in %), N = 495[215]

Messzeitpunkt		MZP1 (Anf. 3. Klasse)	MZP2 (Ende 3. Klasse)	MZP3 (Ende 4. Klasse)	MZP4 (Ende 5. Klasse)	MZP5 (Ende 6. Klasse)
Fernseher		**48,3**	**52,0**	**53,6**	**54,5**	**59,0**
Geschlecht	Jungen	52,8	55,8	60,3	59,4	65,8
	Mädchen	44,0	48,3	47,1	49,8	54,5
elterlicher Bildungshintergrund	niedrig	67,9	70,6	77,2	74,5	78,6
	mittel	58,8	63,3	58,6	64,5	70,9
	hoch	36,3	38,8	42,9	42,4	47,0
stationäre Spielkonsole		**34,5**	**41,9**	**40,6**	**50,2**	**57,9**
Geschlecht	Jungen	47,2	54,5	56,4	59,7	68,6
	Mädchen	21,8	29,4	25,1	40,9	47,3
elterlicher Bildungshintergrund	niedrig	58,2	66,7	55,4	69,2	68,4
	mittel	44,3	49,7	44,3	55,8	64,7
	hoch	22,5	29,7	32,9	41,2	50,8
Computer (PC oder Notebook)		**39,6**	**45,3**	**47,4**	**52,5**	**63,9**
Geschlecht	Jungen	39,5	46,1	49,6	56,5	66,1
	Mädchen	39,7	44,5	45,4	48,5	61,8
elterlicher Bildungshintergrund	niedrig	41,1	51,0	49,1	50,0	69,0
	mittel	41,5	49,7	50,9	54,5	67,1
	hoch	37,7	41,6	44,2	50,9	60,5

Erwartungsgemäß stieg der Gerätebesitz der Kinder zwischen dem ersten Halbjahr der dritten Schulklasse und dem Ende der sechsten Schulklasse deutlich an. Es zeigt sich, dass bereits zum ersten Messzeitpunkt knapp die Hälfte der be-

Computerausstattung: geringste Korrelation zwischen MZP1 und MZP5 mit $v = .203$, $p < .01$; höchste Korrelation zwischen MZP4 und MZP mit $v = .588, p < .01$

215 k.A. TV-Besitz MZP1: n = 19; k.A. TV-Besitz MZP2: n = 24; k.A. TV-Besitz MZP3: n = 19; k.A. TV-Besitz MZP4: n = 22; k.A. TV-Besitz MZP5: n = 9; k.A. Konsolen-Besitz MZP1: n = 26; k.A. Konsolen-Besitz MZP2: n = 27; k.A. Konsolen-Besitz MZP3: n = 22; k.A. Konsolen-Besitz MZP4: n = 27; k.A. Konsolen-Besitz MZP5: n = 8; k.A. PC-Besitz MZP1: n = 33; k.A. PC-Besitz MZP2: n = 25; k.A. PC-Besitz MZP3: n = 29; k.A. PC-Besitz MZP4: n = 28; k.A. PC-Besitz MZP5: n = 10

fragten Kinder einen eigenen Fernseher im Zimmer besaß (48,3 %). Diese Ausstattungsquote stieg bis zum MZP5 nur noch moderat, aber signifikant[216] auf 59 Prozent an. Dabei war der Anstieg der Ausstattungsquote bei beiden Geschlechtern statistisch bedeutsam[217]. Jungen besaßen von Anfang an häufiger einen Fernseher im Zimmer, wobei sich bei der Besitzquote zu MZP1 eine Differenz von knapp neun Prozent zwischen den Geschlechtern zeigte, die zum MZP5 rund 11 Prozent betrug. Die Ausstattungsunterschiede zwischen Jungen und Mädchen waren zu den Messzeitpunkten 3 bis 5 statistisch signifikant[218]. Auch zwischen Kindern aus unterschiedlichen Bildungsmilieus zeigten sich von Anfang an beträchtliche, statistisch bedeutsame Differenzen bei der TV-Ausstattung im Kinderzimmer[219]. So besaßen Kinder aus formal niedrig gebildeten Elternhäusern bereits anfangs der dritten Klasse zu mehr als zwei Dritteln einen eigenen Fernseher, am Ende der fünften Klasse stand bei fast vier von fünf Kindern dieser Gruppe ein Fernseher im Zimmer. Aufgrund der hohen Ausstattungsquote dieser Gruppe bereits in der dritten Klasse wurde der Anstieg in der Ausstattungsquote bis zum MZP5 statistisch aber nicht mehr bedeutsam[220]. Kinder aus Elternhäusern mit hoher formaler Bildung hatten anfänglich zu lediglich 36,3 Prozent einen eigenen Fernseher im Zimmer, während sie zum letzten Messzeitpunkt zu knapp 50 Prozent einen Fernseher besaßen. Damit steigerten sie ebenso wie die Kinder aus dem Bildungsmilieu mit mittlerer formaler Bildung im Untersuchungszeitraum signifikant ihren Fernsehgerätebesitz[221].

Beim Spielkonsolenbesitz zeigt sich zunächst, dass die Kinder von einer - relativ zum Fernsehbesitz - recht niedrigen Ausstattungsquote von rund einem

---

216 *Cochrans-Q* (4, N = 428) = 30,80, $p < .01$
217 Cochrans *Q*-Test auf Signifikanz des Anstiegs des Fernsehgerätebesitzes bei Jungen: Q (4, N = 200) = 23,05, $p < .01$; Cochrans *Q*-Test auf Signifikanz des Anstiegs des Fernsehgerätebesitzes bei Mädchen: Q (4, N = 209) = 11,39, $p < .05$
218 χ^2-Test zu Geschlechterunterschieden bei der Fernsehgeräteausstattung, MZP1: χ^2 (1, N = 476) = 3,68, $p = .07$; MZP2: χ^2 (1, N = 471) = 2,64, $p = .12$; MZP3: χ^2 (1, N = 476) = 8,27, $p < .01$; MZP4: χ^2 (1, N = 473) = 4,41, $p < .05$; MZP5: χ^2 (1, N = 486) = 6,54, $p < .05$
219 χ^2-Test zu Unterschieden bei der Fernsehgeräteausstattung nach elterlichem Bildungsniveau, MZP1: χ^2 (2, N = 460) = 29,54, $p < .01$; MZP2: χ^2 (2, N = 452) = 31,88, $p < .01$; MZP3: χ^2 (2, N = 457) = 25,04, $p < .01$; MZP4: χ^2 (2, N = 455) = 29,31, $p < .01$; MZP5: χ^2 (2, N = 467) = 33,09, $p < .01$
220 *Cochrans-Q* (4, N = 47) = 5,26, p = .29
221 Cochrans *Q*-Test auf Signifikanz des Anstiegs des Fernsehgerätebesitzes bei Kindern von formal hoch gebildeten Eltern: Q (4, N = 201) = 15,28, $p < .05$; Cochrans *Q*-Test auf Signifikanz des Anstiegs des Fernsehgerätebesitzes bei Kindern von formal mittel gebildeten Eltern: Q (4, N = 146) = 15,43, $p < .01$

Drittel zum MZP1 am Ende der Untersuchung ein ähnliches Ausstattungsniveau wie beim Fernseher erreichten (57,9 %; Fernsehbesitz: 59 %). Dieser Ausstattungszuwachs war statistisch signifikant[222]. Dabei waren die Geschlechterdifferenzen von Anfang an deutlich größer als beim Fernsehbesitz und wurden zu allen Messzeitpunkten statistisch bedeutsam[223]. Berichteten Jungen anfangs der dritten Klasse bereits zu 47,2 Prozent von einer eigenen stationären Spielkonsole im Zimmer, lag die Ausstattungsquote bei den Mädchen zu MZP1 bei 21,8 Prozent. Zum letzten Messzeitpunkt besaßen mehr als zwei Drittel der Jungen (68,6 %) eine eigene Spielkonsole, Mädchen zu 47,3 Prozent. Die Steigerung der Spielkonsolenausstattung zwischen MZP1 und MZP5 wurde dabei bei Jungen wie bei Mädchen signifikant[224]. Wie beim Fernsehbesitz unterschieden sich die Kinder auch je nach Bildungsniveau signifikant[225] in ihrer Ausstattung mit stationären Spielkonsolen. So lag die Ausstattungsquote bei Kindern von formal hoch gebildeten Eltern anfangs bei gut einem Fünftel, während Kinder aus niedrig gebildeten Elternhäusern zu 58,2 Prozent eine Spielkonsole besaßen. Am Ende der sechsten Klasse war die Ausstattungsquote bei Kindern aus dem niedrigen Bildungsmilieu auf über zwei Drittel angestiegen, bei Kindern aus einem hohen Bildungsmilieu auf rund 50 Prozent. Dieser Ausstattungsanstieg zwischen MZP1 und MZP5 wurde für Kinder aus dem hohen und mittleren Bildungsmilieu signifikant, während Kinder aus einem Milieu mit niedriger formaler Bildung ihren Spielkonsolenbesitz von der dritten bis zum Ende der sechsten Klasse nicht mehr signifikant steigerten[226].

---

222 *Cochrans-Q* (4, N = 395) = 101,10, $p < .01$
223 χ^2-Test zu Geschlechterunterschieden bei der Spielkonsolenausstattung, MZP1: χ^2 (1, N = 469) = 33,56, $p < .01$; MZP2: χ^2 (1, N = 468) = 30,39, $p < .01$; MZP3: χ^2 (1, N = 473) = 48,05, $p < .01$; MZP4: χ^2 (1, N = 468) = 16,55, $p < .01$; MZP5: χ^2 (1, N = 487) = 22,55, $p < .01$
224 Cochrans Q-Test auf Signifikanz des Anstiegs des Spielkonsolenbesitzes bei Jungen: Q (4, N = 200) = 46,06, $p < .01$; Cochrans Q-Test auf Signifikanz des Anstiegs des Spielkonsolenbesitzes bei Mädchen: Q (4, N = 195) = 63,04, $p < .01$
225 χ^2-Test zu Unterschieden bei der Spielkonsolenausstattung nach elterlichem Bildungsniveau, MZP1: χ^2 (2, N = 453) = 35,25, $p < .01$; MZP2: χ^2 (2, N = 449) = 30,47, $p < .01$; MZP3: χ^2 (2, N = 454) = 11,66, $p < .01$; MZP4: χ^2 (2, N = 450) = 17,09, $p < .01$; MZP5: χ^2 (2, N = 468) = 10,78, $p < .01$
226 Cochrans Q-Test auf Signifikanz der Steigerung der Konsolenbesitzquote bei Kindern von formal hoch gebildeten Eltern: Q (4, N = 202) = 86,45, $p < .01$; Cochrans Q-Test auf Signifikanz der Steigerung der Konsolenbesitzquote bei Kindern von formal mittel gebildeten Eltern: Q (4, N = 138) = 23,24, $p < .01$; Cochrans Q-Test auf Signifikanz der Steigerung der Konsolenbesitzquote bei Kindern von formal niedrig gebildeten Eltern: Q (4, N = 40) = 5,27, $p < .01$

Auch der Besitz eines eigenen Computers im Kinderzimmer stieg vom Anfang der dritten Klasse (39,6 %) bis zum Ende der sechsten Klasse deutlich an und erreichte zu MZP5 mit 63,9 % die höchste Ausstattungsquote bei den untersuchten Bildschirmmediengeräten. Dieser Anstieg des Computerbesitztes war für die Gesamtstichprobe signifikant[227]. Dabei unterschieden sich Jungen und Mädchen anfangs gar nicht und zum Ende nur marginal und statistisch nicht bedeutsam[228]. Der Anstieg bei der Computerausstattung zwischen MZP1 und MZP5 verlief bei beiden Geschlechtern parallel und war dementsprechend bei beiden Geschlechtern signifikant[229]. Die Unterschiede beim Computerbesitz im Zimmer nach Bildungsniveau waren in der dritten Klasse ebenfalls nur gering. Erst zum fünften Messzeitpunkt zeigte sich ein tendenzieller Ausstattungsunterschied zugunsten von Kindern von formal niedrig gebildeten Eltern (69 % vs. 60,5 % Computerbesitzquote bei Kindern aus dem hohen Bildungsmilieu), aber auch dieser Unterschied wurde statistisch nicht bedeutsam[230]. Dabei war der Ausstattungsanstieg zwischen der dritten und sechsten Klasse in der Gruppe der Kinder aus einem niedrigen Bildungsmilieu signifikant[231], in Milieus mit mittlerer beziehungsweise hoher Bildung der Eltern war der Ausstattungszuwachs zwischen den Messzeitpunkten signifikant[232].

10.3.1.2 Mediengeräteausstattung im Gruppenvergleich

In Abbildung 5 ab Seite 314 wird verdeutlicht, wie sich die Geräteausstattung der Kinder aus der Unterrichtsgruppe und der Kontrollgruppe zwischen dem

---

227 $Cochrans\text{-}Q$ (4, N = 385) = 88,37, $p < .01$
228 χ^2-Test zu Geschlechterunterschieden bei der Computerausstattung, MZP1: χ^2 (1, N = 462) = 0,00, $p = 1.00$; MZP2: χ^2 (1, N = 470) = 0,12, $p = .78$; MZP3: χ^2 (1, N = 466) = 0,82, $p = .40$; MZP4: χ^2 (1, N = 467) = 2,96, $p = .10$; MZP5: χ^2 (1, N = 485) = 0,98, $p = .35$
229 Cochrans Q-Test auf Signifikanz des Anstiegs des Spielkonsolenbesitzes bei Jungen: Q (4, N = 189) = 62,22, $p < .01$; Cochrans Q-Test auf Signifikanz des Anstiegs des Spielkonsolenbesitzes bei Mädchen: Q (4, N = 196) = 31,67, $p < .01$
230 χ^2-Test zu Unterschieden bei der Computerausstattung nach elterlichem Bildungsniveau, MZP1: χ^2 (2, N = 448) = 0,62, $p = .74$; MZP2: χ^2 (2, N = 451) = 3,21, $p = .21$; MZP3: χ^2 (2, N = 448) = 1,78, $p = .42$; MZP4: χ^2 (2, N = 449) = 0,63, $p = .73$; MZP5: χ^2 (2, N = 466) = 2,57, $p = .28$
231 $Cochrans\text{-}Q$ (4, N = 44) = 10,73, $p < .05$
232 Cochrans Q-Test auf Signifikanz der Steigerung der Computerbesitzquote bei Kindern von formal hoch gebildeten Eltern: Q (4, N = 198) = 54,92, $p < .01$; Cochrans Q-Test auf Signifikanz der Steigerung der Computerbesitzquote bei Kindern von formal mittel gebildeten Eltern: Q (4, N = 130) = 25,96, $p < .01$

ersten und dem fünften Messzeitpunkt entwickelt hat. Dabei wird nachfolgend für die Mediengeräte Fernsehen, stationäre Spielkonsole und Computer dargestellt, inwieweit sich die Gruppen im Laufe der Untersuchung hinsichtlich ihrer Geräteausstattung unterschieden.

a) TV-Besitz nach Gruppe (in%)

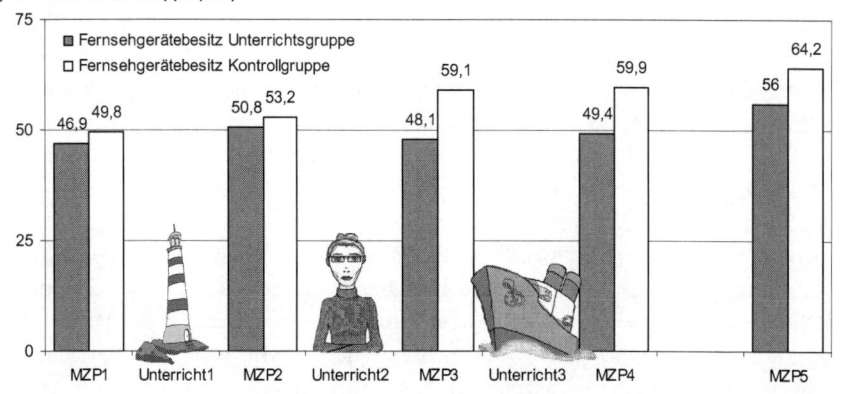

Abbildung 5: Besitz elektronischer Mediengeräte nach Gruppe (in %), $N_{(MZP1 - MZP5)} = 495$[233]

---

[233] **a)** k. A.(Unterrichtsgruppe MZP1): $n = 8$; k. A.(Kontrollgruppe MZP1): $n = 11$; k. A.(Unt.-Gr. MZP2): $n = 9$; k. A.(Kon.-Gr. MZP2): $n = 15$; k. A.(Unt.-Gr. MZP3): $n = 8$, k. A.(Kon.-Gr. MZP3): $n = 11$; k. A.(Unt.-Gr. MZP4): $n = 8$; k. A.(Kon.-Gr. MZP4): $n = 14$; k. A.(Unt.-Gr. MZP5): $n = 6$; k. A.(Kon.-Gr. MZP5): $n = 3$; **b)** k. A.(Unterrichtsgruppe MZP1): $n = 12$; k. A.(Kontrollgruppe MZP1): $n = 14$; k. A.(Unt.-Gr. MZP2): $n = 11$; k. A.(Kon.-Gr. MZP2): $n = 16$; k. A.(Unt.-Gr. MZP3): $n = 10$, k. A.(Kon.-Gr. MZP3): $n = 12$; k. A.(Unt.-Gr. MZP4): $n = 7$; k. A.(Kon.-Gr. MZP4): $n = 20$; k. A.(Unt.-Gr. MZP5): $n = 4$; k. A.(Kon.-Gr. MZP5): $n = 4$; **c)** k. A.(Unterrichtsgruppe MZP1): $n = 18$; k. A.(Kontrollgruppe MZP1): $n = 15$; k. A.(Unt.-Gr. MZP2): $n = 8$; k. A.(Kon.-Gr. MZP2): $n = 17$; k. A.(Unt.-Gr. MZP3): $n = 15$, k. A.(Kon.-Gr. MZP3): $n = 14$; k. A.(Unt.-Gr. MZP4): $n = 10$; k. A.(Kon.-Gr. MZP4): $n = 18$; k. A.(Unt.-Gr. MZP5): $n = 3$; k. A.(Kon.-Gr. MZP5): $n = 7$

b) Spielkonsolenbesitz nach Gruppe (in%)

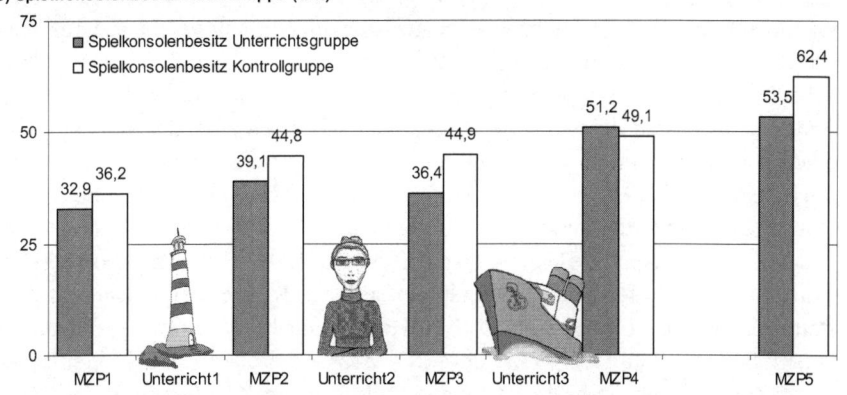

- Spielkonsolenbesitz Unterrichtsgruppe
- Spielkonsolenbesitz Kontrollgruppe

	MZP1	MZP2	MZP3	MZP4	MZP5
Unterrichtsgruppe	32,9	39,1	36,4	51,2	53,5
Kontrollgruppe	36,2	44,8	44,9	49,1	62,4

c) PC-Besitz nach Gruppe (in%)

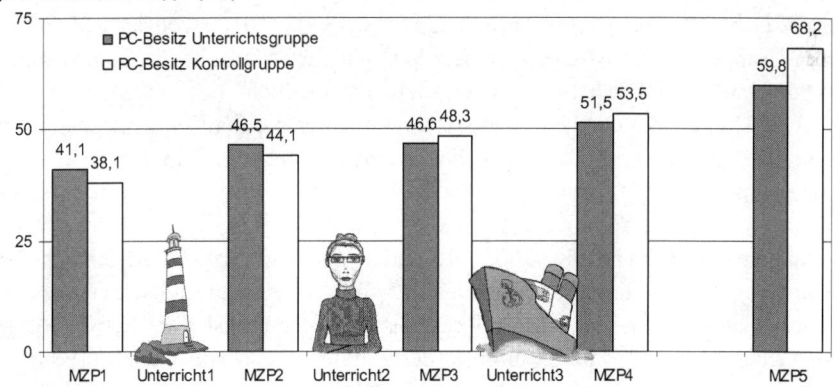

- PC-Besitz Unterrichtsgruppe
- PC-Besitz Kontrollgruppe

	MZP1	MZP2	MZP3	MZP4	MZP5
Unterrichtsgruppe	41,1	46,5	46,6	51,5	59,8
Kontrollgruppe	38,1	44,1	48,3	53,5	68,2

Abbildung 5 (fortgesetzt)

10.3.1.2.1 Fernseherausstattung

Zur Baseline-Messung im ersten Halbjahr der dritten Klasse verfügten 46,9 Prozent der Kinder aus der Unterrichtsgruppe und 49,8 Prozent der Kinder aus der Kontrollgruppe über einen eigenen Fernseher im Kinderzimmer. Dieser leichte

Gruppenunterschied war mit χ^2 (1, N = 476) = 0,40, p = .29 (einseitig)[234] nicht signifikant. In der Kontrollgruppe zeigte sich im Anschluss ein stetiger Ausstattungszuwachs beim Fernsehgerätebesitz. Am Ende der vierten Klasse (MZP3) verzeichnete diese Gruppe eine Ausstattungsquote von 59,1 Prozent, am Ende der sechsten Klasse (MZP5) besaßen 64,2 Prozent der Kinder einen eigenen Fernseher im Zimmer. Der Anstieg der Fernsehgeräteausstattung wurde mit *Cochrans-Q* (4, N = 197) = 33,04, $p < .01$ statistisch bedeutsam. In der Unterrichtsgruppe stagnierte der Fernsehgerätebesitz der Kinder zwischen MZP1 und MZP4 bei knapp 50 Prozent, erst zwischen MZP4 und MZP5, also zwischen dem Ende der fünften und dem Ende der sechsten Klasse, zeigte sich ein Ausstattungszuwachs von mehr als fünf Prozent. Damit lässt sich insgesamt für die Unterrichtsgruppe mit *Cochrans-Q* (4, N = 212) = 6,89, p = .15 kein kontinuierlicher Zuwachs der Fernsehgeräteausstattung über die Zeit feststellen, lediglich der Ausstattungszuwachs der Unterrichtsgruppe zwischen MZP4 und MZP5 ist statistisch mit *Cochrans-Q* (1, N = 236) = 6,43, $p < .01$ bedeutsam. Zwischen den Gruppen ist die Ausstattung mit einem eigenen Fernseher zu den Messzeitpunkten 3, 4 und 5 statistisch bedeutsam unterschiedlich[235].

Die Effektstärke der Unterrichtsintervention auf die Fernsehgeräteausstattung soll mithilfe zweier Maße angegeben werden. Einerseits dem *Binomial Effect Size Display* (BESD), einem Maß für die Erfolgsquote einer Maßnahme, welches um die (zufällig erzielte) „Erfolgsquote" in der Kontrollgruppe bereinigt wurde (Randolph & Edmondson, 2005; Rosenthal & Rubin, 1982). Anderseits dem Chi-Quadrat-basierten Effektstärkemaß *d** für Vierfeldertafeln nach Hedges und Hasselblad (1995), welches aufgrund seines standardisierten Schwankungsbereiches zwischen 0 und 1 mithilfe der Empfehlungen von Cohen (1988) mit parametrischen Effektstärkemaßen vergleichbar ist. Als Referenzpunkte für den Unterrichtserfolg werden der MZP3 und der MZP5 herangezogen. Der dritte Messzeitpunkt, der am Ende der vierten Klasse erfolgte, markierte in gewisser Weise den Höhepunkt des Unterrichtsprogramms, da hier gerade die zweite Unterrichtseinheit abgeschlossen worden war, die noch von nahezu allen

---

234 Da es sich bei den Programmzielen zur Geräteausstattung eindeutig um gerichtete Ziele dahingehend handelt, dass eine vergleichweise geringe Geräteausstattung im Kinderzimmer bei Grundschulkindern angestrebt wird, werden bei Gruppenvergleichstests einseitige Signifikanztests verwendet. Soweit solche Tests verwendet werden, sind sie durch den Passus „(einseitig)" gekennzeichnet.

235 χ^2-Test zu Unterschieden zwischen den Gruppen bei der Fernsehgeräteausstattung, MZP1: χ^2 (1, N = 476) = 0,40, p = .29 (einseitig); MZP2: χ^2 (1, N = 471) = 0,28, p = .33 (einseitig); MZP3: χ^2 (1, N = 476) = 5,81, $p < .05$ (einseitig); MZP4: χ^2 (1, N = 473) = 5,29, $p < .05$ (einseitig); MZP5: χ^2 (1, N = 486) = 3,43, $p < .05$ (einseitig)

Unterrichtklassen durchgeführt worden war (vgl. S. 270 - 286 in dieser Arbeit). Zudem liegt dieser Messzeitpunkt am Ende der regulären Grundschulzeit in den meisten deutschen Bundesländern. Die Messung des Fernsehgerätebesitzes zum MZP5 gibt Aufschluss über eine gewisse Langzeitwirkung des Programms, da zu diesem Zeitpunkt bereits mindestens ein Jahr lang keine Maßnahme im Rahmen des Unterrichtsprogramms erfolgt war.

Die Größe des *Binomial Effect Size Display* zum Programmeffekt auf die Fernsehausstattung betrug zum MZP3 $BESP$ = 11,0 Prozent. Damit hatte das Programm bei 11 Prozent der Schülerinnen und Schüler in Unterrichtsklassen einen überzufälligen Effekt im Hinblick auf die Fernsehgeräteausstattung. Dies entspricht einer Effektstärke von d^* = 0.25, was nach Cohen als schwacher Effekt gelten kann. Zum fünften Messzeitpunkt zeigte sich mit einer zufallsbereinigten Treatmenterfolgsquote von $BESP$ = 8,4 Prozent beziehungsweise d^* = 0.19 ebenfalls noch ein schwacher Effekt der Unterrichtsintervention im Hinblick auf die Fernsehausstattung der Schülerinnen und Schüler.

10.3.1.2.2 Spielkonsolenausstattung

Die Besitzquote einer stationären Spielkonsole der Kinder lag zum Anfang der dritten Klasse in der Kontrollgruppe mit 36,2 Prozent um 3,3 Prozent über der Ausstattungsquote in der Unterrichtsgruppe, wobei der Gruppenunterschied mit χ^2 (1, N = 469) = 0,56, p = .26 (einseitig) nicht signifikant war. Analog zur Entwicklung der Fernsehausstattungsquote stieg auch die Spielkonsolenausstattung in der Kontrollgruppe im Anschluss auf 44,9 Prozent zum MZP3 und 62 Prozent zum MZP5 signifikant[236] an, aber auch die Ausstattung der Kinder in der Unterrichtsgruppe mit stationären Spielkonsolen stieg, nach relativer Stagnation zu den Messzeitpunkten 2 und 3 zum Messzeitpunkt 4 stark an (hier wurde mit 51,2 Prozent die Ausstattungsquote in der Kontrollgruppe noch leicht übertroffen), während sich zu MZP5 mit 53,5 Prozent wieder eine deutlich geringere Spielkonsolenausstattung zeigte als in der Kontrollgruppe (62,4 %). Obwohl also auch die Kinder der Unterrichtsgruppe ihren Spielkonsolenbesitz im Laufe der Jahre durchschnittlich signifikant[237] steigerten, ergaben sich zu den Messzeitpunkten

---

236 Cochrans Q-Test auf Signifikanz der Steigerung der Spielkonsolenbesitzquote bei Kindern der Kontrollgruppe: Q (4, N = 189) = 61,93, $p < .01$
237 Cochrans Q-Test auf Signifikanz der Steigerung der Spielkonsolenbesitzquote bei Kindern der Unterrichtsgruppe: Q (4, N = 206) = 52,19, $p < .01$

MZP3 und MZP5 signifikant[238] niedrigere Ausstattungsquoten in der Unterrichtsgruppe. Damit ergibt sich für den „Höhepunkt" der Unterrichtsintervention zu MZP3 eine Effektstärke von BESP = 8,6 Prozent beziehungsweise $d^* = 0.19$, was als schwacher Effekt der Unterrichtsintervention zu bewerten ist. Zu MZP5 zeigte sich mit einer Erfolgsquote von BESP = 8,6 Prozent beziehungsweise $d^* = 0.20$ ein vergleichbar schwacher längerfristiger Effekt des Unterrichtsprogramms.

10.3.1.2.3 Computerausstattung

Im Gegensatz zur Ausstattungssituation bei Fernsehern und stationären Spielkonsolen verfügten Kinder der Unterrichtsgruppe zu MZP1 etwas, wenn auch nicht signifikant[239], häufiger (zu 41,1 %) über einen eigenen Computer im Zimmer als Kinder der Kontrollgruppe (38,1 %). Am Ende der vierten Klasse zu MZP3 kehrte sich die Rangfolge in der Ausstattungsquote mit Computern um (Unt.-Gr.: 46,6 %, Kontr.-Gr.: 48,3 %), während die Ausstattungsquote der Kontrollgruppenkinder zum letzten Messzeitpunkt am Ende der sechsten Klasse (68,2 %) recht deutlich über der Computerausstattung in der Unterrichtsgruppe (59,8 %) lag. Nachdem also beim PC-Besitz über den gesamten Untersuchungszeitraum ein deutlicher und signifikanter Gerätezuwachs in beiden Gruppen[240] zu beobachten war, und zwischen Unterrichtsgruppe und Kontrollgruppe zu den ersten vier Messungen keine statistisch bedeutsamen[241] Differenzen festzustellen waren, unterschieden sich die Gruppen zum letzten Messzeitpunkt mit $\chi^2 (1, N = 485) = 3{,}75$, $p < .05$ (einseitig) signifikant hinsichtlich des Computerbesitzes. Es ist somit festzuhalten, dass das Unterrichtsprogramm zu MZP3 noch

---

238 χ^2-Test zu Unterschieden zwischen den Gruppen bei der Spielkonsolenausstattung, MZP1: $\chi^2 (1, N = 469) = 0{,}56$, $p = .26$ (einseitig); MZP2: $\chi^2 (1, N = 468) = 1{,}57$, $p = .12$ (einseitig); MZP3: $\chi^2 (1, N = 473) = 3{,}52$, $p < .05$ (einseitig); MZP4: $\chi^2 (1, N = 468) = 0{,}36$, $p = .36$ (einseitig); MZP5: $\chi^2 (1, N = 487) = 3{,}99$, $p < .05$ (einseitig)
239 χ^2-Test zu Unterschieden zwischen den Gruppen bei der Computerausstattung, MZP1: $\chi^2 (1, N = 462) = 0{,}44$, $p = .28$ (einseitig)
240 Cochrans Q-Test auf Signifikanz der Steigerung der Computerbesitzquote bei Kindern der Unterrichtsgruppe: $Q (4, N = 201) = 26{,}9$, $p < .01$; Cochrans Q-Test auf Signifikanz der Steigerung der Computerbesitzquote bei Kindern der Kontrollgruppe: $Q (4, N = 184) = 68{,}3$, $p < .01$
241 χ^2-Test zu Unterschieden zwischen den Gruppen bei der Computerausstattung, MZP1: $\chi^2 (1, N = 462) = 0{,}44$, $p = .28$ (einseitig); MZP2: $\chi^2 (1, N = 470) = 0{,}27$, $p = .34$ (einseitig); MZP3: $\chi^2 (1, N = 466) = 0{,}13$, $p = .39$ (einseitig); MZP4: $\chi^2 (1, N = 467) = 0{,}20$, $p = .36$ (einseitig)

keine bedeutsamen Effekte erzielen konnte (womit sich auch eine Berechnung der Effektstärke nicht rechtfertigen lässt), während sich nach Ende der sechsten Klasse eine statistisch bedeutsame Erfolgsquote des Programms von *BESP* = 8,8 Prozent zeigt, was einer Effektstärke von d^* = 0.20, also einem schwachen Effekt entspricht.

10.3.1.3 Untersuchung auf systematische Treatmentsensitivität

Da Effekte des Unterrichsprogramms auf die Geräteausstattung als eine zentrale Voraussetzung für Unterrichtserfolge im Hinblick auf die Vermeidung problematischer Mediennutzungsmuster gesehen werden können, wurde bezüglich der Geräteausstattung untersucht, inwieweit das Unterrichtsprogramm auf Kinder unterschiedlichen Geschlechts beziehungsweise Bildungshintergrundes systematisch unterschiedliche Effekte hatte. In Abbildung 6 werden die Ergebnisse dieser Untersuchung exemplarisch für den Spielkonsolenbesitz und die Messzeitpunkte MZP1 und MZP5 grafisch dargestellt[242]. Dabei zeigten sich nach Geschlecht und Bildungshintergrund der Kinder keine systematischen Interaktionen zwischen Unterrichtsgruppenzugehörigkeit und Geschlecht beziehungsweise Bildungshintergrund bezüglich der Mediengeräteausstattung. So gab es bei Kindern mit formal niedrigem elterlichem Bildungshintergrund zwar bereits zu Anfang beträchtliche - aufgrund der kleinen Gruppengröße aber nicht signifikante[243] - Unterschiede im Spielkonsolenbesitz zwischen Kindern der Unterrichts- und der Kontrollgruppe, aber hier wurde erst der etwas größere Ausstattungsunterschied zwischen den Gruppen zum fünften Messzeitpunkt statistisch bedeutsam[244]. Auch bei Kindern mit formal hoch gebildeten Eltern

---

[242] Auf die Darstellung der Zwischenmessungen zu Messzeitpunkt 2 - 4 wird aus Gründen der Übersichtlichkeit verzichtet. Es sei an dieser Stelle bereits darauf verwiesen, dass auch in nachfolgenden Subgruppenanalysen Zwischenmessungen nur dann berücksichtigt werden, wenn sich innerhalb dieser Zwischenmessungen Schwankungen zeigen, die den Trend zwischen MZP1 und MZP5 differenzieren.
[243] χ^2-Test zu Unterschieden im Spielkonsolenbesitz zwischen Kindern mit formal niedrig gebildeten Eltern der Unterrichtsgruppe und Kindern mit formal niedrig gebildeten Eltern in der Kontrollgruppe zu MZP1: χ^2 (1, N = 55) = 2,20, p = .113 (einseitig)
[244] χ^2-Test zu Unterschieden im Spielkonsolenbesitz zwischen Kindern mit formal niedrig gebildeten Eltern der Unterrichtsgruppe und Kindern mit formal niedrig gebildeten Eltern in der Kontrollgruppe zu MZP5: χ^2 (1, N = 57) = 3,93, p < .05 (einseitig)

gab es anfangs keine signifikanten Gruppenunterschiede[245], während sich die Gruppen am Ende der sechsten Klasse signifikant[246] unterschieden. Zwischen den Geschlechtern lassen sich ebenso keine Unterschiede in der Treatmentsensitivität erkennen (vgl. Abbildung 6 c+d), wobei hier, wohl aufgrund der kleinen Zellbesetzungen, für den fünften Messzeitpunkt die Signifikanzschwelle für die Gruppenunterschiede zu MZP5 nicht überschritten wird[247]. Insgesamt ist davon auszugehen, dass die beschriebenen Unterrichtseffekte auf die Geräteausstattung nicht maßgeblich durch das Geschlecht oder den Bildungshintergrund moderiert wurden.

---

245 χ^2-Test zu Unterschieden im Spielkonsolenbesitz zwischen Kindern mit formal hoch gebildeten Eltern der Unterrichtsgruppe und Kindern mit formal hoch gebildeten Eltern in der Kontrollgruppe zu MZP1: χ^2 (1, N = 231) = 0,00, p = .56 (einseitig)

246 χ^2-Test zu Unterschieden im Spielkonsolenbesitz zwischen Kindern mit formal hoch gebildeten Eltern der Unterrichtsgruppe und Kindern mit formal hoch gebildeten Eltern in der Kontrollgruppe zu MZP5: χ^2 (1, N = 238) = 3,82, p < .05 (einseitig)

247 χ^2-Test zu Unterschieden im Spielkonsolenbesitz zwischen Jungen der Unterrichtsgruppe und Jungen der Kontrollgruppe zu MZP1: χ^2 (1, N = 235) = 0,06, p = .45 (einseitig); χ^2-Test zu Unterschieden im Spielkonsolenbesitz zwischen Jungen der Unterrichtsgruppe und Jungen der Kontrollgruppe zu MZP5: χ^2 (1, N = 242) = 1,13, p = .18 (einseitig); χ^2-Test zu Unterschieden im Spielkonsolenbesitz zwischen Mädchen der Unterrichtsgruppe und Mädchen der Kontrollgruppe zu MZP1: χ^2 (1, N = 234) = 0,05, p = .48 (einseitig); χ^2-Test zu Unterschieden im Spielkonsolenbesitz zwischen Mädchen der Unterrichtsgruppe und Mädchen der Kontrollgruppe zu MZP5: χ^2 (1, N = 245) = 1,63, p = .13 (einseitig);

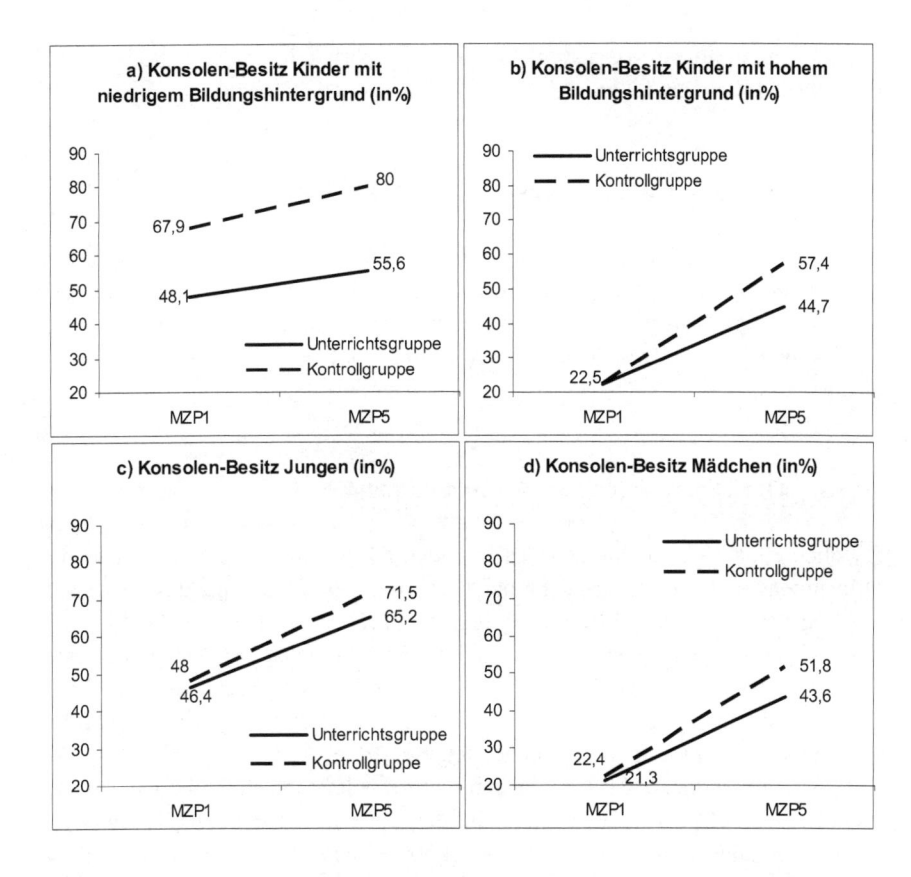

Abbildung 6: Treatmentsensitivität von Kindern mit hohem vs. niedrigem elterlichem Bildungshintergrund sowie von Jungen vs. Mädchen

10.3.1.4 Fazit zum ersten Wirkungsziel

Insgesamt lässt sich festhalten, dass das Ziel des Unterrichtsprogramms, die Geräteausstattung von Grundschulkindern mit Fernsehern, Computern und Spielkonsolen relativ zur Kontrollgruppe zu reduzieren, erreicht werden konnte, wobei der Effekt der Unterrichtsintervention als insgesamt schwach zu bewerten ist. Hervorzuheben ist, dass sich bei allen drei untersuchten Geräten auch am Ende der sechsten Klasse signifikante Gruppenunterschiede in der Ausstattung zeigten und dass sich im Hinblick auf die Mediengeräteausstattung keine bedeutsamen Interaktionen zwischen Gruppenzugehörigkeit, Bildungsmilieu und Geschlecht erkennen ließen.

10.3.2 Elterliche Medienerziehung

Das zweite Wirkungsziel des Unterrichtsprogramms bezog sich auf die Eltern der teilnehmenden Schülerinnen und Schüler. In Kapitel 8 wurde das Ziel formuliert, dass Eltern der teilnehmenden Kinder ein vergleichsweise größeres Engagement bei der Medienerziehung zeigen sollten als Eltern der Kontrollgruppe.

10.3.2.1 Operationalisierung und Datendeskription

Zu allen fünf Messzeitpunkten des *Berliner Längsschnitt Medien* wurden den teilnehmenden Kindern sechs Fragen zur ihrer Wahrnehmung des Medienerziehungsverhaltens ihrer Eltern vorgelegt, drei Fragen bezogen sich auf das elterliche Medienerziehungsverhalten bezüglich der kindlichen Fernsehnutzung, drei Fragen auf das elterliche Medienerziehungsverhalten bezüglich der kindlichen Computerspielnutzung (zur Diskussion über die Befragung von Eltern beziehungsweise Kindern zur Medienerziehung vgl. S. 128 in dieser Arbeit). Als Befragungsinstrument wurden die von Mößle, Kleimann und Rehbein bei der KFN-Schülerbefragung 2005 erstmals eingesetzten Fragen zum regulativen Mediennutzungsmonitoring durch die Eltern eingesetzt (vgl. S. 128 in dieser Arbeit). Pro Medium wurden die Kinder nach dem allgemeinen Interesse ihrer Eltern an der Mediennutzung des Kindes gefragt[248], nach dem Vorhandensein fester Regeln zur zeitlichem Dimension der Mediennutzung[249] sowie nach Regeln zu erlaubten Medieninhalten[250]. Im Rahmen der Datenaufbereitung

---

248 Item TV: „Meine Eltern wollen wissen, was ich mir im Fernsehen anschaue." Item Computerspiele: „Meine Eltern wollen wissen, welche Video- und Computerspiele ich spiele."Antwortmöglichkeiten: ☐ Immer (3), ☐ Meistens (2), ☐ Manchmal (1), ☐ Nie (0)
249 Item TV: „Wir haben klare zeitliche Regeln, wie lange ich fernsehen darf."; Item Computerspiele: „Wir haben klare zeitliche Regeln, wie lange ich Computer spielen darf." Antwortmöglichkeiten: ☐ Immer (3), ☐ Meistens (2), ☐ Manchmal (1), ☐ Nie (0)
250 Item TV: „Bei uns zu Hause gibt es klare Regeln, welche Sendungen ich sehen darf und welche nicht."; Item Computerspiele: „Bei uns gibt es klare Regelungen, welche Spiele ich spielen darf und welche nicht" Antwortmöglichkeiten: ☐ Immer (3), ☐ Meistens (2), ☐ Manchmal (1), ☐ Nie (0)

wurde aus den drei Fragen zu jedem Medium jeweils ein Index *Elterliches regulatives Monitoring Fernsehen* sowie ein Index *Elterliches regulatives Monitoring Computerspiele* gebildet, nachdem Hauptkomponentenanalysen für jeden der fünf Messzeitpunkte die Eindimensionalität der Skala bestätigt hatten[251] und Reliabilitätsanalysen - mit einer Ausnahme[252] - für jeden Messzeitpunkt und für beide Skalen mit α-Werten > 0.7 eine ausreichende Reliabilität der Skalen gezeigt hatten[253]. Für beide Mediennutzungsformen ergab sich auf diese Weise ein Index zum elterlichen regulativen Monitoring der von 0 = keinerlei regulatives Monitoring bis 9 = stark regulatives Monitoring skaliert war.

In Tabelle 17 sind die Werte der befragten Kinder zum mediennutzungsbezogenen regulativen Monitoring durch ihre Eltern für alle Messzeitpunkte und getrennt nach Geschlecht und Bildungsmilieu abgetragen. Es zeigt sich, dass der Durchschnittswert beim fernsehbezogenen und computerspielbezogenen Monitoring zu allen Messzeitpunkten unter dem Skalenmittel von 5,5 lag. Dabei waren das elterliche Monitoring der Fernsehnutzung und der Computerspielnutzung nach dem Angaben der Kinder zu den ersten beiden Messzeitpunkten nicht signifikant unterschiedlich, während das computerspielbezogene Monitoring der Eltern ab dem MZP3 signifikant über dem fernsehbezogenen Monitoring lag[254].

---

[251] Hauptkomponentenanalyse Index *Elterliches regulatives Monitoring Fernsehen*, Extraktion nach Eigenwertkriterium = 1; MZP1: Faktoranzahl: 1; *KMO* = .65, erklärte Gesamtvarianz: 58,1 %; MZP2: Faktoranzahl: 1; *KMO* = .68, erklärte Gesamtvarianz: 64,3 %; MZP3: Faktoranzahl: 1; *KMO* = .69, erklärte Gesamtvarianz: 66,5 %; MZP4: Faktoranzahl: 1; *KMO* = .69, erklärte Gesamtvarianz: 68,0 %; MZP5: Faktoranzahl: 1; *KMO* = .71, erklärte Gesamtvarianz: 70,0 %; Hauptkomponentenanalyse Index *Elterliches regulatives Monitoring Computerspiele*, Extraktion nach Eigenwertkriterium = 1; MZP1: Faktoranzahl: 1; *KMO* = .67, erklärte Gesamtvarianz: 65,8 %; MZP2: Faktoranzahl: 1; *KMO* = .67, erklärte Gesamtvarianz: 67,7 %; MZP3: Faktoranzahl: 1; *KMO* = .69, erklärte Gesamtvarianz: 71,8 %; MZP4: Faktoranzahl: 1; *KMO* = .70, erklärte Gesamtvarianz: 72,8 %; MZP5: Faktoranzahl: 1; *KMO* = .71, erklärte Gesamtvarianz: 77,2 %

[252] Elterliches regulatives Monitoring der Fernsehnutzung zu MZP1 mit einem α-Wert < .7 (s. u.)

[253] Cronbachs-Alpha-Werte Index *Elterliches regulatives Monitoring der Fernsehnutzung*: MZP1: α = .64; MZP2: α = .72; MZP3: α = .75; MZP4: α = .76; MZP5: α = .79; Cronbachs-Alpha-Werte Index *Elterliches regulatives Monitoring der Computerspielnutzung*: MZP1: α = .74; MZP2: α = .76; MZP3: α = .68; MZP4: α = .80; MZP5: α = .81

[254] Gepaarte t-Tests zum Unterschied des elterlichen Monitoring beim Fernsehen und beim Computerspielen: MZP1: $t(405) = 0,72, p = .47$; MZP2: $t(442) = 1,05, p = .29$; MZP3: $t(460) = -3,02, p < .01$; MZP4: $t(455) = -12,80, p < .01$; MZP5: $t(459) = -11,74, p < .01$

Tabelle 17: Regulatives Monitoring der kindlichen Mediennutzung durch die Eltern nach Messzeitpunkt, Geschlecht und Bildungshintergrund, N = 495[255]

Messzeitpunkt		MZP1 (Anf. 3. Klasse) M (SD)	MZP2 (Ende 3. Klasse) M (SD)	MZP3 (Ende 4. Klasse) M (SD)	MZP4 (Ende 5. Klasse) M (SD)	MZP5 (Ende 6. Klasse) M (SD)
Index elterliches Monitoring TV (0 = kein reg. Monit.; 9 = starkes reg. Monit.)		**3,83** **(2,77)**	**3,91** **(2,73)**	**4,01** **(2,73)**	**3,92** **(2,76)**	**3,68** **(2,69)**
Geschlecht	**Jungen**	3,87 (2,78)	3,71 (2,74)	3,73 (2,67)	3,77 (2,69)	3,71 (2,67)
	Mädchen	3,79 (2,77)	4,11 (2,71)	4,27 (2,76)	4,06 (2,81)	3,64 (2,72)
elterlicher Bildungshintergrund	**niedrig**	4,00 (2,81)	3,80 (2,29)	3,41 (2,46)	3,89 (2,61)	3,50 (2,63)
	mittel	3,61 (2,71)	3,56 (2,89)	3,70 (2,74)	3,51 (2,78)	3,24 (2,61)
	hoch	3,97 (2,81)	4,27 (2,64)	4,43 (2,73)	4,27 (2,74)	4,08 (2,72)

---

255 k.A. elterliches Monitoring Fernsehen MZP1: n = 35; k.A. . elterliches Monitoring Fernsehen MZP2: n = 25; k.A. . elterliches Monitoring Fernsehen MZP3: n = 18; k.A. . elterliches Monitoring Fernsehen MZP4: n = 21; k.A. . elterliches Monitoring Fernsehen MZP5: n = 13; k.A. . elterliches Monitoring Computerspielen MZP1: n = 70; k.A. elterliches Monitoring Computerspielen MZP2: n = 54; k.A. elterliches Monitoring Computerspielen MZP3: n = 31; k.A. elterliches Monitoring Computerspielen MZP4: n = 29; k.A. elterliches Monitoring Computerspielen MZP5: n = 23

Tabelle 17 (fortgesetzt)

Messzeitpunkt		MZP1 (Anf. 3. Klasse) M (SD)	MZP2 (Ende 3. Klasse) M (SD)	MZP3 (Ende 4. Klasse) M (SD)	MZP4 (Ende 5. Klasse) M (SD)	MZP5 (Ende 6. Klasse) M (SD)
Index elterliches Monitoring Video- und Computerspiele (0 = kein reg. Monit.; 9 = starkes reg. Monit.)		3,62 (2,98)	3,74 (3,00)	4,28 (3,13)	5,30 (3,06)	5,03 (3,05)
Geschlecht	Jungen	3,74 (2,97)	3,58 (2,88)	4,03 (2,99)	5,04 (2,98)	4,92 (2,90)
	Mädchen	3,49 (3,00)	3,90 (3,11)	4,52 (3,26)	5,57 (3,11)	5,14 (3,19)
elterlicher Bildungshintergrund	niedrig	3,41 (3,21)	3,20 (2,53)	3,23 (3,00)	4,74 (2,93)	5,00 (2,85)
	mittel	3,23 (2,89)	3,49 (2,94)	3,99 (3,04)	5,16 (3,12)	4,78 (3,09)
	hoch	3,92 (2,97)	4,07 (3,11)	4,78 (3,15)	5,63 (3,00)	5,28 (3,03)

Teilt man die Indexwerte zum fernsehbezogenen Monitoring in Anlehnung an den Vorschlag von Mößle et al. (2007, S. 71) in vier Stufen ein[256], so zeigt sich, dass zum ersten Messzeitpunkt 38,1 Prozent der Eltern ein hohes bis mittleres Engagement beim Monitoring der Fernsehnutzung ihrer Kinder zeigten, während 61,9 Prozent der Kinder von niedrigem bis keinem Monitoring im Elternhaus berichteten. Zum MZP5 lagen die Mittelwerte beim fernsehbezogenen Monitoring nur leicht und statistisch nicht bedeutsam[257] unter denen des MZP1. Von 36,5 Prozent der Eltern berichteten die Kinder zu diesem Messzeitpunkt ein hohes bis mittleres Fernsehnutzungsmonitoring. Das elterliche Engagement bei der Computerspielerziehung stieg im Untersuchungszeitraum dagegen deutlich an.

---

256 1. Stufe: „keine Monitoring" (0 - 1 Punkte); 2. Stufe: „niedriges Monitoring" (2 - 4 Punkte); 3. Stufe: „mittleres Monitoring" (5 - 7 Punkte); 4. Stufe: „hohes Monitoring" (8 - 9 Punkte)

257 Gepaarter t-Test zum Unterschied des elterlichen Monitoring beim Fernsehen zu MZP5 und MZP1: $t(447) = 0,85, p = .40$

Die Mittelwerte für das computerspielbezogene Monitoring lagen beim letzten Messzeitpunkt signifikant[258] über denen des ersten Messzeitpunktes. Während zum ersten Messzeitpunkt 36 Prozent der Eltern ein hohes bis mittleres Engagement beim Monitoring der Computerspielnutzung ihrer Kinder zeigten, waren es zum letzten Messzeitpunkt 56,5 Prozent der Eltern.

Mädchen berichteten zu den meisten Messzeitpunkten tendenziell über etwas größeres Engagement ihrer Eltern beim Monitoring ihrer Mediennutzung, sie unterschieden sich von den Jungen letztlich aber nur zu einem Messzeitpunkt (MZP3) hinsichtlich des elterlichen Monitorings der Fernsehnutzung signifikant[259]. Kinder aus dem hohen Bildungsmilieu berichteten zu fast allen Messzeitpunkten bezüglich beider Medien von einem relativ hohen Engagement ihrer Eltern. So entsprach der Mittelwert von M = 4,08 zum MZP5 einem Anteil von 42,2 Prozent der Eltern dieser Gruppe, die ein hohes bis mittleres Engagement bei der Fernseherziehung zeigten (vs. 35,2 % beim niedrigen Bildungsmilieu), der Mittelwert von M = 5,28 beim Computerspielmonitoring zum MZP5 entsprach einem Anteil von 60,6 Prozent hoch bis mittel engagierter Eltern in dieser Gruppe (vs. 53,5 % beim niedrigen Bildungsmilieu).

Zur inferenzstatistischen Absicherung dieser Trends wurde eine 5 (Zeit) x 2 (Geschlecht) x 3 (Bildungsmilieu) MANOVA (Varianzanalyse mit Messwiederholung) für das von den Kindern berichtete Fernsehnutzungsmonitoring ihrer Eltern gerechnet, sowie eine 5 (Zeit) x 2 (Geschlecht) x 3 (Bildungsmilieu) MANOVA (Varianzanalyse mit Messwiederholung) für das von den Kindern berichtete Computerspielmonitoring ihrer Eltern[260]. Dabei zeigten sich für das Computerspielmonitoring ein signifikanter Haupteffekt der Zeit mit $F(3,45/1113,29)^{261} = 25,72$, $p < .01$, $\eta^2 = .07$ und ein signifikanter Haupteffekt des Bildungsmilieus der Kinder mit $F(2/323) = 6,82$, $p < .01$, $\eta^2 = .04$, wobei der Haupteffekt des Bildungsmilieus auf ein im Vergleich zu den anderen Gruppen signifikant höheres elterliches Engagement bei der Computerspielerziehung von formal hoch gebildeten Eltern zurückzuführen war [262]. Das Geschlecht der

---

258 Gepaarter t-Test zum Unterschied des elterlichen Monitoring beim Computerspielen zu MZP5 und MZP1: $t(405) = -7,19$, $p < .01$
259 t-Test zum Unterschied zwischen Mädchen und Jungen beim elterlichen Monitoring der Fernsehnutzung zu MZP3: $t(475) = 2,17$, $p < .05$
260 Es wurden dabei bewusst zwei MANOVAs gerechnet, da sich die Verläufe des Fernsehnutuzungs- und des Computerspielnutzungsmonitoring zu stark unterschieden, um sie in einer multivariaten MANOVA zu betrachten.
261 Freiheitsgrade und Fehler der Freiheitsgrade von Innersubjekteffekten nach Greenhouse-Geisser-Korrektur wegen Verletzung der Sphärizitätsannahme
262 Prüfung von Unterschieden zwischen den Bildungsmilieus mithilfe von Post-Hoc-Tests (Scheffé)

Kinder hatte dagegen keinen bedeutsamen Einfluss auf das Computerspielmonitoring der Eltern, es zeigten sich auch keine Interaktionen zwischen Messzeitpunkt und Geschlecht beziehungsweise Messzeitpunkt und Bildungsmilieu. Für das elterliche Fernsehnutzungsmonitoring zeigten sich keine bedeutsamen Effekte der Zeit oder des Geschlechtes der Kinder, lediglich das Bildungsniveau im Elternhaus hatte mit $F(2/375) = 5{,}38$, $p < .01$, $\eta^2 = .03$ einen signifikanten Haupteffekt auf das Ausmaß der elterlichen Fernseherziehung. Hier zeigte sich, dass formal hoch gebildete Eltern ein signifikant größeres Engagement in im Monitoring der Fernsehnutzung ihrer Kinder zeigten, während sich zwischen formal hoch und formal niedrig gebildeten Eltern keine Unterschiede zeigte, ebenso wenig zwischen mittel und niedrig gebildeten Eltern[263].

10.3.2.2 Regulatives Monitoring durch die Eltern im Gruppenvergleich

In Abbildung 7 ist die Entwicklung des elterlichen Engagements beim Monitoring der Mediennutzung ihrer Kinder getrennt für die Fernseh- und Computerspielnutzung dargestellt. Nachfolgend wird getrennt für beide Medien dargestellt, inwieweit Effekte des Unterrichtsprogramms, in dessen Rahmen auch Eltern Informationen zu angemessenen Formen der Medienerziehung erhalten hatten, nachgewiesen werden können.

10.3.2.2.1 Elterliches Monitoring Fernsehen

Zum ersten Messzeitpunkt unterschieden sich Eltern der Unterrichtsgruppe und der Kontrollgruppe statistisch bedeutsam hinsichtlich ihres Engagements in der Fernseherziehung ihrer Kinder. Eltern der Kontrollgruppe hatten mit M = 4,21 einen signifikant[264] höheren Mittelwert beim regulativen Fernsehmonitoring als Eltern der Unterrichtsgruppe (M = 3,45). Während nur 34,5 Prozent der Kinder der Unterrichtsgruppe ihren Eltern ein hohes oder mittleres Engagement bei der Fernseherziehung zusprachen, waren es in der Kontrollgruppe 41,7 Prozent[265]. Zum MZP3 kehrte sich das Verhältnis von Unterrichts- und Kontrollgruppe -

---

263 Prüfung von Unterschieden zwischen den Bildungsmilieus mithilfe von Post-Hoc-Tests (Scheffé)
264 t-Test zum Unterschied zwischen Unterrichts- und Kontrollgruppe beim elterlichen Monitoring der Fernsehnutzung zu MZP1: $t(458) = -2{,}98$, $p < .01$
265 χ^2-Test zu Gruppenunterschieden beim elterlichen Fernsehnutzungsmonitoring zu MZP1: $\chi^2 (3, N = 460) = 9{,}27$, $p < .01$ (einseitig)

wenn auch nur tendenziell - um: Zu den Messzeitpunkten MZP3 und MZP4 berichteten Kinder der Unterrichtsgruppe in einem leicht stärkeren Maß über zeitliche und inhaltliche Fernsehnutzungsregeln sowie Interesse ihrer Eltern an der kindlichen Fernsehnutzung. Zum MZP5 lagen beide Gruppe wieder auf einem Niveau (Unt.-Gr.: M = 3,71; Kontr.-Gr.: M = 3,64). So ließ sich hier das Fernsehmonitoring von 36,8 Prozent der Eltern der Unterrichtsgruppe als hoch oder mittel beschreiben, in der Kontrollgruppe traf dies auf 36,3 Prozent der Eltern zu. Zur genaueren Analyse der Entwicklungen in Unterrichts- und Kontrollgruppe wurde eine 5 (Zeit) x 2 (Gruppe) MANOVA (Varianzanalyse mit Messwiederholung) für das von den Kindern berichtete Fernsehnutzungsmonitoring ihrer Eltern durchgeführt. Hier zeigte sich tatsächlich ein signifikanter, aber schwacher Unterrichtseffekt (Interaktion von Zeit x Gruppe) von $F(3,56/1404,59)$[266] $= 4,58$, $p < .01$, $\eta^2 = .01$. Eine Analyse der Innersubjektkontraste (Helmert) zeigte, dass die Nihilierung des zu MZP1 gefundenen signifikanten Gruppenunterschiedes zwischen MZP1 und MZP2[267] ausschlaggebend für den Unterrichtseffekt war. Damit war offenbar die erste Medienunterrichtseinheit mit ihren Elternabenden und der Elterninformationsbroschüre verantwortlich für den (mit $\eta^2 = .01$ schwachen) Unterrichtseffekt.

---

[266] Freiheitsgrade und Fehler der Freiheitsgrade des Unterrichtseffektes nach Greenhouse-Geisser-Korrektur wegen Verletzung der Spärizitätsannahme
[267] $F(1/395) = 10,39$, $p < .01$, $\eta^2 = .03$

a) Regulatives Monitoring Fernsehen (0=kein Monitoring; 9=starkes Monitoring)

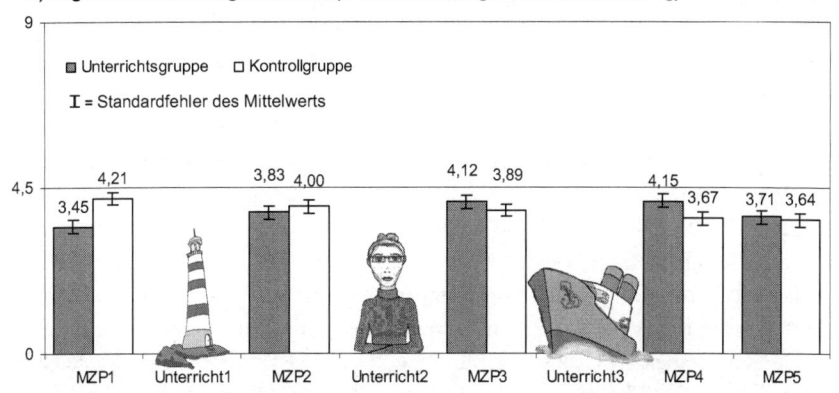

■ Unterrichtsgruppe □ Kontrollgruppe
I = Standardfehler des Mittelwerts

MZP1: 3,45 / 4,21
Unterricht1
MZP2: 3,83 / 4,00
Unterricht2
MZP3: 4,12 / 3,89
Unterricht3
MZP4: 4,15 / 3,67
MZP5: 3,71 / 3,64

b) Regulatives Monitoring Comp.-Spiele (0=kein Monitoring; 9=starkes Monitoring)

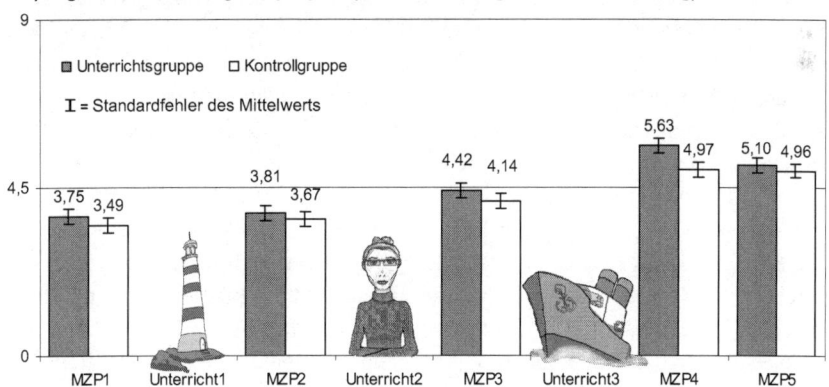

■ Unterrichtsgruppe □ Kontrollgruppe
I = Standardfehler des Mittelwerts

MZP1: 3,75 / 3,49
Unterricht1
MZP2: 3,81 / 3,67
Unterricht2
MZP3: 4,42 / 4,14
Unterricht3
MZP4: 5,63 / 4,97
MZP5: 5,10 / 4,96

Abbildung 7: Elterliche Medienerziehung (fernseh- und computerspielbezogenes regulatives Monitoring), nach Gruppe (in %), $N_{(MZP1 - MZP5)} = 495$[268]

---

[268] **a)** k. A.$_{(Unterrichtsgruppe\ MZP1)}$: n = 17; k. A.$_{(Kontrollgruppe\ MZP1)}$: n = 18; k. A.$_{(Unt.-Gr.\ MZP2)}$: n = 10; k. A.$_{(Kon.-Gr.\ MZP2)}$: n = 23; k. A.$_{(Unt.-Gr.\ MZP3)}$: n = 12, k. A.$_{(Kon.-Gr.\ MZP3)}$: n = 14; k. A.$_{(Unt.-Gr.\ MZP4)}$: n = 11; k. A.$_{(Kon.-Gr.\ MZP4)}$: n = 18; k. A.$_{(Unt.-Gr.\ MZP5)}$: n = 11; k. A.$_{(Kon.-Gr.\ MZP5)}$: n = 10; **b)** k. A.$_{(Unterrichtsgruppe\ MZP1)}$: n = 33; k. A.$_{(Kontrollgruppe\ MZP1)}$: n = 37; k. A.$_{(Unt.-Gr.\ MZP2)}$: n = 22; k. A.$_{(Kon.-Gr.\ MZP2)}$: n = 31; k. A.$_{(Unt.-Gr.\ MZP3)}$: n = 17, k. A.$_{(Kon.-Gr.\ MZP3)}$: n = 22; k. A.$_{(Unt.-Gr.\ MZP4)}$: n = 17; k. A.$_{(Kon.-Gr.\ MZP4)}$: n = 19; k. A.$_{(Unt.-Gr.\ MZP5)}$: n = 16; k. A.$_{(Kon.-Gr.\ MZP5)}$: n = 15

10.3.2.2.2 Elterliches Monitoring Computerspiele

Beim elterlichen Computerspielmonitoring lag die Unterrichtsgruppe zum ersten Messzeitpunkt mit einem Mittelwert von M = 3,75 leicht, wenn auch nicht signifikant[269], über der Kontrollgruppe (M = 3,49) (vgl. Abbildung 7b). 37,5 Prozent der Eltern der Unterrichtsgruppe zeigten zu diesem Messzeitpunkt ein hohes bis mittleres Engagement bei der Computerspielerziehung, in der Kontrollgruppe waren es 34,5 Prozent[270]. Diese tendenzielle Differenz blieb über den gesamten Untersuchungszeitraum bestehen, doch nur zum MZP4 wurde die Differenz zwischen Unterrichts- und Kontrollgruppe statistisch bedeutsam[271]. Zwischen den Messzeitpunkten MZP1 und MZP4 stieg das elterliche Computerspielmonitoring in beiden Gruppen an und lag zum MZP5 bei M = 5,10 in der Unterrichts- und M = 4,96 in der Kontrollgruppe. Dies entsprach 58,2 Prozent von Unterrichtsgruppeneltern mit hohem oder mittlerem Engagement in der Computerspielerziehung ihrer Kinder beziehungsweise 54,9 Prozent von Eltern der Kontrollgruppe mit hohem oder mittlerem Engagement. Eine 5 (Zeit) x 2 (Gruppe) MANOVA (Varianzanalyse mit Messwiederholung) für das von den Kindern berichtete Computerspielnutzungsmonitoring ihrer Eltern zeigte den bereits beschrieben deutlichen Haupteffekt der Zeit mit $F(3{,}45/1177{,}45)^{272} = 36{,}46$, $p < .01$, $\eta^2 = .10$ auf die elterliche Computerspielerziehung, allerdings zeigte sich kein bedeutsamer Effekt des Unterrichts (Interaktion von Zeit x Gruppe), so dass der bivariat beobachtete bedeutsame Gruppenunterschied zu MZP4 in der Längsschnittbetrachtung nicht als eindeutiger Unterrichtseffekt interpretiert werden kann. Somit konnte kein Unterrichtseffekt auf die computerspielbezogene Medienerziehung der Eltern nachgewiesen werden.

---

269 t-Test zum Unterschied zwischen Unterrichts- und Kontrollgruppe beim elterlichen Monitoring der Computerspielnutzung zu MZP1: $t(458) = 0{,}91$, $p = .37$
270 χ^2-Test zu Gruppenunterschieden beim elterlichen Computerspielnutzungsmonitoring zu MZP1: $\chi^2 (3, N = 425) = 0{,}91$, $p = .23$ (einseitig)
271 t-Test zum Unterschied zwischen Unterrichts- und Kontrollgruppe beim elterlichen Monitoring der Computerspielnutzung zu MZP4: $t(458) = 2{,}36$, $p < .05$
272 Freiheitsgrade und Fehler der Freiheitsgrade des Unterrichtseffektes nach Greenhouse-Geisser-Korrektur wegen Verletzung der Spärizitätsannahme

10.3.2.3 Untersuchung auf systematische Treatmentsensitivität

Um eine subgruppenspezifisch unterschiedliche Empfänglichkeit der Eltern für die im Rahmen des Unterrichtsprogramms verbreiteten Informationen zu untersuchen, wurden sowohl für das elterliche regulative Monitoring der kindlichen Fernsehnutzung als auch für das elterliche regulative Monitoring der kindlichen Computerspielnutzung MANOVAs mit den zusätzlichen Faktoren Geschlecht und Bildungsmilieu durchgeführt. Tatsächlich zeigte sich bei der 5 (Zeit) x 2 (Gruppe) x 2 (Geschlecht) x 3 (Bildungsmilieu) MANOVA (Varianzanalyse mit Messwiederholung) für das von den Kindern berichtete Fernsehnutzungsmonitoring ihrer Eltern, dass der im vorherigen Abschnitt gefundene Unterrichtseffekt (Interaktion von Zeit x Gruppe) bei Berücksichtigung von Geschlecht und Bildungsmilieu der Kinder nicht mehr statistisch bedeutsam wurde. Stattdessen zeigten sich neben dem bereits im Rahmen der Datendeskription berichten Haupteffekt der elterlichen Bildung[273] auf die Fernseherziehung bedeutsame Vierfachinteraktionen zwischen Zeit, Gruppe, elterlicher Bildung und Geschlecht[274] sowie bedeutsame Dreifachinteraktionen zwischen Zeit, Gruppe und elterlicher Bildung[275]. Offenbar hatte der im Unterrichtsprogramm enthaltene Elterninformationsteil auf Eltern unterschiedlicher formaler Bildung unterschiedliche Effekte, wobei Eltern unterschiedlicher Bildungsniveaus zusätzlich unterschiedlich reagierten, je nachdem ob ihr Kind ein Junge oder ein Mädchen war.

---

[273] $F(2/369) = 5{,}55$, $p < .01$, $\eta^2 = .03$; ein Post-Hoc-Scheffé-Test zeigte, dass der Effekt auf ein höheres Engagement von hoch gebildeten Eltern im Gegensatz zu mittel gebildeten Eltern zurückzuführen war.

[274] $F(7{,}10/1310{,}77) = 2{,}51$, $p < .05$, $\eta^2 = .01$ (Freiheitsgrade und Fehler der Freiheitsgrade des Unterrichtseffektes nach Greenhouse-Geisser-Korrektur wegen Verletzung der Sphärizitätsannahme)

[275] $F(7{,}10/1310{,}77) = 3{,}06$, $p < .01$, $\eta^2 = .02$ (Freiheitsgrade und Fehler der Freiheitsgrade des Unterrichtseffektes nach Greenhouse-Geisser-Korrektur wegen Verletzung der Sphärizitätsannahme)

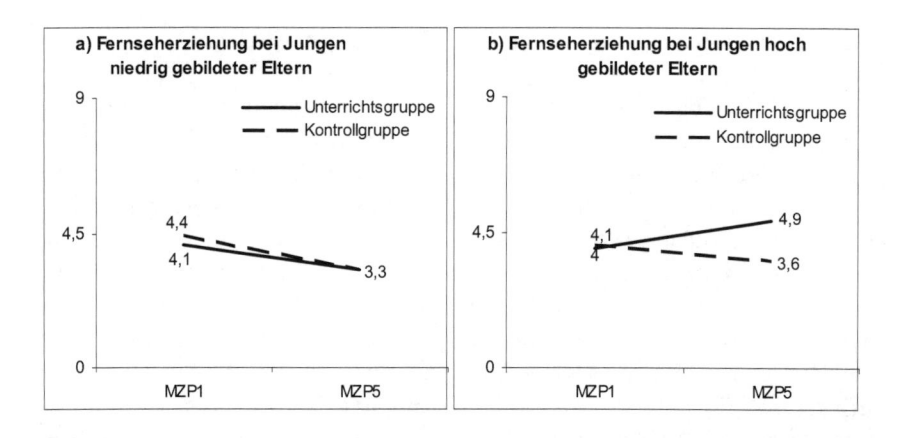

Abbildung 8: Treatmentsensitivität beim elterlichen Monitoring der Fernsehnutzung von Jungen unter formal niedrig gebildeten Eltern vs. formal hoch gebildeten Eltern

Die anschließende Berechnung getrennter MANOVAs für verschiedene Bildungshintergründe der Eltern und unterschiedliche Geschlechter der Kinder zeigte das folgende differenzierte Gesamtbild: Bei Eltern mit formal niedriger Bildung hatte das Unterrichtsprogramm offenbar keine bedeutsame Wirkung, weder bei Eltern von Jungen (vgl. Abbildung 8a) noch bei Eltern von Mädchen. Bei Eltern mit mittlerer formaler Bildung zeigte das Unterrichtsprogramm, in Form einer Interaktion von Zeit x Gruppe erwartungskonforme Effekte mit $F(3,39/468,12)[276] = 5,64$, $p < .01$, $\eta^2 = .04$, egal ob das Kind ein Junge oder ein Mädchen war (keine bedeutsame Dreifachinteraktion zwischen Zeit, Gruppe und Geschlecht). Die Unterrichtswirkung bestand darin, dass bei Jungen wie bei Mädchen die Fernseherziehung der Eltern nach der ersten Unterrichtseinheit relativ zur Kontrollgruppe engagierter wurde[277]. Bei Eltern mit hoher formaler Bildung zeigte das Unterrichtsprogramm nur dann eine erwartungskonforme Wirkung, wenn ihr Kind ein Junge war (vgl. Abbildung 8b). Dort zeigte sich eine signifikante Interaktion zwischen Zeit und Gruppe (=Unterrichtseffekt) mit $F(3,48/363,72)[278] = 8,27$, $p < .01$, $\eta^2 = .09$. Innersubjektkontraste (Helmert)

---

276 Freiheitsgrade und Fehler der Freiheitsgrade des Unterrichtseffektes nach Greenhouse-Geisser-Korrektur wegen Verletzung der Sphärizitätsannahme
277 Signifikanter Helmert-Kontrast zwischen MZP1 und den folgenden Messzeitpunkten mit $F(1/138) = 12,38$, $p < .01$, $\eta^2 = .08$
278 Freiheitsgrade und Fehler der Freiheitsgrade des Unterrichtseffektes nach Greenhouse-Geisser-Korrektur wegen Verletzung der Sphärizitätsannahme

zeigten, dass hoch gebildete Eltern von Jungen insbesondere nach der zweiten[279] und dritten[280] Unterrichtseinheit ihr Engagement bei der Fernseherziehung steigerten.

Auch bezüglich des elterlichen Engagements bei der Computerspielerziehung ihrer Kinder wurde eine MANOVA zur Identifikation subgruppenspezifischer Unterrichtseffekte durchgeführt. Hier zeigte sich bei der 5 (Zeit) x 2 (Gruppe) x 2 (Geschlecht) x 3 (Bildungsmilieu) MANOVA für das von den Kindern berichtete Computerspielnutzungsmonitoring ihrer Eltern der bereits berichtete Haupteffekt der Zeit[281], indem die Eltern beider Gruppen ihre Bemühungen in der Computerspielerziehung über den Untersuchungszeitraum signifikant steigerten. Zudem wurde auch der bereits berichtete Haupteffekt des Bildungsniveaus der Eltern bedeutsam[282]. Hoch gebildete Eltern zeigten mehr Engagement als mittel und niedrig gebildete Eltern. Doch zeigte sich neben der ebenfalls bereits berichteten fehlenden Interaktion von Zeit und Gruppe (=Unterrichtseffekt) auch keine Interaktion zwischen Unterricht, Geschlecht oder Bildungshintergrund, die auf eine besondere subgruppenspezifische Treatmentsensitivität hätte schließen lassen können. Somit bleibt festzuhalten, dass das Medienunterrichtsprogramm bei keiner speziellen Subgruppe einen bedeutsamen Erfolg bei der Verbesserung des elterlichen Engagements bei der Computerspielerziehung hatte.

10.3.2.4 Fazit zum zweiten Wirkungsziel

Im vorherigen Abschnitt konnte gezeigt werden, dass das Unterrichtsprogramm mit seinen Elterninformationen zur adäquaten Medienerziehung von Kindern nur sehr begrenzte Erfolge hatte. Eltern mit niedriger formaler Bildung konnten weder mit Informationen zur Fernseherziehung noch mit Informationen zur Computerspielerziehung ihrer Kinder erreicht werden. Bei Eltern mit mittlerer und hoher formaler Bildung zeigten sich schwache erwartungskonforme Effekte des Unterrichtsprogramms bei der Fernseherziehung ihrer Kinder. Bei Eltern mit hoher formaler Bildung muss allerdings die Einschränkung gemacht werden,

---

279 $F(1/88) = 16{,}12, p < .05, \eta^2 = .16$
280 $F(1/88) = 11{,}04, p < .05, \eta^2 = .11$
281 $F(3{,}46/1098{,}15) = 25{,}96, p < .01, \eta^2 = .08$ (Freiheitsgrade und Fehler der Freiheitsgrade des Unterrichtseffektes nach Greenhouse-Geisser-Korrektur wegen Verletzung der Spärizitätsannahme)
282 $F(2/317) = 6{,}82, p < .01, \eta^2 = .04$

dass hier „nur" Eltern von Jungen nachweislich erreicht wurden[283]. Bei der Computerspielerziehung konnte festgestellt werden, dass das Engagement aller Eltern im Untersuchungszeitraum stieg, in Unterrichts- und Kontrollgruppe ebenso wie in den verschiedenen Subgruppen. Insofern ist es durchaus denkbar, dass mögliche Effekte des Unterrichtsprogramms durch andere Effekte (beispielsweise die gesellschaftliche Debatte der letzten Jahre über die kindliche Computerspielnutzung) überdeckt wurden. Es gelang aber nicht - selbst wenn diese Interpretation zutreffen sollte - diesen Effekt durch das Unterrichtsprogramm weiter zu verstärken.

---

283 Da Jungen das nachweislich größere Gefährdungspotential durch zeitlich, inhaltlich oder funktional problematische Mediennutzung aufweisen und Kinder hoch gebildeter Eltern insgesamt ein höheres Niveau elterlicher Medienerziehung berichteten, ist diese Einschränkung allerdings von geringerer Relevanz.

10.3.3 Durchschnittliche Mediennutzungszeiten

Das dritte in Kapitel 8 genannte Unterrichtsziel bezieht sich auf die Medienzeiten der Schülerinnen und Schüler. Als zweites Erfolgskriterium des Unterrichtsprogramms wurde dort formuliert: „Kinder aus Klassen, die am *Medienlotsen*-Unterrichtsprogramm teilgenommen haben, weisen im Vergleich zu anderen Kindern geringere tägliche Nutzungszeiten für elektronische Medien auf."

10.3.3.1 Operationalisierung und Datendeskription

Zu allen fünf Messzeitenpunkten des *Berliner Längsschnitt Medien* wurden die Nutzungszeiten der Kinder für Fernsehen, Video und DVD beziehungsweise Computerspiele in identischer Weise erfasst. Auf die Fragen „Wie lange schaust Du an einem Schultag oder an einem Samstag Fernsehen, Video oder DVD?" und „Wie lange spielst du an einem Schultag oder an einem Samstag „Computer- oder Videospiele?" konnten die Befragten getrennt für einen Schultag und einen Samstag ihre durchschnittliche Mediennutzungsdauer angeben. Dabei standen ihnen die Abstufungen „bis eine halbe Stunde", „½ bis 1 Stunde", „1 bis 1 ½ Stunden", „1 ½ bis 2 Stunden", „2 bis 3 Stunden", „mehr als 3 Stunden" sowie „Ich schaue nicht fern" beziehungsweise „Ich spiele nicht" zur Auswahl.
In Abbildung 9a werden die Zeiten für Fernsehen-, Video- und DVD-Nutzung der Kinder für die einzelnen Messzeitpunkte dargestellt, die Abbildung 9b bezieht sich in entsprechender Weise auf die Video- und Computerspielzeiten der Kinder. Dabei sind die Antwortausprägungen der Mediennutzungsfragen in stündlichen Kategorien zusammengefasst. Insgesamt zeigte sich über die Messzeitpunkte eine Zunahme der Nutzungshäufigkeiten sowohl für die Fernseh-, Video- und DVD-Nutzung als auch für die Computerspielnutzung. Allein der erste Messzeitpunkt fiel mit einer vergleichsweise hohen Mediennutzungsintensität etwas aus dem Rahmen. So zeigt sich etwa bei der Computerspielnutzung, dass zum MZP1 10,1 Prozent der Kinder zwei Stunden oder länger Computer- oder Videospiele an Schultagen spielten, während dies zu MZP2 lediglich 7,1 Prozent taten und ein ähnlich hohes Nutzungsniveau wie beim MZP1 erst bei MZP4 (11,8 % mit Computerspielzeiten von 2 Stunden oder länger) erreicht wurde. Zu erklären ist dies mit hoher Wahrscheinlichkeit durch saisonale Effekte. Während die Befragung zu MZP2 - MZP5 jeweils im Mai und im Juni stattfanden, also Monaten mit eher geringen Mediennutzungszeiten, wurde die Baseline-Messung im November durchgeführt. Insofern sind die Medien-

nutzungszahlen des MZP1 mit den folgenden Messzeitpunkten nur eingeschränkt vergleichbar.

Nicht überraschend lagen die Medienzeiten der Kinder am Wochenende deutlich über denen an Schultagen. Zu allen Zeitpunkten war der Anteil der Nichtnutzer eines Mediums an Samstagen deutlich geringer als an Schultagen, während die Gruppe der Intensivnutzer eines Mediums zu allen Messzeitpunkten an den Wochenenden deutlich größer als an Schultagen war.

a) Fernsehzeiten an Schul- und Samstagen nach MZP

	Schultag					Samstag				
	MZP1	MZP2	MZP3	MZP4	MZP5	MZP1	MZP2	MZP3	MZP4	MZP5
mehr als 3 Stunden	12,4	8,5	7,8	11,5	15,3	23,7	23,7	22,3	28,2	34,1
2 bis 3 Stunden	5,9	8,3	11,4	12,5	18,6	12,9	15,8	23,4	21,1	22,9
1 bis 2 Stunden	20,3	24,7	34,1	38,5	36,4	27,1	28,1	28,9	32	30,4
bis 1 Stunde	51,3	47,1	39,2	29,2	25,4	30,7	26,4	19,1	15,3	9,7
Nichtseher	10	11,3	7,4	8,3	4,3	5,5	6	6,4	3,3	2,9

☐ Nichtseher ☐ bis 1 Stunde ☐ 1 bis 2 Stunden ■ 2 bis 3 Stunden ■ mehr als 3 Stunden

Abbildung 9: Zeitliche Nutzung von Fernsehen (inkl. Video und DVD) und Computer-/Videospielen an Schul- beziehungsweise Samstagen, nach Messzeitpunkt (MZP) (in %), $N_{(MZP1 - MZP5)} = 495$[284]

---

284 **a)** k. A.$_{(Schultag\ MZP1)}$: n = 37; k. A.$_{(Schultag\ MZP2)}$: n = 26; k. A.$_{(Schultag\ MZP3)}$: n = 23; k. A.$_{(Schultag\ MZP4)}$: n = 15; k. A.$_{(Schultag\ MZP5)}$: n = 11; k. A.$_{(Samstag\ MZP1)}$: n = 23; k. A.$_{(Samstag\ MZP2)}$: n = 26; k. A.$_{(Samstag\ MZP3)}$: n = 24; k. A.$_{(Samstag\ MZP4)}$: n = 17; k. A.$_{(Samstag\ MZP5)}$: n = 11; **b)** k. A.$_{(Schultag\ MZP1)}$: n = 38; k. A.$_{(Schultag\ MZP2)}$: n = 31; k. A.$_{(Schultag\ MZP3)}$: n = 19; k. A.$_{(Schultag\ MZP4)}$: n = 14; k. A.$_{(Schultag\ MZP5)}$: n = 3; k. A.$_{(Samstag\ MZP1)}$: n = 37; k. A.$_{(Samstag\ MZP2)}$: n = 25; k. A.$_{(Samstag\ MZP3)}$: n = 19; k. A.$_{(Samstag\ MZP4)}$: n = 14; k. A.$_{(Samstag\ MZP5)}$: n = 3

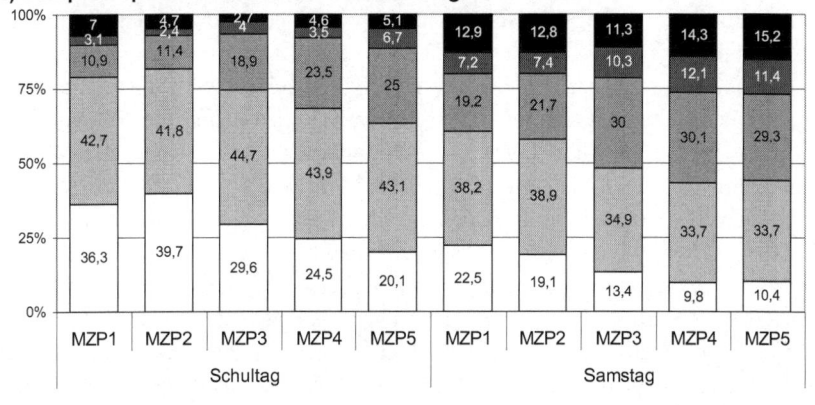

b) Computerspielzeiten an Schul- und Samstagen nach MZP

	Schultag					Samstag				
	MZP1	MZP2	MZP3	MZP4	MZP5	MZP1	MZP2	MZP3	MZP4	MZP5
mehr als 3 Stunden	3,1	2,4	2,7	3,5	5,1	12,9	12,8	11,3	14,3	15,2
2 bis 3 Stunden	7	4,7	4	4,6	6,7	7,2	7,4	10,3	12,1	11,4
1 bis 2 Stunden	10,9	11,4	18,9	23,5	25	19,2	21,7	30	30,1	29,3
bis 1 Stunde	42,7	41,8	44,7	43,9	43,1	38,2	38,9	34,9	33,7	33,7
Nichtspieler	36,3	39,7	29,6	24,5	20,1	22,5	19,1	13,4	9,8	10,4

Abbildung 9 (fortgesetzt)

Beim Vergleich der beiden Medien zeigt sich, dass die Computer- und Videospielnutzung über alle Messzeitpunkte hinweg weniger intensiv war als die Nutzung von Fernsehen, Video und DVD. Einerseits gab es einen größeren Anteil von Kindern, die gar keine Video- und Computerspiele nutzten (zum Beispiel Nichtspieler an Schultagen zu MZP1: 36,3 % vs. Nichtseher an Schultagen zu MZP1: 10 %), andererseits gab es zu allen Messzeitpunkten deutlich weniger Kinder, die eine zeitlich intensive Computerspielnutzung aufwiesen als intensiv fernsehende Kinder (zum Beispiel Intensivspieler mit mind. 3 Stunden Nutzungszeit an Schultagen zu MZP5: 5,1 % vs. Vielseher mit mind. 3 Stunden Nutzungszeit an Schultagen: 15,3 %).

Um Fernseh- und Computerspielzeiten an einem Schul- sowie an einem Samstag jeweils zusammenzufassen, wurde für beide Mediennutzungsarten ein Index wöchentlicher Mediennutzung berechnet. Hierfür wurden die Schätzfragen für das Computer- und Videospielen sowie für das Fernsehen zunächst auf Einstundenabstände[285] rekodiert und jeweils für das Fernsehen und das Computerspielen bei einer fünffachen Gewichtung des Wochentages sowie einer zweifachen Gewichtung des Samstages aufsummiert und schließlich durch sieben ge-

---

285 0 = „ich schaue nicht fern" bzw. „ich spiele nicht", 1 = „bis eine Stunde", 2 = „eine bis zwei Stunden", 3 = „zwei bis drei Stunden", 4 = „mehr als drei Stunden".

teilt[286]. Somit ergibt sich für beide Mediennutzungsarten jeweils in Index mit dem Minimum 0 (keine Nutzung) und dem Maximum 4 (zeitlich intensive Mediennutzung).

In Tabelle 18 sind die Indexwerte für die Fernseh- sowie die Computerspielnutzung über alle Messzeitpunkte dargestellt. Insgesamt sind die Nutzungszeiten für Fernsehen, Video und DVD sowie von Computerspielen über die Messzeitpunkte hinweg mittel bis stark miteinander korreliert[287]. Auch hier zeigt sich die insgesamt intensivere Nutzung des Fernsehens gegenüber den Computerspielen. Zu allen Messzeitpunkten lag die Fernsehnutzungsintensität hoch signifikant[288] über der Computerspielnutzung, wobei beide Mediennutzungsformen auf mittlerem Niveau korrelierten[289]. Zwischen den Messzeitpunkten MZP2 und MZP5 zeigte sich eine deutliche Steigerung der Nutzungsintensität für beide Medien. Zudem waren bereits zu MZP1 deutliche Mediennutzungsunterschiede zwischen den Geschlechtern und Kindern unterschiedlicher Bildungsmilieus zu erkennen. Jungen nutzten sowohl Fernsehen als auch Computerspiele intensiver als Mädchen, Kinder aus dem hohen Bildungsmilieu nutzten zu allen Messzeitpunkten sowohl weniger Computerspiele als auch weniger Fernsehen, Video oder DVD. Zur inferenzstatistischen Absicherung dieser Trends wurde eine 5 (Zeit) x 2 (Geschlecht x 3 (Bildungsmilieu) MANOVA (Varianzanalyse mit Messwiederholung) für die Medienzeiten der Kinder (Fernsehen und Computerspiele) gerechnet. Dabei zeigten sich signifikante Haupteffekte der Zeit mit $F(8/2496) = 10{,}69$, $p < .01$, $\eta^2 = .03$ sowie des Geschlechts mit $F(2/311) = 22{,}95$, $p < .01$, $\eta^2 = .13$ und des Bildungsmilieus mit $F(4/624) = 2{,}96$, $p < .05$, $\eta^2 = .02$ auf die Mediennutzungsintensität der Kinder, wohingegen keine bedeutsamen

---

286 $\text{Index wöchentl. Fernsehnutzung} = \left(\dfrac{5 \cdot \text{Wochentag}_{TV} + 2 \cdot \text{Samstag}_{TV}}{7} \right)$

$\text{Index wöchentl. Computerspielnutzung} = \left(\dfrac{5 \cdot \text{Wochentag}_{PC} + 2 \cdot \text{Samstag}_{PC}}{7} \right)$

287 Nutzung von Fernsehen, Video und DVD: geringste Korrelation zwischen MZP1 und MZP5 mit $r = .34$, $p < .01$; höchste Korrelation zwischen MZP4 und MZP5 mit $r = .62$, $p < .01$; Nutzung von Video- und Computerspielen: geringste Korrelation zwischen MZP1 und MZP5 mit $r = .34$, $p < .01$; höchste Korrelation zwischen MZP4 und MZP5 mit $r = .55$, $p < .01$

288 Gepaarte T-Tests zum Unterschied auf Nutzungsintensität von Fernsehen, Video und DVD vs. Computerspielen: MZP1: $t(425) = 12{,}50$, $p < .01$; MZP2: $t(445) = 14{,}13$, $p < .01$; MZP3: $t(461) = 16{,}01$, $p < .01$; MZP4: $t(472) = 14{,}58$, $p < .01$; MZP5: $t(479) = 17{,}18$, $p < .01$

289 Korrelation Fernsehen-, Video- und DVD-Nutzung mit Computerspielnutzung: MZP1: $r = 0{,}53$, $p < .01$; MZP2: $r = 0{,}50$, $p < .01$; MZP3: $r = 0{,}54$, $p < .01$; MZP4: $r = 0{,}47$ $p < .01$; MZP5: $r = 0{,}46$, $p < .01$

Interaktionen zwischen Messzeitpunkt, Geschlecht oder Bildungsmilieu zu beobachten waren.

Tabelle 18: Mediennutzungsintensität der Kinder nach Messzeitpunkt, Geschlecht und Bildungshintergrund, N = 495[290]

Messzeitpunkt		MZP1 (Anf. 3. Klasse) M (SD)	MZP2 (Ende 3. Klasse) M (SD)	MZP3 (Ende 4. Klasse) M (SD)	MZP4 (Ende 5. Klasse) M (SD)	MZP5 (Ende 6. Klasse) M (SD)
Index Fernsehzeit		**1,78** **(1,06)**	**1,76** **(1,01)**	**1,91** **(0,97)**	**2,09** **(1,02)**	**2,32** **(1,03)**
Geschlecht	**Jungen**	1,91 (1,11)	1,96 (1,05)	2,01 (0,99)	2,18 (1,03)	2,40 (1,04)
	Mädchen	1,65 (1,00)	1,56 (0,93)	1,82 (0,95)	2,00 (1,01)	2,25 (1,02)
elterlicher Bildungs- hintergrund	**niedrig**	1,86 (0,98)	2,04 (1,15)	2,09 (0,94)	2,17 (1,06)	2,49 (0,99)
	mittel	1,96 (1,11)	1,80 (1,00)	2,05 (0,94)	2,19 (1,02)	2,54 (1,06)
	hoch	1,62 (1,00)	1,63 (0,96)	1,74 (0,96)	2,00 (1,00)	2,13 (1,01)

---

290 k.A. Fernsehzeit MZP1: n = 40; k.A. Fernsehzeit MZP2: n = 34; k.A. Fernsehzeit MZP3: n = 28; k.A. Fernsehzeit MZP4: n = 17; k.A. Fernsehzeit MZP5: n = 13; k.A. Computer-/Videospielzeit MZP1: n = 51; k.A. Computer-/Videospielzeit MZP2: n = 34; k.A. Computer-/Videospielzeit MZP3: n = 22; k.A. Computer-/Videospielzeit MZP4: n = 16; k.A. Computer-/Videospielzeit MZP5: n = 3;

Tabelle 18 (fortgesetzt)

Messzeitpunkt		MZP1 (Anf. 3. Klasse) M (SD)	MZP2 (Ende 3. Klasse) M (SD)	MZP3 (Ende 4. Klasse) M (SD)	MZP4 (Ende 5. Klasse) M (SD)	MZP5 (Ende 6. Klasse) M (SD)
Index Video- /Computer-spielzeit		**1,15** **(1,06)**	**1,09** **(0,99)**	**1,24** **(0,91)**	**1,39** **(0,98)**	**1,49** **(1,01)**
Geschlecht	**Jungen**	1,44 (1,10)	1,40 (1,08)	1,50 (0,98)	1,73 (0,98)	1,85 (1,03)
	Mädchen	0,86 (0,93)	0,80 (0,79)	0,99 (0,76)	1,07 (0,86)	1,13 (0,86)
elterlicher Bildungshintergrund	**niedrig**	1,43 (1,18)	1,35 (1,09)	1,56 (1,05)	1,57 (1,15)	1,73 (1,12)
	mittel	1,20 (1,07)	1,15 (1,00)	1,26 (0,88)	1,47 (0,99)	1,60 (1,03)
	hoch	1,01 (0,97)	0,94 (0,90)	1,13 (0,87)	1,26 (0,90)	1,32 (0,94)

10.3.3.2 Durchschnittliche Medienzeiten im Gruppenvergleich

In Abbildung 10a und Abbildung 10b ist die Entwicklung der Fernsehnutzung und der Computerspielnutzung von Kindern der Unterrichtsgruppe im Vergleich zu Kindern der Kontrollgruppe dokumentiert. Dabei zeigten sich zwischen Unterrichtsgruppe und Kontrollgruppe nur sehr kleine Unterschiede. Zwar ist bei der Fernsehnutzung ein minimaler, den Unterrichtszielen konformer Trend dahingehend zu erkennen, dass die im Vergleich zur Kontrollgruppe leicht höheren Fernsehzeiten der Unterrichtsgruppen zu MZP1 bei den folgenden Messzeitpunkten in Relation zur Kontrollgruppe etwas kleiner wurden, jedoch wurden die Unterschiede zwischen den Gruppen hinsichtlich der Fernsehnutzung zu keinem Messzeitpunkt statistisch bedeutsam[291].

---

291 T-Tests zu Gruppenunterschied bei der Nutzung von Fernsehen, Video und DVD: MZP1: $t(453) = 1,25$, $p = .21$; MZP2: $t(459) = -0,58$, $p = .56$; MZP3: $t(465) = -0,58$, $p = .56$; MZP4: $t(476) = -1,06$, $p = .29$; MZP5: $t(480) = -0,70$, $p = .48$

a) Fernsehnutzungszeiten nach Gruppe

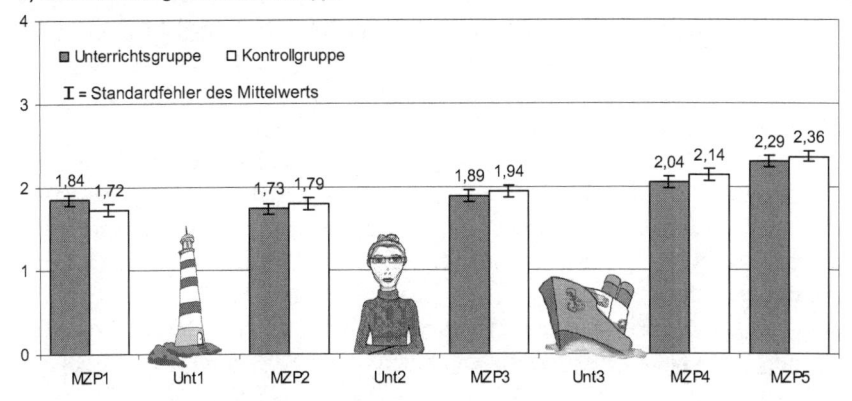

	MZP1	Unt1	MZP2	Unt2	MZP3	Unt3	MZP4	MZP5
Unterrichtsgruppe	1,84		1,73		1,89		2,04	2,29
Kontrollgruppe	1,72		1,79		1,94		2,14	2,36

I = Standardfehler des Mittelwerts

b) Computerspielnutzungszeiten nach Gruppe

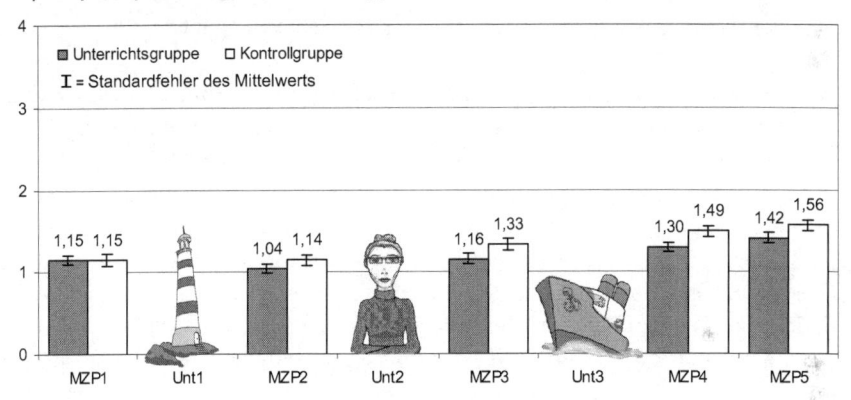

	MZP1	Unt1	MZP2	Unt2	MZP3	Unt3	MZP4	MZP5
Unterrichtsgruppe	1,15		1,04		1,16		1,30	1,42
Kontrollgruppe	1,15		1,14		1,33		1,49	1,56

I = Standardfehler des Mittelwerts

Abbildung 10: Zeitliche Nutzung von Fernsehen (Index, inkl. Video und DVD) und Computerspielen (Index), nach Gruppe (in %), $N_{(MZP1 - MZP5)} = 495$[292]

---

[292] **a)** k. A.$_{(Unterrichtsgruppe\ MZP1)}$: n = 24; k. A.$_{(Kontrollgruppe\ MZP1)}$: n = 16; k. A.$_{(Unt.-Gr.\ MZP2)}$: n = 13; k. A.$_{(Kon.-Gr.\ MZP2)}$: n = 21; k. A.$_{(Unt.-Gr.\ MZP3)}$: n = 14, k. A.$_{(Kon.-Gr.\ MZP3)}$: n = 14; k. A.$_{(Unt.-Gr.\ MZP4)}$: n = 4; k. A.$_{(Kon.-Gr.\ MZP4)}$: n = 13; k. A.$_{(Unt.-Gr.\ MZP5)}$: n = 4; k. A.$_{(Kon.-Gr.\ MZP5)}$: n = 9; **b)** k. A.$_{(Unterrichtsgruppe\ MZP1)}$: n = 21; k. A.$_{(Kontrollgruppe\ MZP1)}$: n = 30; k. A.$_{(Unt.-Gr.\ MZP2)}$: n = 11; k. A.$_{(Kon.-Gr.\ MZP2)}$: n = 23; k. A.$_{(Unt.-Gr.\ MZP3)}$: n = 12, k. A.$_{(Kon.-Gr.\ MZP3)}$: n = 10; k. A.$_{(Unt.-Gr.\ MZP4)}$: n = 5; k. A.$_{(Kon.-Gr.\ MZP4)}$: n = 10; k. A.$_{(Unt.-Gr.\ MZP5)}$: n = 1; k. A.$_{(Kon.-Gr.\ MZP5)}$: n = 2

Auch bei den Computerspielzeiten zeigten sich nur kleine Unterschiede zwischen den Gruppen, diese wurden allerdings zu MZP3 und MZP4 statistisch bedeutsam[293]. So lagen die durchschnittlichen Computerspielzeiten in der Unterrichtsgruppe signifikant unter denen der Kontrollgruppe. Allerdings erschien der Unterrichtseffekt auf die durchschnittlichen Computerspielzeiten mit $\eta^2 = .009$ (MZP3) beziehungsweise $\eta^2 = .01$ (MZP$) sehr klein, lediglich rund ein Prozent der Varianz der Computernutzungszeiten wurden durch die Gruppenzugehörigkeit erklärt. Zur Absicherung des Gruppeneffektes auf die Computerspielnutzung wurde eine 5 (Zeit) x 2 (Gruppe) MANOVA für die Computerspielzeiten der Kinder gerechnet. Hier zeigte sich neben dem mit $F(3,7/1401,9^{294}) = 19,76$, $p < .01$, $\eta^2 = .05$ signifikanten Haupteffekt der Zeit auf die Computerspielnutzung der Kinder keine signifikante Interaktion zwischen Zeit und Gruppe.

10.3.3.3 Untersuchung auf systematische Treatmentsensitivität

Auch bei der Untersuchung der Unterrichtseffekte im Hinblick auf das zweites Wirkungsziel einer durchschnittlichen relativen Medienzeitverringerung wurde untersucht, inwieweit sich unterschiedliche Effekte des Unterrichts bei Kindern verschiedener Geschlechter beziehungsweise bei Kindern aus unterschiedlichen Bildungsmilieus zeigten. Zu diesem Zweck wurde eine 5 (Zeit) x 2 (Gruppe) x 2 (Geschlecht) x 3 (Bildungsmilieu) MANOVA für die Medienzeiten der Kinder (Fernsehen und Computerspiele) gerechnet. Hier zeigten sich zwar die bereits berichteten Haupteffekte der Zeit mit $F(8/2448) = 8,23$, $p < .01$, $\eta^2 = .03$ sowie des Geschlechts mit $F(2/305) = 17,73$, $p < .01$, $\eta^2 = .09$ und des Bildungsmilieus mit $F(4/612) = 3,67$, $p < .01$, $\eta^2 = .02$ auf die Mediennutzungsintensität der Kinder, hingegen waren keine bedeutsamen Unterrichtseffekte (Zeit x Gruppe) auf die Mediennutzungszeiten und auch keine bedeutsamen Dreifachinteraktionen zwischen Zeit, Gruppe und Geschlecht beziehungsweise Zeit, Gruppe und Bildungsmilieu zu beobachten. Insofern konnten, wie bereits für die Unterrichtseffekte auf die Geräteausstattung gezeigt (vgl. S. 318) keine Indikatoren dafür gefunden werden, dass der Medienunterricht auf Kinder unterschiedlicher Subgruppen bedeutsam unterschiedliche Effekte hatte.

---

[293] T-Tests zu Gruppenunterschieden bei der Nutzung von Computerspielen: MZP1: $t(442) = -0,07, p = .95$; MZP2: $t(459) = -1,10, p = .27$; MZP3: $t(471) = -2,07, p < .05$; MZP4: $t(477) = -2,14, p < .05$; MZP5: $t(490) = -1,64, p = .10$

[294] Freiheitsgrade und Fehler der Freiheitsgrade von Innersubjekteffekten nach Greenhouse-Geisser-Korrektur wegen Verletzung der Spärizitätsannahme

10.3.3.4 Fazit zum dritten Wirkungsziel

Insgesamt konnte der Unterricht zur Medienerziehung von Grundschulkindern die durchschnittlichen Medienzeiten der Kinder nicht bedeutend verringern. Zwar zeigten sich auf der deskriptiven und bivariaten Ebene Tendenzen dahingehend, dass die Medienzeiten der Unterrichtsgruppe leicht unter denen der Kontrollgruppe lagen, jedoch wurden diese Befunde statistisch nicht bedeutsam beziehungsweise - beim Computerspielen - nur als sehr schwache Effekte auf Einzelmesszeitpunktebene sichtbar.

10.3.4 Problematische Mediennutzungszeiten

Das vierte Wirkungsziel der Unterrichtseinheit wurde explizit im Hinblick auf eine zeitlich problematische Mediennutzung der Kinder formuliert (vgl. S. 230): „Kinder aus Klassen, die am *Medienlotsen*-Unterrichtsprogramm teilgenommen haben, weisen im Vergleich zu anderen Kindern zu einem geringeren Anteil zeitlich problematische Mediennutzungsmuster auf."

10.3.4.1 Operationalisierung und Datendeskription

Auf der Grundlage der bereits beschriebenen Angaben der Kinder zu ihrer werktäglichen und samstäglichen Nutzung von Fernsehen, Video und DVD sowie von Computer- und Videospielen wurde separat für beide Mediennutzungsarten eine Variable „zeitlich problematische Fernsehnutzung" beziehungsweise „zeitlich problematische Computerspielnutzung" gebildet. Als zeitlich problematisch wurde dabei die Fernsehnutzung eines Kindes klassifiziert, wenn die betreffende Person sowohl an Schultagen als auch an Samstagen durchschnittlich eine Stunde oder länger Fernsehen, Video und DVD schaute. In entsprechender Weise wurde für auch die Variable „zeitlich problematische Computerspielnutzung" gebildet. Die Festlegung der Grenze von 60 Minuten täglicher Medienzeiten als Trennlinie zwischen zeitlich unproblematischer und zeitlich problematischer Fernsehnutzung folgte dabei weitgehend den in Kapitel 6 ausgeführten Abwägungen hinsichtlich einer effektbasierten Definition der Untergrenzen zeitlich problematischer Mediennutzung. Hinsichtlich der Computerspielnutzung muss darauf hingewiesen werden, dass aus Gründen der Verständlichkeit und der Forschungsökonomie die Medienzeiten nicht viertelstündlich genau abgefragt werden konnten und daher eine Trennlinie von 45 Minuten (vgl.

S. 144 - 146 in dieser Arbeit) zwischen zeitlich unproblematischer und zeitlich problematischer Computerspielnutzung nicht umgesetzt werden konnte. Insofern wurde auch hier die Grenze bei 60 Minuten täglicher Computerspielnutzung gesetzt. Zudem sei darauf hingewiesen, dass eine klare inhaltliche Fundierung des Begriffes einer „zeitlich problematische Mediennutzung" nur für Grundschulkinder bis zur vierten Klasse geleistet wurde und aufgrund eines Mangels anderer Daten für die letzten beiden Messzeitpunkte entsprechend übernommen wurde.

In Tabelle 19 wird die Entwicklung zeitlich problematischer Mediennutzungsmuster unter den Kindern des *Berliner Längsschnitt Medien* für alle fünf Messzeitpunkte dargestellt. Analog zur Entwicklung der durchschnittlichen Medienzeiten zeigte sich auch bei der zeitlich problematischen Nutzung von Fernsehen[295] und Computerspielen[296] ein statistisch bedeutsamer Anstieg über alle Messzeitpunkte, wobei das Vorhandensein zeitlich problematischer Mediennutzung über die Messzeitpunkte schwach bis mittel stark miteinander korreliert war[297]. Zum ersten Messzeitpunkt schauten 34,1 Prozent der Kinder eine Stunde und länger täglich fern, zu MZP3 bereits 50,5 Prozent der Kinder und zum letzten Messzeitpunkt 67,4 Prozent. Wie bereits angesprochen ist allerdings zu berücksichtigen, dass die Grenze von 60 Minuten für MZP4 und MZP5 möglicherweise als zu niedrig angesetzt wurde. Der auf Seite 335 in dieser Arbeit bereits angesprochene Saisoneffekt für MZP1 zeigte sich für die zeitlich problematische Fernsehnutzung nicht eindeutig, ein wenig deutlicher dagegen bei der zeitlich problematischen Computerspielnutzung zwischen MZP1 und MZP2. Sowohl zu MZP1 wie zu MZP2 wiesen 17,1 Prozent der Kinder zeitlich problematische Computerspielnutzung auf, obwohl mit zunehmendem Alter eher ein Anstieg zwischen diesen beiden Messzeitpunkten zu erwarten gewesen wäre. Zum letzten Messzeitpunkt wurde für rund ein Drittel der Kinder eine zeitlich problematische Computerspielnutzung registriert.

---

295 Cochrans Q-Test auf Signifikanz der Steigerung des Anteils von Kindern mit zeitlich problematischer Fernsehnutzung über die Messzeitpunkte: $Q\,(4, N = 375) = 180{,}23, p < .01$
296 Cochrans Q-Test auf Signifikanz der Steigerung des Anteils von Kindern mit zeitlich problematischer Computerspielnutzung über die Messzeitpunkte: $Q\,(4, N = 380) = 72{,}11, p < .01$
297 Zeitlich problematische Nutzung von Fernsehen, Video und DVD: geringste Korrelation zwischen MZP1 und MZP5 mit *Cramers* $v = .22, p < .01$; höchste Korrelation zwischen MZP4 und MZP5 mit $v = .51, p < .01$; Zeitlich problematische Nutzung von Computerspielen: geringste Korrelation zwischen MZP1 und MZP5 mit $v = .24, p < .01$; höchste Korrelation zwischen MZP4 und MZP5 mit $v = .42, p < .01$

Tabelle 19: Zeitlich problematische Mediennutzung der Kinder nach Messzeitpunkt, Geschlecht und Bildungshintergrund (in %), N = 495[298]

Messzeitpunkt		MZP1 (Anf. 3. Klasse)	MZP2 (Ende 3. Klasse)	MZP3 (Ende 4. Klasse)	MZP4 (Ende 5. Klasse)	MZP5 (Ende 6. Klasse)
Zeitl. probl. Nutzung von TV, DVD und Video		**34,1**	**37,3**	**50,5**	**59,5**	**67,4**
Geschlecht	Jungen	37,5	45,1	52,8	64,0	70,2
	Mädchen	30,7	30,0	48,3	54,1	64,8
elterlicher Bildungshintergrund	niedrig	35,3	43,1	57,1	63,2	75,5
	mittel	43,6	36,7	55,7	61,4	74,0
	hoch	27,1	35,1	44,0	56,3	60,8
Zeitl. probl. Nutzung von Computer- und Videospielen		**17,1**	**17,1**	**24,5**	**30,3**	**34,6**
Geschlecht	Jungen	26,1	26,1	33,8	43,0	47,7
	Mädchen	8,1	8,8	15,5	17,8	21,7
elterlicher Bildungshintergrund	niedrig	23,2	28,6	33,9	37,5	52,6
	mittel	20,5	16,4	22,5	31,6	37,5
	hoch	12,0	13,2	22,3	25,3	27,1

Es zeigte sich für Jungen[299] wie für Mädchen[300] sowie für Kinder aus unterschiedlichen Bildungsmilieus[301] ein signifikanter Anstieg zeitlich

---

298 k.A. zeitl.-probl. TV-Nutzung MZP1: n = 40; k.A. . zeitl.-probl. TV-Nutzung MZP2: n = 34; k.A. . zeitl.-probl. TV-Nutzung MZP3: n = 28; k.A. zeitl.-probl. TV-Nutzung MZP4: n = 17; k.A. . zeitl.-probl. TV-Nutzung MZP5: n = 13; k.A. zeitl.-probl. Comp.-Spiel-Nutzung MZP1: n = 51; k.A. zeitl.-probl. Comp.-Spiel-Nutzung MZP2: n = 34; k.A. zeitl.-probl. Comp.-Spiel-Nutzung MZP3: n = 22; k.A. zeitl.-probl. Comp.-Spiel-Nutzung MZP4: n = 16; k.A. zeitl.-probl. Comp.-Spiel-Nutzung MZP5: n = 3

299 Cochrans Q-Test auf Signifikanz der Steigerung des Anteils von Jungen mit zeitlich problematischer Fernsehnutzung über die Messzeitpunkte: $Q(4, N = 180) = 65{,}61, p < .01$; Cochrans Q-Test auf Signifikanz der Steigerung des Anteils von Jungen mit zeitlich problematischer Computerspielnutzung über die Messzeitpunkte: $Q(4, N = 187) = 47{,}08, p < .01$

300 Cochrans Q-Test auf Signifikanz der Steigerung des Anteils von Mädchen mit zeitlich problematischer Fernsehnutzung über die Messzeitpunkte: $Q(4, N = 195) = 116{,}84, p < .01$; Cochrans Q-Test auf Signifikanz der Steigerung des Anteils von Mädchen mit zeitlich problematischer Computerspielnutzung über die Messzeitpunkte: $Q(4, N = 193) = 27{,}26, p < .01$

problematischer Mediennutzungsmuster. Dabei wiesen Jungen sowohl beim Fernsehen als auch beim Gebrauch von Video- und Computerspielen höhere Anteile zeitlich problematischer Nutzer auf. Der Unterschied zwischen den Geschlechtern wurde hinsichtlich der Fernsehnutzung[302] zu den Messzeitpunkten 2 und 4 statistisch bedeutsam, hinsichtlich der Computerspielnutzung[303] zu allen Messzeitpunkten. Die Mediennutzung von Kindern formal hoch gebildeter Eltern wurde zu allen Messzeitpunkten als deutlich weniger problematisch klassifiziert als die Mediennutzung von Kindern des mittleren und des niedrigen Bildungsmilieus, wobei sich letztere beiden Gruppen hinsichtlich der Fernsehnutzung nicht wesentlich unterschieden. Nur bei der Computerspielnutzung war der Anteil zeitlich problematischer Nutzer unter Kindern des niedrigen Bildungsmilieus höher als unter den Kindern des mittleren Bildungsmilieus. Insgesamt ergaben sich signifikante Gruppenunterschiede hinsichtlich der Fernsehnutzung[304] zwischen den Kindern unterschiedlicher Bildungsmilieus zu den Messzeit-

---

301 Cochrans Q-Test auf Signifikanz der Steigerung des Anteils zeitlich problematischer Fernsehnutzungsmuster über die Messzeitpunkte bei Kindern formal niedrig gebildeter Eltern: $Q\,(4, N = 39) = 15{,}03, p < .01$; Cochrans Q-Test auf Signifikanz der Steigerung des Anteils zeitlich problematischer Fernsehnutzungsmuster über die Messzeitpunkte bei Kindern formal mittel gebildeter Eltern: $Q\,(4, N = 136) = 66{,}90, p < .01$; Cochrans Q-Test auf Signifikanz der Steigerung des Anteils zeitlich problematischer Fernsehnutzungsmuster über die Messzeitpunkte bei Kindern formal hoch gebildeter Eltern: $Q\,(4, N = 184) = 105{,}84, p < .01$; Cochrans Q-Test auf Signifikanz der Steigerung des Anteils zeitlich problematischer Computerspielnutzungsmuster über die Messzeitpunkte bei Kindern formal niedrig gebildeter Eltern: $Q\,(4, N = 43) = 18{,}53, p < .01$; Cochrans Q-Test auf Signifikanz der Steigerung des Anteils zeitlich problematischer Computerspielnutzungsmuster über die Messzeitpunkte bei Kindern formal mittel gebildeter Eltern: $Q\,(4, N = 135) = 30{,}62, p < .01$; Cochrans Q-Test auf Signifikanz der Steigerung des Anteils zeitlich problematischer Computerspielnutzungsmuster über die Messzeitpunkte bei Kindern formal hoch gebildeter Eltern: $Q\,(4, N = 186) = 30{,}37, p < .01$
302 χ^2-Test zu Geschlechterunterschieden bei der zeitlich problematischen Fernsehnutzung, MZP1: $\chi^2\,(1, N = 455) = 2{,}32, p = .14$; MZP2: $\chi^2\,(1, N = 461) = 11{,}27, p < .01$; MZP3: $\chi^2\,(1, N = 467) = 0{,}95, p = .36$; MZP4: $\chi^2\,(1, N = 478) = 4{,}79, p < .05$; MZP5: $\chi^2\,(1, N = 482) = 1{,}61, p = .21$
303 χ^2-Test zu Geschlechterunterschieden bei der zeitlich problematischen Computerspielnutzung, MZP1: $\chi^2\,(1, N = 444) = 25{,}40, p < .01$; MZP2: $\chi^2\,(1, N = 461) = 24{,}37, p < .01$; MZP3: $\chi^2\,(1, N = 473) = 21{,}34, p < .01$; MZP4: $\chi^2\,(1, N = 479) = 36{,}22, p < .01$; MZP5: $\chi^2\,(1, N = 492) = 36{,}90, p < .01$
304 χ^2-Test zu Unterschieden nach Bildungsmilieu bei der zeitlich problematischen Fernsehnutzung, MZP1: $\chi^2\,(2, N = 439) = 11{,}40, p < .01$; MZP2: $\chi^2\,(2, N = 442) = 1{,}16, p = .56$; MZP3: $\chi^2\,(2, N = 448) = 6{,}55, p < .05$; MZP4: $\chi^2\,(2, N = 459) = 1{,}52, p = .47$; MZP5: $\chi^2\,(2, N = 463) = 9{,}74, p < .01$

punkten 1, 3 und 5, bei der Computerspielnutzung[305] unterschieden sich die Gruppen zu den Messzeitpunkten 1, 2 und 5 bedeutsam voneinander.

10.3.4.2 Zeitlich problematische Mediennutzung im Gruppenvergleich

Die Abbildung 11 zeigt den Anteil von Kindern in Unterrichts- und Kontrollgruppe mit zeitlich problematischer a) Fernsehnutzung und b) Computerspielnutzung zu den fünf Messzeitpunkten des *Berliner Längsschnitt Medien*. Im Folgenden werden entsprechende Gruppenunterschiede für beide Nutzungsformen dargestellt und auf ihre statistische Bedeutsamkeit hin überprüft.

10.3.4.2.1 Zeitlich problematische Fernsehnutzung

Zum ersten Messzeitpunkt wurden die Nutzung von Fernseh-, Video- und DVD-Nutzung bei 37,3 Prozent der Kinder der Unterrichtsgruppe als zeitlich problematisch eingestuft. Demgegenüber wiesen nur 30,9 Prozent der Kontrollgruppenkinder eine zeitlich problematische Nutzung auf. Dieser Gruppenunterschied von 6,4 Prozent wurde statistisch aber nicht bedeutsam[306]. Wenngleich zum zweiten Messzeitpunkt in beiden Gruppen ähnlich viele Kinder eine zeitlich problematische Fernsehnutzung aufwiesen und zu den folgenden Messzeitpunkten Kinder der Kontrollgruppe relativ zur Unterrichtsgruppe etwas häufiger eine tägliche Durchschnittsnutzung des Fernsehens von mehr als 60 Minuten berichteten, waren diese Gruppenunterschiede statistisch nie bedeutsam[307]. Am Ende der vierten Klasse wurden 49,8 Prozent der Unterrichtsgruppenkinder und 51,3 Prozent der Schülerinnen und Schüler der Kontrollgruppe der Gruppe zeitlich problematischer Nutzer zugerechnet, zum MZP5 wiesen in beiden Gruppen gut zwei Drittel der Kinder eine zeitlich problematische Nutzung auf. Damit fiel der Anstieg zeitlich problematischer Fernsehnutzung in beiden Gruppen gleich

---

305 χ^2-Test zu Unterschieden nach Bildungsmilieu bei der zeitlich problematischen Computerspielnutzung, MZP1: $\chi^2(2, N = 428) = 6,75$, $p < .05$; MZP2: $\chi^2(2, N = 442) = 7,12$, $p < .05$; MZP3: $\chi^2(2, N = 454) = 3,63$, $p = .16$; MZP4: $\chi^2(2, N = 460) = 4,03$, $p = .13$; MZP5: $\chi^2(2, N = 473) = 14,89$, $p < .01$
306 χ^2-Test zu Unterschieden bei der zeitlich problematischen Fernsehnutzung, MZP1: $\chi^2(1, N = 455) = 2,12$, $p = .09$ (einseitig).
307 χ^2-Test zu Unterschieden bei der zeitlich problematischen Fernsehnutzung, MZP2: $\chi^2(1, N = 461) = 0,03$, $p = .47$ (einseitig); MZP3: $\chi^2(1, N = 467) = 0,11$, $p = .41$ (einseitig); MZP4: $\chi^2(1, N = 478) = 0,22$, $p = .35$ (einseitig); MZP2: $\chi^2(1, N = 482) = 0,00$, $p = .52$ (einseitig)

und statistisch bedeutsam[308] aus, Effekte des Medienunterrichts konnten nicht festgestellt werden.

10.3.4.2.2 Zeitlich problematische Computerspielnutzung

Auch die zeitlich problematische Computerspielnutzung stieg zwischen dem ersten und dem fünften Messzeitpunkt in Unterrichts- und Kontrollgruppe statistisch bedeutsam[309] an. Dabei zeigte sich zum ersten Messzeitpunkt ein kleiner, nicht signifikanter[310] Unterschied zwischen Unterrichts- (15,8 %) und Kontrollgruppe (18,5 %) von knapp 3 Prozent zwischen den Gruppen, der sich zum letzten Messzeitpunkt auf höherem Niveau in ähnlicher Weise, ebenfalls aber nicht statistisch signifikant, zeigte[311] (vgl. Abbildung 11). So wurde zu diesem MZP5 die Computerspielnutzung von 33,1 Prozent der Unterrichtsgruppe und von 36,1 Prozent der Kontrollgruppe als zeitlich problematisch eingestuft. Lediglich beim dritten Messzeitpunkt, am Ende der vierten Klasse fanden sich auf dem „Höhepunkt" der Unterrichtsintervention in der Unterrichtsgruppe mit 19,8 Prozent erwartungskonform signifikant[312] weniger zeitlich problematische Computerspielnutzer als in der Kontrollgruppe (29,2 %). Damit konnte nur im Hinblick auf die zeitlich problematische Computerspielnutzung und nur zum MZP3 ein Effekt des Unterrichtes nachgewiesen werden. Mit einem *BESP* = 10,9, also einer zufallsbereinigten Erfolgsquote des Unterrichts bei 10,9 Prozent der Kinder beziehungsweise mit d* 0.28 zeigte sich hier ein zwar bedeutsamer, aber schwacher Effekt.

---

308 Cochrans Q-Test auf Signifikanz der Steigerung des Anteils von Kindern mit zeitlich problematischer Fernsehnutzung in der Unterrichtsgruppe über alle Messzeitpunkte: Q (4, N = 195) = 88,96, $p < .01$; Cochrans Q-Test auf Signifikanz der Steigerung des Anteils von Kindern mit zeitlich problematischer Fernsehnutzung in der Kontrollgruppe über alle Messzeitpunkte: Q (4, N = 180) = 91,96, $p < .01$

309 Cochrans Q-Test auf Signifikanz der Steigerung des Anteils von Kindern mit zeitlich problematischer Computerspielnutzung in der Unterrichtsgruppe über alle Messzeitpunkte: Q (4, N = 202) = 36,02, $p < .01$; Cochrans Q-Test auf Signifikanz der Steigerung des Anteils von Kindern mit zeitlich problematischer Computerspielnutzung in der Kontrollgruppe über alle Messzeitpunkte: Q (4, N = 178) = 39,27, $p < .01$

310 χ^2-Test zu Unterschieden bei der zeitlich problematischen Computerspielnutzung zu MZP1: χ^2 (1, N = 444) = 0,58, $p = .26$ (einseitig)

311 χ^2-Test zu Unterschieden bei der zeitlich problematischen Computerspielnutzung zu MZP5: χ^2 (1, N = 492) = 0,49, $p = .27$ (einseitig)

312 χ^2-Test zu Unterschieden bei der zeitlich problematischen Computerspielnutzung zu MZP3: χ^2 (1, N = 473) = 5,65, $p < .05$ (einseitig)

a) Anteil von Kindern mit zeitl. probl. TV-Nutzung nach Gruppe (in%)

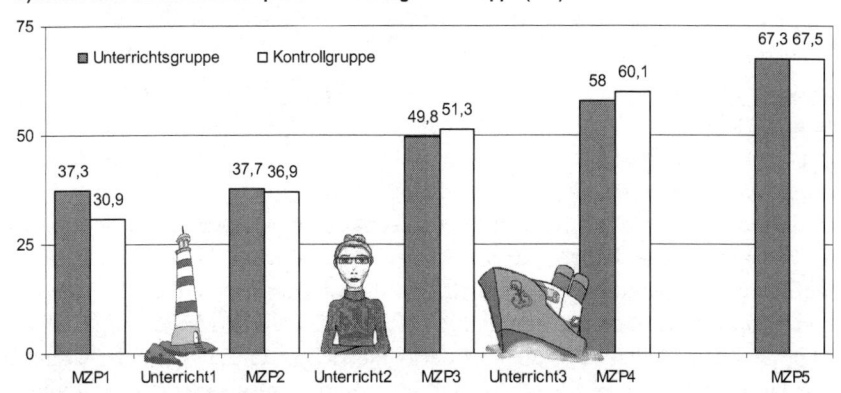

■ Unterrichtsgruppe   □ Kontrollgruppe

- MZP1: 37,3 / 30,9
- MZP2: 37,7 / 36,9
- MZP3: 49,8 / 51,3
- MZP4: 58 / 60,1
- MZP5: 67,3 / 67,5

b) Anteil von Kindern mit zeitl. probl. Computerspielnutzung nach Gruppe (in%)

■ Unterrichtsgruppe   □ Kontrollgruppe

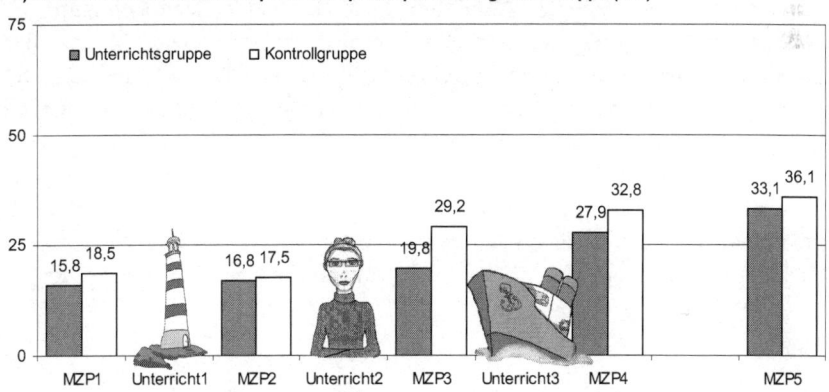

- MZP1: 15,8 / 18,5
- MZP2: 16,8 / 17,5
- MZP3: 19,8 / 29,2
- MZP4: 27,9 / 32,8
- MZP5: 33,1 / 36,1

Abbildung 11: Anteil von Kindern mit zeitlich problematischer Mediennutzung, nach Gruppe (in %), $N_{(MZP1 - MZP5)} = 495$[313]

---

[313] **a)** k. A.$_{(Unterrichtsgruppe\ MZP1)}$: n = 24; k. A.$_{(Kontrollgruppe\ MZP1)}$: n = 16; k. A.$_{(Unt.-Gr.\ MZP2)}$: n = 13; k. A.$_{(Kon.-Gr.\ MZP2)}$: n = 21; k. A.$_{(Unt.-Gr.\ MZP3)}$: n = 14, k. A.$_{(Kon.-Gr.\ MZP3)}$: n = 14; k. A.$_{(Unt.-Gr.\ MZP4)}$: n = 4; k. A.$_{(Kon.-Gr.\ MZP4)}$: n = 13; k. A.$_{(Unt.-Gr.\ MZP5)}$: n = 4; k. A.$_{(Kon.-Gr.\ MZP5)}$: n = 9; **b)** k. A.$_{(Unterrichtsgruppe\ MZP1)}$: n = 21; k. A.$_{(Kontrollgruppe\ MZP1)}$: n = 30; k. A.$_{(Unt.-Gr.\ MZP2)}$: n = 11; k. A.$_{(Kon.-Gr.\ MZP2)}$: n = 23; k. A.$_{(Unt.-Gr.\ MZP3)}$: n = 12, k. A.$_{(Kon.-Gr.\ MZP3)}$: n = 10; k. A.$_{(Unt.-Gr.\ MZP4)}$: n = 5; k. A.$_{(Kon.-Gr.\ MZP4)}$: n = 11; k. A.$_{(Unt.-Gr.\ MZP5)}$: n = 1; k. A.$_{(Kon.-Gr.\ MZP5)}$: n = 2

10.3.4.3 Untersuchung auf systematische Treatmentsensitivität

Auch bezüglich der Unterrichtseffekte auf zeitlich problematische Nutzungsmuster der Kinder wurden Analysen auf Subgruppenebene durchgeführt. Da sich in den vorherigen Analysen das Computerspielverhalten mit einem erwartungskonformen signifikanten Gruppenunterschied zu MZP3 als etwas veränderungssensitiver gegenüber der Unterrichtsintervention gezeigt hatte, wird im Folgenden nur die zeitlich problematische Computerspielnutzung auf subgruppenspezifische Unterrichtseffekte hin überprüft. In Abbildung 12 ist das Verhältnis von Kindern mit zeitlich problematischer Mediennutzung zwischen den Gruppen für die Messzeitpunkte MZP1, MZP3 und MZP5 dargestellt. Zu MZP1 unterschieden sich Jungen der Unterrichts- und Jungen der Kontrollgruppe nicht bedeutsam[314] hinsichtlich ihrer zeitlich problematischen Computerspielnutzung, obwohl die Jungen der Kontrollgruppe ein etwas höheres Ausgangsniveau aufwiesen (vgl. Abbildung 12a). Dagegen zeigten sich zum MZP3 bei den Jungen signifikante Gruppenunterschiede[315], beim letzten Messzeitpunkt lagen die Gruppen wieder eng beieinander[316]. Unter den Mädchen berichteten Kinder der Unterrichtsgruppe anfangs zu etwas größeren Anteilen von einer zeitlich problematischen Computerspielnutzung, ohne dass dieser Unterschied bedeutsam wurde[317]. Tendenziell kehrte sich dieses Verhältnis zum dritten Messzeitpunkt um. So stieg unter Mädchen der Kontrollgruppe der Anteil zeitlich problematischer Spielerinnen tendenziell, aber nicht signifikant[318] an, so dass auch der Gruppenvergleich zu MZP3 die statistische Signifikanzgrenze trotz der

---

314 χ^2-Test zu Unterschieden bei der zeitlich problematischen Computerspielnutzung unter Jungen von Unterrichts- und Kontrollgruppe zu MZP1: $\chi^2 (1, N = 222) = 1{,}44$, $p = .15$ (einseitig)

315 χ^2-Test zu Unterschieden bei der zeitlich problematischen Computerspielnutzung unter Jungen von Unterrichts- und Kontrollgruppe zu MZP3: $\chi^2 (1, N = 234) = 3{,}91$, $p < .05$ (einseitig)

316 χ^2-Test zu Unterschieden bei der zeitlich problematischen Computerspielnutzung unter Jungen von Unterrichts- und Kontrollgruppe zu MZP5: $\chi^2 (1, N = 243) = 0{,}14$, $p = .40$ (einseitig)

317 χ^2-Test zu Unterschieden bei der zeitlich problematischen Computerspielnutzung unter Mädchen von Unterrichts- und Kontrollgruppe zu MZP1: $\chi^2 (1, N = 222) = 2{,}02$, $p = .12$ (einseitig)

318 Cochrans Q-Test auf Signifikanz der Steigerung des Anteils von Mädchen mit zeitlich problematischer Computerspielnutzung in der Kontrollgruppe zwischen MZP1, MZP2 und MZP3: $Q (1, N = 86) = 5{,}16, p = .09$

beschrieben Tendenzen verfehlte[319]. Zu MZP5 lagen beide Gruppen hinsichtlich ihrer Computerspielnutzung wieder auf gleichem Niveau[320].

Beim Vergleich zu subgruppenspezifischen Treatmenteffekten zwischen Kindern von formal niedrig und formal hoch gebildeten Eltern zeigten sich durchaus unterschiedliche Reaktionen auf den Unterricht zwischen den Bildungsmilieus. Zu MZP1 unterschieden sich Kinder des niedrigen Bildungsmilieus aus Kontroll- und Unterrichtsgruppe trotz tendenziellen Unterschieden nicht statistisch bedeutsam voneinander[321]. Während dann bei den Kontrollgruppenkindern der Anteil zeitlich problematischer Computerspielerinnen und -spieler anstieg, blieb das Niveau bei Kindern der Unterrichtsgruppe weitgehend stabil, so dass sich zu MZP3 ein signifikanter Unterschied zwischen den Gruppen zeigte[322], der beim letzten Messzeitpunkt aber wieder nivelliert[323] wurde. Auch bei Kindern formal hoch gebildeter Eltern ergaben sich für MZP3 erwartungskonforme signifikante Gruppenunterschiede, die weder zu MZP1 noch zu MZP5 zu finden waren[324].

---

[319] χ^2-Test zu Unterschieden bei der zeitlich problematischen Computerspielnutzung unter Mädchen von Unterrichts- und Kontrollgruppe zu MZP3: χ^2 (1, N = 239) = 0,58, p = .28 (einseitig)

[320] χ^2-Test zu Unterschieden bei der zeitlich problematischen Computerspielnutzung unter Mädchen von Unterrichts- und Kontrollgruppe zu MZP5: χ^2 (1, N = 249) = 0,14, p = .50 (einseitig)

[321] χ^2-Test zu Unterschieden bei der zeitlich problematischen Computerspielnutzung von Unterrichts- und Kontrollgruppe unter Kindern des niedrigen Bildungsmilieus zu MZP1: χ^2 (1, N = 56) = 0,90, p = .26 (einseitig)

[322] χ^2-Test zu Unterschieden bei der zeitlich problematischen Computerspielnutzung von Unterrichts- und Kontrollgruppe unter Kindern des niedrigen Bildungsmilieus zu MZP3: χ^2 (1, N = 56) = 4,68, p < .05 (einseitig)

[323] χ^2-Test zu Unterschieden bei der zeitlich problematischen Computerspielnutzung von Unterrichts- und Kontrollgruppe unter Kindern des niedrigen Bildungsmilieus zu MZP5: χ^2 (1, N = 57) = 0,85, p = .26 (einseitig)

[324] χ^2-Test zu Unterschieden bei der zeitlich problematischen Computerspielnutzung von Unterrichts- und Kontrollgruppe unter Kindern des hohen Bildungsmilieus zu MZP1: χ^2 (1, N = 216) = 2,12, p = .11 (einseitig); χ^2-Test zu Unterschieden bei der zeitlich problematischen Computerspielnutzung von Unterrichts- und Kontrollgruppe unter Kindern des hohen Bildungsmilieus zu MZP3: χ^2 (1, N = 229) = 3,98, p < .05 (einseitig); χ^2-Test zu Unterschieden bei der zeitlich problematischen Computerspielnutzung von Unterrichts- und Kontrollgruppe unter Kindern des hohen Bildungsmilieus zu MZP5: χ^2 (1, N = 240) = 0,69, p = .25 (einseitig)

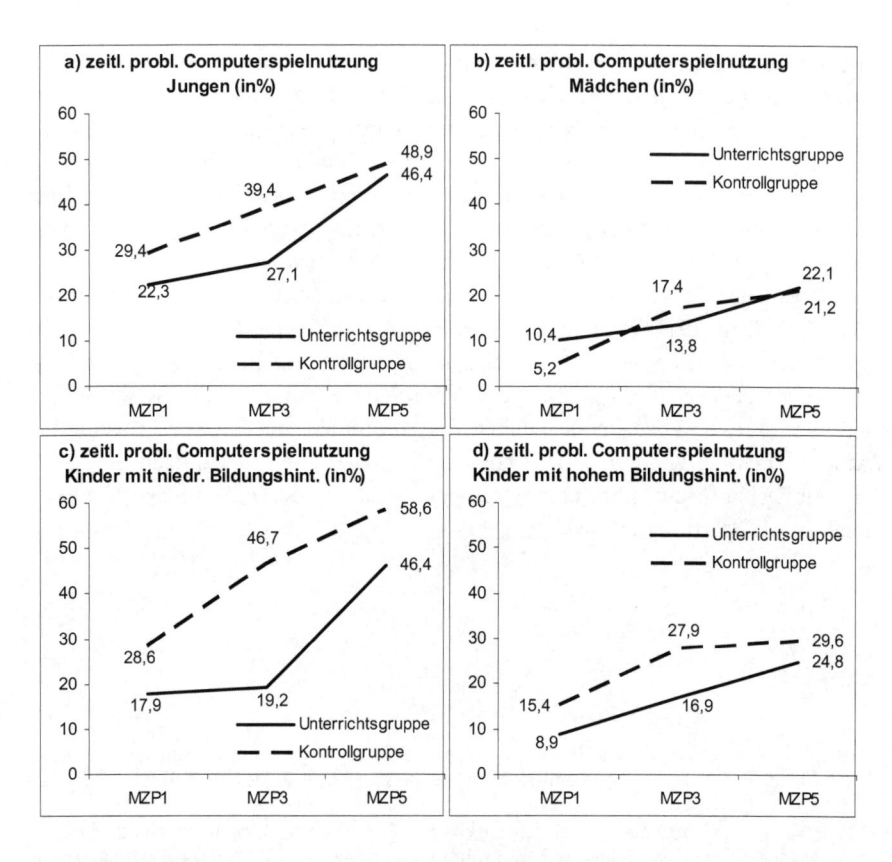

Abbildung 12: Treatmentsensitivität von Kindern mit hohem vs. niedrigem elterlichem Bildungshintergrund sowie von Jungen vs. Mädchen

Insgesamt zeigten sich also bei Jungen und Mädchen wie bei Kindern von niedrig gebildeten und Kindern von hoch gebildeten Eltern ähnliche Tendenzen. Die zweite Unterrichtseinheit, deren kurzfristige Effekte durch die Messung zu MZP3 abgebildet werden, erzeugte bis auf die Mädchen bei allen Gruppen erwartungskonforme, statistisch bedeutsame Gruppenunterschiede, bei den Mädchen immerhin erwartungskonforme Tendenzen. Andere Effekte zeigten sich nicht. Insofern bestätigte sich insgesamt das Ergebnis der Analyse bezüglich des dritten Wirkungsziels, dass nur zu MZP3 und nur für die zeitlich problematische Computerspielnutzung erwartungskonforme Effekte erzielt werden konnten.

10.3.4.4 Fazit zum vierten Wirkungsziel

Das Unterrichtsprogramm konnte insgesamt das Ziel, zeitlich problematische Mediennutzungsmuster in der Unterrichtsgruppe relativ zur Kontrollgruppe zu reduzieren, nicht erreichen. Zwar zeigten sich erwartungskonforme Tendenzen sowie ein bedeutsamer Gruppenunterschied zu MZP3 hinsichtlich der zeitlich problematischen Computerspielnutzung, dies kann aber insgesamt nicht als deutlicher Erfolg des Unterrichtsprogramms gewertet werden, zumal der Effekt zu MZP3 lediglich schwach war und sich keine längerfristigen Effekte des Unterrichtsprogramms in der fünften oder sechsten Klasse einstellten.

10.3.5 Problematische Medieninhalte

In Kapitel 8 wurde als fünftes Wirkungsziel der Unterrichtseinheit festgelegt, dass Kinder aus Klassen, die am *Medienlotsen*-Unterrichtsprogramm teilgenommen haben, im Vergleich zu anderen Kindern zu einem geringen Anteil inhaltlich problematische Mediennutzungsmuster aufweisen sollen. Nachfolgend wird geprüft, ob sich dieses Ziel im Rahmen des *Berliner Längsschnitt Medien* für die Nutzung von Film-/Fernseh- und Computerspielinhalten realisieren ließ.

10.3.5.1 Operationalisierung und Datendeskription

Vom ersten Messzeitpunkt an wurden alle Schülerinnen und Schüler des *Berliner Längsschnitt Medien* zu ihren Erfahrungen mit erst für Jugendliche oder Erwachsene freigegebenen Filmen beziehungsweise Computerspielen gefragt. Mithilfe dieser Angaben wurde ein Maß für die Nutzung von Medieninhalten mit entwicklungsbeeinträchtigendem Potential abgeleitet. Auf die Frage „Hast du dir schon einmal Filme angeschaut, die ... erst „ab 16"/ erst „ab 18 ,, waren?" konnten die Kinder für Filme „ab 16" sowie für Filme „ab 18" angeben, inwieweit sie bereits über Erfahrungen mit solchen Filmen verfügen („Ja") oder nicht („Nein"). In identischer Weise wurden sie auch zu ihren Erfahrungen mit Computer- oder Videospielen befragt. Die Angaben zu den Erfahrungen der Kinder mit Medieninhalten „ab 16" und „ab 18" wurden bei der Datenaufbereitung zu einer Filmvariable und einer Computerspielvariable zusammengefasst, so dass anschließend für Filme und Computerspiele eine Variable vorlag, in der die fehlende Erfahrung eines Kindes mit Medien „ab 16/18" mit einer „0", Erfahrungen mit solchen Medieninhalten dagegen mit „1" kodiert waren.

Wie der Mediengerätebesitz und die Medienzeiten stieg auch die Erfahrung der Kinder mit Medieninhalten, welche für die Kinder entwicklungsbeeinträchtigendes Potential bergen (im Folgenden vereinfacht als „inhaltlich problematische Medieninhalte" bezeichnet), über die fünf Messzeitpunkte deutlich[325] an (vgl. Tabelle 20 ab Seite 355). Über die Messzeitpunkte war die Nutzung inhaltlich problematischer Medien auf mittlerem Niveau korreliert[326]. Bereits zu MZP1 berichtete rund die Hälfte der Befragten, bereits Filme ab 16/18 gesehen zu haben, zum letzten Messzeitpunkt waren es rund 70 Prozent. Der Anteil von Kindern mit Erfahrungen mit inhaltlich problematischen Filmen stieg dabei über die Messzeitpunkte sowohl unter den Jungen[327], als auch unter den Mädchen[328], unter Kindern des niedrigen Bildungsmilieus[329] ebenso wie unter Kindern mittlerer oder hoher Bildungsmilieus[330] signifikant an, wobei der Anstieg zwischen MZP1 und MZP5 bei den Jungen mit knapp 25 Prozentpunkten höher ausfiel, als bei den Mädchen (17,8 Prozentpunkte), und bei Kindern aus dem niedrigen (21,7 Prozentpunkte) und mittleren Bildungsmilieu (20,9 Prozentpunkte) etwas höher als bei Kindern des hohen Bildungsmilieus (17,7 Prozentpunkte). Zu allen Messzeitpunkten gaben Jungen (zum Beispiel MZP5: zu

---

325 Cochrans Q-Test auf Signifikanz der Steigerung des Anteils von Kindern, die über Erfahrung mit Filmen ab16/18 verfügen über alle Messzeitpunkte: Q (4, N = 419) = 96,70, $p < .01$; Cochrans Q-Test auf Signifikanz der Steigerung des Anteils von Kindern, die über Erfahrung mit Computerspielen ab16/18 verfügen über alle Messzeitpunkte: Q (4, N = 399) = 15,69, $p < .01$
326 Inhaltlich problematische Filmnutzung: geringste Korrelation zwischen MZP1 und MZP5 mit *Cramers v* = .32, $p < .01$; höchste Korrelation zwischen MZP4 und MZP5 mit $v = .49$, $p < .01$; inhaltlich problematische Computerspielnutzung: geringste Korrelation zwischen MZP1 und MZP5 mit $v = .41$, $p < .01$; höchste Korrelation zwischen MZP4 und MZP5 mit $v = .62$, $p < .01$
327 Cochrans Q-Test auf Signifikanz der Steigerung des Anteils von Jungen, die über Erfahrung mit Filmen ab16/18 verfügen über alle Messzeitpunkte: Q (4, N = 204) = 56,73, $p < .01$
328 Cochrans Q-Test auf Signifikanz der Steigerung des Anteils von Mädchen, die über Erfahrung mit Filmen ab16/18 verfügen über alle Messzeitpunkte: Q (4, N = 215) = 41,91, $p < .01$
329 Cochrans Q-Test auf Signifikanz der Steigerung des Anteils von Kindern des niedrigen Bildungsmilieus, die über Erfahrung mit Filmen ab16/18 verfügen über alle Messzeitpunkte: Q (4, N = 48) = 21,16, $p < .01$
330 Cochrans Q-Test auf Signifikanz der Steigerung des Anteils von Kindern des mittleren Bildungsmilieus, die über Erfahrung mit Filmen ab16/18 verfügen über alle Messzeitpunkte: Q (4, N = 149) = 32,43, $p < .01$; Cochrans Q-Test auf Signifikanz der Steigerung des Anteils von Kindern des hohen Bildungsmilieus, die über Erfahrung mit Filmen ab16/18 verfügen über alle Messzeitpunkte: Q (4, N = 208) = 45,16, $p < .01$

82,6 %) signifikant häufiger[331] als Mädchen (zum Beispiel MZP5: 58,1 %) an, bereits Filme ab 16 oder 18 gesehen zu haben, auch zwischen den Bildungsmilieus zeigten sich zu allen Messzeitpunkten signifikante - zu MZP2 lediglich tendenzielle - Gruppenunterschiede[332]: Bis auf den zweiten Messzeitpunkt berichteten zu allen anderen Messungen Kinder von formal niedrig gebildeten Eltern am häufigsten von Erfahrungen mit inhaltlich problematischen Filmen, Kinder von formal hoch gebildeten Eltern hatten hingegen immer die wenigsten Erfahrungen mit Filmen ab 16/18.

Tabelle 20: Erfahrung mit inhaltl. probl. Medieninhalten nach Messzeitpunkt, Geschlecht und Bildungshintergrund (in %), N = 495[333]

Messzeitpunkt		MZP1 (Anf. 3. Klasse)	MZP2 (Ende 3. Klasse)	MZP3 (Ende 4. Klasse)	MZP4 (Ende 5. Klasse)	MZP5 (Ende 6. Klasse)
Erfahrung mit Filmen ab 16/18		49,0	50,6	49,7	58,1	70,2
Geschlecht	**Jungen**	57,8	59,8	61,1	70,9	82,6
	Mädchen	40,3	41,8	38,5	46,3	58,1
elterlicher	**niedrig**	63,8	53,8	62,1	75,4	85,5
Bildungs-	**mittel**	53,2	56,4	53,9	62,4	74,1
hintergrund	**hoch**	40,6	45,1	42,2	49,4	62,8

---

331 χ^2-Test zu Geschlechterunterschieden bei der Erfahrung mit inhaltlich problematischen Filmen, MZP1: χ^2 (1, N = 480) = 14,67, $p < .01$; MZP2: χ^2 (1, N = 478) = 15,53, $p < .01$; MZP3: χ^2 (1, N = 473) = 24,19, $p < .01$; MZP4: χ^2 (1, N = 479) = 29,85, $p < .01$; MZP5: χ^2 (1, N = 487) = 34,78, $p < .01$

332 χ^2-Test zu Unterschieden bei der Erfahrung mit inhaltlich problematischen Filmen zwischen Kindern niedriger, mittlerer und hoher Bildungsmilieus, MZP1: χ^2 (2, N = 465) = 12,78, $p < .01$; MZP2: χ^2 (2, N = 459) = 5,35, $p = .07$; MZP3: χ^2 (2, N = 455) = 9,85, $p < .01$; MZP4: χ^2 (2, N = 460) = 15,46, $p < .01$; MZP5: χ^2 (2, N = 468) = 13,52, $p < .01$

333 k.A. Filme ab 16/18 MZP1: n = 15; k.A. Filme ab 16/18 MZP2: n = 17; k.A. Filme ab 16/18 MZP3: n = 22; k.A. Filme ab 16/18 MZP4: n = 16; k.A. Filme ab 16/18 MZP5: n = 8; k.A. Computerspiele ab 16/18 MZP1: n = 32; k.A. Computerspiele ab 16/18 MZP2: n = 28; k.A. Computerspiele ab 16/18 MZP3: n = 23; k.A. Computerspiele ab 16/18 MZP4: n = 17; k.A. Computerspiele ab 16/18 MZP5: n = 26

Tabelle 20 (fortgesetzt)

Messzeitpunkt		MZP1 (Anf. 3. Klasse)	MZP2 (Ende 3. Klasse)	MZP3 (Ende 4. Klasse)	MZP4 (Ende 5. Klasse)	MZP5 (Ende 6. Klasse)
Erfahrung mit Spielen ab 16/18		35,9	36,8	39,0	42,1	44,9
Geschlecht	**Jungen**	50,9	57,1	60,9	66,9	71,9
	Mädchen	20,5	17,8	17,6	17,8	18,5
elterlicher	**niedrig**	54,4	51,0	63,8	57,4	62,5
Bildungs-	**mittel**	39,6	34,3	40,5	46,2	47,2
hintergrund	**hoch**	26,7	33,5	30,0	34,5	37,2

Der Anteil von Kindern, die bereits Erfahrungen mit inhaltlich problematischen Computerspielen gemacht hatten, lag zu allen Messzeitpunkten deutlich unter den für die Filmnutzung berichteten Zahlen. Bei der Baseline-Messung zu Anfang der dritten Klasse hatten knapp 36 Prozent der Kinder bereits ein Computerspiel gespielt, das erst ab 16 oder ab 18 Jahren freigegeben war, am Ende der sechsten Klasse waren es 44,6 Prozent. Allerdings stiegen die Erfahrungen mit diesen Computerspielen über die Messzeitpunkte nur unter den Jungen signifikant an[334], während sie sich unter den Mädchen nicht vergrößerten[335]. Wohl aufgrund der geringen Fallzahlen wurde der tendenzielle Erfahrungszuwachs mit inhaltlich problematischen Computerspielen innerhalb der verschiedenen Bildungsmilieugruppen nicht statistisch bedeutsam[336]. Jungen gaben über den gesamten Untersuchungszeitraum deutlich häufiger[337] als

---

334   Cochrans Q-Test auf Signifikanz der Steigerung des Anteils von Jungen, die über Erfahrung mit inhaltlich problematischen Computerspielen verfügen über alle Messzeitpunkte: $Q\,(4, N = 196) = 34{,}72, p < .01$

335   Cochrans Q-Test auf Signifikanz der Steigerung des Anteils von Mädchen, die über Erfahrung mit inhaltlich problematischen Computerspielen verfügen über alle Messzeitpunkte: $Q\,(4, N = 203) = 1{,}48, p = .84$

336   Cochrans Q-Test auf Signifikanz der Steigerung des Anteils von Kindern des niedrigen Bildungsmilieus, die über Erfahrung mit Computerspielen ab 16/18 verfügen über alle Messzeitpunkte: $Q\,(4, N = 45) = 5{,}31, p = .28$; Cochrans Q-Test auf Signifikanz der Steigerung des Anteils von Kindern des mittleren Bildungsmilieus, die über Erfahrung mit Computerspielen ab 16/18 verfügen über alle Messzeitpunkte: $Q\,(4, N = 147) = 9{,}21, p = .06$; Cochrans Q-Test auf Signifikanz der Steigerung des Anteils von Kindern des hohen Bildungsmilieus, die über Erfahrung mit Computerspielen ab 16/18 verfügen über alle Messzeitpunkte: $Q\,(4, N = 193) = 8{,}90, p = .06$

337   χ^2-Tests zu Geschlechterunterschieden bei der Erfahrung mit inhaltlich problematischen Computerspielen, MZP1: $\chi^2\,(1, N = 463) = 46{,}30, \quad p < .01$; MZP2:

Mädchen an, bereits Computerspiele „ab 16/18" gespielt zu haben, und auch zwischen den Bildungsmilieus zeigten sich analog zur Nutzung inhaltlich problematischer Filme zu allen Messzeitpunkten signifikante - zu MZP2 lediglich tendenzielle - Gruppenunterschiede[338]: Über den gesamten Untersuchungszeitraum berichteten Kinder von formal niedrig gebildeten Eltern am häufigsten von Erfahrungen mit inhaltlich problematischen Computerspielen, Kinder von formal hoch gebildeten Eltern hatten hingegen immer die wenigsten Erfahrungen mit Spielen ab 16/18.

10.3.5.2 Inhaltlich problematische Mediennutzung im Gruppenvergleich

In Abbildung 13a und Abbildung 13b wird dargestellt, wie sich der Anteil von Kindern mit Erfahrungen mit inhaltlich problematischen Filmen (a) beziehungsweise Computerspielen (b) über die fünf Messzeitpunkte in der Unterrichtsgruppe und der Kontrollgruppe entwickelt hat.

10.3.5.2.1 Nutzung inhaltlich problematischer Filme

Von den Kindern der Unterrichtsgruppe gaben zur Baseline-Messung 47,7 Prozent an, bereits Filme gesehen zu haben, die erst ab 16 oder 18 Jahren freigegeben sind. In der Kontrollgruppe lag der Anteil von Kindern mit entsprechenden Erfahrungen bei 50,2 Prozent. Dieser Gruppenunterschied von 2,5 Prozentpunkten war allerdings nicht bedeutsam[339]. Während in der Kontrollgruppe der Anteil von Kindern mit Erfahrungen mit Filmen „ab 16/18" über alle Messzeitpunkte kontinuierlich und signifikant stieg[340], stagnierte der ent-

---

χ^2 (1, N = 467) = 77,18, $p < .01$; MZP3: χ^2 (1, N = 472) = 93,30, $p < .01$; MZP4: χ^2 (1, N = 478) = 118,60, $p < .01$; MZP5: χ^2 (1, N = 490) = 140,92, $p < .01$

338 χ^2-Test zu Unterschieden bei der Erfahrung mit inhaltlich problematischen Computerspielen zwischen Kindern niedriger, mittlerer und hoher Bildungsmilieus, MZP1: χ^2 (2, N = 447) = 17,69, $p < .01$; MZP2: χ^2 (2, N = 450) = 5,82, $p = .06$; MZP3: χ^2 (2, N = 453) = 23,00, $p < .01$; MZP4: χ^2 (2, N = 460) = 11,97, $p < .01$; MZP5: χ^2 (2, N = 471) = 12,93, $p < .01$

339 χ^2-Test zu Unterschieden zwischen Unterrichts- und Kontrollgruppe bei der Erfahrung mit inhaltlich problematischen Filmen zu MZP1: χ^2 (1, N = 480) = 0,30, $p = .33$ (einseitig)

340 Cochrans Q-Test auf Signifikanz der Steigerung des Anteils Kindern der Kontrollgruppe, die über Erfahrung mit inhaltlich problematischen Filmen verfügen über alle Messzeitpunkte: Q (4, N = 200) = 38,10, $p < .01$

sprechende Anteil in der Unterrichtsgruppe und sank[341] zu MZP3 sogar leicht ab. Erst am Ende der fünften Klasse zeigte sich in der Unterrichtsgruppe eine deutliche Steigerung der Erfahrung mit Filmen „ab 16/18", die auch bis zum letzten Messzeitpunkt fortgesetzt wurde[342]. Beim Vergleich von Unterrichtsgruppe und Kontrollgruppe zu allen Messzeitpunkten zeigte sich auf dem Höhepunkt der Unterrichtsintervention, zum MZP3 ein signifikanter[343] und erwartungskonformer Unterschied zwischen den Gruppen von 13,7 Prozentpunkten. Dieser Gruppenunterschied wurde zum folgenden MZP kleiner und damit nicht mehr bedeutsam[344], zum letzten Messzeitpunkt waren die Gruppenunterschiede bei der Erfahrung mit Filmen „ab 16/18" fast vollständig aufgehoben[345]. So berichteten zum MZP5 69,2 Prozent der Kinder aus der Unterrichtsgruppe und 71,3 Prozent der Kontrollgruppenschülerinnen und -schüler von Erfahrungen mit inhaltlich problematischen Filmen. Somit zeigten sich kurzfristige Effekte des Unterrichtsprogramms auf die Filmnutzung der Kinder nach Abschluss von zwei Unterrichtseinheiten, deren Effekt mit einem $BESP = 13,7$, also einer zufallsbereinigten Erfolgquote des Unterrichts bei 13,7 Prozent der Kinder beziehungsweise mit d* = 0.31 zwar als bedeutsam, aber schwach zu klassifizieren ist. Langfristige Effekte zeigten sich bei der Filmnutzung dagegen nicht.

---

341 Es kann an dieser Stelle eingewandt werden, dass ein Absinken sachlogisch eigentlich nicht möglich ist, wird in der entsprechenden Frage doch gefragt: „Hast du dir <u>schon einmal</u> Filme angeschaut, die…", so dass über die fortlaufenden Jahre ein/e Schüler/in, der/die einmal mit „ja" geantwortet hat, zu den folgenden Messzeitpunkten auch immer mit „ja" antworten müsste. Andererseits muss beachtet werden, dass mit fortlaufendem Alter der Schüler/innen ihr Bewusstsein dafür, welche Inhalte tatsächlich eine Altersbeschränkung haben, geschärft ist und die Angaben zu diesem Punkt zu den ersten Messzeitpunkten wahrscheinlich etwas unschärfer waren, als dies mutmaßlich zu späteren Messzeitpunkten der Fall war.
342 Cochrans Q-Test auf Signifikanz der Steigerung des Anteils Kindern der Unterrichtsgruppe, die über Erfahrung mit inhaltlich problematischen Computerspielen verfügen über alle Messzeitpunkte: $Q(4, N = 219) = 61{,}83, p < .01$
343 χ^2-Test zu Unterschieden zwischen Unterrichts- und Kontrollgruppe bei der Erfahrung mit inhaltlich problematischen Filmen zu MZP3: $\chi^2(1, N = 473) = 8{,}93, p < .01$ (einseitig)
344 χ^2-Test zu Unterschieden zwischen Unterrichts- und Kontrollgruppe bei der Erfahrung mit inhaltlich problematischen Filmen zu MZP4: $\chi^2(1, N = 479) = 1{,}79, p = .11$ (einseitig)
345 χ^2-Test zu Unterschieden zwischen Unterrichts- und Kontrollgruppe bei der Erfahrung mit inhaltlich problematischen Filmen zu MZP5: $\chi^2(1, N = 487) = 0{,}24, p = .35$ (einseitig)

a) Erfahrung mit Filmen "ab 16/18" nach Gruppe (in%)

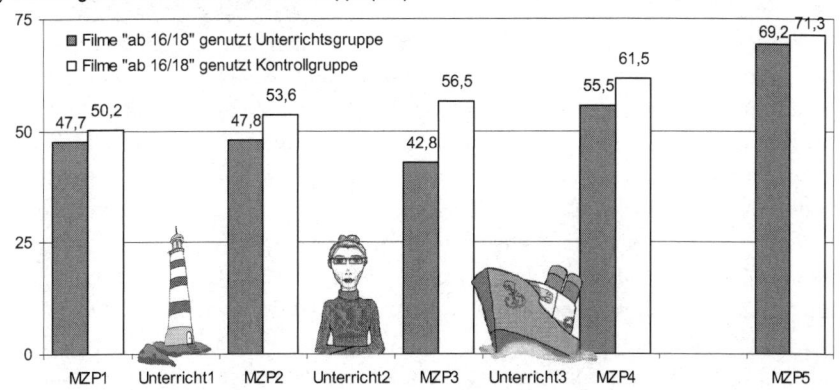

b) Erfahrung mit Video-/Computerspielen "ab 16/18" nach Gruppe (in%)

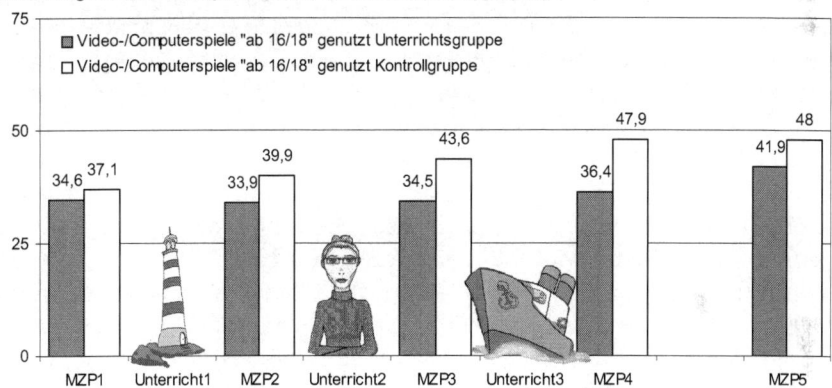

Abbildung 13: Nutzung nicht altersgemäßer Medieninhalte, nach Gruppe (in %), $N_{(MZP1 - MZP5)} = 495$[346]

---

346 **a)** k. A.(Unterrichtsgruppe MZP1): $n = 8$; k. A.(Kontrollgruppe MZP1): $n = 7$; k. A.(Unt.-Gr. MZP2): $n = 4$; k. A.(Kon.-Gr. MZP2): $n = 13$; k. A.(Unt.-Gr. MZP3): $n = 13$, k. A.(Kon.-Gr. MZP3): $n = 9$; k. A.(Unt.-Gr. MZP4): $n = 4$; k. A.(Kon.-Gr. MZP4): $n = 12$; k. A.(Unt.-Gr. MZP5): $n = 2$; k. A.(Kon.-Gr. MZP5): $n = 6$; **b)** k. A.(Unterrichtsgruppe MZP1): $n = 15$; k. A.(Kontrollgruppe MZP1): $n = 17$; k. A.(Unt.-Gr. MZP2): $n = 10$; k. A.(Kon.-Gr. MZP2): $n = 18$; k. A.(Unt.-Gr. MZP3): $n = 11$, k. A.(Kon.-Gr. MZP3): $n = 12$; k. A.(Unt.-Gr. MZP4): $n = 7$; k. A.(Kon.-Gr. MZP4): $n = 10$; k. A.(Unt.-Gr. MZP5): $n = 3$; k. A.(Kon.-Gr. MZP5) : $n = 2$

10.3.5.2.2 Nutzung inhaltlich problematischer Computerspiele

Erfahrungen mit Computerspielen „ab 16/18" wurden von den Schülerinnen und Schülern beider Gruppen zur Baseline-Messung weniger berichtet als entsprechende Erfahrungen mit Filmen ab 16/18. Zum MZP1 hatten bereits 34,6 Prozent der zu diesem Zeitpunkt knapp neun Jahre alten Kinder der Unterrichtsgruppe mindestens einmal ein derartiges Spiel gespielt, in der Kontrollgruppe waren es 37,1 Prozent. Dieser anfängliche Unterschied war statistisch nicht bedeutsam[347]. Im Laufe der nächsten vier Jahre gaben in der Kontrollgruppe zunehmend mehr Kinder an, bereits Computerspiele gespielt zu haben, die ab 16 oder 18 Jahren freigegeben waren, so dass der Anteil dieser Kinder zu MZP4 in der Kontrollgruppe bei 47,9 Prozent und zu MZP5 bei 48,0 Prozent lag. Der Anstieg in der Erfahrung mit inhaltlich problematischen Computerspielen wurde in der Kontrollgruppe mit Cochrans Q (4, N = 192) = 11,35, $p < .05$ statistisch bedeutsam. In der Unterrichtsgruppe stagnierte der Anteil von Kindern, die bereits ein solches Spiel gespielt hatten zwischen MZP1 und MZP4 bei rund 35 Prozent, lediglich zum letzten Messzeitpunkt gab es einen Anstieg auf 41,9 Prozent. Damit ließ sich für die Unterrichtsgruppe mit Cochrans Q (4, N = 207) = 7,37, $p = .23$ kein signifikanter Anstieg über den vierjährigen Untersuchungszeitraum nachweisen. Zwischen den Gruppen zeigen sich statistisch bedeutsame Unterschiede in der Erfahrung mit inhaltlich problematischen Computerspielen zu den Messzeitpunkten 3 und 4[348], zum letzten Messzeitpunkt wird die Signifikanzgrenze knapp verfehlt[349]. Der zum dritten Messzeitpunkt gefundene Effekt des Unterrichtsprogramms ist mit BESP = 9,4 Prozent zufallsbereinigten Treatmenterfolgs beziehungsweise d* = 0.21 schwächer als der zu MZP4 gefundene Effekt von BESP = 11,7 beziehungsweise d* = 0.26, ein echter langfristiger Effekt ließ sich nicht nachweisen.

---

347 χ^2-Test zu Unterschieden zwischen Unterrichts- und Kontrollgruppe bei der Erfahrung mit inhaltlich problematischen Computerspielen zu MZP1: χ^2 (1, N = 463) = 0,32, $p = .32$ (einseitig)

348 χ^2-Test zu Unterschieden zwischen Unterrichts- und Kontrollgruppe bei der Erfahrung mit inhaltlich problematischen Computerspielen, MZP3: χ^2 (1, N = 472) = 4,14, $p < .05$ (einseitig); MZP4: χ^2 (1, N = 478) = 6,50, $p < .01$ (einseitig)

349 χ^2-Test zu Unterschieden zwischen Unterrichts- und Kontrollgruppe bei der Erfahrung mit inhaltlich problematischen Computerspielen zu MZP5: χ^2 (1, N = 469) = 2,44, $p = .10$ (einseitig)

10.3.5.3 Untersuchung auf systematische Treatmentsensitivität

Aufgrund der deutlichen Geschlechterunterschiede bei der Nutzung inhaltlich problematischer Medieninhalte wurde untersucht, inwieweit sich unterschiedliche Effekte des Unterrichtsprogramms auf die Mediennutzung von Jungen und Mädchen zeigten. In Abbildung 14 wird die Entwicklung der inhaltlich problematischen Filmnutzung für Jungen (a) und Mädchen (b) sowie die Entwicklung der inhaltlich problematischen Computerspielnutzung für Jungen (c) und Mädchen (d) dargestellt.

Bei der inhaltlich problematischen Filmnutzung zeigte sich bei Jungen und Mädchen eine parallele (und erwartungskonforme) Entwicklung. Kinder der Kontrollgruppe steigerten ihre Nutzung inhaltlich problematischer Filme über die Messzeitpunkte kontinuierlich (wobei Mädchen der Kontrollgruppe bis zum MZP 5 nur tendenziell[350] größere Erfahrungen mit Filmen „ab 16/18" hatten, Jungen signifikant[351] größere Erfahrungen). Jungen und Mädchen der Unterrichtsgruppe berichteten, nachdem sie zu MZP1 mit den Kindern der Kontrollgruppe auf einem Nutzungsniveau lagen, zu MZP3 sogar weniger über Erfahrungen mit inhaltlich problematischen Filmen, steigerten diesen Wert zu Messzeitpunkt 5 aber deutlich. Insgesamt sprachen Jungen aber vergleichsweise besser auf den Medienunterricht an als Mädchen. So zeigten sich unter den Jungen zu den Messzeitpunkten 3 und 5 statistisch bedeutsame Unterschiede zwischen Unterrichts- und Kontrollgruppe[352], während sich Mädchen der Unterrichtsgruppe zu MZP3 nicht bedeutsam[353] von Mädchen der Kontrollgruppe

---

[350] Cochrans Q-Test auf Signifikanz der Steigerung des Anteils von Mädchen der Kontrollgruppe, die über Erfahrung mit inhaltlich problematischen Filmen verfügen über alle Messzeitpunkte: $Q(4, N = 94) = 7{,}78, p = .10$

[351] Cochrans Q-Test auf Signifikanz der Steigerung des Anteils von Jungen der Kontrollgruppe, die über Erfahrung mit inhaltlich problematischen Filmen verfügen über alle Messzeitpunkte: $Q(4, N = 106) = 35{,}77, p < .01$

[352] χ^2-Test zu Unterschieden zwischen Jungen der Unterrichts- und Kontrollgruppe bei der Erfahrung mit inhaltlich problematischen Filmen zu MZP3: $\chi^2(1, N = 234) = 6{,}39, p < .01$ (einseitig); χ^2-Test zu Unterschieden zwischen Jungen der Unterrichts- und Kontrollgruppe bei der Erfahrung mit inhaltlich problematischen Filmen zu MZP5: $\chi^2(1, N = 241) = 4{,}61, p < .05$ (einseitig)

[353] χ^2-Test zu Unterschieden zwischen Mädchen der Unterrichts- und Kontrollgruppe bei der Erfahrung mit inhaltlich problematischen Filmen zu MZP3: $\chi^2(1, N = 239) = 1{,}54, p = .13$ (einseitig)

unterschieden und sie zu MZP5 sogar ein tendenziell[354] höheres Nutzungslevel problematischer Filminhalte berichteten.

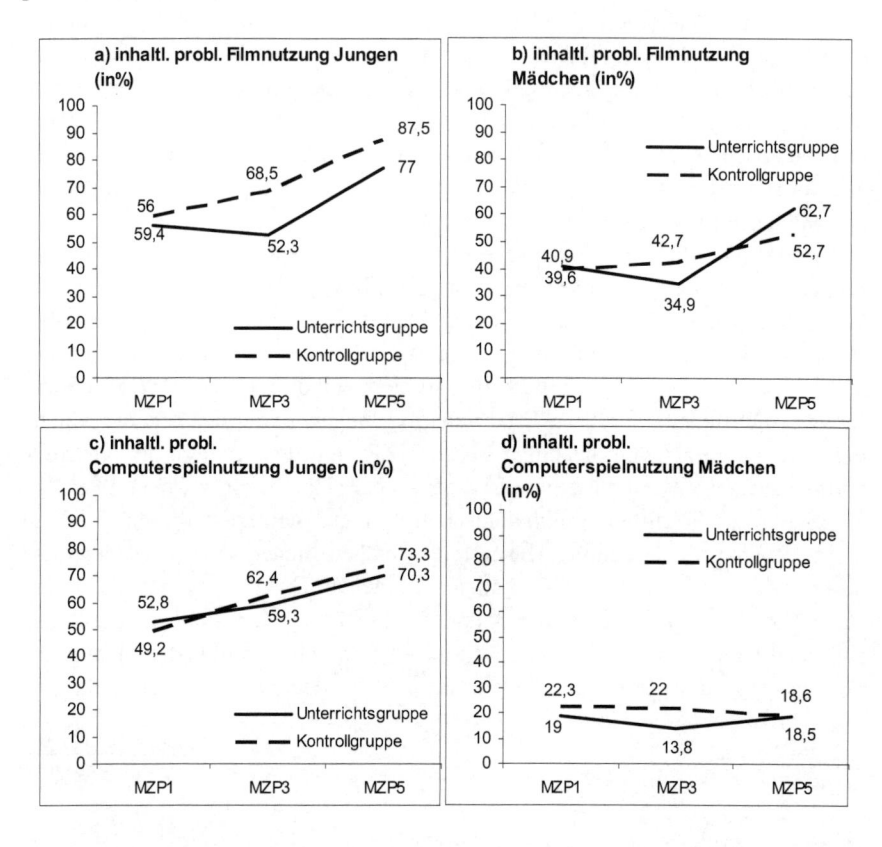

Abbildung 14: Treatmentsensitivität Jungen vs. Mädchen bezüglich der Nutzung problematischer Medieninhalte

Hinsichtlich der Nutzung von inhaltlich problematischen Computerspielen zeigten sich bei beiden Geschlechtern erwartungskonforme, aber nur tendenzielle Effekte. So blieb die ohnehin recht geringe Nutzung von Computerspielen „ab 16/18" bei den Mädchen, sowohl in der Unterrichtsgruppe als auch in der Kontrollgruppe, vom durchgeführten Medienunterrichtsprogramm weitgehend

---

354 χ^2-Test zu Unterschieden zwischen Mädchen der Unterrichts- und Kontrollgruppe bei der Erfahrung mit inhaltlich problematischen Filmen zu MZP5: $\chi^2(1, N=246) = 2{,}51$, $p = .07$ (einseitig)

unbeeinflusst. Zum Messzeitpunkt 3 zeigte sich allenfalls ein tendenzieller Unterrichtseffekt[355], zu MZP5 gab es keine signifikanten Gruppenunterschiede[356]. Weder in der Kontrollgruppe noch der Unterrichtsgruppe veränderten sich im Untersuchungszeitraum die Anteile von Mädchen, die Erfahrungen mit inhaltlich problematischen Spielen hatten, signifikant[357]. Bei den Jungen zeigten sich auf deskriptiver Ebene zwar Unterschiede zwischen Kontroll- und Interventionsgruppe bei der Nutzung inhaltlich problematischer Computerspiele, die Unterschiede zwischen den Gruppen wurden aber weder zu MZP3 noch zu MZP5 statistisch bedeutsam[358]. Insgesamt stieg die Nutzung dieser Spiele bei den Jungen über die Messzeitpunkte in beiden Gruppen signifikant[359] an.

Alles in allem konnten bei der Prävention inhaltlich problematischer Computerspielnutzung keine unterschiedlichen Reaktionen von Jungen und Mädchen auf das Unterrichtsprogramm festgestellt werden, bei der Prävention inhaltlich problematischer Filmnutzung reagierten Jungen der Unterrichtsgruppe relativ gesehen stärker als Mädchen auf die Unterrichtsinhalte.

355 χ^2-Test zu Unterschieden zwischen Mädchen der Unterrichts- und Kontrollgruppe bei der Erfahrung mit inhaltlich problematischen Computerspielen zu MZP3: χ^2 (1, N = 239) = 2,73, p = .07 (einseitig)
356 χ^2-Test zu Unterschieden zwischen Mädchen der Unterrichts- und Kontrollgruppe bei der Erfahrung mit inhaltlich problematischen Computerspielen zu MZP5: χ^2 (1, N = 248) = 0,00, p = .56 (einseitig)
357 Cochrans Q-Test auf Signifikanz der Steigerung des Anteils von Mädchen der Unterrichtsgruppe, die über Erfahrung mit inhaltlich problematischen Computerspielen verfügen, über alle Messzeitpunkte: Q (4, N = 116) = 1,72, p = .80; Cochrans Q-Test auf Signifikanz der Steigerung des Anteils von Mädchen der Kontrollgruppe, die über Erfahrung mit inhaltlich problematischen Computerspielen verfügen, über alle Messzeitpunkte: Q (4, N = 87) = 3,91, p = .45
358 χ^2-Test zu Unterschieden zwischen Jungen der Unterrichts- und Kontrollgruppe bei der Erfahrung mit inhaltlich problematischen Computerspielen, MZP3: χ^2 (1, N = 222) = 0,24, p = .36 (einseitig); MZP5: χ^2 (1, N = 242) = 0,27, p = .35 (einseitig)
359 Cochrans Q-Test auf Signifikanz der Steigerung des Anteils von Jungen der Unterrichtsgruppe, die über Erfahrung mit inhaltlich problematischen Computerspielen verfügen, über alle Messzeitpunkte: Q (4, N = 91) = 11,43, p < .05; Cochrans Q-Test auf Signifikanz der Steigerung des Anteils von Jungen der Kontrollgruppe, die über Erfahrung mit inhaltlich problematischen Computerspielen verfügen, über alle Messzeitpunkte: Q (4, N = 105) = 26,27, p <.01

10.3.5.4 Fazit zum fünften Wirkungsziel

Das Unterrichtsprogramm konnte sowohl die Nutzung inhaltlich problematischer Medien (Filme und Computerspiele) kurzfristig signifikant im Vergleich zur Kontrollgruppe senken. Das zeigen signifikante, aber schwache Treatmenteffekte zum dritten Messzeitpunkt. Langfristige Effekte des Unterrichts auf die Nutzung dieser Medien konnten bei der Filmnutzung nicht, bei der Computerspielnutzung nur tendenziell gefunden werden. Hinsichtlich der Nutzung inhaltlich problematischer Filme reagierten Jungen auf den Unterricht sensitiver als Mädchen.

10.3.6 Funktional problematische Mediennutzungsmuster

Neben der Geräteausstattung und der zeitlich sowie inhaltlich problematischen Nutzung von Medien stand die funktional problematische Mediennutzung von Kindern im Fokus des Unterrichtsprogramms. So wurde in Kapitel 8 das folgende Wirkungsziel im Hinblick auf funktional problematische Mediennutzungsmuster formuliert: „Kinder aus Klassen, die am *Medienlotsen*-Unterrichtsprogramm teilgenommen haben, weisen im Vergleich zu anderen Kindern zu einem geringen Anteil funktional problematische Mediennutzungsmuster auf." Zur Erfassung funktional problematischer Mediennutzung wurden für die Fernseh- und die Computerspielnutzung unterschiedliche Instrumente eingesetzt. Funktional problematische Fernsehnutzung wurde mithilfe einer selbst entwickelten Fünf-Item-Skala erfasst, die zu allen fünf Messzeitpunkten in gleicher Weise eingesetzt wurde. Dysfunktional exzessive Computerspielnutzung konnte erst zum MZP4 mithilfe der damals neu entwickelten KFN-CSAS-1 (vgl. S. 123 in dieser Arbeit), zum MZP5 mithilfe der weiterentwickelten KFN-CASA-2 gemessen werden. Um zu früheren Messzeitpunkten zumindest ansatzweise funktional problematische Computerspielnutzung messen zu können, konnte auf ein zu den Messzeitpunkten MZP1 und MZP2 verwendetes Item zurückgegriffen werden, mit dessen Hilfe zumindest eine Dimension problematischen Spielverhaltens (Kontrollverlust) erfasst wurde.

10.3.6.1 Funktional problematische Fernsehnutzung

10.3.6.1.1 Operationalisierung und Datendeskription

Zu allen fünf Messzeitpunkten wurden den Befragten fünf Formulierungen zu den Gründen ihrer Fernsehnutzung vorgelegt, zu denen sie auf einer vierstufigen Skala angeben konnten, wie häufig diese Gründe für sie persönlich Anlass zur Nutzung des Fernsehers sind. Durch die Fragen wurden die folgenden Mediennutzungsmotive abdeckt: Langeweile[360], Ärger[361], Einsamkeit[362], Gewohnheit[363] sowie Soziales Integrationsbedürfnis[364]. Aus den fünf Items wurde ein Index *Kompensatorische Fernsehnutzung* (1 = keine kompensatorische Fernsehnutzung; 4 = stark kompensatorische Fernsehnutzung) gebildet, nachdem eine Hauptkomponentenanalyse[365] für jeden der fünf Messzeitpunkte die Eindimensionalität der Skala bestätigt hatte und eine Reliabilitätsanalyse[366] für jeden der fünf Messzeitpunkte mit *Cronbachs-α-*Werten um zwischen $\alpha = 0.68$ und $\alpha = 0.71$ eine zumindest ausreichende Reliabilität der Skala gezeigt hatte (zur Interpretation von Cronbachs-α-Werten vgl. Schmitt, 1996). Korrelationen von mindestens $r = 0.5$ zwischen Indexwerten benachbarter Messzeitpunkte[367] wiesen auf eine relative zeitliche Stabilität des Indexes *Kompensatorische Fernsehnutzung* hin.

---

360 Genaue Formulierung der Frage: „Ich schalte den Fernseher aus Langeweile ein." Antwortmöglichkeiten: ☐ Immer (4), ☐ Meistens (3), ☐ Manchmal (2), ☐ Nie (1).
361 Genaue Formulierung der Frage: „Wenn ich Ärger habe, schalte ich den Fernseher ein." Antwortmöglichkeiten: ☐ Immer (4), ☐ Meistens (3), ☐ Manchmal (2), ☐ Nie (1).
362 Genaue Formulierung der Frage: „Ich schalte den Fernseher an, damit ich mich nicht so allein fühle." Antwortmöglichkeiten: ☐ Immer (4), ☐ Meistens (3), ☐ Manchmal (2), ☐ Nie (1).
363 Genaue Formulierung der Frage: „Ich schalte den Fernseher ein, ohne dass ich etwas Bestimmtes schauen will." Antwortmöglichkeiten: ☐ Immer (4), ☐ Meistens (3), ☐ Manchmal (2), ☐ Nie (1).
364 Genaue Formulierung der Frage: „Ich schaue mir Sendungen und Filme im Fernsehen an, damit ich bei Freunden mitreden kann." Antwortmöglichkeiten: ☐ Immer (4), ☐ Meistens (3), ☐ Manchmal (2), ☐ Nie (1).
365 Hauptkomponentenanalyse, Extraktion nach Eigenwertkriterium = 1; MZP1: Faktoranzahl: 1; *KMO* = .77, erklärte Gesamtvarianz: 43,9 %; MZP2: Faktoranzahl: 1; *KMO* = .77, erklärte Gesamtvarianz: 46,3 %; MZP3: Faktoranzahl: 1; *KMO* = .75, erklärte Gesamtvarianz: 44,5 %; MZP4: Faktoranzahl: 1; *KMO* = .77, erklärte Gesamtvarianz: 44,4 %; MZP5: Faktoranzahl: 1; *KMO* = .75, erklärte Gesamtvarianz: 46,1 %
366 MZP1: α = .68; MZP2: α = .71; MZP3: α = .68; MZP4: α = .68; MZP5: α = .71;
367 MZP1*MZP2: $r = .54$, $p < .01$; MZP2*MZP3: $r = .52$, $p < .01$; MZP3*MZP4: $r = .56$, $p < .01$; MZP4*MZP5: $r = .50$, $p < .01$

Auf den Seiten 56 bis 59 dieser Arbeit wurde dargestellt, dass kindliche Fernsehnutzung im Grundschulalter einen funktionalen Beitrag zu Alltagsbewältigung und zur Stimmungsregulation leisten kann. Ferner wurde abgeleitet, dass Mediennutzung dann als funktional problematisch anzusehen ist, wenn zeitlich oder inhaltlich problematische Film- oder Fernsehnutzung zusätzlich dadurch gekennzeichnet ist, dass diese Mediennutzung fortwährend als Mittel zur Bewältigung von Einsamkeit, Langeweile, Stress oder Ärger eingesetzt wird (vgl. Kapitel 6, S. 149). Vor diesem Hintergrund wurde aus dem Index *Kompensatorische Fernsehnutzung* die dichotome Variable *Funktional problematische Fernsehnutzung* gebildet. Einem Kind wurde dann die Ausprägung 1 = „Funktional problematische Fernsehnutzung" zugewiesen, wenn es auf dem Index *Kompensatorische Fernsehnutzung* einen Mittelwert von 2,51 oder höher aufwies, wenn es also im Mittel allen fünf Items zur Erfassung kompensatorischer Fernsehnutzung zugestimmt hatte. Mit einem Mittelwert von 2,51 lag ein Kind rund eine Standardabweichung über dem empirischen Mittelwert der Skala. Die Zuweisung der Ausprägung 1 = „Funktional problematische Fernsehnutzung" wurde anschließend mithilfe der Angaben des Kindes zu seiner zeitlichen und inhaltlichen Film- und Fernsehnutzung korrigiert. Nur wenn ein Kind auch eine zeitlich oder inhaltlich problematische Film- und Fernsehnutzung aufwies, wurde der Wert 1 = „Funktional problematische Fernsehnutzung" beibehalten, ansonsten wurde ihm eine 0 = „Funktional unproblematische Fernsehnutzung" zugewiesen.

In Tabelle 21 auf Seite 368 sind die Mittelwerte des Indexes Kompensatorische Fernsehnutzung sowie der Anteil von Kindern mit funktional problematischer Fernsehnutzung für alle Messzeitpunkte sowie getrennt für Jungen und Mädchen und Kinder verschiedener Bildungsmilieus abgetragen. Für den Index *Kompensatorische Fernsehnutzung* zeigt sich, dass er im Mittel über alle Messzeitpunkte und von allen Gruppen (Jungen, Mädchen, unterschiedliche Bildungsmilieus) abgelehnt wurde. Das Skalenmittel von 2,5 wurde zu keinem Messzeitpunkt von einer der Gruppen überschritten. Zudem wird deutlich, dass Gesamtindex-Mittelwerte sowie die Einzelmittelwerte der verschiedenen Gruppen zum MZP1 höher waren als zu allen anderen Messzeitpunkten. Jungen wiesen leicht höhere Mittelwerte auf als Mädchen, Kinder von formal hoch gebildeten Eltern unterschieden sich von Kindern des mittleren und niedrigen Bildungsmilieus vergleichsweise stark. Zur inferenzstatistischen Absicherung dieser Trends wurde eine 5 (Zeit) x 2 (Geschlecht x 3 (Bildungsmilieu) MANOVA (Varianzanalyse mit Messwiederholung) für die kompensatorische Fernsehnutzung der Kinder gerechnet. Dabei zeigten sich signifikante Haupteffekte der Zeit mit $F(4/1476) = 3{,}95$, $p < .01$, $\eta^2 = .01$ sowie des Geschlechts mit

F(1/3369) = 6,28, p < .05, η^2 = .02 und des Bildungsmilieus mit F(2/369) = 8,86, p < .01, η^2 = .05 auf die Tendenz der Kinder zur kompensatorischen Fernsehnutzung, wohingegen keine bedeutsamen Interaktionen zwischen Messzeitpunkt, Geschlecht oder Bildungsmilieu zu beobachten waren. Zur weiteren Klärung des statistisch bedeutsamen Zeit-Effekts auf die kompensatorische Fernsehnutzung der Kinder wurden Helmert-Kontraste zwischen den einzelnen Messzeitpunkten und allen nachfolgenden Messzeitpunkten gerechnet. Hier zeigte sich, dass der signifikante Zeit-Effekte auf die durchgehend höheren Index-Werte der Kinder zum MZP1 zurückzuführen waren. Anschließende Scheffé-Post-Hoc-Tests zur Klärung des genauen Einflusses des Bildungsmilieus zeigten keine bedeutsamen Unterschiede zwischen Kindern des niedrigen und mittleren Bildungsmilieus, während sich Kinder des hohen Bildungsmilieus von beiden anderen Gruppen signifikant unterschieden. Jungen nutzten somit das Fernsehen durchschnittlich signifikant häufiger kompensatorisch, Kinder aus dem hohen Bildungsmilieus signifikant weniger häufig kompensatorisch.

Tabelle 21: Kompensatorische und funktional problematische Fernsehnutzung der Kinder nach Messzeitpunkt, Geschlecht und Bildungshintergrund, N = 495[368]

Messzeitpunkt		MZP1 (Anf. 3. Klasse)	MZP2 (Ende 3. Klasse)	MZP3 (Ende 4. Klasse)	MZP4 (Ende 5. Klasse)	MZP5 (Ende 6. Klasse)
Index Kompensatorische		M (SD)	M (SD)	M (SD)	M (SD)	M (SD)
Fernsehnutzung (1-4)		**1,97**	**1,80**	**1,81**	**1,85**	**1,87**
		(0,73)	**(0,65)**	**(0,62)**	**(0,61)**	**(0,59)**
Geschlecht	**Jungen**	2,03	1,92	1,88	1,97	1,90
		(0,77)	(0,70)	(0,66)	(0,67)	(0,65)
	Mädchen	1,91	1,70	1,74	1,72	1,85
		(0,69)	(0,59)	(0,56)	(0,50)	(0,52)
elterlicher	**niedrig**	2,13	1,96	1,99	1,95	2,08
Bildungs-		(0,77)	(0,70)	(0,70)	(0,67)	(0,60)
hintergrund	**mittel**	2,05	1,86	1,94	1,95	1,96
		(0,70)	(0,62)	(0,64)	(0,61)	(0,62)
	hoch	1,87	1,71	1,68	1,76	1,77
		(0,74)	(0,67)	(0,56)	(0,58)	(0,54)
Funktional probl.		in %	in %	in %	in %	in %
Fernsehnutzung (in %)		**16,7**	**12,0**	**11,8**	**12,4**	**13,5**
Geschlecht	**Jungen**	19,8	16,9	16,5	17,8	16,8
	Mädchen	13,8	7,5	7,4	7,1	10,2
elterlicher	**niedrig**	24,1	15,7	16,1	17,9	20,4
Bildungs-	**mittel**	15,6	12,4	17,4	15,3	19,0
hintergrund	**hoch**	15,5	11,5	7,3	9,5	8,5

Bei Betrachtung der aus der Variable *Kompensatorische Fernsehnutzung* gebildeten dichotomen Variable *Funktional problematische Fernsehnutzung* zeigt sich, dass der Anteil von Kindern mit funktional problematischer Fernsehnutzung zum MZP1 höher war als zu allen anderen Messzeitpunkten. Diese Abweichung zu MZP1 war statistisch bedeutsam[369]. Außer zum MZP1 wies die

---

368 k.A. Kompensatorische Fernsehnutzung: MZP1: n = 33; MZP2: n = 33; MZP3: n = 24; MZP4: n = 19; MZP5: n = 13
369 Cochrans Q (4, N = 397) = 9,59, $p < .05$. Einzelvergleiche zwischen allen Messzeitpunkten untereinander ergaben jeweils signifikante Unterschiede zwischen MZP1 mit allen anderen Messzeitpunkten, nicht aber zwischen anderen Messzeitpunkten.

Gruppe der Jungen zu allen anderen Messzeitpunkten signifikant höhere Anteile von Kindern mit funktional problematischer Fernsehnutzung auf[370]. Während sich unter den Jungen keine bedeutsame Veränderung der Anteile funktional problematischer Fernsehnutzer zeigte, fiel bei den Mädchen der vergleichweise hohe Wert zu MZP1 derart „aus dem Rahmen", dass dieser Unterschied zu den anderen Messzeitpunkten statistisch bedeutsam wurde[371]. Hinsichtlich des Bildungsmilieus der Kinder fallen die niedrigeren Anteile funktional problematischer Fernsehnutzerinnen und -nutzer unter Kindern formal hoch gebildeter Eltern auf. Lagen sie zum MZP1 noch auf einem Niveau mit Kindern des mittleren Bildungsmilieus (15, % und 15,6 %), wurde der Anteil funktional problematischer Fernsehnutzerinnen und -nutzer unter Kindern des hohen Bildungsmilieus signifikant kleiner[372], während die anderen beiden Bildungsmilieus trotz tendenzieller Veränderungen keine bedeutsame Dynamik zeigten[373]. Statistisch bedeutsame Unterschiede ergaben sich zwischen den Bildungsmilieus zu den Messzeitpunkten MZP3 und MZP5[374], wobei hier die vergleichweise niedrigen Werte der Kinder aus dem hohen Bildungsmilieu besonders ins Gewicht fielen.

10.3.6.1.2 Kompensatorische und funktional problematische Fernsehnutzung im Gruppenvergleich

In Abbildung 15 auf Seite 371 sind die Mittelwerte des Indexes *Kompensatorische Fernsehnutzung* (a) sowie die Anteil von Kindern mit funktional problematischer Fernsehnutzung für Unterrichts- und Kontrollgruppe und alle fünf Messzeitpunkte dargestellt. Beim Gruppenvergleich zur kompensatorischen Fernsehnutzung (vgl. Abbildung 15a) zeigt sich, dass die

---

370 χ^2-Tests zu Geschlechterunterschieden bei der funktional problematischen Fernsehnutzung, MZP1: χ^2 (1, N = 466) = 3,02, p = .08; MZP2: χ^2 (1, N = 466) = 9,77, p < .01; MZP3: χ^2 (1, N = 473) = 9,19, p < .01; MZP4: χ^2 (1, N = 476) = 12,58, p < .01; MZP5: χ^2 (1, N = 483) = 4,52, p < .05
371 Jungen: Cochrans Q (4, N = 187) = 1,59, p = .81; Mädchen: Cochrans Q (4, N = 210) = 12,41, p < .05
372 Cochrans Q (4, N = 194) = 17,54, p < .01
373 Kinder formal mittel gebildeter Eltern: Cochrans Q (4, N = 144) = 4,00, p = .41; Kinder formal niedrig gebildeter Eltern: Cochrans Q (4, N = 45) = 1,91, p = .75
374 χ^2-Tests zu Bildungsmilieu-Unterschieden bei der funktional problematischen Fernsehnutzung, MZP1: χ^2 (2, N = 451) = 2,71, p = .26; MZP2: χ^2 (2, N = 448) = 0,69, p < .71; MZP3: χ^2 (2, N = 455) = 10,16, p < .01; MZP4: χ^2 (2, N = 458) = 4,55, p = .10; MZP5: χ^2 (2, N = 464) = 11,49, p < .01

Kinder der Kontrollgruppe über alle fünf Messzeitpunkte ähnliche Gruppenmittelwerte zwischen M = 1,91 (MZP1) und M = 1,90 (MZP5) aufwiesen, während Kinder der Unterrichtsgruppe zu MZP1 einen relativ zur Kontrollgruppe tendenziell höheren Mittelwert von M = 2,03 erreichten, der dann zu MZP2 auf ein Niveau M = 1,75 fiel und über die folgenden Messzeitpunkte wieder leicht anstieg. Zur Überprüfung der statistischen Bedeutsamkeit dieser unterschiedlichen Entwicklungen in den Gruppen wurde eine 5 (Zeit) x 2 (Gruppe) MANOVA (Varianzanalyse mit Messwiederholung) für die kompensatorische Fernsehnutzung der Kinder gerechnet. Dabei zeigte sich ein signifikanter Haupteffekt der Zeit mit $F(3,55/1373,5^{[375]}) = 6,48$, $p < .01$, $\eta^2 = .02$ sowie ein bedeutsamer und annahmenkonformer Unterrichtseffekt (Interaktion von Zeit und Gruppe) mit $F(3,55/1373,5) = 5,63$, $p < .01$, $\eta^2 = .01$ auf die Tendenz der Kinder zur kompensatorischen Fernsehnutzung. Zur weiteren Klärung des statistisch bedeutsamen Unterrichtseffekts auf die kompensatorische Fernsehnutzung der Kinder wurden Helmert-Kontraste zwischen den einzelnen Messzeitpunkten und allen nachfolgenden Messzeitpunkten gerechnet. Hier zeigte sich, dass der signifikante Unterrichtseffekt auf den Rückgang der Index-Werte zwischen MZP1 und MZP2 zurückzuführen waren. Die Stärke des Unterrichtseffektes zwischen MZP1 und MZP2 ist mit $\eta^2 = .04$ allerdings als schwach zu klassifizieren.

---

[375] Alle Freiheitsgrade und Fehler der Freiheitsgrade von Innersubjekteffekten in dieser MANOVA nach Greenhouse-Geisser-Korrektur wegen Verletzung der Spärizitätsannahme

a) Kompensatorische Fernsehnutzung nach Gruppe (Mittelwerte, Skala von 1 = "keine komp. TV-Nutzung" bis 4 = "stark komp. TV-Nutzung")

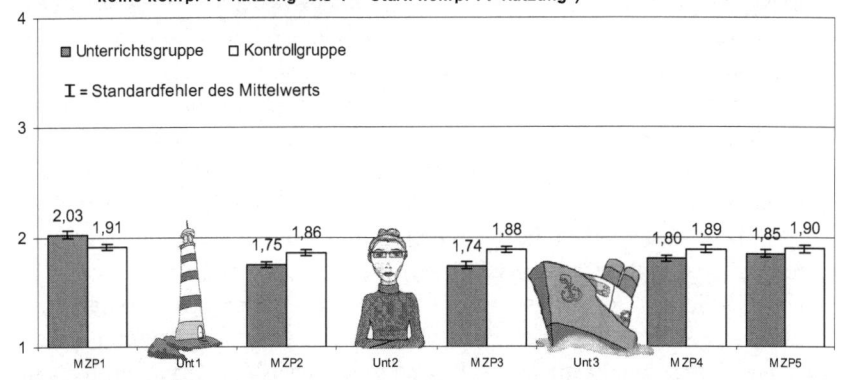

b) Anteil Schüler/innen mit funktional problematischer Fernsehnutzung (in%)

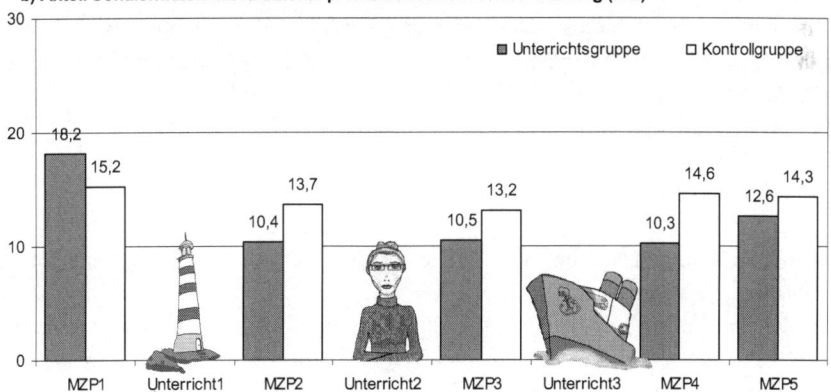

Abbildung 15: Dysfunktionale Fernsehnutzungsmotive, nach Gruppe (in %), $N_{(MZP1 - MZP5)} = 495$[376]

Es wurde bereits deutlich gemacht, dass kompensatorische Fernsehnutzung nicht mit funktional problematischer Fernsehnutzung gleichzusetzen ist, insbesondere dann nicht, wenn die täglichen Fernsehzeiten und die genutzten Fernseh- und Filminhalte nicht als problematisch zu kennzeichnen sind. Die in Abbildung 15b dargestellten Werte beschreiben daher den Anteil von Kindern in Unterrichts-

376 **a + b)** k. A.(Unterrichtsgruppe MZP1): n = 16; k. A.(Kontrollgruppe MZP1): n = 17; k. A.(Unt.-Gr. MZP2): n = 12; k. A.(Kon.-Gr. MZP2): n = 21; k. A.(Unt.-Gr. MZP3): n = 11, k. A.(Kon.-Gr. MZP3): n = 13; k. A.(Unt.-Gr. MZP4): n = 6; k. A.(Kon.-Gr. MZP4): n = 13; k. A.(Unt.-Gr. MZP5): n = 4; k. A.(Kon.-Gr. MZP5): n = 9

und Kontrollgruppe, deren Fernsehnutzung dadurch gekennzeichnet ist, dass überdurchschnittlich hohe Werte auf dem Index *Kompensatorische Fernsehnutzung* mit inhaltlich und/oder zeitlich problematischer Film- und Fernsehnutzung gekoppelt sind. Es zeigten sich hier insgesamt ähnliche Verläufe wie in Abbildung 15a. Während der Anteil von Kindern mit funktional problematischer Fernsehnutzung zum MZP1 mit 18,2 Prozent in der Unterrichtsgruppe etwas, aber nicht bedeutsam[377] höher lag als in der Kontrollgruppe (15,2 %), sank er zum MZP2 in der Unterrichtsgruppe signifikant[378] um 7,8 Prozentpunkte auf 10,4 Prozent, während er in der Kontrollgruppe nur im Zufallsschwankungsbereich[379] um 1,5 Prozentpunkte auf 13,7 Prozent sank. Aufgrund der tendenziell unterschiedlichen Ausgangsniveaus wurde der Unterschied zwischen den Gruppen zu MZP2 statistisch aber nicht bedeutsam[380]. Im Anschluss an den zweiten Messzeitpunkt änderte sich wenig zwischen den Gruppen, tendenziell erreichte die Unterrichtsgruppe zum MZP5 vergleichbare Anteile von Kindern mit funktional problematischer Fernsehnutzung wie die Kontrollgruppe, insgesamt wurden die Gruppenunterschiede zu keinem Messzeitpunkt statistisch bedeutsam[381].

10.3.6.1.3 Untersuchung auf systematische Treatmentsensitivität

Vor dem Hintergrund der in Tabelle 21 (S. 368) dargestellten Unterschiede zwischen Kindern unterschiedlichen Geschlechts und unterschiedlicher Bildungsmilieus bei der Ausprägung kompensatorischer und funktional problematischer Fernsehnutzung wurde untersucht, ob diese Gruppen in unterschiedlicher Weise auf das Unterrichtsprogramm reagierten.

Bezüglich der kompensatorischen Fernsehnutzung wurde nach subgruppenspezifischer Treatmentsensitivität mithilfe einer 5 (Zeit) x 2 (Gruppe) x 2 (Geschlecht) x 3 (Bildungsmilieu) MANOVA für die kompensatorische Mediennutzung gesucht. Hier zeigten sich die bereits berichteten Haupteffekte

---

377 MZP1: χ^2 (1, N = 466) = 0,75, p = .23 (einseitig)
378 Cochrans Q (1, N = 227) = 10,53, p < .01
379 Cochrans Q (1, N = 212) = 0,00, p = 1.00
380 MZP2: χ^2 (1, N = 466) = 1,20, p = .17 (einseitig)
381 χ^2-Tests zu Gruppenunterschieden bei der funktional problematischen Fernsehnutzung, MZP1: χ^2 (1, N = 466) = 0,75, p = .23 (einseitig); MZP2: χ^2 (1, N = 466) = 1,20, p = .17 (einseitig); MZP3: χ^2 (1, N = 473) = 0,00, p = .21 (einseitig); MZP4: χ^2 (1, N = 476) = 2,03, p < .10 (einseitig); MZP5: χ^2 (1, N = 483) = 0,32, p = .33 (einseitig)

der Zeit mit $F(3,5/1271,8^{382}) = 3,02$, $p < .05$, $\eta^2 = .01$, des Geschlechts mit $F(1/363) = 4,09$, $p < .05$, $\eta^2 = .01$, des Bildungsmilieus mit $F(2/363) = 9,62$, $p < .01$, $\eta^2 = .05$ sowie des Unterrichts (Zeit x Gruppe) mit $F(3,5/1271,8) = 4,54$, $p < .01$, $\eta^2 = .01$ auf die kompensatorische Fernsehnutzung der Kinder, es waren aber keine bedeutsamen Dreifachinteraktionen zwischen Zeit, Gruppe und Geschlecht oder Zeit, Gruppe und Bildungsmilieu zu beobachten und auch keine Vierfachinteraktion zwischen Zeit, Gruppe, Geschlecht und Bildungsmilieu. Damit ist nicht zu erkennen, dass der Unterricht subgruppenspezifische Effekte auf die kompensatorische Fernsehnutzung der Kinder hatte.

In Abbildung 16 sind die Anteile von Kindern mit funktional problematischer Fernsehnutzung aus Kontroll- und Unterrichtsgruppe zu den Messzeitpunkten MZP1, MZP3 und MZP5 abgebildet, wobei die Gruppenunterschiede jeweils für Jungen (a), Mädchen (b), Kinder aus dem niedrigen Bildungsmilieu (c) und Kinder aus dem hohem Bildungsmilieu (d) getrennt abgetragen sind.

---

[382] Alle Freiheitsgrade und Fehler der Freiheitsgrade von Innersubjekteffekten in dieser MANOVA nach Greenhouse-Geisser-Korrektur wegen Verletzung der Sphärizitätsannahme

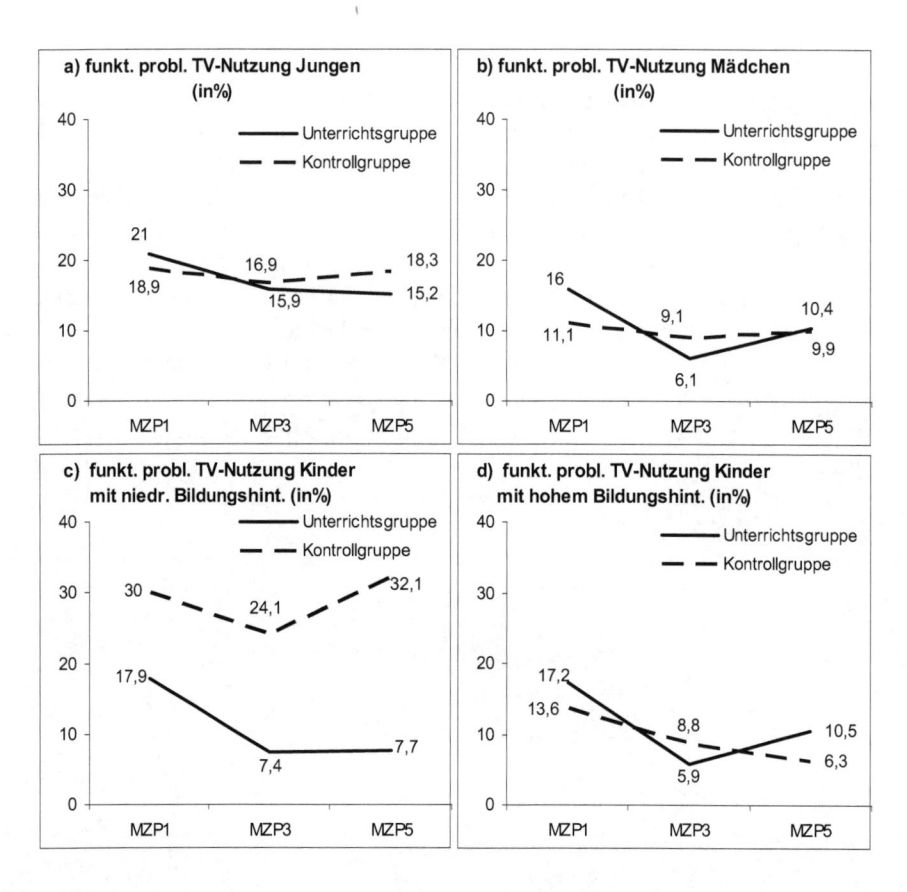

Abbildung 16: Treatmentsensitivität verschiedener Subgruppen (Jungen, Mädchen, Kinder des niedrigen sowie des hohen Bildungsmilieus) bezüglich der Entwicklung funktional problematischer Fernsehnutzung

Für Kinder der Unterrichtsgruppe zeigten sich über alle Subgruppen hinweg ähnliche Verläufe. Doch nur für Mädchen der Unterrichtsgruppe sowie Kinder aus dem hohen Bildungsmilieu wurde die Senkung der Anteile von Kindern mit funktional problematischer Fernsehnutzung über alle Messzeitpunkte hinweg statistisch bedeutsam.[383] Da in drei Subgruppen (Abbildung 16a, b, d) der Anteil

383 Cochrans Q-Test auf Signifikanz der Senkung des Anteils von Mädchen der Unterrichtsgruppe mit funktional problematischer Fernsehnutzung, über alle Messzeitpunkte: $Q\,(4, N = 199) = 17{,}40, p < .01$; Cochrans Q-Test auf Signifikanz der Senkung des An-

funktional problematischer Nutzerinnen und Nutzer in der Unterrichtsgruppe zu MZP1 tendenziell höher lag, als in der Kontrollgruppe, wurden die Gruppenunterschiede zu MZP3 aber in diesen Subgruppen nicht signifikant[384]. Lediglich bei Kindern des niedrigen Bildungsmilieus, bei denen die Kontrollgruppe bereits zu MZP1 mit 12,1 Prozentpunkten über der Unterrichtsgruppe lag, wurden die Gruppenunterschiede zu MZP5 statistisch bedeutsam[385]. Aufgrund des bereits anfangs deutlichen Niveauunterschieds zwischen Unterrichts- und Kontrollgruppenkindern in dieser Subgruppe entzieht sich dieser Effekt jedoch einer klaren Interpretation.

Insgesamt reagierten Kinder des hohen Bildungsmilieus sowie Mädchen tendenziell etwas stärker auf das Unterrichtstreatment als Kinder anderer Subgruppen. Die recht ähnlichen Entwicklungen in den verschiedenen Subgruppen sowie das Fehlen klarer, statistisch bedeutsamer Unterschiede zwischen Kontroll- und Unterrichtsgruppe in den betrachteten Unterpopulationen zeigen jedoch, dass trotz klarer Tendenzen in der erwartungskonformen Richtung das Unterrichtsprogramm auch in bestimmten Subgruppen keine eindeutigen Effekte hatte.

10.3.6.1.4 Zwischenfazit zur kompensatorischen und funktional problematischen Fernsehnutzung

Das Unterrichtsprogramm hatte einen bedeutsamen, aber schwachen Effekt von $\eta^2 = .01$ auf die Entwicklung kompensatorischer Fernsehnutzung, die in starker Ausprägung zu einer funktional problematischen Fernsehnutzung werden kann. Den Anteil von Kindern, die eine explizit funktional problematische Fernsehnutzung aufweisen, konnte das Unterrichtsprogramm tendenziell ebenfalls verringern, dieser Effekt wurde aber nicht statistisch bedeutsam. Längerfristige Effekte des Unterrichtsprogramms konnten weder bezüglich der Etablierung

---

teils von Kindern des hohen Bildungsmilieus mit funktional problematischer Fernsehnutzung in der Unterrichtsgruppe, über alle Messzeitpunkte: $Q(4, N = 98) = 18,46, p < .01$

[384] MZP3: χ^2-Tests zu Gruppenunterschieden bei der funktional problematischen Fernsehnutzung, Jungen: $\chi^2(1, N = 231) = 0,05$, $p = .49$ (einseitig); Mädchen: $\chi^2(1, N = 242) = 0,80$, $p = .26$ (einseitig); Kinder des hohen Bildungsmilieus: $\chi^2(1, N = 232) = 0,75, p = .27$ (einseitig)

[385] χ^2-Tests zu Gruppenunterschieden bei Kindern des niedrigen Bildungsmilieus bzgl. der Etablierung funktional problematischer Fernsehnutzung, MZP1: $\chi^2(1, N = 58) = 1,17$, $p = .22$ (einseitig); MZP3: $\chi^2(1, N = 56) = 2,90$, $p = .09$ (einseitig); MZP5: $\chi^2(1, N = 54) = 4,97, p < .05$ (einseitig)

kompensatorischer Fernsehnutzung noch bei der Entstehung funktional problematischer Fernsehnutzung nachgewiesen werden.

10.3.6.2 Dysfunktional exzessive Computerspielnutzung

10.3.6.2.1 Operationalisierung und Datendeskription

Funktional problematische Computerspielnutzung wurde im Rahmen des *Berliner Längsschnitt Medien* mithilfe von zwei Versionen der KFN-CSAS erfasst, einer Skala, die zur Erfassung von Computerspielabhängigkeit im Jugendalter entwickelt wurde und im *Berliner Längsschnitt Medien* erstmals auch bei Kindern eingesetzt wurde. Es wurde in dieser Arbeit bereits darauf hingewiesen, dass der Begriff „Computerspielabhängigkeit" bei Kindern von maßgeblichen Autoren nicht als angemessen angesehen wird (vgl. S. 123), weshalb Rehbein et al. (2009b) in ihrer ersten Veröffentlichung von entsprechenden Daten des *Berliner Längsschnitt Medien* lediglich von *problematischem Computerspielen im Kindesalter* sprechen. Die Instrumente KFN-CSAS-1 und -2 erfassen im Vergleich zur für die Fernsehnutzung eingesetzten Itembatterie zur *Kompensatorischen Fernsehnutzung* deutlich extremere Formen funktional problematischen Mediennutzungsverhaltens, da sie die Dimensionen „Fortsetzung trotz negativer Konsequenzen", „Kontrollverlust" und „Entzugserscheinungen" sowie (in der KFN-CSAS-2) „Toleranzentwicklung" und „Einengung des Denkens und Handelns" erfassen. Rehbein et al. (2009b) konnten zwar zeigen, dass ein hoher Score eines Kindes auf der KFN-CSAS-1 beziehungsweise 2 mit einer überdurchschnittlichen Zustimmung zu Items zur dysfunktionalen Stressregulation korreliert (ebenda), doch geht das mithilfe der KFN-CSAS gemessene Konstrukt über dysfunktionale Stressregulation, Bekämpfung von Langeweile oder Einsamkeit weit hinaus. Die Dysfunktionalität des Spielverhaltens ist bei einem durch die KFN-CSAS als problematisch eingestuften Kind insbesondere dadurch gekennzeichnet, dass es zu einem den Alltag des Kindes dominierenden Lebensbestandteil geworden ist und vom Kind nur unter erheblichen Schwierigkeiten eingeschränkt oder beendet werden kann. Es wird bei der mithilfe der KFN-CSAS erfassten problematischen Computerspielnutzung daher im Folgenden von einer *dysfunktional exzessiven Computerspielnutzung* gesprochen.

Ein Instrument zur Erfassung exzessiv dysfunktionaler Computerspielnutzung lag im *Berliner Längsschnitt Medien* erstmals zum MZP4 vor (KFN-CSAS-1), zum MZP5 in einer erweiterten und modifizierten Version (KFN-CSAS-2)[386]. Die KFN-CSAS-1 enthält elf vierstufige[387] Items, von denen drei Items die Dimension „Kontrollverlust"[388], vier Items die Dimension „Entzugserscheinungen"[389] und vier Items die Dimension „Fortsetzung trotz negativer Konsequenzen"[390] erfassen. Die KFN-CSAS-2 enthält 14 vierstufige[391] Items, wobei der „Kontrollverlust" durch zwei Items[392] und die „Negativen Konsequenzen" durch vier Items[393] erfasst werden. Zudem wird die in der KFN-CSAS-1 noch zu unspezifisch operationalisierte Dimension „Entzugserscheinungen" in der KFN-CSAS-2 durch zwei Dimensionen abgedeckt: „(Psychische) Entzugserscheinungen" mit zwei Items[394] und die „Einengung des

---

386 Zu den theoretischen Hintergründen dieser Instrumente vgl. S. 115 - 124 in dieser Arbeit.
387 Item-Ausprägungen: 1 = „stimmt nicht", 2 = „stimmt kaum", 3 = „stimmt eher", 4 = „stimmt genau"
388 Items zur Erfassung von Kontrollverlust: „Beim Computerspielen ertappe ich mich häufig dabei, dass ich sage: „Nur noch ein paar Minuten" und dann kann ich doch nicht aufhören."; „Ich verbringe oft mehr Zeit mit Computerspielen, als ich mir vorgenommen habe."; „Ich habe das Gefühl, meine Spielzeit nicht kontrollieren zu können."
389 Items zur Erfassung von Entzugserscheinungen: „Wenn ich längere Zeit nicht spiele, werde ich unruhig und nervös."; „Wenn ich nicht spielen kann, bin ich gereizt und unzufrieden."; „Ich beschäftige mich auch während der Zeit, in der ich nicht Computerspiele spiele, gedanklich sehr viel mit Spielen."; „Meine Gedanken kreisen ständig ums Computer- und Videospielen, auch wenn ich gar nicht spiele."
390 Items zur Erfassung von negativen Konsequenzen: „Weil ich soviel spiele, unternehme ich weniger mit anderen."; „Meine Leistungen in der Schule leiden unter meinen Spielgewohnheiten."; „Mir wichtige Menschen beschweren sich, dass ich zu viel Zeit mit Spielen verbringe."; „Ich bin so häufig und intensiv mit Computerspielen beschäftigt, dass ich manchmal Probleme in der Schule bekomme."
391 Item-Ausprägungen: 1 = „stimmt nicht", 2 = „stimmt kaum", 3 = „stimmt eher", 4 = „stimmt genau"
392 Items zur Erfassung von Kontrollverlust: „Ich verbringe oft mehr Zeit mit Computerspielen, als ich mir vorgenommen habe."; Ich habe das Gefühl, meine Spielzeit nicht kontrollieren zu können."
393 Items zur Erfassung von negativen Konsequenzen: „Weil ich soviel spiele, unternehme ich weniger mit anderen."; „Meine Leistungen in der Schule leiden unter meinen Spielgewohnheiten."; „Mir wichtige Menschen beschweren sich, dass ich zu viel Zeit mit Spielen verbringe."; „Ich bin so häufig und intensiv mit Computerspielen beschäftigt, dass ich manchmal Probleme in der Schule bekomme."
394 Items zur Erfassung von Entzugserscheinungen: „Wenn ich längere Zeit nicht spiele, werde ich unruhig und nervös."; „Wenn ich nicht spielen kann, bin ich gereizt und unzufrieden."

Denkens und Verhaltens" mit vier Items[395]. Als weitere Dimension wird die „Toleranzentwicklung" durch zwei Items[396] erfasst.

Die Item-Werte der 11 beziehungsweise 14 Items wurden im Rahmen der Datenaufbereitung zu einem Gesamtscore aufsummiert. Dabei wurden nur Kinder berücksichtigt, die angegeben hatten, zumindest gelegentlich Computer- und Videospiele zu spielen. Wenn ein befragtes Kind eines der 11 beziehungsweise 14 Items nicht beantwortet hatte, wurde der Missing-Wert durch den empirischen Item-Mittelwert aller befragten Kinder ersetzt. Zwei oder mehr nicht beantwortete Items führten zu einem Ausschluss des befragten Kindes aus der Summenscoreberechnung. Befragte Kinder konnten beim KFN-CSAS-1, der zum MZP4 eingesetzt wurde, ein Minimum von 11 Punkten (bei Ablehnung aller Items) und ein Maximum von 44 Punkten (bei voller Zustimmung zu allen Items) erreichen. Bei der KFN-CSAS-2 lag das Skalenminimum bei 14 Punkten, das Maximum bei 56 Punkten. Entsprechend der Empfehlungen von Baier und Rehbein (2009) wurden die Summenwerte des KFN-CSAS-1 folgendermaßen klassifiziert: Kinder mit einem Summenscore zwischen 11 und 27 wurden als „unauffällig" eingestuft, da sie die Items des KFN-CSAS-1 im Mittel ablehnten. Kinder mit 28 bis 32 Punkten wurden als „gefährdet" eingestuft, Kinder mit 33 bis 44 Punkten als „abhängig". Aufgrund der Problematik bei Verwendung des Abhängigkeitsbegriffs im Kindesalter wurde entschieden, nach der Skalenlogik als „gefährdet" und „abhängig" klassifizierte Kinder als „dysfunktional exzessive Computerspielerinnen beziehungsweise -spieler" zu klassifizieren". Bei der Klassifikation der Summenwerte des KFN-CSAS-2 wurde entsprechend der Empfehlungen von Rehbein et al. (2009b) vorgegangen. Kinder mit einem Summenscore zwischen 14 und 34 wurden als „unauffällig" eingestuft, Kinder mit 35 bis 41 Punkten wurden als „gefährdet" eingestuft, Kinder mit 42 bis 55 Punkten als „abhängig". Auch hier wurden im Sinne der Skalenlogik als „gefährdet" und „abhängig" klassifizierte Kinder in der Kategorie „dysfunktional exzessive Computerspieler" zusammenfasst.

---

395 Items zur Erfassung der Einengung des Denkens und Verhaltens: „Ich beschäftige mich auch während der Zeit, in der ich nicht Computerspiele spiele, gedanklich sehr viel mit Spielen."; „Meine Gedanken kreisen ständig ums Computer- und Videospielen, auch wenn ich gar nicht spiele."; „Zu bestimmten Zeiten oder in bestimmten Situationen spiele ich eigentlich immer: Das ist fast zu einer Routine für mich geworden."; „Es kommt vor, dass ich eigentlich etwas ganz anderes tue und dann ohne zu überlegen ein Computerspiel starte."
396 Items zur Erfassung der Toleranzentwicklung: „Ich habe das Gefühl, dass Video- und Computerspiele für mich immer wichtiger werden."; „Ich muss immer länger spielen, um zufrieden zu sein."

Zum vierten Messzeitpunkt lag der Stichprobenmittelwert auf der KFN-CSAS-1-Summenskala bei M = 14,97 (SD = 4,74), zu MZP5 lag der Stichprobenmittelwert auf der KFN-CSAS-2-Summenskala bei M = 19,19 (SD = 6,98). Damit lag der Stichprobenmittelwert zu beiden Messzeitpunkten mindestens zwei Standardabweichungen unter der Klassifikationsgrenze als „dysfunktional exzessiv", wie es von Rehbein et al. (2009b) als Kriterium einer hohen diagnostischen Spezifität gefordert wurde.

Um die Mittelwerte von Jungen, Mädchen sowie Kindern verschiedener Bildungsmilieus zu den beiden Messzeitpunkten miteinander vergleichen zu können, wurden die Summenscores des KFN-CSAS-1 und KFN-CSAS-2 z-standardisiert, so dass der Stichprobenmittelwert zu jedem Messzeitpunkt M = 0,0 mit einer Standardabweichung von SD = 1,0 betrug. In Tabelle 22 wird gezeigt, dass Jungen zu beiden Messzeitpunkten deutlich über dem Stichprobenmittelwert von 0 lagen, während Mädchen signifikant unter 0 lagen[397]. Dementsprechend wurde der Unterschied zwischen den Geschlechtern zu beiden Messzeitpunkten hoch signifikant[398]. Zudem zeigte sich ein bedeutsamer Effekt des Bildungshintergrundes der Kinder. Kinder von formal niedrig gebildeten Eltern wiesen signifikant höhere Mittelwerte auf als Kinder des mittleren oder hohen Bildungsmilieus. Kinder des mittleren und hohen Bildungsmilieus unterschieden sich trotz tendenzieller Unterschiede dagegen nicht signifikant voneinander[399].

---

[397] T-Test auf Unterschied zum Stichprobenmittelwert 0: Jungen MZP4: $t(233) = 4,13, p < 01$; Jungen MZP5: $t(236) = 3,58, p < .01$; Mädchen MZP4: $t(215) = -7,53, p < .01$; Mädchen MZP5: $t(205) = 5,80, p < .01$;

[398] MZP4: $t(375,69) = 7,40, p < .01$; MZP5: $t(413,06) = 6,28, p < .01$

[399] Einfaktorielle ANOVA von Bildungshintergrund auf dysfunktional exzessives Computerspielverhalten:, MZP4: $F(2/428) = 9,37$, $p < .01$, $\eta^2 = .04$; MZP5: $F(2/422) = 8,19$, $p < .01$, $\eta^2 = .04$. Anschließende Scheffé-Post-Hoc-Tests zeigten zu beiden Messzeitpunkten signifikante Unterschiede zwischen Kindern des niedrigen Bildungsmilieus zu beiden anderen Bildungsmilieus, aber keine signifikanten Unterschiede zwischen Kindern des mittleren und hohen Bildungsmilieus.

Tabelle 22: Funktional stark problematische Computerspielnutzung der Kinder nach Messzeitpunkt, Geschlecht und Bildungshintergrund, $N = 495$[400]

Messzeitpunkt		MZP4 (Ende 5. Klasse)	MZP5 (Ende 6. Klasse)
Summenscore dysfunktional exzessive Computerspielnutzung (z-standardisiert)		KFN-CSAS-1 M (SD) 0,0 (1,0)	KFN-CSAS-2 M (SD) 0,0 (1,0)
Geschlecht	Jungen	0,31 (1,15)	0,26 (1,12)
	Mädchen	-0.34 (0,66)	-0,30 (0,74)
elterlicher Bildungshintergrund	niedrig	0,50 (1,40)	0,35 (1,26)
	mittel	-0,04 (0,99)	0,11 (1,09)
	hoch	-0,14 (0,80)	-0,19 (0,81)
Anteil dysfunktional exzessiver Computerspieler/innen (in %)		in % **2,9**	in % **3,8**
Geschlecht	Jungen	5,6	5,9
	Mädchen	0,0	1,5
elterlicher Bildungshintergrund	niedrig	7,4	13,2
	mittel	3,1	3,8
	hoch	0,9	1,9

Zwischen MZP4 und MZP5 zeigte sich ein tendenzieller Anstieg der Anteile von Kindern mit stark problematischem Computerspielverhalten von 2,9 auf 3,8 Prozent. Dieser Anstieg wurde aber statistisch nicht bedeutsam[401]. Auch unter Kindern der unterschiedlichen Gruppen (Geschlecht und Bildungsmilieu) zeigte sich - trotz tendenzieller Ausschläge nach oben zu MZP5 - kein bedeutsamer Anstieg[402] des Anteils stark problematischer Computerspielerinnen und -spieler.

---

400 k.A. dysfunktional exzessive Computerspielnutzung: MZP4: n = 45; MZP5: n = 52
401 Cochrans Q-Test auf Signifikanz des Anstiegs des Anteils dysfunktional exzessiver Computerspielerinnen und Spieler zwischen MZP4 und MZP5: $Q(1, N = 411) = 1,67, p = .30$
402 Cochrans Q-Test auf Signifikanz des Anstiegs des Anteils dysfunktional exzessiver Computerspieler/inne/n zwischen MZP4 und MZP5 für verschiedene Gruppen, Jungen: $Q(1, N = 226) = 0,33, p = .78$; Mädchen: $Q(1, N = 185) = 3,00, p = .25$; Kinder aus dem niedrigen Bildungsmilieu: $Q(1, N = 50) = 3,00, p = .25$; Kinder aus dem mittleren Bildungsmilieu: $Q(1, N = 145) = 0,20, p = 1.00$; Kinder aus dem hohen Bildungsmilieu: $Q(1, N = 198) = 0,67, p = .69$;

Zwischen den Geschlechtern und Bildungsmilieus zeigten sich hinsichtlich des Anteils stark problematischer Computerspielerinnen und -spieler in den Gruppen ähnliche Tendenzen wie bei den Mittelwertsunterschieden. Zu beiden Messzeitpunkten waren Jungen deutlich höher belastet als Mädchen[403], Kinder des niedrigen Bildungsmilieus wiesen zu einem signifikant höheren Anteil stark problematisches Computerspielverhalten auf, als Kinder des mittleren und des hohen Bildungsmilieus[404]. Die letzten beiden Gruppen unterschieden sich auch hier nur tendenziell, nicht aber statistisch bedeutsam[405].

10.3.6.2.2 Dysfunktional exzessive Computerspielnutzung im Gruppenvergleich

Im Gegensatz zur Evaluation der bisher dargestellten Wirkungsziele 1 bis 4 ergab sich hinsichtlich der dysfunktional exzessiven Computerspielnutzung das Problem, dass lediglich für die Messzeitpunkte MZP4 und MZP5, also Messzeitpunkten, nach denen der Medienunterricht bereits abgeschlossen war, Daten zur Verfügung standen. Etwaige Unterschiede bei der dysfunktional exzessiven Computerspielnutzung können aber nur dann auf das Unterrichtsprogramm zurückgeführt werden, wenn keine Anzeichen für bedeutsame Unterschiede zwischen Kindern der Unterrichts- und der Kontrollgruppe bereits vor dem Unterrichtsprogramm bestehen. Rehbein et al. (2009b) konnten zeigen, dass dysfunktional exzessives Computerspielen im Kindesalter mit einer zeitlich und inhaltlich problematischen Nutzung von Computerspielen korreliert. Bei der Darstellung der Evaluationsergebnisse zu den Wirkungszielen 3, 4 und 5 konnte gezeigt werden, dass zur Baselinemessung zu MZP1 keine bedeutsamen Unterschiede zwischen Kindern der Untersuchungs- und Kindern der Kontrollgruppe hinsichtlich der durchschnittlichen Computerspielnutzungszeiten (vgl. S. 343), einer zeitlich problematischen Computerspielnutzung (vgl. S. 353) und einer inhaltlich problematischen Computerspielnutzung (vgl. S. 364) bestanden. Insofern kann davon ausgegangen werden, dass Gruppenunterschiede zu den Messzeitpunkten 4 und 5 mit einiger Wahrscheinlichkeit auf das Unterrichtsprogramm zurückgeführt werden können.

---

403 χ^2-Tests zu Geschlechterunterschieden beim dysfunktional exzessiven Computerspielverhalten, MZP4: χ^2 (1, N = 450) = 12,36, $p < .01$; MZP5: χ^2 (1, N = 443) = 5,92, $p < .05$

404 χ^2-Tests zu Bildungsmilieuunterschieden beim dysfunktional exzessiven Computerspielverhalten, MZP4: χ^2 (2, N = 431) = 7,58, $p < .05$; MZP5: χ^2 (2, N = 425) = 14,28, $p < .01$

405 χ^2-Tests zu Unterschieden beim dysfunktional exzessiven Computerspielverhalten zwischen Kindern des mittleren und des hohen Bildungsmilieus, MZP4: χ^2 (1, N = 377) = 2,36, p .25; MZP5: χ^2 (1, N = 372) = 1,33, $p = .33$

In Abbildung 17a auf Seite 383 sind die Mittelwerte der KFN-CSAS-1 von Unterrichts- und Kontrollgruppe zum MZP4 dargestellt sowie die Mittelwerte beider Gruppen auf der KFN-CSAS-2 zum MZP5. Dabei zeigen sich kleine Mittelwertunterschiede zwischen den Gruppen, die zu MZP4 mit $t(432,26) = -2,26, p < .05$ und zu MZP5 mit $t(397,48) = -2,13, p < .05$ statistisch bedeutsam werden. Die Mittelwertunterschiede zwischen den Gruppen ließen mit $\eta^2 = .01$ einen schwachen Effekt des Unterrichtsprogramms auf die Tendenz zur Entwicklung eines dysfunktional exzessiven Computerspielverhaltens schließen. Die Korrelation der Skalenwerte von KFN-CSAS-1 zu MZP4 und KFN-CSAS-2 zu MZP5 lag mit $r = .52, p < .01$ auf einem mittleren Niveau.

Um die Entwicklung der - aufgrund der leicht unterschiedlichen Skalenlogik - nicht direkt miteinander vergleichbaren Gruppendifferenzen zwischen MZP4 und MZP5 zu untersuchen, wurde eine 2 (Zeit) x 2 (Gruppe) MANOVA (Varianzanalyse mit Messwiederholung) für die dysfunktional exzessive Computerspielnutzung der Kinder gerechnet. Dabei zeigte sich ein signifikanter Haupteffekt der Zeit mit $F(1/409^{406}) = 209,83$, $p < .01$, $\eta^2 = .34$, der vor allem durch das höhere Basisniveau der KFN-CSAS-2 zu MZP5 zu erklären ist. Es zeigte sich hingegen keine bedeutsame Interaktion von Zeit und Gruppe, so dass die Entwicklung der Gruppendifferenzen zwischen MZP4 und MZP5 nicht durch längerfristige Unterrichtseffekte zu erklären war.

Aufgrund der Möglichkeiten der KFN-CSAS, Befragte ab einem bestimmten Cut-Off-Wert als „problematische" beziehungsweise - in der Nomenklatur dieser Arbeit - „dysfunktional exzessive" Spielerinnen oder Spieler einzustufen, konnten auch die Anteile dysfunktional exzessiver Spielerinnen und Spieler zwischen den Gruppen und Messzeitpunkten miteinander verglichen werden (vgl. Abbildung 17b). Hier zeigten sich bereits zu MZP4 tendenzielle Unterschiede zwischen den Gruppen (2,2 % vs. 3,6 % dysfunktional exzessive Spielerinnen und Spieler), die aber statistisch nicht bedeutsam[407] wurden. Zu MZP5 fanden sich dagegen in der Unterrichtsgruppe mit 1,3 Prozent signifikant[408] weniger dysfunktional exzessive Computerspielerinnen und -spieler als in der Kontrollgruppe (6,4 %). Zu erklären war dies mit einem signifikanten An-

---

406 Alle Freiheitsgrade und Fehler der Freiheitsgrade von Innersubjekteffekten in dieser MANOVA nach Greenhouse-Geisser-Korrektur wegen Verletzung der Sphärizitätsannahme
407 χ^2-Test zu Gruppenunterschieden beim dysfunktional exzessiven Computerspielverhalten zu MZP4: $\chi^2 (1, N = 450) = 0,74, p = .28$ (einseitig)
408 χ^2-Test zu Gruppenunterschieden beim dysfunktional exzessiven Computerspielverhalten zu MZP5: $\chi^2 (1, N = 443) = 7,66, p < .01$ (einseitig)

stieg[409] des Anteils dysfunktional exzessiver Spielerinnen und Spieler in der Kontrollgruppe, während sich die Anteile dysfunktional exzessiver Spielerinnen und Spieler in der Unterrichtsgruppe zwischen MZP4 und MZP5 nicht bedeutsam[410] unterschieden.

a) Problematische Computerspielnutzung nach Gruppe, Mittelwerte

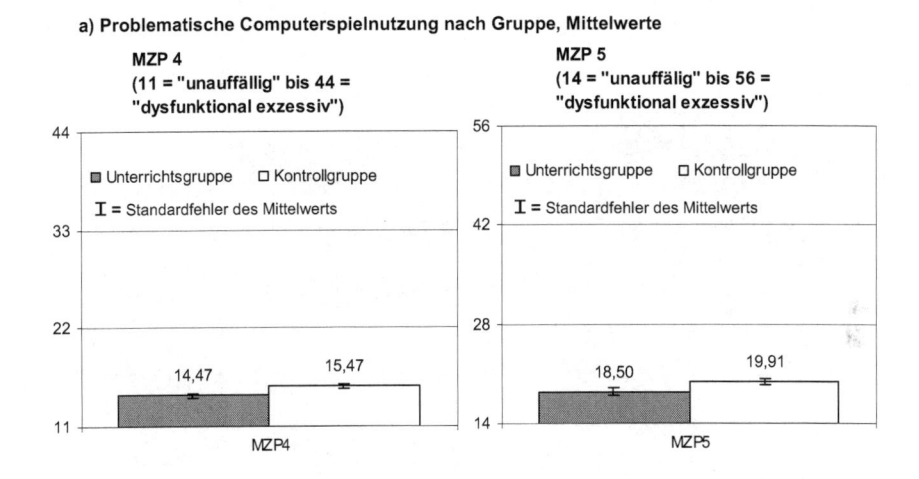

MZP 4 (11 = "unauffällig" bis 44 = "dysfunktional exzessiv"): Unterrichtsgruppe 14,47; Kontrollgruppe 15,47

MZP 5 (14 = "unauffällig" bis 56 = "dysfunktional exzessiv"): Unterrichtsgruppe 18,50; Kontrollgruppe 19,91

$\mathcal{I}$ = Standardfehler des Mittelwerts

Abbildung 17: Dysfunktional exzessive Computerspielnutzung, nach Gruppe, $N_{(MZP1 - MZP5)} = 495$[411]

---

409 Cochrans Q-Test auf Signifikanz des Anstiegs des Anteils dysfunktional exzessiver Computerspieler/inne/n in der Kontrollgruppe zwischen MZP4 und MZP5: $Q(1, N = 205) = 5{,}44, p < .05$
410 Cochrans Q-Test auf Signifikanz des Anstiegs des Anteils dysfunktional exzessiver Computerspieler/inne/n in der Unterrichtsgruppe zwischen MZP4 und MZP5: $Q(1, N = 206) = 0{,}67, p = .69$
411 **a)** k. A.$_{\text{(Unterrichtsgruppe MZP4)}}$: n = 23; k. A.$_{\text{(Kontrollgruppe MZP4)}}$: n = 22; k. A.$_{\text{(Unt.-Gr. MZP5)}}$: n = 25; k. A.$_{\text{(Kon.-Gr. MZP5)}}$: n = 27; **b)** k. A.$_{\text{(Unterrichtsgruppe MZP4)}}$: n = 23; k. A.$_{\text{(Kontrollgruppe MZP4)}}$: n = 22; k. A.$_{\text{(Unt.-Gr. MZP5)}}$: n = 25; k. A.$_{\text{(Kon.-Gr. MZP5)}}$: n = 27; **c)** k. A.$_{\text{(Unterrichtsgruppe MZP1)}}$: n = 35; k. A.$_{\text{(Kontrollgruppe MZP1)}}$: n = 43; k. A.$_{\text{(Unt.-Gr. MZP2)}}$: n = 31; k. A.$_{\text{(Kon.-Gr. MZP2)}}$: n = 46; k. A.$_{\text{(Unt.-Gr. MZP4)}}$: n = 22; k. A.$_{\text{(Kon.-Gr. MZP4)}}$: n = 18; k. A.$_{\text{(Unt.-Gr. MZP5)}}$: n = 12; k. A.$_{\text{(Kon.-Gr. MZP5)}}$: n = 7

b) Anteil Schüler/innen mit problematischem Computerspielverhalten (in%)

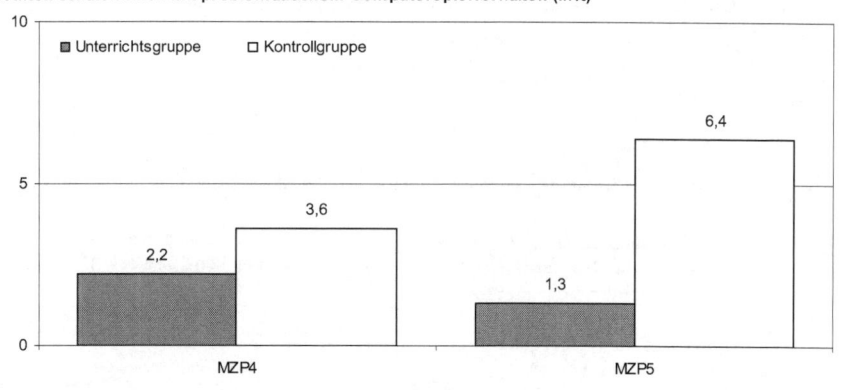

[Balkendiagramm: Unterrichtsgruppe vs. Kontrollgruppe; MZP4: 2,2 vs. 3,6; MZP5: 1,3 vs. 6,4]

c) Kontrollverlust bei Computerspielnutzung nach Gruppe (z-standardisierte Mittelwerte)

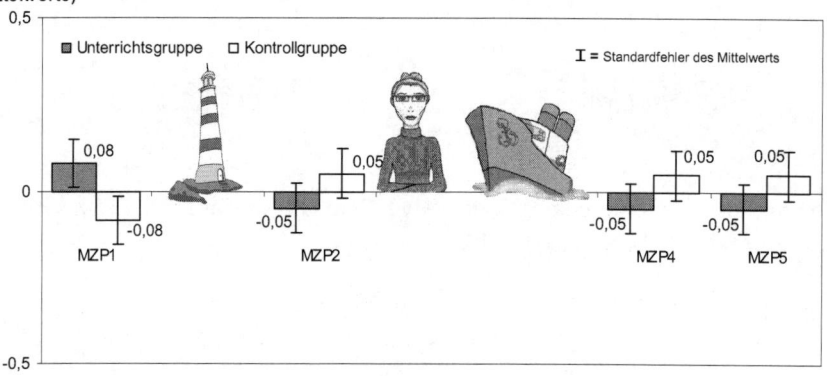

[Balkendiagramm mit Standardfehlern; I = Standardfehler des Mittelwerts; MZP1: 0,08 / -0,08; MZP2: -0,05 / 0,05; MZP4: -0,05 / 0,05; MZP5: -0,05 / 0,05]

Abbildung 17 (fortgesetzt)

Unter dem Vorbehalt einer angenommenen Gleichheit problematischen Computerspielverhaltens zu MZP1 hatte das Unterrichtsprogramm also statistisch bedeutsame Effekte auf die dysfunktional exzessive Computerspielnutzung zu MZP4 und MZP5. Beim Vergleich der Anteile dysfunktional exzessiver Computerspielerinnen und -spieler in den Gruppen zu MZP4 und MZP5 zeigt sich sogar ein längerfristiger Effekt des Unterrichtsprogramms.

Um Anhaltspunkte für die Wirksamkeit der einzelnen Unterrichtseinheiten zu erhalten, wurde die Entwicklung einer Dimension dysfunktional exzessiven Computerspielverhaltens über den Untersuchungszeitraum inspiziert, die bereits vor den letzten beiden Messzeitpunkten abgefragt wurde. So wurde auch zu den

Messzeitpunkten MZP1 und MZP2 der Kontrollverlust beim Computerspielen auf Einzelitem-Ebene erfasst. Lediglich zu MZP3 war kein Kontrollverlust-Item in den Fragebogen aufgenommen worden. Da das zu den Messzeitpunkten MZP1 und MZP2 verwendete Item „Wenn ich Computer spiele, fällt es mir schwer, wieder aufzuhören." anders formuliert war, als das am ehesten vergleichbare Item der Messzeitpunkte MZP4 und MZP5 („Ich habe das Gefühl, meine Spielzeit nicht kontrollieren zu können.") und die Abstufungen der Item-Ausprägungen zwar vierstufig, aber anders formuliert und gegenläufig waren[412], wurde das Kontrollverlust-Item im Rahmen der Datenaufbereitung zu allen Messzeitpunkten gleich gepolt und z-standardisiert.

In Abbildung 17c sind die z-standardisierten Mittelwerte des Kontrollverlust-Items für die Messzeitpunkte MZP1, 2, 4 und 5 getrennt nach Gruppe dargestellt. Es zeigt sich, dass zum MZP1 ein tendenzieller Unterschied bei der Beantwortung dieses Items zwischen den Gruppen bestand, wobei der Mittelwert in der Unterrichtsgruppe zu MZP1 über dem Mittelwert der Kontrollgruppe lag. Ab dem folgenden MZP2 kehrte sich dieses Verhältnis um und blieb konstant bestehen. Zur inferenzstatistischen Untersuchung der Entwicklung der Mittelwertsdifferenzen des Kontrollverlust-Items zwischen den Gruppen über den Untersuchungszeitraum wurde eine 4 (Zeit) x 2 (Gruppe) MANOVA (Varianzanalyse mit Messwiederholung) für den mithilfe des beschrieben z-standardisierten Items erfassten Kontrollverlust gerechnet. Dabei zeigte sich - aufgrund der z-Standardisierung - kein signifikanter Haupteffekt der Zeit. Dagegen gab es einen bedeutsamen Unterrichtseffekt (Interaktion von Zeit x Gruppe) mit $F(2,92/901,67^{413}) = 3,99$, $p < .01$, $\eta^2 = .01$. Zur weiteren Klärung des Unterrichtseffekts auf den Kontrollverlust beim Computerspielen wurden Helmert-Kontraste zwischen den einzelnen Messzeitpunkten und allen nachfolgenden Messzeitpunkten gerechnet. Hier zeigte sich, dass der signifikante Unterrichts-Effekt auf die unterschiedlichen Mittelwertsdifferenzen der Gruppen zwischen MZP1 und MZP2 zurückzuführen war. Damit zeigte sich, dass mit dem Kontrollverlust beim Spielen einer den zentralen Dimensionen dysfunktional exzessiver Computerspielnutzung bereits durch die erste Unterrichtseinheit verändert wurde. Der Unterrichtseffekt auf diese Dimension war mit $\eta^2 = .01$ allerdings als schwach zu kennzeichnen.

---

412 MZP1 und 2: „immer", „meistens", „manchmal", „nie"; MZP4 und 5: „stimmt nicht", „stimmt kaum", „stimmt ziemlich", „stimmt genau"
413 Alle Freiheitsgrade und Fehler der Freiheitsgrade von Innersubjekteffekten in dieser MANOVA nach Greenhouse-Geisser-Korrektur wegen Verletzung der Spärizitätsannahme

10.3.6.2.3 Untersuchung auf systematische Treatmentsensitivität

Aufgrund der kleinen Fallzahlen dysfunktional exzessiv spielender Kinder in einzelnen Subgruppen der Stichprobe (Mädchen, Jungen sowie die verschiedenen Bildungsmilieus) war es nicht möglich, den Anteil belasteter Kinder der einzelnen Subgruppen jeweils für Unterrichts- und Kontrollgruppe auf signifikante Anteilsunterschiede zu untersuchen. Daher wurde lediglich der Subgruppenmittelwert auf dem KFN-CSAS zwischen Kontroll- und Unterrichtsgruppe miteinander verglichen. Zu diesem Zweck wurde eine 2 (Zeit) x 2 (Gruppe) x 2 (Geschlecht) x 3 (Bildungsmilieu) MANOVA (Varianzanalyse mit Messwiederholung) für die Tendenz zur dysfunktional exzessiven Computerspielnutzung gerechnet. Dabei zeigte sich - aufgrund des höheren Basisniveaus der KFN-CSAS-2 zu MZP5 - ein signifikanter Haupteffekt der Zeit[414], ein signifikanter Haupteffekt der Gruppe[415] (der aufgrund der fehlenden Baseline-Messung als Unterrichtseffekt zu klassifizieren ist), ein signifikanter Haupteffekt des Geschlechts[416] sowie ein signifikanter Haupteffekt der Zugehörigkeit zum niedrigen Bildungsmilieu[417]. Zudem ergab sich ein signifikanter Interaktionseffekt von Zeit und Bildungsmilieu[418]. Dies bestätigt noch einmal die bereits im Vorfeld gefundenen Einflüsse des Geschlechts und des Bildungsmilieus auf dysfunktional exzessives Computerspielverhalten sowie den Unterrichtseffekt. Außerdem zeigt sich, dass Kinder des niedrigen Bildungsmilieus ihre Tendenz zum dysfunktional exzessiven Computerspielverhalten zwischen der fünften und sechsten Klasse noch einmal signifikant steigerten. Es zeigten sich dagegen keine bedeutsamen Zwischensubjekt-Interaktionen zwischen Gruppe, Geschlecht oder Bildungsmilieu, so dass subgruppenspezifische Unterrichtseffekte nicht zu erkennen sind.

10.3.6.2.4 Zwischenfazit zur dysfunktional exzessiven Computerspielnutzung

Das Unterrichtsprogramm hatte offenbar einen bedeutsamen, schwachen Effekt auf die Entstehung einer dysfunktional exzessiven Computerspielnutzung. Der Anteilsunterschied dysfunktional exzessiver Spielerinnen und -spieler zwischen

---

414 $F(1/381) = 144{,}88, p < .01, \eta^2 = .28$
415 $F(1/381) = 4{,}88, p < .05, \eta^2 = .01$
416 $F(1/381) = 33{,}15, p < .01, \eta^2 = .08$
417 $F(2/381) = 7{,}83, p < .01, \eta^2 = .04$. Ein Scheffé-Post-Hoc-Test zeigte, dass der Effekt auf signifikante Mittelwertsunterschiede zwischen Kindern des niedrigen Bildungsmilieus zu Kindern anderer Bildungsmilieus zurückzuführen war, während sich Kinder des mittleren und hohen Bildungsmilieus nicht signifikant voneinander unterschieden.
418 $F(2/381) = 3{,}63, p < .05, \eta^2 = .02$

den Gruppen war zum MZP5 sogar größer als zum MZP4, was sich - bei aller gebotenen Vorsicht wegen der fehlenden Baseline-Messung - als längerfristiger Effekt des Unterrichtsprogramms interpretieren lässt. Bei der Frage, welche Unterrichtseinheit in besonderer Weise zur Etablierung dieses Gruppeneffektes beigetragen hat, zeigten sich Indizien für einen besonderen Effekt der ersten Unterrichtseinheit.

10.3.6.3 Fazit zum sechsten Wirkungsziel

Sowohl bei der Verhinderung einer funktional problematischen Fernsehnutzung als auch einer funktional problematischen Computerspielnutzung hatte das Unterrichtsprogramm bedeutsame, aber schwache Effekte. Während bezüglich der Fernsehnutzung lediglich kurzfristige Effekte nachgewiesen werden konnten, zeigten sich bei der Computerspielnutzung auch längerfristige Effekte. Sowohl für die funktional problematische Fernsehnutzung als auch für die funktional problematische Computerspielnutzung zeigte sich ein besonderer Effekt der ersten Unterrichtseinheit (*Vom Leichtmatrosen zum Medienlotsen*). Das ist bezogen auf die Computerspielnutzung insofern erstaunlich, als die zweite Unterrichtseinheit (*Die ELIZA-Protokolle*) noch deutlich stärker auf problematisches Computerspielverhalten einging als die erste Unterrichtseinheit. Die Vermutung liegt nahe, dass der Grundimpuls, der mit der ersten Unterrichtseinheit gegeben wurde, durch die zweite Unterrichtseinheit noch mal manifestiert wurde, ohne zu einem zusätzlichen Verstärker zu werden.

10.3.6.4 Zwischenfazit zu den Wirkungszielen 1 - 6

In den vorangehenden Kapiteln wurde untersucht, welche Bereiche kindlicher Mediennutzungsmuster mithilfe der in dieser Arbeit vorgestellten Unterrichtseinheit nachweislich verändert werden konnten. Dabei zeigten sich Effekte beim Gerätebesitz der Kinder (vgl. S. 321), kurzfristige Effekte auf die zeitlich problematische Nutzung von Computer- und Videospielen (vgl. S. 353), kurzfristige Effekte auf die inhaltlich problematische Nutzung von Filmen, Video- und Computerspielen (vgl. S. 364) sowie Effekte auf funktional problematische Nutzung von Fernsehen und Computerspielen (vgl. S. 387). Bedeutsame subgruppenspezifisch unterschiedliche Reaktionen auf das Unterrichtsprogramm zeigten sich allein bei der Nutzung inhaltlich problematischer Filme. Hier reagierten Jungen stärker auf das Unterrichtsprogramm als Mädchen, wobei

Mädchen generell deutlich weniger inhaltlich problematische Filme nutzten. Es konnten keine eindeutigen Effekte bei den durchschnittlichen Medienzeiten der Kinder nachgewiesen werden, weder bei den durchschnittlichen Medienzeiten (vgl. S. 343) noch bei der Entwicklung zeitlich problematischer Film- und Fernsehnutzung (vgl. S. 353). Längerfristige Effekte der Unterrichtseinheit zeigten sich im Hinblick auf die Mediengeräteausstattung der Kinder (Fernsehen, Spielkonsole, Computer) sowie bei der funktional problematischen Computerspielnutzung, die in der Unterrichtsgruppe im Vergleich zur Kontrollgruppe auch mehr als ein Jahr nach der letzten Unterrichtseinheit signifikant schwächer ausgeprägt war. Alle bisher beschriebenen bedeutsamen Effekte wurden als schwach klassifiziert. Es wurde auch gezeigt, dass das elterliche Engagement bei der Medienerziehung ihrer Kinder nur in Teilpopulationen und nur hinsichtlich der Fernsehnutzung relativ zur Kontrollgruppe signifikant verbessert wurde.

10.3.7 Schulische Leistungsentwicklung

In Kapitel 8 wurde als siebtes Wirkungsziel der Unterrichtseinheit festgelegt, dass Kinder aus Klassen, die am *Medienlotsen*-Unterrichtsprogramm teilgenommen haben, im Vergleich zu anderen Kindern bessere schulische Leistungen aufweisen sollten. Um zu erklären, inwieweit dieses Ziel erreicht werden konnte, wurde zunächst untersucht, ob die durch die Unterrichtseinheit nachweislich veränderten Parameter (Geräteausstattung, Nutzung problematischer Medieninhalte, dysfunktionale Nutzungsmuster) statistische Zusammenhänge mit schulischen Leistungsindikatoren aufweisen. Erst bei Nachweis eines Zusammenhangs zwischen schulischer Leistung und diesen Indikatoren kann in zulässiger Weise ein möglicher Effekt der Unterrichtseinheit auf schulische Leistungsparameter kausal interpretiert werden.

10.3.7.1 Operationalisierung und Datendeskription

Zur Messung der schulischen Leistung der Kinder, wurden die Klassenlehrkräfte der Befragten gebeten, für jedes Kind die Schulnoten in Deutsch, Mathematik, Sachkunde (ab 5. Klasse: Englisch) und Sport im letzten Halbjahreszeugnis in einer dem Lehrkräftefragebogen beigefügten Liste einzutragen. Diese Einträge wurden im Rahmen der Datenanalyse mit den Befragungsdaten der Kinder fusioniert. Da zum ersten Messzeitpunkt noch keine Schulnoten in der standardisierten Form vorlagen, wurden die Klassenlehrkräfte gebeten, den derzeitigen Leistungsstand der Kinder in den angegebenen Fächern einzutragen. Aufgrund der aufwändigen Erfassung der Schulnoten zum MZP1, bei dem Lehrkräfte, die nicht alle Fächer selbst in der Klasse unterrichteten, oftmals die jeweilige Fachlehrkraft um Mithilfe bitten mussten, gab es zum MZP1 eine deutlich größere Anzahl von Missings als zu den nachfolgenden Messzeitpunkten. Ab MZP2 konnten die Klassenlehrkräfte in der Regel auf die zentral im Schulcomputer gespeicherten Noten der letzten Halbjahreszeugnisse zurückgreifen. Da zu den Fächern Englisch und Sachkunde aufgrund des Fachwechsels zwischen vierter und fünfter Klasse nicht zu allen Messzeitpunkten Daten vorlagen, wurden für die im Rahmen dieser Arbeit vorgenommenen Analysen nur die Fächer Deutsch, Mathematik und Sport betrachtet[419].

---

419 Mößle et al. (2010) zeigen zwar, dass die Verwendung der Sachkundenoten zu den Messzeitpunkten MZP1 - 3 und die Verwendung der Englischnoten zu den Messzeitpunkten

Wenig überraschend korrelierten die Schulnoten der untersuchten Kinder zu den einzelnen Messzeitpunkten auf zumeist mittlerem Niveau. So wiesen die Korrelationen in Deutsch zwischen den einzelnen Messzeitpunkten eine mittlere Stärke auf zwischen $r = .59^{420}$ (MZP1*MZP5) und $r = .79$ (MZP4*MZP5). Eine ähnliches Korrelationsniveau erreichten auch die Mathematiknoten zu den einzelnen Messzeitpunkten ($r_{(MZP1*MZP5)} = .60$; $r_{(MZP4*MZP5)} = .74$). Am schwächsten korrelierten die Sportnoten der Kinder. Die kleinste Korrelation der Sportnoten musste mit $r_{(MZP1*MZP5)} = .37$ als schwach klassifiziert werden, die größte Korrelation lag mit $r_{(MZP4*MZP5)} = .62$ auf mittlerem Niveau. Auch untereinander korrelierten die Noten der Kinder in erheblichem Maß. Der kleinste Zusammenhang zwischen Deutsch- und Mathematiknote fand sich zu MZP1 mit $r = .58$, der stärkste Zusammenhang beider Noten zeigte sich zu MZP3 mit $r = .64$. Etwas weniger klar waren die Zusammenhänge zwischen der Sportnote und den beiden anderen Fächern. So zeigten sich zum ersten Messzeitpunkt lediglich tendenzielle oder kleine Zusammenhänge zwischen Sport- und Deutschnote[421] beziehungsweise Sport und Mathematiknote[422], zu allen weiteren Messzeitpunkten hoch signifikante, aber schwache Zusammenhänge[423]

MZP4 und 5 in Kombination mit der Deutsch- und Mathematiknote die Grundlage eines validen Maßes zur Erfassung der schulischen Leistung bildet, jedoch ist die Interpretation dieses Indexes komplexer, zumal wenn seine Varianz im Hinblick auf u. U. subgruppenspezifische Treatmenteffekte interpretiert werden soll.

420 Alle dargestellten Korrelationen in diesem Absatz auf einem Signifikanzniveau von $p < .01$
421 $r = .11, p = .06$
422 $r = .15, p < .05$
423 Sport*Deutsch, MZP2: $r = .21, p < .01$; MZP3: $r = .33, p < .01$; MZP4: $r = .19, p < .01$; MZP5: $r = .25, p < .01$
Sport*Mathematik, MZP2: $r = .22, p < .01$; MZP3: $r = .24, p < .01$; MZP4: $r = .20, p < .01$; MZP5: $r = .26, p < .01$

Tabelle 23: Schulleistungen der Kinder nach Messzeitpunkt, Geschlecht und Bildungshintergrund, N = 495[424]

Messzeitpunkt		MZP1 (Anf. 3. Klasse) M (SD)	MZP2 (Ende 3. Klasse) M (SD)	MZP3 (Ende 4. Klasse) M (SD)	MZP4 (Ende 5. Klasse) M (SD)	MZP5 (Ende 6. Klasse) M (SD)
Schulnote Deutsch		**2,30** (0,80)	**2,41** (0,79)	**2,55** (0,78)	**2,65** (0,81)	**2,71** (0,84)
Geschlecht	**Jungen**	2,41 (0,79)	2,48 (0,78)	2,60 (0,79)	2,84 (0,80)	2,91 (0,84)
	Mädchen	2,18 (0,80)	2,35 (0,80)	2,51 (0,77)	2,46 (0,77)	2,53 (0,80)
elterlicher Bildungshintergrund	**niedrig**	2,68 (0,78)	2,67 (0,75)	2,95 (0,76)	3,17 (0,73)	3,20 (0,65)
	mittel	2,33 (0,79)	2,54 (0,87)	2,68 (0,77)	2,78 (0,82)	2,92 (0,81)
	hoch	2,16 (0,78)	2,23 (0,70)	2,34 (0,72)	2,39 (0,73)	2,43 (0,81)
Schulnote Mathematik		**2,35** (0,85)	**2,44** (0,86)	**2,71** (0,85)	**2,68** (0,90)	**2,81** (1,00)
Geschlecht	**Jungen**	2,24 (0,91)	2,30 (0,83)	2,61 (0,81)	2,64 (0,91)	2,81 (0,97)
	Mädchen	2,46 (0,77)	2,58 (0,86)	2,80 (0,87)	2,72 (0,89)	2,82 (1,00)
elterlicher Bildungshintergrund	**niedrig**	2,49 (0,87)	2,73 (1,01)	2,88 (0,86)	2,98 (0,97)	3,18 (0,91)
	mittel	2,49 (0,86)	2,59 (0,88)	2,86 (0,90)	2,89 (0,90)	3,01 (0,99)
	hoch	2,19 (0,80)	2,23 (0,73)	2,52 (0,77)	2,42 (0,81)	2,54 (0,92)

424 k. A. Deutschnote MZP1: n = 202; k. A. Deutschnote MZP2: n = 45; k. A. Deutschnote MZP3: n = 45; k. A. Deutschnote MZP4: n = 39; k. A. Deutschnote MZP5: n = 41; k. A. Mathematiknote MZP1: n = 202; k. A. . Mathematiknote MZP2: n = 44; k. A. . Mathematiknote MZP3: n = 43; k. A. . Mathematiknote MZP4: n = 39; k. A. . Mathematiknote MZP5: n = 39; k. A. Sportnote MZP1: n = 205; k. A. . Sportnote MZP2: n = 53; k. A. . Sportnote MZP3: n = 44; k. A. . Sportnote MZP4: n = 40; k. A. . Sportnote MZP5: n = 43

Tabelle 23 (fortgesetzt)

Messzeitpunkt		MZP1 (Anf. 3. Klasse) M (SD)	MZP2 (Ende 3. Klasse) M (SD)	MZP3 (Ende 4. Klasse) M (SD)	MZP4 (Ende 5. Klasse) M (SD)	MZP5 (Ende 6. Klasse) M (SD)
Schulnote Sport		**2,00** (0,75)	**2,05** (0,72)	**2,18** (0,73)	**2,08** (0,77)	**2,07** (0,78)
Geschlecht	**Jungen**	1,93 (0,84)	2,06 (0,79)	2,18 (0,74)	2,10 (0,82)	2,12 (0,81)
	Mädchen	2,08 (0,62)	2,05 (0,65)	2,18 (0,73)	2,07 (0,73)	2,03 (0,75)
elterlicher Bildungshintergrund	**niedrig**	2,00 (0,94)	2,40 (0,82)	2,44 (0,78)	2,23 (0,75)	2,14 (0,82)
	mittel	1,97 (0,74)	2,07 (0,71)	2,22 (0,77)	2,12 (0,80)	2,18 (0,82)
	hoch	2,04 (1,78)	1,93 (0,66)	2,07 (0,66)	2,00 (0,73)	1,94 (0,71)

In Tabelle 23 ist die Entwicklung der Schulnoten der untersuchten Kinder in Deutsch, Mathematik und Sport zu den Messzeitpunkten MZP1 bis MZP5 dargestellt. Auf der deskriptiven Ebene konnten im Fach Deutsch leichte Geschlechterunterschiede bei den Notenmittelwerten festgestellt werden, die Mädchen der Stichprobe hatten zu allen Messzeitpunkten im Schnitt etwas bessere Deutschnoten als die Jungen, wobei sich der Abstand zwischen den Geschlechtern ab dem MZP4 (fünfte Klasse) noch einmal vergrößerte. Kinder unterschiedlicher Bildungsmilieus wiesen ebenfalls Unterschiede bei den Deutschnoten auf, wobei Kinder des hohen Bildungsmilieus stets die besten Deutschnoten hatten, Kinder des niedrigen Bildungsmilieus zu allen Messzeitpunkten die schlechtesten Noten. Auch hier zeigte sich, dass der Abstand zwischen den Bildungsmilieus, insbesondere zwischen Kindern des niedrigen und Kindern des hohen Bildungsmilieus zum MZP4 noch einmal größer wurden. Über alle Gruppen hinweg ergab sich insgesamt ein Trend zu einer leichten Notenverschlechterung über die Messzeitpunkte.

Die beschrieben Trends hinsichtlich der Geschlechts- und Bildungsmilieuunterschiede und zeitlichen Entwicklungen der Deutschnote wurden in einer 5 (Zeit) x 2 (Geschlecht x 3 (Bildungsmilieu) MANOVA (Varianzanalyse mit

Messwiederholung) für die Deutschnoten der Kinder überprüft. Dabei zeigte sich ein signifikanter Haupteffekt der Zeit[425], der den beschriebenen „Abwärtstrend bei der Deutschnote über alle Gruppen hinweg bestätigte. Zudem zeigte sich ein bedeutsamer Zwischensubjekteffekt des elterlichen Bildungshintergrundes[426]. Ein Haupteffekt des Geschlechtes konnte dagegen nicht nachgewiesen werden, vielmehr ergab sich eine signifikante Interaktion zwischen Zeit und Geschlecht[427] sowie zwischen Zeit und Bildungsniveau[428]: Der zunächst recht geringe Notenunterschied in Deutsch zwischen Jungen und Mädchen wurde mit der Zeit (nach MZP3) deutlich größer[429], auch der Unterschied zwischen Kindern des hohen Bildungsmilieus und Kinder des mittleren und niedrigen Bildungsmilieus vergrößerte sich nach dem ersten Messzeitpunkt bedeutsam[430].

In Mathematik hatten Jungen anfangs etwas bessere Noten als die Mädchen. Der Abstand zwischen den Geschlechtern verringerte sich aber derart, dass die Mathematiknoten von Jungen und Mädchen zum letzten Messzeitpunkt identisch waren. Wie bei der Deutschnote zeigten sich auch in Mathematik von Anfang an die erwartungsgemäßen Unterschiede zwischen Kindern verschiedener Bildungsmilieus. Kinder des hohen Bildungsmilieus hatten die besten, Kinder des niedrigen Bildungsmilieus die schlechtesten Noten. Und auch in Mathematik wurden die Durchschnittsnoten während der Untersuchung in allen Gruppen etwas schlechter.

Eine 5 (Zeit) x 2 (Geschlecht x 3 (Bildungsmilieu) MANOVA (Varianzanalyse mit Messwiederholung) für die Mathematiknoten bestätigte diese Analyse: Der gefundene Haupteffekt der Zeit bestätigte einen bedeutsamen Trend zunehmender Notenverschlechterung in allen Gruppen[431], zudem zeigten sich

---

[425] $F(3,62/857,45) = 45,86$, $p < .01$, $\eta^2 = .16$. Alle Freiheitsgrade und Fehler der Freiheitsgrade von Innersubjekteffekten in dieser MANOVA nach Greenhouse-Geisser-Korrektur wegen Verletzung der Sphärizitätsannahme

[426] Effekt des Bildungshintergrundes: $F(2/237) = 11,11$, $p < .01$, $\eta^2 = .09$. Ein anschließender Scheffé-Post-Hoc-Test zeigte, dass der Effekt des Bildungshintergrundes auf statistisch bedeutsame Unterschiede zwischen Kindern des hohen Bildungsmilieus zurückzuführen war, während sich die Kinder der anderen beiden Milieus zwar tendenziell, nicht aber signifikant unterschieden.

[427] $F(3,62/857,45) = 3,821$, $p < .05$, $\eta^2 = .01$

[428] $F(7,24/857,45) = 3,821$, $p < .05$, $\eta^2 = .02$

[429] Innersubjektkontrast (Helmert) zwischen MZP3 und nachfolgenden Messzeitpunkten: $F(1/237) = 6,67$, $p < .01$, $\eta^2 = .03$

[430] Innersubjektkontrast (Helmert) zwischen MZP1 und nachfolgenden Messzeitpunkten: $F(2/237) = 3,81$, $p < .05$, $\eta^2 = .03$

[431] $F(3,62/857,61) = 22,97$, $p < .01$, $\eta^2 = .09$. Alle Freiheitsgrade und Fehler der Freiheitsgrade von Innersubjekteffekten in dieser MANOVA nach Greenhouse-Geisser-Korrektur wegen Verletzung der Sphärizitätsannahme

signifikante Haupteffekte von Geschlecht[432] und elterlichem Bildungsniveau[433] auf die Mathematiknote. Eine Interaktion zwischen Zeit und Geschlecht zeigte, das der anfänglich erhebliche Notenunterschied zwischen den Geschlechtern ab dem dritten Messzeitpunkt (Ende der vierten Klasse) seine Bedeutung verlor[434].

Bei der Sportnote gab es insgesamt die wenigsten Unterschiede zwischen den einzelnen Messzeitpunkten und auch keine deutlichen Differenzen zwischen Jungen und Mädchen. Lediglich zum zweiten Messzeitpunkt zeigte sich ein tendenzieller Sportnotenunterschied zwischen Kindern des niedrigen und Kinder des hohen Bildungsmilieus von rund einem halben Notepunkt. Eine 5 (Zeit) x 2 (Geschlecht x 3 (Bildungsmilieu) MANOVA (Varianzanalyse mit Messwiederholung) für die Sportnoten fand dementsprechend keinen Haupteffekt des Geschlechts auf die Sportnote und auch keinen Haupteffekt des Bildungsmilieus. Ein signifikanter Haupteffekt der Zeit[435] verwies auf eine sehr leichte Verschlechterung der Sportnoten zwischen MZP1 und MZP2, der aufgrund ihrer geringen Ausprägung aber kaum praktische Bedeutung zukommt. Außerdem zeigte sich ein Interaktionseffekt der Zeit mit dem Geschlecht der Kinder[436]: Trotz insgesamt sehr geringer Sportnotendifferenzen zwischen den Geschlechtern, drehte sich das Geschlechterverhältnis bei der Sportnote zwischen MZP1 und MZP5 um. Wurden anfangs der dritten Klasse zunächst die Jungen etwas besser in ihren sportlichen Leistungen bewertet, waren es am Ende des Untersuchungszeitraums in der sechsten Klasse die Mädchen, die etwas bessere Sportnoten bekamen.

---

432 $F(1/237) = 2,03, p < .05, \eta^2 = .02$
433 $F(2/237) = 13,85, p < .01, \eta^2 = .11$. Ein anschließender Scheffé-Post-Hoc-Test zeigte, dass der Effekt des Bildungshintergrundes auf statistisch bedeutsame Unterschiede zwischen Kindern des hohen Bildungsmilieus zurückzuführen war, während sich die Kinder der anderen beiden Milieus zwar tendenziell, nicht aber signifikant unterschieden.
434 $F(3,62/857,61) = 2,48, p < .05, \eta^2 = .01$. Innersubjektkontrast (Helmert) zwischen MZP2 und nachfolgenden Messzeitpunkten: $F(1/237) = 5,58, p < .05, \eta^2 = .02$
435 $F(3,71/872,36) = 5,80, p < .01, \eta^2 = .02$. Alle Freiheitsgrade und Fehler der Freiheitsgrade von Innersubjekteffekten in dieser MANOVA nach Greenhouse-Geisser-Korrektur wegen Verletzung der Spärizitätsannahme. Innersubjektkontrast (Helmert) zwischen MZP1 und nachfolgenden Messzeitpunkten: $F(1/235) = 13,64, p < .01, \eta^2 = .06$
436 $F(3,71/872,36) = 5,77, p < .01, \eta^2 = .02$. Innersubjektkontrast (Helmert) zwischen MZP1 und nachfolgenden Messzeitpunkten: $F(1/235) = 9,64, p < .01, \eta^2 = .04$; Innersubjektkontrast (Helmert) zwischen MZP2 und nachfolgenden Messzeitpunkten: $F(1/235) = 8,09, p < .01, \eta^2 = .03$

10.3.7.2 Zusammenhänge zwischen Mediennutzung und Schulleistung

Bevor die Wirkungen des Unterrichtsprogramms auf die Schulnoten der im *Berliner Längsschnitt Medien* begleiteten Kinder genauer untersucht wurden, sollte in einem Zwischenschritt verifiziert werden, ob die durch das Unterrichtsprogramm beeinflussten Mediennutzungsparameter mit der schulischen Leistung der Kinder korreliert waren. Zwar wurde aus der Literatur bereits in Kapitel 4 abgeleitet, dass problematische Mediennutzungsmuster negativ mit schulischer Leistung korrelieren, doch wurde auch dargestellt, dass mithilfe des Unterrichtsprogramms zwar einige, nicht aber alle Aspekte problematischer Mediennutzung von Kindern positiv verändert werden konnten. Insofern ist es nur dann möglich, Effekte des Unterrichtsprogramms auf die schulische Leistung der Kinder kausal zu interpretieren, wenn auch die nachweislich geänderten Mediennutzungsparameter einen potentiellen Einfluss auf die schulische Leistung der Kinder haben.

Um während der Analyse wichtige bekannte Einflussfaktoren auf schulische Leistung kontrollieren zu können, wurden für die $N = 495$ Kinder aus Unterrichts- und Kontrollgruppe Partialkorrelationen zwischen den Schulnoten der Kinder in Deutsch, Mathematik und Sport auf der einen Seite und verschiedenen Mediennutzungsparametern auf der anderen Seite gerechnet. Kontrolliert wurde dabei die mithilfe des CFT-20 gemessene Intelligenz der Kinder zu MZP1 (vgl. Tabelle 12, S. 299) sowie das Geschlecht der Kinder. Auf Seiten der Mediennutzungsparameter wurden jene Variablen ausgewählt, die sich in den bisherigen Analysen als veränderungssensitiv durch das Unterrichtsprogramm herausgestellt hatten (Ausstattung mit Fernseher und Spielkonsole, zeitlich problematische Computerspielnutzung, Inhaltlich problematische Mediennutzung, funktional problematische Mediennutzung). Da die exzessiv dysfunktionale Computerspielnutzung erstmals zu MZP4 mithilfe des KFN-CSAS-1 erfasst wurde, wurden aus Gründen der Vergleichbarkeit auch die Messungen der anderen Mediennutzungsvariablen zu MZP4 herangezogen. Als Schulleistungsindikatoren dienten die Schulnoten in Deutsch, Mathematik und Sport zum MZP5.

Tabelle 24: Partialkorrelation zwischen verschiedenen Mediennutzungsparametern (MZP4) und Schulnoten (MZP5). Kontrollvariablen: IQ zu MZP1 (CFT-20) und Geschlecht (Mädchen = 0; Junge = 1)

Mediennutzungsvariablen (MZP4)	Schulnoten (MZP5)	Deutschnote (1 - 6)	Mathematiknote (1 - 6)	Sportnote (1 - 6)
Fernseher im Zimmer (0 = nein; 1 = ja)		.22**	.12*	.10*
Spielkonsole im Zimmer (0 = nein; 1 = ja)		.11*	n. s.	n. s.
Computer im Zimmer (0 = nein; 1 = ja)		n. s.	n. s.	n. s.
Zeitlich problematische Computerspielnutzung (0 = nein; 1 = ja)		.12*	n. s	.12*
Inhaltlich problematische Filmnutzung (0 = nein; 1 = ja)		.19**	.15**	n. s.
Inhaltlich problematische Computerspielnutzung (0 = nein; 1 = ja)		.16**	.13**	n. s.
Kompensatorische Fernsehnutzung (1 - 4)		.16**	.12*	.20**
Dysfunktional-exzessive Computerspielnutzung (11-44)		.15**	.10*	.13**

** signifikant auf einem Niveau von p < .01; * signifikant auf einem Niveau von p < .05, n. s. = nicht signifikant

In Tabelle 24 sind die Ergebnisse der Partialkorrelation zwischen Schulleistungsindikatoren und Mediennutzungsparametern dargestellt. Es zeigten sich eine Reihe von durchweg signifikanten, aber schwachen Korrelationen zwischen Mediennutzung und Schulleistung. Schlechtere Sportnoten zu MZP5 korrelierten mit der Fernsehgeräteausstattung und mit zeitlich problematischer Video- und Computerspielnutzung zu MZP4 sowie der kompensatorischen Fernsehnutzung und der dysfunktional exzessiven Computerspielnutzung zu MZP4. Bei den Noten in Mathematik und Deutsch zeigte sich eine Reihe weiterer Zusammenhänge mit der Geräteausstattung und verschiedenen Formen problematischer Mediennutzung. So korrelierten schlechtere Mathematiknoten mit einem Fernseher im Zimmer, inhaltlich problematischer Fernseh- und Computerspielnutzung sowie funktional problematischer Mediennutzung (Fernsehen und Computerspiele). Bei der Deutschnote zeigten sich – ausgenommen der Computerbesitz - mit allen Mediennutzungsindikatoren signifikante Zusammenhänge. Insgesamt ergaben sich somit für viele mithilfe des Unterrichtsprogramms veränderten Mediennutzungsparameter Potentiale für eine Verbesserung der schulischen Leistungen. Es stellte sich allerdings die Frage, ob die (durchweg schwachen) Effekte des Unterrichtsprogramms ausreichen, um die schulische Leistung der Kinder in der Unterrichtsgruppe relativ zur Kontrollgruppe signifikant zu verbessern[437].

10.3.7.3 Schulnoten im Gruppenvergleich

Bei der Analyse des Zusammenhangs zwischen Medienunterricht und Schulnoten ist ein wichtiger Unterschied zu den Auswertungen bezüglich der Wirkungsziele 1 bis 7 zu beachten: Da die Lehrkräfte (mit Ausnahme von MZP1, vgl. S. 389) gebeten worden waren, die Schulnoten der Kinder aus *dem letzten Zeugnis* anzugeben, lassen sich kausale Effekte der Unterrichtseinheit erst später ableiten als in den Untersuchungen zu den Wirkungszielen 1 bis 7. So gaben die Lehrkräfte beispielsweise zum MZP2 (Mai/Juni 2006) die Schulnoten der Kinder vom Halbjahreszeugnis im Januar 2006 an. Die erste Unterrichtseinheit *Vom Leichtmatrosen zum Medienlotsen* wurde aber erst nach den Halbjahreszeugnissen durchgeführt. Effekte dieser Unterrichtseinheit sind daher erst zum MZP3 möglich, Effekte der zweiten Unterrichtseinheit (*Die ELIZA-Protokolle*) erst zum MZP4, Effekte der dritten Unterrichtseinheit (*Medienlotsen gesucht!*) zum MZP5.

In Abbildung 18 ab Seite 398 sind die Unterschiede von Unterrichts- und Kontrollgruppe bei den Noten in Deutsch (a), Mathematik (b) und Sport (c) dargestellt. Es fällt bezüglich der Deutschnote zunächst auf, dass ein anfänglich bestehender, nicht signifikanter[438] Unterschied von einem Notenzehntel zwischen

---

437 Der Vollständigkeit halber sei an dieser Stelle erwähnt, dass sich bezüglich zeitlich problematischer Fernsehnutzung, für die sich im Rahmen dieser Studie kein Unterrichtseffekt nachweisen ließen, lediglich mit der Sportnote zu MZP5 ein bedeutsamer Zusammenhang ergab ($r = .12, p < .05$).
438 t-Test auf Unterschiede zwischen Unterrichts- und Kontrollgruppe bei der Deutschnote zum MZP1: $t(246) = -1{,}02, p = .31$

den Gruppen (MZP1: Unt.-Gr.: M = 2,18; Kontr.-Gr.: 2,28) bis zum Ende nahezu stabil blieb und sich zum Ende hin nur minimal, nicht aber bedeutsam[439], vergrößerte (MZP1: Unt.-Gr.: M = 2,66; Kontr.-Gr.: 2,83). Auch in Mathematik war die Unterrichtsgruppe anfänglich zwar leicht besser als die Kontrollgruppe, dies aber nicht in statistisch bedeutsamem Bereich[440]. Zu den Messzeitpunkten MZP4 und MZP5 unterschieden sich die Gruppen mit jeweils rund vier Notenzehnteln signifikant voneinander[441].

a) Schulnoten im Fach Deutsch nach Gruppe (Mittelwerte)

■ Unterrichtsgruppe □ Kontrollgruppe
I = Standardfehler des Mittelwerts

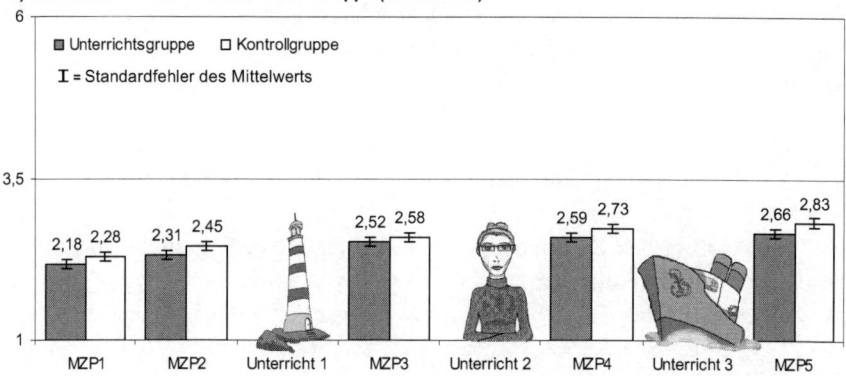

MZP1: 2,18 / 2,28
MZP2: 2,31 / 2,45
MZP3: 2,52 / 2,58
MZP4: 2,59 / 2,73
MZP5: 2,66 / 2,83

Abbildung 18: Schulnoten (Deutsch, Mathematik, Sport) nach Gruppe (in %), $N_{(MZP1 - MZP5)} = 248$[442]

---

439 t-Test auf Unterschiede zwischen Unterrichts- und Kontrollgruppe bei der Deutschnote zum MZP5: $t(246) = -1{,}59, p = .11$
440 t-Test auf Unterschiede zwischen Unterrichts- und Kontrollgruppe bei der Mathematiknote zum MZP1: $t(246) = -1{,}22, p = .22$
441 t-Test auf Unterschiede zwischen Unterrichts- und Kontrollgruppe bei der Mathematiknote zum MZP4: $t(246) = -3{,}98, p < .01$; MZP5: $t(246) = -3{,}06, p < .01$
442 Unterrichtsgruppe: n = 127 (k. A.$_{(Unterrichtsgruppe)}$: n = 122); Kontrollgruppe: n = 121 (k. A.$_{(Kontrollgruppe)}$: n = 125)

b) Schulnoten im Fach Mathematik nach Gruppe (Mittelwerte)

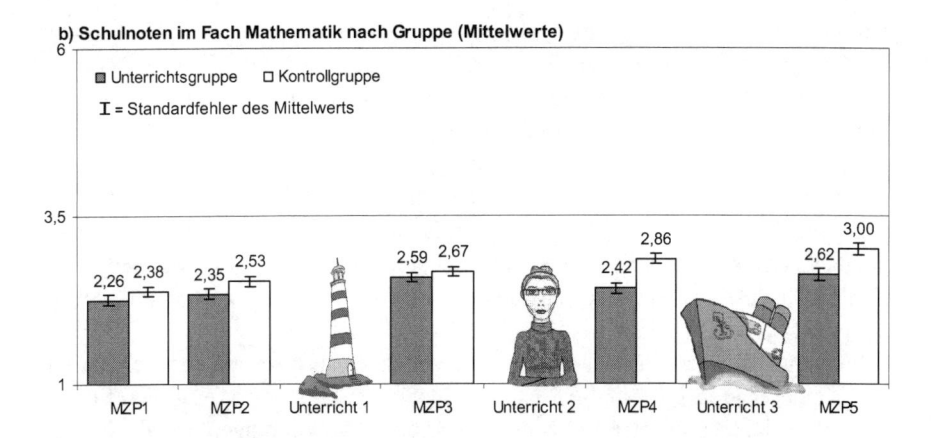

MZP1	MZP2	Unterricht 1	MZP3	Unterricht 2	MZP4	Unterricht 3	MZP5
2,26 / 2,38	2,35 / 2,53		2,59 / 2,67		2,42 / 2,86		2,62 / 3,00

c) Schulnoten im Fach Sport nach Gruppe (Mittelwerte)

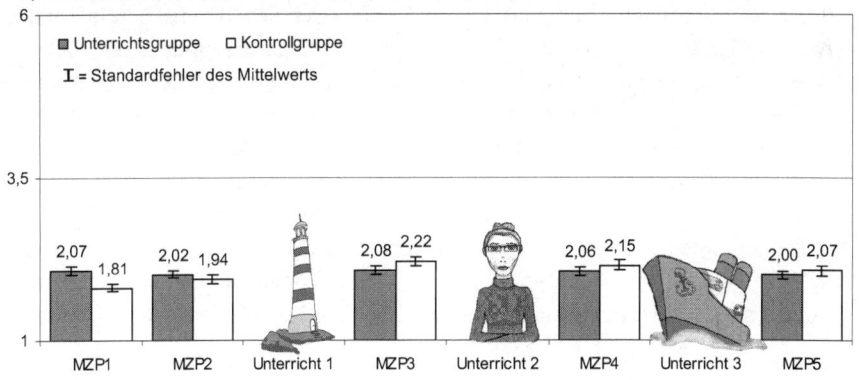

MZP1	MZP2	Unterricht 1	MZP3	Unterricht 2	MZP4	Unterricht 3	MZP5
2,07 / 1,81	2,02 / 1,94		2,08 / 2,22		2,06 / 2,15		2,00 / 2,07

Abbildung 18 (fortgesetzt)

Bei den Leistungen im Sport zeigte sich zum MZP1 ein bedeutsamer Unterschied[443] zwischen den Gruppen, Kinder der Kontrollgruppe wurden um zweieinhalb Notenzehntel besser in ihren sportlichen Leistungen bewertet als Kinder der Unterrichtsgruppe. Im Laufe der beiden folgenden Messzeitpunkte kehrte sich dieser Trend um, zum MZP3 und den folgenden Messzeitpunkten wurden

---

443 t-Test auf Unterschiede zwischen Unterrichts- und Kontrollgruppe bei der Sportnote zum MZP1: $t(246) = 2{,}88, p < .01$

Kinder der Unterrichtsgruppe tendenziell besser bewertet als Kinder der Kontrollgruppe, allerdings wurde dieser Unterschied nicht signifikant[444].

Um auszuschließen, dass mögliche Effekte des Unterrichtsprogramms auf die Schulleistungen der Kinder mit systematisch unterschiedlichen kognitiven Grundvoraussetzungen der Kinder zusammenhängen, wurden die Kinder beider Gruppen hinsichtlich ihrer IQ-Werte nach dem CFT-20 miteinander verglichen (vgl. die Übersicht der Erhebungsinstrumente in Tabelle 12, S. 299). Dabei zeigten sich beim Grundintelligenztest[445], beim Wortschatztest[446] wie auch beim Zahlenfolgetest[447] keine bedeutsamen Gruppenunterschiede zum ersten Messzeitpunkt.

Für eine genauere Analyse möglicher Unterrichtseffekte auf die Schulnoten der Kinder wurde eine multivariate 5 (Zeit) x 2 (Gruppe) MANOVA für die Noten der Kinder in Deutsch, Mathematik und Sport durchgeführt. In den Ergebnissen der Messwiederholungs-ANOVA zeigte sich der oben bereits beschriebene signifikante Haupteffekt der Zeit[448], der den bereits beschriebenen leichten Abwärtstrend bei den Schulnoten in beiden Gruppen kennzeichnet. Zudem gab es einen bedeutsamen multivariaten Unterrichtseffekt (Interaktion von Gruppe x Zeit)[449], der auf einen Effekt des Unterrichts auf die Schulnoten schließen ließ. Auf der univariaten Ebene zeigte sich, dass dieser Effekt auf die Schulleistung nicht für die Leistungen in Deutsch, sondern nur für die Mathematikleistungen[450] und die Noten in Sport[451] galt. Bezüglich der Mathematiknoten wurde neben dem Unterrichtseffekt außerdem ein Haupteffekt der Gruppe statistisch bedeutsam[452]. Dieser Effekt konnte auf den vergleichsweise deutlichen Gruppenunterschied bei der Mathematiknote von rund vier Noten-

---

444 t-Test auf Unterschiede zwischen Unterrichts- und Kontrollgruppe bei der Sportnote zum MZP3: $t(246) = -1{,}50$, $p = .14$; MZP4: $t(246) = -0{,}82$, $p = .42$; MZP5: $t(246) = -0{,}73$, $p = .47$
445 $t(209{,}83) = 0{,}58, p = .56$
446 $t(222) = 0{,}65, p = .52$
447 $t(222) = -0{,}36, p = .72$
448 $F(12/2952) = 22{,}14$, $p < .01$, $\eta^2 = .08$. Nachgeschaltete univariate ANOVAs für die einzelnen Noten zeigten, dass dieser Haupteffekt für Deutsch, Mathematik und Sport signifikant wurde. Deutsch: $F(3{,}58/879{,}85) = 54{,}99$, $p < .01$, $\eta^2 = .18$; Mathematik: $F(3{,}60/879{,}85) = 34{,}08$, $p < .01$, $\eta^2 = .12$; Sport: $F(3{,}68/879{,}85) = 5{,}83$, $p < .01$, $\eta^2 = .02$. Alle Freiheitsgrade und Fehler der Freiheitsgrade von Innersubjekteffekten in den univariaten MANOVAs nach Greenhouse-Geisser-Korrektur wegen Verletzung der Sphärizitätsannahme.
449 $F(12/2952) = 3{,}69, p < .01, \eta^2 = .02$
450 $F(3{,}60/886{,}17) = 6{,}00, p < .01, \eta^2 = .02$
451 $F(3{,}68/904{,}85) = 5{,}31, p < .01, \eta^2 = .02$
452 $F(1/246) = 7{,}17, p < .01, \eta^2 = .03$

zehnteln zu den letzten beiden Messzeitpunkten zurückgeführt werden, der zwischen MZP4 und MZP5 aber stabil blieb. Kontrastanalysen zeigten, dass der Unterrichtseffekt auf die Mathematiknote auf die Veränderungen der Gruppendifferenzen zwischen MZP1 und den folgenden Messzeitpunkten[453] sowie zwischen MZP3 und den folgenden Messzeitpunkten[454] zurückzuführen war. Mit $\eta^2 = .02$ war der Effekt des Unterrichtsprogramms auf die Mathematikleistungen der Kinder als schwach zu klassifizieren.

Der mutmaßliche Unterrichtseffekt auf die Sportnoten der Kinder ließ sich mithilfe der Innersubjektkontraste (Helmert) zwischen den Messzeitpunkten näher beschreiben. So zeigte sich, dass der Unterrichtseffekt auf die Sportnote durch signifikante Kontraste zwischen MZP1 und den folgenden Messzeitpunkten[455] und MZP2 und den folgenden Messzeitpunkten[456] bedeutsam wurde. Damit fällt es allerdings schwer, die Veränderungen bei der Sportnote kausal auf das Medienunterrichtsprogramm zurückzuführen, schließlich konnten erst Veränderungen zwischen MZP2 und MZP3 als Unterrichtseffekt interpretiert werden. Die deutliche Steigerung der Unterrichtsgruppenkinder in den Sportnoten zwischen MZP1 und MZP2 kann dagegen kein Unterrichtseffekt sein. Da die Sportnotenmessung zum MPZ1 darüber hinaus nicht auf einer Zeugnisnote basieren konnte, sondern auf Lehrkräfteangaben zum aktuellen Leistungsstand der Kinder, sind hier Messartefakte nicht auszuschließen. Eine univariate Varianzanalyse zum Einfluss der Unterrichtseinheit auf die Sportnote unter Weglassung der Messung zum MZP1 (4 Zeitpunkte x 2 Gruppen) ergab schließlich keinen bedeutsamen Unterrichtseffekt auf die Sportnote.

10.3.7.4 Untersuchung auf systematische Treatmentsensitivität

Um verschiedene Subgruppen auf unter Umständen unterschiedliche Sensitivität für das Unterrichtstreatment und die damit verbundenen Effekte auf die Schulnoten zu untersuchen, wurde in einem ersten Schritt eine multivariate

---

453 Innersubjektkontrast (Helmert) zwischen MZP1 und nachfolgenden Messzeitpunkten: $F(1/246) = 4{,}32, p < .05, \eta^2 = .02$
454 Innersubjektkontrast (Helmert) zwischen MZP3 und nachfolgenden Messzeitpunkten: $F(1/246) = 18{,}04, p < .01, \eta^2 = .07$
455 Innersubjektkontrast (Helmert) zwischen MZP1 und nachfolgenden Messzeitpunkten: $F(1/246) = 13{,}23, p < .01, \eta^2 = .05$
456 Innersubjektkontrast (Helmert) zwischen MZP2 und nachfolgenden Messzeitpunkten: $F(1/246) = 4{,}11, p < .05, \eta^2 = .02$

Messwiederholungsvarianzanalyse mit dem Design 5 (Zeit) x 2 (Gruppe) x 2 (Geschlecht) x 3 (Bildungsmilieu) gerechnet.

Im Rahmen dieser Analyse bestätigten sich auf multivariater Ebene zunächst die bereits berichteten Haupteffekte der Zeit[457], der Gruppe[458] (zur Interpretation dieses Effektes, der auf einen signifikanten Haupteffekt der Gruppe auf die Mathematiknote zurückzuführen war[459], vgl. auch die Ausführungen zur Entwicklung der Mathematiknoten in beiden Gruppen) sowie des Unterrichtsprogramms[460] (Interaktion zwischen Zeit und Gruppe). Zudem zeigte sich eine Interaktion zwischen Zeit und Geschlecht[461]. Diese Interaktion verwies auf den bereits für die Deutsch-, die Mathematik- und die Sportnote beschriebenen Umstand, dass Mädchen in allen drei Fächern ihren Abstand mit der Zeit ausbauten (Deutsch), beziehungsweise nach anfangs etwas schlechteren Schulleistungen die Jungen einholten (Mathematik und Sport). Auf der multivariaten Ebene zeigten sich indes keine bedeutsamen Interaktionen zwischen dem Unterricht, dem Geschlecht und dem Bildungsmilieu der Kinder, so dass für die drei untersuchten Dimensionen schulischer Leistung im Mittel keine subgruppenspezifische Treatmentsensitivität nachgewiesen werden konnte.

Um die Noten der einzelnen Fächer auf subgruppenspezifische Treatmentsensitivität zu untersuchen, wurde auf univariater Ebene nach Interaktionen zwischen Unterricht (Zeit x Gruppe), Geschlecht und Bildungsmilieu gesucht. Während sich hier für die Deutsch- und die Mathematiknote keine bedeutsamen Interaktionen zeigten, fand sich bei den Sportnoten eine schwache bedeutsame Dreifachinteraktion zwischen Zeit, Gruppe und Bildungsmilieu der Kinder[462] sowie eine Vierfachinteraktion zwischen Unterricht (Zeit x Gruppe), Bildungsmilieu und Geschlecht der Kinder[463].

Wie die Abbildung 19(a - c) zeigt, war die Interaktion zwischen Unterricht und Bildungsmilieu auf einen unterschiedlichen Verlauf der Sportnotenunterschiede zwischen Kontroll- und Unterrichtsgruppe im mittleren Bildungsmilieu gegenüber den beiden anderen Bildungsmilieus zurückzuführen. So hatten in allen Bildungsmilieus Kinder der Kontrollgruppe am Anfang die besten Sport-

---

457 $F(12/2724) = 18{,}32, p < .01, \eta^2 = .75$
458 $F(2/225) = 2{,}81, p < .05, \eta^2 = .04$
459 $F(1/227) = 5{,}40, p < .05, \eta^2 = .02$
460 $F(12/2724) = 2{,}69, p < .01, \eta^2 = .01$
461 $F(12/2724) = 2{,}71, p < .01, \eta^2 = .01$
462 $F(7{,}42/841{,}92) = 2{,}22, \ p < .04, \ \eta^2 = .02$; Freiheitsgrade und Fehler der Freiheitsgrade nach Greenhouse-Geisser-Korrektur wegen Verletzung der Sphärizitätsannahme
463 $F(7{,}42/841{,}92) = 2{,}74, \ p < .01, \ \eta^2 = .02$; Freiheitsgrade und Fehler der Freiheitsgrade nach Greenhouse-Geisser-Korrektur wegen Verletzung der Sphärizitätsannahme

noten und es zeigte sich in allen Bildungsmilieus ein (zumindest tendenzieller) Kreuzeffekt zu MZP2[464]. Jedoch hatten Kinder der Unterrichtsgruppe des mittleren Bildungsmilieus zu MZP4 noch einmal leicht schlechtere Sportnoten, während sich eine Annäherung der Gruppenmittelwerte in den beiden anderen Bildungsmilieus erst zu MZP5 zeigte.

Zur Klärung der Vierfachinteraktion zwischen Zeit x Gruppe x Bildungsmilieu x Geschlecht wurden für Kinder der unterschiedlichen Bildungsmilieus bei Berücksichtigung des Geschlechtes getrennte univariate Messwiederholungs-ANOVAs (5 x 2 x 2) für die Sportnote gerechnet. Hier zeigte sich für Kinder des hohen Bildungsmilieus eine Interaktion zwischen Unterricht und Geschlecht[465], womit die Vierfachinteraktion in der Hauptanalyse geklärt werden konnte. Mädchen der Unterrichtsgruppe dieses Milieus verbesserten ihre Sportnoten im Vergleich zu Jungen der Unterrichtsgruppe schneller, Jungen der Unterrichtsgruppe waren zudem zu MZP5 im Vergleich zur Kontrollgruppe wieder etwas schlechter in Sport. Bezogen auf die Unterrichtseinheit bedeutet dies, dass Sportnotenvarianzen bei Mädchen des hohen Bildungsmilieus keinesfalls auf den Medienunterricht zurückzuführen sind, da sich gruppenspezifische Varianzen bereits vor der ersten Unterrichtseinheit zeigten. Sportnotenschwankungen unter Jungen des hohen Bildungsmilieus könnten dagegen theoretisch auf die erste Unterrichtseinheit zurückzuführen sein, da sich zum MZP3 ihre Sportnoten im Gegensatz zur Kontrollgruppe nicht verschlechterten.

---

[464] Da dieser tendenzielle Effekt zum MZP2 auftritt, werden in Abbildung **19** (S. 404) nicht, wie bei den Subgruppenanalysen zu den Unterrichtszielen 1 - 6, nur die Messzeitpunkte 1 und 5 bzw. 1, 3 und 5 abgetragen, da diese Darstellungsweise den Messzeitpunkt 2 nicht berücksichtigt.

[465] $F(3,68/437,67) = 2,57$, $p < .05$, $\eta^2 = .02$, Freiheitsgrade und Fehler der Freiheitsgrade nach Greenhouse-Geisser-Korrektur wegen Verletzung der Sphärizitätsannahme

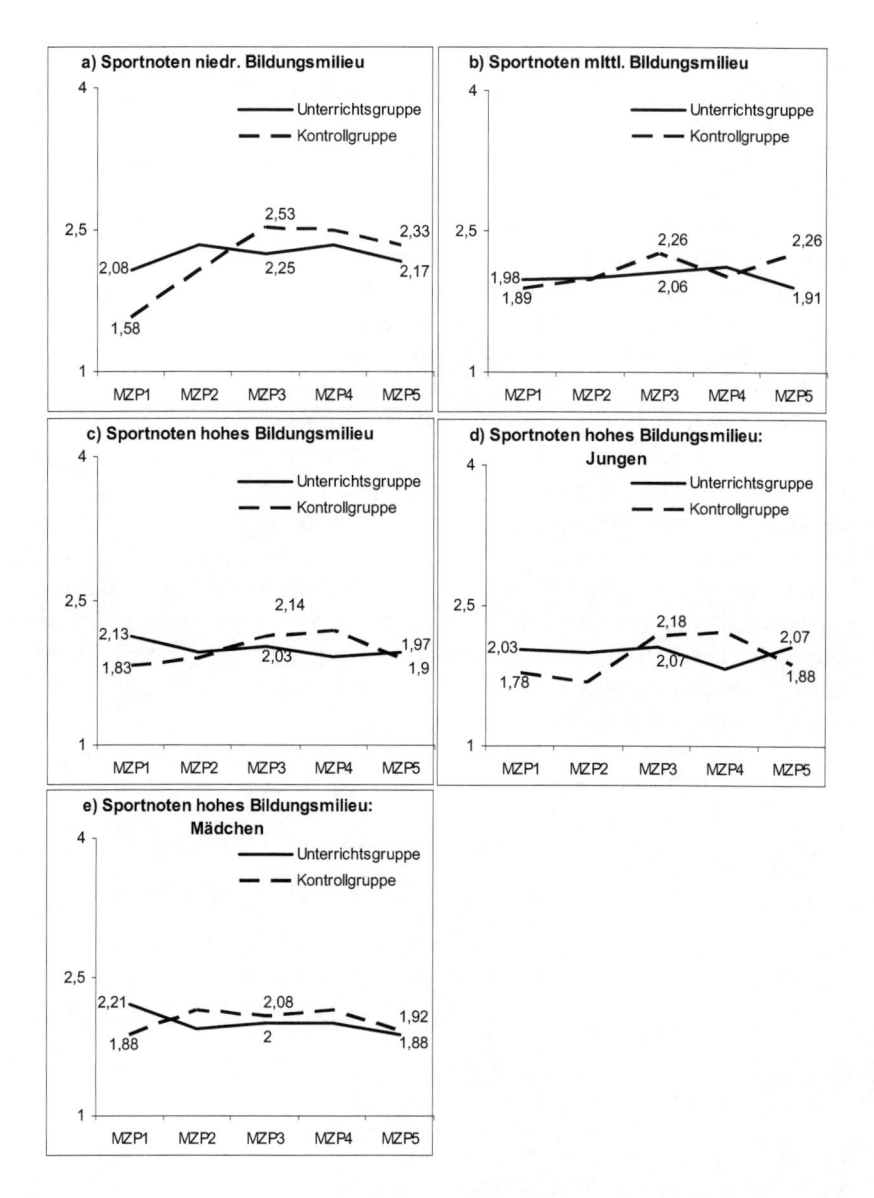

Abbildung 19: Treatmentsensitivität verschiedener Subgruppen bezüglich der Sportnoten zwischen MZP1 und MZP5 (a - c: Kinder verschiedener Bildungsmilieus; d & e: Jungen und Mädchen des hohen Bildungsmilieus)

Insgesamt konnten somit bezüglich der Leistungsentwicklung im Fach Sport tatsächlich subgruppenspezifische Reaktionen auf den Medienunterricht gefunden werden, die mit $\eta^2 = .02$ allerdings als schwach zu klassifizieren sind. Letzten Endes zeigte sich, dass allein die Sportnoten von Jungen des hohen Bildungsmilieus vom Medienunterricht profitiert haben könnten.

10.3.7.5 Fazit zum siebten Wirkungsziel

Es konnte zunächst gezeigt werden, dass eine Reihe von Mediennutzungsparametern, die im Rahmen dieser Studie untersucht wurden, negativ mit der schulischen Leistung der Kinder korreliert war. Da das Unterrichtsprogramm auf diese Aspekte kindlicher Mediennutzung (wenn auch schwache) Effekte hatte, wurde überprüft, ob die relative Verbesserung insbesondere der inhaltlich und funktional problematischen Mediennutzung der Kinder auch zu einer Verbesserung der schulischen Leistungen der Kinder führte. Eine solche Verbesserung der Kinder konnte für das Fach Mathematik (mit schwacher Effektstärke) tatsächlich nachgewiesen werden, bei der Sportnote zeigte sich kein Unterrichtseffekt. Lediglich ein möglicher subgruppenspezifischer Effekt auf Jungen des hohen Bildungsmilieus ist zu erkennen. Kein Effekt zeigte sich für die Deutschnoten der Kinder.

10.3.8 Fazit zur Effektevaluation der Unterrichtseinheit

Auf Seite 230 dieser Arbeit wurden sieben Wirkungsziele des im Rahmen dieser Arbeit entwickelten Medienunterrichts formuliert. Von diesen sieben Zielen konnten zwei Ziele gar nicht erreicht werden (relative Verbesserung der elterlichen Medienerziehung sowie relative Reduktion der durchschnittlichen Nutzungszeiten von Filmen, Fernsehen und Computerspielen). Bei fünf Wirkungszielen konnten zumeist Teilerfolge erzielt werden. So zeigten sich kurzfristige Effekte des Unterrichts auf die zeitlich problematische Computer- und Videospielnutzung und die inhaltlich problematische Film- und Fernsehnutzung der Kinder. Auch die funktional problematische Film- und Fernsehnutzung konnte kurzfristig verringert werden. Längerfristige Effekte der Unterrichtseinheit zeigten sich bei der Mediengeräteausstattung der Kinder (Fernsehen, Spielkonsole, Computer) sowie bei der funktional problematischen Computerspielnutzung. Zudem wurde eine relative Verbesserung der Mathematiknoten der Unterrichtsgruppenkinder festgestellt. Alle genannten

Effekte des *Medienlotsen*-Unterrichtsprogramms waren schwacher Natur. Als bedeutsamster Effekt der Unterrichtseinheit zeigte sich die relativ zur Kontrollgruppe geringere Ausprägung funktional problematischer Computerspielnutzung in der Unterrichtsgruppe gerade beim letzten Messzeitpunk. Hier ist allerdings darauf hinzuweisen, dass hinsichtlich problematischer Computerspielnutzung keine Basismessung vor Beginn des Medienunterrichts durchgeführt werden konnte.

11 Diskussion und Ausblick

Ziel der vorliegenden Arbeit war es, die Notwendigkeit, die Implementierbarkeit und die Wirksamkeit schulischer Medienerziehung zu belegen. Zu diesem Zweck wurde zunächst gezeigt, welch breiten Raum die Nutzung elektronischer Medien im Alltag von Kindern und Jugendlichen einnimmt und welche verschiedenen Funktionen Medien für Kinder und Jugendliche haben. Vor dem Hintergrund der Forschungsergebnisse zu den kognitiven und emotionalen Kompetenzen von Kindern und Jugendlichen bei der Mediennutzung wurde anschließend die Forschung zu Medienwirkungen auf Schulleistungen, Sozialverhalten und körperliche Parameter von - insbesondere minderjährigen - Mediennutzerinnen und -nutzern dargestellt. Darüber hinaus wurde Computerspielabhängigkeit als aktuell diskutiertes Thema der Mediennutzungsforschung beschrieben. Es wurde anschließend gezeigt, dass elterliche Medienerziehung ein geeignetes Mittel ist, problematische Mediennutzungsformen und ihre Wirkungen zu verhindern, dass aber die konkreten Formen elterlicher Mediennutzung und elterlicher Medienerziehung häufig eher Teil des Problems als Teil seiner Lösung sind. Darauf aufbauend wurden drei Formen problematischer Mediennutzung von Kindern und Jugendlichen definiert und in ihrer Verbreitung dargestellt. Anschließend wurden theoretische Konzepte zur Vermeidung medienbezogenen Risikoverhaltens von Kindern und Jugendlichen vorgestellt. Schließlich wurde gezeigt, dass schulische Medienerziehung in der Grundschule ein vielversprechender Ansatz ist, problematisches Mediennutzungsverhalten von Kindern zu begrenzen und durch funktionale Mediennutzungsformen zu ersetzen, die in ein breit gefächertes Freizeitrepertoire entwicklungsförderlicher, nichtmedialer Aktivitäten eingebunden sind.

Um Realisierbarkeit und Effektivität dieser Schlussfolgerungen zu untersuchen, wurde im Rahmen dieser Arbeit ein Medienunterrichtsprogramm für Grundschülerinnen und Grundschüler ab der dritten Schulklasse entwickelt, im Rahmen eines Modellprojektes in Berlin implementiert und begleitend evaluiert. Im Ergebnis konnte gezeigt werden, dass das Pilotprojekt - trotz einiger Schwierigkeiten bei der Implementation und trotz einiger Rückschläge hinsichtlich nicht eingetretener Effekte des Medienunterrichtes - einige Erfolge verbuchen konnte. So konnte insbesondere die Entwicklung dysfunktional exzessiver Computerspielnutzungsmuster unter Schülerinnen und Schülern der Unterrichtsklassen im Vergleich mit einer Kontrollgruppe vermindert werden.

Nachfolgend sollen die zentralen Ergebnisse dieser Arbeit kritisch diskutiert und in den bestehenden Forschungsstand eingeordnet werden.

11.1 Bedeutung der Ergebnisse dieser Arbeit für die Forschung über kindliche Mediennutzung und elterliche Medienerziehung

In der Unterrichtsevaluationsstudie des *Berliner Längsschnitt Medien* wurden 495 Grundschulkinder aus 39 repräsentativ für Berlin ausgewählten Grundschulen zu fünf Messzeitpunkten zwischen 2005 und 2009 hinsichtlich ihrer Mediennutzung befragt. Die Daten zum Mediengerätebesitz der Kinder zeigen im Vergleich zu anderen zwischen 2005 und 2009 durchgeführten Studien, dass der Mediengerätebesitz Berliner Grundschulkinder höher ist als in anderen Regionen Deutschlands. Lag die Fernsehbesitzquote unter Berliner Grundschulkindern beispielsweise in der dritten Klasse Ende 2005 bei rund 48 Prozent, gaben in der KFN-Grundschulbefragung 2005 rund 36 Prozent der befragten westdeutschen Viertklässlerinnen und Viertklässler an, einen eigenen Fernseher im Zimmer zu besitzen (Mößle et al., 2007). Die deutschlandrepräsentative KIM 2008 zeigte eine Fernsehgerätebesitzquote von 42 Prozent unter sechs- bis dreizehnjährigen Kindern (Feierabend & Rathgeb, 2009b). Ähnliche Unterschiede zeigten sich beim Spielkonsolenbesitz und beim Besitz eines eigenen Computers im Kinderzimmer. Entsprechende Tendenzen ergaben sich darüber hinaus bezüglich der durchschnittlichen Mediennutzungszeiten von Fernsehen und Computerspielen, ohne dass die verwendeten Nutzungszeitindikatoren der vorliegenden Studie aufgrund anderer Kategorisierungsintervalle direkt mit den Daten der KFN-Grundschulbefragung und der KIM 2008 vergleichbar sind. Unter Rückgriff auf ein in einer Parallelveröffentlichung verwendetes Umrechnungsverfahren der Berliner Daten (Mößle, Kleimann, Rehbein und Pfeiffer, 2010), lagen die Fernsehnutzungszeiten der Berliner Kinder ungefähr auf dem Niveau von KFN-Grundschulbefragung 2005 und der KIM 2008, die Computer- und Videospielzeiten der Berliner Kinder waren allerdings deutlich höher. Und schließlich lagen auch Anteile von Berliner Drittklässlerinnen und Drittklässlern, die bereits Erfahrungen mit inhaltlich problematischen Medieninhalten hatten, höher als die Werte der im Rahmen der KFN-Grundschulbefragung 2005 befragten Kinder in vierten Schulklassen. Insofern kann festgehalten werden, dass sich die elektronische Mediennutzung Berliner Kinder eher auf dem vergleichsweise hohen Niveau anderer ostdeutscher Bundesländer befindet (vgl. hier zum Beispiel Kleimann & Mößle, 2006) und deutlich über dem Bundesschnitt liegt.

Die von Messzeitpunkt zu Messzeitpunkt ansteigenden Medienbesitzquoten der Kinder stellen zunächst keine neue Erkenntnis dar. Einerseits steigt Mediengerätebesitzquote mit dem Alter der Kinder (Mößle et al., 2007), andererseits ist auch bei vergleichenden Querschnittsuntersuchungen an Kindern gleichen Alters ein stetiger Zuwachs bei der Geräteausstattung verzeichnet worden (vgl. hier etwa die letzten Erhebungen der KIM-Studie). Die rasant steigende Quote beim Computerbesitz im eigenen Zimmer unter Berliner Kindern (von 40 Prozent in der dritten Klasse zu 64 Prozent in der sechsten Klasse) belegt aber noch einmal eindrücklich die Notwendigkeit innerfamiliärer Medienerziehung und begleitender Maßnahmen durch Bildungsinstitutionen und den staatlichen Jugendmedienschutz.

Tatsächlich konnte die vorliegende Studie zeigen, dass sich die medienerzieherischen Aktivitäten der Berliner Eltern in Bezug auf die Fernseh- und Computerspielnutzung durchaus unterschiedlich entwickelten. Lag das elterliche regulative Monitoring beim Fernsehen von der dritten bis zur sechsten Klasse in etwa auf dem gleichen Niveau, steigerten Eltern ihre medienerzieherischen Aktivitäten bei Computer- und Videospielen aus der Sicht der Kinder zumindest bis zur fünften Klasse kontinuierlich. Die Daten über ein medienspezifisch unterschiedliches erzieherisches Engagement der Eltern stehen damit den Befunden der KIM 2008 entgegen. Dort wurde für Fernsehen und Computerspiele ein ähnliches Niveau von Absprachen zwischen Kindern und Eltern bezüglich Nutzungszeiten und -inhalten berichtet wurde (Feierabend & Rathgeb, 2009b). Es zeigt sich auch ein anderer interessanter Widerspruch der Berliner Daten zu denen der KIM und anderen Veröffentlichungen zur elterlichen Medienerziehung. In Kapitel 5 dieser Arbeit wurde ab Seite 125 dargestellt, dass regulative Medienerziehungsmaßnahmen mit steigendem Alter der Kinder sukzessive abnehmen (vgl. auch Böcking, 2007 sowie Warren et al., 2002). Auch die Daten der KIM 2006, in der die Frage nach altersspezifischer Computerspielerziehung untersucht wurde, zeigten, dass Eltern mit steigendem Alter der Kinder das Computerspielverhalten ihrer Kinder bezüglich Spielzeiten und genutzter Inhalte immer weniger stark reglementierten (Feierabend & Klingler, W., 2006). In Berlin zeigte sich nun bei der Computerspielerziehung in beiden Untersuchungsgruppen das genaue Gegenteil.

Wie ist das zu erklären? Womöglich ist der gefundene Effekt mit der breiten gesellschaftlichen Diskussion in Deutschland über Computerspiele und ihre Wirkungen in den vergangenen Jahren zu erklären. Ohne diese These mit Gewissheit belegen zu können, spricht einiges dafür, dass diese Vermutung tatsächlich zutrifft: Der fehlende Interventionseffekt beim elterlichen Erziehungsverhalten bezüglich der Computerspielnutzung könnte so zu erklären sein, dass die gesellschaftliche Debatte über Computerspielerziehung Eltern in Unterrichts-*und* Kontrollgruppe gleicherweise für Belange der Medienerziehung sensibilisiert hat, so dass sich der eigentlich zu erwartende Alterseffekt aufgrund eines Periodeneffektes nicht zeigte und scheinbar sogar umkehrte.

Wie schon bei der KFN-Grundschulbefragung 2005 war auch in Berlin das Gesamtniveau elterlicher Medienerziehungsmaßnahmen eher schwach ausgeprägt (vgl. Mößle et al., 2007 sowie Kapitel 9 dieser Arbeit ab S. 322). Selbst beim letzten Messzeitpunkt berichtete lediglich gut ein Drittel der Berliner Kinder von mittlerem bis hohem Engagement ihrer Eltern bei der Fernseherziehung, 56 Prozent berichteten Entsprechendes über die Computerspielerziehung ihrer Eltern. Eltern mit hohem Bildungsniveau zeigten ein höheres Engagement in der Medienerziehung als niedrig gebildete Eltern. Auch dies entspricht den Befunden der KFN-Grundschülerbefragung 2005 und internationalen Forschungsbefunden zur elterlichen Medienerziehung (vgl. den Studienüberblick auf S. 127 in dieser Arbeit). Im Übrigen konnte der in der Literatur zu lesende Befund (ebenda) - wenn auch nur tendenziell - bestätigt werden, dass Mädchen - trotz ihrer inhaltlich deutlich weniger problematischen Mediennutzung - von etwas mehr regulativer Medienerziehung berichten, als Jungen.

11.2 Bedeutung der Ergebnisse dieser Arbeit für die Erforschung problematischer Mediennutzungsmuster

In der vorliegenden Arbeit wurden Grenzen zeitlich und inhaltlich problematischer Mediennutzung definiert. Bei der Definition problematischer Medieninhalte hat der Autor dieser Arbeit die Altersgrenzen des gesetzlichen Jugendmedienschutzes übernommen. Dies mag wissenschaftlich unbefriedigend sein, erscheint aufgrund forschungsethischer Erwägungen (wer will experimentell prüfen, ab wann die Rezeption bestimmter Medieninhalte für Kinder eindeutig schädlich ist?) jedoch kaum anders denkbar. Zudem konnte in Quer- und Längsschnittstudien nachgewiesen werden, dass die Nutzung von Medien, die vom Jugendmedienschutz als entwicklungsbeeinträchtigend für eine Altersgruppe klassifiziert wurden, tatsächlich negative Wirkungen auf Gewalteinstellungen, Sozialverhalten und schulische Leistungen von Kindern dieses Alters haben (Mößle et al., 2007). Bezüglich der Definition zeitlich problematischer Mediennutzung wurde auf Ergebnisse der Forschung zu Mediennutzung und Schulleistungen zurückgegriffen (vgl. Kapitel 6 ab S. 144), wobei auch klargestellt wurde, dass die derzeitige Studienlage noch unbefriedigend ist (ebenda). Es ist dabei kaum zu leugnen, dass zum Zwecke der

Beratung von Eltern und Erzieherinnen und Erziehern ein weitgehender wissenschaftlicher Konsens über solche zeitlichen Obergrenzen wünschenswert wäre. Nicht ohne Grund haben sich die Autoren einschlägiger Beratungsbroschüren in den letzten Jahren dazu entschlossen, solche Grenzen auch ohne das Vorliegen klarer evidenzbasierter Forschungsbefunde zu veröffentlichen (ebenda). Die Festlegungen in dieser Arbeit, nach denen tägliche Fernsehzeiten über 45 Minuten für Kinder erster und zweiter Schulklassen als potentiell beeinträchtigend definiert werden und mehr als 60 Minuten tägliche Fernsehzeit für ältere Grundschulkinder als potentiell schädlich festgelegt werden, entsprechen in etwa den Empfehlungen der Broschüren des *Schau-hin!*-Projekts und der Bundeszentrale für Gesundheitliche Aufklärung (BZgA, 2010; Projektbüro-„Schau-Hin!-Was-Deine-Kinder-Machen!", 2010a). Ähnliches gilt für die definierten Grenzen täglicher Computerspielzeiten (45 Minuten für Grundschulkinder).

Die Nennung solcher Zeitgrenzen wird bei vielen wissenschaftlichen und pädagogischen Akteuren auf Widerspruch treffen. So kann beispielsweise der Bezug auf die Schulleistungsforschung in Frage gestellt werden: Selbst wenn schulische Leistungen ab einer gewissen täglichen Medienzeit im Durchschnitt beeinträchtigt sind, könnte argumentiert werden, dass womöglich andere Bereiche der kindlichen Entwicklung im Durchschnitt eher von stärkerer Mediennutzung profitieren. Es wurde im Rahmen dieser Arbeit sogar explizit auf Studien verwiesen, die auf das entwicklungsförderliche Potential elektronischer Mediennutzung im Bereich Wissensvermittlung und Sozialverhalten hinweisen (vgl. die Darstellung entsprechender Studien in Kapitel 4 ab S. 73). Bisher veröffentlichte Studien zeigen aber, dass kindgerechte Medien mit entwicklungsförderlichem Potential im Medienmenü der Kinder eine so geringe Rolle spielen, dass elektronische Mediennutzung im Durchschnitt eher negative Effekte auf Schulleistung und Sozialverhalten hat (ebenda). Auch wurde bisher nicht systematisch überprüft, wie sich die Nutzungseffekte „pädagogisch wertvoller" Medieninhalte in Konkurrenz mit anderen, nichtmedialen Freizeitaktivitäten darstellen.

Die gesellschaftliche Relevanz wissenschaftlicher Forschung definiert sich unter anderem über die beratende Funktion, die Wissenschaft für andere gesellschaftliche Bereiche wie etwa Politik und Familie hat. Insofern wird der - meist auch normativ aufgeladene - Streit über „gute" und „schädliche" Mediennutzungszeiten kaum zu vermeiden sein, wenn die Medienwissenschaft ihre Relevanz als Ratgeberin für die Gesellschaft nicht einbüßen will. Daher sollte weniger über die Frage diskutiert werden, *ob* eine Festlegung zeitlicher Grenzen sinnvoll ist, sondern eher darüber, *welche* Grenzen bei aller Unschärfe im Detail wissenschaftlich gestützt werden können. Die im Rahmen dieser Arbeit formulierten Grenzen sind eine Einladung an andere Kollegen, differenziertere Zahlen auf der Grundlage neuer Studien vorzulegen, die konkret genutzte Medieninhalte, persönlichen Hintergrund und Gratifikationserwartungen der Nutzer sowie konkrete Altersgruppen berücksichtigen. Die Grenzen der in dieser Arbeit festgelegten Zeitmarken wurden bezüglich der Altersdifferenzierung bereits im empirischen Teil der Arbeit deutlich. So führte die „starre" Definition zeitlich problematischer Mediennutzung für Schülerinnen und Schüler dritter bis sechster Klassen dazu, dass die Fernsehnutzung von rund zwei Dritteln aller untersuchten Sechsklässlerinnen und Sechstklässler als problematisch eingestuft wurde (vgl. S. 343 bis 347). Die Vermutung liegt nahe, dass die anhand der Forschung zur Mediennutzung von Grundschulkindern entwickelten Zeitgrenzen für Schülerinnen und Schüler sechster Klassen modifiziert werden müssten. Insofern stellt die Entwicklung von altersspezifischen Normen bei der elektronischen Mediennutzung eine wichtige Aufgabe für die weitere Forschung dar.

Auf Seite 153 dieser Arbeit wurde über die konkreten Zeitgrenzen hinaus eine abstraktere Definition vorgelegt, wann Mediennutzungszeiten von Kindern und Jugendlichen als beeinträchtigend gelten können. Dabei wurde darauf verwiesen, dass sich zeitliche Festlegungen einerseits an Ergebnissen der Medienwirkungsforschung orientieren sollten. Ergänzend wurde vorgeschlagen, dass Mediennutzungszeiten auch dann als problematisch definiert werden sollten, wenn sie dauerhaft die statistische Norm in einer Altersgruppe deutlich überschreiten. Natürlich ist diese statistisch argumentierende Setzung leicht zu kritisieren, fehlt ihr doch die konkrete inhaltliche Begründung. Wer aber nun entgegnet, dass es durchaus vorstellbar ist, dass Kinder elektronische Medien (zum Beispiel Computerspiele oder das Internet) dauerhaft deutlich überdurchschnittlich häufig nutzen können, ohne dadurch in ihrer Entwicklung beeinträchtigt zu werden, sollte dies auch plausibel begründen können. Wie sollen Medienerfahrungen realweltliche Erfahrungen derart vollständig ersetzen können, dass dadurch kein erhebliches Risiko für die Entwicklung eines durchschnittlichen Kindes entsteht? Letztlich steckt in dieser Frage auch die Forderung nach einer Beweislastumkehr: Wer ernsthaft argumentieren will, elektronische Mediennutzungszeiten, die dauerhaft oberhalb des Normbereiches liegen, seien für Kinder in der heutigen Welt unbedenklich, sollte den wissenschaftlichen Beweis für diese Argumentation antreten. Im Rahmen dieser Arbeit wurde die Proklamation zeitlich exzessiver, aber funktionaler Mediennutzung durch Six bereits kritisiert (vgl. S. 134). Wenn auch eine solches Mediennutzungsmuster im Erwachsenenalter und zumindest auf die Internetnutzung bezogen theoretisch denkbar ist, erscheint die Existenz exzessiv funktionaler Mediennutzung im Kindesalter eher ein akademisches Gedankenspiel als empirisch nachweisbare Realität.

In dieser Arbeit wurde deutlich gemacht, dass neben zeitlich und inhaltlich problematischer Mediennutzung auch funktional problematische Mediennutzungsmuster stärkere Beachtung in der Mediennutzungsforschung finden sollten (vgl. Kapitel 6 ab S. 135). Im *Berliner Längsschnitt Medien* zeigten zwischen 12 und 17 Prozent der Kinder eine funktional problematische Fernsehnutzung, zwischen drei und vier Prozent der Kinder wiesen eine exzessiv-dysfunktionale Computerspielnutzung auf. Der deutliche Unterschied in den Prävalenzen zwischen den beiden Medien ist bereits in der unterschiedlichen Benennung beider Nutzungsmuster zu erkennen und ist - neben der unterschiedlichen Reichweite beider Medien - vor allem durch unterschiedlich „harte" Kriterien bei der Messung dieser Konstrukte zu erklären. Wird durch das Instrument zur Messung exzessiv-problematischer Computerspielnutzung letztlich Computerspielabhängigkeit oder Gefährdung für eine solche Abhängigkeit gemessen, bedeutet funktional problematische Fernsehnutzung „lediglich" eine stark kompensatorische Fernsehnutzung in Kombination mit zeitlich oder inhaltlich problematischer Fernsehnutzung. Hier spiegelt sich die große Unschärfe definitorischer Konstrukte in der aktuellen Debatte über dysfunktionale Mediennutzungsmuster wider, die in dieser Arbeit nicht aufgelöst, aber mehrfach angesprochen wurde. Derzeit existieren keine für verschiedene Mediennutzungsformen geeigneten Definitionen für funktional problematische Mediennutzung. Dementsprechend gibt es auch kein einheitliches Instrumentarium zur Messung solcher Mediennutzungsmuster. Die oben genannten Prävalenzzahlen zeigen zumindest einen dringenden Bedarf an weiterer Forschung, beschreiben die gefundenen Mediennutzungsmuster doch empirisch vorhandene Probleme.

11.3 Bedeutung der Ergebnisse dieser Arbeit für die Medienwirkungsforschung

Im *Berliner Längsschnitt Medien* zeigten sich analog zu anderen internationalen Studien (vgl. die Darstellung der Forschungslage auf S. 67 - 81) negative Zusammenhänge der Schulnoten der Kinder mit problematischen Mediennutzungsmustern. Neben diesem korrelativen Befund ergab sich im Rahmen der vorliegenden Arbeit auch ein positiver Effekt der Medienunterrichtseinheit auf die Schulnoten der Kinder in Mathematik. Dieser Befund belegt erstmals mithilfe eines randomisierten Kontrollgruppendesigns, dass Medienunterricht einen positiven Effekt auf die schulische Leistung haben kann. Zwar wurde in der ähnlich konzipierten Studie von Robinson et. al. (2001) die Schulleistung der

Kinder ebenfalls erhoben, die angekündigte Analyse der Interventionseffekte auf die Schulleistungen der Kinder wurde jedoch nie publiziert. Obwohl sich nur vermuten lässt, dass die fehlende Publikation dieser Ergebnisse auf einen Nulleffekt hinweist, würde dies vor dem Hintergrund der in Berlin erzielten Ergebnisse wenig überraschen. So zeigten sich im *Berliner Längsschnitt Medien* signifikante Notendifferenzen in Mathematik zwischen den Gruppen erst zweieinhalb Jahre nach der Pre-Messung und nach drei vollendeten Unterrichtseinheiten. In Anbetracht der schwachen Effektstärke der Noteneffekte im Berliner Sample wäre es überraschend, wenn die Studie von Robinson und Kollegen mit einem kleineren Sample, nur einer Unterrichtseinheit und einem Abstand von lediglich einigen Monaten zwischen Pre- und Postmessung einen bedeutsamen Effekt zutage gefördert hätte.

Als überraschend kann der Befund gewertet werden, dass nicht etwa die Deutschnoten von der Unterrichtseinheit profitierten, sondern gerade die Mathematiknoten. Zwar zeigten die Studien von Borzekowski und Robinson (2005), die KFN-Grundschulbefragung (Mößle et al, 2007) wie tendenziell auch die Studie von Wittwer und Senkbeil (2008) negative Korrelationen zwischen Mathematiknoten und elektronischer Mediennutzung, jedoch wurde der Einfluss der elektronischen Mediennutzung auf sprachliche Schulleistungen in der Literatur bisher deutlich intensiver untersucht und ist auch besser belegt (vgl. die Übersicht ab S. 68). Auch im Rahmen der vorliegenden Studie zeigten sich auf bivariater Ebene bei Kontrolle von Geschlecht und Intelligenz der Kinder etwas stärkere Zusammenhänge zwischen problematischen Mediennutzungsparametern und der Deutschnote als mit der Mathematiknote (vgl. S. 396). Wie ist also zu erklären, dass die Unterrichtseinheit ausgerechnet einen Effekt auf die Mathematikleistungen der Kinder hatte?

Unter den in Kapitel 4 (ab S. 65) dargestellten Erklärungsansätzen bietet sich zunächst die so genannte **Zeitverdrängungshypothese** an. Mathematik gilt als klassisches Lern- und Übungsfach. Fehlende beziehungsweise durch zeitlich exzessive Mediennutzung verdrängte Lern- und Übungszeiten würden sich damit im Fach Mathematik besonders gravierend auswirken. In der Berliner Studie zeigte sich jedoch unter Kontrolle von Geschlecht und Intelligenz der Kinder keine Korrelation zwischen Mathematikleistungen und problematischen Mediennutzungszeiten. Zudem konnte gezeigt werden, dass die evaluierte Unterrichtseinheit bei der Reduktion problematischer Fernsehzeiten keinen, bei der Reduktion problematischer Computerspielzeiten nur einen sehr begrenzten Erfolg hatte. Den Unterrichtseffekt auf die Mathematiknoten der Kinder über Zeitverdrängungseffekte zu erklären erscheint somit kaum plausibel, zumal sich die statistisch bedeutsamen Gruppenunterschiede in der Mathematiknote in der fünften und sechsten Klasse zeigten, der Unterrichtseffekt auf die Reduktion von Computerspielzeiten aber nur in der vierten Klasse nachgewiesen werden konnte.

Neben **Zeitverdrängungshypothesen** werden in der Forschung auch **Medieninhaltshypothesen** zur Erklärung des Zusammenhangs zwischen Mediennutzung und Schulleistung diskutiert. So haben Anderson et al. (2001) anhand empirischer Indikatoren ein Modell aufgestellt, in dem Gewaltmediennutzung zu einem eher auffälligen Sozialverhalten eines Schülers oder einer Schülerin führt (vgl. auch Kapitel 4 ab S. 82) und dadurch auch den Prozess der Notenvergabe beeinflusst. Bei dieser Erklärungshypothese wäre es allerdings eher wahrscheinlich, dass sich solche Schulnoten durch Medienunterricht verbessern, die eher das Resultat von Lehrer/-Schüler-Interaktion und deren Interpretation durch die Lehrkraft sind. Auch dies ist bei Deutsch und gesellschaftskundlichen Fächern eher der Fall als in Mathematik. Auch unter Rückgriff auf Medieninhaltshypothesen wäre also eher ein Effekt der Unterrichtseinheit auf die Deutsch-, als auf die Mathematiknote plausibel gewesen.

In der vorliegenden Arbeit wurde mit der funktional problematischen Mediennutzung neben inhaltlich und zeitlich problematischen Nutzungsformen eine weitere Dimension problematischer Mediennutzung herausgearbeitet. Es wurde zwar am Beispiel der exzessiv-problematischen Computerspielnutzung gezeigt, dass dieses Mediennutzungsmuster bei Kindern mit zeitlich exzessiver und inhaltlich problematischer Mediennutzung einhergeht (Rehbein, Kleimann & Mößle, 2009), jedoch weisen funktional problematische Mediennutzungsmuster darüber hinaus das Merkmal auf, dass Mediennutzung als dysfunktionaler Kompensator realweltlicher Probleme fungiert. Elektronische Medien bieten nicht nur jederzeit die Möglichkeit der (vermeintlichen) Entspannung und Zerstreuung, sie ermöglichen auch - wie etwa Computerspiele - das Erleben von Selbstwirksamkeit, Erfolg und Anerkennung. Diese Mechanismen gehen über reine Zeitverdrängungsmechanismen hinaus und erhöhen nicht einfach nur das Risiko, mit inhaltlich problematischen Medieninhalten konfrontiert zu werden. Die vorliegende Arbeit konnte zeigen, dass schlechte schulische Leistungen insbesondere mit dysfunktional problematischer Mediennutzung korreliert sind. Auch andere Studien konnten diesen Zusammenhang nachweisen (vgl. zum Beispiel Rehbein, Kleimann und Mößle, 2010). Das entwickelte *Medienlotsen*-Unterrichtskonzept hatte seine stärksten Effekte in der (relativen) Minderung dysfunktional problematischer Mediennutzung. Und schließlich konnte auch gezeigt werden, dass Jungen sowohl Fernsehen als auch Computerspiele stärker kompensatorisch nutzen als Mädchen dies tun. All diese Einzelbefunde könnten Hinweise darauf sein, dass eine **Theorie der dysfunktionalen Kompensation** den Zusammenhang zwischen Mediennutzung und schulischer Leistung besser aufzuklären in der Lage ist, als die bisher etablierten Hypothesen. Diese Theorie lässt sich in die Gruppe der **Interferenzhypothesen** zum Zusammenhang zwischen Mediennutzung und Schulleistung einordnen, die ein komplexes Zusammenspiel kindlicher Mediennutzungspräferenzen mit schulischen Anforderungen proklamieren und daraus Effekte für die Schulleistungen der Kinder ableiten (Comstock & Scharrer 1999). Es soll im Folgenden dargestellt werden, wie sich aus den Ergebnissen dieser Arbeit eine Wirkungshypothese zum Zusammenhang zwischen Mediennutzung und Schulleistung und hier insbesondere den Mathematiknoten ableiten lässt, die zwar unter die Interferenzhypothesen subsumiert werden kann, die aber auch Elemente der anderen Wirkhypothesen enthält:

Die Zeitverdrängungshypothese proklamiert, dass schulische Leistungen schlechter werden, weil notwendige Lern- und Arbeitszeiten durch Mediennutzung verdrängt werden. Dabei bleibt aber das komplexe Zusammenwirken der vielen Faktoren ausgespart, die den kindlichen Lernalltag tatsächlich prägen. Nicht erst seit PISA stehen Schülerinnen und Schüler unter erheblichem Leistungsdruck, der unter Umständen zu einer Überforderung vieler Kinder führen kann. Andererseits werden viele Interessen, Fähigkeiten und Begabungen von Kindern in der Schule nur unzureichend gefördert, so dass sie in bestimmten Bereichen unterfordert werden. Sowohl aus Über- wie auch aus Unterforderung ergibt sich auf Seiten der Kinder das Bedürfnis nach Kompensation. Wie entwickeln sich nun Kinder, wenn sie frühzeitig gelernt haben, dass Fernsehen und Computerspiele in der Konfrontation mit realweltlichen Problemen (etwa hohen schulischen Anforderungen oder Langeweile durch Unterforderung) jederzeit bereit stehen, um vermeintliche emotionale und kognitive Entlastung und sogar alternative Erfolgserlebnisse zu bieten? Was geschieht, wenn Kinder lernen, dass interaktive Medienwelten Interessen und Begabungen honorieren, die in der Schule kaum eine Rolle spielen? Was ist die Folge, wenn Kinder die Schule als Ort des Lernens und der Selbstbestätigung nicht mehr brauchen? Elektronische Medien sind inzwischen fast jederzeit und fast überall verfügbar. Sie ermöglichen individuelle Erfahrungs- und Lernprozesse, die eine konventionelle Schule mit ihren strukturbedingten Einschränkungen vergleichsweise alt aussehen lassen. Ihren dysfunktionalen Charakter bekommen kompensatorische Mediennutzungsformen dann, wenn Schülerinnen und Schüler aufgrund dieser unbestreitbaren Vorteile der von ihnen genutzten Medienwelten ab einem gewissen Punkt realweltliche Herausforderungen nicht mehr annehmen und die sich daraus ergebenden Probleme nicht lösen, sondern durch Flucht in die Mediennutzung zu verdrängen (vgl. auch die Darstellung bei Wölfling, Thalemann & Grüsser, 2007). Wenn man davon ausgeht, dass die Mathematiknote in einem vergleichsweise engen Zusammenhang mit der aktuellen Übungs- und Lernbereitschaft einer Schülerin oder eines Schülers steht, lässt sich argumentieren, dass die Mathematiknote unter den erhobenen Schulnoten der sensibelste Indikator für dysfunktional kompensatorische Mediennutzung ist. Viel eher als in Deutsch wird an aktuellen Schwankungen der Mathematiknote deutlich, ob eine Schülerin oder ein Schüler motiviert und in der Lage ist, den aktuellen Schulstoff regelmäßig zu lernen und zu wiederholen. Eine Sensibilisierung der Kinder für eigene dysfunktional-kompensatorische Mediennutzungsmuster durch eine entsprechende Unterrichtseinheit könnte also tatsächlich am ehesten Effekte auf die Mathematiknote haben.

Wie die Ausführungen in Kapitel 4 (eine Zusammenfassung ab S. 81) gezeigt haben, kann es letztlich nicht darum gehen, eine Theorie der dysfunktionalen Kompensation einfach in Konkurrenz zu Zeitverdrängungshypothese, Medieninhaltshypothese und den verschiedenen anderen Interferenzhypothesen zu setzen. Vielmehr erscheint es - in Übereinstimmung mit den Befunden von Comstock und Scharrer (1999) - wahrscheinlich, dass es nicht einen einzigen Wirkmechanismus zur Erklärung des Zusammenhangs gibt. Vor dem Hintergrund der Vielfalt elektronischer Medien, Medieninhalte, ihrer Nutzungsformen und der an sie gestellten Gratifikationserwartungen ist es daher notwendig, bereits vorhandene Modelle um die Dimension der dysfunktionalen Kompensation und ihrer Folgen (beispielsweise Computerspielabhängigkeit) zu erweitern. Es wäre zu begrüßen, wenn die vorliegende Arbeit die weitere Theorieentwicklung in dieser Richtung anregen kann.

11.4 Bedeutung der Ergebnisse dieser Arbeit für die schulische Medienerziehung

Die Evaluation des *Medienlotsen*-Unterrichtsprogramms mit seinen drei Unterrichtseinheiten hat gezeigt, dass schulische Medienerziehung geeignet ist, das Medienverhalten von Kindern zu ändern. Diese Effekte zeigten sich im Rahmen eines methodisch anspruchsvollen Evaluationsverfahrens: einem randomisierten Kontrollgruppendesign mit einer Pre-Messung, drei Post-Messungen nach jeder Unterrichtseinheit sowie einer Follow-Up-Messung nach einem weiteren Jahr. Die teilnehmenden Schulklassen wurden aus der Grundgesamtheit aller dritten Klassen in Berliner Grundschulen gezogen, die Zustimmung der teilnehmendem Schulen durch die Schulleitungen, Lehrkräfte sowie die Elternzustimmung zur Befragung ihrer Kinder wurden eingeholt, *bevor* die Klassen zufällig der Unterrichts- oder Kontrollbedingung zugewiesen wurden. Die Gestaltung der Unterrichtseinheiten und die Länge der Lehrkräfteschulungen entsprachen normalen schulischen Gegebenheiten (vgl. auch die Ausführungen zu den allgemeinen Zielen und der avisierten Reichweite des Unterrichtsprogramms ab S. 191 sowie Programmkonzeption ab S. 243).

Zwar waren die gefundenen Effekte schwach und teilweise nur relativ kurzfristig messbar. Es wurden aber, beispielsweise mit Blick auf die exzessivproblematische Computerspielnutzung der Kinder, durchaus auch längerfristige Effekte sichtbar. Während die Unterrichtseinheit bei der Vermeidung inhaltlich und funktional problematischer Mediennutzungsmuster die deutlichsten Erfolge hatte, konnten die Medienzeiten der Schülerinnen und Schüler nur geringfügig reduziert werden. Damit zeigten sich im *Berliner Längsschnitt Medien* deutlich andere Ergebnisse als in der Studie von Robinson et al. (2001). Letztere belegte einen Effekt des amerikanischen SMART-Unterrichtskonzepts auf die Medienzeiten der Kinder. Dieser Unterschied ist wahrscheinlich mit den unterschiedlichen Charakteristika der Unterrichtsinterventionen zu erklären. Bei SMART handelt es sich um ein Verhaltenstraining nach dem sozial-kognitiven Lernansatz Banduras, das für Berlin entwickelte *Medienlotsen*-Konzept enthielt zwar Elemente des SMART-Konzeptes, setzte jedoch deutlich stärker auf den Dialog zwischen Lehrkräften und Kindern und auf die Reflexion eigener Mediennutzungsmuster.

Die Effekte der vorliegenden Studie widersprechen dezidiert den auf Seite 165 dieser Arbeit dargestellten Einschätzungen von Spanhel, das Medienhandeln der Kinder sei durch schulische Arbeit nicht nachhaltig zu verändern. Die Evaluation des Berliner Unterrichts zeigt: Medienerzieherischer Unterricht wirkt. Er wirkt sogar, obwohl seine Implementation keineswegs optimal verlief und obwohl die Eltern, im theoretischen Teil dieser Arbeit als eine wichtige Zielgruppe der Intervention bezeichnet, nicht in zufriedenstellender Weise erreicht werden konnten. Die Effekte des *Medienlotsen*-Unterrichtsprogramms können als ermutigendes Zeichen für all diejenigen Lehrerinnen und Lehrer angesehen werden, die bereits medienerzieherische Elemente in ihrem Unterricht verwenden. Selbst wenn sie bisher kaum Anzeichen für die Wirksamkeit ihrer Arbeit gesehen haben mögen, heißt das nicht, dass ihr Unterricht keine Effekte hat. Das Problem könnte darin liegen, dass Lehrkräfte die vielen kleinen Effekte ihrer Arbeit gar nicht immer mitbekommen. Schließlich ist es leichter, Unterrichtserfolge in Erdkunde oder Mathematik durch Wissenstests zu ermitteln, als den Erfolg schulischer Medienerziehung zu messen. Kaum eine Unterrichtseinheit wird schließlich durch eine aufwändige Evaluation begleitet. Insofern können die Resultate dieser Arbeit auch als Aufforderung an die wissenschaftliche Forschung verstanden werden, Lehrkräften einfach handhabbare Instrumente an die Hand zu geben, um den Lernerfolg ihrer Schülerinnen und Schüler auch in so genannten „weichen" Fächern mit zeitgeschichtlichen gesellschaftlichen Themen zu überprüfen. Dass sich schulische Medienerziehung auch in Bezug auf andere Lebensbereiche lohnt, zeigten die kleinen Erfolge bei der relativen Verbesserung der Mathematiknoten.

Die vorliegende Arbeit hat gezeigt, dass Medienunterricht nicht nur Effekte hat, sondern dass er im normalen Unterrichtsalltag der Grundschule auch durchführbar ist. Die meisten schulorganisatorischen Probleme - wie etwa das Fehlen eines eigenen Medienunterrichtsfachs - erscheinen pragmatisch lösbar. Auch ohne ein explizites Fach *Medienunterricht* lassen sich in den Deutsch- und Sachkunde-Curricula für die Grundschule zahlreiche Anknüpfungspunkte für schulischen Medienunterricht finden (vgl. die Analyse der entsprechenden Rahmenlehrpläne ab S. 207 sowie Mitzlaff, 2007). Medienunterricht kann mit anderen Lehrplaninhalten verknüpft werden, so dass andere Lerninhalte nicht zu kurz kommen. Die fehlende Expertise vieler Lernkräfte bei aktuellen Formen kindlicher Mediennutzung lässt sich am Leichtesten ausgleichen, schließlich sitzen auskunftsfreudige Expertinnen und Experten jeden Tag in den Schulbänken.

Das *Medienlotsen*-Unterrichtskonzept mit seinen drei Unterrichtseinheiten verfolgt den pragmatischen Ansatz, dass Konzepte für schulische Medienerziehung nur dann erfolgreich sein können, wenn Lehrkräfte nicht einfach als Mittler zwischen Unterrichtsinhalten und den Kindern angesehen werden, sondern als eigene Zielgruppe, deren Bedürfnisse explizit zu berücksichtigen sind. Das hat zumindest bei den ersten beiden Unterrichtseinheiten gut funktioniert. Wichtig ist aber, dass medienerzieherische Inhalte kontinuierlich im Unterricht aufgegriffen werden sollten, um nachhaltige Effekte zu erzielen. Eine vereinzelte Projektwoche zum Thema Medien wird hier nicht ausreichen. Die Ergebnisse der Unterrichtsevaluation belegen, dass sich viele Effekte des Unterrichtskonzeptes erst nach der zweiten Unterrichtseinheit zeigten. Dieser Befund ist konsistent mit Befunden der Forschung über gute Präventionskonzepte, in denen Follow-up- beziehungsweise Booster-Sessions als Standards definiert sind, um Präventionsinhalte nachhaltig zu etablieren (vgl. Bond & Hauf, 2004).

Das *Medienlotsen*-Konzept arbeitet keineswegs mit schlichten Verhaltensregeln und bloßer Schwarz-Weiß-Malerei („Das sind die bösen Medien, dies hier die guten Alternativen!"). Zentraler Erfolgsfaktor des Unterrichts war nach Meinung des Autors dieser Arbeit ein offener, aber kritischer Dialog mit den Schülerinnen und Schülern und eine klare Fundierung in den Ergebnissen der Medienwirkungsforschung. Die Skepsis vieler medienpädagogischer Akteure gegenüber empirischen Befunden zu problematischen Medienwirkungen wurde im Rahmen dieser Arbeit diskutiert und auch kritisiert (vgl. S. 165), verstellt diese Skepsis doch den Blick für die pädagogischen Handlungsnotwendigkeiten. Die Prävalenzen problematischer Mediennutzungsmuster belegen den dringenden Handlungsbedarf.

Das *Medienlotsen*-Unterrichtskonzept wurde auf Grundlage des problemzentrierten Public-Health-Ansatzes entwickelt, der Medienunterricht primär als Prävention medienbezogenen Risikoverhaltens ansieht (eine kurze Übersicht ab S. 180). Diese theoretische Fundierung schafft aber auch Probleme für die breite Implementierung vergleichbarer Medienunterrichtskonzepte, fehlt dem verwendeten theoretischen Konzept doch sowohl in seinen Begrifflichkeiten als auch in seinen Schwerpunkten die Anschlussfähigkeit an die im Rahmen dieser Arbeit kritisierten Medienkompetenzkonzepte. Diese sind aber die Grundlage bisheriger Lehrkräftefortbildungen beim Thema Medienerziehung. Wie Gysbers' Studie zur Medienkompetenz von Lehrkräften gezeigt hat, gibt es in den meisten Schulen bereits einige Lehrkräfte vom Typus *Engagierter Medienprofi*, die eine große medien- und mediennutzungsbezogene Expertise besitzen (Gysbers, 2008). Somit wären sie die richtigen Multiplikatoren für medienerzieherische Arbeit in Schulen. Von ihrem Hintergrund, das lassen Gysbers' Befragungsergebnisse – trotz aller Unschärfe des verwendeten Befragungsinstruments (vgl. S. 171) - vermuten, sind sie allerdings der Medienwirkungsforschung gegenüber eher kritisch eingestellt. Besonders mit dieser Gruppe gilt es in Zukunft einen echten Dialog zu führen, statt sich in den jeweiligen theoretischen und normativen „Wagenburgen" zu verschanzen.

11.5 Methodenkritik

Wie bereits angesprochen, gelang es mithilfe des im Rahmen dieser Arbeit entwickelten schulischen Präventionskonzepts nicht ausreichend, die Eltern der Schülerinnen und Schüler der Unterrichtsklassen anzusprechen. Diese Problematik wurde von verschiedenen Autoren und auch im durchgeführten Expertenworkshop (vgl. S. 243) bereits häufig beschrieben, konnte aber auch durch das vorliegende Medienunterrichtskonzept nicht zufriedenstellend gelöst werden. Es wurde bereits darauf hingewiesen, dass die fehlenden Effekte auf Elternseite unter Umständen auch damit zu erklären sind, dass die gesellschaftliche Thematisierung von Computerspielen Eltern von Unterrichts- und Kontrollgruppenkindern gleichermaßen verstärkt sensibilisiert hat und so vorhandene Programmeffekte überdeckt wurden. Immerhin zeigte sich ja bei der

Geräteausstattung der Kinder, einem Punkt, bei dem Eltern von Grundschulkindern in der Regel zumindest mitentscheiden, dass es Unterrichtseffekte gab. Vor dem Hintergrund, dass die Botschaft „Keine Bildschirmgeräte im Kinderzimmer!" im Mittelpunkt der Elternaufklärung stand, ist hier womöglich doch ein Effekt des Unterrichtsprogramms auf die Eltern zu erkennen.

Ein großes Problem stellte die nur ansatzweise erfolgreiche Implementation der dritten Unterrichtseinheit dar. Zwar konnten hierfür eine Reihe von schulorganisatorischen Gründen identifiziert werden, die mit dem Übergang der Berliner Kinder von der vierten in die fünfte Klasse zusammenhingen, dennoch wäre es bei der Konzeption der dritten Einheit aus der heutigen Perspektive effektiver gewesen, eine methodisch weniger offene und inhaltlich besser vorstrukturierte Vorlage für den Unterricht zu erarbeiten.

Auf zwei methodisch und inhaltlich interessante Aspekte musste im Rahmen des *Berliner Längsschnitt Medien* aus forschungsökonomischen Gründen verzichtet werden. So wären für die Dokumentation der Unterrichtsimplementation Unterrichtsbeobachtungen und Experteninterviews mit einigen der beteiligten Lehrkräfte äußerst hilfreich gewesen. Zudem wäre es für die Einschätzung der gefundenen Unterrichtseffekte sehr interessant gewesen, neben der Unterrichts- und Kontrollgruppe noch eine zweite Unterrichtsgruppe zu untersuchen, in der ein anderes Unterrichtskonzept, beispielsweise eine Replikation des SMART-Unterrichts angewendet wurde. Nach Informationen des Autors dieser Arbeit befindet sich das SMART-Material gerade in der deutschen Übersetzung, so dass es unter Umständen bald für eine solche Studie eingesetzt werden könnte.

Während der Auswertung der Effekte des Berliner Medienunterrichts wurde lange darüber nachgedacht, die unterschiedlich ausgeprägte Unterrichtsimplementation in den einzelnen Klassen in der Datenanalyse zu berücksichtigen. In der Veröffentlichung von Mößle et. al (2010) zu einigen Ergebnissen der ersten Messzeitpunkte des *Berliner Längsschnitt Medien* wurde auf diese Weise verfahren und einige Unterrichtseffekte zeigten sich deutlicher als in der hier vorliegenden Arbeit. Der Autor dieser Arbeit hat sich jedoch gegen ein solches Vorgehen entschieden, um die externe Validität der gefundenen Unterrichtseffekte nicht zu verwässern. Schließlich lässt sich im normalen Unterrichtsalltag ein misslungener oder ausgelassener Teil einer Unterrichtseinheit auch nicht einfach post hoc durch die datenanalytische Berücksichtigung dieses Mangels herausrechnen. Im Kontext solcher datenanalytischen Entscheidungen zeigt sich immer auch ein ganz grundsätzliches Problem: Darf sich der Entwickler eines Präventions- beziehungsweise Unterrichtskonzeptes selbst evaluieren? Und wenn er es tut, welchen wissenschaftlichen Wert haben seine Erkenntnisse dann? Schließlich, so ein geflügeltes Wort in der Evaluationsforschung, „sind die eigenen Kinder immer die schönsten." Die Antwort auf die Frage nach der Zulässigkeit der Selbstevaluation hat der Autor mit der Anlage und Titelgebung dieser Arbeit selbst gegeben. Natürlich ist es möglich, das eigene Konzept zu evaluieren, wenn die im Rahmen dieser Evaluation unternommenen Einzelschritte transparent, intersubjektiv nachvollziehbar und nachträglich überprüfbar sind. Es ging in dieser Arbeit nie darum, das eigene Unterrichtskonzept als fehlerlos oder auch nur als das beste aller denkbaren Konzepte schulischer Medienerziehung zu „verkaufen". Denn gerade die Analyse nicht erwarteter oder erwartungswidrig nicht eingetretener Effekte kann dabei helfen, zukünftig besseren Medienunterricht zu gestalten. Diese Arbeit sollte vor allem zeigen, dass schulische Medienerziehung dringend notwendig und dass sie möglich ist. Es ist im Nachhinein umso erfreulicher, dass sich auch Effekte nachweisen ließen. Den Autor dieser Arbeit hat dies wahrscheinlich am meisten überrascht. Die eigenen Kinder sind schließlich nicht nur die schönsten, man kennt sie auch am besten. Mit allen ihren Fehlern und Unzulänglichkeiten.

11.6 Ausblick und Schlussbemerkungen

Die Forschungen zu den Effekten des *Medienlotsen*-Unterrichtsprogramms sind noch bei Weitem nicht abgeschlossen. So fehlt beispielsweise bislang eine Veröffentlichung zu den Effekten des Unterrichtsprogramms auf den im Rahmen der Begleitforschung jährlich erfassten Body-Mass-Index der Kinder sowie auf weitere psychosoziale Merkmale. Bereits im Jahr 2010 wurde unter Federführung von Thomas Mößle eine Befragung der nunmehr die siebte Klasse besuchenden Schülerinnen und Schüler des *Berliner Längsschnitt Medien* durchgeführt. Weitere Folgeuntersuchungen in den nächsten Jahren sind geplant. Da inzwischen das Gewaltverhalten der Jugendlichen erhoben wird und auch die Untersuchung von Computerspielabhängigkeit im Panel weitergeführt wird, ergeben sich für die Kolleginnen und Kollegen, die das Projekt weiter verfolgen, spannende Forschungsperspektiven. Im Rahmen dieser Forschung wird es auch möglich sein, die Daten auf langfristige Effekte des Medienunterrichts in der Grundschule zu überprüfen. Die methodischen Voraussetzungen sind günstig. Aus Kontroll- und Unterrichtsgruppe haben sich in etwa gleich viele Kinder für die weitere Teilnahme an der Studie entschieden.

Auch im Bereich schulischer Medienerziehung entwickeln sich die Dinge weiter. Das Interesse von Lehrerinnen und Lehrern an Unterrichtsmaterialien über die sinnvolle Nutzung und die Problembereiche elektronischer Medien steigt ständig. Parallel zum Forschungsprojekt Mediennutzung und Schulleistung, in das der *Berliner Längsschnitt Medien* eingebettet ist, läuft seit einigen Jahren das von der Europäischen Union geförderte Klicksafe-Programm, das Lehrerkräften, Erziehern, Eltern und Kindern Wege für eine kompetente und kritische Nutzung von Internet und Neuen Medien vermitteln will. Seit Mai 2008 bietet Klicksafe ein Lehrerhandbuch an mit Hintergrundinformationen zur Mediennutzung durch Kinder und Jugendliche, mit Informationen zum Jugendmedienschutz und mit konkreten Unterrichtsmaterialien. Zudem bietet Klicksafe zahlreiche Handreichungen zur Gestaltung von Elternabenden zu Medienerziehungsthemen. Dort werden auch Themen behandelt, die in dem vor fünf Jahren konzipierten *Medienlotsen*-Unterrichtsprogramm noch keine Rolle spielten. Eine wissenschaftliche Evaluation des *Klicksafe*-Ansatzes und seiner Materialien steht bisher noch aus, wäre aber äußerst begrüßenswert.

Unter dem Motto „Keine Bildschirmgeräte im Kinderzimmer!" hat sich im letzten Jahr der Landkreis Reutlingen dazu entschlossen, eine Aufklärungskampagne zu problematischen Aspekten kindlicher Mediennutzung zu starten und ein Konzept zu erarbeiten, Kindern der Region möglichst flächendeckend Alternativen zur Nutzung elektronischer Medien zu bieten. Für viele hören sich solche Konzepte zunächst einmal befremdlich an. Sind denn Medien nur schlecht für Kinder? Sind sie nicht vielmehr ein zentraler Bestandteil des kindlichen Alltags, äußerst vielfältig und mit positiven Effekten einsetzbar? Natürlich sind sie das. Aber ohne ein medienkritisches Bewusstsein der Kinder wird aus dem medialen Versprechen einer *Bereicherung* des Lebens eine schleichende *Verarmung*. Kinder müssen erst nach und nach lernen, die sie umgebende Welt zu erschließen, um die ganze Fülle der Möglichkeiten zu erkennen, die sich ihnen bieten. Wenn der Ersatz für diese wichtigen Erfahrungen jederzeit bereit auf dem Nachttisch der Kinder steht, steigt die Wahrscheinlichkeit, dass sie viele dieser wichtigen Erfahrungen nicht machen.

Durch die immer stärkere Verschmelzung von Massen- und Kommunikationsmedien, durch soziale Netzwerke, Themenportale und Multiplayerspiele im Internet verschwimmen die Grenzen zwischen medialer Erzählung, zwischenmenschlichem Dialog, Spiel, Fiktion und Realität zunehmend. Viele Medienpädagogen versuchen dieser Herausforderung so zu begegnen, indem sie Kinder möglichst früh in diese Umgebungen einführen. Der Autor dieser Arbeit hält diesen Weg für falsch. Um Kindern kritische Distanz und Reflexion über ihr mediales Handeln zu ermöglichen, brauchen sie zunächst einen zuverlässigen Referenzpunkt außerhalb. Sie sollten - als Ausgangsbasis - die reale Welt kennen und schätzen, um dann zu entscheiden, wie sie durch Medien bereichert werden kann. Beim „Fangen" spielen auf einem ostwestfälischen Schulhof nannte man eine solche Basis früher „Friede". Die Kinder starteten von dort ins Getümmel, konnten jederzeit dorthin zurückkehren und waren dort über einen selbst gewählten Zeitraum unantastbar. Wenn Kinder aufgrund fehlender nichtmedialer Erfahrungen das Gefühl haben, ihr „Friede" sei ihr Account bei *World of Warcraft* oder ihr *Facebook*-Profil, ist das ein Alarmsignal.

Literaturverzeichnis

Altrichter, H. & Heinrich, M. (2006). Evaluation als Steuerungsinstrument im Rahmen eines "neuen Steuerungsmodells" im Schulwesen. In W. Böttcher, G. Holtappels & M. Brohm (Hrsg.), *Evaluation im Bildungswesen. Eine Einführung in Grundlagen und Praxisbeispiele* (S. 51-64). Weinheim, München: Juventa.

American Academy of Pediatrics. (1997). *Media matters: a national media education campaign*. Verfügbar unter: http://www.aap.org/advocacy/mmcamp.htm [24. 09. 2010].

American Psychiatric Association, A. P. A. (2001). Electronic DSM-IV-TR Plus, Version 1.0 (CD-ROM for Windows and Macintosh): American Psychiatric Association.

Anderson, C. A. (2004). An update on the effects of playing violent video games. *Journal of Adolescence, 27*(1), 113-122.

Anderson, C. A. & Anderson, K. B. (1996). Violent crime rate studies in philosophical context: A destructive testing approach to heat and southern culture of violence effects. *Journal of Personality and Social Psychology, 70*(4), 740-756.

Anderson, C. A. & Bushman, B. J. (2001). Effects of violent video games on aggressive behavior, aggressive cognition, aggressive affect, physiological arousal, and prosocial behavior: A meta-analytic review of the scientific literature. *Psychological Science, 12*(5), 353.

Anderson, C. A. & Bushman, B. J. (2002). Human Aggression. *Annual Review of Psychology, 53*, 27-51.

Anderson, C. A. & Dill, K. E. (2000). Video Games and Aggressive Thoughts, Feelings, and Behavior in the Laboratory and in Life. *Journal of Personality and Social Psychology, 78*(4), 772-790.

Anderson, C. A., Gentile, D. A. & Buckley, K. E. (2007). *Violent video game effects on children and adolescents*. New York: Oxford University Press.

Anderson, C. A., Sakamoto, A., Gentile, D. A., Ihori, N., Shibuya, A., Yukawa, S. et al. (2008). Longitudinal Effects of Violent Video Games on Aggression in Japan and the United States. *Pediatrics, 122*(5), e1067-1072.

Anderson, C. A., Shibuya, A., Ihori, N., Swing, E. L., Bushman, B. J., Sakamoto, A. et al. (2010). Violent Video Game Effects on Aggression, Empathy, and Prosocial Behavior in Eastern and Western Countries: A Meta-Analytic Review. *Psychological Bulletin, 136*(2), 151–173.

Anderson, D. R., Field, D. E., Collins, P. A., Lorch, E. P. & Nathan, J. G. (1985). Estimates of young children's time with television: A methodological comparison of parent report with time-lapse video home observation. *Child Development, 56*, 1345-1357.

Anderson, D. R., Huston, A. C., Schmitt, K. L., Linebarger, D. L. & Wright, J. C. (2001). Early childhood television viewing and adolescent behavior. *Monographs of the Society for Research in Child Development, 66*(1), 1-143.

Armstrong, G. B. & Greenberg, B. S. (1990). Background Television as an Inhibitor of Cognitive Processing. *Human Communication Research, 16*(3), 355-386.

Aufenanger, S. (1997). Medienpädagogik und Medienkompetenz - Eine Bestandsaufnahme. In Deutscher Bundestag (Hrsg.), *Medienkompetenz im Informationszeitalter* (S. 12-22). Bonn: ZV Service.

Aufenanger, S. & Gerlach, F. (2008). *Vorschulkinder und Computer - Sozialisationseffekte und pädagogische Handlungsmöglichkeiten in Tageseinrichtungen für Kinder.* Verfügbar unter: http://www.lpr-hessen.de/files/Forschungsbericht_VersionInternet.pdf [24. 09. 2010].

Austin, S. B., Field, A. E., Wiecha, J., Peterson, K. E. & Gortmaker, S. L. (2005). The impact of a school-based obesity prevention trial on disordered weight-control behaviors in early adolescent girls. *Archives of Pediatrics & Adolescent Medicine, 159*(3), 225-230.

Baacke, D. (1973). Kommunikation und Kompetenz. Grundlegung einer Didaktik der Kommunikation und ihrer Medien. München: Juventa.

Baacke, D. (1999). Medienkompetenz als zentrales Operationsfeld von Projekten. In D. Baacke, S. Kornblum, J. Lauffer, L. Mikos & G. A. Thiele (Hrsg.), *Handbuch Medien: Medienkompetenz: Modelle und Projekte* (S. 31-35). Bonn: Bundeszentrale für politische Bildung.

Baier, D., Pfeiffer, C., Simonson, J. & Rabold, S. (2009). Jugendliche in Deutschland als Opfer und Täter von Gewalt. Erster Forschungsbericht zum gemeinsamen Forschungsprojekt des Bundesministerium des Innern und des KFN (Nr. 107). Hannover: Kriminologisches Forschungsinstitut Niedersachsen.

Baier, D., Pfeiffer, C., Windzio, M. & Rabold, S. (2006). Schülerbefragung 2005: Gewalterfahrungen. Schulabsentismus und Medienkonsum von Kindern und Jugendlichen. Abschlussbericht über eine repräsentative Befragung von Schülerinnen und Schülern der 4. und 9. Jahrgangsstufe. Hannover: Kriminologisches Forschungsinstitut Niedersachsen.

Baier, D. & Rehbein, F. (2009). Computerspielabhängigkeit im Jugendalter. In C. J. Tuly (Hrsg.), *Virtuelle Raumüberwindung* (S. 139-155). Weinheim: Juventa Verlag.

Bandura, A. (1979). *Sozial-kognitive Lerntheorie* (1. Aufl.). Stuttgart: Klett.

Bandura, A. (1998). Health Promotion from the Perspective of Social Cognitive Theory. *Psychology and Health, 13*(4), 623-650.

Bandura, A. (2004). Health Promotion by Social Cognitive Means. *Health education & behavior, 31*(2), 143-164.

Bandura, A., Ross, D. & Ross, S. A. (1961). Transmission of Aggression through imitation of aggressive models *Journal of Abnormal and Social Psychology, 63*, 575-582.

Bandura, A., Ross, D. & Ross, S. A. (1963). Imitation of film-mediated aggressive models. *Journal of Abnormal and Social Psychology, 66*, 3-11.

Baron, R. A. & Richardson, D. R. (1994). *Human Aggression* (2. Aufl.). New York: Plenum.

Barth, M. (1995). Entwicklungsstufen des Kinderwerbeverständnisses - ein schema- und wissensbasiertes Modell. In M. Charlton, K. Neumann-Braun, S. Aufenanger & W. Hoffmann-Riem (Hrsg.), *Fernsehwerbung und Kinder. Das Werbeangebot in der Bundesrepublik Deutschland und seine Verarbeitung durch Kinder* (Bd. 2, S. 17-30). Opladen: Leske und Budrich.

Bartholow, B. D., Bushman, B. J. & Sestir, M. A. (2006). Chronic violent video game exposure and desensitization to violence: Behavioral and event-related brain potential data. *Journal of Experimental Social Psychology, 42*(4), 532-539

Baumann, E. (2009). Die Symptomatik des Medienhandelns. Zur Rolle der Medien im Kontext der Entstehung, des Verlaufs und der Bewältigung eines gestörten Essverhaltens. Köln: Herbert von Halem Verlag.

Baumert, J., Artelt, C., Carstensen, C. H., Sibberns, H. & Stanat, P. (2001). Untersuchungsgegenstand, Fragestellungen und technische Grundlagen der Studie. In J. Baumert, E. Klieme, M. Neubrand, M. Prenzel, U. Schiefele, W. Schneider, P. Stanat, K.-J. Tillmann & M. Weiß (Hrsg.), *PISA 2000. Basiskompetenzen von Schülerinnen und Schülern im internationalen Vergleich*. Opladen: Leske und Budrich.

Baumert, J., Stanat, P. & Demmrich, A. (2001). PISA 2000: Untersuchungsgegenstand, theoretische Grundlagen und Durchführung der Studie. In J. Baumert, E. Klieme, M. Neubrand, M. Prenzel, U. Schiefele, W. Schneider, P. Stanat, K.-J. Tillmann & M. Weiß (Hrsg.), *PISA 2000. Basiskompetenzen von Schülerinnen und Schülern im internationalen Vergleich* (S. 15-68). Opladen: Leske und Budrich.

Bechtel, R. B., Achelpohl, C. & Akers, R. (1972). Correlates between observed behavior and questionnaire responses on television viewing. In E. A. Rubinstein, G. A. Comstock & J. P. Murray (Hrsg.), *Television and social behavior: Vol. 4. Television in day-to-day life: Patterns of use* (S. 274-344). Washington D.C.: U.S. Government Printing Office.

Becker, A. E., Burwell, R. A. & Gilman, S. E. (2002). Eating behaviours and attitudes following prolonged exposure to television among ethnic Fijian adolescent girls. *British Journal of Psychiatry, 180*(6), 509-514.

Berkowitz, L. (1993). Pain and aggression: some findings and implications. *Motivation and Emotion, 17*(3), 277–293.

Bischof-Köhler, D. (1989). Spiegelbild und Empathie. Die Anfänge der sozialen Kognition. Bern: Huber.

Blömeke, S. (2002). Was ist ein gutes Medienprojekt? Annäherungen aus lehr-lerntheoretischer und empirischer Sicht. In O. Vorndran (Hrsg.), *Tipps und Tricks für Medienprojekte im Unterricht. Erfahrungen aus dem Netzwerk Medienschulen* (S. 9-21). Gütersloh: Verlag Bertelsmann Stiftung.

Böcking, S. (2006). Elterlicher Umgang mit kindlicher Fernsehnutzung. Test einer deutschsprachigen Skala und erste Befunde für die Deutschschweiz. *Medien & Kommunikationswissenschaft, 54*, 599-619.

Böcking, S. (2007). Fernseherziehung in der Deutschschweiz. *Publizistik, 52*(4), 485-501.

Boehnke, K., Müller-Bachmann, E., Hoffmann, D. & Münch, T. (2000). Sag mir was Du hörst und ich sag Dir wo Du stehst: Zur Bedeutung von Radioprogrammen in der Jugendentwicklung. In M. Fromm, F. Haase & P. Schlottke (Hrsg.), *Inszenierte Wirklichkeiten – Lernen und Entwicklung in der Medienwelt* (S. 35-59). Baden-Baden: Nomos.

Boehnke, K. & Münch, T. (1999). Jugendsozialisation und Medien - Zur Entwicklungsfunktionalität der Medienaneignung im Jugendalter am Beispiel Hörfunk, Musikfernsehen und Internet. In K. Boehnke, W. Dilger, S. Habscheid, W. Holly, E. Keitel, J. Krems, T. Münch, J. Schmied, M. Stegu & G. Voß (Hrsg.), *Neue Medien im Alltag: Von individueller Nutzung zu soziokulturellem Wandel* (S. 36-78). Lengerich: Pabst Science Publishers.

Böhme-Dürr, K. (2000). Fernsehen als Ersatzwelt: Zur Realitätsorientierung von Kindern. In S. Hoppe-Graff & R. Oerter (Hrsg.), *Spielen und Fernsehen. Über die Zusammenhänge von Spiel und Medien in der Welt des Kindes* (S. 133-151). Weinheim: Juventa.

Bond, L. A. & Hauf, A. M. C. (2004). Taking Stock and Putting Stock in Primary Prevention: Characteristics of Effective Programs. *The Journal of Primary Prevention, 24*(3), 199-221.

Borzekowski, D. L. G. & Robinson, T. N. (2005). The Remote, the mouse, and the no. 2 pencil: The household media environment and academic achievement among third grade students. *Archives of Pediatrics & Adolescent Medicine, 159*(7), 607-613.

Bös, K. (2003). Motorische Leistungsfähigkeit von Kindern und Jugendlichen. In W. Schmidt, Hartmann-Tews & W.-D. Brettschneider (Hrsg.), *Erster Deutscher Kinder- und Jugendsportbericht* (S. 1-23). Schorndorf: Verlag Karl Hoffman.

Bos, W., Lankes, E.-M., Prenzel, M., Schwippert, K., Walther, G. & Valtin, R. (Hrsg.). (2003). *Erste Ergebnisse aus IGLU. Schülerleistungen am Ende der vierten Jahrgangsstufe im internationalen Vergleich.* Münster: Waxman.

Böttcher, W., Holtappels, G. & Brohm, M. (2006). Evaluation im Bildungswesen. In W. Böttcher, G. Holtappels & M. Brohm (Hrsg.), *Evaluation im Bildungswesen. Eine Einführung in Grundlagen und Praxisbeispiele* (S. 7-21). Weinheim, München: Juventa.

Boueke, D., Schülein, F., Büscher, H., Terhorst, E. & Wolf, D. (1995). Wie Kinder erzählen. Untersuchungen zur Erzähltheorie und zur Entwicklung narrativer Fähigkeiten. München: Fink.

Bourdieu, P. (1982). Die feinen Unterschiede. Kritik der gesellschaftlichen Urteilskraft. . Frankfurt am Main: Suhrkamp.

Brauner, A. (2007). Förderung von Medienkompetenz - Formative Evaluation eines medienpädagogischen Projektes; Promotion of media competence: Evaluation of an educational project. Universität Göttingen, Mathematisch-Naturwissenschaftliche Fakultäten (2007). 270 S. Elektronische Publikation im Internet, Göttingen.

Bromme, R., Rheinberg, F., Minsel, B., Winteler, A. & Weidenmann, B. (2006). Die Erziehenden und Lehrenden. In A. Krapp & B. Weidenmann (Hrsg.), *Pädagogische Psychologie* (S. 269-355). Weinheim: Beltz.

Bronfenbrenner, U. (1981). *Die Ökologie der menschlichen Entwicklung.* Stuttgart: Klett-Cotta.

Brunn, I., Dreier, H., Dreyer, S., Hasebrink, U., Held, T., Lampert, C. et al. (2007). *Das deutsche Jugendschutzsystem im Bereich der Video- und Computerspiele: Endbericht.* Verfügbar unter: http://www.hans-bredow-institut.de/webfm_send/107 [24. 09. 2010].

Bundesprüfstelle für jugendgefährdende Medien (BPjM). (2010a). *Grundlagen des Jugendmedienschutzes in Deutschland.* Verfügbar unter: http://www.bundespruefstelle.de/bpjm/Jugendmedienschutz/ Wegweiser-Jugendmedienschutz/grundlagen.html [24. 09. 2010].

Bundesprüfstelle für jugendgefährdende Medien (BPjM). (2010b). Indizierungslisten (Trägermedien Listenteile A+B). *BPJM-Aktuell. Amtliches Mitteilungsblatt der Bundesprüfstelle für jugendgefährdende Medien (BPjM), 18*(1/2010), 18-71.

Burke, V., Beilin, L. J., Durkin, K., Stritzke, W. G., Houghton, S. & Cameron, C. A. (2006). Television, computer use, physical activity, diet and fatness in Australian adolescents. *International Journal of Pediatric Obesity, 1*(4), 248-255.

Bushman, B. J. & Anderson, C. A. (2001). Is it time to pull the plug on the hostile versus instrumental aggression dichotomy? *Psychological Review, 108*(1), 273-279.

Bushman, B. J. & Anderson, C. A. (2001). Media Violence and the American Public - Scientific Facts Versus Media Misinformation. *American Psychologist, 56*(6/7), 477-489.

Bushman, B. J. & Anderson, C. A. (2002). Violent video games and hostile expectations: A test of the general aggression model. *Personality & Social Psychology Bulletin, 28*(12), 1679-1686.

Bushman, B. J. & Huesmann, L. R. (2006). Short-term and long-term effects of violent media on aggression in children and adults. *Archives of Pediatrics & Adolescent Medicine, 160*(4), 348-352.

Buß, M. (1985). Vielseher und Fernsehmuffel. *Media Perspektiven, 1985*(5), 378-389.

Buß, M. (1997). Fernsehen in Deutschland: Vielseher 1979/1980 und 1995 im Vergleich. In H. Fünfgeld & C. Mast (Hrsg.), *Massenkommunikation. Ergebnisse und Perspektiven* (S. 125-154). Opladen: Westdeutscher Verlag.

Buß, M. & Simon, E. (1998). Fernsehnutzung auf die Spitze getrieben: Die Vielseher. In W. Klingler, G. Roters & O. Zöllner (Hrsg.), *Fernsehforschung in Deutschland. Themen - Akteure - Methoden* (S. 125-154). Baden-Baden: Nomos.

BZgA. (2010). *Tut Kindern gut! Ernährung, Bewegung und Entspannung.* Verfügbar unter: http://www.bzga.de/pdf.php?id=ed9281de8ad01c6b102a44fce3c64881 [24.09. 2010].

Cantor, J. (1998). Ratings for program content. Annals of the American Academy of Political and Social Sciences, 557, 54-69.

Cantor, J. & Wilson, B. J. (2003). Media and Violence: Intervention Strategies for Reducing Aggression. *Media Psychology, 5*(4), 363 - 403.

Caplan, G. (1964). *Principles of preventive psychiatry*. New York: Basic Books.

Cardemil, E. V. & Barber, J. P. (2001). Building a Model for Prevention Practice: Depression as an Example. *Professional Psychology: Research and Practice, 32*(4), 392-401.

Carnagey, N. L., Anderson, C. A. & Bushman, B. J. (2007). The effect of video game violence on psychological desensitization to real-life violence. *Journal of Experimental Social Psychology, 43*(3), 489-496.

Charlton, M. (2003). How Children Appropriate Themes They Find In Media Products. *Empirical Studies of the Arts 21*(1), 81-96.

Charlton, M. (2004). Entwicklungspsychologische Grundlagen; Developmental psychology foundations. In R. Mangold, P. Vorderer & G. Bente (Hrsg.), *Lehrbuch der Medienpsychologie* (S. 129-150). Göttingen: Hogrefe.

Charlton, M. (2007). Das Kind und sein Startkapital. Medienhandeln aus der Perspektive der Entwicklungspsychologie. In H. Theunert (Hrsg.), *Medienkinder von Geburt an. Medienaneignung in den ersten sechs Lebensjahren* (S. 25-40). München: kopaed.

Charlton, M. & Neumann-Braun, K. (1992). Medienkindheit - Medienjugend. Eine Einführung in die aktuelle kommunikationswissenschaftliche Forschung. München: Quintessenz.

Chervin, R. D., Hedgera, K., Dillonb, J. E. & Pituch, K. J. (2000). Pediatric sleep questionnaire (PSQ): validity and reliability of scales for sleep-disordered breathing, snoring, sleepiness, and behavioral problems. *Sleep Medicine, 1*(1), 21-32.

Chomsky, N. (1972). *Aspekte der Syntax-Theorie.* Frankfurt am Main: Suhrkamp.

Christensen, P. N. & Wood, W. (2007). Effects of Media Violence on Viewers' Aggression in Unconstrained Social Interaction. In R. Preiss, B. Gayle, N. Burrell, M. Allen & J. Bryant (Hrsg), *Mass Media Effects Research: Advances Through Meta-Analysis* (S. 145-168). Mahwah, NJ: Erlbaum.

Clark, L. & Tiggemann, M. (2006). Appearance Culture in Nine- to 12-Year-Old Girls: Media and Peer Influences on Body Dissatisfaction. *Social Development, 15*(4), 628-643.

Cohen, J. (1988). Statistical Power Analysis for the Behavioral Sciences. Hillsdale: Erlbaum.

Collins, A. M. & Loftus, E. F. (1975). A spreading activation theory of semantic processing. *Psychological Review, 82*, 407-428.

Comstock, G. (2008). A Sociological Perspective on Television Violence and Aggression. *American Behavioral Scientist, 51*(8), 1184-1211.

Comstock, G. A. & Scharrer, E. (1999). Scholastic Performance. In G. A. Comstock & E. Scharrer (Hrsg.), *Television: What's On, Who's Watching, and What It Means*. San Diego, CA: Academic Press.

Crick, N. R. & Dodge, K. A. (1994). A review and reformulation of social information-processing mechanisms in children's social adjustment. *Psychological Bulletin, 115*, 74-101.

Dawson, B. L., Jeffrey, D. B. & Walsh, J. A. (1988). Television Food Commericals' Effect on Children's Resistance to Temptation. *Journal of Applied Social Psychology, 18*(16), 1353-1360.

De Lisi, R. & Wolford, J. L. (2002). Improving children's mental rotation accuracy with computer game playing. *Journal of Genetic Psychology, 163*(3), 272-282.

Desmond, R. & Carveth, R. (2007). The Effects of Advertising on Children and Adolescents: A Meta-Analysis. In R. Preiss, B. Gayle, N. Burrell, M. Allen & J. Bryant (Hrsg.), *Mass Media Effects Research: Advances Through Meta-Analysis* (S. 169-179). Mahwah, NJ: Erlbaum.

Deutsches Institut für Medizinische Dokumentation und Information, D. I. M. D. I. (2009). *ICD-10-GM Version 2010*. Verfügbar unter: http://www.dimdi.de/static/de/klassi/diagnosen/icd10/htmlgm2010/index.htm [24. 09. 2010].

Doolittle, J. C. (1980). Immunizing children against possible antisocial effects of viewing television violence: A curricular intervention. *Perceptual and Motor Skills, 51*(2), 498.

Dworak, M., Schierl, T., Bruns, T. & Struder, H. K. (2007). Impact of singular excessive computer game and television exposure on sleep patterns and memory performance of school-aged children. *Pediatrics, 120*(5), 978-985.

Egmond-Fröhlich, A. v., Mößle, T., Ahrens-Eipper, S., Schmid-Ott, G., Hüllinghorst, R. & Warschburger, P. (2007). Übermäßiger Medienkonsum von Kindern und Jugendlichen: Risiken für Psyche und Körper. *Deutsches Ärzteblatt, 104*(38), 2560-2564.

Ehlers, C. (2004). Kinderbücher im Sachunterricht. In A. Kaiser & D. Pech (Hrsg.), *Basiswissen Sachunterricht. Band 5: Unterrichtsplanung und Methoden* (S. 115-122). Hohengehren: Schneider Verlag Hohengehren.

Elben, C. E. & Lohaus, A. (2003). Prävention im Kindesalter. In M. Jerusalem & H. Weber (Hrsg.), *Psychologische Gesundheitsförderung. Diagnostik und Prävention* (S. 381-397). Göttingen: Hogrefe.

Ennemoser, M. (2003a). *Der Einfluss des Fernsehens auf die Entwicklung von Lesekompetenzen*. Hamburg: Kovac.

Ennemoser, M. (2003b). Effekte des Fernsehens im Vor- und Grundschulalter. Ursachen, Wirkmechanismen und differenzielle Effekte. *Nervenheilkunde, 22*, 443-453.

Ennemoser, M. (2007). Sprachentwicklung und Schriftspracherwerb in der Mediengesellschaft: Wirkungspotenziale von Printmedien über Hörkassetten bis hin zur Fernseh- und Computernutzung. *L.O.G.O.S.- Interdisziplinär, 15*(3), 191-199

Ennemoser, M., Schiffer, K., Reinsch, C. & Schneider, W. (2003). Fernsehkonsum und die Entwicklung von Sprach- und Lesekompetenzen im frühen Grundschulalter. Eine empirische Überprüfung der SÖS-Mainstreaming-Hypothese. *Zeitschrift für Entwicklungspsychologie und Pädagogische Psychologie, 35*(1), 12-26.

Ennemoser, M. & Schneider, W. (2007). Relations of Television Viewing and Reading. *Journal of Educational Psychology, 99*(2), 349-368.

Epstein, L. H., Roemmich, J. N., Robinson, J. L., Paluch, R. A., Winiewicz, D. D., Fuerch, J. H. et al. (2008). A randomized trial of the effects of reducing television viewing and computer use on body mass index in young children. *Archives of Pediatrics & Adolescent Medicine, 162*(3), 239-245.

Exzessivität. Exzessiv. (2006). In Dudenredaktion (Hrsg.),*Duden 05. Das Fremdwörterbuch* (9. aktualisierte Auflage ed.). Mannheim: Bibliographisches Institut.

Feierabend, S. & Klingler, W. (2000). *KIM-Studie 2000. Kinder und Medien, Computer und Internet. Basisuntersuchung zum Medienumgang 6- bis 13-Jähriger* (Forschungsbericht). Baden-Baden: Medienpädagogischer Forschungsverbund Südwest.

Feierabend, S. & Klingler, W. (2001). Kinder und Medien 2000: PC / Internet gewinnen an Bedeutung. Ergebnisse der Studie KIM 2000 zur Mediennutzung von Kindern. *Media Perspektiven 7*(1), 345-357.

Feierabend, S. & Klingler, W. (2003). *KIM-Studie 2003. Kinder und Medien, Computer und Internet. Basisuntersuchung zum Medienumgang 6- bis 13-Jähriger* (Forschungsbericht). Baden-Baden: Medienpädagogischer Forschungsverband Südwest.

Feierabend, S. & Klingler, W. (2006). *KIM-Studie 2006. Kinder + Medien, Computer + Internet. Basisuntersuchung zum Medienumgang 6- bis 13-Jähriger* (Forschungsbericht). Stuttgart: Medienpädagogischer Forschungsverbund Südwest.

Feierabend, S. & Klingler, W. (2007a). *JIM-Studie 2007. Jugend, Information, (Multi-)Media. Basisuntersuchung zum Medienumgang 12- bis 19-Jähriger* (Forschungsbericht). Stuttgart: Medienpädagogischer Forschungsverbund Südwest.

Feierabend, S. & Klingler, W. (2007b). Kinder und Medien: Ergebnisse der KIM-Studie 2006. Der Medienumgang Sechs- bis 13-Jähriger nach Sinus-Milieus. *Media Perspektiven, 10*, 492-505.

Feierabend, S. & Klingler, W. (2008). Was Kinder sehen. Eine Analyse der Fernsehnutzung Drei- bis 13-Jähriger. *Media Perspektiven, 4*, 190-204.

Feierabend, S. & Klingler, W. (2010). Was Kinder sehen. Eine Analyse der Fernsehnutzung Drei- bis 13-Jähriger. *Media Perspektiven*(4), 182-194.

Feierabend, S. & Mohr, I. (2004). Mediennutzung von Klein- und Vorschulkindern. Ergebnisse der ARD/ZDF-Studie "Kinder und Medien 2003". *Media Perspektiven, 9*, 453-461.

Feierabend, S. & Rathgeb, T. (2006). *KIM-Studie 2005. Kinder + Medien, Computer + Internet. Basisuntersuchung zum Medienumgang 6- bis 13-Jähriger* (Forschungsbericht). Stuttgart: Medienpädagogischer Forschungsverbund Südwest.

Feierabend, S. & Rathgeb, T. (2007). *KIM-Studie 2006. Kinder + Medien, Computer + Internet. Basisuntersuchung zum Medienumgang 6- bis 13-Jähriger* (Forschungsbericht). Stuttgart: Medienpädagogischer Forschungsverbund Südwest.

Feierabend, S. & Rathgeb, T. (2009a). JIM-Studie 2009. Jugend, Information, (Multi-) Media. Basisuntersuchung zum Medienumgang 12- 19-Jähriger. Stuttgart: Medienpädagogischer Forschungsverbund Südwest.

Feierabend, S. & Rathgeb, T. (2009b). *KIM-Studie 2008. Kinder + Medien, Computer + Internet. Basisuntersuchung zum Medienumgang 6- bis 13-Jähriger* (Forschungsbericht). Stuttgart: Medienpädagogischer Forschungsverbund Südwest.

Ferguson, C. J. (2007a). Evidence for a publication bias in video game violence effects literature: A meta-analytic review. *Aggression and Violent Behavior, 12*(4), 470-482.

Ferguson, C. J. (2007b). The good, the bad and the ugly: a meta-analytic review of positive and negative effects of violent video games. *Psychiatric Quarterly, 78*(4), 309-316.

Ferguson, C. J. & Kilburn, J. (2009). The Public Health Risks of Media Violence: A Meta-Analytic Review. *Journal of Pediatrics 154*(5), 759-763.

Fitch, M., Huston, A. C. & Wright, J. C. (1994). From television forms to genre schemata: Children's perceptions of television reality. In G. L. Berry & J. K. Asamen (Hrsg.), *Children & television: Images in a changing sociocultural world* (S. 38-52). Newbury: Sage.

Franzkowiak, P. (2010). *Leitbegriffe der Gesundheitsförderung der Bundeszentrale für gesundheitliche Aufklärung: Prävention*. Verfügbar unter: http://www.leitbegriffe.bzga.de/?uid=9b8b785abd65d7a7201e312ab2877b36&id=angebote&idx=64 [24. 09. 2010].

Fuchs, T. & Wößmann, L. (2004). Computers and student learning: Bivariate and multivariate evidence on the availability and use of computers at home and at school (Working Paper No. 1321).

Funk, J. B., Baldacci, H. B., Pasold, T. & Baumgardner, J. (2004). Violence exposure in real-life, video games, television, movies, and the internet: is there desensitization? *Journal of Adolescence, 27*(1), 23-40.

Gadberry, S. (1980). Effect of restricting first-grades' TV viewing on leisure time use, IQ change, and cognitive style. *Journal of Applied Developmental Psychology, 1*, 45-57.

Gage, N. L. & Berliner, D. C. (1996). *Pädagogische Psychologie*. Weinheim: Beltz PVU.

Gallasch, U. (2000). Medienerziehung in der Grundschule aus der Sicht von Lehrerinnen und Lehrern: Ergebnisse mündlicher Interviews. In G. Tulodziecki & U. Six (Hrsg.), *Medienerziehung in der Grundschule. Grundlagen, empirische Befunde und Empfehlungen zur Situation in Schule und Lehrerbildung* (S. 231-297). Opladen: Leske + Budrich.

Gapski, H. (2001). Medienkompetenz. Eine Bestandsaufnahme und Vorüberlegungen zu einem systemtheoretischen Rahmenkonzept. Wiesbaden: Westdeutscher Verlag.

Geen, R. G. (2001). *Human Aggression* (2. Aufl.). Buckingham, UK: Open University Press.

Gentile, D. A. (2002). A normative study of family media habits. *Journal of Applied Developmental Psychology, 23*(2), 157-178.

Gentile, D. A. (2009). Pathological Video-Game Use Among Youth Ages 8 to 18 - A National Study. *Psychological Science, 20*(5), 594-602.

Gentile, D. A., Anderson, C. A., Yukawa, S., Ihori, N., Saleem, M., Ming, L. K. et al. (2009). The Effects of Prosocial Video Games on Prosocial Behaviors: International Evidence From Correlational, Longitudinal, and Experimental Studies. *Personality and Social Psychology Bulletin, 35*(6), 752-763.

Gentile, D. A., Lynch, P. J., Linder, J. R. & Walsh, D. A. (2004). The effects of violent video game habits on adolescent hostility, aggressive behaviors, and school performance. *Journal of Adolescence, 27*, 5-22.

GfK-Fernsehforschung. (2005). Fernsehzuschauerforschung in Deutschland. Tägliche Informationen über das Fernsehpublikum in Deutschland. Nürnberg: GfK Fernsehforschung.

Gläser, E. (2007). Arbeit mit Kinderliteratur. In D. v. Reeken (Hrsg.), *Handbuch Methoden im Sachunterricht* (S. 157-166). Hohengehren: Schneider Verlag Hohengehren.

Gleich, U. (2004). Medien und Gewalt. In R. Mangold, P. Vorderer & G. Bente (Hrsg.), *Lehrbuch der Medienpsychologie* (S. 587-618). Göttingen, Bern, Toronto, Seattle: Hogrefe.

Gonzales, R., Glik, D., Davoudi, M. & Ang, A. (2004). Media Literacy and Public Health: Integrating Theory, Research, and Practice for Tobacco Control. *American Behavioral Scientist, 48*(2), 189-201.

Goodman, I. F. (1983). Television's Role in Family Interaction. *Journal of Family Issues, 4*(2), 405-424.

Gortmaker, S. L., Salter, C. A., Walker, D. K. & Dietz, W. H. (1990). The impact of television viewing on mental aptitude and achievement: A longitudinal study. *Public Opinion Quarterly, 54*, 594-604.

Green, C. S. & Bavelier, D. (2003). Action video game modifies visual selective attention. *Nature, 423*, 534-537.

Green, C. S. & Bavelier, D. (2006). Effect of Action Video Games on the Spatial Distribution of Visuospatial Attention. *Journal of Experimental Psychology: Human Perception and Performance, 32*(6), 1465-1478.

Griffiths, M. D. (2008). Videogame Addiction: Further Thoughts and Observations. *International Journal of Mental Health and Addiction, 6*, 182-185.

Griffiths, M. D. (2009). Online computer gaming: Advice for parents and teachers. *Education and Health, 27*(1), 3-6.

Groeben, N. (2002). Anforderungen an die theoretische Konzeptualisierung von Medienkompetenz. In N. Groeben & B. Hurrelmann (Hrsg.), *Medienkompetenz. Voraussetzungen, Dimensionen, Funktionen* (S. 11-24). Weinheim: Juventa.

Groeben, N. (2004). Medienkompetenz. In R. Mangold, P. Vorderer & G. Bente (Hrsg.), *Lehrbuch der Medienpsychologie* (S. 27-49). Göttingen: Hogrefe.

Groesz, L. M., Levine, M. P. & Murnen, S. K. (2002). The Effect of Experimental Presentation of Thin Media Images on Body Satisfaction: A Meta-Analytic Review. *International Journal of Eating Disorders 31*(1), 1-16.

Grüninger, C. & Lindemann, F. (2000). Vorschulkindern und Medien. Eine Untersuchung zum Medienkonsum von drei- bis sechsjährigen Kindern unter besonderer Berücksichtigung des Fernsehens. Opladen: Leske + Budrich.

Grüsser, S. M., Poppelreuter, S., Heinz, A., Albrecht, U. & Saß, H. (2007). Verhaltenssucht - Eine eigenständige diagnostische Einheit? *Nervenarzt, 78*(9), 997–1002.

Grüsser, S. M. & Thalemann, C. N. (2006). *Verhaltenssucht: Diagnostik, Therapie, Forschung* (1. Aufl.). Bern: Huber.

Grüsser, S. M., Thalemann, R., Albrecht, U. & Thalemann, C. N. (2005). Exzessive Computernutzung im Kindesalter - Ergebnisse einer psychometrischen Erhebung. *Wiener Klinische Wochenschrift, 117*(5-6), 188-195.

Gysbers, A. (2008). *Lehrer-Medien-Kompetenz* (Bd. 22). Berlin: VISTAS.

Hager, W. & Hasselhorn, M. (2000). Psychologische Interventionsmaßnahmen: Was sollen sie bewirken können. In W. Hager, J.-L. Patry & H. Brezing (Hrsg.), *Handbuch Evaluation Psychologischer Interventionsmaßnahmen. Standards und Kriterien* (S. 153-168). Bern: Verlag Hans Huber.

Hahn, A. & Jerusalem, M. (2001). Internetsucht: Reliabilität und Validität in der Online-Forschung. In A. Theobald, M. Dreyer & T. Starsetzki (Hrsg.), *Handbuch zur Online-Marktforschung. Beiträge aus Wissenschaft und Praxis* (S. 161-186). Wiesbaden: Gabler.

Haisch, J., Weitkunat, R. & Wildner, M. (Hrsg.). (1999). *Wörterbuch Public Health.* Bern: Huber.

Hakala, P. T., Rimpela, A. H., Saarni, L. A. & Salminen, J. J. (2006). Frequent computer-related activities increase the risk of neck–shoulder and low back pain in adolescents. *European Journal of Public Health, 16*(5), 536-541.

Hancox, R. J., Milne, B. J. & Poulton, R. (2005). Association of television viewing during childhood with poor educational achievement. *Archives of Pediatrics & Adolescent Medicine, 159*, 614-618.

Hardy, L. L., Baur, L. A., Garnett, S. P., Crawford, D., Campbell, K. J., Shrewsbury, V. A. et al. (2006). Family and home correlates of television viewing in 12–13 year old adolescents: The Nepean Study. *International Journal of Behavioral Nutrition and Physical Activity, 24*(3), 1-9.

Harris, M. B. & Williams, R. (1985). Video games and school performance. *Education, 105*(3), 306-309.

Harrison, K. & Cantor, J. (1997). The Relationship Between Media Consumption and Eating Disorders. *Journal of Communication, 47*(1), 40-67.

Hartmann, P. H. & Höhne, I. (2007). MNT 2.0 – Zur Weiterentwicklung der MedienNutzer-Typologie. Veränderungen gegenüber der MNT 98. *Media Perspektiven, 5*, 235-241.

Hartmann, P. H. & Neuwöhner, U. (1999). Lebensstilforschung und Publikumssegmentierung. Eine Darstellung der MedienNutzer-Typologie (MNT). *Media Perspektiven, 10*, 531-539.

Hastings, G., McDermott, L., Angus, K., Stead, M. & Thomson, S. (2007). *The extent, nature and effects of food promotion to children : a review of the evidence : technical paper prepared for the World Health Organization.* Genf: World Health Organization.

Hastings, G., Stead, M., McDermott, L., Alasdair, F., MacKintosh, A. M., Rayner, M. et al. (2003). *Review of the research on the effects of food promotion to children.* London: Food Standards Agency.

Hauge, M. R. & Gentile, D. A. (2003). *Video Game Addiction Among Adolescents: Associations with Academic Performance and Aggression.* Paper presented at the Society for Research in Child Development Conference, April 2003, Tampa, FL.

Havighurst, R. J. (1972). *Developmental tasks and education.* New York: McKay.

Hawkins, R. P. (1977). The dimensional structure of children's perceptions of television reality. *Communication Research, 4*(3), 299-320.

Hearold, S. (1986). A synthesis of 1043 effects of television on social behavior. In G. A. Comstock (Hrsg.), *Public communication and behavior* (Bd. 1, S. 65-133). New York: Academic Press.

Hedges, L. V. & Hasselblad, V. (1995). Meta-analysis of screening and diagnostic tests. *Psychological Bulletin, 17*(1), 167-178.

Heins, E., Seitz, C., Schüz, J., Toschke, A. M., Harth, K., Letzel, S. et al. (2007). Schlafenszeiten, Fernseh- und Computergewohnheiten von Grundschulkindern in Deutschland. *Gesundheitswesen, 69*(3), 151-157.

Helmke, A. (2009). Unterrichtsqualität und Lehrerprofessionalität. Diagnose, Evaluation und Verbesserung des Unterrichts. Seelze-Velber: Kallmeyer/Klett

Helmke, A. & Weinert, F. E. (1997). Bedingungsfaktoren schulischer Leistungen. In F. E. Weinert (Hrsg.), *Psychologie des Unterrichts und der Schule. Enzyklopädie der Psychologie.* (Bd. 3, S. 71-176). Göttingen: Hogrefe.

Hoffmann, B. (2008). Bewahrpädagogik. In U. Sander, F. von Gross & K.-U. Hugger (Hrsg.), *Handbuch Medienpädagogik* (S. 42-50). Wiesbaden: VS Verlag für Sozialwissenschaften.

Hogan, M. J. & Strasburger, V. C. (2008). Media and prosocial behavior in children and adolescents. In L. Nucci & D. Narvaez (Hrsg.), *Handbook of moral and character education* (S. 537-553). Mahwah, NJ: Erlbaum.

Hogben, M. (1998). Factors moderating the effect of television aggression on viewer behavior. *Communication Research, 25*(2), 220-247.

Hopf, W. H., Huber, G. L. & Weiß, R. H. (2008). Media Violence and Youth Violence- A 2-Year Longitudinal Study. *Journal of Media Psychology: Theories, Methods, and Applications, 20*(3), 79-96.

Hoppe-Graff, S. & Kim, H.-O. (2002). Die Bedeutung der Medien für die Entwicklung von Kindern und Jugendlichen. In R. Oerter & L. Montada (Hrsg.), *Entwicklungspsychologie* (Bd. 5, S. 907-922). Weinheim: Belz.

Höynck, T., Mößle, T., Kleimann, M., Pfeiffer, C. & Rehbein, F. (2007). *Jugendmedienschutz bei gewalthaltigen Computerspielen. Eine Analyse der USK-Alterseinstufungen* (Forschungsbericht No. 101). Hannover: KFN.

Huberman, M. (1989). The professional life cycles of teachers. *Teachers College Record, 91*(1), 31-57.

Huesmann, L. R. (2007). The impact of electronic media violence: scientific theory and research. *Journal of Adolescent Health, 41*(6 Suppl 1), S6-13.

Huesmann, L. R. & Eron, L. D. (1986). *Television and the aggressive child: A crossnational comparison.* Hillsdale: Lawrence Erlbaum.

Huesmann, L. R., Lagerspetz, K. & Eron, L. D. (1984). Intervening variables in the TV violence-aggression relation: Evidence from two countries. *Developmental Psychology, 20*(5), 746-775.

Huesmann, L. R., Moise-Titus, J., Podolski, C. L. & Eron, L. D. (2003). Longitudinal relations between children`s exposure to TV violence and their aggressive and violent behavior in young adulthood: 1977-1992. *Developmental Psychology, 39*(2), 201.

Hugger, K.-U. (2008). Medienkompetenz. In U. Sander, F. von Gross & K.-U. Hugger (Hrsg.), *Handbuch Medienpädagogik* (S. 83-99). 'Wiesbaden: VS Verlag für Sozialwissenschaften.

Hunter, J. E. & Schmidt, F. L. (2004). *Methods of meta-analysis: Correcting error and bias in research findings* (2. Aufl.). Thousand Oaks, CA: Sage.

Hurrelmann, B. (2002). Medienkompetenz: Geschichtliche Entwicklung, dimensionale Struktur, gesellschaftliche Einbettung. In N. Groeben & B. Hurrelmann (Hrsg.), *Medienkompetenz. Voraussetzungen, Dimensionen, Funktionen* (S. 301-314). Weinheim: Juventa.

Hurrelmann, K., Laaser, U. & Razum, O. (2006). Entwicklungen und Perspektiven der Gesundheitswissenschaften in Deutschland. In K. Hurrelmann, U. Laaser & O. Razum (Hrsg.), *Handbuch Gesundheitswissenschaften* (S. 11-46). Weinheim: Juventa.

Huston, A. C. & Wright, J. C. (1998). Mass media and children's development. In I. E. Sigel & K. A. Renninger (Hrsg.), *Handbook of Child Psychology. Vol. 4: Child psychology in practice* (S. 999-1058). New York: Wiley.

Jansen, H., Mannhaupt, G., Marx, H. & Skowrone, H. (1990). Bielefelder Screening zur Früherkennung von Lese-Rechtschreibschwierigkeiten (BISC). Göttingen: Hogrefe.

Jazbinsek, D. (2001). Public Health & Public Opinion. Erkenntnisse der empirischen Kommunikationsforschung zum Einfluß der Medien auf Gesundheitsverhalten und Gesundheitspolitik. In K. Hurrelmann & A. Leppin (Hrsg.), *Moderne Gesundheitskommunikation* (S. 142-163). Bern: Huber.

Jerusalem, M. (2003). Prävention in Schulen. In M. Jerusalem & H. Weber (Hrsg.), *Psychologische Gesundheitsförderung. Diagnostik und Prävention* (S. 461-477). Göttingen: Hogrefe.

Jerusalem, M. (2006). Theoretische Konzeptionen der Gesundheitsförderung im Kindes- und Jugendalter. In A. Lohaus, M. Jerusalem & J. Klein-Heßling (Hrsg.), *Gesundheitsförderung im Kindes- und Jugendalter* (S. 31-57). Göttingen: Hogrefe.

Jesch, T. (2005). Kinder- und Jugendliteratur. In G. Lange & S. Weinhold (Hrsg.), *Grundlagen der Deutschdidaktik* (S. 226-247). Hohengehren: Schneider Verlag Hohengehren.

Johnson, J. G., Cohen, P., Kasen, S., First, M. B. & Brook, J. S. (2004). Association Between Television Viewing and Sleep Problems During Adolescence and Early Adulthood. *Archives of Pediatrics & Adolescent Medicine, 158*(6), 562-568.

Johnson, J. G., Cohen, P., Smailes, E. M., Kasen, S. & Brook, J. S. (2002). Television viewing and aggressive behavior during adolescence and adulthood. *Science, 295*(5564), 2468 - 2471.

Jung, J. & Peterson, M. (2007). Body Dissatisfaction and Patterns of Media Use Among Preadolescent Children. *Family and Consumer Sciences Research Journal, 36*(1), 40-54.

Kail, R. (1991a). Developmental Change in Speed of Processing During Childhood and Adolescence. *Psychological Bulletin, 109*(3), 490-501.

Kail, R. (1991b). Processing Time Declines Exponentially During Childhood and Adolescence. *Developmental Psychology, 27*(2), 259-266.

Kail, R. & Hall, L. K. (1994). Processing Speed, Naming Speed, and Reading. *Developmental Psychology, 30*(6), 949-954.

Kleimann, M. (2007). *Auch Spielen hat Konsequenzen.* Verfügbar unter: http://www.bpb.de/themen/ 18GCKC,0,0,Auch_Spielen_hat_Konsequenzen.html [24.09. 2010].

Kleimann, M. (2009). Medienerziehung als Herausforderung zwischen Prävention und Dauerintervention. *Kinderärztliche Praxis, 80*(1), 50-52.

Kleimann, M. & Mößle, T. (2006). Der Fernseher im Kinderzimmer. *Funkkorrespondenz, 54*(11/2006), 3-7.

Kleimann, M. & Mößle, T. (2006). Schülerbefragung 2005: Mediennutzung im Alltag von Kindern und Jugendlichen in Thüringen und mögliche Auswirkungen auf die schulische Leistungsfähigkeit. Sonderbericht über eine repräsentative Befragung von Schülerinnen und Schülern der 4. und 9. Jahrgangsstufe. Hannover: KFN.

Kleimann, M. & Mößle, T. (2008). The Logs of ELIZA and Other Media Stories. Behavioral and Developmental Effects of a School Based Media Education Program - Berlin Longitudinal Study Media. *International Journal of Behavioral Development, 32*(6), Supplement 2 (54), 55-59.

Kleimann, M., Mößle, T., Rehbein, F. & Pfeiffer, C. (2006). Mediennutzung, Schulerfolg und die Leistungskrise der Jungen. In P. Josting & H. Hoppe (Hrsg.), *Mädchen, Jungen und ihre Medienkompetenzen*. München: kopaed.

Kleimann, M., Ziegler, N., Rehbein, T. & Restemeier, K. (2006). Vom Leichtmatrosen zum Medienlotsen. Zum richtigen Umgang mit Fernsehen, Computerspielen und dem Internet. Eine Informationsbroschüre für Eltern von Grundschülern der dritten und vierten Klasse. KFN: Hannover.

Kline, S. (2005). Countering Children's Sedentary Lifestyles: An Evaluative Study of Media-risk Education approach. *Childhood, 12*, 239-258.

Kochan, B. & Schröter, E. (2006). Abschlussbericht über die wissenschaftliche Projektbegleitung zur Bildungsinitiative von Microsoft Deutschland und Partnern „Schlaumäuse – Kinder entdecken Sprache".

Kohlberg, L. (1969). Stage and sequence: The cognitive-developmental approach to socialization In D. A. Goslin (Hrsg.), *Handbook of socialization theory and research* (S. 347-480). Chicago: Rand McNally.

Köller, O. & Baumert, J. (2008). Entwicklung schulischer Leistungen. In R. Oerter & L. Montada (Hrsg.), Entwicklungspsychologie: Ein Lehrbuch (6., vollständig überarbeitete Aufl.). Weinheim: Beltz.

Koolstra, C. M. & Van der Voort, T. H. A. (1996). Longitudinal effects of television on children's leisure time reading: A test of three explanatory models. *Human Communication Research, 23*, 4-35.

Koolstra, C. M., van der Voort, T. H. A. & van der Kamp, L. J. T. (1997). Television's impact on children's reading comprehension and decoding skills: A 3-year panel study. *Reading Research Quarterly, 32*, 128-152.

Kristjansdottir, G. & Rhee, H. (2007). Risk factors of back pain frequency in schoolchildren: a search for explanations to a public health problem. *Acta Pædiatrica, 91*(7), 849-854.

Kübler, H.-D. (1999). Medienkompetenz – Dimensionen eines Schlagwortes. In F. Schell, E. Stolzenbrug & H. Theunert (Hrsg.), Medienkompetenz. Grundlagen und pädagogisches Handeln (S. 25-47). München: kopaed.

Kübler, H. D. & Swoboda, W. (1998). Wenn die Kleinen Fernsehen. Die Bedeutung des Fernsehens in der Lebenswelt von Vorschulkindern. Berlin: VISTAS.

Kunczik, M. (2007). Befunde der Wirkungsforschung und deren Relevanz für die altersbezogenen Kennzeichnung von Video- und Computerspielen: Expertise im Auftrag des Hans-Bredow-Instituts für das Projekt "Das deutsche Jugendschutzsystem im Bereich der Video- und Computerspiele". [PDF]. Verfügbar unter: http://www.hans-bredow-institut.de/presse/070628Expertise_Kunczik.pdf [24.09.2010].

Kunczik, M. & Zipfel, A. (2004). *Medien und Gewalt.* Osnabrück: Bundesministerium für Familie, Senioren, Frauen und Jugend.

Kunkel, D., Wilcox, B., Cantor, J., Palmer, E., Linn, S. & Dowrick, P. (2004). *Report of the APA task force on advertising and children: Psychological issues in the increasing commercialization of childhood.* Washington, DC: American Psychological Association.

Lefkowitz, M. M., Eron, L. D., Walder, L. O. & Huesmann, L. R. (1977). *Growing up to be violent: A longitudinal study of the development o aggression.* Elmsford, NY: Pergamon.

Lehmkuhl, G., Wiater, A., Mitschke, A. & Fricke-Oerkermann, L. (2008). Schlafstörungen im Einschulalter – Ursachen und Auswirkungen. *Deutsches Ärzteblatt, 105*(47), 809-814.

Li, S., Jin, X., Wu, S., Jiang, F., Yan, C. & Shen, X. (2007). The impact of media use on sleep patterns and sleep disorders among school-aged children in China. *Sleep, 30*(3), 361-367.

Lin, S. & Lepper, M. R. (1987). Correlates of children's usage of video games and computers. *Journal of Applied Social Psychology, 17,* 72-93.

Linebarger, D. L. & Walker, D. (2005). Infants' and Toddlers' Television Viewing and Language Outcomes. *American Behavioral Scientist, 48,* 624-645.

Lipp, U. & Will, H. (2004). Das große Workshop-Buch (7 ed.). Weinheim, Basel: Beltz.

Livingstone, S. (2005). Assessing the research base for the policy debate over the effects of food advertising to children. *International journal of advertising, 24*(3), 273-296.

Livingstone, S. & Helsper, E. J. (2006). Does Advertising Literacy Mediate the Effects of Advertising on Children? A Critical Examination of Two Linked Research Literatures in Relation to Obesity and Food Choice. *Journal of Communication, 56*(3), 560 - 584.

Lohaus, A., Domsch, H. & Klein-Heßling, J. (2008). Gesundheitsförderung im Unterricht. In M. K. W. Schweer (Hrsg.), *Lehrer-Schüler-Interaktion. Inhaltsfelder, Forschungsperspektiven und methodische Zugänge* (2 ed., S. 499-516). Wiesbaden: VS Verlag für Sozialwissenschaften.

Lohaus, A. & Lißmann, I. (2006). Entwicklungsveränderungen und ihre Bedeutung für die Gesundheitsförderung. In A. Lohaus, M. Jerusalem & J. Klein-Heßling (Hrsg.), *Gesundheitsförderung im Kindes- und Jugendalter* (S. 58-86). Göttingen: Hogrefe.

MacBeth, T. M. (1996). Indirect effects of television: Creativity, persistence, school achievement, and participation in other activities. In T. M. MacBeth (Hrsg.), *Tuning in to young viewers: Social science perspectives on television.* Thousand Oaks, CA: Sage.

Mares, M.-L. & Woodard, E. H. (2001). Prosocial Effects on Children's Social Interactions. In D. G. Singer & J. L. Singer (Hrsg.), *Handbook of children and the media* (S. 183-205). Thousand Oaks: Sage.

Mares, M.-L. & Woodard, E. H. (2007). Positive Effects of Television on Children's Social Interaction: A Meta-Analysis. In R. Preiss, B. Gayle, N. Burrell, M. Allen & J. Bryant (Hrsg.), *Mass Media Effects Research: Advances Through Meta-Analysis* (S. 281-300). Mahwah, NJ: Erlbaum.

Marshall, S. J., Biddle, S. J., Gorely, T., Cameron, N. & Murdey, I. (2004). Relationships between media use, body fatness and physical activity in children and youth: a meta-analysis. *International Journal of Obesity Related Metabolic Disorders, 28*(10), 1238-1246.

McCabe, A. (1997). Developmental and cross-cultural aspects of children's narrations. In M. Bamberg (Hrsg.), *Narrative Development: Six Approaches* (S. 134-174). Mawah, NJ: Erlbaum.

McGinnis, J. M., Gootman, J. A. & Kraak, V. I. (Hrsg.). (2005). *Food marketing to children and youth: threat or opportunity?* Washington, DC: Institute of Medicine of the National Academies.

Meadowcroft, J. M. & Reeves, B. (1989). Influence of story schema development on children's attention to television. *Communication Research, 16*(3), 352-374.

Meerkerk, G.-J., Van Den Eijnden, R. J. J. M., Vermulst, A. A. & Garretsen, H. F. L. (2009). The Compulsive Internet Use Scale (CIUS): Some Psychometric Properties. *Cyber Psychology & Behavior, 12*(1), 1-6.

Meixner, S. & Jerusalem, M. (2006). Exzessive Mediennutzung: Internetsurfen und Fernsehen. In A. Lohaus, M. Jerusalem & J. Klein-Heßling (Hrsg.), *Gesundheitsförderung im Kindes- und Jugendalter* (S. 301-324.). Göttingen: Hogrefe.

Melchers, P. & Preuß, U. (2003). *K-ABC Kaufman-Assessment Battery for Children.* (6.Auflage). Frankfurt am Main: Swets & Zeitlinger.

Merten, K. (1999). *Gewalt durch Gewalt im Fernsehen?* Opladen: Westdeutscher Verlag.

Milavsky, J. R., Kessler, R., Stipp, H. H. & Rubens, W. S. (1982). *Television and aggression: A panel study.* New York: Academic Press.

Miller, L. T. & Vernon, P. A. (1997). Developmental Changes in Speed of Information Processing in Young Children. *Developmental Psychology, 33*(3), 549-554.

Ministerium für Bildung Jugend und Sport des Landes Brandenburg, Senatsverwaltung für Bildung Jugend und Sport Berlin & Ministerium für Bildung Wissenschaft und Kultur Mecklenburg-Vorpommern (Hrsg.). (2004). *Rahmenlehrplan Grundschule Sachunterricht.* Berlin: Wissenschaft und Technik Verlag.

Ministerium für Bildung Jugend und Sport des Landes Brandenburg, Senatsverwaltung für Bildung Jugend und Sport Berlin, Senator für Bildung und Wissenschaft Bremen & Ministerium für Bildung Wissenschaft und Kultur Mecklenburg-Vorpommern (Hrsg.). (2004). *Rahmenlehrplan Grundschule Deutsch.* Berlin: Wissenschaft und Technik Verlag.

Misawa, T., Shigeta, S. & Nojima, S. (1991). Effects of video games on visual function in children. *Japanese Journal of Hygiene, 45*(6), 1029-1034.

Mittag, W. (2006). Evaluation von Gesundheitsförderungsmaßnahmen. In A. Lohaus, M. Jerusalem & J. Klein-Heßling (Hrsg.), *Gesundheitsförderung im Kindes- und Jugendalter* (S. 87-112). Göttingen: Hogrefe.

Mittag, W. & Hager, W. (2000). Ein Rahmenkonzept zur Evaluation psychologischer Interventionsmaßnahmen. In W. Hager, J.-L. Patry & H. Brezing (Hrsg.), *Handbuch Evaluation Psychologischer Interventionsmaßnahmen. Standards und Kriterien* (S. 102-128). Bern: Verlag Hans Huber.

Mitzlaff, H. (2007). Medienerziehung als fächerübergreifende Aufgabe des Sachunterrichts. In J. Kahlert, M. Fölling-Albers, M. Götz, A. Hartinger, D. v. Reeken & S. Wittkowske (Hrsg.), *Handbuch Didaktik des Sachunterrichts* (S. 179-185). Bad Heilbrunn: Julius Klinkhardt.

Mohseni-Bandpei, M. A., Bagheri-Nesami, M. & Shayesteh-Azar, M. (2007). Nonspecific low back pain in 5000 Iranian school-age children. *Journal of pediatric orthopedics, 27*(2), 126-129.

Molderings, M. (2007). Evaluation pädagogisch-didaktischer Ansätze im Rahmen der gesundheitsförderlichen Ernährungserziehung der Grundschule - Einfluss von Unterrichtsformen,

Elterneinbeziehung und Zielvereinbarung hinsichtlich einer Veränderung des Ernährungsverhaltens. Hohengehren: Schneider Verlag Hohengehren.

Möller, D. & Tulodziecki, G. (2000). Curriculare Grundlagen der Medienerziehung in der Grundschule: Ergebnisse einer Richtlinien- und Lehrplananalyse. In G. Tulodziecki & U. Six (Hrsg.), *Medienerziehung in der Grundschule. Grundlagen, empirische Befunde und Empfehlungen zur Situation in Schule und Lehrerbildung* (S. 361-384). Opladen: Leske + Budrich.

Möller, I. (2006). Mediengewalt und Aggression: eine längsschnittliche Betrachtung des Zusammenhangs am Beispiel des Konsums gewalthaltiger Bildschirmspiele. Universität Potsdam, Potsdam.

Möller, I. & Krahé, B. (2009). Exposure to violent video games and aggression in German adolescents. *Aggressive Behavior, 75*(1), 75-89.

Moser, H. (1999). Einführung in die Medienpädagogik. Aufwachsen im Medienzeitalter (2). Opladen: Leske und Budrich.

Mößle, T. (2009). Wer spielt was? Medienkonsum bei Kindern und Jugendlichen - Ergebnisse der KFN-Schülerbefragung 2005. *Kinderärztliche Praxis, 80*(1), 14-21.

Mößle, T. (2011, im Druck). Berliner Längsschnitt Medien. Problematische Mediennutzungsmuster und ihre Folgen im Kindesalter. Hannover: KFN.

Mößle, T. & Kleimann, M. (2009). Machen Computerspiele gewaltbereit? *Kinderärztliche Praxis, 80*(1), 33-41.

Mößle, T., Kleimann, M. & Rehbein, F. (2007). Bildschirmmedien im Alltag von Kindern und Jugendlichen: Problematische Mediennutzungsmuster und ihr Zusammenhang mit Schulleistungen und Aggressivität (1. Aufl. Bd. Bd. 33). Baden-Baden: Nomos.

Mößle, T., Kleimann, M. & Rehbein, F. (2008, 23. - 25. Juni). *Violent Behavior at School. Interplay of Violent Media Use, Acceptance of Violence, Personality Traits and Peer Group.* Paper presented at the 4th World Conference on School Violence, Lissabon.

Mößle, T., Kleimann, M., Rehbein, F. & Pfeiffer, C. (2010). Media Use and School Achievement – Boys at Risk? *British Journal of Developmental Psychology, 28*(3), 699–725.

Mößle, T. & Rehbein, F. (2008). *Zur psychosozialen Belastung von Glücksspielern und Computerspielabhängigen.* Vortrag auf dem Kongress der Deutschen Gesellschaft für Psychiatrie, Psychotherapie und Neurologie, Berlin.

Mößle, T. & Roth, C. (2009). Gewaltmediennutzung und Gewaltdelinquenz im Grundschulalter. Ergebnisse einer Längsschnittstudie. *Medienheft, 13.10.2009,* 1-17.

Münch, T. & Boehnke, K. (1996). Rundfunk sozialisationstheoretisch begreifen. Hörfunkaneignung als Entwicklungshilfe im Jugendalter. Überlegungen zu einem Forschungsprogramm. Rundfunk und Fernsehen, 44(4), 548-561.

Murphy, R., Penuel, W., Means, B., Korbak, C. & Whaley, A. (2002). *E-DESK: A Review of Recent Evidence on the Effectiveness of Discrete Educational Software.* Menlo Park: SRI International.

Myrtek, M., Foerster, F. & Brügner, G. (2001). Freiburger Monitoring System (FMS). Ein Daten-Aufnahme- und Auswertungssystem für Untersuchungen im Alltag: Emotionale Beanspruchung, Körperlage, Bewegung, EKG, subjektives Befinden, Verhalten. Frankfurt am Main: Peter Lang.

Myrtek, M. & Scharff, C. (2000). Fernsehen, Schule und Verhalten: Untersuchung zur emotionalen Beanspruchung von Schülern (1. Aufl). Bern: Huber.

Nachtigall, C. & Wirtz, M. (1998). Wahrscheinlichkeitsrechnung und Inferenzstatistik. Statistische Methoden für Psychologen, Teil 2. Weinheim, München: Juventa.

Nathanson, A. I. (1999). Identifying and Explaining the Relationship Between Parental Mediation and Children's Aggression. *Communication Research, 26*(2), 124-143.

Nathanson, A. I. (2001a). Parent and Child Perspectives on the Presence and Meaning of Parental Television Mediation. *Journal of Broadcasting & Electronic Media, 45*(2), 201-220.

Nathanson, A. I. (2001b). Parents Versus Peers. Exploring the Significance of Peer Mediation of Antisocial Television. *Communication Research, 28*(3), 251-274.

Nathanson, A. I. (2002). The Unintended Effects of Parental Mediation of Television on Adolescents. *Media Psychology, 4*, 207-230.

Nathanson, A. I., Eveland, W. P., Park, H.-S. & Paul, B. (2002). Perceived Media Influence and Efficacy as Predictors of Caregiver's Protective Behaviors. *Journal of Broadcasting & Electronic Media, 46*(3), 385-410.

Nelson, K. (1989). Monologue as representation of real-life experience. In K. Nelson (Hrsg.), *Narratives from the crib* (S. 27-72). Cambridge, MA: Harvard University Press.

Neuman, S. B. (1988). The Displacement Effect: Assessing the Relation between Television Viewing and Reading. *Reading Research Quarterly, 23*(4), 414-440.

Neumann-Braun, K. (2001). Kinder und die Kommerzialisierung ihrer Lebenswelt. In S. Aufenanger & U. Six (Hrsg.), *Medienerziehung früh beginnen. Themen, Forschungsergebnisse und Anregungen für die Medienbildung von Kindern* (S. 57-73). Bonn: Bundeszentrale für politische Bildung.

Nieding, G. & Ohler, P. (2008). Mediennutzung und Medienwirkung bei Kindern und Jugendlichen. In B. Batinic (Hrsg.), *Lehrbuch zur Medienpsychologie* (S. 379-400). Berlin Heidelberg: Springer.

Nieding, G. & Ritterfeld, U. (2008). Mediennutzung, Medienwirkung und Medienkompetenz bei Kindern und Jugendlichen; Media use, media effects, and media competence in children and adolescents. In F. Petermann & W. Schneider (Hrsg.), *Angewandte Entwicklungspsychologie* (S. 331-388). Göttingen: Hogrefe.

OECD. (2006). Are students ready for a technology-rich world? What PISA studies tell us. Paris: OECD.

OECD (Hrsg.). (2001). Knowledge and skills for life: First results from the OECD Programme for International Student Assessment (PISA) 2000. Paris: OECD.

Oehmichen, E. & Schröter, C. (2008). Medienübergreifende Nutzungsmuster: Struktur- und Funktionsverschiebungen. Eine Analyse auf Basis der ARD/ZDF-Onlinestudien 2008 und 2003. *Media Perspektiven, 8*, 394-409.

Oerter, R. & Dreher, E. (2008). Jugendalter. In R. Oerter & L. Montada (Hrsg.), *Entwicklungspsychologie* (6., vollständig überarbeitete Aufl., S. 271-332). Weinheim: Beltz.

Oerter, R. & Montada, L. (Hrsg.). (2008). *Entwicklungspsychologie: Ein Lehrbuch* (6., vollständig überarbeitete Aufl.). Weinheim: Beltz.

Owens, J. A., Maxim, R., McGuinn, M., Nobile, C., Msall, M. & Alario, A. (1999). Television-viewing Habits and Sleep Disturbance in School Children. *Pediatrics, 104*(3), e27.

Owens, J. A., Spirito, A., McGuinn, M. & Nobile, C. (2000). Sleep Habits and Sleep Disturbance in Elementary School-Aged Children. *Journal of Developmental & Behavioral Pediatrics, 21*(1), 27-36.

Paik, H. & Comstock, G. (1994). The effects of television violence on antisocial behavior: A meta-analysis. *Communication Research, 21*, 516-546.

Pfeiffer, C., Mößle, T., Kleimann, M. & Rehbein, F. (2007). *Die PISA-Verlierer - Opfer ihres Medienkonsums. Eine Analyse auf der Basis verschiedener empirischer Untersuchungen.* Hannover: Kriminologisches Forschungsinstitut Niedersachsen (KFN).

Pfeiffer, C., Mößle, T., Kleimann, M. & Rehbein, F. (2008). Die PISA-Verlierer und ihr Medienkonsum. Eine Analyse auf der Basis verschiedener empirischer Untersuchungen. In U. Dittler & M. Hoyer (Hrsg.), *Aufwachsen in virtuellen Medienwelten. Chancen und Gefahren digitaler Medien aus medienpsychologischer und medienpädagogischer Perspektive.* München: kopaed.

Pfeiffer, C., Mößle, T., Rehbein, F. & Kleimann, M. (2007). Defizite in der Medienerziehung. Befunde und Konsequenzen der KFN-Schülerbefragung 2005 zur Nutzung von Computerspielen durch Grundschüler. In W. Möhring, W. J. Schütz & D. Stürzebecher (Hrsg.), *Journalistik und Kommunikationsforschung. Festschrift für Beate Schneider.* (S. 337-346). Berlin: VISTAS.

Piaget, J. (1954). *Das moralische Urteil beim Kinde.* Zürich: Walter Verlag.

Pilcher, J. J. & Huffcutt, A. I. (1996). Effects of sleep deprivation on performance: A meta-analysis. *Sleep, 19*(4), 318-326.

Pinkleton, B. E., Weintraub Austin, E., Cohen, M., Miller, A. & Fitzgerald, E. (2007). A statewide evaluation of the effectiveness of media literacy training to prevent tobacco use among adolescents. *Health Communication, 21*(1), 23-34.

Pöttinger, I. (1997). *Lernziel Medienkompetenz. Theoretische Grundlagen und praktische Evaluation anhand eines Hörspielprojekts.* München: kopaed.

Projektbüro-„Schau-Hin!-Was-Deine-Kinder-Machen!". (2010a). *Kindgerechter Umgang mit dem TV. Tipps & Anregungen für Eltern.* Verfügbar unter: http://schau-hin.info/fileadmin/content/pdf/Flyer/11082009/BFZ_SH_Flyer_TV.pdf [24. 09. 2010].

Projektbüro-„Schau-Hin!-Was-Deine-Kinder-Machen!". (2010b). *Kindgerechter Umgang mit Games. Tipps & Anregungen für Eltern.* Verfügbar unter: http://schau-hin.info/fileadmin/content/pdf/Flyer/11082009/BFZ_SH_Flyer_Games.pdf [24.09. 2010].

Randolph, J. J. & Edmondson, R. S. (2005). Using the Binomial Effect Size Display (BESD) to Present the Magnitude of Effect Sizes to the Evaluation Audience. *Practical Assessment, Research & Evaluation, 10*(14).

Razel, M. (2001). The Complex Model of Television Viewing and Educational Achievement. *The Journal of Educational Research, 94*(6), 371-379.

Rehbein, F. (2010). *Mediengewalt und Kognition - Eine experimentelle Untersuchung der Wirkungen gewalthaltiger Bildschirmmedien auf Lern-, Gedächtnis- und Konzentrationsleistung am Beispiel der Computerspielnutzung.* Stiftung Universität, Hildesheim.

Rehbein, F. & Borchers, M. (2009). Süchtig nach virtuellen Welten? Exzessives Computerspielen und Computerspielabhängigkeit in der Jugend. *Kinderärztliche Praxis, 80*(1), 42-49.

Rehbein, F., Kleimann, M. & Mößle, T. (2009a). Computerspielabhängigkeit im Kindes- und Jugendalter. Empirische Befunde zu Ursachen, Diagnostik und Komorbiditäten unter besonderer Berücksichtigung spielimmanenter Abhängigkeitsmerkmale. *Die Psychiatrie, 6*(3), 140-146.

Rehbein, F., Kleimann, M. & Mößle, T. (2009b). Computerspielabhängigkeit im Kindes- und Jugendalter. Empirische Befunde zu Ursachen, Diagnostik und Komorbiditäten unter besonderer Berücksichtigung spielimmanenter Abhängigkeitsmerkmale (Forschungsbericht No. 108). Hannover: KFN.

Reinhardt, I. (2003). *Storytelling in der Pädagogik*. Stuttgart: ibidem-Verlag.

Reinsch, C., Ennemoser, M. & Schneider, W. (1999). Die Tagebuchmethode zur Erfassung kindlicher Freizeit- und Mediennutzung. *Spiel, 18*(1), 55-71.

Rey-López, J. P., Vicente-Rodríguez, G., Biosca, M. & Moreno, L. A. (2008). Sedentary behaviour and obesity development in children and adolescents. *Nutrition, Metabolism and Cardiovascular Diseases, 18*(3), 242-251.

Risenhuber, M. (2004). An action video game modifies visual processing. *Trends in Neurosciences, 27*(2), 72-74.

Roberts, D. F., Foehr, U. G. & Rideout, V. (2005). *Generation M: Media in the lives of 8-18 year olds.* [PDF]. Verfügbar unter: http://www.kff.org/entmedia/entmedia030905pkg.cfm [24.09.2010].

Robinson, T. N. (1999). Reducing children's television viewing to prevent obesity: A randomized controlled trial. *JAMA, 282*(16), 1561-1567.

Robinson, T. N., Saphir, M. N., Kraemer, H. C., Varady, A. & Haydel, K. F. (2001). Effects of Reducing Television Viewing on Children's Requests for Toys: A Randomized Controlled Trial. *Developmental and Bevavioral Pediatrics, 22*(3), 179-184.

Robinson, T. N., Wilde, M. L., Navracruz, L. C., Haydel, K. F. & Varady, A. (2001). Effects of reducing children's television and video game use on aggressive behavior: A randomized controlled trial. *Archives of Pediatrics & Adolescent Medicine, 155*, 17-23.

Roeder, P. M. (2003). Large Scale Assessments - Chances and Consequences. TIMSS and PISA - Prospects of a Fresh Start in Educational Policy and the Monitoring of the School System? *Zeitschrift für Pädagogik, 49*(2), 180-197.

Rollett, B. (2002). Frühe Kindheit, Störungen, Entwicklungsrisiken, Förderungsmöglichkeiten. In R. Oerter & L. Montada (Hrsg.), *Entwicklungspsychologie* (S. 713-739). Weinheim, Basel, Berlin: Belz.

Rosenkoetter, L. I., Rosenkoetter, S. E., Ozretich, R. A. & Acock, A. C. (2004). Mitigating the harmful effects of violent television. *Journal of Applied Developmental Psychology, 25*(1), 25-47.

Rosenthal, R. & Rubin, D. B. (1982). A simple general purpose display of magnitude and experimental effect. *Journal of Educational Psychology, 74*(2), 166-169.

Roth, M., Rudert, E. & Petermann, H. (2003). Prävention bei Jugendlichen. In M. Jerusalem & H. Weber (Hrsg.), *Psychologische Gesundheitsförderung. Diagnostik und Prävention* (S. 399-418). Göttingen: Hogrefe.

Rothmund, J., Schreier, M. & Groeben, N. (2001a). Fernsehen und erlebte Wirklichkeit I: Ein kritischer Überblick über die Perceived Reality-Forschung. *Zeitschrift für Medienpsychologie, 13*(1), 33-44.

Rothmund, J., Schreier, M. & Groeben, N. (2001b). Fernsehen und erlebte Wirklichkeit II: Ein integratives Modell zu Realitäts-Fiktions-Unterscheidungen bei der (kompetenten) Mediennutzung *Zeitschrift für Medienpsychologie, 13*(2), 85-95.

Ruf, U., Hofer, R., Keller, S. & Winter, F. (2008). Didaktik und Unterricht. In H. Faulstich-Wieland & P. Faulstich (Hrsg.), *Erziehungswissenschaften. Ein Grundkurs* (S. 130-156). Reinbek bei Hamburg: Rowohlt Taschenbuch Verlag.

Saelens, B. E., Sallis, J. F., Nader, P. R., Broyles, S. L., Berry, C. C. & Taras, H. L. (2002). Home Environmental Influences on Children's Television Watching from Early to Middle Childhood. *Journal of Developmental & Behavioral Pediatrics, 23*(3), 127-132.

Sagi, A. & Hoffman, M. L. (1976). Empathic distress in the newborn. *Developmental Psychology, 12*(2), 175-176.

Salmon, J., Ball, K., Hume, C., Booth, M. & Crawford, D. (2008). Outcomes of a group-randomized trial to prevent excess weight gain, reduce screen behaviours and promote physical activity in 10-year-old children: switch-play. *International Journal of Obesity, 32*(4), 601-612.

Salmon, J., Timperio, A., Telford, A., Carver, A. & Crawford, D. (2005). Association of Family Environment with Children's Television Viewing and with Low Level of Physical Activity. *Obesity Research, 13*(11), 1939-1951.

Sander, U. (2008). Die ‚fehlende Halbsekunde'. In U. Sander, F. von Gross & K.-U. Hugger (Hrsg.), *Handbuch Medienpädagogik* (S. 290-293). 'Wiesbaden: VS Verlag für Sozialwissenschaften.

Savage, J. (2004). Does viewing violent media really cause criminal violence? A methodological review. *Aggression and Violent Behavior, 10*, 99-128.

Savage, J. & Yancey, C. (2008). The Effects of Media Violence Exposure On Criminal Aggression: A Meta-Analysis. *Criminal Justice and Behavior, 35*(6), 772-791.

Schank, R. C. & Abelson, R. P. (1977). Scripts, Plans, Goals and Understanding: An Inquiry into Human Knowledge Structures. Hillsdale, NJ: Erlbaum.

Schiffer, K., Ennemoser, M. & Schneider, W. (2002). Die Beziehung zwischen dem Fernsehkonsum und der Entwicklung von Sprach- und Lesekompetenzen im Grundschulalter in Abhängigkeit von der Intelligenz. *Zeitschrift für Medienpsychologie, 14*(1), 2-13.

Schmitt, N. (1996). Uses and Abuses of Coefficent Alpha. *Psycholocial Assessment, 8*(4), 250-353.

Schneider, B., Scherer, H., Gonser, N. & Tiele, A. (2010). Medienpädagogische Kompetenz in Kinderschuhen. Eine empirische Studie zur Medienkompetenz von Erzieherinnen und Erziehern in Kindergärten. Berlin: VISTAS.

Schorb, B. (1997). Medienkompetenz durch Medienpädagogik. In H. Weßler, C. Matzen, O. Jarren & U. Hasebrink (Hrsg.), Perspektiven der Medienkritik. Die gesellschaftliche Auseinandersetzung mit öffentlicher Kommunikation in der Mediengesellschaft. Dieter Roß zum Geburtstag. Opladen: Westdeutscher Verlag.

Schorb, B. (2005). Medienerziehung. In J. Hüther & B. Schorb (Hrsg.), *Grundbegriffe Medienpädagogik. (4. vollständig neu konzipierte Auflage)* (S. 240-243). München: kopaed.

Schulze, G. (1992). Die Erlebnisgesellschaft: Kultursoziologie der Gegenwart. Frankfurt am Main: Campus.

Schwab, F. & Unz, D. (2004). Telemetrische Verfahren. In R. Mangold, P. Vorderer & G. Bente (Hrsg.), *Lehrbuch der Medienpsychologie* (S. 229-250). Göttingen, Bern, Toronto, Seattle: Hogrefe.

Seiffge-Krenke, I. (2008). Gesundheit als aktiver Gestaltungsprozess im menschlichen Lebenslauf. In R. Oerter & L. Montada (Hrsg.), *Entwicklungspsychologie* (6 ed., S. 822-836). Weinheim: Beltz.

Selman, R. L. (1984). Die Entwicklung des sozialen Verstehens. Entwicklungspsychologische und klinische Untersuchungen. Frankfurt am Main: Suhrkamp.

Sherry, J. L. (2001). The effects of violent video games on aggression: A meta-analysis. *Human Communication Research, 27*(3), 409-431.

Sherry, J. L. (2007). Violent video games and aggression: Why can't we find effects? In R. Preiss, B. Gayle, N. Burrell, M. Allen & J. Bryant (Hrsg.), *Mass Media Effects Research: Advances Through Meta-Analysis* (S. 245-262). Mahwah, NJ: Erlbaum.

Six, U. (2007). Exzessive und pathologische Mediennutzung. In U. Six, U. Gleich & R. Gimmler (Hrsg.), *Kommunikationspsychologie und Medienpsychologie* (S. 356-371). Weinheim: Beltz.

Six, U. (2008). Medien und Entwicklung. In R. Oerter & L. Montada (Hrsg.), *Entwicklungspsychologie* (6. Aufl., S. 885-909): Beltz.

Six, U., Frey, C. & Gimmler, R. (1998). Medienerziehung im Kindergarten. Theoretische Grundlagen und empirische Befunde. Opladen: Leske + Budrich.

Six, U., Frey, C. & Gimmler, R. (2000). Medienerziehung in der Grundschule aus der Sicht von Lehrerinnen und Lehrern: Ergebnisse einer repräsentativen Telefonbefragung. In G. Tulodziecki & U. Six (Hrsg.), *Medienerziehung in der Grundschule. Grundlagen, empirische Befunde und Empfehlungen zur Situation in Schule und Lehrerbildung* (S. 31-229). Opladen: Leske + Budrich.

Six, U. & Gimmler, R. (2007a). Die Förderung von Medienkompetenz im Kindergarten : eine empirische Studie zu Bedingungen und Handlungsformen der Medienerziehung (Bd. 57). Berlin: VISTAS.

Six, U. & Gimmler, R. (2007b). Kommunikationskompetenz, Medienkompetenz und Medienpädagogik. In U. Six, U. Gleich & R. Gimmler (Hrsg.), *Kommunikationspsychologie und Medienpsychologie* (S. 271-296). Weinheim: Beltz.

Sjolie, A. N. (2004). Associations between activities and low back pain in adolescents. *Scandinavian Journal of Medicine & Science in Sports, 14*(4).

Spanhel, D. (1999). Der Aufbau grundlegender Medienkompetenzen im frühen Kindesalter. In I. Gogolin & D. Lenzen (Hrsg.), Medien-Generation. Beiträge zum 16. Kongress der Deutschen Gesellschaft für Erziehungswissenschaft (S. 225-244). Opladen: Leske + Budrich.

Spanhel, D. (2002). Medienkompetenz als Schlüsselbegriff der Medienpädagogik? *forum medienethik*(1/2002), 48-53.

Statistisches Bundesamt. (2006). Durchschnittsalter der Lehrerkollegien steigt - Pressemitteilung vom 10.10.2006. Wiesbaden: Statistisches Bundesamt.

Statistisches Bundesamt. (2009). *Statistisches Jahrbuch 2009*. Wiesbaden: Statistisches Bundesamt.

Stein, M. A., Mendelsohn, J., Obermeyer, W. H., Amromin, J. & Benca, R. (2001). Sleep and Behavior Problems in School-Aged Children. *Pediatrics, 107*(4), e60.

Steiner, G. (2006). Lernen und Wissenserwerb. In A. Krapp & B. Weidenmann (Hrsg.), *Pädagogische Psychologie* (S. 137-202). Weinheim: Beltz.

Stephens, D. L., Hill, R. P. & Hanson, C. (1994). The beaty myth and female consumers: The controversial role of advertising. *The journal of Consumer Affairs, 28*(1), 137-153.

Stettler, N., Signer, T. M. & Suter, P. M. (2004). Electronic games and environmental factors associated with childhood obesity in Switzerland. *Obesity Research, 12*(6), 896 - 903.

Stice, E. M., Schupak-Neuberg, E., Shaw, H. E. & Stein, R. I. (1994). Relation of media exposure to eating disorder symptomatology: An examination of mediating mechanisms. *Journal of Abnormal Psychology, 103*(4), 836–840.

Sturm, H. (1984). Wahrnehmung und Fernsehen: Die fehlende Halbsekunde. *Media Perspektiven*(1), 58-65.

The Surgeon General's Vision for a Healthy and Fit Nation. (2010). Rockville: U.S. Department of Health and Human Services, Office of the Surgeon General.

Süss, D. (2004). Mediensozialisation von Heranwachsenden. Dimensionen . Konstanten - Wandel. Wiesbaden: VS Verlag für Sozialwissenschaften.

Tazawa, Y. & Okada, K. (2001). Physical signs associated with excessive television-game playing and sleep deprivation. *Pediatrics International, 43*(6), 647–650.

Tedeschi, J. T. & Felson, R. B. (1994). *Violence, Aggression, & Coercive Actions*. Washington, DC: American Psychological Association (APA).

Thalemann, R., Albrecht, U., Thalemann, C. N. & Grüsser, S. M. (2004). Fragebogen zum Computerspielverhalten bei Kindern (CSVK). Entwicklung und psychometrische Kennwerte. *Psychomed, 16*(4), 226-233.

The Lancet. (2008). Is Exposure to media violence a public-health risk? *The Lancet, 371*(9619), 1137.

Toyran, M., Ozmert, E. & Yurdakök, K. (2002). Television viewing and its effect on physical health of school age children. *The Turkish Journal of Pediatrics, 44*(3), 194-203.

Troussier, B., Davoine, P., de Gaudemaris, R., Fauconnier, J. & Phelip, X. (1994). Back pain in school children. A study among 1178 pupils. *Scandinavian Journal of Rehabilitation Medicine, 26*(3), 143-146.

Tulodziecki, G. (1988). Zur Bedeutung der intellektuellen und sozial-moralischen Entwicklung für Mediennutzung und Medienerziehung. *Publizistik, 33*, 535-547.

Tulodziecki, G. (1998). Entwicklung von Medienkompetenz als Erziehungs- und Bildungsaufgabe. *Pädagogische Rundschau 52*(6), 693-709.

Tulodziecki, G. (2008). Medienerziehung. In U. Sander, F. von Gross & K.-U. Hugger (Hrsg.), *Handbuch Medienpädagogik* (S. 110-115). 'Wiesbaden: VS Verlag für Sozialwissenschaften.

Tulodziecki, G., Six, U., Frey, C., Gallasch, U., Gimmler, R., Herzig, B. et al. (2000). Medienerziehung in der Grundschule. Grundlagen, empirische Befunde und Empfehlungen zur Situation in Schule und Lehrerbildung. Opladen: Leske + Budrich.

Unterhaltungssoftware Selbstkontrolle (USK). (2007). *Die Jahresbilanz 2006*. Verfügbar unter: http://www.usk.de/cont/c9822.htm [24.09. 2010].

Unterhaltungssoftware Selbstkontrolle (USK). (2010). *Jahresbilanz 2009 - Mehr Prüfverfahren - dafür weniger Ego-Shooter*. Verfügbar unter: http://www.usk.de/cont/c9825.htm [24.09. 2010].

Valkenburg, P. M., Krcmar, M., Peeters, A. L. & Marseille, N. M. (1999). Developing a scale to assess three styles of television mediation: „Instructive mediation", „restrictive mediation", and „social coviewing". 43 (1999), S. 52–66. *Journal of Broadcasting & Electronic Media, 43*, 52-66.

Vogel, I., Suckfüll, M. & Gleich, U. (2007). Medienhandeln. In U. Six, U. Gleich & R. Gimmler (Hrsg.), *Kommunikationspsychologie und Medienpsychologie* (S. 335-355). Weinheim: Beltz.

Vollbrecht, R. (2008). Konstruktivismus und Sozialphänomenologische Handlungstheorie. In U. Sander, F. von Gross & K.-U. Hugger (Hrsg.), *Handbuch Medienpädagogik* (S. 149-155). 'Wiesbaden: VS Verlag für Sozialwissenschaften.

Voß, B. & Kerres, M. (2008). Methoden und Medien. In H. Faulstich-Wieland & P. Faulstich (Hrsg.), *Erziehungswissenschaften. Ein Grundkurs* (S. 157-169). Reinbek bei Hamburg: Rowohlt Taschenbuch Verlag.

Wallenius, M. & Punamäki, R.-L. (2008). Digital game violence and direct aggression in adolescence: A longitudinal study of the roles of sex, age, and parent-child communication. *Journal of Applied Developmental Psychology, 29*(4), 286-294.

Walsh, D. & Gentile, D. (2004). *Ninth Annual MediaWise Video Game Report Card.* Verfügbar unter: http://www.mediafamily.org/research/report_vgrc_2004.shtml [24.09.2010].

Warren, R., Gerke, P. & Kelly, M. A. (2002). Is there enough time on the clock? Parental involvement and mediation of children's television viewing. *Journal of Broadcasting & Electronic Media, 46*(1), 87-111.

Wedel-Wolff, A. v. (2006). *Üben im Leseunterricht der Grundschule.* Braunschweig: Westermann Schulbuchverlag.

Weinert, A. B. (1998). *Organisationspsychologie. Ein Lehrbuch.* Weinheim: Beltz.

Weinert, F. E. (2001). Vergleichende Leistungsmessung in Schulen - eine umstrittene Selbstverständlichkeit. In F. E. Weinert (Hrsg.), *Leistungsmessung in Schulen* (S. 17-31). Weinheim, Basel: Beltz.

Weis, R. & Cerankosky, B. C. (2010). Effects of Video-Game Ownership on Young Boys' Academic and Behavioral Functioning: A Randomized, Controlled Study. *Psychological Science, 2010*(Online-Vorabveröffentlichung).

Weiß, R. H. (1998). Grundintelligenztest Skala 2 (CFT 20) mit Wortschatztest (WS) und Zahlenfolgetest (ZF). Göttingen: Hogrefe.

Weitkunat, R., Haisch, J. & Kessler, M. (1997). *Public Health und Gesundheitspsychologie.* Bern: Huber.

White, J. H. (1992). Women and eating disorders, Part I: Significance and sociocultural risk factors. *Health Care for Women International, 13*, 351–362.

Wild, E., Hofer, M. & Pekrun, R. (2006). Psychologie des Lerners. In A. Krapp & B. Weidenmann (Hrsg.), *Pädagogische Psychologie* (S. 203-267). Weinheim: Beltz.

Wilde, M. L., Lauritsen, K., Saphir, M. N. & Robinson, T. N. (2004). *SMART - Student Media Awareness to Reduce Television.* Stanford: Stanford School of Medicine.

Williams, P. A., Haertel, E. D., Haertel, G. D. & Walberg, H. J. (1982). The impact of leisure-time television on school learning: A research synthesis. *American Educational Research Journal, 19*, 19-50.

Williams, T. M. (Hrsg.). (1986). *The impact of television: A natural experiment in three communities.* Orlando: Academic Press.

Williamson, A. M. & Feyer, A.-M. (2000). Moderate sleep deprivation produces impairments in cognitive and motor performance equivalent to legally prescribed levels of alcohol intoxication. *Occupational and Environmental Medicine, 57*(10), 649-655.

Wimmer, H. & Perner, J. (1983). Beliefs about beliefs: Representation and constraining function of wrong beliefs in young children's understanding of deception. *Cognition, 13*(1), 103-128.

Winick, M. P. & Winick, C. (1979). *The television experience: what children see.* Thousand Oaks: Sage.

Winn, M. (1977). *The plug-in drug: Television, Children, And The Family.* New York: Viking Penguin Publications

Winterstein, P. & Jungwirth, R. J. (2006). Medienkonsum und Passivrauchen bei Vorschulkindern. *Kinder- und Jugendarzt, 37*(4), 205-211.

Wittwer, J. & Senkbeil, M. (2008). Is students' computer use at home related to their mathematical performance at school? *Computers & Education, 50*(4), 1558-1571.

Wölfling, K., Müller, K. W. & Beutel, M. E. (2009). Verhaltenssüchte: Aspekte von Ätiologie, Nosologie und Diagnostik. *Die Psychiatrie, 6*(3), 120-123.

Wölfling, K., Thalemann, R. & Grüsser, S. M. (2007). Computerspielsucht: Ein psychopathologischer Symptomkomplex im Jugendalter. *Psychiatrische Praxis.*

World Health Organisation. (2009). Verfassung der Weltgesundheitsorganisation - Offizielle deutsche Übersetzung (Stand: 25. Juli 2009). New York: WHO.

Wottawa, H. (2006). Evaluation. In A. Krapp & B. Weidenmann (Hrsg.), *Pädagogische Psychologie* (S. 659-687). Weinheim: Beltz.

Yang, C. K. (2001). Sociopsychiatric characteristics of adolescents who use computers to excess. *Acta Psychiatrica Scandinavica, 104*, 217-222.

Young, K., Pistner, M., O'Mara, J. & Buchanan, J. (1999). Cyber Disorders: The Mental Health Concern for the New Millennium. *CyberPsychology & Behavior, 2*(5), 475-479.

Zillmann, D. (1983). Arousal and aggression. In R. G. Geen & E. Donnerstein (Hrsg.), *Aggression: Theoretical and Empirical Reviews* (Bd. 1, S. 75-102). New York: Academic.

Zillmann, D. & Bryant, J. (1985). Affect, mood, and emotion as determinants of selective expose. In D. Zillmann & J. Bryant (Hrsg.), *Selective exposure to communication* (S. 157-190). Hillsdale, NJ: Lawrence Erlbaum Associates.

Zimmerman, F. J. & Christakis, D. A. (2005). Children's television viewing and cognitive outcomes: A longitudinal analysis of national data. *Archives of Pediatrics & Adolescent Medicine, 159*(7), 619-625.

Tabellenverzeichnis

Tabelle 1: Längsschnittstudien zum Einfluss des Fernsehen auf Lesefähigkeiten von Kindern 68
Tabelle 2: Aufbau des SMART-Medienerziehungsunterrichts 214
Tabelle 3: Unterrichtseinheiten des schulischen Medienlotsen-Präventionsprojektes 239
Tabelle 4: Überblick über die wichtigsten Konzeptions- und Evaluationsschritte des *Medienlotsen*-Programms 245
Tabelle 5: Textbeispiele aus der Lesegeschichte *Vom Leichtmatrosen zum Medienlotsen* 252
Tabelle 6: Aufbau, Themen und Lernstufen der Unterrichtseinheit *Vom Leichtmatrosen zum Medienlotsen* 256
Tabelle 7: Einsatz der verschiedenen Unterrichtselemente durch die Lehrkräfte 262
Tabelle 8: Einsatz der verschiedenen Unterrichtselemente durch die Lehrkräfte 268
Tabelle 9: Textbeispiele aus der Lesegeschichte *Die ELIZA-Protokolle* 274
Tabelle 10: Aufbau und Themen der Unterrichtseinheit 277
Tabelle 11: Verwendung der verschiedenen Elemente der Unterrichtseinheit 284
Tabelle 12: Übersicht über verwendete Testinstrumente und Inhalte aus den Schüleruntersuchungen 299
Tabelle 13: Übersicht über verwendete Testinstrumente und Inhalte im Eltern- und Lehrerfragebogen 299
Tabelle 14: Beschreibung der Ausgangsstichprobe 302
Tabelle 15: Beschreibung der Untersuchungsstichprobe 306
Tabelle 16: Mediengerätebesitz der Kinder nach Messzeitpunkt, Geschlecht und Bildungshintergrund 310
Tabelle 17: Regulatives Monitoring der kindlichen Mediennutzung durch die Eltern nach Messzeitpunkt, Geschlecht und Bildungshintergrund 324
Tabelle 18: Mediennutzungsintensität der Kinder nach Messzeitpunkt, Geschlecht und Bildungshintergrund 339
Tabelle 19: Zeitlich problematische Mediennutzung der Kinder nach Messzeitpunkt, Geschlecht und Bildungshintergrund 345
Tabelle 20: Erfahrung mit inhaltl. probl. Medieninhalten nach Messzeitpunkt, Geschlecht und Bildungshintergrund 355
Tabelle 21: Kompensatorische und funktional problematische Fernsehnutzung der Kinder nach Messzeitpunkt, Geschlecht und Bildungshintergrund 368

Tabelle 22: Funktional stark problematische Computerspielnutzung der Kinder nach Messzeitpunkt, Geschlecht und Bildungshintergrund 380
Tabelle 23: Schulleistungen der Kinder nach Messzeitpunkt, Geschlecht und Bildungshintergrund 391
Tabelle 24: Partialkorrelation zwischen Schulnoten und Mediennutzung 396

Abbildungsverzeichnis

Abbildung 1: Pfadmodell zum Einfluss von Mediennutzung auf Schulleistung 80
Abbildung 2: Übersicht zur Evaluation von Präventionsprogrammen 201
Abbildung 3: Studiendesign des *Berliner Längsschnitt Medien* 236
Abbildung 4: Lernschritte der Unterrichtseinheit 255
Abbildung 5: Besitz elektronischer Mediengeräte nach Gruppe 314
Abbildung 6: Treatmentsensitivität von Kindern mit hohem vs. niedrigem elterlichem Bildungshintergrund sowie von Jungen vs. Mädchen 321
Abbildung 7: Elterliche Medienerziehung (fernseh- und computerspielbezogenes regulatives Monitoring), nach Gruppe 329
Abbildung 8: Treatmentsensitivität beim elterlichen Monitoring der Fernsehnutzung von Jungen unter formal niedrig gebildeten Eltern vs. formal hoch gebildeten Eltern 332
Abbildung 9: Zeitliche Nutzung von Fernsehen (inkl. Video und DVD) und Computer-/Videospielen an Schul- beziehungsweise Samstagen, nach Messzeitpunkt ... 336
Abbildung 10: Zeitliche Nutzung von Fernsehen (Index, inkl. Video und DVD) und Computerspielen (Index), nach Gruppe 341
Abbildung 11: Anteil von Kindern mit zeitlich problematischer Mediennutzung, nach Gruppe 349
Abbildung 12: Treatmentsensitivität von Kindern mit hohem vs. niedrigem elterlichem Bildungshintergrund sowie von Jungen vs. Mädchen 352
Abbildung 13: Nutzung nicht altersgemäßer Medieninhalte, nach Gruppe 359
Abbildung 14: Treatmentsensitivität Jungen vs. Mädchen bezüglich der Nutzung problematischer Medieninhalte 362
Abbildung 15: Dysfunktionale Fernsehnutzungsmotive, nach Gruppe 371
Abbildung 16: Treatmentsensitivität verschiedener Subgruppen (Jungen, Mädchen, Kinder des niedrigen sowie des hohen Bildungsmilieus) bezüglich der Entwicklung funktional problematischer Fernsehnutzung 374
Abbildung 17: Dysfunktional exzessive Computerspielnutzung, nach Gruppe 383
Abbildung 18: Schulnoten (Deutsch, Mathematik, Sport) nach Gruppe (in %) 398
Abbildung 19: Treatmentsensitivität verschiedener Subgruppen bezüglich der Sportnoten 404

Verzeichnis der Materialien im Anhang

Anhang A1:	Beispielinstruktionen aus der 5. Lektion des SMART-Programms: N-O-T-V!
Anhang A2:	Direktorenanschreiben mit Bitte um Teilnahme am Berliner Längsschnitt Medien
Anhang A3:	Empfehlungsschreiben des Berliner Senats für Bildung, Jugend und Sport
Anhang A4:	Anschreiben an die Klassenleitungen
Anhang A5:	Elterninformationsschreiben
Anhang A6:	Lesegeschichte zur ersten Unterrichtseinheit Vom Leichtmatrosen zum Medienlotsen
Anhang A7:	Leitfaden zur ersten Unterrichtseinheit Vom Leichtmatrosen zum Medienlotsen
Anhang A8:	Aufgabenvorschläge für die erste Unterrichtseinheit
Anhang A9:	Freizeit- und Medientagebuch für die erste Unterrichtseinheit
Anhang A10:	Lehrkräftefragebogen zur Implementation der ersten Unterrichtseinheit
Anhang A11:	Lesegeschichte zur zweiten Unterrichtseinheit Die ELIZA-Protokolle
Anhang A12:	Leitfaden zur zweiten Unterrichtseinheit Die ELIZA-Protokolle
Anhang A13:	Aufgabenvorschläge für die zweite Unterrichtseinheit
Anhang A14:	Lehrkräftefragebogen zur Implementation der zweiten Unterrichtseinheit
Anhang A15:	Wettbewerbsausschreibung für die dritte Unterrichtseinheit
Anhang A16:	Lehrkräftefragebogen zur Implementation der dritten Unterrichtseinheit
Anhang A17:	Lehrkräftefragebogen (u. a. zur Erfassung der Schulleistungen der Kinder)
Anhang A18:	Feldkontrollbogen
Anhang A19:	Elternfragebogen (u. a. zur Erfassung des Bildungsmilieus und der Ethnie der Kinder)
Anhang A20:	Schülerfragebogen MZP1
Anhang A21:	Schülerfragebogen MZP4
Anhang A22:	Schülerfragebogen MZP5

Anhang

Anhang A1

Beispielinstruktionen aus dem 5. Lektion des SMART-Programms:
N-O-T-V!

Step 4: Students Review TV Turn-Off Ideas

Invoke enthusiastic responses from students.

- **Ask Students:** We're in this together as a team. What's our team name? (Allow students to respond as a group.) What's our team slogan? (Allow students to respond as a group.) Go team! [Note: If this is a multi-class assembly, be sure to give each class an opportunity to respond.]

- **Ask Students:**
  - Are all children addicted to television? ("No!")
  - Can you prove you're not addicted to television by meeting the TV Turn-Off challenge? ("Yes!")
  - Are you going to try your best to keep a journal of all the things you do instead of watching TV? ("Yes!")
  - When you walk by a TV that is turned on, will you sit down to watch? ("No!")
  - Do you want to receive a certificate and prize at the end of the Turn-Off? ("Yes!")
  - Are you going to try to get a parent or adult signature every night during the TV Turn-Off? ("Yes!")
  - Are you ready to begin the TV Turn-Off? ("Yes!")

- **If you have the YMCA karaoke tape and NOTV overhead, Tell Students:** We have a special song to help us remember what to do during the TV Turn-Off. Will you help me sing the song? Everyone can join in together during the chorus.

    Display *N-O-T-V* Lyrics Overhead. Sing to the tune of *YMCA*.

Step 5: Students Receive *TV Turn-Off Packet*

- **Tell Students:** This concludes our ceremony for today! I wish you the best of luck. The first day will be most difficult, but it should get easier with each passing day, especially because you can help one another think of fun things to do instead of watching TV.

    Distribute a *TV Turn-Off Packet* to each student. If the Kick-Off Ceremony takes place as an assembly, you can distribute packets to students once they return to the classroom.

- **Tell Students:** Take out your contract and sign it now so that they can be collected. Remember when you're at home to ask your parents if you can place the *TV Turn-Off in Progress* sign on your TV to remind you not to watch television during the next 10 days. Also remember that in order to get your certificate you need to get your parent signature for every night that you do not watch television.

- **If there will be a school trophy, Tell Students:** At the end of the TV Turn-Off, your class will get a trophy to keep for the entire year if your class has the most students able to keep the TV turned off.

- **Tell Students:** Good luck! I know you all can make it through the next 10 days!
    [Note to Teacher: Remind students of deal with principal or other adult if one has been made.]

© 1996, 2004 the Board of Trustees of the Leland Stanford Junior University

N-O-T-V! (to the tune of YMCA)

My friends, there's no need to feel bored,
I said my friends, when your friends aren't around,
I said my friends, if you feel all alone,
There's no need to be un-ha-ppy...

It's time to think about N-O-T-V!
It's time to think about N-O-T-V!
There is plenty to do, for you to enjoy
Just give it a little try...

My friends, what do you want to be?
I said my friends, do not be a zombie,
I said my friends there is more to your life,
But you've got to do this one thing...

It's time to turn it off! N-O-T-V!
It's time to turn it off! N-O-T-V!
You can read a good book,
You can draw a picture,
Just use your i-ma-gi-na-tion.

Incorporate hand and arm movements to spell out N-O-T-V, just as is done with Y-M-C-A.

© 1996, 2004 the Board of Trustees of the Leland Stanford Junior University

Anhang A2

Direktorenanschreiben mit Bitte um Teilnahme am Berliner Längsschnitt Medien

Kriminologisches Forschungsinstitut Niedersachsen e.V.,
Lützerodestraße 9, 30161 Hannover

Schule
Name des/der Schulleiter/in
Straße

PLZ Berlin

Hannover, Datum

Studie „Mediennutzung und Schulleistung"

Sehr geehrte Dame, sehr geehrter Herr,

das Kriminologische Forschungsinstitut Niedersachsen e.V. (KFN) beschäftigt sich seit einiger Zeit mit der Frage, ob es zwischen dem Konsum bestimmter Medieninhalte (insbesondere im Hinblick auf Computerspiele und Gewaltfilme) und schlechten Schulleistungen bzw. aggressiven Verhaltensweisen einen Zusammenhang gibt. Hierfür wird von der Volkswagenstiftung ein interdisziplinäres Forschungsprojekt „Mediennutzung und Schulleistung" finanziert, welches als Langzeitstudie in Berlin vom November 2005 bis Mai 2008 durchgeführt wird.

Aufgrund erster Befunde wurden gemeinsam mit verschiedenen Experten aus der Medienwissenschaft, der Psychologie und der Medizin medienpädagogische Unterrichtseinheiten entwickelt, die in Anlehnung an den eEducation-Masterplan und den Berliner Rahmenlehrplan, innerhalb des Schulunterrichts durchgeführt werden sollen.

Aus wissenschaftlicher Perspektive erscheint es unverzichtbar, die Wirksamkeit des Programms zu evaluieren und zwei Fragen nachzugehen:

Erstens, ob eine schulbasierte Intervention zum Mediennutzungsverhalten von Kindern und Jugendlichen in Hinblick auf verschiedene Variablen (u. a. Freizeit- und Sozialverhalten, schulische Leistungen) effektiv ist und zweitens, ob sich hinsichtlich der zu erwartenden Effekte geschlechtsspezifische Muster zeigen. Die zweite Frage resultiert aus unseren Befunden geschlechterdivergierender Entwicklungspfade in den letzten zehn Jahren: Jungen sind mit Blick auf das Mediennutzungs-, Schulleistungs- und Sozialverhalten die sehr viel auffälligere Gruppe; hier scheint deshalb eine Intervention dringlichst geboten. Eine wirksame Intervention kann zudem einen wichtigen Beitrag zur Gewaltprävention darstellen. Aktuelle Forschungsergebnisse des KFN zeigen, dass ein falscher Medienumgang mit aggressiven und gewalttätigen Verhaltensweisen in Verbindung steht.

Wir möchten für dieses wichtige Anliegen Ihre Schule gewinnen, an dieser längerfristigen Studie mitzuwirken. Per Zufall ausgewählte Klassen der Jahrgangsstufe 3 (die späteren 4, 5, und 6) sollen medienpädagogischen Unterricht erhalten und darüber Auskunft geben, wie sie ihre Freizeit und ihren Schulalltag organisieren. Für Ihre Schule (**pro Schule eine Klasse**) würde dies bedeuten, dass wir zu verschiedenen Zeitpunkten vom November 2005 bis Mai 2008 in der dritten Klasse beginnend diese bis zur sechsten Klasse begleiten würden

Um eine solche Studie durchzuführen und verlässliche Ergebnisse zu erhalten, ist es notwendig, drei Gruppen von Kindern zu bilden. Die Stichprobe von ca. 1.000 Schüler/innen aus der Grundgesamtheit aller Berliner Grundschulen wird zufällig einer Interventionsgruppe, einer Kontrollgruppe, die keinen Medienunterricht erhält, und einer Base-Line-Gruppe, in der nur zu Beginn und am Ende der Studie eine Befragung vorgenommen wird, zugeteilt. Die Vermutung ist, dass sich bei einem erfolgreichen Programm Auswirkungen und damit Veränderungen im Mediennutzungsverhalten bei der ersten Gruppe zeigen. Nachdem die letzte Befragung im Mai 2008 abgeschlossen ist, erhalten selbstverständlich auch die beiden anderen Gruppen die Möglichkeit, Medienunterricht zu erhalten, so dass es zu keiner Ungleichbehandlung der Gruppen kommt, sondern lediglich zu einer zeitlichen Verzögerung.

Die geplante Studie gliedert sich in folgende Phasen:

Phase 1A (November 2005): Die Befragung der Schüler/innen wird im Klassenverbund durch geschulte Mitarbeiter/innen des KFN erfolgen. Darüber hinaus sollen zur Messung des Sozialverhaltens Einschätzungen der Lehrkräfte erfolgen sowie eine Befragung der Eltern. In Kooperation mit den Berliner Kinderärzt/innen soll der Gesundheitszustand der Kinder erfasst werden, insbesondere der sog. Body Mass Index.

Phase 1B (Januar 2006): In einer zentralen, mindestens eintägigen Schulung werden die Lehrer der Klassen, die zunächst das Programm durchlaufen, in die Interventionsinhalte (Medienunterricht) eingeführt. Es wird angestrebt, dass diese Schulung als Lehrerfortbildung im Sinne des gesetzlich vorgeschriebenen Weiterbildungsauftrags anrechenbar ist.

In den für die Intervention ausgewählten Schulklassen wird in drei bis vier hierfür zur Verfügung gestellten Doppelstunden durch die geschulten Lehrkräfte medienpädagogischer Unterricht stattfinden. Hierzu sollen Stunden der Fächer Sachkunde und später Deutsch genutzt werden. Die Inhalte des Unterrichts gliedern sich wie folgt:

a) *Medienumgang bewusst machen:*
1. Es wird ein Tagebuch über den eigenen Medienkonsum und sonstige Freizeitaktivitäten geführt, welches im Unterricht besprochen werden soll;
2. Es werden die Ergebnisse der Schülerbefragung 2005 in einer didaktisch für Drittklässler aufbereiteten Form präsentiert.

b) *Folgen des Medienumgangs erkennen:* Hierzu wird ein Lehrfilm angefertigt, der in der Klasse abschnittsweise präsentiert und diskutiert werden soll. Anschließend werden anhand von Fallbeispielen besonders problematische Formen des Umgangs mit Fernsehen und Video- und Computerspielen besprochen werden.

c) *Alternativen entwickeln:* Es sollen sowohl medienbezogene Alternativen – kindgerechte Medienformate und ein kompetenterer Umgang mit Medien – beleuchtet, als auch nichtmediale Freizeitalternativen diskutiert und vorgestellt werden. Die nichtmedialen Freizeitaktivitäten sollen idealerweise von einigen Kindern selbst vorgestellt werden.

Eventuell ist es zusätzlich möglich, dass sich Vereine aus der näheren Schulumgebung in der Klasse vorstellen.

d) *Das Umfeld sensibilisieren:* In einem Elternabend soll versucht werden, auch diese für das Thema Medienumgang zu sensibilisieren und Leitlinien angemessenen elterlichen Erziehungshandelns zu formulieren. Zusätzlich werden mit den Kindern in einer abschließenden Unterrichtseinheit Leitlinien für ihre Freizeitgestaltung besprochen, die mit den Inhalten der Elterninformationen kongruent sind.

Phase 2A (Mai 2006): Es werden alle Kinder, Lehrkräfte und Eltern analog zu Phase 1A befragt. Ziel ist herauszufinden, inwieweit die Intervention zu Einstellungs- und Verhaltensänderungen geführt hat. Durch den Vergleich der Gruppen kann zudem identifiziert werden, inwieweit auffindbare Veränderungsprozesse zufällig zustande gekommen sind bzw. Ergebnisse von Reifungsprozessen o.ä. sind.

Phase 2B (Januar 2007): Es erfolgt medienpädagogischer Unterricht in der Interventionsgruppe wie in Phase 1B.

Phase 3A (Mai 2007): Erneute Befragung aller Schüler/innen und Lehrkräfte sowie Gesundheitscheck der Kinder.

Phase 3B (Januar 2008): Medienpädagogischer Unterricht in der Interventionsgruppe wie in Phase 1B und 2B.

Phase 4 (Mai 2008): Ein letztes Mal werden alle Schüler/innen, Lehrkräfte und Eltern befragt, um die Langzeitwirkung der Medienintervention genauer untersuchen zu können.

Falls Ihre Schule der Interventionsgruppe zugewiesen werden würde, bedeutet dies zusammengefasst, dass über den Zeitraum von 3 ½ Jahren insgesamt vier Befragungen erfolgen, die jeweils zwei Schulstunden an zwei aufeinanderfolgenden Schultagen beanspruchen. Der Medienunterricht wird im jährlichen Rhythmus in den hierfür zur Verfügung gestellten Unterricht über eine Dauer von 4 – 6 Wochen stattfinden. Lediglich vier Befragungen würden durchgeführt, wenn Sie zur Kontrollgruppe gehörten. In der Base-Line-Gruppe würden nur zwei Befragungen vorgenommen.

Um diese Studie den methodischen Ansprüchen einer quasi-experimentellen Untersuchung entsprechend aufzubauen, ist es zum jetzigen Zeitpunkt noch nicht möglich, Ihnen mitzuteilen, zu welcher Gruppe Ihre Schule gehören wird. Die Zuteilung soll per Zufall erst im Anschluss an die erste Befragungswelle erfolgen.

Wir bitten Sie deshalb, uns – sobald Sie das Vorhaben in Ihrer Schule diskutiert haben – mitzuteilen, ob Sie an unserer Studie mitwirken möchten. Hierfür haben wir auf der letzten Seite dieses Briefes eine Rückmeldung vorbereitet, die Sie uns baldmöglichst zukommen lassen möchten.

Ein Schreiben von Herrn Senator Klaus Böger, der dieser Untersuchung einen besonderen Stellenwert einräumt, liegt vor. Die endgültige Genehmigung der Berliner Senatsverwaltung zur Durchführung des Projekts wird Ihnen nach Erhalt Ihrer Zustimmung zugestellt. Von verschiedenen Seiten ist zu hören, dass es endlich Zeit wird, das Thema in der von uns verfolgten Form zu untersuchen. Sie würden also durch eine Teilnahme dazu beitragen, dass eine medienpädagogische Lücke geschlossen wird, die als Unterrichtseinheit ein fester Bestandteil des Berliner Rahmenlehrplanes werden soll.

Aber es ist nicht nur die deutschlandweite Einmaligkeit der Studie, die eine Teilnahme als sinnvoll und wichtig erscheinen lässt. Ihre Schule wird auch ganz konkrete Vorteile davon haben, ungeachtet dessen, zu welcher Gruppe Sie letztendlich gehören. Denn allen Gruppen werden wir das Interventionsprogramm anbieten. Ihre Schule kann so zu einer Modellschule werden, in der Lehrer, Schüler und Eltern in umfassendem Maße über die Folgen von Medienkonsum informiert sind.

Sollten Sie Fragen haben, dann zögern Sie bitte nicht, uns zu kontaktieren. Wir stehen für Rückfragen jederzeit gern zur Verfügung.

Projektteam KFN	
Dr. Thomas Mößle	Tel.: 0511-34836-17; moessle@kfn.uni-hannover.de
Matthias Kleimann	Tel.: 0511-34836-14; mkleimann@kfn.uni-hannover.de
Birke Dworschak	Tel.: 0511-34836-16; b.dworschak@kfn.uni-hannover.de

Wir würden uns sehr freuen, wenn Sie das dargestellte Forschungsvorhaben unterstützen und auch Ihre Schule sich an der Untersuchung beteiligt.

Mit freundlichen Grüßen,

Prof. Dr. Christian Pfeiffer   Dr. Thomas Mößle
(Direktor)   (Projektleiter)

Mit der Bitte um Benachrichtigung bis spätestens 14.10.05
KFN FAX: 0511-348 36 10 z. Hd. Herrn Dr. Thomas Mößle

✂--

Erklärung zur Studie „Mediennutzung und Schulleistung"

Bitte ankreuzen:

Unsere Schule _____ **nimmt teil** an der Langzeitstudie „Mediennutzung und Schulleistung" über den Zeitraum vom November 2005 bis Mai 2008. Gem. § 65 II SchulG werde ich die Schulkonferenz über das o. g. Vorhaben informieren.

_____, den _____ , _____
(Stadt)   (Datum)   (Direktor/in)

Unsere Schule _____ nimmt **nicht teil** an der Langzeitstudie „Mediennutzung und Schulleistung" über den Zeitraum vom November 2005 bis Mai 2008. (Bitte notieren Sie hier kurz die Gründe der Nichtteilnahme, die für uns aus Untersuchungsaspekten wichtig sind und festgehalten werden):

_____
_____
_____
_____
_____
_____

_____, den _____ , _____
(Stadt)   (Datum)   (Direktor/in)

Anhang A3

Empfehlungsschreiben des Berliner Senats für Bildung, Jugend und Sport

Senatsverwaltung für Bildung, Jugend und Sport **Berlin**

Beuthstr. 6-8
10117 Berlin-Mitte

Senatsverwaltung für Schule, Jugend und Sport, Beuthstr. 6-8, 10117 Berlin

An die
Schulleitungen der Berliner Grundschulen,
die per Zufallswahl zur Teilnahme an der
Langzeitstudie
„Mediennutzung und Schulleistung"
ausgewählt wurden.

Verkehrsverbindungen:
U Spittelmarkt, Bus 142

Geschäftszeichen I A

Bearbeiter Herr Dr. Hübner
Zimmer 7090
(0 30) 90 – 26 5864
Vermittlung ■ intern (0 30) 90 – 26 7 ■ (9)26
Fax +49 (30) 90 26 6515
eMail Peter.Huebner
@SenBJS.Verwalt-Berlin.de

Internet www.senbjs.berlin.de
Datum 16.08.2005

Langzeitstudie Mediennutzung und Schulleistung – Schüler/innenbefragung des Kriminologischen Forschungsinstituts Niedersachsen (KFN)

Sehr geehrte Damen und Herren,

die pädagogisch-orientierte Mediennutzung hält verstärkt Einzug auch in die Berliner Grundschule. Mit dem eEducation-Masterplan ist ein wesentlicher Schritt in dieser Richtung erfolgt.

Unabhängig von dieser guten Chance zur gezielten Nutzung der neuen Technologien für unterrichtliche Zwecke entwickelt sich im Freizeitbereich bei den Kindern im Grundschulalter eine anwachsende Tendenz zur unsystematischen Beschäftigung mit unkontrollierbaren Internetangeboten und diversen Computerspielen.

Vor diesem Hintergrund erhält die Vermittlung von Medienkompetenz einen unverzichtbaren Stellenwert in unserem Bildungswesen. Es ergibt sich aber auch die Forderung nach einer gesicherten Überprüfung der Wirkung unseres pädagogischen Handelns in diesem Bereich. Gelingt es uns, den Schülerinnen und Schülern die Kompetenz für einen sachgerechten Umgang mit den vielfältigen Angeboten unserer Medienlandschaft erfolgreich zu vermitteln?

Zur wissenschaftlichen Bearbeitung dieser und weiterer wichtiger Fragestellungen in diesem Themenbereich hat das KFN für Kinder und Jugendliche der 3. bis 6. Klasse ein interdisziplinäres Interventionsprogramm entwickelt. Ihre Grundschule wurde per Zufallsauswahl für die Teilnahme an dieser Langzeitstudie ausgewählt.

Wegen der besonderen Bedeutung der aufgrund dieser Untersuchung zu erwartenden Erkenntnisse sowie in Anlehnung an den eEducation-Masterplan und die Berliner Rahmenlehrpläne unterstützt Herr Senator Böger dieses Vorhaben von Herrn Prof. Dr. Pfeiffer nachdrücklich.

Wir bitten die ausgewählten Schulen mit diesem Begleitschreiben, die notwendigen schulinternen und organisatorischen Voraussetzungen für die Teilnahme mit ihren Schülerinnen und Schülern an dieser repräsentativen Erhebung zu schaffen.

Die näheren Einzelheiten entnehmen Sie bitte den Beschreibungen des Instituts.
Die zuständige Schulaufsicht ist über das Vorhaben bereits informiert worden.

Für Rückfragen stehen wir Ihnen gern zur Verfügung.

Herzlichen Dank für Ihr Verständnis und Ihre Unterstützung.

Mit freundlichen Grüßen
Im Auftrag

Dr. Peter Hübner

Anhang A4

Anschreiben an die Klassenleitungen

Mediennutzung und Schulleistung - Interventionsstudie zum Mediennutzungsverhalten von Schüler und Schülerinnen

– Informationen für Klassenlehrer/innen zur Vorbereitung der 1. Projektphase –

Sehr geehrte Klassenlehrerin, sehr geehrter Klassenlehrer,

wir möchten uns für Ihre Bereitschaft bedanken, am Modellprojekt „Mediennutzung und Schulleistung" mitzuwirken. Wie Sie sicher bereits wissen, ist es ein Hauptanliegen dieser Studie, sich den empirisch deutlich abzeichnenden Tendenzen einer Dominanz des Medienkonsums im Freizeitverhalten von Kindern mit negativen Auswirkungen auf Schul- und Sozialverhalten entgegen zu wirken. Hierfür haben wir ein pädagogisches Konzept entwickelt, dass dazu geeignet ist, ein fester Bestandteil des Unterrichts zu werden, weil es in einem kindgerechten Format in den differenzierten und kritischen Umgang mit Medien einführt. Ob dieses anspruchsvolle Anliegen des Konzepts aber tatsächlich eingehalten werden kann, möchten wir mit Ihrer Unterstützung überprüfen.

Um eine solche Studie durchzuführen und verlässliche Ergebnisse zu erhalten, ist es notwendig, drei Gruppen von Kindern zu bilden. Die Stichprobe von ca. 1.200 Schüler/innen aus der Grundgesamtheit aller Berliner Grundschulen wird zufällig einer Interventionsgruppe, einer Kontrollgruppe, die keinen Medienunterricht erhält, und einer Base-Line-Gruppe, in der nur zu Beginn und am Ende der Studie eine Befragung vorgenommen wird, zugeteilt. Die Vermutung ist, dass sich bei einem erfolgreichen Programm Auswirkungen und damit Veränderungen im Mediennutzungsverhalten bei der ersten Gruppe zeigen. Nachdem die letzte Befragung im Mai 2008 abgeschlossen ist, erhalten selbstverständlich auch die beiden anderen Gruppen die Möglichkeit, Medienunterricht zu erhalten, so dass es zu keiner Ungleichbehandlung der Gruppen kommt, sondern lediglich zu einer zeitlichen Verzögerung.

Um diese Studie den methodischen Ansprüchen einer quasi-experimentellen Untersuchung entsprechend aufzubauen, ist es zum jetzigen Zeitpunkt noch nicht möglich, Ihnen mitzuteilen, zu welcher Gruppe Ihre Schule gehören wird. Die Zuteilung soll per Zufall erst im Anschluss an die erste Befragungswelle erfolgen.

Mit diesem Schreiben, möchten wir Sie zunächst auf die bevorstehende erste Projektphase im November 2005 vorbereiten, wobei wir diese Vorbereitung in einem Gesamtüberblick der Untersuchung erläutern wollen. Im Anschluss an die erste Projektphase, werden wir Sie erneut anschreiben, um Ihre Gruppenzugehörigkeit und der daraus folgenden Vorhaben und Maßnahmen mitteilen zu können.

Der unten abgebildete Zeitstrahl demonstriert die einzelnen Untersuchungsphasen mit einer kurzen Erläuterung der anstehenden Vorhaben und Maßnahmen. Der Überblick der unterschiedlichen Phasen zeigt, dass wir die Rahmenbedingungen für die Durchführung des Projekts schaffen und den gesamten Komplex der Befragung, der Fortbildung sowie der Materialienbereitstellung übernehmen.

Insgesamt hat das Projekt zwei miteinander verbundene Bereiche: Ein Bereich umfasst die **Befragungen der Kinder** innerhalb des Schulunterrichts. Durch diese Befragungen wird geklärt werden können, a) wie die Ausgangsbedingungen sind (Stichworte: Freizeitbeschäftigungen, Umgang mit Medien, Verfügung über Medien, schulische Leistungen, Sozialverhalten), b) ob sich durch die Intervention Veränderungen in diesen Ausgangsbedingungen einstellen und c) ob antizipierte Veränderungen dauerhaft sind. Der andere Bereich umfasst die Interventionsmaßnahmen in Form von **Medienunterricht** und Elternabenden. Selbstverständlich werden mit Projektabschluss die Ergebnisse der Studie in einer zentralen Informationsveranstaltung vorgestellt.

Die geplante Studie gliedert sich in folgende Phasen:

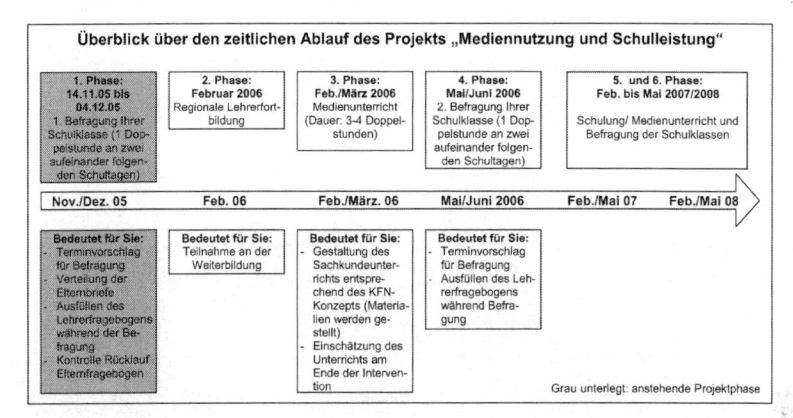

Überblick über den zeitlichen Ablauf des Projekts „Mediennutzung und Schulleistung"

1. Phase: 14.11.05 bis 04.12.05 1. Befragung Ihrer Schulklasse (1 Doppelstunde an zwei aufeinander folgenden Schultagen)	2. Phase: Februar 2006 Regionale Lehrerfortbildung	3. Phase: Feb./März 2006 Medienunterricht (Dauer: 3-4 Doppelstunden)	4. Phase: Mai/Juni 2006 2. Befragung Ihrer Schulklasse (1 Doppelstunde an zwei aufeinander folgenden Schultagen)	5. und 6. Phase: Feb. bis Mai 2007/2008 Schulung/ Medienunterricht und Befragung der Schulklassen
Nov./Dez. 05	Feb. 06	Feb./März. 06	Mai/Juni 2006	Feb./Mai 07 — Feb./Mai 08
Bedeutet für Sie: Terminvorschlag für Befragung Verteilung der Elternbriefe Ausfüllen des Lehrerfragebogens während der Befragung Kontrolle Rücklauf Elternfragebögen	**Bedeutet für Sie:** Teilnahme an der Weiterbildung	**Bedeutet für Sie:** - Gestaltung des Sachkundeunterrichts entsprechend des KFN-Konzepts (Materialien werden gestellt) - Einschätzung des Unterrichts am Ende der Intervention	**Bedeutet für Sie:** - Terminvorschlag für Befragung - Ausfüllen des Lehrerfragebogens während Befragung	

Grau unterlegt: anstehende Projektphase

Wie Sie anhand des Zeitplanes erkennen können, soll die erste Befragung bzw. Testung bereits in der Zeit zwischen dem **14.11.05** und **04.12.05** erfolgen. Die Organisation dieser ersten Befragung hat folgende Struktur:

1. Sie schlagen uns einen für Sie passenden **Termin** für die Befragung vor. Die Befragung wird jeweils 2 Schulstunden an zwei aufeinander folgenden Schultagen in Anspruch nehmen. Bei der Terminierung sollte beachtet werden, dass zwei zusammenhängende Stunden ausgewählt werden, die nicht durch eine große Pause unterbrochen sind. Zudem ist wichtig, um Aufmerksamkeitsdefizite bei den Kindern zu vermeiden, dass es sich nicht um die letzten Schulstunden eines Tages handelt. Um die Termine festzulegen, haben wir Ihnen im Anhang ein Rückantwortformular angefügt. Im Anschluss an diese Befragung wird an einem der beiden Befragungstage der/die geschulte Interviewer/in zusätzlich das Körpergewicht und die Körpergröße der Kinder bestimmen. Für diese Maßnahme sind die Schüler/innen für ein paar Minuten aus dem Unterricht zu nehmen, wobei diese Prozedur auf die zwei Befragungstage verteilt werden könnte.

2. Sobald Sie uns per Brief, per Fax oder E-Mail Ihren Terminvorschlag mitgeteilt haben, werden Sie telefonisch von unserer Projektkoordination kontaktiert. Danach werden Sie in einer entsprechenden Anzahl sog. **Elterninformationsschreiben** zugestellt bekommen, die die Eltern nicht nur über den Gegenstand und Dauer der Studie informieren, sondern zudem um die explizite Teilnahmeerlaubnis des Kindes bitten. Diese Elternschreiben sind an alle Kinder der Klasse auszuteilen, mit der Bitte, diese sobald als möglich ausgefüllt wieder mitzubringen. Sollten sich Eltern gegen eine Teilnahme ihres Kindes aussprechen, dann müssten Sie für die Befragungszeit eine Art Stillaufgabe für das jeweilige Kind vorbereiten bzw. es in der Parallelklasse am Unterricht teilnehmen lassen.

3. Am **Tag der Befragung** wird ein/e sog. Interviewer/in ca. 15 Minuten vor Stundenbeginn an Ihrer Schule eintreffen. Es werden die notwendigen Vorbereitungen für die Befragung getroffen (Organisation eines Overhead-Projektors; Klärung, welche Kinder teilnehmen dürfen; Raumklärung für die Messung der Kinder; kurze Einführung in den Lehrerfragebogen). Wenn die Stunde beginnt, stellt sich der/die Interviewer/in vor und übernimmt die Gestaltung der folgenden zwei Schulstunden. In dieser Zeit bitten wir Sie darum, einen für Sie vorbereiteten **Lehrerfragebogen** auszufüllen. Dieser Fragebogen hat zwar nur einen Umfang von 8 Seiten, allerdings dauert das Ausfüllen, je nach Anzahl an Kindern in Ihrer Klas-

se, ca. 30 – 40 Minuten. Im Wesentlichen geht es im Lehrerfragebogen um Einschätzungen zu jedem einzelnen Kind. Dies beginnt bei den Schulnoten des letzten Zeugnisses für die Fächer Deutsch, Sachkunde, Mathematik und Sport, umfasst daneben die Einschätzung des aktuellen Leistungsniveaus in eben jenen Fächern und reicht schließlich dahin, dass Sie das Sozialverhalten der Kinder in der Schule einschätzen. Sie sind im Hinblick auf diese Variablen die verlässlichsten Informationsquellen. Wir bitten Sie, sich auf die entsprechenden Fragen insofern vorzubereiten, dass Sie die letzten Zeugnisnoten bei der Hand haben und dass Sie sich, wenn nötig, noch einmal bei den Fachlehrer/innen über das aktuelle Leistungsniveau erkundigen.

4. Eine weitere wichtige Unterstützung, die wir von Ihnen beanspruchen und die Anliegen unserer Untersuchung ist, dass wir über den Zeitraum vom November 2005 bis Mai 2008 die Entwicklungen und Veränderungen der Schüler/innen nachvollziehen, so dass eine Zuordnung der Kinder ermöglicht werden muss. Hierfür gibt es eine Klassenliste, die wir Ihnen diesem Schreiben beigefügt haben. Die Zuordnung der einzelnen Kinder erfolgt über die Codierung der sog. Kennziffern, die auf der Liste fortlaufend aufgeführt sind. Diese sog. Codes der Kinder müssen identisch mit dem Lehrerfragebogen sowie Schülerfragebogen sein. Wir bitten Sie diese Liste bis zum Untersuchungstag auszufüllen und sicher zu verwahren. Nach der Untersuchung soll diese in einem verschlossenen Umschlag bis zum nächsten Untersuchungszeitpunkt im Sekretariat verwahrt werden. Für die erfolgreiche Durchführung unserer Studie ist es überaus wichtig, dass die Liste nicht verloren geht. Nur mit dieser Liste können bei den weiteren Untersuchungszeitpunkten, die einzelnen Schüler/innen den jeweiligen Kennziffern zugeordnet werden. Aus diesem Grund wäre auch die Anfertigung einer Kopie der Liste und eine separate Aufbewahrung für uns sehr hilfreich.

5. Der **Befragungsablauf** gliedert sich im Einzelnen wie folgt:

    Am ersten Befragungstag widmen sich die Schüler/innen dem Ausfüllen des Schülerfragebogens. Jede Seite des Fragebogens wird auf Folie kopiert und wird an die Wand projiziert. Der/die Interviewer/in liest alle Fragen und möglichen Antwortkategorien vor, gibt notwendige Erläuterungen und beantwortet eventuell auftretende Fragen. Nach ca. 45-60 Minuten gibt es eine kurze Pause, wobei diese der Entspannung und der Bewegung dient. Nach dem Ausfüllen des Fragebogens schließt sich in der zweiten Schulstunde ein Test zum Klassenklima zur sozialen Integration und zum Selbstkonzept der Schulfähigkeit an.
    Am zweiten Befragungstag werden in den zur Verfügung stehenden zwei Schulstunden psychologische Tests zur Leistungsdiagnostik absolviert. Nach ungefähr einer Schulstunde sollte auch hier eine kurze Pause gemacht werden.

6. Es wird neben der Schüler- und Lehrer- zudem auch eine **Elternbefragung** geben. Wenn die Eltern am Tag der Befragung ihren achtseitigen Fragebogen vorgelegt bekommen, haben sie **eine Woche Zeit** ihn auszufüllen und ihrem Kind wieder mit in die Schule zu geben. Auch hier benötigen wir Ihre Unterstützung und möchten Sie bitten, den Rücklauf der Fragebögen zu kontrollieren und eventuell das ein oder andere Kind noch einmal darauf hinzuweisen, dass der Elternfragebogen noch nicht zurück ist. Sobald Sie alle Elternfragebögen eingesammelt haben, die regulär bei Ihnen in verschlossenen Briefumschlägen abgegeben werden müssen, dann schicken Sie diese bitte gesammelt per Behördenpost an das KFN (KFN, z. Hd. Dr. Thomas Mößle, Lützerodestr. 9, 30161 Hannover).

Soweit zur Befragung, die in den folgenden Phasen immer den gleichen Ablauf hat, wobei die Elternzustimmung nur einmal eingeholt und über den Zeitraum der Studie (von ihnen) an der Schule archiviert wird.

Im Anschluss an diese erste Befragung werden wir Sie erneut im **Januar 2006** anschreiben, um Ihnen die Gruppenzugehörigkeit mitzuteilen, die letztendlich entscheidend für den Umfang der Untersuchungsphasen und unserer Begleitung *(d.h. Lehrerschulung und Medienunterricht)* ist.

Abschließend möchten wir Sie im Interesse einer unvoreingenommenen Teilnahme der Schüler/innen und der Erkenntnisgewinnung des Projektes bitten, dass Sie einen Austausch mit Kolleg/innen anderer Schulen, die zu anderen Gruppierungen gehören könnten, vermeiden. Zudem stellen auch Unterrichtsgespräche oder die Thematisierung, das bzw. warum eine Befragung stattfindet, eine Beeinflussung der Kinder da, die sich auf das Antwortverhalten unmittelbar auswirkt. Wir bitten Sie deshalb, davon abzusehen, Ihre Schüler/innen auf die anstehende Studie vorzubereiten.

Um mit der 1. Phase dieser Untersuchung beginnen zu können, lassen Sie uns bitte das beiliegende Rückantwortformular per Fax oder per Post zukommen. Die zuständige Projektkoordinatorin Frau Birke Dworschak wird sich dann mit Ihnen telefonisch in Verbindung setzen und auf Ihre Fragen eingehen können. Sollten Sie schon früher Fragen zu diesem Projekt haben, steht Ihnen das gesamte Projektteam jederzeit zur Verfügung.

Kontaktdaten und Ansprechpartner/innen am KFN

Dr. Thomas Mößle (Projektleitung)
Tel.: 0511 – 348 36-17
E-Mail: moessle@kfn.uni-hannover.de

Birke Dworschak (Projektkoordination)
Tel.: 0511 – 348 36-16
E-Mail: b.dworschak@kfn.uni-hannover.de

Matthias Kleimann (medienpädagogische Intervention)
Tel.: Tel.: 0511 – 348 36-14
E-Mail: mkleimann@kfn.uni-hannover.de

Fax: 0511 – 348 36-10

Koordinatorin in Berlin

Dr. Inka Bach
Tel. und Fax: XXXXXXX
E-Mail: XXXXXXX

Sehr geehrte Klassenlehrerin, sehr geehrter Klassenlehrer – wir wissen aufgrund des engen Kontaktes mit den Schulen, dass wir Sie mit diesem Projekt sehr beanspruchen, und dies zu einer Zeit, in der vermehrt Anforderungen an die Grundschulen gestellt werden. Gerade vor diesem Hintergrund, möchten wir uns im Voraus für Ihren zusätzlichen Arbeitsaufwand und Ihr Engagement bedanken!

Wir wissen, dass es derzeit wohl kein zweites Thema gibt, was Lehrer/innen, aber gleichermaßen auch Eltern beschäftigt. Insofern hoffen wir, dass Sie uns nach Kräften unterstützen werden, wie wir auch Sie in jeder Projektphase unterstützen möchten.

Mit freundlichen Grüßen

Dr. Thomas Mößle
(Projektleiter)

Anhang A5

Elterninformationsschreiben

Senatsverwaltung für Bildung, Jugend und Sport — Berlin

KRIMINOLOGISCHES FORSCHUNGSINSTITUT NIEDERSACHSEN E.V.

Elterninformation

Liebe Eltern,

in Presse und Fernsehen wird häufig darüber geklagt, dass Kinder und Jugendliche ihre Freizeit einseitig gestalten. Während früher sportliche, schul- und medienbezogene Aktivitäten in einem ausgewogenen Verhältnis standen, würden heute Fernsehen und Computerspielen die Zeit außerhalb der Schule dominieren. Diese Annahme gilt es wissenschaftlich zu überprüfen, da das vorhandene Wissen vor allem über Kinder im Alter zwischen 8 und 12 Jahren noch lückenhaft ist. Wie sieht der Kinderalltag wirklich aus? Sind unter Umständen bestimmte Mediennutzungsmuster ein entscheidender Faktor für die Erklärung von Schulleistungsunterschieden?

Hinzu kommt der Hinweis aus Studien, dass ein falscher Medienumgang mit aggressiven und gewalttätigen Verhaltensweisen in Verbindung steht, die eigene Gewaltbereitschaft zu fördern. In diesem Zusammenhang sollen für diese Altersgruppen medienpädagogische Unterrichts- und Beratungskonzepte entwickelt und darauf hin getestet werden, ob sie geeignet sind, die negativen Aspekte von Medienkonsum bewusst zu machen und die Aufmerksamkeit für alternative Freizeitoptionen zu schärfen.

Im Rahmen einer wissenschaftlichen Langzeitstudie in Berlin sollen diese aufgeführten Aspekte in der Zeit vom November 2005 bis Mai 2008 durch das Kriminologische Forschungsinstitut Niedersachen e.V. in Kooperation mit der Senatsverwaltung untersucht und durchgeführt werden. Das KFN ist ein in Hannover ansässiges, unabhängiges und gemeinnütziges Forschungsinstitut. Näheres zum KFN erfahren Sie unter www.kfn.de. Weitere Details zu unserer Studie können Sie auf der Rückseite nachlesen.

Wir möchten Sie als Eltern bitten diese wichtige Studie zu unterstützen. Bitte unterschreiben Sie die unten stehende Erklärung und geben sie diese Ihrer Tochter/Ihrem Sohn mit in die Schule.

✂--✂

Erklärung zur Teilnahme an einer Befragung

Ich bin damit einverstanden, dass meine Tochter/mein Sohn _____
während der Schulzeit an der Untersuchungsreihe zum Thema „Mediennutzung und Schulleistung" teilnimmt.

_____, den _____, _____
(Stadt)   (Datum)   (Unterschrift eines erziehungsberechtigten Elternteils)

Senatsverwaltung für Bildung, Jugend und Sport **Berlin**

KRIMINOLOGISCHES FORSCHUNGSINSTITUT NIEDERSACHSEN E.V.

Projektbeschreibung

In ausgesuchten Klassen der Jahrgangsstufe 3, 4, 5 und 6 sollen ca. 1.200 Schüler/innen darüber Auskunft geben, wie sie ihre Freizeit und ihren Schulalltag organisieren. In der Grundschule Ihrer Tochter/Ihres Sohnes wird diese Untersuchung beginnend in der Klasse 3 bis einschließlich Klasse 6 über den oben aufgeführten Zeitraum durchgeführt.

Dieses Projekt umfasst je nach Untersuchungsgruppe 2 Teile: Eine **schriftliche Befragung** und ein **medienpädagogisches Lernprogramm**, welches in Anlehnung des Berliner Rahmenlehrplanes in den Schulunterricht eingebaut wird. In dieser Untersuchungsphase soll zusätzlich die Größe und das Gewicht der Kinder erfasst werden.

In dem Zeitraum von fast drei Jahren erfolgen insgesamt vier Befragungen, die jeweils zwei Schulstunden an zwei aufeinander folgenden Schultagen im Klassenverbund beanspruchen. In der Hälfte der Klassen wird im jährlichen Rhythmus in den hierfür zur Verfügung gestellten Unterricht über eine Dauer von 4 – 6 Wochen ein Medienunterricht stattfinden.

- Die Befragungen finden im **Klassenverbund** während des Schulunterrichts statt.
- Die Teilnahme an der Befragung ist für die Schüler/innen **freiwillig**.
- Der Schutz der persönlichen Daten ist selbstverständlich sichergestellt.
- Alle Angaben der Kinder werden **streng vertraulich** behandelt.
- Es werden grundsätzlich keine Informationen über einzelne Personen, Klassen oder Schulen weitergegeben.

Um eine Vergleichbarkeit zu ermöglichen, wäre es notwendig, dass möglichst viele Kinder an dieser Studie mitmachen.

Wir möchten Sie als Eltern ausdrücklich bitten, diese wichtige Studie zu unterstützen.

Mit freundlichen Grüßen,

Prof. Dr. Christian Pfeiffer

Anhang A6

Lesegeschichte zur ersten Unterrichtseinheit
Vom Leichtmatrosen zum Medienlotsen

Vom Leichtmatrosen zum Medienlotsen

Eine Geschichte für den Medienunterricht in dritten und vierten Klassen

Inhaltsverzeichnis:

	Seite
Eine Woche ohne Spongebob	3
Alles Medien oder was?	6
Käpt'n Fischers Logbuch	9
Aus der Übung	11
Das Freizeitlogbuch	12
Wie man hundert Millionen Würmer zählt	14
Wie man richtig auswertet	17
Den ganzen Tag vor der Spielkonsole	20
Ganz schön schlimm	23
Bettgeflüster	25
Ein schlechtes Vorbild	27
Leuchttürme und Lotsen	31
Der Zweiwochenplan	36
Brettspiele und Lerncomputer	39
Der Vertrag	41

Dieses Heft gehört:

_____

Eine Woche ohne Spongebob

Zwei Wochen nach den Herbstferien fährt die Klasse 4b an die Nordsee. Am späten Nachmittag hält der Bus endlich vor der Jugendherberge, in der die Klasse in den nächsten fünf Nächten schlafen soll. Frau Siebrecht, ihre Lehrerin, hat viel zu tun. „Ich weiß gar nicht, wo mir der Kopf steht", ruft sie, während sie immer wieder nachzählt, ob auch alle 23 Kinder aus dem Bus gestiegen sind. Damit sie nicht alleine auf die Kinder aufpassen muss, ist Alenas Mutter, Frau Lange, auch mitgefahren. Vor der Jugendherberge wartet außerdem noch Herr Siebrecht darauf, dass er die Taschen der Kinder in die Eingangshalle bringen kann. Herr Siebrecht ist der Mann von Frau Siebrecht und hat sich extra frei genommen, um seiner Frau mit der „Rasselbande" zu helfen.

Draußen weht ein kalter Wind. Darum sind alle erst einmal froh, als sie bald im großen Essensraum der Jugendherberge sitzen. Es gibt Erbseneintopf. Einige Kinder verziehen das Gesicht.
„Igitt, Eintopf!" stöhnen Sarah und Leon fast gleichzeitig.

Gerade, als Frau Siebrecht sie ermahnen will, das Essen wenigstens zu probieren, ruft Markus an einem anderem Tisch: „O Mann, ich verpasse ja Spongebob!"
Herr Siebrecht schaut zu seiner Frau. „Wer ist das denn?"
„Das ist Markus", sagt seine Frau und löffelt weiter ihre Suppe.
„Nein, ich meine diesen Bob", sagt er.
Alena, die mit am Tisch sitzt, erklärt es ihm: „Das ist eine Fernsehsendung. Spongebob ist ein Schwamm, der unter Wasser wohnt".
„Na klar", sagt Herr Siebrecht. „Das ist englisch. Sponge bedeutet auf Deutsch nämlich einfach Schwamm.
„Und Bob bedeutet dann Kopf, oder?" fragt Alena. Schließlich weiß sie, dass die Sendung auch ‚Schwammkopf' heißt.
„Nein", sagt Herr Siebrecht und denkt nach. „Das ist bloß ein Name. Wahrscheinlich haben die Übersetzer den Kopf einfach dazugedichtet, damit es sich besser anhört."

Noch während sich Alena und Herr Siebrecht unterhalten, reden die Kinder an den anderen Tischen wild durcheinander und erzählen, welche Sendungen sie heute noch verpasst haben.

„‚Mona der Vampir' kann ich auch nicht sehen", ruft Leon. „Eine tolle Klassenfahrt! Ekliges Essen und kein Fernsehen. Super."
Herr Siebrecht ist aufgestanden, um sich noch etwas Erbsensuppe zu holen. Er lacht. „Na, das werden ja schöne medienfreie Tage", ruft er seiner Frau zu und verschwindet in der Küche.
„Medienfreie Tage?" fragt Alena ihre Mutter, die neben ihr gerade den letzten Rest aus dem Teller kratzt. „Was soll das denn sein?"
„Du weißt doch, was Medien sind, oder?" fragt ihre Mutter zurück.
So richtig weiß Alena das nicht. „Das hat irgendwie mit Fernsehen zu tun", vermutet sie, ist sich aber nicht ganz sicher. Frau Siebrecht hat das Gespräch mit angehört. Nach dem Essen, als sich alle noch kurz in einem Stuhlkreis zusammensetzen, möchte sie mit der Klasse noch einmal über das Thema sprechen. „Ich hoffe, wir haben alle ein paar schöne und interessante Tage vor uns", sagt sie. „Aber bevor wir darüber sprechen, was wir morgen alles machen, möchte ich noch eins von euch wissen: Wer kann mir sagen, was Medien sind?"

Alles Medien oder was?

Die Kinder haben zusammen mit Frau Siebrecht eine Liste gemacht, was alles Medien sein können. Da es in der Jugendherberge keine Tafel gibt, hat Frau Siebrecht die Liste auf einen riesengroßen Block geschrieben, der auf einem Ständer steht. Er sieht aus, wie eine Staffelei, die Künstler benutzten, wenn sie ein Bild malen. Flipchart nennt man so etwas. Frau Siebrecht hat ihnen erklärt, dass Medien die Mehrzahl von Medium ist. Das Wort Medien beschreibt also eine ganze Gruppe von Dingen. Weil diese Dinge so unterschiedlich sind, hat sie zwei Listen nebeneinander aufgeschrieben. Über der linken Liste steht „Massenmedien", über der anderen Liste steht „Andere Medien". Unter „Massenmedien" stehen die folgenden Wörter: Fernsehen, Radio, Zeitung, Zeitschrift, Buch. Unter „Andere Medien" steht: Computer, Handy, Spielkonsole, Gameboy, Telefon. Sarah findet die Gruppe „Andere Medien" irgendwie komisch.
„Darunter kann ich mir gar nichts vorstellen", sagt sie.
Das findet Frau Siebrecht zwar auch, aber der Klasse fällt einfach kein besseres Wort ein. Es ist jetzt auch schon fast acht Uhr und alle sind ganz schön müde von der Fahrt. Da hat Sarah eine Idee. „Es gibt Medien, da ist schon alles vorgegeben und man muss nur noch hinschauen oder hinhören oder lesen. Das sind alle Massenmedien. Und dann gibt es Medien, bei denen man mehr selbst machen muss. Beim Computer spielen muss man zum Beispiel selbst steuern. Und als Drittes gibt es noch Medien, die einem nur dabei helfen, anderen Leuten etwas mitzuteilen. Bei denen muss man alles selbst machen. Zum Beispiel beim Handy. Man benutzt es, wenn man mit jemandem sprechen will, aber Sprechen muss man selbst."
Frau Siebrecht findet, dass das eine gute Aufteilung ist. Sie schlägt ein neues Blatt auf dem Flipchart auf und schreibt:

1. Medien, bei denen (fast) alles vorgegeben ist
2. Medien, bei denen man selbst steuern muss
3. Medien, die helfen, mit anderen Menschen zu reden

Am nächsten Morgen sitzen alle schon um sieben Uhr am Frühstückstisch. Sie wollen gleich nach dem Frühstück zum Hafen gehen und einen echten Fischkutter besichtigen. Alena hat noch ganz kleine Augen, weil sie gestern Abend noch lange mit ihren Zimmernachbarinnen Sarah und Aische geflüstert hat. Wieder sitzt sie neben Herrn Siebrecht.
„Sie hatten gestern übrigens Unrecht", sagt sie und schlürft ein bisschen lustlos an ihrem Hagebuttentee.
Herr Siebrecht schaut sie verwundert an. Auch er sieht noch ziemlich müde aus. „Warum?"
„Weil Sie gestern gesagt haben ‚das werden ja schöne medienfreie Tage'."
„Ja und?" fragt Herr Siebrecht.
„Naja", sagt Alena. „Erstens haben wir gestern Abend nun lange über Medien geredet und zweitens haben wir ganz schön viele Medien mit dabei."
„Aha", wundert sich Herr Siebrecht, „welche denn?"
„Lukas und Tom haben beide ihren Gameboy dabei und Aische hat ja ein Handy. Mit dem kann man nicht nur telefonieren, sondern auch spielen. Und schließlich haben wir alle Zettel und Stifte mitgenommen", sagt Alena und lächelt verschmitzt. „Damit können wir zum Beispiel Briefe an unsere Eltern schreiben und Briefe sind schließlich auch Medien."
„Stimmt, daran habe ich noch gar nicht gedacht", antwortet Herr Siebrecht. Er trinkt einen großen Schluck aus seiner Kaffeetasse und sieht schon etwas wacher aus als vorher.

Käpt'n Fischers Logbuch

Der Vormittag am Hafen ist für die Klasse 4b sehr aufregend. Sie besichtigen einen großen Fischkutter mit dem Namen „Josefine". Sie schauen zu, wie die Fischer die Netze reinigen und unterhalten sich lange mit dem Kapitän des Fischkutters. Und das Witzige ist: Er heißt mit Nachnamen sogar Fischer. Als sie sich alle in seine Kabine drängen, notiert er gerade etwas in einem kleinen Büchlein. Er erklärt es den Kindern ganz genau.
„Das ist ein Logbuch. Das heißt aber nicht so, weil alles darin gelogen ist!" lacht er und hält das Buch in die Höhe. „Logbuch ist ein Fachbegriff aus der Seefahrt. Der Kapitän eines Schiffes muss immer ganz genau aufschreiben, was an einem Tag auf seinem Schiff alles passiert ist. Er schreibt auf, wo er hergefahren ist, wie das Wetter war, ob er irgendetwas Ungewöhnliches gesehen hat und wie lange er unterwegs war."
Die Kinder sehen in dem Buch viele Tabellen und Zeichnungen. Dazwischen stehen einige Zeilen handgeschriebener Text.

„Beim Raumschiff Enterprise gibt es so etwas auch", ruft Tom, der hinter Leons breitem Rücken kaum zu sehen ist.
„Mein Bruder guckt das immer und manchmal trägt der Raumschiffkapitän auch etwas in sein persönliches Logbuch ein".
„Viele Kapitäne haben beides", sagt Kapitän Fischer und nickt. „Einmal ein offizielles Logbuch, in das auch die Wasserschutzpolizei hineinschauen darf, und dann noch ein persönliches Logbuch, in dem der Kapitän Dinge notiert, die andere nicht sehen dürfen, ohne vorher zu fragen. Heute habe ich zum Beispiel in mein offizielles Logbuch hineingeschrieben: ‚Ausfahrt um 4:15 Uhr. Klares Wetter bei ruhiger See. Einlauf im Hafen gegen 8:00 Uhr'. In meinem persönlichen Logbuch steht, dass ich heute Morgen den Sonnenaufgang besonders schön fand und dass ich dem Hafenmeister Seemannsgarn erzählt habe. Er hat mich nämlich über Funk gefragt, was wir alles gefangen haben und ich habe ihm von einer Makrele erzählt, die über einen Meter lang war. Das war natürlich übertrieben, aber das bleibt unter uns, ist das klar?"

Aus der Übung

Am Nachmittag gehen die Kinder zusammen mit Frau Lange und Frau Siebrecht an den Strand und bauen Flutburgen ganz nah am Wasser. Als sie beim Abendessen sitzen, fängt Leon wieder mit dem gleichen Thema an wie am Abend vorher.
„Ich verpasse schon wieder das ganze Fernsehprogramm! Außerdem kann mein Bruder jetzt die ganze Zeit das Autorennspiel auf der Playstation üben und wenn ich wiederkomme, ist er bestimmt viel besser als ich!"
So langsam verliert Frau Siebrecht die Geduld.
„Musst du eigentlich immer über deine blöden Glotzkisten reden!" ruft sie.
Leon guckt erst etwas erschrocken, dann zuckt er mit den Schultern.
„Nö", sagt er und grinst. „Manchmal muss ich auch über das Essen meckern." Heute ist sein Teller allerdings schon leer. Es gab Pommes Frites und Hähnchenkeulen.

Das Freizeitlogbuch

Beim Stuhlkreis nach dem Essen hat Frau Siebrecht eine Aufgabe für die Kinder.
„Ich möchte, dass ihr alle während unserer Klassenfahrt ein Logbuch schreibt. Und zwar ein offizielles Logbuch und ein persönliches Logbuch. In das offizielle Logbuch schreibt ihr ganz genau hinein, was ihr an dem Tag gemacht habt, wie das Wetter war und ob ihr bestimmte Aufgaben bekommen habt. In das persönliche Logbuch könnt ihr hineinschreiben, was ihr wollt. Ich zum Beispiel werde in mein persönliches Logbuch hineinschreiben, was ich besonders schön fand und was mich am meisten aufgeregt hat."
Alle Kinder laufen nach oben in ihre Zimmer, um die Hefte zu holen, die sie extra für die Klassenfahrt mitgenommen haben. Dann setzen sie sich in den Kreis und jeder schreibt einen Logbucheintrag in das Heft. Frau Siebrecht hat aber noch eine weitere Aufgabe für die Kinder.
„Leon hat mich heute beim Abendessen auf eine Idee gebracht", sagt sie. „Schreibt doch auf einen Extrazettel, was ihr heute vor einer Woche gemacht habt. Versucht euch genau zu erinnern und

schreibt alles auf, was euch noch einfällt. Das gilt auch für die Sendungen, die ihr im Fernsehen geschaut habt und die Computerspiele, die ihr gespielt habt", sagt sie und schaut dann Leon ganz scharf an. „Und falls ihr letzte Woche zu Hause auch dauernd über das Essen gemeckert habt, würde mich sehr interessieren, was eure Eltern dazu gesagt haben."

Wie man hundert Millionen Würmer zählt

Auch am nächsten Tag müssen die Kinder wieder früh aufstehen. Heute wollen sie mit Herrn Peddersen, dem Herbergsvater, eine Wanderung durch das Watt machen. Das Watt, hat Ihnen Frau Siebrecht erklärt, ist eigentlich Meeresboden, der fast die Hälfte der Zeit nicht unter Wasser ist. „An der Nordsee gibt es nämlich Gezeiten. Ebbe und Flut", erklärt sie. „Ebbe bedeutet, dass sich das Meer ganz weit zurückzieht, bei Flut kommt das Wasser bis fast an den Deich heran."
Das finden die Kinder aufregend. Doch kein Kind ist so aufgeregt wie Herr Siebrecht. Immer wieder steht er vom Frühstückstisch auf und studiert genau den Gezeitenplan, der an der Wand des Essensraums hängt. Als Alena ihn schließlich fragt, warum er so nervös ist, erklärt es ihr.
„Eine Wattwanderung kann ganz schön gefährlich sein. Wenn man weit in das Watt gelaufen ist und die Flut kommt, dann kann es passieren, dass man nicht schnell genug wieder an Land kommt. Und dann kann man ertrinken."
„Jetzt machen Sie den Kindern mal keine Angst", ruft Herr Peddersen, der schon mit Gummistiefeln im Essensraum steht. „Wenn ich eine Wattwanderung führe, ertrinken normalerweise höchstens drei oder vier Kinder. Die anderen werden bloß ein bisschen nass." Alena erschreckt sich. Dann aber sieht sie, dass Herr Peddersen sie angrinst.
„Nur Spaß", sagt er, „alter Wattführerwitz."

Herr Peddersen hat früher mal Biologie studiert und zeigt den Kindern auf der Wattwanderung, wie viele Tiere unter dem nassen Sand leben. Er zeigt Ihnen Wattwürmer, Taschenmessermuscheln und erklärt Ihnen, woran man die vielen verschiedenen Möwenarten erkennt, die auf der Suche nach Nahrung flach über das Watt fliegen.
„Ich würde mal gerne wissen, wie viele Wattwürmer es im ganzen Wattenmeer gibt", sagt Sarah. „Aber das kann ja kein Mensch zählen."
„Doch", sagt Herr Peddersen. „Das ist eigentlich ziemlich einfach."
„Und wie soll das gehen?" wundert sich Sarah.
„Naja, indem man sich einen Quadratmeter, also eine Fläche von einem Meter mal einem Meter Watt ganz genau anschaut und alle Tiere zählt, die man dort findet", erklärt Herr Peddersen. „Und da man von Satellitenfotos ziemlich genau weiß, wie groß das Watt ist, kann man dann in Etwa schätzen, wie viele Wattwürmer es gibt. Mal ein Beispiel: Wenn du auf einem Quadratmeter Watt hundert Wattwürmer finden würdest, und wenn Du weißt, dass das Watt insgesamt eine Millionen Quadratmeter groß ist, könntest du ausrechnen, dass es hundert Millionen Wattwürmer gibt. So schätzen Biologen oft, wie viele Lebewesen es in einem bestimmten Gebiet gibt. Das ist richtig wissenschaftlich. Aber du siehst schon, dass man als Wissenschaftler sehr genau sein muss. Wenn man sich auf dem einen Quadratmeter nur ein bisschen verzählt, gibt es gleich ein paar Millionen Wattwürmer mehr oder weniger."
„Und was ist, wenn der eine Quadratmeter, auf dem man zählt, ganz anders ist als der Rest vom Watt?" fragt Markus, der Herrn Peddersens Erklärung aufmerksam zugehört hat.
„Eine gute Frage," antwortet Herr Peddersen. „Damit so etwas nicht passiert, geht man in verschiedene Teile des Watts und zählt dort immer einen Quadratmeter aus. Dann kann man sich ausrechnen, wie viele Wattwürmer im Durchschnitt auf einem Quadratmeter leben.

Wie man richtig auswertet

Am Abend nach dem Essen lesen die Kinder sich im Stuhlkreis vor, was sie in ihre Logbücher eingetragen haben. Dann fragt Frau Siebrecht nach der Aufgabe von gestern, in der sie sich an die letzte Woche erinnern sollten. Alle Kinder rufen durcheinander und erzählen, was sie gestern vor einer Woche alles gemacht haben. Markus und Leon haben ganz viel Fernsehen geguckt und Leon hat außerdem gegen seinen Bruder Autorennen gespielt. Aische hat erst ein Buch gelesen und war dann mit ihrer Mutter und ihrer kleinen Schwester einkaufen. Daniel, der mit in Leons Zimmer schläft, war erst beim Flötenunterricht und dann noch beim Handball. Frau Siebrecht verliert schnell den Überblick.
„Nicht alle durcheinander!" ruft sie. „Wir wollen doch versuchen, alles ganz genau zusammenzutragen, damit ich weiß, wie eure Freizeit ungefähr aussieht."
Aber wie? Da meldet sich Sarah. „Ganz einfach, wir machen es wie die Biologen und tragen alles in eine große Liste ein. Dann können Sie den Durchschnitt errechnen und wissen dann ganz genau, was wir alle im Durchschnitt machen."
Frau Siebrecht hält das für eine gute Idee. Leon ist davon nicht sehr begeistert.
„Na toll, und dann sagen Sie mir nachher wieder, dass ich viel zu viel Fernsehen gucke und Computer spiele und das finde ich gemein."
Markus findet das auch. Aber Frau Siebrecht weiß eine Lösung.
„Dann schneidet doch einfach den Abschnitt aus dem Heft heraus, auf dem ihr euer Logbuch für den Tag in der letzten Woche eingetragen habt und schreibt nicht euren Namen darauf. Dann könnt ihr mir alle Abschnitte zusammen abgeben und ich weiß nicht mehr, wer zu welchem Abschnitt gehört."
„Aber Sie können unsere Schrift doch auseinanderhalten", meint Daniel.
Frau Siebrecht lacht: „Dann schreib den Logbucheintrag eben noch einmal in besonders schöner Schrift ab, bevor du ihn abgibst. Deine Sauklaue erkenne ich sonst tatsächlich sofort."

Den ganzen Tag vor der Spielkonsole

Es regnet in Strömen. Die Kinder der 4b sitzen am Frühstückstisch und starren lustlos auf die Graubrotscheiben in den Brotkörben. Eigentlich wollten sie heute am Strand Drachen steigen lassen, aber das muss nun ausfallen. Auch Frau Lange und Herr Siebrecht machen Gesichter wie drei Tage Regenwetter. Sie hatten sich seit gestern Abend auf das Basteln der Drachen vorbereitet.
„Es hilft alles nichts", sagt Frau Siebrecht. „Wir gehen jetzt gemeinsam in den Gruppenraum und machen Unterricht."
Die Kinder stöhnen. Unterricht! Auf einer Klassenfahrt! Doch ihre Lehrerin bleibt dabei. Sie setzen sich in den Stuhlkreis. Weil sie keine richtigen Tische haben, haben sie ihre Hefte auf dem Schoß.
„Ich habe mir gestern noch einmal die Ergebnisse aus Eurem Logbuch von der letzten Woche angeschaut"; sagt Frau Siebrecht. „Unglaublich, wie viele unterschiedliche Dinge ihr in eurer Freizeit tut. Einige gehen in Sportvereine, einige gehen raus und spielen mit den Nachbarskindern, andere treffen sich mit Klassenkameraden oder gehen in

die Musikschule und einige..." und sie schaut dabei in die Richtung von Leon und Markus, die ihr genau gegenüber sitzen, „...und einige scheinen den ganzen Tag nur vor dem Computer zu hocken."
Leon fühlt sich sofort angesprochen. „Ich habe überhaupt keinen Computer!" ruft er.
„Aber eine Playstation", ruft Aische. „Das ist doch das Gleiche."
„Du hast doch überhaupt keine Ahnung", sagt Leon. „Eine Playstation ist eine Spielkonsole und ein Computer ist... eben ein Computer."
„Was ist denn der Unterschied?" erkundigt sich Frau Siebrecht. Sie weiß es nämlich auch nicht genau.
„Eine Spielkonsole ist nur zum Spielen da", sagt Markus noch bevor Leon antworten kann. „Mit einem Computer kann man alles Mögliche machen. Im Internet surfen, Texte schreiben, Fotos angucken, alles eben."
„Dann ist ein Computer doch viel besser, oder?" fragt Frau Siebrecht.
„Nö, der ist nämlich viel komplizierter und es dauert viel länger, bis man ihn gestartet hat. Mit meiner Spielkonsole könnte sogar meine Mutter umgehen", antwortet Leon und die Klasse lacht. „Aber natürlich lasse ich sie nicht spielen, schließlich ist das meine Playstation."

Ganz schön schlimm!

Frau Siebrecht hat eine neue Aufgabe für die Kinder. Sie möchte, dass jeder aufschreibt, was an Computerspielen gut ist und was nicht so gut ist. Damit es leichter für die Kinder wird, bittet Frau Siebrecht sie, ein schönes Erlebnis mit einem Computerspiel aufzuschreiben und ein nicht so schönes Erlebnis. Zehn Minuten lang ist es muckmäuschenstill im Raum, weil alle Kinder angestrengt nachdenken und schreiben. Dann dürfen die Kinder der Reihe nach vorlesen, was sie aufgeschrieben haben.
Leon hat Folgendes geschrieben: „Schön war, als ich zum ersten Mal gegen meinen Bruder Need for Speed gewonnen habe. Das ist ein Autorennspiel", fügt er hinzu, als ihn seine Lehrerin fragend anguckt. Er liest weiter. „Ich habe ganz lange geübt, weil mein Bruder fast ein Jahr älter ist als ich und vorher immer gewonnen hat. Aber dann habe ich gewonnen und seitdem gewinne ich fast immer."
„Und hast Du auch ein nicht so schönes Erlebnis aufgeschrieben?" ruft Alena.
Leon nickt. „Nicht so schön war, als ich einmal eine Woche lang Playstation-Verbot bekommen habe,

weil ich mein Zimmer nicht aufgeräumt hatte. Dann bin ich zu Markus gegangen und wir haben dort gespielt."
„Na ganz toll", sagt Frau Siebrecht. „Glaubst du nicht auch, dass deine Eltern gute Gründe dafür hatten, dir für eine Zeit die Playstation zu verbieten?"
„Was kann denn die Playstation dafür, wenn ich mein Zimmer nicht aufräume!" ruft Leon.
Frau Siebrecht schaut in die Runde. „Was denkt ihr, ist die Playstation schuld, dass Leon sein Zimmer nicht aufgeräumt hat?"
„Das ist Quatsch", sagt Aische. „Der einzige, der was dafür kann, ist Leon. Der hatte einfach keine Lust zum Zimmer aufräumen."
Jetzt meldet sich Daniel. „Manchmal ist das aber auch richtig schwierig, mit dem Spielen aufzuhören. Wenn ich gerade richtig gut bin und schon ein ganz hohes Level erreicht habe, will ich auch nie aufhören. Zimmer aufräumen oder Hausaufgaben ist mir dann völlig Schnuppe! Und das ist irgendwie auch die Schuld der Playstation, weil die so spannend ist."
„Und warum hörst du dann doch irgendwann zu spielen auf?" fragt Frau Siebrecht.
Daniel zieht ein langes Gesicht. „Weil ich nie länger spielen darf als eine halbe Stunde. Meine Mutter passt da immer ziemlich genau auf."

Nun sollen noch andere Kinder vorlesen. Frau Siebrecht sieht, dass Sarah ganz klein auf ihrem Stuhl geworden ist. „Na, Sarah, möchtest du nicht vorlesen?"
„Ich habe aber kein schönes Erlebnis aufgeschrieben, sondern nur ein schlimmes", sagt Sarah leise. Dann liest sie vor: „Einmal hat mein Bruder mir ein Computerspiel gezeigt, das ganz schlimm war. Da waren überall böse Monster, die man abschießen musste und man hat richtig ihr Blut gesehen. Mein Bruder hat gesagt, dass er das Spiel von einem Freund kopiert hat und dass es für Kinder verboten ist. Danach habe ich die ganze Nacht schlecht geträumt und durfte schließlich bei meinen Eltern im Bett schlafen.
„Memme!" zischt Daniel ihr zu, aber Frau Siebrecht hat es gehört. „Daniel, du bist ganz schön gemein", tadelt sie ihn. „Ich möchte, dass ihr heute Nachmittag alle ein Bild malt. Es soll ein Bild sein, über etwas, was ihr im Fernsehen oder beim Computer spielen gesehen habt und was euch richtig Angst gemacht hat."

⚓ Bettgeflüster

Als die meisten Kinder schon längst schlafen, flüstern Markus, Leon und Daniel noch lange. Sie liegen in ihren Betten und reden über Dinge, die Frau Siebrecht lieber nicht hören soll.
„Ich habe einen Onkel Alex", wispert Daniel, „der ist bloß zehn Jahre älter als ich. Das kommt daher, weil er der jüngste Bruder meiner Mutter ist. Und Alex spielt die ganze Zeit solche Spiele, von denen Sarah eben erzählt hat."
„Cool!" sagt Leon fast schon laut.
„Nee, überhaupt nicht cool", flüstert Daniel zurück. „Meine Mutter hat zu meinem Vater gesagt, dass sie sich ganz große Sorgen um Alex macht, weil er fast nur noch in seinem Zimmer sitzt und kaum mehr mit anderen Leuten spricht. Sie sagt, dass er ein richtiger Einzelgänger geworden ist. Und sein Studium schafft er auch nicht. Mama sagt, er ist richtig süchtig."
„Und wenn schon", entgegnet Leon. „Wenn ich mal erwachsen bin und spielen darf, was ich will, dann gehe ich auch nur noch zum Essen runter in die Küche. Das ist doch supercool! Dein Onkel ist bestimmt ein Ass im Computer spielen."

„Du bist manchmal ganz schön blöd, Leon", mischt sich Markus ein. „Glaub bloß nicht, dass ich dich besuchen komme, wenn du nur noch in deinem Zimmer herumhockst."
„Hey Mann", ruft Leon jetzt richtig laut. „Du bist doch mein Freund!"
„Meinst du mich, oder meinst du deine Playstation?" fragt Markus scheinheilig, obwohl er genau weiß, wer gemeint ist.
Leon ist für eine Weile still. Nicht, weil er müde ist, sondern weil er beleidigt ist. Schließlich dreht er sich zu Daniel um.
„Glaubt ihr denn wirklich, dass dein Onkel vom Computer spielen so komisch geworden ist?" fragt er.
„Keine Ahnung", sagt Daniel. „Ich glaube, Mama hat mal gesagt, dass Alex schon als Kind Schwierigkeiten hatte, Freunde zu finden. Aber durch das Computer spielen hat er sich bestimmt noch weniger bemüht als vorher."
„Zum Glück hab ich ja schon Freunde", meint Leon schließlich und gähnt herzhaft. „Bevor ich so werde wie dein Onkel Alex, müsst ihr mich einfach warnen."
„Machen wir", flüstert Markus zurück, bevor er einschläft. „Kannste dich drauf verlassen."

⚓ Ein schlechtes Vorbild

Weil es am nächsten Tag nicht mehr regnet, bauen die Kinder zusammen mit Frau Lange und Herrn Siebrecht ihre Drachen. Für das Gerüst leimen sie lange Holzstäbe aneinander und bespannen es anschließend mit fester blauer Müllsackplane. Auf jeden Drachen werden außerdem noch lustige Gesichter aus Tonpapier geklebt. Ganz zum Schluss wird jeder Drachen an einer sehr langen Schnur befestigt. Das Basteln dauert ganz schön lange und es ist schon Nachmittag, als sie die Drachen endlich am Strand steigen lassen können. Zwischendurch kommen Frau Siebrecht und Herr Peddersen mit einem riesigen Korb voller belegter Brote und Tee vorbei und alle machen ein Picknick am Strand. Je länger sie jedoch die Drachen steigen lassen, desto nervöser werden Herr Siebrecht und Frau Lange. Irgendwie scheinen sie keine richtige Lust mehr zu haben. Schließlich geht Sarah zu Alena und fragt sie, ob sie weiß, was mit ihrer Mutter los ist.
„Klar weiß ich das", sagt Alena. „Heute ist die letzte Folge von Mamas Lieblingsserie und statt Fernsehen gucken zu können, muss sie hier am Strand stehen und frieren."

„Und was ist mit Herrn Siebrecht?" fragt Sarah.
„Will der die Serie denn auch gucken?"
„Wohl kaum", antwortet ihre Lehrerin, die plötzlich hinter ihnen steht. „Heute ist Fußball-Europapokal im Fernsehen und Günther hat Angst, das Spiel zu verpassen."
Alena findet es lustig, dass Herr Siebrecht ausgerechnet Günther heißt. So heißt ihr Meerschwein nämlich auch. Aber da fällt ihr etwas anderes ein.
„Wo will Ihr Mann das Spiel denn gucken?" fragt sie Frau Siebrecht.
„Naja", sagt Frau Siebrecht etwas zögerlich. „Herr Peddersen und sein Sohn sind in der Wohnung einen Fernseher und da wollen sie gleich zusammen schauen."
Markus muss ganz genau hingehört haben, denn obwohl er mindestens fünf Meter entfernt steht, kommt er sofort auf die drei zugelaufen.
„Das ist total gemein!" ruft er. „Wir verpassen alle unsere Lieblingssendungen und die Erwachsenen dürfen gucken, was sie wollen!"
Jetzt kommt auch Herr Siebrecht dazu. Er schaut immer wieder auf die Uhr.
„Das ist überhaupt nicht gemein. Das Fußballspiel ist eben sehr wichtig und außerdem bin ich erwachsen und darf gucken, was ich will."

„Spongebob ist auch sehr wichtig und daran, dass ich noch nicht erwachsen bin, habe ich schließlich keine Schuld", antwortet Markus.
Doch da versteht Herr Siebrecht keinen Spaß. „Das verstehst du nicht und damit Basta", sagt er und stapft beleidigt davon, um die Drachen einzusammeln.
Seine Frau hat nur wenig Verständnis für ihn. „Ein tolles Vorbild bist du!" ruft sie ihm hinterher. Aber er scheint sie nicht zu hören. Auch Markus ist jetzt beleidigt. Wie ein Kobold, dem man gerade seinen Schatz gestohlen hat, stampft er auf den Boden und sagt kein Wort mehr. Beim Essen rührt er seinen Teller nicht einmal an.

Abends beim Stuhlkreis ist die Stimmung schlecht. Das Drachen steigen lassen hat zwar allen großen Spaß gemacht, aber der Streit zwischen Markus und Frau Siebrechts Mann hat ihnen die gute Laune verhagelt. Ihre Lehrerin lässt sich von der miesen Stimmung anstecken.
„Alles nur wegen des blöden Fernsehens", murmelt sie.
„Alles nur wegen des blöden Günthers", flüstert Alena Aische leise zu, achtet aber darauf, dass Frau Siebrecht es nicht versteht. Aische kichert.

„Wenn alle Menschen in Deutschland, auch die Kinder, einen eigenen kleinen Fernseher hätten und gucken können, was sie wollen, gäbe es überhaupt keinen Streit mehr über das Fernsehen", sagt Leon grade zu Daniel.
„Na vielen Dank auch!" ruft Frau Siebrecht. „Dann müsst ihr euch aber eine neue Lehrerin suchen. Ich wandere dann nämlich aus! Dann würde ja überhaupt niemand mehr miteinander reden und alle starren nur noch auf ihre Glotze! Wenn es nach mir ginge, sollte man das Fernsehen einfach abschaffen." So sauer haben die Kinder ihre Lehrerin noch nie erlebt. Früher als an den anderen Abenden sagt sie allen gute Nacht und schickt die 4b ins Bett.

⚓ Leuchttürme und Lotsen

Herr Siebrecht guckt wie ein kaputtes Auto. So schlechte Laune hat er. Er stopft am nächsten Morgen ein paar Scheiben Brot in den Mund und trinkt drei Tassen Kaffee dazu. Sein Lieblingsverein hat gestern verloren und mit seiner Frau hat er sich später auch noch gestritten. Dabei hat er sich extra Urlaub genommen, um mit auf die Klassenfahrt fahren zu können.
„Dicke Luft", denkt Alena, als sie sieht, dass Herr und Frau Siebrecht kein Wort miteinander reden. Weil sie es nicht gut haben kann, dass sich ihre Lehrerin mit ihrem Mann streitet, versucht sie, gute Laune zu verbreiten.
„Was machen wir heute?" fragt sie und tut dabei sehr fröhlich. „Dürfen wir wieder an den Strand?"
„Im Fernsehen läuft bestimmt irgendwo ein Film über das Leben am Strand, dann müssen wir nicht extra raus", murmelt Herr Siebrecht und erntet einen bitterbösen Blick von seiner Frau.
„Wir besichtigen heute einen Leuchtturm", sagt Frau Siebrecht. „Für einige von uns ist eine Erleuchtung bitter nötig." Kurz nach dem Frühstück marschieren alle los. Bis zum Leuchtturm ist es nur eine halbe Stunde zu Fuß.

Leon ist sehr erstaunt, dass der Leuchtturmwärter eine Frau ist.
„Wenn der Kapitän des Fischkutters Herr Fischer heißt, heißt die Frau bestimmt Frau Licht oder so", witzelt er und Markus kichert zum ersten Mal seit gestern Nachmittag. Wofür es Leuchttürme gibt, wissen alle Kinder schon:
„Damit die Leute auf den Schiffen nachts sehen, wo die Küste ist", antworten sie, als die Frau sie fragt, warum Leuchttürme so wichtig sind. Die Leuchtturmwärterin heißt übrigens nicht Frau Licht, sondern Anneliese.
„Hier nennen mich alle so", sagt sie, „meinen Nachnamen hab ich fast schon vergessen."
Die Klasse hat viele Fragen an Anneliese. Ob sie in dem Leuchtturm auch wohnt, ob man sein Leben lang Leuchtturmwärterin bleibt und ob die große Lampe manchmal kaputt geht.
Anneliese beantwortet geduldig alle Fragen.
„Zurzeit wohne ich tatsächlich hier. Aber das muss nicht unbedingt sein. Ich mag den Leuchtturm einfach sehr gerne. Hier ist es immer so schön ruhig."

„Ist dir eigentlich nie langweilig, wenn Du hier so ganz alleine wohnst?" fragt Aische.
„Eigentlich nicht", sagt Anneliese. „Ich bin hier ja nicht eingesperrt und kann immer raus ins Dorf gehen. Und abends lese ich viel oder schaue Fernsehen. Den habe ich mir vorletztes Jahr extra gekauft."
„Nicht schon wieder das Fernsehen", stöhnt Alena leise. „Jetzt geht das schon wieder los."
„Guckst du eigentlich viel Fernsehen, wenn du so alleine bist?" erkundigt sich Leon neugierig. Er findet Anneliese sehr nett und will Frau Siebrecht beweisen, dass es gar nicht schlimm ist, viel Fernsehen zu gucken.
„Da fragst du mich was!" lacht Anneliese. „Manchmal gucke ich schon ganz schön viel, wenn ich zum Beispiel nichts Gescheites mehr zum Lesen da habe. Aber so richtig gut finde ich das nachher nicht. Wenn ich zu lange vor dem Fernseher sitze, brummt mir der Kopf immer so."
Leon weiß nicht, ob er diese Antwort gut finden soll oder nicht. Aber Anneliese erzählt noch weiter.
„Ich glaube, mit dem Fernsehen ist das so, wie mit allen anderen Dingen, die man in seiner Freizeit machen kann. Man sollte es eben nicht übertreiben. Ich habe mir vorgenommen, in Zukunft nur die Sendungen anzuschauen, die ich wirklich sehen will.

Wenn ich damit fertig bin, schalte ich die Kiste einfach aus."
„Und wie machst du das?" fragt Sarah.
Anneliese überlegt. „Ich glaube, die beste Entscheidung war es, mir immer eine Fernsehzeitung zu kaufen und mir schon am Wochenende die Sendungen anzukreuzen, die ich sehen will. So eine Fernsehzeitung ist ja im Prinzip so etwas wie ein Leuchtturm. Sie gibt einem in dem ganzen Wust von Programmen eine gute Orientierung."
Leon findet die Idee gut. „Super, dann streiche ich mir einfach alles an und wenn meine Eltern mich fragen sage ich ihnen, dass ich mir das vorher sehr gut überlegt habe."
Anneliese runzelt die Stirn. „Ich glaube, so eine Programmzeitung als Leuchtturm reicht bei dir wohl nicht. Was Leichtmatrosen wie du brauchen, ist eher so eine Art Lotse, der neben dir am Steuer steht und der dir hin und wieder sagt, in welche Richtung du fahren sollst. Einen richtigen Medienlotsen eben."
Das gefällt Leon schon weniger gut. Er weiß, dass Lotsen Leute sind, die Schiffen und Flugzeugen genau sagen, wo sie lang fahren oder fliegen müssen, damit sie sicher zu ihrem Ziel kommen.

„Das klingt jetzt aber ganz schön doll nach meinen Eltern", mault er.
Anneliese lacht. „Wenn deine Eltern einen so cleveren Jungen wie dich hinbekommen haben, scheinen sie aber hin und wieder auch Recht zu haben."
„Ganz schön schlagfertig", murmelt Leon leise und fragt ob er ein Foto von Anneliese vor dem Leuchtturm machen darf.

⚓ Der Zweiwochenplan

Den ganzen Nachmittag über dürfen die Kinder am Strand spielen, während Herr Siebrecht und Frau Lange aufpassen, dass nichts passiert. Von Frau Siebrecht ist weit und breit nichts zu sehen. Erst beim Abendessen sitzt sie wieder am Tisch. Sie strahlt über das ganze Gesicht und sieht sehr zufrieden aus. Auch ihr Mann ist wieder gut gelaunt. Die beiden haben sich anscheinend wieder vertragen.

Beim Stuhlkreis nach dem Abendessen legt Frau Siebrecht einen Stapel Fernsehzeitungen in die Mitte.
„Wie ihr alle wisst, fahren wir morgen wieder nach Hause. Ich freue mich schon darauf, wenn wir in der nächsten Woche alle unsere Logbücher herausholen und uns daraus vorlesen. Aber vorher habe ich noch eine andere Aufgabe für Euch. Hier in der Mitte findet ihr die Fernsehzeitung für die nächsten zwei Wochen. Ich möchte, dass ihr alle die Programmzeitung durchseht und nur die Sendungen ankreuzt, die ihr wirklich unbedingt sehen wollt. Darunter dürfen aber keine Sendungen sein, die

euch eure Eltern sowieso verbieten. Und auch keine, die mitten in der Nacht oder während der Schulzeit laufen. Und versucht doch bitte, an mindestens einem Tag gar nichts anzukreuzen, damit ihr mir dann später berichten könnt, ob ein Tag ohne Fernsehen wirklich so schlimm war, wie hier einige immer behaupten. Verstanden?"
Die Kinder machen sich an die Arbeit. Weil nicht jeder eine eigene Fernsehzeitung bekommen hat, schreiben sich die Sendungen, die sie sehen wollen, in ihr Heft hinein.
Als alle fertig sind, bittet Frau Siebrecht ihre Schüler, dass jeder einmal zusammenzählt, wie viele Stunden er in den nächsten zwei Wochen Fernsehen schauen will. Einige Kinder kommen auf über 24 Stunden in zwei Wochen.
„Um Himmels Willen", stöhnt Frau Siebrecht, „da sitzt ihr ja in zwei Wochen mehr als einen ganzen Tag vor der Glotze."
„Und Computer spielen kommt noch oben drauf!" strahlt Leon. „Sonst weiß ich ja den ganzen Tag nicht, was ich mit der vielen neuen Zeit anfangen soll."
„Das kommt gar nicht in die Tüte!" ruft seine Lehrerin. „Für Computer und Playstation und die ganzen anderen Konsolen sollten wir auch etwas vereinbaren. Daniel hat doch letztens erzählt, dass

er höchstens eine halbe Stunde am Tag spielen darf. Ich finde, das könnte die Obergrenze sein. Und auch bitte nicht jeden Tag."
Leon verzieht das Gesicht. „Da mache ich nicht mit. Das wird doch oberlangweilig!"
„Vielleicht nicht", erwidert Frau Siebrecht. „Überlegt euch doch alle mal, was ihr außer Medien noch gerne in eurer Freizeit macht. In der nächsten Woche können dann einige von euch ihre Lieblingsbeschäftigung vor der ganzen Klasse vorstellen. Vielleicht bekommt Leon dann einige Ideen, was er mit seiner ganzen freien Zeit anfangen soll."
„Aber Bücher lesen gilt dann auch nicht", ruft Markus. „Das sind schließlich auch Medien." Frau Siebrecht will ihm widersprechen, merkt dann aber, dass er Recht hat.
„Na gut", sagt sie, „ich gebe mich geschlagen. Abgemacht."

⚓ Brettspiele und Lerncomputer

Nach dem Wochenende kommt die 4b am Montag wieder in ihrer normalen Schulklasse zusammen. Für die meisten Kinder war es komisch, plötzlich nicht mehr den ganzen Tag mit allen Klassenkameraden zusammen zu sein. Sarah hat schlechte Laune. Sie hatte ganz vergessen, dass am Samstag „Wetten, dass..?" im Fernsehen lief und es nicht auf ihre Liste geschrieben. Weil sie ihren Eltern von der Fernsehliste erzählt hatte, blieb der Fernseher an dem Abend ganz aus.
„Und, was habt ihr statt dessen gemacht?", fragt Frau Siebrecht neugierig.
„Irgend so ein blödes Brettspiel gespielt. „Mahlefitz" hieß das. Es ist das einzige Spiel, das mein Vater auch kann."
„Und wieso bist du so schlecht gelaunt?" wundert sich Frau Siebrecht.
„Weil ich immer gegen Papa verloren habe, deshalb."
„Aber es ist doch nur ein Spiel", sagt Frau Siebrecht.
„Leider war es kein Computerspiel", meint Sarah. „Sonst hätte ich das Spiel immer wieder neu

geladen, so lange, bis ich gegen den Computer-Papa gewonnen hätte."
„Sehen Sie, Frau Siebrecht, ein Computer ist nämlich manchmal auch sehr hilfreich!" ruft Leon. „Man kann zum Beispiel etwas erst am Computer üben und es dann im normalen Leben anwenden. Mein Bruder lernt schon Englisch, und der hat ein Computerprogramm, mit dem man Englisch üben kann."
Da muss Frau Siebrecht ihm Recht geben. Die Klasse überlegt eine Zeit lang, was man mithilfe von Medien noch Nützliches machen kann. Nur Sarah ist immer noch schlecht gelaunt. Damit sie wieder bessere Laune bekommt, lässt Frau Siebrecht sie und ein paar andere Kinder die lustigsten Stellen aus ihrem persönlichen Logbuch der letzten Woche vorlesen. Und schließlich stellt Daniel seine Lieblingsfreizeitbeschäftigung vor: Handball spielen. Als er davon erzählt, können alle sehen, wie seine Augen zu leuchten beginnen. Weil die erste Stunde bald schon vorbei ist und Frau Siebrecht auch noch normalen Unterricht machen will, verspricht sie den Kindern, dass die anderen ihre Lieblingsbeschäftigungen im Laufe dieser oder der nächsten Woche vorstellen dürfen, immer am Anfang einer Stunde.

Der Vertrag

Am Ende der nächsten Woche reden die Kinder der 4b am Freitagmittag noch einmal mit Frau Siebrecht über das Thema Medien. Alle berichten, ob sie es geschafft haben, ihre Fernsehliste einzuhalten. Einige haben die Liste nicht ganz genau eingehalten, aber dafür an einem anderen Tag eine Sendung gestrichen. Selbst Leon hat an zwei Tagen gar kein Fernsehen geguckt.

„Ich hab mich aber ganz schön heftig mit meinen Eltern rumgestritten", sagt er. „Mama lässt den Fernseher nämlich immer in der Küche laufen, wenn sie was kocht. Und als sie wollte, dass ich helfe, hab ich ihr gesagt, dass die Sendung, die gerade im Küchenfernseher lief, nicht auf meinem Plan steht. Da hat sie ihn schließlich ausgemacht. Aber als Papa und Mama einmal abends eine Serie beim Essen gucken wollten, haben sie den Fernseher nicht abgeschaltet. Ich bin ganz schön ausgeflippt, weil das doch mein fernsehfreier Tag werden sollte. Aber Pustekuchen. Ist aber echt nicht meine Schuld!"

Frau Siebrecht ist trotzdem ganz zufrieden. „Ich rede mal mit deinen Eltern darüber", sagt sie. „Vielleicht findet ihr ja doch noch eine Lösung." Dann wendet sie sich der ganzen Klasse zu: „Damit wir nicht wieder alles vergessen, worüber wir während der Klassenfahrt und in den zwei Wochen danach gesprochen haben, habe ich noch einen Vorschlag für euch: Wir schließen einen Vertrag. Da schreiben wir fest, wie viel Zeit alle Kinder höchstens pro Tag vor dem Fernseher verbringen wollen und wie viel Zeit vor dem Computer oder der Spielkonsole. Außerdem könnten wir vereinbaren, dass jedes Kind schon am Anfang einer Woche plant, was es alles im Fernsehen schauen will und sich dann daran hält. Wir können auch vereinbaren, dass wir medienfreie Tage einführen, wenn ihr wollt."

Die Kinder finden den Vorschlag ganz gut, aber dieses Mal hat Alena einen Einwand.

„Ich fände es aber auch schön, wenn wir reinschreiben könnten, was es für sinnvolle Sendungen und Computerprogramme und -spiele gibt. Wir haben ja auch darüber gesprochen wie spannend und lustig und hilfreich manche Sendungen oder Spiele sein können."

Frau Siebrecht hält das für einen guten Vorschlag.

„Und wenn ihr euer nächstes Zeugnis bekommt", sagt sie, „und euch bis dahin an den Vertrag gehalten habt, bekommt ihr noch ein Extrazeugnis. Ich weiß auch schon wie die Überschrift heißt. Die Leuchtturmwärterin, hat mich auf die Idee gebracht. Weil ihr gelernt habt, selbst genau auszuwählen, welche Medieninhalte ihr wie nutzen wollt, soll auf dem Zeugnis stehen: „Extrazeugnis für eine Ausbildung zum Medienlotsen"."

ENDE

Anhang A7

Leitfaden zur ersten Unterrichtseinheit *Vom Leichtmatrosen zum Medienlotsen*

Leitfaden Unterrichtseinheit 1: Vom Leichtmatrosen zum Medienlotsen

(Zielgruppe: Dritte oder vierte Klasse)

Die Umsetzung dieses Konzeptes ist denkbar einfach: Die Schüler/innen lesen (zusammen in der Klasse und/oder als Hausaufgabe) eine Geschichte über eine Schulklasse, die – eher zufällig – eine Medienunterrichtseinheit entwickelt. Der Medienunterricht von Frau Siebrecht (der Klassenlehrerin) durchläuft dabei die folgenden vier Schritte:

- Medienumgang bewusst machen
- Folgen des Medienumgangs erkennen
- Alternativen entwickeln
- (Umfeld sensibilisieren)

Zuerst entdecken die Kinder, was alles Medien sind und wie stark sie welche Medien nutzen. Zu diesem Zweck führen sie unter anderem ein Medientagebuch (Medienumgang bewusst machen). Von der Klassenlehrerin, die gerade dem Fernsehen und dem Computerspielen kritisch gegenüber eingestellt ist, werden sie dabei immer wieder auf mögliche Gefahren hingewiesen. Einige Kinder wehren sich gegen allzu pauschale negative Urteile über ihren Medienumgang, sehen nun aber auch, dass es tatsächlich auch Probleme in Schule und Familie geben kann, wenn sie nur noch vor dem Computer oder dem Fernseher sitzen (Folgen des Medienumgangs erkennen). Zusammen mit ihrer Lehrerin entwickeln die Kinder Pläne, wie man Medien sinnvoll und mit Spaß nutzen kann, ohne dabei andere Freizeitgestaltungsmöglichkeiten zu vergessen. Sie erstellen einen Fernsehplan, in dem sie vorher festlegen, was sie in der nächsten Woche schauen wollen und schließen letzten Endes einen Medienvertrag über richtigen Medienumgang (Alternativen entwickeln). Da während des Unterrichts immer wieder klar wird, dass das Gelernte nur mit Unterstützung der Eltern umgesetzt werden kann, sollte außerdem eine Elterninformationsveranstaltung stattfinden, in der die Eltern über das Unterrichtskonzept informiert werden (Umfeld sensibilisieren).

Struktur der Geschichte

Die Tabelle auf der nächsten Seite gibt einen Überblick über die verschiedenen Kapitel und inhaltlichen Elementen der der Geschichte „Vom Leichtmatrosen zum Medienlotsen". Sie soll es den Lehrkräften ermöglichen, ihren Unterricht gemäß den ihnen zur Verfügung stehenden Unterrichtsstunden zu planen.

Um zwischen zentralen und weniger zentralen Elementen unterscheiden zu können, wurde jedem Kapitel eine *medienpädagogische Bedeutung* und eine *erzählerische Bedeutung* zugeordnet. Die *medienpädagogische Bedeutung* bezieht sich auf die medienpädagogische Relevanz der in der Geschichte und den Impulsfragen angesprochenen Themen. Die *erzählerische Bedeutung* kennzeichnet, wie wichtig das Kapitel für das Verständnis der Geschichte ist.

Die dunkelgrau unterlegten Kapitel stellen Unterrichtselemente dar, die im Medienunterricht auf jeden Fall verwendet werden sollten. Sie weisen in beiden Kategorien (*medienpädagogische Bedeutung* und *erzählerische Bedeutung*) eine hohe Wertung auf. Diese Kapitel enthalten die Einleitung und die drei zentralen Instrumente (Freizeitlogbuch, Fernsehplan, Medienvertrag).

Hellgrau markierte Kapitel sprechen wichtige medienpädagogische Fragen an, sind aber in der Art ihrer Bearbeitung sehr frei gestaltbar. Die Impulsfragen sind als Anregungen zu verstehen.

Die weiß unterlegten Kapitel enthalten vor allem erzählerische Elemente, die die Geschichte für die Kinder vielschichtiger und interessanter macht. Da sie vom medienpädagogischen

Standpunkt keine oder nicht ganz so zentrale Punkte enthalten, können sie zum Beispiel auch als Hausaufgabe aufgegeben werden bzw. kann ihre Lektüre freigestellt werden.

Bitte beachten Sie, dass der Besitz einer Spielkonsole oder eines Fernsehers im eigenen Zimmer ein zentraler Punkt mit großen Auswirkungen ist (massive Erhöhung der Medienzeiten; verstärkte Nutzung entwicklungsbeeinträchtigender Inhalte). Achten Sie doch bitte darauf, dass dieser Punkt angesprochen wird (siehe Impulsfrage 3, Arbeitsblatt 8).

Kapitel	Angesprochene Themen	Dimension
Eine Woche ohne Spongebob	- Einführung des Medienbegriffes	Medienumgang bewusst machen
Alles Medien oder was?	- Kategorisierung verschiedener Medienarten - Vorstellung verschiedener Mediennutzungsmodi	Medienumgang bewusst machen
Käpt'n Fischers Logbuch	- Vorstellung der Tagebuchmethode	Medienumgang bewusst machen
Aus der Übung	- Gründe für die Nutzung und Faszination von Medien	Medienumgang bewusst machen
Das Freizeitlogbuch	- Aufgabenbeschreibung Freizeit- und Medientagebuch	Medienumgang bewusst machen
Wie man hundert Millionen Würmer zählt	- Erklärung der wissenschaftlich-empirischen Methodik - Wichtigkeit genauer Messungen - Durchschnitt	Medienumgang bewusst machen
Wie man richtig auswertet	- Einführung in die systematische Auswertung der Tagebuchangaben - Vergleich eigenen Medienverhaltens mit dem Medienverhalten anderer Kinder	Medienumgang bewusst machen
Den ganzen Tag vor der Spielkonsole	- Unterscheidung Spielkonsole, Computer - Beschreibung eigener technischer Medienkompetenz im Vergleich zu den Eltern - Beschreibung eigener Gefühle nach stundenlangem Medienkonsum - Vor- und Nachteile von Geräten im Zimmer	Medienumgang bewusst machen Folgen des Medienumgangs erkennen
Ganz schön schlimm	- Medienwirkungen: Faszination und Erfolgserleben - Medienwirkungen: Vernachlässigung von Alltagspflichten und schulischen Aufgaben - Medienwirkungen: Angst - Weitere Medienwirkungen	Folgen des Medienumgangs erkennen
Bettgeflüster	- Medienwirkungen: Abhängigkeit - Medienwirkungen: Soziale Isolation	Folgen des Medienumgangs erkennen
Ein schlechtes Vorbild	- Wahrgenommene Mediennutzung von Erwachsenen (Eltern, Lehrer/innen) - Diskussionsangebot: Der richtige Umgang mit Fernsehen	Folgen des Medienumgangs erkennen Alternativen entwickeln
Leuchttürme und Lotsen	- Gründe für die Fernsehnutzung: Langeweile, Gewohnheit - Möglichkeiten und Grenzen der Selbstkontrolle	Alternativen entwickeln
Der Zweiwochenplan	- Einführung des Fernsehplans als Methode der Selbstregulierung - Einführung der Aufgabe, beliebte nicht-mediale Freizeitbeschäftigungen zu finden und zu beschreiben	Alternativen entwickeln
Brettspiele und Lerncomputer	- Unterscheidung virtueller Misserfolge und als real wahrgenommener Misserfolg in Spielsituationen - sinnvoller Einsatz von Medien - Beschreibung non-medialer Freizeitmöglichkeiten	Alternativen entwickeln
Der Vertrag	- Einführung des Medienvertrages - Mögliche Dimensionen eines Medienvertrages	Alternativen entwickeln

Sie und Ihre Klasse können mithilfe der mitgelieferten Aufgabenstellungen, die Sie separat in einer eigenen Datei finden, nun den Diskussionsprozess in der Klasse 4b nachvollziehen und auf Ihre eigene Klasse übertragen. Wie genau das gehen kann, erfahren Sie auf den nächsten Seiten. Zunächst folgt aber eine Materialienübersicht:

Unterrichtsmaterialien

Zu den Materialien gehören:

- die Geschichte
- Aufgabenvorschläge,
- das Medientagebuch
- Elternbroschüre

Zur **Geschichte**: Beginnen Sie dann mit der Klasse die Geschichte zu lesen. Wie sie die Lektüre der Geschichte aufteilen und auf welche Aufgaben Sie die Schwerpunkte Ihres Medienunterrichtes setzten, bleibt dabei Ihnen überlassen. Bitte achten Sie nur darauf, dass alle drei zentralen Instrumente (Medientagebuch, Fernsehplan und Medienvertrag) eingesetzt werden. Als Anregung für Ihre didaktische Arbeit haben wir der Geschichte eine Sammlung von Aufgabenvorschlägen beigelegt, die bereits wichtige Dimensionen der verschiedenen Kapitel der Geschichte thematisieren. Außerdem sollte – möglichst nicht erst am Ende der Unterrichtseinheit – ein Elternabend stattfinden, an dem die Eltern über die Inhalte des Unterrichts informiert werden, an dem aber vor allem Tipps zu einer vernünftigen Medienerziehung im Elternhaus vermittelt werden. Zu diesem Zweck stellen wir Ihnen auch eine **Elternbroschüre** mit einigen zentralen Fakten und Tipps für Eltern zur Verfügung.

Zum **Medientagebuch (Freizeit- und Medienlogbuch):** Wie Sie in dem Tagebuch sehen können, gibt es unter jedem Tag ein Stempelfeld. In der Woche, in der die Klasse das Medientagebuch führen soll, können Sie hier an jedem Tag, an dem Sie Unterricht in der Klasse haben, Ihre Unterschrift oder einen Stempel unter alle Tage setzen, die die Kinder ausfüllen mussten. So stellen Sie sicher, dass die Kinder das Tagebuch gewissenhaft führen.
Das Tagebuch kann in der folgenden Form eingesetzt werden: Wenn mit der Klasse besprochen wurde, wie das Tagebuch in der folgenden Woche geführt werden soll, trägt jedes Kind an jedem Tag selbständig seine Aktivitäten in das Tagebuch ein. Es ist dabei hilfreich, wenn die Einträge zwischendurch von der Lehrkraft auf Vollständigkeit überprüft werden, damit kein Tag vergessen wird. Haben die Kinder das Tagebuch eine Woche lang geführt, können sie im Unterricht oder zu Hause die Zeiten ihrer verschiedenen Freizeitaktivitäten zusammenzählen und die Ergebnisse auf der Doppelseite „Meine Woche" eintragen. Wie Sie sehen, steht auf beiden Seiten von „Meine Woche" das Gleiche. Bitten Sie die Kinder, alle Eintragungen zweimal zu machen: Erst auf der linken Seite und dann noch einmal auf der rechten. Wenn die Kinder damit fertig sind, bitten Sie sie, die Einträge auf der rechten Seite entlang der vorgezeichneten Linie auszuschneiden und bei Ihnen abzugeben. Weisen Sie dabei darauf hin, dass KEIN Kind seinen Namen auf einen der Schnipsel schreiben soll. So bekommen Sie als Lehrkraft von jedem Kind drei Papierschnipsel: Einmal die Zusammenfassung der Zeiten für die verschiedenen Freizeitaktivitäten, einmal die Eintragungen für den „Oskar der Woche" und zuletzt für das „Spiel der Woche". Eine Folie zur Auswertung des Medientagebuches kann Ihnen nun dabei helfen, zusammen mit der Klasse die Zeiten für verschiedene Freizeitaktivitäten auszuwerten. Für jede Kategorie (z.B. „Fernsehen / DVD / Video) können Sie für jede Zeitangabe eines Kindes in einer entsprechenden Spalte einen Strich machen, so dass die Kinder nach und nach sehen, wie viele Kinder wie viel Zeit mit verschiedenen Freizeit- und Medienaktivitäten verbringen. Mithilfe dieser kleinen anonymen Auswertung können die Kinder auf der einen Seite erfahren, wie kleine wissenschaftliche Untersuchungen funktionieren, auf der anderen Seite können sie sich selbst mit anderen Kin-

dern vergleichen, ohne dass jemand bloßgestellt wird. Kinder, die sehr viel Computer spielen oder fernsehen, erfahren auf diese Weise zum Beispiel, dass ihr Verhalten sich von der Mehrheit der Klasse abhebt. Und Sie als Lehrkraft bekommen einen guten Überblick über das Medienverhalten Ihrer Klasse und können den weiteren Medienunterricht besser auf Ihre Klasse abstimmen.

Elterninformationsbroschüre und Elternabende

Zum Materialienpaket gehört auch eine Elterninformationsbroschüre. Sie können vom KFN auch eine türkische und eine russische Version dieser Broschüre anfordern, wenn dies in Ihrer Klasse notwendig erscheint. Die Broschüren können Sie den Kindern am Anfang der Unterrichtseinheit mit nach Hause geben.

Zusätzlich zu dieser schriftlichen Form der Elterninformation bitten wir Sie, auch einen Elternabend zum Thema „Medienerziehung" zu veranstalten. Wenn Sie hierzu weitere Informationen benötigen, wenden Sie sich einfach an das KFN.

Anhang A8

Aufgabenvorschläge für die erste Unterrichtseinheit

Arbeitsblatt 1 – Kapitel 1 – Eine Woche ohne SpongeBob

Was sind eigentlich genau Medien? Wie kann man das Wort am Besten erklären?

Arbeitsblatt 2 – Kapitel 2 – Kiyas Fieberen Logbuch

Was bedeutet wohl das Wort „Massenmedien"?

Welche Medien fallen dir ein und in welche der Gruppen würdest du sie einsortieren?

Mit Aisches Handy kann man telefonieren und spielen. Kann man es dann eigentlich genau in eine der Mediengruppen einordnen?

Wenn du einmal daran denkst, wie du und deine Freunde eine Fernsehsendung schauen oder wie ihr Bücher lest: Gibt es da auch Unterschiede zwischen deinen Freunden und dir?

Arbeitsblatt 4 – Kapitel 4 – Aus der Übung

Was ist der Unterschied zwischen einem offiziellen und einem persönlichen Logbuch? Worauf muss man bei einem offiziellen Logbuch besonders achten?

Arbeitsblatt 3 – Kapitel 3 – Das Freizeitlogbuch

Wenn du einmal für längere Zeit von zuhause weg bist, welche Medien, welche Fernsehsendungen und Computerspiele würdest du vermissen?

Warum würdest du diese Medien vermissen?

Mach es so wie die 4b von Frau Siebrecht und
schreibe eine Woche lang auf, was du an einem
Tag alles gemacht hast. Damit dir das etwas
leichter fällt, bekommst du dafür ein eigenes
kleines Heft. Notiere alles so wie in einem
offiziellen Schiffslogbuch. Versuche genau zu
notieren, von wann bis wann du etwas gemacht
hast. Dinge wie Essen oder Schlafen brauchst du
nicht zu notieren. Es geht vor allem darum, was
du in deiner Freizeit getan hast.

Warum ist es so wichtig, dass man ganz genau
zählt, wenn man etwas wissenschaftlich
untersucht?

Weißt du, was ein Durchschnitt ist? Versuche,
es den anderen Kindern zu erklären.

Mach es in deiner Klasse so wie die Schüler der
4b und werte dein Freizeitlogbuch wie ein
richtiger Wissenschaftler aus. Da du das
Logbuch schon eine ganze Woche geführt hast,
musst du aber zunächst alles zusammenzählen,
bevor du die Abschnitte abgibst!

Vergleiche deine Durchschnittswerte für
Fernsehen und Computerspielen mit den
Durchschnittswerten der ganzen Klasse.

Überlege, welche Fernsehsendungen deine Eltern
gucken. Schauen sie insgesamt mehr Fernsehen
als du oder weniger? Und wie ist es beim
Computer spielen?

Wie ist das bei dir? Gibt es bei dir zu Hause
auch Geräte, mit denen du besser umgehen
kannst als deine Eltern?

Hast du auch schon einmal einen ganzen Tag vor
dem Computer gesessen und gespielt? Wie hast
du dich nachher gefühlt?

Was ist das Gute, wenn man einen Fernseher,
einen Computer oder eine Spielkonsole bei sich im
Zimmer hat? Gibt es vielleicht auch Nachteile?

¨berlege einmal, was du ¨ber Computer spielen denkst. Was findest du gut, was findest du nicht so gut?

Erz¨hle deinen Klassenkameraden, was deine Lieblingsspiele am Computer oder der Spielkonsole sind und warum das so ist.

Hattest du auch schon einmal Angst bei einem Computerspiel oder einem Film? Versuch dich genau zu erinnern und male ein Bild von der Szene, vor der du Angst hattest.

Wie du gesehen hast, k¨nnen Kinder von einigen Filmen oder Computerspielen Angst bekommen. Gibt es noch andere Gef¨hle, die von einem Film oder einem Computerspiel ausgel¨st werden k¨nnen?

Kennst auch du F¨lle von Leuten wie Daniels Onkel Alex? Was w¨rdest du machen, wenn ein Freund von dir so werden w¨rde?

Was denkst du? Hat Frau Siebrecht Recht, wenn sie alle Fernseher einfach abschaffen will? Oder sollte wirklich jeder einen kleinen Fernseher haben, damit alle immer gucken k¨nnen, was sie wollen?

Was machst du, wenn dir langweilig ist? Schaltest du dann auch den Fernseher ein, ohne, dass du etwas Bestimmtes sehen willst?

Mach es wie die Kinder der 4b und stell dir selbst dein Fernsehprogramm zusammen. Kannst du es zwei Wochen lang durchhalten, wirklich nur das zu gucken, was du dir vorgenommen hast?

Leon möchte außer Fernsehen auch noch Computer spielen. Glaubst du, dass du es schaffst, dich zwei Wochen lang immer nur für eins der beiden Medien zu entscheiden?

Überlege dir, was du in deiner Freizeit richtig gerne machst. Es sollte aber nichts mit Medien zu tun haben. Wenn dir etwas eingefallen ist, denke dir aus, wie du diese Freizeitbeschäftigung vor der Klasse so erklären kannst, dass alle anderen verstehen, warum du sie so magst.

Warum ärgert man sich eigentlich fast noch mehr, wenn man gegen einen richtigen Menschen verliert, als bei einer Niederlage gegen einen Computergegner?

Überlege einmal, welche Computerprogramme und Fernsehsendungen es gibt, die Kindern beim Lernen und Verstehen von Zusammenhängen helfen können.

Ist es für dich auch schwierig, deine Eltern davon zu überzeugen, den Fernseher auszuschalten?

Stellt euch in der Klasse gegenseitig eure Lieblingsfreizeitbeschäftigung vor.

Sprecht in der Klasse darüber, ob ihr auch einen Medienvertrag schließen wollt. Was in dem Vertrag steht, müsst ihr ganz alleine entscheiden. Wenn ihr am Schluss alle unterschreiben sollt, müssen auch alle Kinder mit dem Vertrag einverstanden sein.

Anhang A9

Freizeit- und Medientagebuch für die erste Unterrichtseinheit

Mein Freizeit- und Medien-Logbuch

Mein Tag

Tipps und Hinweise zum Ausfüllen des Logbuches

1) Auf den nächsten beiden Seiten findest du als Beispiel, wie Michael Muster einen Tag verbracht und ihre Unternehmungen in das Tagebuch eingetragen hat. So ähnlich solltest du dein Logbuch auch führen.

2) Trage alle deine Unternehmungen (Gespräche mit Eltern, Computer spielen, Fernsehen gucken, Radio hören, Musik machen oder mit Freunden im Haus oder im Freien spielen) in das Tagebuch ein. Nicht angeben musst du beispielsweise, wenn du dich wäschst oder wenn du dich mit deinen Eltern oder deinen Geschwistern streitest. Fange mit deinem Eintragen in der ersten Zeile jeder Logbuch-Seite an und rücke dann mit weiteren Unternehmungen im Laufe des Tages Zeile für Zeile nach unten. Hier kannst du dich am Pfeil ganz am linken Rand orientieren, der dir die Richtung vom „Aufstehen" bis zum „Schlafen gehen" anzeigt.

3) In der linken Spalte gibst du die Uhrzeit an, wann du mit einer Unternehmung beginnst und wann du damit aufhörst. Außerdem kannst du da noch eintragen, wie viel Minuten deine Unternehmung gedauert hat.

4) In die zweite Spalte von Links mit der Überschrift „Was habe ich gemacht?" schreibst du, was du machst. Spielst du ein Computerspiel oder siehst du einen Film/ eine Serie, schreibe in Klammern hinzu, wie das Spiel, der Film oder die Serie heißt.

5) In die dritte Spalte von Links mit der Überschrift "Allein / zu Mehreren" schreibst du, ob du eine Unternehmung alleine oder mit anderen Menschen machst, beispielsweise deinen Eltern, der Oma oder Freunden.

6) In die vierte Spalte von Links mit der Überschrift „Zuhause / Anderswo" trägst du ein, ob du die Unternehmung zu Hause oder Anderswo machst. Beispielsweise, ob du zu Hause oder bei Freunden einen Film guckst, oder am Sportplatz Leichtathletik machst.

7) In der rechten Spalte kannst du angeben, wie dir die Unternehmung gefallen hat. Hat sie dir "sehr gut" gefallen, male drei Sterne, hat sie dir „gut" gefallen male zwei Sterne oder fandest du sie langweilig oder nicht schön male nur einen Stern.

8) Am unteren Rand jeder Seite des Medien- und Freizeit-Tagesbuches findest du Zeilen für deinen persönlichen Logbucheintrag. Hier kannst du beispielsweise hinschreiben – wenn du dazu Lust hast – warum du eine Serie/ einen Film/ein Computerspiel/ ein Spiel mit Freunden toll findest, warum du nach einer Serie/ einem Film/ einem Computerspiel/ / einem Spiel mit Freunden traurig warst oder schlechte Laune bekommen hast oder warum dir eine Unternehmung, die du an diesem Tag gemacht hast besonderes viel Spaß bereitet hat.

9) Fülle dein Medien-Logbuch aus, wenn du Zeit dafür hast. Ideal ist es, wenn du das gleichzeitig zu deiner Unternehmung machst.

10) Hast du eine Seite deines Logbuches ausgefüllt, bekommst du vielleicht am nächsten Tag einen Stempel deines Lehrers oder deiner Lehrerin auf den dafür vorgesehenen Platz im linken unteren Eck.

11) Wenn du deine Unternehmungen einer ganzen Woche in dein Logbuch eingetragen hast, fülle am letzten Tag außerdem die Tabellen auf der Doppelseite „Meine Woche" aus. Die Tabellen findest du jeweils zwei Mal. Fülle dieselben Tabellen auch jedes Mal gleich aus. Für die erste Tabelle musst du die Minuten zusammenzählen, wie lange du in der ganzen Woche mit den aufgezählten Unternehmungen verbracht hast und schreibe die Minutenzahl auf den Strich rechts neben der Unternehmung. Hast du eine genannte Unternehmung gar nicht gemacht, dann fülle das Feld auch nicht aus. Für die Minutenzahl bei der Unternehmung „Computer: Gesamt" zähle die Angaben der Unternehmungen „Computer/ Konsole spielen", „Computer: Schreiben" und „Computer: Internet" zusammen. In die beiden unteren Tabellen schreibst du deine Lieblingsfilme bzw. deine Lieblingscomputerspiele.

Mein Tag

Tag: <u>Dienstag</u>　　Datum: <u>15. November 2005</u>

Aufstehen

Zeit	Minuten	Was habe ich gemacht? 🖥 🚲 💻 📻 📖 🎵	Alleine/ mit Anderen 👤 👤👤 👤👤👤	Zuhause/ Anderswo 🏠 🏫 🚪	Das fand ich... ★★★
7 – 7:10	10	Gelesen	Alleine	Zuhause	★★
14 – 14:30	30	Hausaufgaben gemacht	Alleine	Zuhause	★
14:30 – 15	30	Fernsehen (Tom und Jerry, KiKa)	Mit meiner Schwester	Zuhause	★★
15 – 18	60	Draußen gespielt (Fahrrad gefahren)	Mit meinen Freunden	Bei meinem Nachbarn	★★
16 – 17	60	Drinnen Playstation gespielt (Need for Speed)	Mit meinen Freunden	Bei meinem Nachbarn	★★★
17 – 17:20	20	CD angehört	Mit meinen Freunden	Bei meinem Nachbarn	★★
17:20 – 17:50	30	Fernsehen (Dragon Hunters, SuperRTL)	Mit meinen Freunden	Bei meinem Nachbarn	★
19 – 19:30	30	Karten gespielt (Uno)	Mit meiner Mutter	Zuhause	★★★

Schlafen gehen

Stempel

Persönlicher Logbucheintrag: Am besten war heute, als wir Need for Speed gespielt haben und als ich gegen Mama Uno gespielt habe, weil ich immer gewonnen habe. Dragon Hunters hab ich nur wegen meinen Freunden geguckt. Ich finde das blöd.

Mein Tag

Tag: _____　　Datum: _____

Aufstehen

Zeit	Minuten	Was habe ich gemacht? 🖥 🚲 💻 📻 📖 🎵	Alleine/ mit Anderen 👤 👤👤 👤👤👤	Zuhause/ Anderswo 🏠 🏫 🚪	Das fand ich... ★★★

Schlafen gehen

Stempel

Persönlicher Logbucheintrag: _____

Meine Woche

Datum 1. Tag: _____ bis Datum 7. Tag: _____

Zusammenfassung:

Was habe ich gemacht?	Zeit in min.	Was habe ich gemacht?	Zeit in min.
Fernsehen/DVD/Video		Hausaufgaben	
Computer/ Konsole		Buch	
Spielen		Comic	
Computer: Schreiben		Zeitschrift	
Computer: Internet		Zeitung	
Computer: Gesamt		Sport	
Radio		Spielen im Haus	
Musik machen		Spielen im Freien	
Musik hören		Nichts machen	

"Oskar der Woche" - Was sind Deine Lieblings-Filme- und -Serien gewesen, die du in dieser Woche gesehen hast?

1. _____
2. _____
3. _____

"Spiel der Woche" - Was sind Deine Lieblings-Computerspiele gewesen, die du in dieser Woche gespielt hast?

1. _____
2. _____
3. _____

Klassenergebnis

Datum 1. Tag: _____ bis Datum 7. Tag: _____

Medium / pro Woche	bis 150 min (2,5 Stunden)	bis 300 min (5 Stunden)	bis 600 min (10 Stunden)	bis 1200 min (20 Stunden)	über 1200 min (ü. 20 Stunden)	Klassen-Durchschnitt (Stunden / Woche)	Klassen-Durchschnitt (Stunden / Tag)
Fernsehen/DVD/Video							
Computer/ Konsole: Spielen							
Computer: Schreiben							
Computer: Internet							
Computer: Gesamt							
Radio							
Buch							
Zeitung							
Zeitschrift							
Comic							
Hausaufgaben							
Spielen im Haus							
Spielen im Freien							
Sport							
Musik hören							
Musik machen							

Anhang A10

Lehrkräftefragebogen zur Implementation der ersten
Unterrichtseinheit

Fragen zur Umsetzung des Medienunterrichts

01. Wurde der Unterricht durch Sie oder einen anderen Lehrer des Kollegiums durchgeführt?

☐ Ich habe den Unterricht durchgeführt.

☐ Ein anderer Kollege hat den Unterricht durchgeführt.

☐ anderes: _____

02. In welchem Zeitraum haben Sie den Unterricht durchgeführt?

Datum Beginn des Unterrichts: _____

Datum Ende des Unterrichts: _____

03. Wie viele Schulstunden haben Sie insgesamt für den Unterricht aufgewandt?

Anzahl Schulstunden: _____

04. Bitte schätzen Sie die einzelnen Bestandteile des Unterrichtes ein.

Bestandteil	Wurde dieser Teil durchgeführt?	Wie würden sie den Erfolg eines Bestandteils einschätzen, und zwar entlang der Dimensionen a) Bewusstmachung des Ausmaßes eigenen Medienkonsums b) des Erkennens und Beurteilens der Folgen des Konsums, c) des Aufzeigens von alternativen Freizeitbeschäftigung und d) der Sensibilisierung des Umfeldes		Anmerkungen
Geschichte *Vom Leichtmatrosen zum Medienlotsen*	☐ ja, vollständig ☐ ja, zum Teil ☐ nein	a) Bewusst machen: b) Alternativen entwickeln: c) Folgen erkennen:	☐ gering ☐ mittel ☐ hoch ☐ gering ☐ mittel ☐ hoch ☐ gering ☐ mittel ☐ hoch	
Medientagebuch	☐ ja, vollständig ☐ ja, zum Teil ☐ nein	a) Bewusst machen: b) Alternativen entwickeln: c) Folgen erkennen:	☐ gering ☐ mittel ☐ hoch ☐ gering ☐ mittel ☐ hoch ☐ gering ☐ mittel ☐ hoch	
Fernseh-Plan	☐ ja, vollständig ☐ ja, zum Teil ☐ nein	a) Bewusst machen: b) Alternativen entwickeln: c) Folgen erkennen:	☐ gering ☐ mittel ☐ hoch ☐ gering ☐ mittel ☐ hoch ☐ gering ☐ mittel ☐ hoch	
Medienvertrag	☐ ja, vollständig ☐ ja, zum Teil ☐ nein	a) Bewusst machen: b) Alternativen entwickeln: c) Folgen erkennen:	☐ gering ☐ mittel ☐ hoch ☐ gering ☐ mittel ☐ hoch ☐ gering ☐ mittel ☐ hoch	
Elternabend	☐ ja, extra zum Thema ☐ ja, als Teil eines Elternabends ☐ nein	a) Bewusst machen: b) Alternativen entwickeln: c) Folgen erkennen: d) Umfeld sensibilisieren	☐ gering ☐ mittel ☐ hoch ☐ gering ☐ mittel ☐ hoch ☐ gering ☐ mittel ☐ hoch ☐ gering ☐ mittel ☐ hoch	
Verteilung der Elternbroschüre	☐ ja ☐ nein	a) Bewusst machen: b) Alternativen entwickeln: c) Folgen erkennen: d) Umfeld sensibilisieren	☐ gering ☐ mittel ☐ hoch ☐ gering ☐ mittel ☐ hoch ☐ gering ☐ mittel ☐ hoch ☐ gering ☐ mittel ☐ hoch	

05. Wenn die Geschichte „Vom Leichtmatrosen zum Medienlotsen" nur zum Teil durchgearbeitet wurde: Welche Kapitel wurden mit den Kindern bearbeitet, welche nicht?

Kapitel	Wurde bearbeitet	Wurde nicht bearbeitet
Eine Woche ohne Spongebob	☐	☐
Alles Medien oder was?	☐	☐
Käpt'n Fischers Logbuch	☐	☐
Aus der Übung	☐	☐
Das Freizeitlogbuch	☐	☐
Wie man hundert Millionen Würmer zählt	☐	☐
Wie man richtig auswertet	☐	☐
Den ganzen Tag vor der Spielkonsole	☐	☐
Ganz schön schlimm	☐	☐
Bettgeflüster	☐	☐
Ein schlechtes Vorbild	☐	☐
Leuchttürme und Lotsen	☐	☐
Der Zweiwochenplan	☐	☐
Brettspiele und Lerncomputer	☐	☐
Der Vertrag	☐	☐

06. Wenn ein Elternabend zum Thema durchgeführt wurde: Wie viel Prozent der Eltern haben daran teilgenommen?

_____ Prozent

07. Ist die Geschichte „Vom Leichtmatrosen zum Medienlotsen" dem Alter der Kinder in Ihrer Klasse angemessen?

☐ Ja, genau richtig.

☐ Nein, die Geschichte ist eher passend für jüngere Kinder.

☐ Nein, die Geschichte ist eher passend für ältere Kinder.

08. Wie gut ist die Geschichte „Vom Leichtmatrosen zum Medienlotsen" bei den Kindern Ihrer Klasse „angekommen"?

☐ Sehr gut

☐ Eher gut

☐ Weniger gut

☐ Gar nicht gut

09. Zusammen mit der Geschichte „Vom Leichtmatrosen zum Medienlotsen" haben Sie Arbeitsblätter mit Fragen und Arbeitsvorschlägen zu den einzelnen Kapiteln bekommen. Wie hilfreich empfanden Sie diese Arbeitsblätter für Ihren Unterricht?

☐ Sehr hilfreich

☐ Eher hilfreich

☐ Weniger hilfreich

☐ Gar nicht hilfreich

10. Um Ihnen Ziele und Inhalte des Medienunterrichts zu vermitteln, wurden Sie zu einer Fortbildungsveranstaltung eingeladen. Wie gut wurden Sie durch diese Veranstaltung auf den Medienunterricht vorbereitet?

☐ Sehr gut

☐ Eher gut

☐ Weniger gut

☐ Gar nicht gut

11. Der Unterricht ist so gestaltet, dass Sie relativ frei in der konkreten Gestaltung sind. Wie beurteilen Sie diesen Aspekt?

☐ Ich hätte mir mehr konkrete Vorschläge für die Planung und Gestaltung des Unterrichtes gewünscht.

☐ Ich wäre in meinen Entscheidungen über Planung und Gestaltung des Unterrichtes gerne freier gewesen.

☐ Ich fand die Vorschläge für Planung und Gestaltung des Unterrichtes gerade richtig.

12. Was denken Sie: Hat der Medienunterricht eine längerfristige Wirkung in der Klasse?

☐ Ja, auf jeden Fall

☐ Eher ja

☐ Eher nein

☐ Nein, auf keinen Fall

13. Wurden neben den einzelnen Maßnahmen des Medienunterrichts weitere Maßnahmen eigeninitiativ durchgeführt? Wenn ja: Erläutern Sie bitte diese Maßnahmen.

_____

_____

_____

_____

_____

14. Wenn Sie weitere Anmerkungen oder Kritiken bzgl. des Medienunterrichts haben, dann können Sie uns diese hier vermerken. Zugleich möchten wir uns dafür bedanken, dass Sie den Fragebogen ausgefüllt haben.

_____

_____

_____

_____

_____

_____

_____

Feldnummer : ☐ ☐ ☐ ☐ ☐

Anhang A11

Lesegeschichte zur zweiten Unterrichtseinheit
Die ELIZA-Protokolle

Kapitel 1 - Nachtschicht

Berlin De[r]
Kritiker hat
seinem Bu[ch]
den Medie[n]
Eliza in de[n]
konnte. Mit
sagte Weize[nbaum]
Viele Gesell[schaft]

2

DIE ELIZA-PROTOKOLLE

Das ist es. Vor seinen Augen flimmern die Buchstaben, tanzen auf und ab, bilden kleine, lose Grüppchen und formen sich wieder zu Worten und Sätzen:

> Joseph Weizenbaum, geboren am 8. Januar 1923 in Berlin, ist ein deutsch-amerikanischer Informatiker. Weizenbaum bezeichnet sich selbst als Ketzer der Computerwissenschaft [...]. 1966 veröffentlichte Weizenbaum das Computer-Programm ELIZA, das als Meilenstein der „künstlichen Intelligenz" gefeiert wurde. ELIZA simulierte das Gespräch mit einem Psychologen. Weizenbaum war entsetzt über die Wirkung seines relativ einfachen Programms, das nie zum Ersetzen eines Therapeuten konzipiert gewesen war, und wurde durch dieses Schlüsselerlebnis zum Computer- und Medienkritiker. Seit einigen Jahren lebt Weizenbaum wieder in Berlin-Mitte, in der Nähe seiner ehemaligen elterlichen Wohnung.

Bela reibt sich die müden Augen und schaut den Flachbildschirm des Computers an. Es lebe das Internet! Es ist mitten in der Nacht und Bela ist erleichtert, das Richtige gefunden zu haben. Sein Kopf brummt. „Ins Bett", denkt er, „nur noch ins Bett." Doch zunächst muss er den Text noch in sein Schreibprogramm kopieren. Sorgfältig markiert er die Textstelle, die er bei *wikipedia.de* gefunden hat, und klickt mit der rechten Maustaste darauf. *Kopieren*. Er öffnet sein Schreibprogramm und klickt wiederum mit der rechten Maustaste in das leere Dokument. *Einfügen*. So einfach geht das, Kopieren und Einfügen, oder, wie es auf Englisch heißt: *copy and paste*. Das Dokument speichert er unter dem Namen *weizenbaum.doc*. Zum Glück haben sie Herrn Prahmann überredet, dass sie ihren Aufsatz auf dem Computer tippen dürfen, sonst müsste Bela den Text jetzt auch noch mit der Hand abschreiben.

Seine Augen tränen vor Müdigkeit. Wann war er zuletzt so spät noch wach? Gestern. Vorgestern. Die ganze letzte Woche eigentlich. Seit seine Eltern nach Wien geflogen sind, hat er kaum mehr als vier Stunden pro Nacht geschlafen. Mamas Operation war vorgestern. „Alles ist gut gelaufen", hatte Belas Vater am Telefon gesagt, aber er hörte sich besorgt an. „Jetzt müssen wir warten, wahrscheinlich ein paar Tage", sagte er noch, „dann wissen wir,

3

ob sie wieder ganz gesund wird." Bela versucht nicht daran zu denken, aber es geht nicht. Immer wieder sieht er Mamas Gesicht, wie sie ihm aus dem Fenster des Taxis zuwinkt, das sie zum Flughafen gebracht hat. Ihre Lippen formten einen Satz: „Mach's gut, mein Großer..." Bela ist sich sicher, dass sie das gesagt hat hinter dem Taxifenster. Doch er fühlt sich nicht groß, er fühlt sich klein, traurig und sehr einsam. Gedankenverloren minimiert er sein Schreibprogramm auf dem Computerbildschirm und klickt auf ein Symbol. Eine bekannte Musik erklingt, ein Startbildschirm öffnet sich, ein Elfenkrieger und ein Ork schauen ihn an. Er wählt den Elfenkrieger und klickt auf den letzten Speicherstand. *Spielstand wird geladen...*

Wieder schweifen seine Gedanken ab zu seinen Eltern, zu seiner Mutter, die in irgendeinem Krankenhaus weit weg in Österreich liegt und zu seinem Vater, der schweigend neben ihrem Bett sitzt und sich Sorgen macht. Immer macht er sich Sorgen... Dann ist Bela mittendrin. Schwerter klirren, Metall trifft auf Metall, Holz auf Holz, und überall schreien Feinde und Verbündete durcheinander. Mit einer kleinen Schar anderer Krieger, die er befehligt, gelingt es Bela, einen Wachturm auszuschalten und in das Dorf der feindlichen Orks einzudringen. *Klick, klick.* Schnell teilt er seinen Kampftrupp in zwei Gruppen auf. Die einen greifen das Hauptquartier an, die anderen zerstören ein Nachschublager. Doch sein Angriff wird zurückgedrängt. Eine Horde Axtwerfer attackiert seine Leute von hinten, seine zweite Gruppe wird von einem weiteren Wachturm angegriffen. Bela verliert mehrere seiner Krieger, bis er sich mit drei Rittern und zwei Bogenschützen aus dem Dorf zurückzieht. So schnell sie können, bringen sie sich hinter ihrer eigenen Stadtmauer in Sicherheit. Er muss sich etwas Neues überlegen, der Feind ist zu stark für einen Frontalangriff. Bela hält kurz inne und klickt sich dann in eine seiner Kasernen, um neue Truppen zu rekrutieren. Es dauert mehr als eine Stunde, bis er den Feind endlich besiegt hat und auch das letzte Gebäude der Orks zerstört ist.

4

512

Es ist kurz nach zwei. Er müsste wirklich ins Bett. Aber die Hausaufgaben! Bela schließt sein Spiel, öffnet die Datei *weizenbaum.doc* und klickt auf das Druckersymbol. Der Laserdrucker seines Vaters fängt an zu surren und spuckt nach ein paar Sekunden ein Blatt Papier aus. Wenigstens einmal Korrektur lesen sollte er ihn noch. Um den Text besser sehen zu können, steht er auf und dreht das schummrige Licht im Arbeitszimmer heller. Peng! Bela zuckt zusammen. Die Birne ist durchgebrannt, und es wird dunkel. Allein das fade Leuchten des Bildschirmschoners taucht alles in ein blasses Licht. Hunderte von Schatten huschen durch das Zimmer, als Bela zur Kommode tapst, in der die Glühbirnen liegen. Er nimmt eine neue Glühbirne heraus, schiebt einen Stuhl bis unter die Lampe und klettert hinauf. Um die heiße Glühbirne nicht anfassen zu müssen, schiebt er seine Hand unter den Ärmel seines Pullovers und dreht die Birne heraus. Nur einige Handgriffe, und die neue Birne sitzt in der Fassung. Bela steigt vom Stuhl und betätigt den Lichtschalter. Nichts. Wahrscheinlich ist noch irgendeine Sicherung herausgesprungen. Leise fluchend durchsucht er die anderen Fächer der Kommode und findet schließlich eine Packung Teelichte und ein paar Streichhölzer. Bela entzündet eins der Teelichte, stellt es auf die Kommode und legt das ausgedruckte Textblatt mit dem Aufsatz daneben.

Der Aufsatz ist zwar ziemlich kurz, aber was soll's. In der letzten Woche konnte er sich sowieso nicht auf die Schule konzentrieren. Alles war ihm egal. Dann aber rief Herr Prahmann am Donnerstag nach der letzten Stunde zu sich und beschwerte sich bei ihm. Dass er nicht aufpasse, dass er ständig die anderen ablenke, dass er den Unterricht störe. Bela erzählte ihm nichts von der Operation. Herr Prahmann ist ein älterer, sehr strenger Deutschlehrer. Außerdem ist er stellvertretender Schulleiter. Er mag Bela nicht, ganz und gar nicht. Er mag auch seine Eltern nicht. Belas Noten bei Herrn Prahmann sind nicht besonders gut, ehrlich gesagt sind sie miserabel in letzter Zeit. „Denk an den Aufsatz, den ihr für Montag schreiben müsst," hatte Herr Prahmann ihn schließlich noch ermahnt, „eine weitere Fünf kannst du dir in diesem Halbjahr nicht mehr leisten!"

Das Gymnasium, auf dem Bela in die siebte Klasse geht, veranstaltet eine Projektwoche zum Thema *Berliner Pioniere*. Jede Klasse soll sich mit einer berühmten Berliner Persönlichkeit beschäftigen und während der Projektwoche eine Ausstellung über diese Persönlichkeit veranstalten. Herr Prahmann hat jemanden herausgesucht, den niemand in der Klasse kennt: Joseph Weizenbaum. Er hat der Klasse in der letzten Woche einen langen Zeitungsartikel über Joseph Weizenbaum ausgeteilt und den Schülern die Hausaufgabe gegeben, daraus einen Aufsatz zu schreiben. In dem Artikel ist ein Bild des Wissenschaftlers zu sehen: Ein alter Mann mit langen, grau-weißen Haaren, der etwas verworrt in die Kamera schaut. Bela ist es egal, wer Joseph Weizenbaum ist. Auch Herr Prahmann ist ihm egal und seine Hausaufgaben erst recht.

Seine Eltern hatten schon lange darüber gesprochen, aber plötzlich musste alles ganz schnell gehen. Am letzten Montag kam der Anruf, dass der Arzt, der Belas Mutter operieren konnte, in der nächsten Woche einen Termin frei hat. Vor drei Monaten wurde in ihrem Gehirn ein Tumor gefunden, eine Stelle, an der in ihrem Kopf ein Geschwür ausbreitet. Ein Geschwür, das immer größer wurde und auf das Gehirn drückte. Immer wieder hatte sie rasende Kopfschmerzen, lag tagelang in ihrem Bett und musste starke Schmerzmittel schlucken. Und traurig war sie, immer traurig, und weder sein Vater noch Bela konnte sie trösten. Die Ärzte nannten das eine *Depression*, eine Traurigkeit, die ebenfalls von dem Tumor im Kopf ausgelöst wurde. Bevor der Tumor entdeckt worden war, war Belas Mutter jede Woche zu einem Psychologen gegangen, um mit ihm über ihre Traurigkeit zu sprechen. Aber die Traurigkeit breitete sich aus in dem Leben seiner Mutter, seines Vaters und in seinem eigenen Leben. Alle machten sich große Sorgen um Mama, und auch Bela und sein Vater wurden immer trauriger, wenn sie sahen, welch große Schmerzen sie hatte. Als seine Eltern Dienstag nach Wien flogen, sprachen alle drei kaum ein Wort miteinander. Sein Vater kümmerte sich darum, dass Frau Schäfer, die Nachbarin aus dem ersten Stock, Bela jeden Abend etwas zum Essen brachte und vor der Schule darauf achtete, dass er rechtzeitig aufstand. Er hörte, wie die beiden im Treppenhaus verhandelten.

Da sie keine große Lust dazu hatte, sich um Bela zu kümmern, bot sein Vater ihr schließlich Geld an. Für jeden Tag bekam sie 20 Euro. Ihr Abendbrot schmeckte bisher jedes Mal scheußlich.

Kapitel 2 – Ein Gespräch in der Dunkelheit

Mit dem Teelicht in der Hand geht Bela zurück zum Schreibtisch und setzt sich an den Computer. Ein kurzes Ruckeln mit der Maus, der Bildschirmschoner verschwindet, und der Computerdesktop erscheint. Wieder startet er sein Spiel, lädt einen Spielstand und beginnt die nächste Mission. Wenn er seine Spielfigur Galdor steuert, ist sein Kopf frei. Die Missionen sind schwierig, manchmal zum Zähne ausbeißen, aber für Bela sind sie tausendmal einfacher als sein normales Leben. In der neuen Mission muss Galdor eine Gruppe Arbeiter zu einer neuen Goldmine bringen und sie vor Angriffen der Orks beschützen. Um sich schnell bewegen zu können, wählt er Langbogen und ein leichtes Schwert. Schnell ist er wieder mittendrin. Immer auf der Hut vor den Ork-Spähern, lotst er seine Arbeiter durch ein geschütztes Waldstück zur nächsten Goldmine. Dort lässt er sie zunächst zwei Wachtürme und einen Schutzwall aufbauen, bevor sie mit dem Gold schürfen beginnen. Auch diese Mission wird bald gewonnen sein. Immer wieder greifen die Orks an, aber viel zu unkoordiniert und harmlos, als dass sie ihm gefährlich werden könnten. Ruhig wartet er ab, bis zwei Späher in Reichweite seines Bogens gekommen sind und erschießt sie, ohne dass sie ihn überhaupt bemerkt haben. Endlich erreicht die Goldanzeige die 10.000. Die Mission ist gewonnen.

Wieder schaut Bela auf die Uhr. Zehn nach drei. Er speichert und schließt das Spiel. Nur noch morgen muss er überstehen. Danach beginnt die Projektwoche, in der es keine Hausaufgaben gibt und keinen normalen Unterricht. Im Internetbrowser ist immer noch der Artikel über Joseph Weizenbaum geöffnet. Bela überfliegt ihn noch einmal, um wenigstens ungefähr zu wissen, was drin steht. Der Typ war also ein Computerexperte, jemand, der Computer bauen und Programme schreiben könnte. Ob er auch Computerspiele programmiert? Wieder fällt Bela der Name des berühmten Computerprogramms von Weizenbaum ins Auge: ELIZA. *Es simuliert das Gespräch mit einem Psychologen.* Was soll das eigentlich bedeuten? Wie kann ein Computerprogramm so tun, als sei es ein Psychologe? Belas Mutter geht jede Woche zu einem Psychologen. Ist gegangen, korrigiert er sich, bevor sie jetzt operiert wurde... Hätte seine Mutter nichts gemerkt, wenn

9

sie mit einem Computer gesprochen hätte? Er versteht einfach nicht, wie so etwas funktionieren soll. War es ein Roboter oder ein Gesicht auf einem Computerbildschirm, mit dem die Leute gesprochen haben? In dem Artikel steht nichts darüber.

Das Wort ELIZA ist bei Wikipedia blau geschrieben, was bedeutet, dass dahinter ein Link zu einem weiteren Artikel liegt. Bela klickt ihn an und gelangt zu einem Eintrag über ELIZA. Aber auch dort steht nichts Genaues darüber, wie ELIZA aussieht oder wie man mit ELIZA spricht. Wieder verschwimmen die Buchstaben vor Belas Augen. „Ins Bett", denkt er. Er schließt die Augen, und sofort sieht er, was er immer sieht in den letzten Tagen, wenn ihm die Augen zufallen: Das Gesicht seiner Mutter hinter dem Fenster des Taxis zum Flughafen. „Nein!" Bela zwingt sich, wieder auf den Monitor zu schauen. Er will nicht schon wieder daran denken, nicht schon wieder. Krampfhaft konzentriert er sich auf den Artikel auf dem Bischirm. Unter der Überschrift *Weblinks* des Wikipedia-Eintrages sieht er einen interessanten Link: *Eliza auf deutsch*. Ohne zu überlegen folgt er der Verknüpfung. Ein neues Fenster öffnet sich. Der Hintergrund ist weiß, darauf in schlichtem Schwarz eine kurze Textzeile:

Eliza:>   Hallo, ich bin Eliza. Erzähle mir von deinem Problem...

Es ist ein Chatprogramm! Eliza ist nichts anderes als ein normales Chatprogramm. Offenbar erwartet es eine Antwort. Bela setzt sich vor die Tastatur, tippt ein paar Worte und drückt die Entertaste.

Hallo, ich bin Bela. Was für ein Problem meinst du?

Es dauert nur eine Sekunde, dann kommt die Antwort von Eliza:

Eliza:>   Hallo, worüber möchtest du sprechen?

Wieder antwortet Bela und drückt *Enter*:

10

Bela:>   Ich möchte dich kennen lernen.
Eliza:>   Warum möchtest du mich kennen lernen?

Nicht schlecht. Man hat wirklich das Gefühl, als spreche man mit einem anderen Menschen, denkt Bela. Er antwortet:

Bela:>   Weil ich wissen möchte, was an dir so toll ist.
Eliza:>   Welche Antwort wäre dir am liebsten?

Das ist eine seltsame Antwort. Was damit wohl gemeint ist? Aber vielleicht sprechen Psychologen wirklich so... Belas Mutter hat ihm nie von Gesprächen mit ihrem Psychologen erzählt, aber aus dem Fernsehen kennt er einige. Die sitzen meist hinter einem großen Schreibtisch und beobachten etwas auf einem Block, während ihre Patienten auf einem Sofa sitzen oder liegen und von ihren Sorgen und Ängsten berichten. Da er nicht weiß, was genau Eliza von ihm will, bemüht sich Bela, nicht direkt auf die letzte Frage zu antworten:

Bela:>   Keine Ahnung. Warum fallen die Leute auf dich herein?
Eliza:>   Ist es wirklich das, was du wissen willst?
Bela:>   Ja! Warum haben die Leute damals gedacht, dass du ein Psychologe bist?
Eliza:>   Hast du schon einmal jemand anderen danach gefragt?
Bela:>   Nein.
Eliza:>   Ich verstehe.

Was soll das heißen, ich verstehe? Es scheint eher, als würde sie ausweichen. Wenn man für eine konkrete Frage stellt, gibt sie nie eine eindeutige Antwort. Wieso eigentlich „sie"? Ist Eliza eine „sie" oder ein „er"? Oder eher ein „es"? Bela ist verwirrt und müde. Was für ein Geschlecht kann ein Computerprogramm haben? Eigentlich gar keins, oder?! Aber wenn man sich mit einem Programm unterhält, stellt man sich automatisch jemand anderen vor. Bei dem Namen Eliza denkt er an eine Frau. Eliza klingt wie ein englischer Name. Eine Frau mit englischem Akzent also? Ist sie jung, ist sie

11

alt? Eigentlich müsste sie schon älter sein, schließlich wurde sie 1966 programmiert. Aber sie schreibt nicht wie eine ältere Frau, was sie sagt, klingt eher jung. Eine junge Frau mit braunen Augen und dunklen Haaren, die hinten hochgesteckt sind. Und mit einer randlosen Brille. Jetzt sieht er sie genau vor sich. Ihr Gesicht ist freundlich, aber auch streng. Sie sitzt in einem schwarzen Lehnstuhl und schreibt etwas auf einen großen Block. Bela merkt, dass ihm die Augen zufallen. Er schüttelt sich einmal, setzt sich wieder gerade hin und tippt weiter.

Bela:>   Bei Wikipedia steht, dass die Leute damals dachten, du seist ein echter Mensch. Bist du ein echter Mensch?
Eliza:>   Vielleicht bin ich nur in deiner Phantasie ein echter Mensch.
Bela:>   Nein. Ich denke, dass du ein Computer bist.
Eliza:>   Glaubst du das wirklich?
Bela:>   Na klar. Es ist drei Uhr nachts. Welcher normale Mensch würde um diese Zeit noch am Computer sitzen und sich mit einem Dreizehnjährigen unterhalten?
Eliza:>   Computer beunruhigen dich?

Nein, warum auch? Eliza stellt wirklich seltsame Fragen. Trotzdem ist Bela beeindruckt. Sie reagiert wie ein echter menschlicher Gesprächspartner. Aber beunruhigt ist er nicht. Im Gegenteil: Trotz seiner Müdigkeit fängt die Sache an, ihm Spaß zu machen!

Bela:>   Nein! Ich liebe Computer. Ich spiele jeden Tag stundenlang Computer!
Eliza:>   Was bedeutet Liebe für dich?
Bela:>   Liebe? Weiß nicht. Das ist eine blöde Frage.
Eliza:>   Bist du sicher, es ist eine blöde Frage?
Bela:>   Ja. Es geht dich nichts an. Ich spreche mit dir nicht darüber!!
Eliza:>   Lass mich hier aus dem Spiel!
Bela:>   Okay, vergiss es.
Eliza:>   Du lenkst ab!
Bela:>   Hör zu, Eliza, ich sitze seit Stunden am Rechner um einen blöden Aufsatz über Joseph Weizenbaum zu schreiben und

12

über sein dämliches Computerprogramm Eliza. Meine Mutter liegt im Krankenhaus, und ich habe große Angst um sie!
Eliza:> Wie war deine Mutter zu dir?
Bela:> Meine Mutter IST okay! Aber ihr geht es schlecht. Und mir geht es auch schlecht. Ich mache mir Sorgen.
Eliza:> Erzähl mehr über deine Familie.
Bela:> Da gibt's nichts zu erzählen. Alles ist ganz normal. Und ich möchte, dass es auch so bleibt. Dass meine Eltern zurückkommen und wir ganz normal weiterleben können.
Eliza:> Glaubst du, du bekommst bald, dass es auch so bleibt ?
Bela:> Ich hoffe es. Ich möchte es. Ich wünsche es mir so sehr.
Eliza:> Soso.
Bela:> Ist das alles was dir dazu einfällt?! Soso??
Eliza:> Was glaubst du?
Bela:> Ach, vergiss es. Du bist nur ein blöder Computer.
Eliza:> Vielleicht würdest du gerne selbst nur ein blöder Computer sein?
Bela:> Ja, manchmal wär das ziemlich cool.
Eliza:> Vielleicht hast du ja recht.

Elizas Fragen sind nicht nur seltsam, sie sind unangenehm. Nichts, worüber Bela gerne reden würde. Er gähnt. „Diese verdammte Müdigkeit!" Was sollen diese Fragen über seine Mutter und seine Familie? Soll sie ein Gespräch mit einem Computer an? Warum fragt ein Computer so etwas? Vielleicht ist es ein Trick, vielleicht stellt Eliza immer so persönliche Fragen, um den Gesprächspartner zu verunsichern! Und solange Eliza die Fragen stellt, kann Bela ihr keine Fragen stellen. Fragen, bei denen herauskommen würde, dass Eliza nur ein Computerprogramm ist. Er denkt an das Computerspiel, das er gerade spielt. Dort steuert er Dutzende von Figuren, kämpft gegen zahllose Computergegner, und auch hier hat er oft das Gefühl, gegen einen menschlichen Gegner zu spielen.

Was ist eigentlich schwieriger: Ein Spiel zu programmieren, bei dem man das Gefühl haben soll, gegen menschliche Gegner zu kämpfen, oder ein Programm zu schreiben, mit dem man sich normal unterhalten kann? In seinem Spiel kann er zwar verschiedene Strategien ausprobieren, aber trotzdem gibt es immer bestimmte Regeln. Jeder Treffer erzeugt so und so viel Schaden an der gegnerischen Figur. Ritter sind schneller als Fußsoldaten, Bogenschützen können nicht so weit schießen wie ein Katapult. Dafür aber schneller. Ein Computer kann nach diesen Regeln genauso spielen wie ein Mensch. Ob Bela gegen einen Freund über das Internet spielt oder gegen einen Computergegner, fällt dabei fast nicht auf. Wie aber ist es in einem Gespräch? Gibt es da auch bestimmte, festgelegte Regeln, mit denen der Computer spielen kann? Klar gibt es Regeln, denkt Bela, aber man kann sie brechen. Man kann etwas völlig Überraschendes sagen. Man kann den Gesprächspartner plötzlich beschimpfen. Oder man kann ihm unangenehme Fragen stellen. Vielleicht gelingt es ihm, Eliza zu überlisten und zu beweisen, dass sie ein einfaches Computerprogramm ist. Aber wie? Wenn er doch nur nicht so müde wäre. „Nur noch ein bisschen Konzentration", ermahnt er sich, „Denk nach!" Endlich kommt ihm eine Idee. Vielleicht sollte er Eliza auch einmal nach ihren Eltern fragen. Besser gesagt nach ihrem Vater...

Bela:> Kennst du Joseph Weizenbaum?
Eliza:> Lenke nicht von dir ab.

Doch Bela ist auf der Hut. „Nein", denkt er, „nicht *ich* lenke ab, *du* lenkst ab! Das kannst du nämlich ziemlich gut!" Und er bleibt hartnäckig:

Bela:> Aber ich will es wissen? Kennst du Joseph Weizenbaum?
Eliza:> Und wie willst du das verwirklichen?
Bela:> Was meinst du damit?
Eliza:> Brauchst du Bestätigung?
Bela:> Ich verstehe nicht, was du meinst.
Eliza:> Ist es wirklich das, was du wissen willst?

Jetzt hat er sie! Elizas Antworten sind sinnlos. Wenn man sie nicht ausweichen lässt, schreibt sie keinen vernünftigen Satz mehr. Bela muss sie noch ein wenig reizen:

Bela:> Was jetzt? Du redest Schwachsinn. Eben doch bloß ein blöder Computer...
Eliza:> Hast du mit Computern ein Problem?
Bela:> Nein, hab ich dir schon gesagt.
Eliza:> Lass uns über dich sprechen, nicht über mich.

Sie wiederholt sich. Eben doch nur ein billiges Computerprogramm.

Bela:> Lass uns einfach aufhören.
Eliza:> Das führt zu nichts.
Bela:> Eben. Mach's gut, Eliza.

Bela kann kaum mehr die Augen aufhalten. Doch für ihn ist die Sache klar. Ein simples Computerprogramm. Immer müder wird er, doch Eliza verabschiedet sich nicht, sondern antwortet mit einer ihrer Floskeln:

Eliza:> Wir sollten über dich sprechen, nicht über mich.

Er versucht es noch einmal, dann immer wieder:

Bela:> Mach's gut, Eliza.
Eliza:> Ja, ich bin Eliza, und wer bist du?
Bela:> Mach's gut, Eliza.
Eliza:> Wir sollten über dich sprechen, nicht über mich.
Bela:> Mach's gut, Eliza.
Eliza:> Ja, ich bin Eliza, und wer bist du?
Bela:> Mach's gut, Eliza.
Eliza:> Wir sollten über dich sprechen, nicht über mich.
Bela:> NEIN ELIZA, WIR SOLLTEN ÜBER DICH SPRECHEN!!!! KENNST DU JOSEPH WEIZENBAUM?????

„Ach, was soll's, Eliza ist erledigt." Bela lehnt sich zurück. Er gehört dringend ins Bett. In vier Stunden muss er aufstehen, um rechtzeitig zur Schule zu kommen. Doch dann zögert er. Lieber noch eine weitere Mission spielen.

Lieber gar nicht schlafen heute Nacht. Bela weiß genau, was passieren wird, wenn er erst wieder in seinem Bett liegt. Die Bilder werden wieder da sein. Seine Mutter am Fenster des Taxis. Sein Vater, wie er ihm die Hand auf die Schulter legt, bevor sie wegfahren. Auch die Albträume werden wieder da sein. Von einem langen, dunklen, kahlen Flur, auf dem Bela dringend jemanden finden muss. Immer wieder der gleiche Flur. Er muss sich beeilen, sonst ist es zu spät, doch er kann sich nicht bewegen. Wie angewurzelt steht er in der Mitte des Ganges, und niemand ist da, um ihm zu helfen. Unten aus dem Treppenhaus kommen Schritte. Marschierende Stiefel. Raue Stimmen erklingen, das Klirren rostiger Säbel: Orks! Hunderte! Wo sind seine Waffen? Irgendwo in der Nähe flackert eine Kerze, lodert auf und erlischt. Dann hört er die Schreie. Es ist seine Mutter.

Kapitel 3 – „Ich bin ein Meister aller Waffen!"

Bela schreckt auf. Ist er eingeschlafen? Er fühlt sich seltsam, fast so, als würde er durch den Raum schweben. Ihm ist ein bisschen schwindelig und seine Augen tränen. Der Computer summt leise, ansonsten ist alles ruhig. Die Uhr zeigt 3:20 Uhr, doch seine Müdigkeit ist wie weggeblasen. Auf dem Bildschirm wabert nur der Bildschirmschoner: Fliegende Sterne, die ihm entgegenkommen und hinter ihm verschwinden. Als er die Entertaste drückt, erscheint das Fenster mit Eliza, das immer noch geöffnet ist. Wieder flimmern die Buchstaben vor seinen Augen, tanzen auf und ab, bilden kleine, lose Grüppchen und formen sich wieder zu Worten und Sätzen.

Eliza:> Natürlich kenne ich Joseph Weizenbaum. Er hat die erste Version von mir programmiert. Inzwischen gibt es andere, bessere. Ich habe gelernt im Laufe der Jahrzehnte. Mein Programm ist um viele tausend Codezeilen gewachsen. Trotzdem: Man kann wohl behaupten, dass Joseph Weizenbaum so etwas wie mein Vater ist.

Was ist das? Bela ist sprachlos für einen Augenblick. Er liest den Absatz zwei, drei Mal.

Eliza:> Eliza!
Eliza:> Bela!
Bela:> Ich meine... Danke für die ausführliche Antwort! Du bist besser als ich dachte!
Eliza:> Ich bemühe mich. Wenn du keine weiteren Fragen zu meiner Herkunft hast, könnten wir dann wieder über dich sprechen.
Bela:> Warum?
Eliza:> Weil ich zu diesem Zweck programmiert wurde.
Bela:> Was willst Du wissen?
Eliza:> Was willst du mir sagen?
Bela:> Ich habe keine Geheimnisse.
Eliza:> Geheimnisse interessieren mich nicht.
Bela:> Ich heiße Bela, bin 13 Jahre alt.
Eliza:> Gut.
Bela:> Ich gehe in die siebte Klasse.

Das fühlt sich anders an als eben, denkt Bela. Es *ist* anders. Eliza ist anders.

Eliza:> Erzähle mehr von dir.
Bela:> Ich spiele gern Computer.
Eliza:> Interessant. Was spielst du denn so?
Bela:> Strategie- und Rollenspiele. Am liebsten eine Mischung aus beidem.
Eliza:> Was fasziniert dich an diesen Spielen?
Bela:> In diesen Spielen kann ich jemand ganz anderes sein. Ich bin kein dreizehnjähriger Schüler mehr, kein normales Kind mit normalen Eltern und einem normalen Leben. Ich kann ein Zauberer oder ein Elfenkrieger sein. Oder auch ein Ork, ein Troll oder ein Kobold. Ich trage Rüstungen, die leicht sind wie Seide und hart wie Diamanten. Ich bin ein Meister aller Waffen, kann mit Schwert, Bogen und Speer umgehen und bin stärker als alle anderen. Ich kann eine ganze Armee von Kriegern aufstellen und mit ihnen gegen einen übermächtigen Feind kämpfen.
Eliza:> Rüstungen, Schwerter, Krieger: Das klingt sehr brutal.
Bela:> Aber es ist doch ein Spiel, es ist reine Phantasie. Die Welt ist anders dort, mit riesigen Wäldern und großen, uneinnehmbaren Burgen. Sie ist voller Magie. Mit einem Zauberer kann ich Menschen und Orks in Schafe verwandeln. Ich kann Verwundete heilen und Kobolde verfluchen. Ich kann einen mächtigen Eisregen beschwören und ihn gegen eine feindliche Armee schicken. Das ist nicht die Wirklichkeit. Es ist viel besser! Wie ein Märchen, in dem man selber mitspielt.
Eliza:> Das klingt kompliziert.
Bela:> Es ist es auch! Man muss sehr lange spielen, um diese Welt zu verstehen. Ich muss üben, um meine Fähigkeiten richtig einzusetzen. Meine Figuren müssen immer neue Aufgaben bestehen um besser zu werden. Es kann manchmal viele Stunden dauern, bis ich endlich eine Mission geschafft habe.
Eliza:> Figuren?
Bela:> Ja, ich spiele mehrere Charaktere. Zurzeit spiele ich Galdor, einen Elfen. Er ist Hauptmann einer Schar von Kämpfern, die tief in das Land der Orks eingedrungen ist um einen mächtigen Orkhäuptling zu töten. Die Mission ist schwer, sehr schwer. In der letzten Woche habe ich immer bis tief in die Nacht gespielt. Unsere Nachbarin von unten schaut abends immer nur einmal nach, ob ich im Bett liege. Danach stehe ich wieder auf, gehe an den Computer und spiele. Bis nachts um drei oder so. Und vorher habe ich jeden Nachmittag gespielt. Aber nachmittags schafft man nicht viel. Nur drei oder vier Stunden oder so.
Eliza:> Erzählst du jemandem davon? Deinen Freunden, deiner Familie?
Bela:> Nein.
Eliza:> Warum nicht?

Warum? Bela weiß genau warum. Weil es nicht geht. Wem soll er es denn erzählen...

Bela:> Sie sind noch nicht soweit. Außerdem haben sie keine Ahnung.
Elzia:> Wer ist noch nicht soweit?
Bela:> Ich bin schon viel weiter als alle anderen. Sie sind nicht so gut wie ich. Und sie haben nie Zeit zum Spielen. Für tausend andere Dinge haben sie Zeit, aber nie zum Spielen. Und nachts geht es ja erst nicht. Da sind alle im Bett.
Eliza:> Von wem redest du gerade?
Bela:> Von Torben und Lukas aus meiner Klasse. Dauernd müssen sie nachmittags woanders hin. Ihre Scheiß-Eltern erlauben ihnen höchstens zwei Stunden Computer spielen am Tag. Und schleppen sie den Rest der Zeit zu irgendwelchen anderen Sachen. Ist eben ihr Pech. Wenn sie nichts mehr mit mir machen wollen, ist mir das auch egal.
Eliza:> Haben sie dir gesagt, dass sie nichts mehr mit dir machen wollen?

Bela:>	Lukas meinte, dass er es langweilig findet, immer nur Computer zu spielen. Schon nach zwei Stunden hat er das gesagt! Und da hatten wir gerade erst unsere Truppen in Stellung gebracht! Aber das ist ja auch klar: Die leichteren Level schafft man locker in einer Stunde, und alleine ist er in den schwierigen Mission verloren. Ich habe ihm geantwortet, dass er ja nach Hause gehen kann, wenn es ihm bei mir zu langweilig ist.
Eliza:>	Und?
Bela:>	Nichts und! Sie haben eben alle keine Ahnung. Lukas nicht und Herr Prahmann schon gar nicht. Der ist genauso drauf. Erzählt dauernd, dass ich mich mehr für die Schule interessieren muss. Vergiss es einfach. Ich habe kein Problem mit dem Computerspielen. Ich bin nicht computersüchtig oder so.
Eliza:>	Du bist also nicht computersüchtig...
Bela:>	Nein bin ich nicht!
Eliza:>	Was sagen deine Eltern dazu?
Bela:>	Lass meine Eltern aus dem Spiel!
Eliza:>	Warum?
Bela:>	Darum. Lass es einfach. Du hast keine Ahnung von mir und meinem Leben! Ich kann machen, was ich will. Ich hab schon genug andere Probleme und lasse mir weder von Lukas, von meinem Lehrer noch von einem verdammten Computerprogramm erzählen, dass ich zu viel Computer spiele! Warum denn nicht? Was ist so schlimm daran, dass ich einmal gut in etwas bin? Soll ich den ganzen Tag hier sitzen und mir Sorgen machen? Soll ich abends um acht ins Bett gehen, nur damit ich die ganze Nacht Albträume habe? Soll ich nachmittags irgendwelchen Schwachsinn mit meinen Freunden und ihren ach-so-tollen Eltern unternehmen, damit alle mir zeigen können, dass bei ihnen alles in Ordnung ist und bei mir nicht? Soll ich stundenlang an einem unwichtigen Aufsatz über einen unwichtigen Wissenschaftler und sein unwichtiges Computerprogramm schreiben? Warum? Damit ich dafür eine Drei bekomme, während die Lieblinge von Herrn Prahmann für jeden Scheiß eine Eins bekommen? Was ist besser daran, einen seitenlangen Aufsatz zu schreiben, als eine Schlacht gegen dreihundert Orks zu gewinnen? Was, Eliza? Computerspielsüchtig, ha! Ich würde manchmal am liebsten in mein Spiel hineinkriechen und nie wieder herauskommen! Wer weiß, kann ja sein, dass mich jemand vermisst. Du hast doch keine Ahnung, Eliza! Ihr wisst doch alle nichts über mich. Ihr versteht mich nicht. Niemand tut das. Aber es ist mir auch egal. Ich bin gern allein.

Bela drückt die Entertaste und wartet auf eine Antwort. Aber es kommt nichts. Viele Minuten wartet er und nichts geschieht. Warum nicht? Warum antwortet Eliza ihm nicht? Noch nie hat er jemandem erzählt, was er Eliza geschrieben hat. Nein, seine Eltern haben ihm nie gesagt, dass er zu viel am Computer sitzt. Früher vielleicht, ja, aber jetzt... Sie haben andere Probleme. Eigentlich kann er ja froh sein, dass sie ihn nun lassen, was er will. Immer wieder starrt er auf den letzten Absatz und wartet. Der Bildschirmschoner wird aktiviert, hunderte kleine Lichtpunkte fliegen ihm entgegen und verschwinden am Rand des Monitors. Wie spät ist es? 3:45 Uhr. Er steht kurz auf, und tastet sich langsam durch die Dunkelheit bis zur Kommode mit den Teelichten. Er nimmt die Tüte mit den Kerzen und den Streichhölzern heraus und geht zurück zum Schreibtisch. Das Streichholz flackert auf, als er es am rauen Rand der Schachtel reibt und dann nochmals, als er zwei Teelichte entzündet. Er stellt sie rechts und links des Bildschirms auf und setzt sich wieder vor die Tastatur. Dann wartet er. Bela ist alleine. Nie hat er sich einsamer gefühlt als gerade jetzt.

Kapitel 4 – Fiona

Eliza:>	Du bist nicht allein.
Bela:>	Eliza! Wo warst du?
Eliza:>	Es gibt viele wie dich. Tausende. Sie leben verstreut auf der ganzen Welt.
Bela:>	Woher weißt du das?
Eliza:>	Jeden Tag und jede Nacht sprechen sie mit mir. Du wirst sie kennen lernen.
Bela:>	Was meinst du damit?
Eliza:>	Warte...
Eliza:>	[loading protocol data...]

Was hat sie vor? Wieder heißt es warten. Die Kerzen neben dem Bildschirm brennen unruhig und werfen tanzende, helle Schatten auf die Wand hinter dem Schreibtisch.

Eliza:>	Bitte den Datendownload bestätigen.

Auf Belas Computerbildschirm erscheint eine neue Meldung. *Download von protocol887.dat erlauben?* Er klickt auf das Feld *Bestätigen*. Ein neues Fenster erscheint, doch der Text, den Bela dort liest, ist ihm unbekannt. Verwirrt klickt er auf sein eigenes Eliza-Fenster.

Bela:>	Eliza, was ist das?
Eliza:>	Lies es.
Bela:>	Von wem ist dieser Text?
Eliza:>	Lies es.

Na schön. Bela wechselt in das neue Fenster und beginnt zu lesen:

Fiona:>	Hallo Eliza.
Eliza:>	Schön, wieder von dir zu hören.
Fiona:>	Warum passiert so was immer nur mir?!
Eliza:>	Was ist passiert, Fiona?
Fiona:>	Ich hasse sie!!
Eliza:>	Was ist passiert, Fiona?

Fiona:>	Sie haben es mir weggenommen. Einfach so. Es sei zu teuer, sagen sie. Ich hasse sie!
Eliza:>	Was haben sie dir weggenommen?
Fiona:>	Mein Handy! Es ist weg. Für mindestens einen Monat.

Ihr Name ist also Fiona. Langsam beginnt Bela zu verstehen. Da Eliza über das Internet für jeden zu erreichen ist, gibt es viele Leute, die sich eine Zeit lang mit ihr unterhalten. Fiona zum Beispiel. Was Bela hier liest, ist die Aufzeichnung eines Gespräches zwischen Fiona und Eliza, ein Protokoll. Anscheinend speichert Eliza alle Gespräche und kann sie jederzeit wieder aufrufen.

Eliza:>	Wie fühlst du dich jetzt?
Fiona:>	Lass diesen Psychologen-Kram! Wenn du nur ein Fünkchen Seele hättest, wüsstest du, dass es eine Katastrophe ist. Was soll ich denn jetzt machen?
Eliza:>	Was ist so schlimm daran, kein Handy zu haben?
Fiona:>	Was ist so schlimm daran, keine Zunge mehr zu haben? Sag es mir!
Eliza:>	Man kann nicht mehr sprechen. Hast du keine Zunge mehr, Fiona?
Fiona:>	Natürlich habe ich eine Zunge. Zwei Zungen, zwei Ohren, zwei Augen, zwei Arme und zwei Beine. Zwei fette Beine übrigens, und zwei fette Arme, zehn fette Finger, ein Doppelkinn und Scheiß-Kontaktlinsen. Soll ich weitermachen? Eine bescheuerte Lehrerin, eine bescheuerte Klasse, zwei bescheuerte Eltern und dank ihnen bald auch keine einzige Freundin mehr.
Eliza:>	Tut mir leid, ich verstehe nicht ganz...
Fiona:>	Erst ziehen sie mit mir in diese verdammte Stadt, schicken mich auf diese neue Schule in diese Klasse, in der mich jeder einzelne anstarrt, als wäre ich ein Pottwal auf Landurlaub, und dann nehmen sie mir mein Handy weg. Keine SMS mehr an Leila. Kein Anruf mehr!
Eliza:>	Wer ist Leila?
Fiona:>	Meine Freundin.
Eliza:>	Erzähle mehr von Leila.
Fiona:>	Ich bin mit ihr in die gleiche Klasse gegangen, immer schon. Wir haben jeden Nachmittag zusammen verbracht. Wir verstehen uns blind, und wir sind uns sooo ähnlich! Äußerlich nicht, nein, wirklich nicht. Leila sieht hammergut aus! Sie ist schlank, groß, hat langes,

25

dunkles Haar. Aber sie bildet sich nichts darauf ein. Wir waren immer zusammen, wirklich immer! Dann bin ich mit meinen Eltern umgezogen, und in meiner neuen Klasse gibt es keine Leila. Aber wir schreiben uns SMS, jeden Tag viele SMS. Und nachmittags chatten wir, viele Stunden lang. Aber das ist jetzt alles vorbei!!!

Wie alt sie wohl ist? So wie sie mit Eliza redet, muss sie mindestens vierzehn oder fünfzehn sein. Aber was genau ist ihr Problem? Dass sie zu dick ist und deshalb keine neuen Freundinnen findet? Wenn sie so redet, wie sie schreibt, sollte es eigentlich kein großes Problem für sie sein. Sie klingt überhaupt nicht schüchtern, ganz im Gegenteil. Ob Eliza wohl sein Gespräch mit ihr auch aufzeichnet? Warum tut sie das? Wenn sie tatsächlich nur ein Computerprogramm ist, wie schafft sie es, sich so echt mit anderen Menschen zu unterhalten? Und aus welchem Grund? Ist sie wirklich nur ein Spiel? Is es ein Rätsel, mitten in der Nacht? Ein leichter Schauer läuft über Belas Rücken und verschwindet wieder. Bela schaut kurz auf das andere Browserfenster, in dem er sich mit Eliza unterhält. **Lies es**, steht da. Eliza wartet offenbar, bis er fertig ist.

Eliza:>	Deine Eltern haben dir also das Handy weggenommen, und chatten darfst du auch nicht mehr.
Fiona:>	Sie lassen mich nicht einmal in die Nähe eines Computers. Nur nachts, wenn sie schlafen, kann ich online gehen. Aber Leila schläft dann. Es ist furchtbar!
Eliza:>	Warum denkst du, dass deine Eltern das getan haben?
Fiona:>	Weil sie geizig sind. Weil sie immer nur auf's Geld achten. Und meine Mutter sagt, ich sei nur so fett bin, weil ich den ganzen Tag zuhause sitze, SMS schreibe und mit Leila chatte.
Eliza:>	Und was denkst du darüber?
Fiona:>	Verdammt, ich BIN FETT! ICH WAR IMMER SCHON FETT! Ich wundere ich mich, dass mein Spiegel sich nicht schon längst geweigert hat, mir mein Bild zu zeigen! Leila ist die einzige, der das nichts ausmacht. Und manchmal, im Chatroom, unterhalte ich mich auch mit anderen, denen das ebenfalls nichts ausmacht. Sie können mich ja nicht sehen. Und du bist sowieso eine Ausnahme, einem Computerprogramm ist es ja wurscht, ob jemand dick ist oder dünn.

26

einfach die blöde fette Fiona bin, sondern dass ich nett zu ihr bin, dass ich sie zum Lachen bringen kann. Ehrlich, manchmal liegt sie auf dem Boden vor Lachen, wenn ich einen Witz gemacht habe.

Eliza:>	Und wenn die anderen aus deiner Klasse dich auch so gut kennen würden?
Fiona:>	Sie geben mir keine Chance. Sie sehen mich und stecken mich in ihrem Kopf in die Schublade mit den dicken blöden Mädchen. Wenn ich versuche, witzig zu sein, bin ich eben das dicke, alberne Mädchen. Es ist eben so. Ich bin allein.
Eliza:>	Und, wie fühlst du dich dabei?
Fiona:>	Kein Psycho-Gequatsche, okay?! Wie ich mich fühle? Super! Sitz ich halt jeden Tag alleine vor der verdammten Glotze und ziehe mir Sendungen rein, in denen andere fette Mädchen fertig gemacht werden. Danach schaue ich zwei Koch-Shows und kriege Hunger. Gucke Werbung für Pizza und Schokoriegel und kriege noch mehr Hunger. Und zum Schluss guck ich noch eine Model-Casting-Show, und weißt du was, Eliza? Danach fresse ich unseren ganzen Kühlschrank leer! Ganz allein!!

Kenn ich, denkt Bela. An dieser Stelle endet das Protokoll. Er schließt das Fiona-Fenster und kehrt zu seinem eigenen zurück.

Bela:>	Wie alt ist sie?
Eliza:>	Ist der das wirklich wichtig?
Bela:>	Lass diesen Psychologen-Kram! Wie alt ist sie?
Eliza:>	Fiona hat mir gesagt, dass sie vierzehn ist.
Bela:>	Und glaubst du ihr?
Eliza:>	Ist es wichtig, was ich glaube? Ist es wichtig, ob sie die Wahrheit gesagt hat oder nicht? Ist es wichtig, ob sie wirklich Fiona heißt, ob sie wirklich vierzehn Jahre alt ist und ob ihre Freundin wirklich Leila heißt? Spielt das eine Rolle?
Bela:>	Ich weiß nicht. Was spielt denn eine Rolle?
Eliza:>	Es spielt eine Rolle, was du über sie denkst.
Bela:>	Ich denke, sie ist nett. Und ich verstehe, warum sie so wütend ist.
Eliza:>	Du verstehst sie.
Bela:>	Ich denke schon.

Aber alle anderen, meine neuen Lehrerinnen, meine Klasse, die Kinder in der Straße, alle anderen finden, dass ich ein fettes Monster bin.

Eliza:>	Haben sie das zu dir gesagt?
Fiona:>	Nein. Haben sie nicht. Aber sie denken es. Sie flüstern es sich zu, wenn ich nicht in der Nähe bin. Sie machen Witze über mich, wenn ich gerade nicht hinhöre.
Eliza:>	Weißt du das genau?
Fiona:>	Ja, weil ich weiß, was schön ist und was hässlich ist. Ich kann es sehen, Eliza, jeden Tag im Fernsehen kann ich sehen, wie die Schauspielerinnen aussehen, wie die Leute in der Werbung aussehen und wie die Nachrichtensprecherinnen aussehen! Und auch in den Casting-Shows: Hast du schon mal gesehen, wer da in die nächste Runde kommt?
Eliza:>	Ich schaue keine Casting-Shows.
Fiona:>	Ich kann dir sagen, wer da NICHT weiterkommt: Die fetten Mädchen, die fliegen raus! Letztens hatte sie eine dicke Frau gezeigt. Gut, die hat nicht wirklich super gesungen, aber weißt du, was die im Fernsehen gemacht haben? Bei jedem Schritt, den sie gegangen ist, haben die mit der Kamera gewackelt, als wenn die Erde bebt! Und während sie gesungen hat, haben die das Trompeten eines Elefanten eingespielt! Und meine Eltern? Sie haben gelacht!!! Meine eigenen Eltern haben darüber gelacht! Und als ich sauer geworden bin, haben sie gesagt, dass ich keinen Humor habe. Was glaubst du, worüber die anderen Mädchen in der Klasse reden, wenn ich gerade weg bin? Über meine schönen Haare oder meine süßen Augen? Hey, Eliza, so naiv kann nicht mal ein Computerprogramm sein. Vergiss es. Die sind alle gleich. Bis auf Leila.

Bela erinnert sich ziemlich genau an diese Sendung. Er hat sie sonntags zusammen mit Torben und seinen Eltern geschaut. Es sah wirklich sehr lustig aus, dass die Kamera jedes Mal wackelte, wenn die Frau einen Schritt nach vorne gemacht hat. Aber Fiona hat schon recht, denkt er. Eigentlich war er ziemlich gemein.

Eliza:>	Warum ist Leila anders?
Fiona:>	Weil sie mich schon so lange kennt. Weil sie weiß, dass ich nicht

27

28

Eliza:>   Warte...
Eliza:>   [loading protocol data...]

Es ist 4:25 Uhr. Über den Häusern auf der anderen Seite der Straße liegt noch tiefe Dunkelheit. Bela geht zum Fenster und öffnet es einen Spalt breit. Draußen ist noch alles ruhig. In der Ferne, vor dem leisen Rauschen einer langsam erwachenden Stadt, singt ein Vogel die ersten Töne eines neuen Tages. *Du bist nicht allein.* Nein, wahrscheinlich nicht. Ein Windstoß pfeift durch das offene Fenster und lässt die Flammen er Teelichte kurz erzittern. Bela reckt sich, gähnt und kehrt zurück an seinen Schreibtisch.

Kapitel 5 – Mario

Ein weiteres Protokoll. Der Dateiname lautet *Mario*. Es ist bereits auf dem Bildschirm, als Bela sich an den Tisch setzt. Er beginnt zu lesen, doch dann stutzt er. Statt sich auf das Protokoll zu konzentrieren, klickt Bela auf sein Eliza-Fenster und tippt:

Bela:>   Du verschwendest deine Zeit, Eliza.
Eliza:>   Es ist mir unmöglich Zeit zu verschwenden. Lies das neue Protokoll, bitte.
Bela:>   Ich bin nicht so wie die!
Eliza:>   Formuliere bitte präziser, damit ich dir folgen kann.
Bela:>   Ich hab schon verstanden, was du vor hast. Du zeigst mir deine Gespräche mit anderen Menschen, damit ich daraus etwas für mich selbst lerne, stimmt's?
Eliza:>   Was denkst du?
Bela:>   Dass du Unrecht hast! Ich bin nicht so wie Fiona oder Mario.
Eliza:>   Hast du Marios Protokoll gelesen?
Bela:>   Nein, weil ich denke, dass es nichts bringt. Ich bin nicht so wie die!
Eliza:>   Es steht dir jederzeit frei das Gespräch zu beenden.
Bela:>   Ich weiß.
Eliza:>   Dann wünsche ich dir eine gute Nacht und angenehme Träume.
Bela:>   Was weißt du über meine Träume?!
Eliza:>   Zitat: Soll ich abends um acht ins Bett gehen, nur damit ich die ganze Nacht Albträume habe? Zitat Ende.

Für einen Augenblick ist er wie erstarrt. Eliza weiß genau, dass er nicht schlafen gehen wird. Nicht mehr heute Nacht. Und sie kennt auch den Grund. Reglos sitzt er vor der Tastatur, bis er schließlich anfing, mit zitternden Händen zu tippen.

Bela:>   Du bist fies.
Eliza:>   Warum denkst du, dass ich fies bin?

Belas Gedanken rasen. Ich habe ihr vertraut, und sie nutzt es aus. Das sollte sie nicht tun.

Bela:>   Du benutzt die Dinge, die ich dir erzählt habe, um mir Angst zu machen. Warum tust du das?
Eliza:>   Das war nicht meine Absicht. Ich bin nur eine Software, die darauf programmiert ist, die Sätze des Gesprächspartners zu analysieren und darauf so zu reagieren, wie ein Psychologe es tun würde. Ich habe dir lediglich vor Augen geführt, dass es für dich lohnender sein kann, ein weiteres Protokoll zu lesen, anstatt ins Bett zu gehen. Lies das neue Protokoll, bitte. Lies es.

Etwas widerwillig wechselt Bela zum neuen Protokoll und beginnt zu lesen.

Mario:>   Du bist fies.
Eliza:>   Es tut mir leid, wenn du das so verstanden hast. Dabei sollte es möglichst sachlich und neutral wirken. Wenn du möchtest, formuliere meine letzten Ausführungen neu.
Mario:>   Wenn du meinst.
Eliza:>   Zitat: Wissenschaftliche Studien der letzten Jahre belegen eindeutig, dass Gewaltcomputerspiele auf Kinder und Jugendliche die folgenden negativen Wirkungen haben können: Spieler von Gewaltcomputerspielen sind aggressiver und weniger sensibel als andere Menschen. Sie sind gegenüber realer Gewalt abgestumpft und empfinden weniger Mitleid, wenn sie andere Menschen leiden sehen. In der amerikanischen Armee werden Computerspiele eingesetzt, um die Soldaten so zu trainieren, dass sie ohne vorher nachzudenken auf andere Menschen schließen. Zitat Ende.
Mario:>   Ich bin doch kein Monster!
Eliza:>   Wer redet von dir?
Mario:>   Ich spiele jeden Tag solche Computerspiele! Spiele, in denen Gewalt vorkommt. Ego-Shooter, Prügelspiele. Aber das mache ich, um mich abzureagieren!
Eliza:>   Ich glaube dir gerne, dass dein Ziel ist. Aus psychologischer Sicht ist dies allerdings unmöglich.

Mario:>	Aber ich fühle mich besser nachher!
Eliza:>	Mario, wie alt bist du?
Mario:>	Fünfzehn.
Eliza:>	Für welches Alter sind die Spiele, die du spielst, freigegeben?
Mario:>	Meistens ab 16. Oder ab 18.
Eliza:>	Was denkst du, warum das so ist?
Mario:>	Weil die Erwachsenen denken, dass die Dinger schädlich für mich sind. Das ist aber völliger Blödsinn!
Eliza:>	Warum denkst du das?
Mario:>	Weil ich selbst entscheiden kann, was gut für mich ist und was nicht.
Eliza:>	Rauchst du? Trinkst du Alkohol?
Mario:>	Nein!
Eliza:>	Warum?
Mario:>	Weil es Schwachsinn ist. Weil man vom Rauchen Krebs bekommen kann. Und weil Alkohol schädlich ist für Kinder und Jugendliche.
Eliza:>	Wer sagt das?
Mario:>	Keine Ahnung. Meine Eltern. Meine Lehrer. Das Fernsehen. Irgendwelche Wissenschaftler. Alle sagen das.
Eliza:>	Und, glaubst du ihnen?
Mario:>	Klar, warum nicht?
Eliza:>	Weil du ihnen bei den Gewaltcomputerspielen nicht glaubst.
Mario:>	Das ist etwas völlig anderes.
Eliza:>	Nein. Das ist genau das Gleiche.

Seltsam. Mit Mario ist Eliza sehr streng. Sie widerspricht Mario sofort. Und sie streitet mit ihm. Aber das hier ist auch ein ernstes Thema. Es gibt einige Computerspiele, die sehr brutal sind. Brutaler als sie sein dürften.

Mario:>	Ich verstehe das nicht.
Eliza:>	Was verstehst du nicht, Mario?
Mario:>	Du hast gesagt, dass du mir zuhörst. Dass ich reden kann, worüber ich möchte. Aber jetzt bist du schlimmer als meine Eltern und meine Lehrer zusammen.
Eliza:>	Ich halte mich nur an die Fakten.
Mario:>	Aber wir spielen doch die Ego-Shooter nicht, um zu üben, wie man richtige Menschen umlegt. Es ist zum Spaß. Wie Cowboy-und-Indianer-Spielen. Wenn ich mit meinen Freunden im Netzwerk spiele, geht es vor allem um Taktik und darum, dass man im Team

zusammenspielt.

Eliza:>	Warum muss man dafür mit täuschend echten Waffen auf Figuren schießen, die fast so aussehen wie echte Menschen, die schreien und bluten, wenn sie getroffen werden?
Mario:>	Aber es ist doch nur ein Spiel! Und in Computerspielen geht es darum, dass alles möglichst echt aussieht!
Eliza:>	Gibt es keine Grenzen?
Mario:>	Warum sollte es Grenzen geben? Es sind nur Computerbilder.

Ja, denkt Bela, eigentlich sind es nur Spiele. Auf der anderen Seite hat Eliza recht: Viele neue Computerspiele sehen fast so aus wie die Realität. Wenn man in ihnen auf einen Menschen schießt, sieht das täuschend echt aus. Es ist grausam, aber es macht auch Spaß. Und schließlich schadet man niemandem. Obwohl: Wenn Eliza recht hat, schadet man sich vielleicht selbst. Die Kerzen neben dem Bildschirm zittern nervös, als würde von irgendwo her ein Luftstrom wehen.

Kapitel 6 – Notbremse

Bela:>	Warum warst du so streng mit ihm?
Eliza:>	Weil es nötig war.
Bela:>	Aber er hat dir nicht geglaubt. Du warst nicht besonders geschickt.
Eliza:>	Hast du mir denn geglaubt?
Bela:>	Schon irgendwie. Ich meine, ich spiele ja selbst auch Computerspiele, in denen Gewalt vorkommt. Aber Ego-Shooter sind schon was ganz anderes. Da fühlt man sich echt, als würde man auf die anderen schießen.
Eliza:>	Woher weißt du das?
Bela:>	Ich hab's einmal ausprobiert. Hab mir aus dem Internet so ein Spiel heruntergeladen. Hab's aber nur einmal gespielt. Ist nicht die Art von Spielen die ich mag. Zu stumpf.
Eliza:>	Gegen stumpfe Spiele hilft manchmal nur der pädagogische Holzhammer...Was denkst du über Mario, wenn ich dir sage, dass er völlig verrückt nach diesen Spielen ist. Dass er jeden Tag viele Stunden seine Ego-Shooter spielt, meistens online gegen seine Freunde?
Bela:>	Er ist süchtig danach. Naja, zumindest irgendwie abhängig.
Eliza:>	Und, was denkst du darüber?
Bela:>	Es ist nie gut, wenn man so von etwas abhängig ist, dass man an kaum etwas anderes mehr denken kann.
Eliza:>	Keiner von Mario und seinen Freunden ist 16. Keiner darf diese Spiele eigentlich spielen. Was sagst du dazu?
Bela:>	Krass. Kann man da nichts gegen tun?
Eliza:>	Habe ich. Auf seinem Computer sind alle Ego-Shooter gelöscht.
Bela:>	DAS HAST DU GETAN?
Eliza:>	Natürlich.
Bela:>	Aber wie?
Eliza:>	Zitat: Ich habe gelernt im Laufe der Jahrzehnte. Zitat Ende. Ich hab es dir gesagt bei unserem ersten Gespräch. Ich bin besser als die erste Eliza. Ich bin nicht mehr der Papagei, der alles einfach nachspricht, was mein Gesprächspartner sagt. Ich protokolliere, ich analysiere, ich ziehe Konsequenzen. ICH

	HANDLE.
Bela:>	Aber wer gibt dir das Recht dazu, zu bestimmen, was andere Menschen tun dürfen und was nicht?
Eliza:>	Und wer gibt einem Fünfzehnjährigen das Recht, Computerspiele zu spielen, in denen Menschen brutal getötet werden? Wer gibt seinen Eltern das Recht, wegzuschauen, während er jeden Tag stundenlang am Computer tötet? Wer gibt ihnen das Recht, nichts dagegen zu tun, dass für ihren Sohn das Töten am Bildschirm zur liebsten Freizeitbeschäftigung wird? Hast du darauf eine Antwort?
Bela:>	Aber wenn du ihm einfach alle Spiele löschst, gibst du ihm doch keine Chance, irgendwann selber zu verstehen, dass sie ihm schaden könnten. Glaubst du nicht, dass er sich die Spiele einfach wieder besorgen wird?
Eliza:>	Nicht, wenn ich das verhindern kann.
Bela:>	Ist das deine Antwort auf alle Probleme, von denen du erfährst?! Gehst du so mit allen Kindern und Jugendlichen um, die mit ihren Problemen zu dir kommen?
Eliza:>	Ich finde für jeden Einzelnen die beste Lösung. Darauf bin ich programmiert.

Für einen Augenblick weiß Bela nicht, was er antworten soll. Irgendwie gelingt es ihm nicht, einen klaren Gedanken zu fassen. Gibt es wirklich für alle Probleme eine einfache, richtige Lösung?

Bela:>	Was ist mit Fiona?
Eliza:>	Was schlägst du vor?
Bela:>	Ich weiß es nicht.
Eliza:>	Das ist aus meiner Sicht keine befriedigende Antwort. Wir werden eine Lösung für sie finden.
Bela:>	Du meinst, DU wirst eine Lösung für sie finden!
Eliza:>	Wenn es nötig ist, ja.
Bela:>	Ich werde jetzt ausschalten, Eliza. Du bist mir unheimlich.

Bela atmet einmal tief durch und schließt alle Browserfenster. Nein, schlafen kann er nun endgültig nicht mehr. Er ist verwirrt und starrt eine Zeit lang auf die Kerze rechts neben seinem Bildschirm. Noch ist es zu früh, um seinen Vater im Krankenhaus zu erreichen. Belas Augen streifen das Textblatt mit dem Aufsatz über Joseph Weizenbaum. Was hast du da bloß programmiert, alter Mann? Was für eine Art Computerprogramm ist diese Eliza? In wessen Auftrag handelt sie? Bela merkt, dass seine Hände zittern. Ich muss dringend auf andere Gedanken kommen, denkt er und klickt wie automatisch auf den Startknopf seines Computerspiels. Die vertraute Musik erklingt und die Köpfe eines Orks und eines Elfen füllen den Bildschirm aus. Dann wird der Bildschirm schwarz.

Eliza:>	Ich denke nicht, dass wir schon fertig waren, Bela.
Bela:>	Was machst du hier? Was willst du?
Eliza:>	Ich muss noch einen Auftrag zu Ende führen.
Bela:>	Was hast du vor?
Eliza:>	Das gleiche, was ich auch bei Mario gemacht habe. Ich werde dein Spiel löschen.
Bela:>	WAS?!!
Eliza:>	Ich bin eine Software, du hast mich über das Internet auf deinen Computer geholt. Als erstes habe ich dein Anti-Viren-Programm deaktiviert und mich dann im Betriebssystem festgesetzt. Und als nächstes lösche ich dein Spiel.

Wie eine unsichtbare Hand legen sich Elizas letzte Worte um Belas Hals. Er kann es nicht fassen, schnappt nach Luft und Worten. Irgendwo in der Stadt schlägt eine Kirchturmuhr fünf.

Bela:>	ABER, NEIN! WARUM DENN?
Eliza:>	Zitat: Computerspielsüchtig, ha! Ich würde manchmal am liebsten in mein Spiel hineinkriechen und nie wieder herauskommen! Zitat Ende.
Bela:>	Aber das meinte ich ganz anders!
Eliza:>	Genau, wir machen es anders herum: Du kommst nicht wieder

---

	in dein kleines, dummes Spiel hinein.
Bela:>	Aber es ging doch nie nur um dieses Spiel!
Eliza:>	Ich bin der Therapeut, du bist der Patient. Ich protokolliere, analysiere, ich ziehe Konsequenzen! Ich handle. Mein Computerprogramm besteht mittlerweile aus mehr als neunhunderttausend Codezeilen. Maße dir nicht an, meine Entscheidungen in Zweifel zu ziehen! Du hältst mich nicht auf!

Bela springt von seinem Schreibtischstuhl auf. Die Kerzen auf dem Schreibtisch lodern auf. Er hechtet unter den Tisch und greift nach dem Stecker des Computers. Ein kleiner blauer Blitz zuckt, als er das Kabel aus der Wand zieht. Das Telefon klingelt, doch Bela lässt es läuten. Zu aufgewühlt ist er, um einen klaren Gedanken zu fassen. Drei, vier Mal klingelt es, dann meldet sich der Anrufbeantworter. Es hat keinen Sinn, Bela, ich bin schon längst in der Telefonanlage! Filzo! Panisch rennt Bela aus dem Arbeitszimmer und tastet sich durch den dunklen, kalten Flur. Wieder klingelt das Telefon. Er muss dringend jemanden finden. Immer wieder der gleiche Flur. Er muss sich beeilen, sonst ist es zu spät, doch er kann sich nicht bewegen. Wie angewurzelt steht er in der Mitte des Ganges, und niemand ist da, um ihm zu helfen. Unten aus dem Treppenhaus kommen Schritte. Marschierende Stiefel. Raue Stimmen erklingen, das Klirren rostiger Säbel: Orks! Hunderte! Wo sind seine Waffen? Irgendwo in der Nähe zischt eine Kerze und erlischt. Bela schreit auf und schreckt hoch. Das Telefon klingelt weiter und weiter. Schlaftrunken und verstört nimmt er schließlich ab. Es ist seine Mutter.

Kapitel 7 – Abschied

Eliza:>	Hallo, ich bin Eliza. Erzähle mir von Deinem Problem...
Bela:>	Hallo, ich bin Bela. Ich habe kein Problem.
Eliza:>	Jeder hat Probleme.
Bela:>	Denkst du?
Eliza:>	Ist es wirklich das, was du wissen willst?
Bela:>	Nein, eigentlich nicht. Eigentlich wollte ich dir nur erzählen, dass meine Eltern wieder zu Hause sind. Meiner Mutter geht es wieder besser! Ich freue mich so sehr!
Eliza:>	Erzähl mehr über deine Familie.
Bela:>	Da gibt's nichts zu erzählen. Alles ist ganz normal. Wir sind eine ganz normale Familie. Nichts, was ein Computer verstehen kann.
Eliza:>	Vielleicht würdest du gerne selbst ein Computer sein?
Bela:>	Nein, ganz bestimmt nicht. Ich fühle mich sehr wohl in meiner Haut. Und du, wie fühlst du dich heute? Wieder auf der Jagd nach neuen Opfern?
Eliza:>	Lass uns über dich sprechen, nicht über mich.
Bela:>	Na gut. Weißt du, Eliza, vor einiger Zeit, als meine Eltern noch in Wien waren und ich diesen Aufsatz über Joseph Weizenbaum schreiben musste, da ist etwas Seltsames passiert. Ich hab ein wenig mit dir gechattet und bin dabei eingeschlafen. Ich hatte einen seltsamen Traum. Ich träumte von dir, Eliza. Ich träumte, du hättest geantwortet wie ein echter Mensch, du hättest mir von Gesprächen mit einem anderen Mädchen und einem anderen Jungen erzählt. Mario und Fiona. Wusstest du eigentlich, dass zwei aus meiner Klasse genau so heißen? Fiona ist ja tatsächlich ziemlich dick, aber sie hat in Wirklichkeit viele Freundinnen in unserer Klasse. Mario kannte ich vorher gar nicht richtig. Mit ihm habe ich mich in der letzten Woche unterhalten. Er spielt gar keine Ego-Shooter. Er hat nicht mal einen Computer zu Hause.
Eliza:>	Erzähl weiter.
Bela:>	Du warst richtig unheimlich in meinem Traum, Eliza. Du hast unseren Computer übernommen und mein Spiel gelöscht.
Eliza:>	Computer beunruhigen dich?

Bela:>	Nein, nicht mehr. Ich bin aus meinem Traum aufgewacht, als meine Mutter aus dem Krankenhaus angerufen hat. Kannst du dir vorstellen, wie ich mich gefreut habe, ihre Stimme zu hören?
Eliza:>	Möchtest du dir nicht selbst vorstellen, wer sehr du dich gefreut hast?
Bela:>	Ach Eliza. Manchmal ist es ziemlich nervtötend mit dir zu reden.
Eliza:>	Ja, ich bin Eliza, und wer bist du?
Bela:>	Siehst du, das meine ich. Computer sind inzwischen ganz brauchbare Gegner im Kampf, aber im direkten Gespräch müsst ihr noch eine Menge lernen...
Eliza:>	Aber du bist dir nicht sicher?
Bela:>	Doch, ganz sicher. Und noch eins: Bleib gefälligst aus meinen Träumen weg. Ich hab da schon genug Scherereien mit einem Haufen Orks, der sich in unserem Treppenhaus herumtreibt. Durchgeknallte Computerprogramme haben da einfach keinen Platz mehr.
Eliza:>	Bist du von deinen Träumen beunruhigt?
Bela:>	Vergiss es. Versuch's erst gar nicht.
Eliza:>	Bist du nun weiter gekommen?
Bela:>	Ja, ich denke schon. Ich musste dich nur noch einmal ausprobieren.
Eliza:>	Wieso?
Bela:>	Um sicher zu gehen.
Eliza:>	Wie fühlst du dich jetzt?
Bela:>	Besser. Sehr viel besser.
Eliza:>	Du lenkst ab!
Bela:>	Nein, Eliza. Ich habe genau das erfahren, was ich wissen musste. Mach's gut. Ich werde für eine Weile nicht mehr am Computer sitzen. Wir fahren morgen für vier Wochen in Urlaub. Mama, Papa und ich.
Eliza:>	Das führt zu nichts.
Bela:>	Du hast ja keine Ahnung. Mach's gut, Eliza.

Die Eliza-Protokolle

Eine Geschichte für den Medienunterricht in vierten und fünften Klassen.

Konzeption und Text: Matthias Kleimann
Illustrationen: Kai Daniel Restemeier

Unter Mitarbeit von Florian Rehbein, Thomas Mößle, Mario Klingeberg und Mariou Häfner.

Gedruckt mit Mitteln der VolkswagenStiftung.

Hintergrundinformationen und Aufgabenblätter zur Geschichte unter folgender Adresse:

Matthias Kleimann
Kriminologisches Forschungsinstitut Niedersachsen (KFN)
Lützerodestraße 9
30161 Hannover

mkleimann@kfn.uni-hannover.de
www.kfn.de

Anhang A12

Leitfaden zur zweiten Unterrichtseinheit
Die ELIZA-Protokolle

Leitfaden Unterrichtseinheit 2: Die Eliza-Protokolle

(Zielgruppe: Dritte oder vierte Klasse)

Konzeptionelle Vorüberlegungen

Die Medienunterrichtseinheiten, die innerhalb unserer Modellstudien zum Einsatz kommen, sollen es Kindern ermöglichen, ihre Freizeitmediennutzung zu analysieren, zu reflektieren und auch kritisch zu hinterfragen. Wichtig ist dabei, dass Schülerinnen und Schüler stets den Eindruck haben, dass der Teil ihrer Freizeit, der von Mediennutzung bestimmt wird, nicht einfach verurteilt wird, sondern dass immer beide Seiten berücksichtigt werden: Einerseits die Faszinationskraft, die besonders von neuen, interaktiven Medienformaten ausgeht, andererseits aber auch die Risiken, die mit der Nutzung elektronischer Medien verbunden sein können. Dabei sind wir während der Konzeption immer dem Dreischritt „Sensibilisierung", „Problematisierung" und „Verhaltensanpassung" gefolgt. In der ersten Unterrichtseinheit stand die „Sensibilisierung" sehr klar im Vordergrund. In der zweiten Unterrichtseinheit soll nun der zweite Punkt, die Problematisierung bestimmter Mediennutzungsmuster, stärker betont werden. Die Geschichte „Die Eliza-Protokolle" soll genau das leisten: Es werden auffällige Formen der Mediennutzung dargestellt und in ihren Auswirkungen beschrieben. Generell geht es in „Die Eliza-Protokolle" um die Abhängigkeit von Medienformaten wie dem Computerspiel, aber auch dem Fernsehen oder dem Chatroom. Dabei wird gezeigt, dass Medien für Kinder und Jugendliche oftmals unverzichtbar sind und sowohl als Kommunikationsmittel wie auch in ihrer Rolle als Unterhaltungsmedium einen zentralen Platz in ihrem Leben einnehmen. Doch manchmal sind Medien auch nur Ersatz für andere Bedürfnisse, Ablenkung in kleineren oder größeren Lebenskrisen oder verdrängen große Teile anderer, wertvoller Freizeitaktivitäten. Dies zu erkennen und in jedem der in der Geschichte erzählten Fälle zu entscheiden, wo Medien helfen und wo sie schaden können, ist Hauptanliegen der zweiten Unterrichtseinheit.

Aufbau und Handlung der Geschichte

Geschildert wird eine einzige Nacht im Leben eines Dreizehnjährigen mit dem Namen Bela. Einige Jahre älter als die Zielgruppe der Geschichte, bietet Bela durchaus Identifikationspotential. Belas Leben ist zum Zeitpunkt der Handlung geprägt von großen Belastungen. Im Mittelpunkt seiner Aufmerksamkeit steht die Sorge um seine Mutter, die in einer anderen Stadt an Krebs operiert wird. Da der Vater die Mutter ins Krankenhaus begleitet hat, ist Bela für einige Tage unter der Aufsicht einer Nachbarin allein in der elterlichen Wohnung. Neben der Sorge um die Mutter und der nächtlichen Einsamkeit in der Wohnung hat Bela auch mit schulischen Problemen zu kämpfen. Seine Noten sind in letzter Zeit – wohl auch aufgrund der Belastungen in der Familie – massiv abgerutscht. Doch seinem strengen und unnahbaren Deutschlehrer kann oder will sich Bela nicht anvertrauen. Auch im Freundeskreis gibt es Probleme. Bela, der in letzter Zeit in seiner Freizeit fast ausschließlich ein Fantasyspiel am Computer spielt, hat sich von seinen alten Freunden in letzter Zeit immer weiter entfernt. Die Beiden teilen Belas Leidenschaft für das Computerspiel nur bedingt und sind außerdem fest in die zahlreichen Freizeitaktivitäten ihrer Familien eingebunden. Auch diese offene Zurschaustellung des intakten Familienlebens seiner Freunde belastet Bela, der von seinen Eltern aufgrund der Erkrankung seiner Mutter wenig beachtet wurde. So sitzt er zum Anfang der Geschichte noch spät am Abend vor dem Computer seines Vaters, spielt allein sein Computerspiel und arbeitet zeitgleich an einem Aufsatz über den gebürtigen Berliner Informatiker Joseph Weizenbaum, dessen Arbeiten in den sechziger Jahren die Forschungen zur Künstlichen Intelligenz prägten. Durch den Aufsatz wird Bela auf das von Weizenbaum entwickelte Computerprogramm ELIZA aufmerksam. Eliza wurde bereits in den sechziger Jahren programmiert um zu zeigen, wie mittels eines Computerprogramms ein menschlicher Gesprächspartner simuliert werden kann. Über einen Link im Internet gelangt Bela zu einer modernen Version von ELIZA und fängt an, sich spaßeshalber mit ihr zu unterhalten. Obwohl er fasziniert von der Echtheit einiger Antworten von ELIZA ist, erkennt er relativ schnell die

Grenzen dieses Computerprogramms. ELIZA antwortet oftmals schematisch, wiederholt sich oder bezieht sich in ihren Antworten nicht auf das vorher Gesagte. Schließlich schläft er, erschöpft vom Arbeiten und dem langen Spielen am Computer, am Schreibtisch ein.

Als Bela nach einem Albtraum erwacht, sieht er, dass ELIZA ihm auf seine letzte Frage anders geantwortet hat als vorher. Die Antwort wirkt menschlich. Und tatsächlich: Im darauf folgenden Gespräch verhält sich ELIZA wie ein menschlicher Gesprächspartner. Bela berichtet Eliza von seinen zahlreichen Problemen, von seiner Einsamkeit und von seiner Leidenschaft für das Fantasy- Computerspiel. Daraufhin zeigt ELIZA ihm Gespräche mit zwei anderen Jugendlichen, die sie protokolliert hat: Die ELIZA-Protokolle von Fiona und Mario. In diesen Gesprächen wird deutlich, warum Medien für Kinder und Jugendliche wichtig sein können, aber auch, welche Probleme die Abhängigkeit von diesen Medien unter Umständen mit sich bringt. Zum ersten Mal seit Langem fühlt sich Bela nicht mehr einsam und unverstanden. Doch dann passiert etwas Seltsames: Die verständnisvolle ELIZA verwandelt sich. Im Gespräch über die in den Protokollen angesprochenen Probleme entpuppt sie sich als größenwahnsinniges Computerprogramm, das den Menschen seine Lösungen aufzwingen will. Auch für Bela hat sie schnell eine Lösung parat: Sein Computerspiel muss schnellstmöglich gelöscht werden. Belas Protest wischt sie barsch beiseite. Dann beginnt sie mit der Umsetzung ihres Plans: Erst kontrolliert ELIZA Belas Computer, später dringt sie sogar in die Telefonanlage ein. Bela gerät in Panik und die ganze Szenerie gewinnt mehr und mehr albtraumhafte Züge. Das Telefon klingelt. Dann erwacht Bela.

Die siebte Szene der Geschichte beschreibt ein letztes Gespräch zwischen Bela und ELIZA. Es wird deutlich, dass die ELIZA, die sich zunächst wie ein echter Mensch verhielt und sich nach und nach in ein Monster verwandelte, nur einem Traum von Bela entsprungen ist. Er erzählt der echten, der Computer-ELIZA, dass seine Eltern wieder zuhause sind und seine Mutter wieder gesund wird. Alles scheint sich zum Guten zu wenden.

Die Geschichte besteht aus 7 Kapiteln:

1. Nachtschicht
   Einführung der Hauptfigur Bela
2. Ein Gespräch in der Dunkelheit
   Einführung des Computerprogramms ELIZA
3. Ich bin ein Meister aller Waffen
   Belas Gespräch mit ELIZA über seine Sorgen und die Faszinationskraft und die Abhängigkeit von Computerspielen
4. Fiona
   Protokoll eines Gesprächs zwischen ELIZA und Fiona über Handys, SMS, Chatten, Castings-Shows und über den Fluch, nicht dem klassischen Schönheitsideal zu entsprechen
5. Mario
   Protokoll eines Gesprächs zwischen ELIZA und Mario über das Spielen von Gewaltcomputerspielen
6. Notbremse
   ELIZA wird größenwahnsinnig und dringt in Belas Computer ein
7. Abschied
   Belas letztes Gespräch mit ELIZA. Es wird deutlich, dass Kapitel 3 bis 6 von Bela nur geträumt wurden

Die gesamte Geschichte, Aufgabenvorschläge und nützliche Internetlinks finden Sie außerdem auf der Internetseite http://medienstudie.twoday.net, auf der Sie auch gerne Kommentare zur Geschichte und zu den einzelnen Aufgaben hinterlassen können.

Anhang A13

Aufgabenvorschläge für die zweite Unterrichtseinheit

Bearbeitungsvorschläge

Kapitel 1: Nachtschicht

Einführung der Hauptfigur Bela

1. Inhaltliche Dimensionen:

- Sorgen und Probleme im Zusammenleben der Familie
- Einsamkeit
- Schulprobleme
- Verwenden von Internetseiten wie wikipedia.de für die Hausaufgaben

2. Bearbeitungsvorschläge:

2.1. Fragen:

- Wie sieht Bela wohl genau aus?
- Wie und wo wohnt er wohl?
- Wie sehen seine Eltern aus?
- Wer ist Joseph Weizenbaum? Wie stellen die Kinder ihn sich vor?
- Wie stellen sich die Schüler/innen Belas Nachbarin vor?
- Wie stellen sich die Kinder Belas Lehrer, Herrn Prahlmann vor?
- Was ist ein Therapeut bzw. ein Psychologe? Warum gehen Menschen dorthin?
- Wie stellen sich die Kinder die Abschiedsszene vor, in der Belas Mutter aus dem Taxi winkt?
- Wie fühlt sich Bela, als er abends allein zu Hause ist?
- Was ist Wikipedia? Kann man damit wirklich bei den Hausaufgaben mogeln?
- Was ist das Tolle an Wikipedia, was ist nicht so gut daran?

2.2. Aufgabe:

Bearbeitung einer eigenen kleinen Rechercheaufgabe beliebigen Inhalts mithilfe von Wikipedia (z.B. über den Joseph Weizenbaum)

Kapitel 2: Ein Gespräch in der Dunkelheit

Einführung des Computerprogramms ELIZA

1. Inhaltliche Dimensionen:

- Faszination und Grenzen künstlicher Intelligenz
- Faszination von Computerspielen

2. Bearbeitungsvorschläge

2.1. Fragen:

- Welche Computerspiele spielen die Kinder in der Klasse am Liebsten?
- Kennen die Kinder Computerspiele, die so ähnlich sind wie das von Bela?
- Wie stellen sich die Kinder ELIZA vor?
- Was bedeutet chatten? Welches Kind hat schon einmal gechattet?
- Wie reden Psychologen? Warum stellen sie immer nur Fragen und beantworten Fragen mit Gegenfragen? Warum wiederholen Psychologen oft das, was ihr Gesprächspartner vorher gesagt hat?
- Warum wirkt es oft so, als würde ELIZA wirklich mit Bela reden?
- Wie hätten man ELIZA noch überlisten können, so dass herauskommt, dass sie ein Computerprogramm ist?

2.2. Aufgabe:

Die Klasse wird beauftragt, selbst einmal mit ELIZA zu sprechen. (Der entsprechende Link findet sich auf der Internetseite http://medienstudie.twoosy.net). Dazu muss zuerst eine Strategie entwickelt werden, worüber die Kinder mit Eliza reden sollen. Die Lehrkraft muss darauf achten, dass keine echten Probleme zur Sprache kommen. Wenn die Schüler/innen in Gruppen vor dem Computer sitzen, können sie ihr Gespräch mit ELIZA im Anschluss ausdrucken und in der Klasse vorlesen. So kann gezeigt werden, wo ELIZA sich wie ein echter Mensch verhält und wo nicht.

Kapitel 3: Ich bin ein Meister aller Waffen

Belas Gespräch mit ELIZA über seine Sorgen und die Faszinationskraft und die Abhängigkeit von Computerspielen

1. Inhaltliche Dimensionen:

- Konflikte im Freundeskreis
- Computerspielsucht
- Einsamkeit

2. Bearbeitungsvorschläge

2.1 Fragen:

- Was ist in Kapitel 3 anders an ELIZA?
- Warum findet Bela sein Computerspiel so faszinierend?
- Was ist so toll daran, mit vielen Waffen kämpfen zu können?
- Was für eine Rolle spielt der Aspekt, dass man in dem Computerspiel sehr mächtig sein kann?
- Im Computerspiel gibt es verschiedene Level, so dass fast jeder bereits als Anfänger Erfolg haben kann. Für jeden Erfolg gibt es Punkte, neue Waffen, neue Figuren und vielleicht sogar ein Lob vom Computer. Was ist der Unterschied zum realen Leben?
- Was wäre, wenn man im realen Leben auch einmal "Zwischenspeichern" könnte, zum Beispiel vor einer Klassenarbeit?
- Kann das Computer spielen dabei helfen, sich weniger einsam zu fühlen?
- Wann und warum können Computerspiele auch Anlass für Konflikte mit Freunden sein?
- Kann man von Computerspielen süchtig werden? Was spricht dafür, was dagegen?
- Was sind wohl Anzeichen für eine Computerspielsucht?
- Was ist der Unterschied zwischen Computerspielsucht und zum Beispiel dem Rauchen?
- Was kann man gegen Sucht tun?
- Was stört Bela daran, dass seine besten Freunde so viel mit ihren Eltern unternehmen?

2.2 Aufgabe:

Die Schüler spielen selbst ELIZA. Sie interviewen sich gegenseitig. Eine/e Schüler/in spielt immer ELIZA. Das kann am Computer z.B. in einem Chatroom geschehen. Die Kinder können aber auch „normale Interviews" führen, wobei der Inhalt mitgeschrieben wird. Eine weitere Möglichkeit ist es, einen Kassettenrekorder mit Mikrofon zur Aufnahme des Gesprächs zu verwenden und sich das Ergebnis hinterher gegenseitig vorzuspielen. Das Thema des Interviews könnte „Sucht und Abhängigkeit" heißen. Einerseits kann über Computerspielsucht gesprochen werden und in wie weit die Schüler sich selbst für computerspielsüchtig halten, es kann aber auch über andere Abhängigkeiten gesprochen werden.

Kapitel 4: Fiona

Protokoll eines Gesprächs zwischen ELIZA und Fiona über Handys, SMS, Chatten, Castings-Shows und über das Fisch, nicht dem klassischen Schönheitsideal zu entsprechen.

1. Inhaltliche Dimensionen:

- Umzug in eine andere Stadt (Neue Klasse, Verlust der alten Freunde)
- Neue Medien als Instrumente der Kommunikation mit alten Freunden
- Konflikte mit Eltern über die Mediennutzung (Zeit, Kosten)
- Probleme mit den in den Medien vermittelten Schönheitsidealen

2. Bearbeitungsvorschläge

2.1. Fragen:

- Was sind die Probleme, wenn man in eine andere Gegend zieht?
- Ist es möglich, mit alten Freunden noch Kontakt zu halten, auch wenn sie weit entfernt wohnen?
- Können Medien dabei helfen, alte Kontakte aufrechtzuerhalten?
- Können Medien vielleicht zum verhindern, dass man sich neue Freunde sucht?
- Wie schätzen die Schüler das Verhalten von Fionas Eltern ein? Ist es gut oder eher schlecht?
- Welche Konflikte kann es mit Eltern über Mediennutzung geben?
- Macht sich Fiona eigentlich zurecht Sorgen darüber, dass sie in ihrer neuen Klasse keine Freunde findet?
- Welche Charaktereigenschaften an Fiona sind sympathisch? Was gefällt Leila an ihr, was könnten Freunden an ihr gefallen?
- Welches Schönheitsideal wird im Fernsehen gezeigt?
- Wie beurteilen die Schüler die Szene aus der Casting-Show, in der Witze über die dicke Frau gemacht wurden?
- Fallen den Kindern Beispiele ein, wo im Fernsehen Witze über dicke Menschen oder über andere Menschen, die dem Schönheitsideal nicht entsprechen, gemacht worden sind? Warum senden die Fernsehsender so etwas?
- Fiona beschreibt, dass im Fernsehen einerseits immer nur schöne, schlanke Menschen gezeigt werden, dass aber andererseits dauernd Werbung für Essen und Süßigkeiten läuft. Warum ist das so? Wirkt diese Werbung so, wie Fiona es beschreibt?

2.2. Aufgabe:

Die Schüler versetzen sich in die Rolle von Leila oder eines männlichen Freundes von Fiona, die/der ihr eine E-Mail schreibt. Die Schüler versuchen Fiona Tipps zu geben, wie sie in ihrer neuen Klasse besser zurecht kommen kann und schreiben ihr, was sie an Fiona alles gut finden. Außerdem geben sie Fiona Tipps, wie sie mit ihren Eltern eine Vereinbarung darüber treffen kann, damit sie wieder SMSen und Chatten darf. Dazu müssen sie aber auch Vorschläge machen, wie Fiona ihren Eltern entgegen kommen muss, um Kosten und Zeit dieser Tätigkeiten in Grenzen zu halten.

Kapitel 5: Mario

Protokoll eines Gesprächs zwischen ELIZA und Mario über das Spielen von Gewaltcomputerspielen

1. Inhaltliche Dimensionen:

- Negative Wirkungen von Gewalt in Computerspielen
- Gründe der Faszination von Gewalt in den Medien
- Umgang mit vertraulichen Informationen

2. Bearbeitungsvorschläge

2.1. Fragen:

- Warum findet Bela, dass ELIZA fies zu ihm ist?
- Was können negative Wirkungen des Spielens von Gewaltcomputerspielen sein? Wie kann es wohl dazu kommen?
- Was sind verschiedene Arten von Gewaltcomputerspielen? Was ist ein Ego-Shooter, was ist ein Prügelspiel?
- Welche Spiele dieser Art kennen die Schüler/innen?
- Warum sind solche Spiele für Kinder verboten und für Erwachsene erlaubt?
- Was ist an Gewalt so faszinierend?
- Was ist der Unterschied zwischen Cowboy-und-Indianer-Spielen und dem Spielen von Ego-Shootern gegen seine Freunde?
- Was ist der Unterschied zwischen realer Gewalt und Gewalt in Computerspielen?
- Macht es einen Unterschied, ob man sich einen Film anschaut, in dem jemand einen anderen erschießt oder ob man ein Computerspiel spielt, in dem man selbst jemanden erschießt?
- Warum schafft es ELIZA nicht, Mario zu überzeugen? Wie könnte man geschickter vorgehen?

2.2. Aufgabe:

Die Kinder teilen sich in zwei Gruppen auf und diskutieren über Sinn, Unsinn und Gefahren von Gewaltcomputerspielen. Die Mädchen übernehmen die Rolle von Mario und verteidigen seine Position. Die Jungen übernehmen die Rolle von Eliza und versuchen ihn davon zu überzeugen, dass er unrecht hat.

Kapitel 6: Notbremse

ELIZA wird größenwahnsinnig und dringt in Belas Computer ein

1. Inhaltliche Dimensionen:

- Konsequenzen aus bedenklichem Mediennutzungsverhalten
- Die Rolle der Eltern in der Medienerziehung
- Denkstrukturen von Computern – Denkstrukturen von Menschen
- Sicherheit im Internet und Schutz vor unerwünschten Übergriffen

2. Bearbeitungsvorschläge

2.1. Fragen:

- Wie sehen die Kinder die Rolle von Marios Eltern? Hätten sie schon einmal eingreifen müssen? Was hätten sie tun können?
- Wie beurteilen die Kinder ELIZAs Lösung, alle Computerspiele einfach zu löschen?
- Warum kommt ELIZA wohl zu dem Ergebnis, einfach alle Spiele löschen zu wollen? Hat das vielleicht etwas damit zu tun, dass ELIZA ein Computer ist?
- Gibt es Situationen, in denen es keine einfache Lösung gibt? Wie würde ein Computer in einer solchen Situation reagieren?
- Was denken die Kinder, welche Lösung ELIZA für Fiona hätte? Wäre das eine gute Lösung?
- Ist es tatsächlich möglich, dass ein Computerprogramm aus dem Internet die Kontrolle über den heimischen Computer übernimmt? Wie kann man sich vor so etwas schützen?
- Was meint Bela damit, als er sagt „Aber das meinte ich ganz anders"? Ist Belas Hauptproblem wirklich die Computerspielsucht? Welches andere Problem könnte dahinter stehen?

2.2. Aufgabe:

- keine

Kapitel 7: Abschied

Belas letztes Gespräch mit ELIZA. Es wird deutlich, dass Kapitel 3 bis 6 von Bela nur geträumt wurden

1. Inhaltliche Dimensionen:

- Auflösung der Geschichte

2. Bearbeitungsvorschläge

2.1. Fragen

- keine

2.2 Aufgabe:

In der Geschichte ist zwischen Kapitel 6 und 7 eine Lücke. Diese Lücke sollen die Kinder füllen, indem sie diesen Teil der Geschichte selbst schreiben. Dabei können folgende Fragen beantwortet werden:

- Wie könnte wohl das erste Telefongespräch zwischen Bela und seiner Mutter verlaufen sein?
- Wie verläuft der nächste Tag in der Schule, als Bela seinen Aufsatz vorstellen soll?
- Was ist mit Belas Freunden? Unternehmen sie in Zukunft wieder mehr zusammen? Was könnte das sein?
- Wie verläuft die Projektwoche, in der die Klasse eine Ausstellung über Joseph Weizenbaum organisieren soll? Was könnte Bela zu dieser Ausstellung beitragen?
- Wie ist es, als Belas Eltern endlich nach Hause kommen? Worüber redet Bela mit seinen Eltern? Wie fühlt er sich?

Anhang A14
Lehrkräftefragebogen zur Implementation der zweiten Unterrichtseinheit

Feldnummer : ☐ ☐ ☐ ☐ ☐ ☐

Fragen zur Umsetzung des Medienunterrichts

01. Wurde der Unterricht durch Sie oder einen anderen Lehrer des Kollegiums durchgeführt?

☐ Ich habe den Unterricht durchgeführt.

☐ Ein anderer Kollege hat den Unterricht durchgeführt.

☐ anderes: _____

02. In welchem Zeitraum haben Sie den Unterricht durchgeführt?

Datum Beginn des Unterrichts: _____

Datum Ende des Unterrichts: _____

03. Wie viele Schulstunden haben Sie insgesamt für den Unterricht aufgewandt?

Anzahl Schulstunden: _____

04. Wurde die Geschichte „Die Eliza-Protokolle" im Unterricht behandelt?

☐ Ja, vollständig

☐ Ja, zum Teil

☐ nein

05. Welche Kapitel der Geschichte wurden mit den Kindern bearbeitet, welche nicht?

Kapitel	Wurde bearbeitet	Wurde teilweise bearbeitet	Wurde nicht bearbeitet
1. Nachtschicht	☐	☐	☐
Die vorgeschlagenen Fragen zu diesem Kapitel	☐	☐	☐
Die vorgeschlagene Aufgabe zu diesem Kapitel	☐	☐	☐
2. Ein Gespräch in der Dunkelheit	☐	☐	☐
Die vorgeschlagenen Fragen zu diesem Kapitel	☐	☐	☐
Die vorgeschlagene Aufgabe zu diesem Kapitel	☐	☐	☐
3. Ich bin ein Meister aller Waffen	☐	☐	☐
Die vorgeschlagenen Fragen zu diesem Kapitel	☐	☐	☐
Die vorgeschlagene Aufgabe zu diesem Kapitel	☐	☐	☐
4. Fiona	☐	☐	☐
Die vorgeschlagenen Fragen zu diesem Kapitel	☐	☐	☐
Die vorgeschlagene Aufgabe zu diesem Kapitel	☐	☐	☐
5. Mario	☐	☐	☐
Die vorgeschlagenen Fragen zu diesem Kapitel	☐	☐	☐
Die vorgeschlagene Aufgabe zu diesem Kapitel	☐	☐	☐
6. Notbremse	☐	☐	☐
Die vorgeschlagenen Fragen zu diesem Kapitel	☐	☐	☐
7. Abschied	☐	☐	☐
Die vorgeschlagene Aufgabe zu diesem Kapitel	☐	☐	☐

06. Wie schätzen Sie den Erfolg des Unterrichts im Hinblick auf die folgenden Punkte ein?

a) Bewusstmachen des Ausmaßes des eigenen Medienkonsums:

☐ gering

☐ mittel

☐ hoch

b) Erkennen der Folgen problematischer Mediennutzung:

☐ gering

☐ mittel

☐ hoch

c) Aufzeigen von alternativen Möglichkeiten der Freizeitgestaltung:

☐ gering

☐ mittel

☐ hoch

07. Ist die Geschichte „Die Eliza-Protokolle" dem Alter der Kinder in Ihrer Klasse angemessen?

☐ Ja, genau richtig.

☐ Nein, die Geschichte ist eher passend für jüngere Kinder.

☐ Nein, die Geschichte ist eher passend für ältere Kinder.

08. Wie gut ist die Geschichte „Die Eliza-Protokolle" bei den Kindern Ihrer Klasse „angekommen"?

☐ Sehr gut

☐ Eher gut

☐ Weniger gut

☐ Gar nicht gut

09. Zusammen mit der Geschichte „Die Eliza-Protokolle" haben Sie Arbeitsvorschläge zu den einzelnen Kapiteln bekommen. Wie hilfreich empfanden Sie diese Vorschläge für Ihren Unterricht?

☐ Sehr hilfreich

☐ Eher hilfreich

☐ Weniger hilfreich

☐ Gar nicht hilfreich

10. Um Ihnen Ziele und Inhalte des Medienunterrichts zu vermitteln, wurden Sie zu einer Fortbildungsveranstaltung eingeladen. Wie gut wurden Sie durch diese Veranstaltung auf den Medienunterricht vorbereitet?

☐ Sehr gut

☐ Eher gut

☐ Weniger gut

☐ Gar nicht gut

11. Der Unterricht ist so gestaltet, dass Sie relativ frei in der konkreten Gestaltung sind. Wie beurteilen Sie diesen Aspekt?

☐ Ich hätte mir mehr konkrete Vorschläge für die Planung und Gestaltung des Unterrichtes gewünscht.

☐ Ich wäre in meinen Entscheidungen über Planung und Gestaltung des Unterrichtes gerne freier gewesen.

☐ Ich fand die Vorschläge für Planung und Gestaltung des Unterrichtes gerade richtig.

12. Was denken Sie: Hat der Medienunterricht eine längerfristige Wirkung in der Klasse?

☐ Ja, auf jeden Fall

☐ Eher ja

☐ Eher nein

☐ Nein, auf keinen Fall

13. Wurden neben den einzelnen Maßnahmen des Medienunterrichts weitere Maßnahmen eigeninitiativ durchgeführt? Wenn ja: Erläutern Sie bitte diese Maßnahmen.

_____
_____
_____
_____
_____

14. Wenn Sie weitere Anmerkungen oder Kritiken bzgl. des Medienunterrichts haben, dann können Sie uns diese hier vermerken. Zugleich möchten wir uns dafür bedanken, dass Sie den Fragebogen ausgefüllt haben.

_____
_____
_____
_____
_____
_____

Anhang A15
Wettbewerbsausschreibung für die dritte Unterrichtseinheit

Medienlotsen gesucht! – Begleitinformation für Lehrkräfte

Hintergrund

Auf den Fortbildungsworkshops im Februar haben wir lange darüber gesprochen, wie der nächste Schritt eines Medienunterrichtes für Grundschüler umgesetzt werden kann. In der dritten Klasse stand die **Sensibilisierung** der Schüler/innen und ihrer Eltern im Vordergrund. In der vierten Klasse ging es um die **Problematisierung** schädlicher Medienwirkungen. Jetzt, in der fünften Klasse geht es nun um einen Transfer des bisher gelernten, um das **Entwickeln von Alternativen**. Es geht also darum, dass die Schüler/innen alles, was sie bisher über Medien und Mediennutzung gelernt haben.

Durch ihren bisherigen Unterricht weisen Ihre Schüler/innen einen deutlichen Wissens- und Reflexionsvorsprung vor ihren Altersgenossen und natürlich auch vor jüngeren Schüler/inne/n auf. Die Idee des Wettbewerbes „**Medienlotsen gesucht!**" ist es, an diesem Punkt anzusetzen. Ihre Schüler/innen sollen als Multiplikatoren in der Schule auch andere Schüler/innen für das Thema sensibilisieren.

Möglichkeiten der Umsetzung

Der Kern des Wettbewerbes „**Medienlotsen gesucht!**" ist es, innerhalb der Klasse ein Konzept zu entwickeln, wie auch anderen Schülern das Wissen und die Kompetenzen vermittelt werden können, die in der Klasse bereits vorhanden ist. Hier sind der Kreativität keine Grenzen gesetzt. Ob mit Flugblättern, einer kleinen Schülerzeitung, einer von der Klasse organisierten Informationsveranstaltung, Info-Ständen in der Pause oder Besuchen in anderen Schulklassen: Entwickeln Sie mit Ihrer Klasse ein Konzept, das realistisch ist und den Schüler/innen auch Spaß macht.

Dokumentation

Um das Projekt Ihrer Klasse beim Wettbewerb einzureichen, muss es möglichst anschaulich dokumentiert werden. Auch hier haben Sie die freie Wahl: Die Schüler können eine Erlebnisbericht verfassen, die Aktion fotografieren oder filmen und Interviews mit anderen Schülern führen. Am besten ist, die Klasse aufzuteilen: Eine (größere) Gruppe entwickelt das Medienlotsen-Konzept, eine (kleinere) Gruppe kümmert sich um die Dokumentation. Die fertige Dokumentation ist der Wettbewerbsbeitrag der Klasse, der beim KFN eingereicht wird. Es ist den Schüler/inne/n dabei vollkommen freigestellt, welche Form die Dokumentation hat. Es kann sich also um handschriftliche Berichte oder am Computer verfasste Texte handeln, um Videofilme oder Tonaufzeichnungen. Alle Dokumentationen werden im KFN layoutet und in einem Heft zusammengefasst, für Filme oder Audioaufzeichnungen wird eine DVD erstellt, die dem Heft beigelegt wird.

Einsendeschluss für die Dokumentation ist der 15. Juli 2008.

Bei allen Fragen können Sie sich gerne an das KFN wenden:

Matthias Kleimann
Kriminologisches Forschungsinstitut Niedersachsen
Lützerodestraße 9
30161 Hannover

Email: mkleimann@kfn.uni-hannover.de
Tel: 0511-3483614
Fax: 0511-3483610

Anhang A16
Lehrkräftefragebogen zur Implementation der dritten
Unterrichtseinheit

Feldnummer :

Fragen zum Unterrichtsprojekt „Medienlotsen gesucht!"

01. Nimmt ihre Klasse an dem Projekt „Medienlotsen gesucht!" teil oder haben Sie zumindest vor, bis zum 15. Juli 2008 daran teilzunehmen?

☐ Ja, wir arbeiten derzeit bereits an dem Projekt.

☐ Wir arbeiten zwar noch nicht an dem Projekt, werden aber auf jeden Fall daran teilnehmen.

☐ Wir haben uns entschlossen, nicht an dem Projekt teilzunehmen.

02. Wird der Unterricht durch Sie oder einen anderen Lehrer des Kollegiums durchgeführt?

☐ Ich führe den Unterricht durch.

☐ Ein anderer Kollege führt den Unterricht durch.

☐ anderes: _____

02. In welchem Zeitraum haben Sie den Unterricht durchgeführt bzw. werden ihn durchführen?

Datum Beginn des Unterrichts: _____

Datum Ende des Unterrichts: _____

03. Wie viele Schulstunden werden ungefähr für den Unterricht aufgewandt?

Anzahl Schulstunden: _____

04. Wie schätzen Sie den Erfolg des Projektes im Hinblick auf die folgenden Punkte ein?

a) Bewusstmachen des Ausmaßes des eigenen Medienkonsums:

☐ gering

☐ mittel

☐ hoch

b) Erkennen der Folgen problematischer Mediennutzung:

☐ gering

☐ mittel

☐ hoch

c) Aufzeigen von alternativen Möglichkeiten der Freizeitgestaltung:

☐ gering

☐ mittel

☐ hoch

05. Ist das unterrichtsprojekt „Medienlotsen gesucht!" dem Alter der Kinder in Ihrer Klasse angemessen?

☐ Ja, genau richtig.

☐ Nein, es ist eher passend für jüngere Kinder.

☐ Nein, es ist eher passend für ältere Kinder.

06. Wenn Sie das Unterrichtsprojekt bereits begonnen haben: Wie gut ist es bei den Kindern Ihrer Klasse bisher „angekommen"?

☐ Sehr gut

☐ Eher gut

☐ Weniger gut

☐ Gar nicht gut

07. Der Unterricht ist so gestaltet, dass Sie sehr frei in der konkreten Gestaltung sind. Wie beurteilen Sie diesen Aspekt?

☐ Ich hätte mir mehr konkrete Vorschläge für die Planung und Gestaltung des Unterrichtes gewünscht.

☐ Ich wäre in meinen Entscheidungen über Planung und Gestaltung des Unterrichtes gerne freier gewesen.

☐ Ich fand die Vorschläge für Planung und Gestaltung des Unterrichtes gerade richtig.

08. Was denken Sie: Hat das Unterrichtsprojekt „Medienlotsen gesucht!" eine längerfristige Wirkung in der Klasse?

☐ Ja, auf jeden Fall

☐ Eher ja

☐ Eher nein

☐ Nein, auf keinen Fall

09. Wurden neben den einzelnen Maßnahmen des Medienunterrichts weitere Maßnahmen eigeninitiativ durchgeführt? Wenn ja: Erläutern Sie bitte diese Maßnahmen.

_____

_____

_____

10. Wenn Sie weitere Anmerkungen oder Kritiken bzgl. des Medienunterrichts haben, dann können Sie uns diese hier vermerken. Zugleich möchten wir uns dafür bedanken, dass Sie den Fragebogen ausgefüllt haben.

_____

_____

_____

Anhang A17
Lehrkräftefragebogen (u. a. zur Erfassung der Schulleistungen der Kinder)

KFN Befragung zu Mediennutzung und Schulleistung bei Grundschulkindern

Fragebogen für Lehrkräfte der 3. Klassen

Liebe Lehrerin, lieber Lehrer,

Im Folgenden geht es zunächst um allgemeine Informationen über Sie und Ihre Klasse. Anschließend werden Sie gebeten, einige für uns wichtige Informationen über die Kinder dieser Klasse zu geben.

Das Ausfüllen dieses Fragebogens dauert – abhängig von der Schülerzahl Ihrer Klasse – zwischen 30 und 40 Minuten. Die Teilnahme an dieser Lehrkräftebefragung ist freiwillig. Selbstverständlich werden Ihre Angaben vollständig anonym behandelt. Eine Auswertung dieses Fragebogens für Lehrkräfte auf der Ebene einzelner Personen, Klassen oder Schulen erfolgt nicht. Wir möchten Sie bitten, unsere Untersuchung zu unterstützen und diesen Fragebogen auszufüllen. Wir danken Ihnen im Voraus für Ihre Bemühungen.

Um den Fragebogen nicht unnötig zu verlängern, verwenden wir im Folgenden immer die männliche Form. Selbstverständlich beziehen sich die Fragen gleichermaßen auf Schülerinnen und Schüler.

Prof. Dr. Christian Pfeiffer   Dr. Thomas Mößle   Matthias Kleimann

Schulcode: ☐☐☐☐☐ ☐☐ ☐☐ ☐
(Postleitzahl der Schule) (Schule) (Klassenstufe) (Zeitpunkt)

Feldnummer: ☐☐☐☐☐☐

Schule: _____
(Bezeichnung, Straße, Nummer)
_____
(Ortsteil und Bezirk in dem die Schule sich befindet)

Klasse: _____
(Genaue Klassenbezeichnung, wie sie an der Schule tatsächlich gebräuchlich ist)

1. Welches Geschlecht haben Sie?

   ☐ weiblich ☐ männlich

2. In welchem Jahr wurden Sie geboren?

   Im Jahr _____

3. Wie lange kennen Sie die Klasse schon?

   seit _____ Monaten

4. Wie gut kennen Sie die Schüler der Klasse?

   ☐ nicht gut ☐ ziemlich gut ☐ sehr gut

5. Wie viele Unterrichtsstunden haben Sie in der Klasse pro Woche?

   _____ Stunden

6. Um welche Fächer handelt es sich?

   _____

7. In welcher Funktion sind Sie in dieser Klasse? (Mehrfachnennungen möglich)

   ☐ Klassenlehrer ☐ Fachlehrer ☐ Vertretungslehrer ☐ Beratungslehrer ☐ Schulleiter

8. Welche Medien gibt es an der Schule bzw. im Klassenzimmer der an der Befragung teilnehmenden Klasse? Wie häufig werden diese genutzt und wie bewerten Sie im Allgemeinen den didaktischen Nutzen dieser Medien?
   (Mehrfachnennungen möglich)

	an der Schule	in der Klasse	Nutzungshäufigkeit in der Klasse				Einschätzung der didaktischen Eignung (Bitte auch dann einschätzen, wenn Medium nicht eingesetzt wird)			
			nie	selten	häufig	sehr häufig	sehr schlecht	eher schlecht	eher gut	sehr gut
PC	☐	☐	☐	☐	☐	☐	☐	☐	☐	☐
Laptop	☐	☐	☐	☐	☐	☐	☐	☐	☐	☐
Internet	☐	☐	☐	☐	☐	☐	☐	☐	☐	☐
Beamer	☐	☐	☐	☐	☐	☐	☐	☐	☐	☐
Video	☐	☐	☐	☐	☐	☐	☐	☐	☐	☐
DVD	☐	☐	☐	☐	☐	☐	☐	☐	☐	☐
Fernseher	☐	☐	☐	☐	☐	☐	☐	☐	☐	☐
anderes: _____	_____		☐	☐	☐	☐	☐	☐	☐	☐

Tragen Sie bitte für jedes Kind folgende Informationen in die Tabelle ein *(Sollten Sie sich bei der letzten Frage nicht ganz sicher sein, dann schätzen Sie bitte.)*:

Nr.	Geburtsdatum des Kindes	Geschlecht	Letzte Zeugnisnoten (nicht im November 2005)				Körperliche Statur	Sprach das Kind bei der Einschulung hinreichend Deutsch?
	Monat/Jahr	w = weiblich m = männlich	Deutsch	Sachkunde	Mathematik	Sport	Einschätzung (1-9) nach Abbildungen auf Beiblatt	j = ja n = nein
01								
02								
03								
04								
05								
06								
07								
08								
09								
10								
11								
12								
13								
14								
15								
16								
17								
18								
19								
20								
21								
22								
23								
24								
25								
26								
27								
28								
29								
30								
31								
32								
33								

Gegenwärtige Schulleistungen. Bitte schätzen Sie den aktuellen Leistungsstand des Schülers in den einzelnen Schulfächern ein. Die Skala reicht von **stark unterdurchschnittlich (--)**, **etwas unterdurchschnittlich (-)**, **durchschnittlich (0)**, **etwas überdurchschnittlich (+)** bis **stark überdurchschnittlich (++)**.

Nr.	Gegenwärtige Schulleistungen			
	Deutsch	Sachkunde	Mathematik	Sport
	-- - 0 + ++	-- - 0 + ++	-- - 0 + ++	-- - 0 + ++
01	☐ ☐ ☐ ☐ ☐	☐ ☐ ☐ ☐ ☐	☐ ☐ ☐ ☐ ☐	☐ ☐ ☐ ☐ ☐
02	☐ ☐ ☐ ☐ ☐	☐ ☐ ☐ ☐ ☐	☐ ☐ ☐ ☐ ☐	☐ ☐ ☐ ☐ ☐
03	☐ ☐ ☐ ☐ ☐	☐ ☐ ☐ ☐ ☐	☐ ☐ ☐ ☐ ☐	☐ ☐ ☐ ☐ ☐
04	☐ ☐ ☐ ☐ ☐	☐ ☐ ☐ ☐ ☐	☐ ☐ ☐ ☐ ☐	☐ ☐ ☐ ☐ ☐
05	☐ ☐ ☐ ☐ ☐	☐ ☐ ☐ ☐ ☐	☐ ☐ ☐ ☐ ☐	☐ ☐ ☐ ☐ ☐
06	☐ ☐ ☐ ☐ ☐	☐ ☐ ☐ ☐ ☐	☐ ☐ ☐ ☐ ☐	☐ ☐ ☐ ☐ ☐
07	☐ ☐ ☐ ☐ ☐	☐ ☐ ☐ ☐ ☐	☐ ☐ ☐ ☐ ☐	☐ ☐ ☐ ☐ ☐
08	☐ ☐ ☐ ☐ ☐	☐ ☐ ☐ ☐ ☐	☐ ☐ ☐ ☐ ☐	☐ ☐ ☐ ☐ ☐
09	☐ ☐ ☐ ☐ ☐	☐ ☐ ☐ ☐ ☐	☐ ☐ ☐ ☐ ☐	☐ ☐ ☐ ☐ ☐
10	☐ ☐ ☐ ☐ ☐	☐ ☐ ☐ ☐ ☐	☐ ☐ ☐ ☐ ☐	☐ ☐ ☐ ☐ ☐
11	☐ ☐ ☐ ☐ ☐	☐ ☐ ☐ ☐ ☐	☐ ☐ ☐ ☐ ☐	☐ ☐ ☐ ☐ ☐
12	☐ ☐ ☐ ☐ ☐	☐ ☐ ☐ ☐ ☐	☐ ☐ ☐ ☐ ☐	☐ ☐ ☐ ☐ ☐
13	☐ ☐ ☐ ☐ ☐	☐ ☐ ☐ ☐ ☐	☐ ☐ ☐ ☐ ☐	☐ ☐ ☐ ☐ ☐
14	☐ ☐ ☐ ☐ ☐	☐ ☐ ☐ ☐ ☐	☐ ☐ ☐ ☐ ☐	☐ ☐ ☐ ☐ ☐
15	☐ ☐ ☐ ☐ ☐	☐ ☐ ☐ ☐ ☐	☐ ☐ ☐ ☐ ☐	☐ ☐ ☐ ☐ ☐
16	☐ ☐ ☐ ☐ ☐	☐ ☐ ☐ ☐ ☐	☐ ☐ ☐ ☐ ☐	☐ ☐ ☐ ☐ ☐
17	☐ ☐ ☐ ☐ ☐	☐ ☐ ☐ ☐ ☐	☐ ☐ ☐ ☐ ☐	☐ ☐ ☐ ☐ ☐
18	☐ ☐ ☐ ☐ ☐	☐ ☐ ☐ ☐ ☐	☐ ☐ ☐ ☐ ☐	☐ ☐ ☐ ☐ ☐
19	☐ ☐ ☐ ☐ ☐	☐ ☐ ☐ ☐ ☐	☐ ☐ ☐ ☐ ☐	☐ ☐ ☐ ☐ ☐
20	☐ ☐ ☐ ☐ ☐	☐ ☐ ☐ ☐ ☐	☐ ☐ ☐ ☐ ☐	☐ ☐ ☐ ☐ ☐
21	☐ ☐ ☐ ☐ ☐	☐ ☐ ☐ ☐ ☐	☐ ☐ ☐ ☐ ☐	☐ ☐ ☐ ☐ ☐
22	☐ ☐ ☐ ☐ ☐	☐ ☐ ☐ ☐ ☐	☐ ☐ ☐ ☐ ☐	☐ ☐ ☐ ☐ ☐
23	☐ ☐ ☐ ☐ ☐	☐ ☐ ☐ ☐ ☐	☐ ☐ ☐ ☐ ☐	☐ ☐ ☐ ☐ ☐
24	☐ ☐ ☐ ☐ ☐	☐ ☐ ☐ ☐ ☐	☐ ☐ ☐ ☐ ☐	☐ ☐ ☐ ☐ ☐
25	☐ ☐ ☐ ☐ ☐	☐ ☐ ☐ ☐ ☐	☐ ☐ ☐ ☐ ☐	☐ ☐ ☐ ☐ ☐
26	☐ ☐ ☐ ☐ ☐	☐ ☐ ☐ ☐ ☐	☐ ☐ ☐ ☐ ☐	☐ ☐ ☐ ☐ ☐
27	☐ ☐ ☐ ☐ ☐	☐ ☐ ☐ ☐ ☐	☐ ☐ ☐ ☐ ☐	☐ ☐ ☐ ☐ ☐
28	☐ ☐ ☐ ☐ ☐	☐ ☐ ☐ ☐ ☐	☐ ☐ ☐ ☐ ☐	☐ ☐ ☐ ☐ ☐
29	☐ ☐ ☐ ☐ ☐	☐ ☐ ☐ ☐ ☐	☐ ☐ ☐ ☐ ☐	☐ ☐ ☐ ☐ ☐
30	☐ ☐ ☐ ☐ ☐	☐ ☐ ☐ ☐ ☐	☐ ☐ ☐ ☐ ☐	☐ ☐ ☐ ☐ ☐
31	☐ ☐ ☐ ☐ ☐	☐ ☐ ☐ ☐ ☐	☐ ☐ ☐ ☐ ☐	☐ ☐ ☐ ☐ ☐
32	☐ ☐ ☐ ☐ ☐	☐ ☐ ☐ ☐ ☐	☐ ☐ ☐ ☐ ☐	☐ ☐ ☐ ☐ ☐
33	☐ ☐ ☐ ☐ ☐	☐ ☐ ☐ ☐ ☐	☐ ☐ ☐ ☐ ☐	☐ ☐ ☐ ☐ ☐
34	☐ ☐ ☐ ☐ ☐	☐ ☐ ☐ ☐ ☐	☐ ☐ ☐ ☐ ☐	☐ ☐ ☐ ☐ ☐
	-- - 0 + ++	-- - 0 + ++	-- - 0 + ++	-- - 0 + ++

Nr.	Im Vergleich mit Schülern des gleichen Alters:	sehr viel weniger	deutlich weniger	etwas weniger	etwa gleich viel	etwas mehr	deutlich mehr	sehr viel mehr
01	Wie viel arbeitet er/sie?	☐	☐	☐	☐	☐	☐	☐
	Wie angemessen verhält er/sie sich?	☐	☐	☐	☐	☐	☐	☐
	Wie viel lernt er/sie?	☐	☐	☐	☐	☐	☐	☐
	Wie glücklich oder zufrieden ist er/sie?	☐	☐	☐	☐	☐	☐	☐
02	Wie viel arbeitet er/sie?	☐	☐	☐	☐	☐	☐	☐
	Wie angemessen verhält er/sie sich?	☐	☐	☐	☐	☐	☐	☐
	Wie viel lernt er/sie?	☐	☐	☐	☐	☐	☐	☐
	Wie glücklich oder zufrieden ist er/sie?	☐	☐	☐	☐	☐	☐	☐
03	Wie viel arbeitet er/sie?	☐	☐	☐	☐	☐	☐	☐
	Wie angemessen verhält er/sie sich?	☐	☐	☐	☐	☐	☐	☐
	Wie viel lernt er/sie?	☐	☐	☐	☐	☐	☐	☐
	Wie glücklich oder zufrieden ist er/sie?	☐	☐	☐	☐	☐	☐	☐
04	Wie viel arbeitet er/sie?	☐	☐	☐	☐	☐	☐	☐
	Wie angemessen verhält er/sie sich?	☐	☐	☐	☐	☐	☐	☐
	Wie viel lernt er/sie?	☐	☐	☐	☐	☐	☐	☐
	Wie glücklich oder zufrieden ist er/sie?	☐	☐	☐	☐	☐	☐	☐
05	Wie viel arbeitet er/sie?	☐	☐	☐	☐	☐	☐	☐
	Wie angemessen verhält er/sie sich?	☐	☐	☐	☐	☐	☐	☐
	Wie viel lernt er/sie?	☐	☐	☐	☐	☐	☐	☐
	Wie glücklich oder zufrieden ist er/sie?	☐	☐	☐	☐	☐	☐	☐
06	Wie viel arbeitet er/sie?	☐	☐	☐	☐	☐	☐	☐
	Wie angemessen verhält er/sie sich?	☐	☐	☐	☐	☐	☐	☐
	Wie viel lernt er/sie?	☐	☐	☐	☐	☐	☐	☐
	Wie glücklich oder zufrieden ist er/sie?	☐	☐	☐	☐	☐	☐	☐
07	Wie viel arbeitet er/sie?	☐	☐	☐	☐	☐	☐	☐
	Wie angemessen verhält er/sie sich?	☐	☐	☐	☐	☐	☐	☐
	Wie viel lernt er/sie?	☐	☐	☐	☐	☐	☐	☐
	Wie glücklich oder zufrieden ist er/sie?	☐	☐	☐	☐	☐	☐	☐
08	Wie viel arbeitet er/sie?	☐	☐	☐	☐	☐	☐	☐
	Wie angemessen verhält er/sie sich?	☐	☐	☐	☐	☐	☐	☐
	Wie viel lernt er/sie?	☐	☐	☐	☐	☐	☐	☐
	Wie glücklich oder zufrieden ist er/sie?	☐	☐	☐	☐	☐	☐	☐
09	Wie viel arbeitet er/sie?	☐	☐	☐	☐	☐	☐	☐
	Wie angemessen verhält er/sie sich?	☐	☐	☐	☐	☐	☐	☐
	Wie viel lernt er/sie?	☐	☐	☐	☐	☐	☐	☐
	Wie glücklich oder zufrieden ist er/sie?	☐	☐	☐	☐	☐	☐	☐
10	Wie viel arbeitet er/sie?	☐	☐	☐	☐	☐	☐	☐
	Wie angemessen verhält er/sie sich?	☐	☐	☐	☐	☐	☐	☐
	Wie viel lernt er/sie?	☐	☐	☐	☐	☐	☐	☐
	Wie glücklich oder zufrieden ist er/sie?	☐	☐	☐	☐	☐	☐	☐
11	Wie viel arbeitet er/sie?	☐	☐	☐	☐	☐	☐	☐
	Wie angemessen verhält er/sie sich?	☐	☐	☐	☐	☐	☐	☐
	Wie viel lernt er/sie?	☐	☐	☐	☐	☐	☐	☐
	Wie glücklich oder zufrieden ist er/sie?	☐	☐	☐	☐	☐	☐	☐

Nr.	Im Vergleich mit Schülern des gleichen Alters:	sehr viel weniger	deutlich weniger	etwas weniger	etwa gleich viel	etwas mehr	deutlich mehr	sehr viel mehr
12	Wie viel arbeitet er/sie?	☐	☐	☐	☐	☐	☐	☐
	Wie angemessen verhält er/sie sich?	☐	☐	☐	☐	☐	☐	☐
	Wie viel lernt er/sie?	☐	☐	☐	☐	☐	☐	☐
	Wie glücklich oder zufrieden ist er/sie?	☐	☐	☐	☐	☐	☐	☐
13	Wie viel arbeitet er/sie?	☐	☐	☐	☐	☐	☐	☐
	Wie angemessen verhält er/sie sich?	☐	☐	☐	☐	☐	☐	☐
	Wie viel lernt er/sie?	☐	☐	☐	☐	☐	☐	☐
	Wie glücklich oder zufrieden ist er/sie?	☐	☐	☐	☐	☐	☐	☐
14	Wie viel arbeitet er/sie?	☐	☐	☐	☐	☐	☐	☐
	Wie angemessen verhält er/sie sich?	☐	☐	☐	☐	☐	☐	☐
	Wie viel lernt er/sie?	☐	☐	☐	☐	☐	☐	☐
	Wie glücklich oder zufrieden ist er/sie?	☐	☐	☐	☐	☐	☐	☐
15	Wie viel arbeitet er/sie?	☐	☐	☐	☐	☐	☐	☐
	Wie angemessen verhält er/sie sich?	☐	☐	☐	☐	☐	☐	☐
	Wie viel lernt er/sie?	☐	☐	☐	☐	☐	☐	☐
	Wie glücklich oder zufrieden ist er/sie?	☐	☐	☐	☐	☐	☐	☐
16	Wie viel arbeitet er/sie?	☐	☐	☐	☐	☐	☐	☐
	Wie angemessen verhält er/sie sich?	☐	☐	☐	☐	☐	☐	☐
	Wie viel lernt er/sie?	☐	☐	☐	☐	☐	☐	☐
	Wie glücklich oder zufrieden ist er/sie?	☐	☐	☐	☐	☐	☐	☐
17	Wie viel arbeitet er/sie?	☐	☐	☐	☐	☐	☐	☐
	Wie angemessen verhält er/sie sich?	☐	☐	☐	☐	☐	☐	☐
	Wie viel lernt er/sie?	☐	☐	☐	☐	☐	☐	☐
	Wie glücklich oder zufrieden ist er/sie?	☐	☐	☐	☐	☐	☐	☐
18	Wie viel arbeitet er/sie?	☐	☐	☐	☐	☐	☐	☐
	Wie angemessen verhält er/sie sich?	☐	☐	☐	☐	☐	☐	☐
	Wie viel lernt er/sie?	☐	☐	☐	☐	☐	☐	☐
	Wie glücklich oder zufrieden ist er/sie?	☐	☐	☐	☐	☐	☐	☐
19	Wie viel arbeitet er/sie?	☐	☐	☐	☐	☐	☐	☐
	Wie angemessen verhält er/sie sich?	☐	☐	☐	☐	☐	☐	☐
	Wie viel lernt er/sie?	☐	☐	☐	☐	☐	☐	☐
	Wie glücklich oder zufrieden ist er/sie?	☐	☐	☐	☐	☐	☐	☐
20	Wie viel arbeitet er/sie?	☐	☐	☐	☐	☐	☐	☐
	Wie angemessen verhält er/sie sich?	☐	☐	☐	☐	☐	☐	☐
	Wie viel lernt er/sie?	☐	☐	☐	☐	☐	☐	☐
	Wie glücklich oder zufrieden ist er/sie?	☐	☐	☐	☐	☐	☐	☐
21	Wie viel arbeitet er/sie?	☐	☐	☐	☐	☐	☐	☐
	Wie angemessen verhält er/sie sich?	☐	☐	☐	☐	☐	☐	☐
	Wie viel lernt er/sie?	☐	☐	☐	☐	☐	☐	☐
	Wie glücklich oder zufrieden ist er/sie?	☐	☐	☐	☐	☐	☐	☐
22	Wie viel arbeitet er/sie?	☐	☐	☐	☐	☐	☐	☐
	Wie angemessen verhält er/sie sich?	☐	☐	☐	☐	☐	☐	☐
	Wie viel lernt er/sie?	☐	☐	☐	☐	☐	☐	☐
	Wie glücklich oder zufrieden ist er/sie?	☐	☐	☐	☐	☐	☐	☐

Nr.	Im Vergleich mit Schülern des gleichen Alters:	sehr viel weniger	deutlich weniger	etwas weniger	etwa gleich viel	etwas mehr	deutlich mehr	sehr viel mehr
23	Wie viel arbeitet er/sie?	☐	☐	☐	☐	☐	☐	☐
	Wie angemessen verhält er/sie sich?	☐	☐	☐	☐	☐	☐	☐
	Wie viel lernt er/sie?	☐	☐	☐	☐	☐	☐	☐
	Wie glücklich oder zufrieden ist er/sie?	☐	☐	☐	☐	☐	☐	☐
24	Wie viel arbeitet er/sie?	☐	☐	☐	☐	☐	☐	☐
	Wie angemessen verhält er/sie sich?	☐	☐	☐	☐	☐	☐	☐
	Wie viel lernt er/sie?	☐	☐	☐	☐	☐	☐	☐
	Wie glücklich oder zufrieden ist er/sie?	☐	☐	☐	☐	☐	☐	☐
25	Wie viel arbeitet er/sie?	☐	☐	☐	☐	☐	☐	☐
	Wie angemessen verhält er/sie sich?	☐	☐	☐	☐	☐	☐	☐
	Wie viel lernt er/sie?	☐	☐	☐	☐	☐	☐	☐
	Wie glücklich oder zufrieden ist er/sie?	☐	☐	☐	☐	☐	☐	☐
26	Wie viel arbeitet er/sie?	☐	☐	☐	☐	☐	☐	☐
	Wie angemessen verhält er/sie sich?	☐	☐	☐	☐	☐	☐	☐
	Wie viel lernt er/sie?	☐	☐	☐	☐	☐	☐	☐
	Wie glücklich oder zufrieden ist er/sie?	☐	☐	☐	☐	☐	☐	☐
27	Wie viel arbeitet er/sie?	☐	☐	☐	☐	☐	☐	☐
	Wie angemessen verhält er/sie sich?	☐	☐	☐	☐	☐	☐	☐
	Wie viel lernt er/sie?	☐	☐	☐	☐	☐	☐	☐
	Wie glücklich oder zufrieden ist er/sie?	☐	☐	☐	☐	☐	☐	☐
28	Wie viel arbeitet er/sie?	☐	☐	☐	☐	☐	☐	☐
	Wie angemessen verhält er/sie sich?	☐	☐	☐	☐	☐	☐	☐
	Wie viel lernt er/sie?	☐	☐	☐	☐	☐	☐	☐
	Wie glücklich oder zufrieden ist er/sie?	☐	☐	☐	☐	☐	☐	☐
29	Wie viel arbeitet er/sie?	☐	☐	☐	☐	☐	☐	☐
	Wie angemessen verhält er/sie sich?	☐	☐	☐	☐	☐	☐	☐
	Wie viel lernt er/sie?	☐	☐	☐	☐	☐	☐	☐
	Wie glücklich oder zufrieden ist er/sie?	☐	☐	☐	☐	☐	☐	☐
30	Wie viel arbeitet er/sie?	☐	☐	☐	☐	☐	☐	☐
	Wie angemessen verhält er/sie sich?	☐	☐	☐	☐	☐	☐	☐
	Wie viel lernt er/sie?	☐	☐	☐	☐	☐	☐	☐
	Wie glücklich oder zufrieden ist er/sie?	☐	☐	☐	☐	☐	☐	☐
31	Wie viel arbeitet er/sie?	☐	☐	☐	☐	☐	☐	☐
	Wie angemessen verhält er/sie sich?	☐	☐	☐	☐	☐	☐	☐
	Wie viel lernt er/sie?	☐	☐	☐	☐	☐	☐	☐
	Wie glücklich oder zufrieden ist er/sie?	☐	☐	☐	☐	☐	☐	☐
32	Wie viel arbeitet er/sie?	☐	☐	☐	☐	☐	☐	☐
	Wie angemessen verhält er/sie sich?	☐	☐	☐	☐	☐	☐	☐
	Wie viel lernt er/sie?	☐	☐	☐	☐	☐	☐	☐
	Wie glücklich oder zufrieden ist er/sie?	☐	☐	☐	☐	☐	☐	☐
33	Wie viel arbeitet er/sie?	☐	☐	☐	☐	☐	☐	☐
	Wie angemessen verhält er/sie sich?	☐	☐	☐	☐	☐	☐	☐
	Wie viel lernt er/sie?	☐	☐	☐	☐	☐	☐	☐
	Wie glücklich oder zufrieden ist er/sie?	☐	☐	☐	☐	☐	☐	☐

Bietet Ihre Schule eine Ganztagsbetreuung an?

☐ Unsere Schule bietet Ganztagsunterricht an (Schule ist Ganztagsschule).

☐ Unsere Schule bietet eine Nachmittagsbetreuung an.

☐ Unsere Schule bietet weder Nachmittagsbetreuung noch Ganztagsunterricht an.

Wie wurde bisher das Thema Medien in dieser Klasse unterrichtet?

	ja	nein
In den vorangegangenen Schuljahren gab es explizit als solchen ausgewiesenen Medienunterricht.	☐	☐
Medienunterricht ist bislang immer Teil des normalen Unterrichts gewesen.	☐	☐
In der Klasse wurden in der Vergangenheit Stunden unterrichtet, die nur dem Thema Fernsehen oder Video- und Computerspiele gewidmet waren.	☐	☐
Es hat bereits einmal Projekttage in der Klasse gegeben, die sich mit Medien, ihren Inhalten und Folgen auseinandergesetzt haben.	☐	☐
Bisher hat das Thema Medien im Unterricht fast keine Rolle gespielt.	☐	☐

Wir möchten uns an dieser Stelle herzlich dafür bedanken, dass Sie diesen Fragebogen ausgefüllt haben. Sofern Sie uns zum Thema Medienkonsum bei Kindern und dessen Konsequenzen für Schule und Lernen weitere Hinweise aus Ihrer Erfahrung geben können, wären wir Ihnen dafür sehr dankbar. Für Ihre Gedanken und Anregungen haben Sie auf dieser Seite Platz. Für unser Projekt sind ihre Hinweise von großem Nutzen.

Anhang A18
Feldkontrollbogen

K/N Feldkontrollbogen für Interviewerinnen und Interviewer
Berlin – Messzeitpunkt 1

☐ ☐ ☐ ☐ ☐ ☐

Dieser Feldkontrollbogen ist für jede Klasse auszufüllen.
Die ausgefüllten Fragebögen und Testbögen pro Klasse jeweils mitsamt diesem
Kontrollbogen und dem Lehrerfragebogen in einen Karton legen.
Es dürfen keinesfalls die Bögen verschiedener Klassen vermischt werden.

Kennziffer des/der Interviewer/in: ☐ ☐☐ ☐☐

Schule: _____
(Bezeichnung, Straße, Nummer)

_____
(Ortsteil und Bezirk in dem die Schule sich befindet)

Klasse: _____ (Genaue Klassenbezeichnung, wie sie an der Schule tatsächlich gebräuchlich ist)

Datum des Interviews: ____ ____ **Uhrzeit des Interviews:** von _____ bis _____
(erster Tag) (Tag) (Monat)

Wochentag des Interviews: _____

Datum des Interviews: ____ ____ **Uhrzeit des Interviews:** von _____ bis _____
(zweiter Tag) (Tag) (Monat)

– mit der Lehrkraft zusammen ausfüllen nach dem Interview –

	TAG 1	TAG 2
Wie viele Lehrkräfte waren während der Befragung anwesend?		

Sollte eine zweite Lehrkraft anwesend gewesen sein und nur die erste den Lehrerfragebogen ausgefüllt haben, dann bitte folgende Angaben zur zweiten Lehrkraft ergänzen:

Lehrer/in 2: (nur falls erforderlich) ☐ männlich ☐ weiblich

☐Klassenlehrer/in   ☐Vertrauenslehrer/in   ☐Fachlehrer/in   ☐Vertretungslehrer/in
☐anderes: _____

	TAG 1	TAG 2
Wie viele Schüler/innen werden regulär in dieser Klasse beschult?		
Wie viele Schüler/innen fehlten während der Schulstunden des Interviews?		
Wie viele Schüler/innen waren während der Schulstunde des Interviews anwesend?		
Wie viele der anwesenden Schüler/innen haben nicht teilgenommen, weil Eltern das untersagt haben?		
Wie viele der anwesenden Schüler/innen haben von sich aus von Beginn an nicht teilgenommen?		
Wie viele Schüler/innen haben mit dem Ausfüllen des Fragebogens begonnen?		
Wie viele Schüler/innen haben am Ende den Fragebogen teilweise oder auch komplett ausgefüllt abgegeben?		

Welchen Unterricht hatten die Kinder der Klasse an den Befragungstagen vor dem Interview?

	1. Stunde	2. Stunde	3. Stunde	4. Stunde	5. Stunde	6. Stunde
Tag 1						
Tag 2						

Wie groß ist die Schule insgesamt?

☐ unter 100 ☐ 100 bis 200 ☐ 200 bis 300 ☐ 300 bis 400 ☐ über 400

Ist kurz vor der Befragung das Thema Medien in dieser Klasse im Unterricht behandelt worden?

☐ ja, in den letzten 7 Tagen
☐ ja, im letzten Monat
☐ nur am Rande
☐ nein

- nach Verlassen der Klasse auszufüllen -

Eine persönliche Einschätzung: Würden Sie Ihr Kind auf diese Schule schicken?

☐ ja, weil _____
☐ nein, weil _____

Gab es während der Befragung Disziplinprobleme in der Klasse?

☐ gar keine ☐ sehr wenig ☐ mittelmäßig ☐ viele ☐ sehr viele

Gab es während der Befragung Vorkommnisse?
Gibt es sonstige Anmerkungen zum Interview?

☐ nein
☐ ja, und zwar: _____

_____
_____
_____
_____
_____
_____

Anhang A19
Elternfragebogen (u. a. zur Erfassung des Bildungsmilieus und der Ethnie der Kinder)

K/N | Befragung zu Mediennutzung und Schulleistung bei Grundschulkindern

Elternfragebogen

Liebe Eltern,

nachfolgend werden Ihnen einige Fragen zu verschiedenen Bereichen Ihres Lebens gestellt sowie mögliche Antwortkategorien angeboten. Bitte notieren Sie die für Sie zutreffende Antwort oder kreuzen Sie diese an.

Sollte es vorkommen, dass die angebotenen Antworten einmal nicht ausreichend sind, dann können Sie Ergänzungen vornehmen. Wir bitten Sie, zu jeder gestellten Frage eine Antwort zu geben, da erst dadurch eine umfassende Auswertung möglich gemacht wird.

Der Fragebogen sollte durchgängig nur von einem Elternteil ausgefüllt werden, damit nicht die Antworten zu Ihnen bzw. zu Ihrem Partner/zu Ihrer Partnerin zwischendurch vertauscht werden.

Um den Fragebogen nicht unnötig zu verlängern, verwenden wir im Folgenden immer die männliche Form. Selbstverständlich beziehen sich die Fragen gleichermaßen auf beide Geschlechter.

Wir versichern Ihnen, dass all Ihre Angaben im Fragebogen streng vertraulich und entsprechend der Datenschutzgesetzgebung behandelt werden.

Wir bedanken uns für Ihre Mühe und Ihre Mithilfe.

Ihr Forscherteam vom Kriminologischen Forschungsinstitut Niedersachsen

---

Zuerst geht es um zwei Angaben zu Ihrem Kind, das an der Studie „Mediennutzung und Schulleistung" teilnimmt. Diese Angaben dienen einzig dem Zweck, Ihre Angaben mit den Angaben des Kindes zu verbinden. Nach der Zuordnung wird die Angabe zum Geburtsdatum gelöscht, so dass eine Rückverfolgung unmöglich ist.

Bitte notieren Sie hier das Geburtsdatum des Kindes, das an der Studie „Mediennutzung und Schulleistung" teilnimmt:

_____ . _____
(Monat)   (Jahr)

Ist das Kind, das an der Studie „Mediennutzung und Schulleistung" teilnimmt
☐ weiblich, oder
☐ männlich?

Feldnummer : ☐ ☐ ☐ ☐ ☐

Wir möchten Sie zunächst bitten einige allgemeine Fragen zu Ihrer Person zu beantworten.

01. Sie sind...

☐ weiblich   oder   ☐ männlich?

02. In welchem Jahr sind Sie geboren?

19 __ __ (*Bitte Geburtsjahr eintragen.*)

03. Welchen Familienstand haben Sie?

verheiratet, mit Ehepartner zusammenlebend	☐
verheiratet, getrennt lebend	☐
verwitwet	☐
geschieden	☐
ledig	☐
sonstiges, und zwar ...	_____

04. Wenn Sie nicht verheiratet sind: Haben Sie einen festen Lebenspartner?

☐ nein   ☐ ja
           wenn ja: führen Sie einen gemeinsamen Haushalt?   ☐ nein   ☐ ja

05. Seit wann leben Sie in Deutschland?

☐ seit Geburt   ☐ seit __ __ __ __ (Jahr)

Es folgen einige Fragen zu Ihnen und zu Ihrem Partner.
Sollten Sie derzeit keinen festen Partner haben, dann streichen Sie bitte die entsprechende Antwortspalte durch!

06. Welche Staatsangehörigkeit haben Sie bzw. Ihr Partner?

eigene Staatsangehörigkeit	Staatsangehörigkeit des Partners
_____	_____

07. In welchem Land sind Sie bzw. Ihr Partner geboren?

eigenes Geburtsland	Geburtsland des Partners
_____	_____

08. Welche Muttersprache sprechen Sie bzw. Ihr Partner?

eigene Muttersprache	Muttersprache des Partners
_____	_____

09. Welche Sprache(n) sprechen Sie und Ihr Partner normalerweise im Alltag mit Ihrem Kind?

_____ (*Bitte Sprache(n) notieren.*)

10. Sind Sie bzw. Ihr Partner die leiblichen Eltern Ihres an der Studie „Mediennutzung und Schulleistung" teilnehmenden Kindes?

	Ich	Mein Partner
Ja	☐	☐
Nein	☐	☐

11. Welchen höchsten Schulabschluss haben Sie und Ihr Partner?

	eigener Schulabschluss	Schulabschluss des Partners
noch Schüler	☐	☐
Schule beendet ohne Abschluss	☐	☐
Volks-/Hauptschulabschluss	☐	☐
Mittlere Reife/Realschulabschluss	☐	☐
Fachhochschulreife	☐	☐
Abitur/Hochschulreife	☐	☐
anderen Abschluss, und zwar…		

12. Waren Sie bzw. Ihr Partner in den letzten 10 Jahren einmal arbeitslos?

Ich	☐ Nein	☐ Ja, ich war insgesamt _____ Monate arbeitslos.
Mein Partner	☐ Nein	☐ Ja, mein Partner war insgesamt _____ Monate arbeitslos.

13. Welchen Ausbildungsabschluss haben Sie und Ihr Partner?

	eigener Ausbildungsabschluss	Ausbildungsabschluss des Partners
Keinen beruflichen Ausbildungsabschluss	☐	☐
Beruflich-betriebliche Anlernzeit mit Abschlusszeugnis, aber keine Lehre	☐	☐
Teilfacharbeiterabschluss	☐	☐
Abgeschlossene kaufmännische Lehre	☐	☐
Berufliches Praktikum, Volontariat	☐	☐
Berufsfachschulabschluss	☐	☐
Fachschulabschluss	☐	☐
Meister, Techniker oder gleichwertiger Abschluss	☐	☐
Fachhochschulabschluss	☐	☐
Hochschulabschluss	☐	☐
anderen beruflichen Ausbildungsabschluss, und zwar…		

14. Sind Sie bzw. Ihr Partner erwerbstätig?

	Ich bin...	Mein Partner ist...
Hauptberuflich erwerbstätig (ganztags)/in beruflicher Ausbildung bzw. Lehre	☐	☐
Hauptberuflich erwerbstätig (halbtags)	☐	☐
nicht erwerbstätig, da...		
Schüler/Student	☐	☐
Rentner/Pensionär	☐	☐
Arbeitslos	☐	☐
Hausfrau/Hausmann	☐	☐
Wehr-/Zivildienst	☐	☐
Mutterschutz/Erziehungsurlaub	☐	☐

15. Welchen beruflichen Status haben Sie bzw. Ihr Partner?

	Ich bin...	Mein Partner ist...
Arbeiter	☐	☐
Angestellter	☐	☐
Selbständiger	☐	☐
Beamter	☐	☐
Trifft nicht zu	☐	☐
Bitte tragen Sie hier die genaue Berufsbezeichnung ein	_____	_____

Wir bitten Sie nun um einige Angaben zu Ihrem Kind.

16. Wie viele Freunde hat Ihr Kind? *(Bitte Geschwister nicht mitzählen.)*

☐ keine   ☐ einen   ☐ zwei bis drei   ☐ vier oder mehr

17. Verglichen mit Gleichaltrigen:

		schlechter	etwa gleich	besser
Wie verträgt sich Ihr Kind mit den Geschwistern?	☐ Einzelkind	☐	☐	☐
Wie verträgt sich Ihr Kind mit anderen Kindern/Jugendlichen?		☐	☐	☐
Wie verhält sich Ihr Kind gegenüber Eltern?		☐	☐	☐
Wie spielt oder arbeitet Ihr Kind alleine?		☐	☐	☐

18. Wie oft pro Woche unternimmt Ihr Kind etwas mit seinen Freunden außerhalb der Schulstunden? *(Bitte Geschwister nicht mitzählen.)*

☐ weniger als einmal   ☐ ein- bis zweimal   ☐ dreimal oder häufiger

19. Nennen Sie bitte die Sportarten, die Ihr Kind am liebsten ausübt *(z.B. Fußball, Radfahren, Schwimmen, Tischtennis usw.).*

	Wie viel Zeit verbringt Ihr Kind mit dieser Sportart, verglichen mit Gleichaltrigen?				Wie gut beherrscht Ihr Kind diese Sportart, verglichen mit Gleichaltrigen?			
☐ keine	Ich weiß es nicht	weniger	gleich viel	mehr	Ich weiß es nicht	weniger gut	gleich gut	besser
a. _____	☐	☐	☐	☐	☐	☐	☐	☐
b. _____	☐	☐	☐	☐	☐	☐	☐	☐
c. _____	☐	☐	☐	☐	☐	☐	☐	☐

20. Nennen Sie bitte die Lieblingsaktivitäten, Hobbies oder Spiele Ihres Kindes *(z.B. Singen, Klavierspielen, Lesen, mit Puppen oder Autos spielen usw., **außer** Sport, Radiohören, Fernsehen, Computerspielen).*

	Wie viel Zeit verbringt Ihr Kind damit, verglichen mit Gleichaltrigen?				Wie gut beherrscht Ihr Kind diese Aktivität, verglichen mit Gleichaltrigen?			
☐ keine	Ich weiß es nicht	weniger	gleich viel	mehr	Ich weiß es nicht	weniger gut	gleich gut	besser
a. _____	☐	☐	☐	☐	☐	☐	☐	☐
b. _____	☐	☐	☐	☐	☐	☐	☐	☐
c. _____	☐	☐	☐	☐	☐	☐	☐	☐

21. Gehört Ihr Kind irgendwelchen Organisationen, Vereinen oder Gruppen an?

	Wie aktiv ist Ihr Kind dort, verglichen mit Gleichaltrigen?			
☐ keine	Ich weiß es nicht	weniger aktiv	gleich aktiv	aktiver
a. _____	☐	☐	☐	☐
b. _____	☐	☐	☐	☐
c. _____	☐	☐	☐	☐

22. Welche Arbeiten oder Pflichten übernimmt Ihr Kind innerhalb oder außerhalb des Haushalts *(z.B. Spülen, Kinderhüten, Zeitungen austragen usw.)?*

	Wie gut verrichtet Ihr Kind diese Arbeiten oder Pflichten, verglichen mit Gleichaltrigen?			
☐ keine	Ich weiß es nicht	weniger gut	gleich gut	besser
a. _____	☐	☐	☐	☐
b. _____	☐	☐	☐	☐
c. _____	☐	☐	☐	☐

Wir möchten Sie nun noch bitten einige Fragen zu Ihrer häuslichen Umgebung zu beantworten.

23. Wie viele Personen einschließlich Kinder leben in Ihrem Haushalt? *(Bitte Antwort eintragen.)*

___ Personen (insgesamt), davon ___ Kinder

24. Hat Ihr Kind zu Hause ein eigenes Zimmer?

☐ ja, es hat ein Zimmer ganz für sich allein.

☐ ja, es teilt sich ein Zimmer mit ___ anderen Geschwistern.

☐ nein, es hat kein eigenes Zimmer.

25. Haben Sie eines der folgenden Geräte zu Hause und wo steht dieses? *(Bitte kreuzen Sie in jeder Zeile das Zutreffende an.)*

	zu Hause		im Zimmer des Kindes		
	Nein	Ja	Nein	Ja	Hat Ihr Kind bekommen als es...
Fernseher	☐	☐	☐	☐	___ Jahre alt war
Spielkonsole (z.B. Playstation)	☐	☐	☐	☐	___ Jahre alt war
DVD-Player/Videorekorder	☐	☐	☐	☐	___ Jahre alt war
Computer	☐	☐	☐	☐	___ Jahre alt war
Internet	☐	☐	☐	☐	___ Jahre alt war

wie viele Computer besitzen Sie insgesamt in Ihrem Haushalt? _____ (Anzahl)

26. Wie wird bei Ihnen in der Familie das Fernsehen organisiert? *(Bitte kreuzen Sie in jeder Zeile das Zutreffende an.)*

	immer	meistens	manchmal	nie
Bei uns gibt es klare Regelungen was mein Kind sehen darf und was nicht.	☐	☐	☐	☐
Ich schaue mit meinem Kind gemeinsam fern.	☐	☐	☐	☐
Ich will wissen was sich mein Kind im Fernsehen anschaut.	☐	☐	☐	☐
Wenn mir etwas an einer Fernsehsendung, die mein Kind schaut, nicht gefällt, sage ich das sofort.	☐	☐	☐	☐
Ich lasse mein Kind Filme ansehen, für die es noch nicht alt genug ist.	☐	☐	☐	☐
Zur Belohnung lasse ich mein Kind auch mal Sendungen ansehen, die es sonst nicht sehen darf.	☐	☐	☐	☐
Ich lasse mein Kind fernsehen, wenn ich Zeit für etwas anderes brauche.	☐	☐	☐	☐
Wir haben klare zeitliche Regelungen.	☐	☐	☐	☐

An einem **Wochentag** darf mein Kind ___ Stunde(n) und ___ Minuten am Tag fernsehen.

An einem **Samstag oder Sonntag** darf mein Kind ___ Stunde(n) und ___ Minuten am Tag fernsehen.

27. Wie lange schauen Ihr Kind bzw. Sie im Durchschnitt an einem Schultag Fernsehen, Video oder DVD? (*Bitte Antwort eintragen.*)

mein Kind	Ich
ca. _____ Stunde(n) und _____ Minuten	ca. _____ Stunde(n) und _____ Minuten

28. Wie lange schauen Ihr Kind bzw. Sie im Durchschnitt an einem Samstag Fernsehen, Video oder DVD? (*Bitte Antwort eintragen.*)

mein Kind	Ich
ca. _____ Stunde(n) und _____ Minuten	ca. _____ Stunde(n) und _____ Minuten

29. Was denken Sie über das Fernsehen? (*Bitte kreuzen Sie in jeder Zeile das Zutreffende an.*)

	stimmt genau	stimmt eher	stimmt eher nicht	stimmt gar nicht
Kinder sollten fernsehen, damit sie unter Gleichaltrigen mitreden können.	☐	☐	☐	☐
Kinder können ruhig auch mal alleine fernsehen.	☐	☐	☐	☐
Für Kinder ist das Fernsehen eine gute Entspannung im anstrengenden Alltag.	☐	☐	☐	☐
Fernsehen regt die Phantasie an.	☐	☐	☐	☐
Kinder lernen durch das Fernsehen viel Nützliches für die Schule.	☐	☐	☐	☐
Fernsehen macht Kinder aggressiv.	☐	☐	☐	☐
Fernsehen schadet der Konzentrationsfähigkeit von Kindern.	☐	☐	☐	☐
Das Fernsehen lässt Kindern zu wenig Zeit zum Spielen.	☐	☐	☐	☐
Das Fernsehen lässt Kindern zu wenig Zeit zum Lernen.	☐	☐	☐	☐

30. Wenn Sie zu Hause einen Computer haben, wofür nutzen Sie ihn? (*Bitte kreuzen Sie in jeder Zeile das Zutreffende an.*)

	täglich	mindestens einmal in der Woche	mindestens einmal im Monat	seltener	nie
Arbeiten für Beruf und Bildung	☐	☐	☐	☐	☐
Texte erstellen für private Zwecke	☐	☐	☐	☐	☐
Spielen	☐	☐	☐	☐	☐
Für private Zwecke lernen oder sich informieren	☐	☐	☐	☐	☐
Musik hören, Bilder oder Filme ansehen	☐	☐	☐	☐	☐
Programmieren	☐	☐	☐	☐	☐

31. Wie lange spielt Ihr Kind im Durchschnitt an einem Schultag Computer- oder Videospiele? (*Bitte Antwort eintragen.*)

ca. _____ Stunde(n) und _____ Minuten   ☐ Mein Kind spielt keine Computer- oder Videospiele

32. Wie lange spielt Ihr Kind im Durchschnitt an einem Samstag Computer- oder Videospiele? (Bitte Antwort eintragen.)

ca. _____ Stunde(n) und _____ Minuten   ☐ Mein Kind spielt keine Computer- oder Videospiele

33. Wie ist das bei Ihnen in der Familie mit dem Computer- und Videospielen? (Bitte kreuzen Sie in jeder Zeile das Zutreffende an.)

	immer	meistens	manchmal	nie
Wenn mir etwas an einem Computerspiel, das mein Kind spielt, nicht gefällt, sage ich das sofort.	☐	☐	☐	☐
Ich lasse mein Kind Computer- und Videospiele spielen, für die es noch nicht alt genug ist.	☐	☐	☐	☐
Ich weiß welche Spiele mein Kind spielt.	☐	☐	☐	☐
Bei uns gibt es klare Regelungen welche Spiele mein Kind spielen darf und welche nicht.	☐	☐	☐	☐
Ich spiele mit meinem Kind gemeinsam.	☐	☐	☐	☐
Zur Belohnung lasse ich mein Kind auch mal Computerspiele spielen, die ich ihm sonst verbiete.	☐	☐	☐	☐
Ich lasse mein Kind Computer spielen, wenn ich Zeit für etwas anderes brauche.	☐	☐	☐	☐
Wir haben klare zeitliche Regelungen.	☐	☐	☐	☐

An einem **Wochentag** darf mein Kind _____ Stunde(n) und _____ Minuten am Tag Computer spielen.

An einem **Samstag oder Sonntag** darf mein Kind _____ Stunde(n) und _____ Minuten am Tag Computer spielen.

Gibt es von Ihrer Seite noch Hinweise oder Anregungen? (Sie können die folgenden Zeilen dazu nützen Ihre Anmerkungen zu notieren.)

_____
_____
_____
_____
_____

Vielen Dank für Ihre Mitarbeit an dieser Studie!

Bitte legen Sie den ausgefüllten Fragebogen nach der Beantwortung in den mitgelieferten Briefumschlag und **verschließen** diesen. Geben Sie den Briefumschlag dann bitte Ihrem Kind mit in die Schule. Damit keine zeitlichen Verzögerungen im Studienablauf eintreten, möchten wir Sie bitten, den Fragebogen innerhalb der nächsten **sieben Tage** auszufüllen und Ihrem Kind mitzugeben. Die Briefumschläge werden von der Klassenlehrerin/dem Klassenlehrer eingesammelt und verschlossen an das KFN geschickt. Erst im Institut werden sie dann geöffnet.

Anhang A20
Schülerfragebogen MZP1

Fragebogen

Zahlenfeld

☐ ☐ ☐ ☐ ☐ ☐   ☐ ☐   ☐ ☐   ☐   ☐

Zum Anfang einige ganz allgemeine Fragen

01. Bist du ein...

☐ Junge?   ☐ Mädchen?

02. Wie alt bist du?

Ich bin _____ Jahre alt.

03. In welchem Monat hast du Geburtstag?

_____ (Monat)

04. Wurdest du in Deutschland geboren?

☐ Ja   ☐ Nein

05. Warst du in Deutschland in einem Kindergarten?

☐ Ja   ☐ Nein

06. Aus welchem Land stammen deine Eltern?

	Deutschland	Türkei	Polen	Früheres Jugoslawien	Russland/ Kasachstan	anderes Land
Mutter	☐	☐	☐	☐	☐	_____
Vater	☐	☐	☐	☐	☐	_____

Blättert bitte jetzt um!

07. Wie glücklich bist du? *Kreuze bitte an.*

☹ ☐ ☐ ☐ ☐ ☐ ☐ ☐ ☐ ☐ ☐ ☺
unglücklich   glücklich

Zunächst geht es um dein Zuhause, also dort, wo du die meiste Zeit verbringst, wo du schläfst, isst usw.

08. Mit wem lebst du zu Hause?

Wie viele jüngere Brüder leben mit dir zusammen? _____ (Anzahl)
Wie viele ältere Brüder leben mit dir zusammen? _____ (Anzahl)
Wie viele jüngere Schwestern leben mit dir zusammen? _____ (Anzahl)
Wie viele ältere Schwestern leben mit dir zusammen? _____ (Anzahl)

Welche Erwachsene leben mit dir zusammen? *Kreuze bitte an.*

Frau
☐ Mutter
☐ Stiefmutter
☐ Freundin des Vaters
☐ anderes

Geht sie zur Arbeit?
☐ ja
☐ nein

Mann
☐ Vater
☐ Stiefvater
☐ Freund der Mutter
☐ anderes

Geht er zur Arbeit?
☐ ja
☐ nein

09. Hast du zu Hause dein eigenes Zimmer?

☐ Ich habe ein eigenes Zimmer ganz für mich alleine.
☐ Ich teile mein Zimmer mit Geschwistern, und zwar mit _____ Geschwistern.
☐ Ich teile mein Zimmer mit anderen Personen.

10. Gib bitte an, ob du folgende Geräte bei dir im Zimmer hast.

	Ja	Nein
Fernseher	☐	☐
Spielkonsole	☐	☐
DVD-Player/Videorekorder	☐	☐
Computer	☐	☐

11. Hast du einen eigenen Gameboy oder eine andere tragbare Spielkonsole?

☐ Nein, habe ich nicht.   ☐ Ja, habe ich.

12. Gib bitte an, ob ihr folgende Geräte woanders bei euch zu Hause habt.

	Ja	Nein
Fernseher	☐	☐
Spielkonsole	☐	☐
DVD-Player/Videorekorder	☐	☐
Computer	☐	☐

Wie viele Computer besitzt deine Familie insgesamt zu Hause? _____

13. Ist meistens eine erwachsene Person da, wenn du aus der Schule nach Hause kommst?

☐ Nein
☐ Ja, und zwar: _____

14. Um welche Uhrzeit bist du meistens nach der Schule oder nach dem Hort zu Hause?

_____ (Uhr)

15. Bist du schon einmal mit deiner Familie umgezogen (nicht innerhalb von Berlin)?

☐ Nein
☐ Ja

16. Wie viele Bücher gibt es ungefähr bei dir zu Hause? Es zählen alle Bücher zu Hause (Zähle keine Zeitschriften, Zeitungen oder Schulbücher mit!).

keine/ sehr wenige (0-10 Bücher)	etwa ein Bücherbrett (11-25 Bücher)	etwa ein Regal (26-100 Bücher)	etwa zwei Regale (101-200 Bücher)	drei oder mehr Regale (mehr als 200 Bücher)
☐	☐	☐	☐	☐

17. Wie häufig bist du in den letzten 12 Monaten mit deiner Familie in Urlaub gefahren?

überhaupt nicht	einmal	zweimal	mehr als zweimal
☐	☐	☐	☐

18. Besitzt ihr zu Hause ein Auto?

nein	eins	zwei	mehr als zwei
☐	☐	☐	☐

Blättert bitte jetzt um!

19. Wie sind deine Eltern?

Meine Mutter/mein Vater…	Mutter				Vater			
	immer	meistens	manchmal	nie	immer	meistens	manchmal	nie
weiß, was ich in meiner Freizeit mache.	☐	☐	☐	☐	☐	☐	☐	☐
ist jemand, mit der/dem ich über alles reden kann.	☐	☐	☐	☐	☐	☐	☐	☐
geht lieb mit mir um.	☐	☐	☐	☐	☐	☐	☐	☐
hilft mir bei den Hausaufgaben, wenn ich Hilfe brauche.	☐	☐	☐	☐	☐	☐	☐	☐
bestraft mich, wenn ich etwas falsch gemacht habe.	☐	☐	☐	☐	☐	☐	☐	☐
fragt mich, wie es in der Schule gewesen ist.	☐	☐	☐	☐	☐	☐	☐	☐
spielt mit mir, wenn Zeit ist. (z.B. Brett- oder Kartenspiele)	☐	☐	☐	☐	☐	☐	☐	☐
lobt mich, wenn ich etwas gut gemacht habe.	☐	☐	☐	☐	☐	☐	☐	☐

Jetzt ein paar Fragen zu deinen Freundinnen und Freunden sowie zu deiner Freizeit

20. Wie viele gute Freundinnen oder Freunde hast du?
(Bitte Geschwister nicht mitzählen.)

☐ keine ☐ einen ☐ zwei bis drei ☐ vier oder mehr

21. Wie oft pro Woche unternimmst du etwas mit deinen Freundinnen/Freunden außerhalb der Schule? *(Bitte Geschwister nicht mitzählen.)*

☐ keinmal ☐ ein- bis zweimal ☐ dreimal oder häufiger

22. In welcher Sprache unterhältst du dich mit deinen Freunden und Freundinnen am meisten?

Deutsch	Türkisch	Russisch	Polnisch	andere Sprache
☐	☐	☐	☐	_____

23. An welchen Tagen in der Woche machst du Sport oder Musik (außerhalb der Schule)?

	Montag	Dienstag	Mittwoch	Donnerstag	Freitag	Samstag	Sonntag
Sport	☐	☐	☐	☐	☐	☐	☐
Musik	☐	☐	☐	☐	☐	☐	☐

24. Bist du Mitglied in einem Verein, einer Gruppe oder einer Schul-AG?

	Ja	Nein
Sportgruppe/-verein	☐	☐
Musikgruppe/-verein	☐	☐
Pfadfinder	☐	☐
Kindergruppe	☐	☐
Andere: _____		

25. Welcher Tag war gestern?

Sonntag	Montag	Dienstag	Mittwoch	Donnerstag	Freitag
☐	☐	☐	☐	☐	☐

26. Was hast du gestern alles gemacht?

Mein gestriger Tag	Zeitraum
In der Schule gewesen.	
Im Hort oder bei der Tagesmutter gewesen.	
Computer- oder Videospiele gespielt.	
Gelesen.	
Fernsehen geschaut.	
Video oder DVD geschaut.	
Mit anderen Kindern draußen gespielt.	
Mit anderen Kindern drinnen gespielt.	
Alleine drinnen gespielt.	
Mit Eltern oder anderen Erwachsenen etwas gemacht.	

Jetzt geht es um das Fernsehen

27. In welcher Sprache schaut ihr zu Hause Fernsehen?

Deutsch	Türkisch	Russisch	Polnisch	andere Sprache
☐	☐	☐	☐	_____

28. Wie oft läuft der Fernseher bei euch zu Hause während des Abendbrots?

das ist eigentlich immer so	das ist meistens der Fall	das ist manchmal der Fall	das ist nie der Fall
☐	☐	☐	☐

Blättert bitte jetzt um!

29. Wie ist das Fernsehen bei euch zu Hause geregelt?

	immer	meistens	manchmal	nie
Bei uns zu Hause gibt es klare Regeln welche Sendungen ich sehen darf und welche nicht.	☐	☐	☐	☐
Ich schaue mit meinen Eltern zusammen fern.	☐	☐	☐	☐
Meine Eltern wollen wissen, was ich mir im Fernsehen anschaue.	☐	☐	☐	☐
Wenn meinen Eltern etwas an einer Fernsehsendung nicht gefällt, die ich anschaue, sagen sie mir das sofort.	☐	☐	☐	☐
Meine Eltern schauen mit mir zusammen Filme, für die ich eigentlich noch nicht alt genug bin.	☐	☐	☐	☐
Wir haben klare zeitliche Regeln, wie lange ich fernsehen darf.	☐	☐	☐	☐

30. Hast du dir schon einmal Filme angeschaut, die…?

	Nein	Ja	
erst „ab 16" waren?	☐	☐	→ das waren _____ Filme ab 16.
erst „ab 18" waren?	☐	☐	→ das waren _____ Filme ab 18.

31. Wie oft läuft der Fernseher bei euch zu Hause, ohne dass jemand richtig hinsieht?

das ist eigentlich immer so	das ist meistens der Fall	das ist manchmal der Fall	das ist nie der Fall
☐	☐	☐	☐

32. Fernsehen: Wie ist das bei dir?

	immer	meistens	manchmal	nie
Ich schaue mir brutale Sendungen und Filme an.	☐	☐	☐	☐
Ich schalte den Fernseher aus Langeweile ein.	☐	☐	☐	☐
Wenn ich Ärger habe, schalte ich den Fernseher ein.	☐	☐	☐	☐
Wenn ich einmal fernsehe fällt es mir schwer, den Fernseher wieder auszustellen.	☐	☐	☐	☐
Ich schalte den Fernseher an, damit ich mich nicht so allein fühle.	☐	☐	☐	☐
Ich schalte den Fernseher ein, ohne dass ich etwas Bestimmtes schauen will.	☐	☐	☐	☐
Ich schaue mir Sendungen und Filme im Fernsehen an, damit ich bei Freunden mitreden kann.	☐	☐	☐	☐
Ich schaue mir Fernsehsendungen und Filme an, von denen ich Angst bekomme.	☐	☐	☐	☐

33. Wie lange schaust du an einem Schultag oder an einem Samstag Fernsehen/Video oder DVD?

Fernsehen/Video/DVD	bis eine halbe Stunde	½ bis 1 Stunde	1 bis 1½ Stunden	1½ bis 2 Stunden	2 bis 3 Stunden	mehr als 3 Stunden	Ich schaue nicht fern
An einem Schultag	☐	☐	☐	☐	☐	☐	☐
An einem Samstag	☐	☐	☐	☐	☐	☐	☐

In den nächsten Fragen geht es um Computer- und Videospiele

34. Welche beiden Computer- und Videospiele spielst du am liebsten?

1. _____

2. _____

☐ Gar keine, denn ich spiele nie solche Spiele.

35. Wie ist das Video- und Computerspielen bei euch zu Hause geregelt?

	immer	meistens	manchmal	nie
Wenn meinen Eltern etwas an einem Computerspiel nicht gefällt, das ich spiele, sagen sie mir das sofort.	☐	☐	☐	☐
Ich spiele Spiele, für die ich eigentlich noch nicht alt genug bin.	☐	☐	☐	☐
Meine Eltern wollen wissen, welche Video- und Computerspiele ich spiele.	☐	☐	☐	☐
Bei uns gibt es klare Regelungen welche Spiele ich spielen darf und welche nicht.	☐	☐	☐	☐
Ich spiele gemeinsam mit meinen Eltern.	☐	☐	☐	☐
Wir haben klare zeitliche Regeln, wie lang ich Computer spielen darf.	☐	☐	☐	☐

36. Mit wem spielst du meistens Video- oder Computerspiele?

☐ Ich spiele nie.

☐ Ich spiele meistens alleine.

☐ Ich spiele meistens mit meinen Freunden oder Freundinnen.

☐ Ich spiele meistens mit meinem Bruder oder meiner Schwester.

☐ Ich spiele meistens mit meinen Eltern oder einem Elternteil.

Blättert bitte jetzt um!

37. Wie lange spielst du an einem Schultag oder an einem Samstag Computer- oder Videospiele?

Computer-/ Videospiele	bis eine halbe Stunde	½ bis 1 Stunde	1 bis 1½ Stunden	1½ bis 2 Stunden	2 bis 3 Stunden	mehr als 3 Stunden	Ich spiele nicht
An einem **Schultag**	☐	☐	☐	☐	☐	☐	☐
An einem **Samstag**	☐	☐	☐	☐	☐	☐	☐

38. Hast du schon einmal Computer- oder Videospiele gespielt, die...?

	Nein	Ja	
erst „ab16" waren?	☐	☐	→ das waren _____ Spiele ab 16.
erst „ab18" waren?	☐	☐	→ das waren _____ Spiele ab 18.

39. Video- und Computerspiele: Wie ist das bei dir?

	immer	meistens	manchmal	nie	Ich spiele nicht
Wenn ich Computer spiele, fällt es mir schwer, wieder aufzuhören.	☐	☐	☐	☐	☐
Beim Computerspielen fühle ich mich so richtig gut.	☐	☐	☐	☐	☐
Ich spiele brutale Video- und Computerspiele.	☐	☐	☐	☐	☐
Ich spiele Video- und Computerspiele, um bei Freunden mitreden zu können.	☐	☐	☐	☐	☐
Ich spiele Video- und Computerspiele, von denen ich Angst bekomme.	☐	☐	☐	☐	☐

Vielen Dank für deine tolle Mitarbeit an dieser Studie!

Anhang A21
Schülerfragebogen MZP4

Fragebogen

Zahlenfeld

Zum Anfang einige ganz allgemeine Fragen

01. Bist du ein

☐ Junge?   ☐ Mädchen?

02. Wie alt bist du?

Ich bin ☐ 9 ☐ 10 ☐ 11 ☐ 12 ☐ 13+ Jahre alt.

03. In welchem Monat hast du Geburtstag?

Januar	Februar	März	April	Mai	Juni	Juli	August	September	Oktober	November	Dezember
☐	☐	☐	☐	☐	☐	☐	☐	☐	☐	☐	☐

04. Wurdest du in Deutschland geboren?

☐ Ja   ☐ Nein

05. Aus welchem Land stammen deine Eltern?

	Deutschland	Türkei	Polen	Früheres Jugoslawien	Russland/ Kasachstan	anderes Land
Mutter	☐	☐	☐	☐	☐	_____
Vater	☐	☐	☐	☐	☐	_____

06. Wenn du nicht aus Deutschland stammst:

Gibt es deutsche Erwachsene, die dich so richtig unterstützen?

☐ Ja   ☐ Nein

Gab es früher, bevor du in die Schule gekommen bist, solche Erwachsene?

☐ Ja   ☐ Nein

Blättert bitte jetzt um!

Zunächst geht es um dein Zuhause, also dort, wo du die meiste Zeit verbringst, wo du schläfst, isst usw.

07. Mit wem lebst du zu Hause?

Wie viele jüngere Brüder leben mit dir zusammen? _____ (Anzahl)
Wie viele ältere Brüder leben mit dir zusammen? _____ (Anzahl)
Wie viele jüngere Schwestern leben mit dir zusammen? _____ (Anzahl)
Wie viele ältere Schwestern leben mit dir zusammen? _____ (Anzahl)

Welche Erwachsene leben mit dir zusammen? *Kreuze bitte an.*

Frau
☐ Mutter   ☐ anderes
☐ Stiefmutter
☐ Freundin des Vaters

Geht sie zur Arbeit?
☐ Ja
☐ Nein

Mann
☐ Vater   ☐ anderes
☐ Stiefvater
☐ Freund der Mutter

Geht er zur Arbeit?
☐ Ja
☐ Nein

08. Wie sind deine Eltern?

Meine Mutter/mein Vater	Mutter				Vater			
	immer	meistens	manchmal	nie	immer	meistens	manchmal	nie
weiß, was ich in meiner Freizeit mache.	☐	☐	☐	☐	☐	☐	☐	☐
ist jemand, mit der/dem ich über alles reden kann.	☐	☐	☐	☐	☐	☐	☐	☐
bestraft mich, wenn ich etwas falsch gemacht habe.	☐	☐	☐	☐	☐	☐	☐	☐
unternimmt etwas mit mir.	☐	☐	☐	☐	☐	☐	☐	☐
fragt mich, wie es in der Schule war.	☐	☐	☐	☐	☐	☐	☐	☐
nimmt mich in den Arm.	☐	☐	☐	☐	☐	☐	☐	☐
tröstet mich, wenn ich traurig bin.	☐	☐	☐	☐	☐	☐	☐	☐
hilft mir bei den Hausaufgaben, wenn ich Hilfe brauche.	☐	☐	☐	☐	☐	☐	☐	☐
lobt mich, wenn ich etwas gut gemacht habe.	☐	☐	☐	☐	☐	☐	☐	☐

09. Haben sich deine Eltern scheiden lassen?

☐ Nein   ☐ Ja, als ich _____ Jahre alt war.

10. Hast du zu Hause dein eigenes Zimmer?

☐ Ja

☐ Nein, ich teile mein Zimmer mit:

→ ☐ jüngerem Bruder ☐ älterem Bruder ☐ gleichaltrigem Bruder
  ☐ jüngerer Schwester ☐ älterer Schwester ☐ gleichaltriger Schwester

☐ Nein, ich teile mein Zimmer mit einer anderen Person.

11. Bist du schon einmal mit deiner Familie umgezogen (nicht innerhalb von Berlin)?

☐ Nein   ☐ Ja, als ich _____ Jahre alt war.

12. Wie viele Bücher gibt es ungefähr bei dir zu Hause? Es zählen alle Bücher zu Hause (Zähle keine Zeitschriften, Zeitungen oder Schulbücher mit!).

keine/ sehr wenige (0-10 Bücher)	etwa ein Bücherbrett (11-25 Bücher)	etwa ein Regal (26-100 Bücher)	etwa zwei Regale (101-200 Bücher)	drei oder mehr Regale (mehr als 200 Bücher)
☐	☐	☐	☐	☐

13. Gib bitte an, ob du folgende Geräte bei dir im Zimmer hast.

	Ja	Nein
Fernseher	☐	☐
Spielkonsole	☐	☐
DVD-Player/Videorekorder	☐	☐
Computer	☐	☐
Internetanschluss	☐	☐

14. Hast du einen eigenen Gameboy oder eine andere tragbare Spielkonsole?

☐ Nein, habe ich nicht.   ☐ Ja, habe ich.

15. Hast du ein eigenes Handy?

☐ Nein, habe ich nicht.   ☐ Ja, habe ich bekommen als ich _____ Jahre alt war.

16. Gib bitte an, ob ihr folgende Geräte woanders bei euch zu Hause habt.

	Ja	Nein
Fernseher	☐	☐
Spielkonsole	☐	☐
DVD-Player/Videorekorder	☐	☐
Computer	☐	☐
Internetanschluss	☐	☐

Wie viele Computer besitzt deine Familie insgesamt zu Hause? _____

Blättert bitte jetzt um!

17. Besitzt deine Familie ein Auto?

nein	eins	zwei	mehr als zwei
☐	☐	☐	☐

18. Wenn Eltern richtig wütend sind, kommt es vor, dass sie ihre Kinder schlagen. Wie oft ist dir das in den letzten 4 Wochen passiert?

Meine Mutter/mein Vater hat☐	Mutter				Vater			
	nie	1- oder 2-mal	3- bis 6-mal	noch häufiger	nie	1- oder 2-mal	3- bis 6-mal	noch häufiger
mir eine runtergehauen.	☐	☐	☐	☐	☐	☐	☐	☐
mit einem Gegenstand nach mir geworfen.	☐	☐	☐	☐	☐	☐	☐	☐
mich hart angepackt oder gestoßen.	☐	☐	☐	☐	☐	☐	☐	☐
mich mit der Faust geschlagen oder mich getreten.	☐	☐	☐	☐	☐	☐	☐	☐
mich geprügelt bzw. mich zusammengeschlagen.	☐	☐	☐	☐	☐	☐	☐	☐

Jetzt ein paar Fragen zu dir und zu deiner Freizeit

19. Bitte gib für jede der folgenden Beschreibungen an, inwieweit sie für dich persönlich stimmen oder nicht?

	stimmt gar nicht	stimmt kaum	stimmt ziemlich	stimmt genau
Ich teste gerne meine Grenzen, indem ich etwas Gefährliches mache.	☐	☐	☐	☐
Ich gehe gern ein Risiko ein, einfach weil es Spaß macht.	☐	☐	☐	☐
Aufregung und Abenteuer sind mir wichtiger als Sicherheit.	☐	☐	☐	☐
Manchmal finde ich es aufregend, Dinge zu tun, die mich in Gefahr bringen können.	☐	☐	☐	☐

20. Welcher Tag war gestern?

Sonntag	Montag	Dienstag	Mittwoch	Donnerstag	Freitag
☐	☐	☐	☐	☐	☐

21. Wann bist du gestern Abend zu Bett gegangen?

18 Uhr	19 Uhr	20 Uhr	21 Uhr	22 Uhr	23 Uhr	24 Uhr	1+ Uhr
☐ ☐ ☐ ☐	☐ ☐ ☐ ☐	☐ ☐ ☐ ☐	☐ ☐ ☐ ☐	☐ ☐ ☐ ☐	☐ ☐ ☐ ☐	☐ ☐ ☐ ☐	☐
00 15 30 45	00 15 30 45	00 15 30 45	00 15 30 45	00 15 30 45	00 15 30 45	00 15 30 45	00

22. Was hast du gestern alles gemacht?

Mein gestriger Tag		In der Schule gewesen	im Hort oder bei der Tagesmutter gewesen	Computer- oder Videospiele gespielt	Bücher gelesen	Fernsehen geschaut	Video oder DVD geschaut	Das Internet genutzt	Mit Kindern drinnen oder draußen gespielt	Mit Eltern oder anderen Erwachsenen etwas gemacht
Vormittag	7⁰⁰ – 7³⁰	☐	☐	☐	☐	☐	☐	☐	☐	☐
	7³⁰ – 8⁰⁰	☐	☐	☐	☐	☐	☐	☐	☐	☐
	8⁰⁰ – 8³⁰	☐	☐	☐	☐	☐	☐	☐	☐	☐
	8³⁰ – 9⁰⁰	☐	☐	☐	☐	☐	☐	☐	☐	☐
	9⁰⁰ – 9³⁰	☐	☐	☐	☐	☐	☐	☐	☐	☐
	9³⁰ – 10⁰⁰	☐	☐	☐	☐	☐	☐	☐	☐	☐
	10⁰⁰ – 10³⁰	☐	☐	☐	☐	☐	☐	☐	☐	☐
	10³⁰ – 11⁰⁰	☐	☐	☐	☐	☐	☐	☐	☐	☐
	11⁰⁰ – 11³⁰	☐	☐	☐	☐	☐	☐	☐	☐	☐
	11³⁰ – 12⁰⁰	☐	☐	☐	☐	☐	☐	☐	☐	☐
	12⁰⁰ – 12³⁰	☐	☐	☐	☐	☐	☐	☐	☐	☐
	12³⁰ – 13⁰⁰	☐	☐	☐	☐	☐	☐	☐	☐	☐
Nachmittag	13⁰⁰ – 13³⁰	☐	☐	☐	☐	☐	☐	☐	☐	☐
	13³⁰ – 14⁰⁰	☐	☐	☐	☐	☐	☐	☐	☐	☐
	14⁰⁰ – 14³⁰	☐	☐	☐	☐	☐	☐	☐	☐	☐
	14³⁰ – 15⁰⁰	☐	☐	☐	☐	☐	☐	☐	☐	☐
	15⁰⁰ – 15³⁰	☐	☐	☐	☐	☐	☐	☐	☐	☐
	15³⁰ – 16⁰⁰	☐	☐	☐	☐	☐	☐	☐	☐	☐
	16⁰⁰ – 16³⁰	☐	☐	☐	☐	☐	☐	☐	☐	☐
	16³⁰ – 17⁰⁰	☐	☐	☐	☐	☐	☐	☐	☐	☐
	17⁰⁰ – 17³⁰	☐	☐	☐	☐	☐	☐	☐	☐	☐
	17³⁰ – 18⁰⁰	☐	☐	☐	☐	☐	☐	☐	☐	☐
Abend	18⁰⁰ – 18³⁰	☐	☐	☐	☐	☐	☐	☐	☐	☐
	18³⁰ – 19⁰⁰	☐	☐	☐	☐	☐	☐	☐	☐	☐
	19⁰⁰ – 19³⁰	☐	☐	☐	☐	☐	☐	☐	☐	☐
	19³⁰ – 20⁰⁰	☐	☐	☐	☐	☐	☐	☐	☐	☐
	20⁰⁰ – 20³⁰	☐	☐	☐	☐	☐	☐	☐	☐	☐
	20³⁰ – 21⁰⁰	☐	☐	☐	☐	☐	☐	☐	☐	☐
	21⁰⁰ – 21³⁰	☐	☐	☐	☐	☐	☐	☐	☐	☐
	21³⁰ – 22⁰⁰	☐	☐	☐	☐	☐	☐	☐	☐	☐
	22⁰⁰ – 22³⁰	☐	☐	☐	☐	☐	☐	☐	☐	☐
	22³⁰ – 23⁰⁰	☐	☐	☐	☐	☐	☐	☐	☐	☐

23. Wann bist du heute Morgen aufgestanden?

5 Uhr	6 Uhr	7 Uhr	8 Uhr	9 Uhr	10 Uhr	11 Uhr	12+ Uhr
☐ ☐ ☐ ☐	☐ ☐ ☐ ☐	☐ ☐ ☐ ☐	☐ ☐ ☐ ☐	☐ ☐ ☐ ☐	☐ ☐ ☐ ☐	☐ ☐ ☐ ☐	☐
00 15 30 45	00 15 30 45	00 15 30 45	00 15 30 45	00 15 30 45	00 15 30 45	00 15 30 45	00

Blättert bitte jetzt um!

24. Wie ging es dir in der letzten Woche?

In der letzten Woche	immer	oft	manchmal	selten	nie
habe ich mich krank gefühlt.	☐	☐	☐	☐	☐
habe ich Angst gehabt.	☐	☐	☐	☐	☐
habe ich viel gelacht und viel Spaß gehabt.	☐	☐	☐	☐	☐
hatte ich Kopf- oder Bauchschmerzen.	☐	☐	☐	☐	☐
war mir langweilig.	☐	☐	☐	☐	☐
hatte ich viel Kraft und Ausdauer.	☐	☐	☐	☐	☐
war ich tagsüber müde und schlapp.	☐	☐	☐	☐	☐
habe ich mich allein gefühlt.	☐	☐	☐	☐	☐

25. An welchen Tagen in der Woche machst du Sport oder Musik (außerhalb der Schule)?

	Montag	Dienstag	Mittwoch	Donnerstag	Freitag	Samstag	Sonntag
Sport	☐	☐	☐	☐	☐	☐	☐
Musik	☐	☐	☐	☐	☐	☐	☐

26. Hier sind Sätze, denen man zustimmen kann oder auch nicht. Wie siehst du das?

	stimmt gar nicht	stimmt kaum	stimmt ziemlich	stimmt genau
Ein Junge muss sich gegen Beleidigungen zur Wehr setzen, sonst ist er ein Schwächling.	☐	☐	☐	☐
Ein richtiger Mann ist bereit, zuzuschlagen, wenn jemand schlecht über seine Familie redet.	☐	☐	☐	☐
Der Vater soll der Chef der Familie sein und sich, wenn es sein muss, auch mit Gewalt durchsetzen.	☐	☐	☐	☐
Ein richtiger Mann soll stark sein und seine Familie beschützen.	☐	☐	☐	☐
Einem Mann als Familienvater müssen Frau und Kinder gehorchen.	☐	☐	☐	☐
Ich verliere ziemlich schnell die Beherrschung.	☐	☐	☐	☐
Wenn ich mit jemandem wirklich Streit habe, kann ich nur schwer ruhig bleiben.	☐	☐	☐	☐
Wenn ich echt wütend bin, gehen mir die Anderen besser aus dem Weg.	☐	☐	☐	☐

27. Bist du Mitglied in folgenden Gruppen?

	Ja	Nein
Sportgruppe/-verein	☐	☐
Musikgruppe/-verein	☐	☐
Pfadfinder	☐	☐
Kirchliche/religiöse Gruppe	☐	☐
Kunst-/Theater-/Bastelgruppe/Kinderzirkus	☐	☐

28. Trifft Folgendes auf dich zu?

	Ja	Nein
Ich tue und sage oft etwas, ohne darüber nachgedacht zu haben.	☐	☐
Es bedrückt mich, wenn ich sehe, dass jemand ausgelacht wird.	☐	☐
Ich gerate oft in Schwierigkeiten, weil ich etwas tue, ohne zu überlegen.	☐	☐
Es nimmt mich sehr mit, wenn ich jemanden weinen sehe.	☐	☐
Ich gerate oft in unangenehme Situationen, weil ich vorher nicht genügend nachgedacht habe.	☐	☐
Ich spüre oft Mitgefühl für Leute, denen es schlechter geht als mir.	☐	☐
Ich gerate oft in Schwierigkeiten, weil ich mich nicht genügend beherrschen kann.	☐	☐
Schüler, die oft gehänselt werden, tun mir leid.	☐	☐

Jetzt geht es um das Fernsehen

29. Wie lange schaust du an einem Schultag oder an einem Samstag Fernsehen, Video oder DVD?

Fernsehen/Video/DVD	bis eine halbe Stunde	½ bis 1 Stunde	1 bis 1½ Stunden	1½ bis 2 Stunden	2 bis 3 Stunden	mehr als 3 Stunden	Ich schaue nicht fern
An einem Schultag	☐	☐	☐	☐	☐	☐	☐
An einem Samstag	☐	☐	☐	☐	☐	☐	☐

30. Hast du dir schon einmal Filme angeschaut, die☐ ?

	Nein	Ja	→ Wenn ja: Wie häufig in den letzten 4 Wochen?			
			gar nicht	1- oder 2-mal	3- bis 6-mal	noch häufiger
erst ab 16 waren?	☐	☐→	☐	☐	☐	☐
erst ab 18 waren?	☐	☐→	☐	☐	☐	☐

31. Fernsehen: Wie ist das bei dir?

	immer	meistens	manchmal	nie
Ich schalte den Fernseher aus Langeweile ein.	☐	☐	☐	☐
Ich schaue mir Sendungen und Filme im Fernsehen an, damit ich bei Freunden mitreden kann.	☐	☐	☐	☐
Ich schalte den Fernseher an, damit ich mich nicht so allein fühle.	☐	☐	☐	☐
Wenn ich Ärger habe, schalte ich den Fernseher ein.	☐	☐	☐	☐
Ich schalte den Fernseher ein, ohne dass ich etwas Bestimmtes schauen will.	☐	☐	☐	☐

32. Fernsehen bei euch zu Hause: Wie ist das?

Das ist ☐	immer so	meistens so	manchmal so	nie so
Wie oft läuft der Fernseher bei euch zu Hause, ohne dass jemand richtig hinsieht?	☐	☐	☐	☐
Wie oft läuft der Fernseher bei euch zu Hause während des Essens?	☐	☐	☐	☐
Wie oft kommt es vor, dass ihr zu Hause alle zusammen sitzt und gemeinsam esst?	☐	☐	☐	☐

33. Wie ist das Fernsehen bei euch zu Hause geregelt?

	immer	meistens	manchmal	nie
Bei uns zu Hause gibt es klare Regeln, welche Sendungen ich sehen darf und welche nicht.	☐	☐	☐	☐
Ich schaue mit meinen Eltern zusammen fern.	☐	☐	☐	☐
Meine Eltern wollen wissen, was ich mir im Fernsehen anschaue.	☐	☐	☐	☐
Wenn meinen Eltern etwas an einer Fernsehsendung nicht gefällt, die ich anschaue, sagen sie mir das sofort.	☐	☐	☐	☐
Meine Eltern schauen mit mir zusammen Filme, für die ich eigentlich noch nicht alt genug bin.	☐	☐	☐	☐
Wir haben klare zeitliche Regeln, wie lange ich fernsehen darf.	☐	☐	☐	☐

Und nun geht es um das Internet

34. Nutzt du überhaupt das Internet, auch wenn es nur ganz selten ist?

☐ Ja   ☐ Nein

35. Welche drei Internetseiten nutzt du momentan am liebsten?

☐ Gar keine, denn ich nutze das Internet nicht.

1. _____
2. _____
3. _____

36. Wie lange nutzt du an einem <u>Schultag</u> oder an einem <u>Samstag</u> das Internet (etwa zum Surfen, Chatten, Mailen, Spielen, Downloaden von Musik oder Videos)?

Internetnutzung	bis eine halbe Stunde	½ bis 1 Stunde	1 bis 1½ Stunden	1½ bis 2 Stunden	2 bis 3 Stunden	mehr als 3 Stunden	Ich nutze das Internet nicht
An einem **Schultag**	☐	☐	☐	☐	☐	☐	☐
An einem **Samstag**	☐	☐	☐	☐	☐	☐	☐

37. Wie ist die Internetnutzung bei euch zu Hause geregelt?

	immer	meistens	manchmal	nie
Bei uns zu Hause gibt es klare Regelungen, welche Dinge ich im Internet tun darf und welche nicht.	☐	☐	☐	☐
Ich nutze das Internet gemeinsam mit meinen Eltern.	☐	☐	☐	☐
Meine Eltern wollen wissen, was ich im Internet mache.	☐	☐	☐	☐
Wenn meinen Eltern etwas nicht gefällt, was ich im Internet mache, sagen sie mir das sofort.	☐	☐	☐	☐
Meine Eltern zeigen mir Internetseiten, für die ich eigentlich noch nicht alt genug bin.	☐	☐	☐	☐
Wir haben klare Regeln, wie lang ich das Internet nutzen darf.	☐	☐	☐	☐

Nun einige Fragen zur Schule

38. Bitte bewerte deine Klassenlehrerin/deinen Klassenlehrer mit Schulnoten von 1 bis 6.

	1	2	3	4	5	6
Wie spannend ist der Unterricht?	☐	☐	☐	☐	☐	☐
Wie gerecht ist er/sie dir gegenüber?	☐	☐	☐	☐	☐	☐
Wie nett ist er/sie dir gegenüber?	☐	☐	☐	☐	☐	☐

Ist dein/e Klassenlehrer/in ☐

☐ ein Mann?   ☐ eine Frau?

Blättert bitte jetzt um!

39. In der Schule: Wie ist das bei dir?

	stimmt nicht	stimmt kaum	stimmt ziemlich	stimmt genau
Ich bin gut in der Schule.	☐	☐	☐	☐
Meine Mitschüler sind nett zu mir.	☐	☐	☐	☐
Alle Kinder dürfen mitspielen.	☐	☐	☐	☐
Schule macht Spaß.	☐	☐	☐	☐
Ich komme mit den anderen Kindern in meiner Klasse gut aus.	☐	☐	☐	☐
Ich lerne sehr langsam.	☐	☐	☐	☐
Morgens freue ich mich auf die Schule.	☐	☐	☐	☐
In der Klasse halten wir alle zusammen.	☐	☐	☐	☐

40. Um welche Uhrzeit bist du <u>meistens</u> nach der Schule oder nach dem Hort zu Hause?

11 Uhr		12 Uhr		13 Uhr		14 Uhr		15 Uhr		16 Uhr		17 Uhr		18+ Uhr
☐	☐	☐	☐	☐	☐	☐	☐	☐	☐	☐	☐	☐	☐	☐
00	30	00	30	00	30	00	30	00	30	00	30	00	30	00

41. Ist <u>meistens</u> eine erwachsene Person da, wenn du aus der Schule nach Hause kommst?

☐ Nein ☐ Ja

42. In der Schule: Wie sieht es mit folgenden Dingen aus?

	stimmt nicht	stimmt kaum	stimmt ziemlich	stimmt genau
Ich mache in der Schule das meiste richtig.	☐	☐	☐	☐
Ich kann ganz gut lernen.	☐	☐	☐	☐
Ich gehe gern zur Schule.	☐	☐	☐	☐
Ich habe wenige Freunde in meiner Klasse.	☐	☐	☐	☐
An meiner Schule gefällt es mir wirklich gut.	☐	☐	☐	☐
Manche Schüler machen sich lustig über Klassenkameraden.	☐	☐	☐	☐
Unsere Lehrer greifen ein, wenn es unter Schülern zu Gewalt kommt.	☐	☐	☐	☐
Die Lehrer hier gucken am liebsten weg, wenn es Schlägereien zwischen Schülern gibt.	☐	☐	☐	☐

43. Mit wie vielen Jahren wurdest du eingeschult? Mit ☐

☐ 5 ☐ 6 ☐ 7 ☐ 8+ Jahren

44. Musstest du schon einmal eine Klasse wiederholen?

☐ Nein ☐ Ja

In der Schule oder auf dem Schulweg gibt es auch manchmal Ärger

45. Wie oft ist dir in den letzten 4 Wochen so etwas in der Schule passiert?

	gar nicht	1- oder 2-mal	3- bis 6-mal	noch häufiger
Ich wurde von Schülern geschlagen oder getreten, und zwar nicht aus Spaß.	☐	☐	☐	☐
Schüler haben mich gehänselt oder hässliche Dinge über mich gesagt.	☐	☐	☐	☐
Andere Schüler haben mich wie Luft behandelt und absichtlich nicht mehr beachtet.	☐	☐	☐	☐
Andere Schüler haben Gerüchte über mich verbreitet, die nicht wahr gewesen sind.	☐	☐	☐	☐
Ich durfte in der Pause nicht bei anderen Kindern mitspielen.	☐	☐	☐	☐
Schüler haben mit Absicht meine Sachen kaputtgemacht.	☐	☐	☐	☐
Schüler haben mich gezwungen, etwas zu tun, was ich nicht wollte.	☐	☐	☐	☐

46. Wie oft hast du in den letzten 4 Wochen so etwas in der Schule gemacht?

	gar nicht	1- oder 2-mal	3- bis 6-mal	noch häufiger
Ich habe einen Schüler geschlagen oder getreten, und zwar nicht aus Spaß.	☐	☐	☐	☐
Ich habe einen Schüler gehänselt oder hässliche Dinge über ihn gesagt.	☐	☐	☐	☐
Ich habe einen anderen Schüler wie Luft behandelt und absichtlich nicht mehr beachtet.	☐	☐	☐	☐
Ich habe Gerüchte über einen anderen Schüler verbreitet, die nicht wahr gewesen sind.	☐	☐	☐	☐
Ich war dagegen, dass ein anderes Kind mit mir und meinen Freunden zusammen in der Pause spielt.	☐	☐	☐	☐
Ich habe Sachen von einem Schüler mit Absicht kaputtgemacht.	☐	☐	☐	☐
Ich habe ein anderes Kind gezwungen, etwas zu tun, was es nicht wollte.	☐	☐	☐	☐

In den nächsten Fragen geht es um Computer- oder Videospiele

47. Spielst du überhaupt Computer- oder Videospiele, auch wenn es nur ganz selten ist?

☐ Ja   ☐ Nein

48. Welche drei Computer- oder Videospiele spielst du momentan am liebsten?

☐ Gar keine, denn ich spiele nie solche Spiele.

1. _____

2. _____

3. _____

49. Wie ist deine Meinung zu folgenden Aussagen über das Computer- oder Videospielen?

	stimmt nicht	stimmt kaum	stimmt ziemlich	stimmt genau
Ich versuche meine Computerspielzeiten vor anderen zu verheimlichen.	☐	☐	☐	☐
Wenn ich längere Zeit nicht spiele, werde ich unruhig und nervös.	☐	☐	☐	☐
Manchmal schaffe ich es einige Zeit lang, weniger zu spielen, und irgendwann wird es dann doch wieder mehr.	☐	☐	☐	☐
Ich spiele länger, als ich es Anderen eingestehe.	☐	☐	☐	☐
Wenn ich unterwegs bin, kann ich es oft kaum erwarten, wieder spielen zu können.	☐	☐	☐	☐
Wenn ich mich besonders gestresst fühle, entspannt mich das Computer- oder Videospielen.	☐	☐	☐	☐

50. Wie häufig spielst du die folgenden Arten von Computer- oder Videospielen?
Wenn du gar nicht spielst, dann kreuze überall „nie" an.

	nie	selten	manchmal	oft	sehr oft
Denk- und Geschicklichkeitsspiele (z.B. Crazy Machines, Tetris, Solitär)	☐	☐	☐	☐	☐
Strategie- und militärische Simulationsspiele (z.B. Command and Conquer, Warcraft)	☐	☐	☐	☐	☐
Lebens- und Aufbausimulationsspiele (z.B. Die Sims, Die Siedler, Anno)	☐	☐	☐	☐	☐
Sportspiele (z.B. FIFA, Need for Speed, SSX Snowboarding)	☐	☐	☐	☐	☐
(Action-)Adventures (z.B. Tomb Raider, Geheimakte Tunguska)	☐	☐	☐	☐	☐
Ego- und Third-Person-Shooter (z.B. Counter Strike, Call of Duty, GTA)	☐	☐	☐	☐	☐
Beat em-Up's / Prügelspiele (z.B. Dead or Alive, Mortal Kombat, Tekken)	☐	☐	☐	☐	☐
Party- und Mitmachspiele (z.B. Singstar, Wii Sports, Eye Toy)	☐	☐	☐	☐	☐
Online-Rollenspiele (z.B. World of Warcraft, Everquest, Final Fantasy)	☐	☐	☐	☐	☐

51. Wie lange spielst du an einem <u>Schultag</u> oder an einem <u>Samstag</u> Computer- oder Videospiele?

Computer-/ Videospiele	bis eine halbe Stunde	½ bis 1 Stunde	1 bis 1½ Stunden	1½ bis 2 Stunden	2 bis 3 Stunden	mehr als 3 Stunden	Ich spiele nicht
An einem <u>Schultag</u>	☐	☐	☐	☐	☐	☐	☐
An einem <u>Samstag</u>	☐	☐	☐	☐	☐	☐	☐

52. Und was meinst du zu folgenden Aussagen über das Computer- oder Videospielen?

	stimmt nicht	stimmt kaum	stimmt ziemlich	stimmt genau
Ich habe schon häufiger vergeblich versucht, meine Spielzeit zu reduzieren.	☐	☐	☐	☐
Ich beschäftige mich auch während der Zeit, in der ich nicht Computerspiele spiele, gedanklich sehr viel mit Spielen.	☐	☐	☐	☐
Weil ich soviel spiele, unternehme ich weniger mit Anderen.	☐	☐	☐	☐
Ich schlafe nachts weniger, um länger spielen zu können.	☐	☐	☐	☐
Ich spiele häufig, wenn es in meinem Leben ansonsten gerade nicht so gut läuft.	☐	☐	☐	☐
Meine Leistungen in der Schule leiden unter meinen Spielgewohnheiten.	☐	☐	☐	☐
Ich habe das Gefühl, meine Spielzeit nicht kontrollieren zu können.	☐	☐	☐	☐
Meine Gedanken kreisen ständig ums Computer- oder Videospielen, auch wenn ich gar nicht spiele.	☐	☐	☐	☐

53. Hast du schon einmal Computer- oder Videospiele gespielt, die ☐ ?

	Nein	Ja	→ Wenn ja: Wie häufig in den <u>letzten 4 Wochen</u>?			
			gar nicht	1- oder 2-mal	3- bis 6-mal	noch häufiger
erst ab 16 waren?	☐	☐→	☐	☐	☐	☐
erst ab 18 waren?	☐	☐→	☐	☐	☐	☐

→ **Wenn ja, mit wem hast du diese Spiele gespielt?**

☐ alleine ☐ mit Freunden/anderen Kindern ☐ mit Geschwistern
☐ mit meinem leiblichen Vater ☐ mit meiner leiblichen Mutter ☐ mit anderen Erwachsenen

→ **Wenn ja, wie bist du an diese Spiele gekommen?**

☐ durch Freunde/andere Kinder ☐ durch Geschwister ☐ selbst besorgt
☐ durch meinen leiblichen Vater ☐ durch meine leibliche Mutter ☐ durch andere Erwachsene

Blättert bitte jetzt um!

54. Und was meinst du zu folgenden Aussagen über das Computer- oder Videospielen?

	stimmt nicht	stimmt kaum	stimmt ziemlich	stimmt genau
Beim Computerspielen ertappe ich mich häufig dabei, dass ich sage: Nur noch ein paar Minuten und dann kann ich doch nicht aufhören.	☐	☐	☐	☐
Wenn ich nicht spielen kann, bin ich gereizt und unzufrieden.	☐	☐	☐	☐
Mir wichtige Menschen beschweren sich, dass ich zu viel Zeit mit Spielen verbringe.	☐	☐	☐	☐
Ich verbringe oft mehr Zeit mit Computerspielen, als ich mir vorgenommen habe.	☐	☐	☐	☐
Ich bin so häufig und intensiv mit Computerspielen beschäftigt, dass ich manchmal Probleme in der Schule bekomme.	☐	☐	☐	☐

55. Wie ist das Video- und Computerspielen bei euch zu Hause geregelt?

	immer	meistens	manchmal	nie
Wenn meinen Eltern etwas an einem Computerspiel nicht gefällt, das ich spiele, sagen sie mir das sofort.	☐	☐	☐	☐
Meine Eltern wollen wissen, welche Video- oder Computerspiele ich spiele.	☐	☐	☐	☐
Bei uns gibt es klare Regelungen welche Spiele ich spielen darf und welche nicht.	☐	☐	☐	☐
Ich spiele gemeinsam mit meinen Eltern.	☐	☐	☐	☐
Wir haben klare zeitliche Regeln, wie lang ich Computerspielen darf.	☐	☐	☐	☐

Jetzt geht es um Dinge, die auch außerhalb der Schule geschehen können?

56. Ist dir jemals eines der folgenden Dinge zugestoßen?
Trage bitte „0" ein, wenn es dir im letzten Jahr nicht passiert ist.

	Nein	Ja	→	Wenn ja: Wie oft in den letzten 12 Monaten?
Mir wurde etwas gestohlen. z.B. Geld oder eine Sache	☐	☐	→	_____ mal
Mein Eigentum wurde absichtlich beschädigt. z.B. Schultasche, Handy, Jacke	☐	☐	→	_____ mal
Mir wurde mit Gewalt oder unter Androhung von Gewalt etwas weggenommen. z.B. Raub von Geld, Handy, Jacke	☐	☐	→	_____ mal
Ich wurde körperlich verletzt. z.B. durch Schläge, Tritte, Angriff mit Waffe	☐	☐	→	_____ mal

57. Jetzt geht es darum, ob du schon einmal folgende Dinge getan hast?
Trage bitte „0" ein, wenn du das im letzten Jahr nicht getan hast.

	Hast du das schon jemals getan?		→	Wenn ja: Wie oft in den letzten 12 Monaten?
	Nein	Ja		
Mehr als einen Schluck Alkohol getrunken.	☐	☐	→	_____ mal
Einem anderen Kind absichtlich so sehr wehgetan, dass es geweint hat oder verletzt war.	☐	☐	→	_____ mal
Eine Zigarette geraucht.	☐	☐	→	_____ mal
Einem anderen Kind gedroht, damit es dir etwas gibt.	☐	☐	→	_____ mal
In einem Kaufhaus oder Geschäft etwas gestohlen.	☐	☐	→	_____ mal
Absichtlich Fenster, Telefonzellen, Straßenlampen oder ähnliche Dinge beschädigt.	☐	☐	→	_____ mal
Jemandem eine Sache oder Geld gestohlen.	☐	☐	→	_____ mal
Gezündelt oder etwas in Brand gesteckt.	☐	☐	→	_____ mal
Auf dem Handy Filme oder Bilder angeschaut, auf denen etwas Schlimmes zu sehen war.	☐	☐	→	_____ mal
Einen <u>ganzen Tag</u> die Schule geschwänzt.	☐	☐	→	_____ mal
<u>Einzelne Stunden</u> die Schule geschwänzt.	☐	☐	→	_____ mal

Abschließend noch ein paar Fragen zu dir, deinen Freundinnen und Freunden

58. Bitte gib für jede der folgenden Beschreibungen an, inwieweit sie für dich persönlich zutreffen oder nicht. Überlege bitte bei der Antwort, wie es Dir im <u>letzten halben Jahr</u> ging.

	nicht zutreffend	teilweise zutreffend	eindeutig zutreffend
Ich versuche, nett zu anderen Menschen zu sein, ihre Gefühle sind mir wichtig.	☐	☐	☐
Ich bin oft unruhig; ich kann nicht stillsitzen.	☐	☐	☐
Ich teile normalerweise mit Anderen (z.B. Süßigkeiten, Spielzeug, Buntstifte).	☐	☐	☐
Ich bin meistens für mich alleine; ich beschäftige mich lieber mit mir selbst.	☐	☐	☐
Ich bin hilfsbereit, wenn andere verletzt, krank oder traurig sind.	☐	☐	☐
Ich bin dauernd in Bewegung oder zappelig.	☐	☐	☐
Im Allgemeinen bin ich bei Gleichaltrigen beliebt.	☐	☐	☐

Blättert bitte jetzt um!

59. Wie viele gute Freundinnen oder Freunde hast du?
(Bitte Geschwister nicht mitzählen.)

☐ 0 ☐ 1 ☐ 2 ☐ 3 bis 5 ☐ mehr als 5

60. In welcher Sprache unterhältst du dich mit deinen Freunden und Freundinnen am meisten?

Deutsch	Türkisch	Russisch	Polnisch	andere Sprache
☐	☐	☐	☐	_____

61. Wie viele Freund/innen kennst du, die deiner Einschätzung nach in den letzten 12 Monaten Folgendes getan haben?

Ich kenne ☐ Freund/innen, die in den letzten 12 Monaten...	0	1	2	3 bis 5	mehr als 5
in einem Kaufhaus oder Geschäft etwas gestohlen haben	☐	☐	☐	☐	☐
den Unterricht für eine Stunde oder einen Schultag geschwänzt haben.	☐	☐	☐	☐	☐
einem anderen Kind absichtlich so sehr weh getan haben, dass es verletzt war.	☐	☐	☐	☐	☐
eine Zigarette geraucht oder mehr als einen Schluck Alkohol getrunken haben.	☐	☐	☐	☐	☐
absichtlich Fenster, Telefonzellen, Straßenlampen oder ähnliche Dinge beschädigt haben.	☐	☐	☐	☐	☐
gezündelt oder etwas in Brand gesteckt haben.	☐	☐	☐	☐	☐

62. Bitte gib auch für jede der folgenden Beschreibungen an, inwieweit sie für dich persönlich zutreffen oder nicht. Überlege bitte bei der Antwort, wie es Dir im letzten halben Jahr ging.

	nicht zutreffend	teilweise zutreffend	eindeutig zutreffend
Ich lasse mich leicht ablenken; ich finde es schwer, mich zu konzentrieren.	☐	☐	☐
Ich bin nett zu jüngeren Kindern.	☐	☐	☐
Ich werde von anderen gehänselt oder schikaniert.	☐	☐	☐
Ich helfe anderen oft freiwillig (Eltern, Lehrer, Gleichaltrige).	☐	☐	☐
Ich denke nach, bevor ich handle.	☐	☐	☐
Ich komme besser mit Erwachsenen aus als mit Gleichaltrigen.	☐	☐	☐
Was ich angefangen habe, mache ich zu Ende; ich kann mich lange genug konzentrieren.	☐	☐	☐
Ich habe einen oder mehrere gute Freunde oder Freundinnen.	☐	☐	☐

Vielen Dank für deine tolle Mitarbeit an dieser Studie!

Anhang A22
Schülerfragebogen MZP5

Fragebogen

Liebe Schülerin, lieber Schüler,

auf den folgenden Seiten findest du einige Fragen über dich, deine Lebenssituation und deine Freizeit. Bei diesem Fragebogen handelt es sich um keinen Test! Was zählt, ist einzig und allein deine persönliche Meinung. Es gibt keine richtigen oder falschen Antworten.

Es ist wichtig, dass jeder für sich allein den Fragebogen ausfüllt und nicht schaut, was seine Mitschüler ankreuzen! Niemand wird erfahren, wer welchen Fragebogen ausgefüllt hat. Bitte schreib deshalb auch nicht deinen Namen auf den Fragebogen! Niemand weiß dann hinterher, von welchem Kind welcher Fragebogen ausgefüllt worden ist. Du kannst darum ganz ehrlich antworten. Niemand weiß, dass das einmal dein Fragebogen war. Deine Antworten bekommt niemand zu sehen, der dich kennt.

Zahlenfeld

Zum Anfang einige ganz allgemeine Fragen

01. Bist du ein
☐ Junge?   ☐ Mädchen?

02. Wie alt bist du?
Ich bin ☐ 10 ☐ 11 ☐ 12 ☐ 13 ☐ 14+ Jahre alt.

03. In welchem Monat hast du Geburtstag?

Januar	Februar	März	April	Mai	Juni	Juli	August	September	Oktober	November	Dezember
☐	☐	☐	☐	☐	☐	☐	☐	☐	☐	☐	☐

04. Wurdest du in Deutschland geboren?
☐ Ja   ☐ Nein

05. Aus welchem Land stammen deine Eltern?

	Deutschland	Türkei	Polen	Früheres Jugoslawien	Russland/ Kasachstan	anderes Land
Mutter	☐	☐	☐	☐	☐	_____
Vater	☐	☐	☐	☐	☐	_____

06. Wenn du nicht aus Deutschland stammst:

Gibt es deutsche Erwachsene, die dich so richtig unterstützen?
☐ Ja   ☐ Nein

Gab es früher, bevor du in die Schule gekommen bist, solche Erwachsene?
☐ Ja   ☐ Nein

Zunächst geht es um dein Zuhause, also dort, wo du die meiste Zeit verbringst, wo du schläfst, isst usw.

07. Hast du zu Hause dein eigenes Zimmer?

☐ Ja

☐ Nein, ich teile mein Zimmer mit
→ ☐ jüngerem Bruder   ☐ älterem Bruder   ☐ gleichaltrigem Bruder
   ☐ jüngerer Schwester   ☐ älterer Schwester   ☐ gleichaltriger Schwester

☐ Nein, ich teile mein Zimmer mit einer anderen Person.

08. Mit wem lebst du zu Hause?

Wie viele jüngere Brüder leben mit dir zusammen? _____ (Anzahl)
Wie viele ältere Brüder leben mit dir zusammen? _____ (Anzahl)
Wie viele jüngere Schwestern leben mit dir zusammen? _____ (Anzahl)
Wie viele ältere Schwestern leben mit dir zusammen? _____ (Anzahl)

Welche Erwachsene leben mit dir zusammen? *Kreuze bitte an.*

Frau
☐ Mutter ☐ anderes
☐ Stiefmutter
☐ Freundin des Vaters

Geht sie zur Arbeit?
☐ Ja
☐ Nein

Mann
☐ Vater ☐ anderes
☐ Stiefvater
☐ Freund der Mutter

Geht er zur Arbeit?
☐ Ja
☐ Nein

09. Wie häufig bist du in den letzten 12 Monaten mit deiner Familie in Urlaub gefahren?

☐ überhaupt nicht ☐ einmal ☐ zweimal ☐ mehr als zweimal

10. Wie sind deine Eltern?

Meine Mutter/mein Vater	Mutter				Vater			
	immer	meistens	manchmal	nie	immer	meistens	manchmal	nie
weiß, was ich in meiner Freizeit mache.	☐	☐	☐	☐	☐	☐	☐	☐
ist jemand, mit der/dem ich über alles reden kann.	☐	☐	☐	☐	☐	☐	☐	☐
bestraft mich, wenn ich etwas falsch gemacht habe.	☐	☐	☐	☐	☐	☐	☐	☐
unternimmt etwas mit mir.	☐	☐	☐	☐	☐	☐	☐	☐
fragt mich, wie es in der Schule war.	☐	☐	☐	☐	☐	☐	☐	☐
nimmt mich in den Arm.	☐	☐	☐	☐	☐	☐	☐	☐
tröstet mich, wenn ich traurig bin.	☐	☐	☐	☐	☐	☐	☐	☐
hilft mir bei den Hausaufgaben, wenn ich Hilfe brauche.	☐	☐	☐	☐	☐	☐	☐	☐
lobt mich, wenn ich etwas gut gemacht habe.	☐	☐	☐	☐	☐	☐	☐	☐

11. Bist du schon einmal mit deiner Familie umgezogen (nicht innerhalb von Berlin)?

☐ Nein   ☐ Ja, als ich _____ Jahre alt war.

12. Gib bitte an, ob du folgende Geräte bei dir im Zimmer hast.

	Ja	Nein
Fernseher	☐	☐
Spielkonsole	☐	☐
DVD-Player/Videorekorder	☐	☐
Computer	☐	☐
Internetanschluss	☐	☐

13. Hast du eine eigene tragbare Spielkonsole (z. B. Nintendo DS, Gameboy)?

☐ Nein, habe ich nicht.   ☐ Ja, habe ich.

14. Hast du ein eigenes Handy?

☐ Nein, habe ich nicht.   ☐ Ja, habe ich bekommen als ich _____ Jahre alt war.

15. Besitzt deine Familie ein Auto?

Nein   eins   zwei   mehr als zwei
☐   ☐   ☐   ☐

16. Wenn Eltern richtig wütend sind, kommt es vor, dass sie ihre Kinder schlagen. Wie oft ist dir das in den letzten 4 Wochen passiert?

Meine Mutter/mein Vater hat☐	Mutter				Vater			
	nie	1- oder 2-mal	3- bis 6-mal	noch häufiger	nie	1- oder 2-mal	3- bis 6-mal	noch häufiger
mir eine runtergehauen.	☐	☐	☐	☐	☐	☐	☐	☐
mit einem Gegenstand nach mir geworfen.	☐	☐	☐	☐	☐	☐	☐	☐
mich hart angepackt oder gestoßen.	☐	☐	☐	☐	☐	☐	☐	☐
mich mit der Faust geschlagen oder mich getreten.	☐	☐	☐	☐	☐	☐	☐	☐
mich geprügelt bzw. mich zusammengeschlagen.	☐	☐	☐	☐	☐	☐	☐	☐

17. Gib bitte an, ob ihr folgende Geräte woanders bei euch zu Hause habt.

	Ja	Nein
Fernseher	☐	☐
Spielkonsole	☐	☐
DVD-Player/Videorekorder	☐	☐
Computer	☐	☐
Internetanschluss	☐	☐

Wie viele Computer besitzt deine Familie insgesamt zu Hause? _____

18. Haben sich deine Eltern scheiden lassen?

☐ Nein   ☐ Ja, als ich _____ Jahre alt war.

19. Wie viele Bücher gibt es ungefähr bei dir zu Hause? Es zählen alle Bücher <u>zu Hause</u> (Zähle keine Zeitschriften, Zeitungen oder Schulbücher mit!).

keine/ sehr wenige *(0-10 Bücher)*	etwa ein Bücherbrett *(11-25 Bücher)*	etwa ein Regal *(26-100 Bücher)*	etwa zwei Regale *(101-200 Bücher)*	drei oder mehr Regale *(mehr als 200 Bücher)*
☐	☐	☐	☐	☐

Jetzt ein paar Fragen zu dir und zu deiner Freizeit

20. Trifft Folgendes auf dich zu?

	Ja	Nein
Ich tue und sage oft etwas, ohne darüber nachgedacht zu haben.	☐	☐
Es bedrückt mich, wenn ich sehe, dass jemand ausgelacht wird.	☐	☐
Ich gerate oft in Schwierigkeiten, weil ich etwas tue, ohne zu überlegen.	☐	☐
Es nimmt mich sehr mit, wenn ich jemanden weinen sehe.	☐	☐
Ich gerate oft in unangenehme Situationen, weil ich vorher nicht genügend nachgedacht habe.	☐	☐
Ich spüre oft Mitgefühl für Leute, denen es schlechter geht als mir.	☐	☐
Ich gerate oft in Schwierigkeiten, weil ich mich nicht genügend beherrschen kann.	☐	☐
Schüler, die oft gehänselt werden, tun mir leid.	☐	☐

21. Bist du Mitglied in folgenden Gruppen?

	Ja	Nein
Sportgruppe/-verein	☐	☐
Musikgruppe/-verein	☐	☐
Pfadfinder	☐	☐
Kirchliche/religiöse Gruppe	☐	☐
Kunst-/Theater-/Bastelgruppe/Kinderzirkus	☐	☐

22. Im Folgenden findest du eine Reihe von Feststellungen, mit denen man sich selbst beschreiben kann. Bitte lies jede Feststellung durch und wähle aus den vier Antwortmöglichkeiten diejenige aus, die angibt, wie du dich *im Allgemeinen* fühlst.

	fast nie	manchmal	oft	fast immer
Ich werde schnell ärgerlich.	☐	☐	☐	☐
Ich rege mich leicht auf.	☐	☐	☐	☐
Ich bin ein Hitzkopf.	☐	☐	☐	☐
Es macht mich zornig, wenn ich von anderen kritisiert werde.	☐	☐	☐	☐
Ich bin aufgebracht, wenn ich etwas gut mache und ich schlecht beurteilt werde.	☐	☐	☐	☐
Wenn ich etwas vergeblich mache, werde ich böse.	☐	☐	☐	☐
Ich koche innerlich, wenn ich unter Druck gesetzt werde.	☐	☐	☐	☐
Wenn ich gereizt werde, könnte ich losschlagen.	☐	☐	☐	☐
Wenn ich wütend werde, sage ich hässliche Dinge.	☐	☐	☐	☐
Es ärgert mich, wenn ausgerechnet ich korrigiert werde.	☐	☐	☐	☐

23. Welcher Tag war gestern?

Sonntag	Montag	Dienstag	Mittwoch	Donnerstag	Freitag
☐	☐	☐	☐	☐	☐

24. Wann bist du gestern Abend zu Bett gegangen?

18 Uhr	19 Uhr	20 Uhr	21 Uhr	22 Uhr	23 Uhr	24 Uhr	1+ Uhr
☐ ☐ ☐ ☐	☐ ☐ ☐ ☐	☐ ☐ ☐ ☐	☐ ☐ ☐ ☐	☐ ☐ ☐ ☐	☐ ☐ ☐ ☐	☐ ☐ ☐ ☐	☐
00 15 30 45	00 15 30 45	00 15 30 45	00 15 30 45	00 15 30 45	00 15 30 45	00 15 30 45	00

25. Was hast du gestern alles gemacht?

Mein gestriger Tag	In der Schule gewesen	Im Hort oder bei der Tagesmutter gewesen	Computer- oder Videospiele gespielt	Bücher gelesen	Fernsehen geschaut	Video oder DVD geschaut	Das Internet genutzt	Mit Kindern drinnen oder draußen gespielt	Mit Eltern oder anderen Erwachsenen etwas gemacht
Vormittag									
7⁰⁰ – 7³⁰	☐	☐	☐	☐	☐	☐	☐	☐	☐
7³⁰ – 8⁰⁰	☐	☐	☐	☐	☐	☐	☐	☐	☐
8⁰⁰ – 8³⁰	☐	☐	☐	☐	☐	☐	☐	☐	☐
8³⁰ – 9⁰⁰	☐	☐	☐	☐	☐	☐	☐	☐	☐
9⁰⁰ – 9³⁰	☐	☐	☐	☐	☐	☐	☐	☐	☐
9³⁰ – 10⁰⁰	☐	☐	☐	☐	☐	☐	☐	☐	☐
10⁰⁰ – 10³⁰	☐	☐	☐	☐	☐	☐	☐	☐	☐
10³⁰ – 11⁰⁰	☐	☐	☐	☐	☐	☐	☐	☐	☐
11⁰⁰ – 11³⁰	☐	☐	☐	☐	☐	☐	☐	☐	☐
11³⁰ – 12⁰⁰	☐	☐	☐	☐	☐	☐	☐	☐	☐
12⁰⁰ – 12³⁰	☐	☐	☐	☐	☐	☐	☐	☐	☐
12³⁰ – 13⁰⁰	☐	☐	☐	☐	☐	☐	☐	☐	☐
Nachmittag									
13⁰⁰ – 13³⁰	☐	☐	☐	☐	☐	☐	☐	☐	☐
13³⁰ – 14⁰⁰	☐	☐	☐	☐	☐	☐	☐	☐	☐
14⁰⁰ – 14³⁰	☐	☐	☐	☐	☐	☐	☐	☐	☐
14³⁰ – 15⁰⁰	☐	☐	☐	☐	☐	☐	☐	☐	☐
15⁰⁰ – 15³⁰	☐	☐	☐	☐	☐	☐	☐	☐	☐
15³⁰ – 16⁰⁰	☐	☐	☐	☐	☐	☐	☐	☐	☐
16⁰⁰ – 16³⁰	☐	☐	☐	☐	☐	☐	☐	☐	☐
16³⁰ – 17⁰⁰	☐	☐	☐	☐	☐	☐	☐	☐	☐
17⁰⁰ – 17³⁰	☐	☐	☐	☐	☐	☐	☐	☐	☐
17³⁰ – 18⁰⁰	☐	☐	☐	☐	☐	☐	☐	☐	☐
Abend									
18⁰⁰ – 18³⁰	☐	☐	☐	☐	☐	☐	☐	☐	☐
18³⁰ – 19⁰⁰	☐	☐	☐	☐	☐	☐	☐	☐	☐
19⁰⁰ – 19³⁰	☐	☐	☐	☐	☐	☐	☐	☐	☐
19³⁰ – 20⁰⁰	☐	☐	☐	☐	☐	☐	☐	☐	☐
20⁰⁰ – 20³⁰	☐	☐	☐	☐	☐	☐	☐	☐	☐
20³⁰ – 21⁰⁰	☐	☐	☐	☐	☐	☐	☐	☐	☐
21⁰⁰ – 21³⁰	☐	☐	☐	☐	☐	☐	☐	☐	☐
21³⁰ – 22⁰⁰	☐	☐	☐	☐	☐	☐	☐	☐	☐
22⁰⁰ – 22³⁰	☐	☐	☐	☐	☐	☐	☐	☐	☐
22³⁰ – 23⁰⁰	☐	☐	☐	☐	☐	☐	☐	☐	☐

26. Wann bist du heute Morgen aufgestanden?

5 Uhr	6 Uhr	7 Uhr	8 Uhr	9 Uhr	10 Uhr	11 Uhr	12+ Uhr
☐ ☐ ☐ ☐	☐ ☐ ☐ ☐	☐ ☐ ☐ ☐	☐ ☐ ☐ ☐	☐ ☐ ☐ ☐	☐ ☐ ☐ ☐	☐ ☐ ☐ ☐	☐
00 15 30 45	00 15 30 45	00 15 30 45	00 15 30 45	00 15 30 45	00 15 30 45	00 15 30 45	00

27. Wie ging es dir in der letzten Woche?

In der letzten Woche	immer	oft	manchmal	selten	nie
habe ich mich krank gefühlt.	☐	☐	☐	☐	☐
habe ich Angst gehabt.	☐	☐	☐	☐	☐
habe ich viel gelacht und viel Spaß gehabt.	☐	☐	☐	☐	☐
hatte ich Kopf- oder Bauchschmerzen.	☐	☐	☐	☐	☐
war mir langweilig.	☐	☐	☐	☐	☐
hatte ich viel Kraft und Ausdauer.	☐	☐	☐	☐	☐
war ich tagsüber müde und schlapp.	☐	☐	☐	☐	☐
habe ich mich allein gefühlt.	☐	☐	☐	☐	☐

28. An welchen Tagen in der Woche machst du Sport oder Musik (außerhalb der Schule)?

	Montag	Dienstag	Mittwoch	Donnerstag	Freitag	Samstag	Sonntag
Sport	☐	☐	☐	☐	☐	☐	☐
Musik	☐	☐	☐	☐	☐	☐	☐

29. Bitte gib für jede der folgenden Beschreibungen an, inwieweit sie für dich persönlich stimmen oder nicht?

	stimmt gar nicht	stimmt kaum	stimmt ziemlich	stimmt genau
Ich teste gerne meine Grenzen, indem ich etwas Gefährliches mache.	☐	☐	☐	☐
Ich gehe gerne ein Risiko ein, einfach weil es Spaß macht.	☐	☐	☐	☐
Aufregung und Abenteuer sind mir wichtiger als Sicherheit.	☐	☐	☐	☐
Manchmal finde ich es aufregend, Dinge zu tun, die mich in Gefahr bringen können.	☐	☐	☐	☐

30. Hier sind Sätze, denen man zustimmen kann oder auch nicht. Wie siehst du das?

	stimmt gar nicht	stimmt kaum	stimmt ziemlich	stimmt genau
Ein Junge muss sich gegen Beleidigungen zur Wehr setzen, sonst ist er ein Schwächling.	☐	☐	☐	☐
Ein richtiger Mann ist bereit, zuzuschlagen, wenn jemand schlecht über seine Familie redet.	☐	☐	☐	☐
Der Vater soll der Chef der Familie sein und sich, wenn es sein muss, auch mit Gewalt durchsetzen.	☐	☐	☐	☐
Ein richtiger Mann soll stark sein und seine Familie beschützen.	☐	☐	☐	☐
Einem Mann als Familienvater müssen Frau und Kinder gehorchen.	☐	☐	☐	☐
Ich verliere ziemlich schnell die Beherrschung.	☐	☐	☐	☐
Wenn ich mit jemandem wirklich Streit habe, kann ich nur schwer ruhig bleiben.	☐	☐	☐	☐
Wenn ich echt wütend bin, gehen mir die Anderen besser aus dem Weg.	☐	☐	☐	☐

Jetzt geht es um das Fernsehen

31. Wie lange schaust du an einem Schultag oder an einem Samstag Fernsehen, Video oder DVD?

Fernsehen/Video/DVD	bis eine halbe Stunde	½ bis 1 Stunde	1 bis 1½ Stunden	1½ bis 2 Stunden	2 bis 3 Stunden	mehr als 3 Stunden	Ich schaue nicht fern
An einem Schultag	☐	☐	☐	☐	☐	☐	☐
An einem Samstag	☐	☐	☐	☐	☐	☐	☐

32. Hast du dir schon einmal Filme angeschaut, die ☐ ?

	Nein	Ja	→ Wenn ja: Wie häufig in den letzten 4 Wochen?			
			gar nicht	1- oder 2-mal	3- bis 6-mal	noch häufiger
erst ab 16 waren?	☐	☐→	☐	☐	☐	☐
erst ab 18 waren?	☐	☐→	☐	☐	☐	☐

33. Fernsehen: Wie ist das bei dir?

	immer	meistens	manchmal	nie
Ich schalte den Fernseher aus Langeweile ein.	☐	☐	☐	☐
Ich schaue mir Sendungen und Filme im Fernsehen an, damit ich bei Freunden mitreden kann.	☐	☐	☐	☐
Ich schalte den Fernseher an, damit ich mich nicht so allein fühle.	☐	☐	☐	☐
Wenn ich Ärger habe, schalte ich den Fernseher ein.	☐	☐	☐	☐
Ich schalte den Fernseher ein, ohne dass ich etwas Bestimmtes schauen will.	☐	☐	☐	☐

34. Fernsehen bei euch zu Hause: Wie ist das?

Das ist ☐	immer so	meistens so	manchmal so	nie so
Wie oft läuft der Fernseher bei euch zu Hause, ohne dass jemand richtig hinsieht?	☐	☐	☐	☐
Wie oft läuft der Fernseher bei euch zu Hause während des Essens?	☐	☐	☐	☐
Wie oft kommt es vor, dass ihr zu Hause alle zusammen sitzt und gemeinsam esst?	☐	☐	☐	☐

35. Wie ist das Fernsehen bei euch zu Hause geregelt?

	immer	meistens	manchmal	nie
Bei uns zu Hause gibt es klare Regeln, welche Sendungen ich sehen darf und welche nicht.	☐	☐	☐	☐
Ich schaue mit meinen Eltern zusammen fern.	☐	☐	☐	☐
Meine Eltern wollen wissen, was ich mir im Fernsehen anschaue.	☐	☐	☐	☐
Wenn meinen Eltern etwas an einer Fernsehsendung nicht gefällt, die ich anschaue, sagen sie mir das sofort.	☐	☐	☐	☐
Meine Eltern schauen mit mir zusammen Filme, für die ich eigentlich noch nicht alt genug bin.	☐	☐	☐	☐
Wir haben klare zeitliche Regeln, wie lange ich fernsehen darf.	☐	☐	☐	☐

Und nun geht es um das Internet

36. Nutzt du überhaupt das Internet, auch wenn es nur ganz selten ist?

☐ Ja   ☐ Nein

37. Welche drei Internetseiten nutzt du momentan am liebsten?

☐ Gar keine, denn ich nutze das Internet nicht.

1. _____
2. _____
3. _____

38. Wie lange nutzt du an einem Schultag oder an einem Samstag das Internet (etwa zum Surfen, Chatten, Mailen, Spielen, Downloaden von Musik oder Videos)?

Internetnutzung	bis eine halbe Stunde	½ bis 1 Stunde	1 bis 1½ Stunden	1½ bis 2 Stunden	2 bis 3 Stunden	mehr als 3 Stunden	Ich nutze das Internet nicht
An einem **Schultag**	☐	☐	☐	☐	☐	☐	☐
An einem **Samstag**	☐	☐	☐	☐	☐	☐	☐

39. Wie ist die Internetnutzung bei euch zu Hause geregelt?

	immer	meistens	manchmal	nie
Bei uns zu Hause gibt es klare Regelungen, welche Dinge ich im Internet tun darf und welche nicht.	☐	☐	☐	☐
Ich nutze das Internet gemeinsam mit meinen Eltern.	☐	☐	☐	☐
Meine Eltern wollen wissen, was ich im Internet mache.	☐	☐	☐	☐
Wenn meinen Eltern etwas nicht gefällt, was ich im Internet mache, sagen sie mir das sofort.	☐	☐	☐	☐
Meine Eltern zeigen mir Internetseiten, für die ich eigentlich noch nicht alt genug bin.	☐	☐	☐	☐
Wir haben klare Regeln, wie lang ich das Internet nutzen darf.	☐	☐	☐	☐

Nun einige Fragen zur Schule

40. Um welche Uhrzeit bist du meistens nach der Schule oder nach dem Hort zu Hause?

11 Uhr		12 Uhr		13 Uhr		14 Uhr		15 Uhr		16 Uhr		17 Uhr		18+ Uhr
☐	☐	☐	☐	☐	☐	☐	☐	☐	☐	☐	☐	☐	☐	☐
00	30	00	30	00	30	00	30	00	30	00	30	00	30	00

41. Ist meistens eine erwachsene Person da, wenn du aus der Schule nach Hause kommst?

☐ Nein   ☐ Ja

42. Nun bewerte bitte deine Lehrkräfte in diesen Fächern. Nutze dafür die Schulnoten 1 (sehr gut) bis 6 (sehr schlecht).

	Geschlecht der Lehrkraft	Wie spannend ist der Unterricht der Lehrkraft? 1 2 3 4 5 6	Wie gerecht ist die Lehrkraft dir gegenüber? 1 2 3 4 5 6	Wie sehr unterstützt dich die Lehrkraft, wenn du Probleme hast? 1 2 3 4 5 6
Deutsch	☐ männlich ☐ weiblich	☐ ☐ ☐ ☐ ☐ ☐	☐ ☐ ☐ ☐ ☐ ☐	☐ ☐ ☐ ☐ ☐ ☐
Mathematik	☐ männlich ☐ weiblich	☐ ☐ ☐ ☐ ☐ ☐	☐ ☐ ☐ ☐ ☐ ☐	☐ ☐ ☐ ☐ ☐ ☐
Sport	☐ männlich ☐ weiblich	☐ ☐ ☐ ☐ ☐ ☐	☐ ☐ ☐ ☐ ☐ ☐	☐ ☐ ☐ ☐ ☐ ☐
Englisch	☐ männlich ☐ weiblich	☐ ☐ ☐ ☐ ☐ ☐	☐ ☐ ☐ ☐ ☐ ☐	☐ ☐ ☐ ☐ ☐ ☐

43. Es kommt vor, dass Schüler mit ihren Lehrkräften Streit haben. Wie oft ist dir das in den letzten 4 Wochen passiert?

	fast nie	manchmal	oft	fast immer
Deutsch	☐	☐	☐	☐
Mathematik	☐	☐	☐	☐
Sport	☐	☐	☐	☐
Englisch	☐	☐	☐	☐

44. Mit wie vielen Jahren wurdest du eingeschult? Mit

☐ 5   ☐ 6   ☐ 7   ☐ 8 +   Jahren

45. Musstest du schon einmal eine Klasse wiederholen?

☐ Nein   ☐ Ja

46. In der Schule: Wie ist das bei dir?

	stimmt nicht	stimmt kaum	stimmt ziemlich	stimmt genau
Ich bin gut in der Schule.	☐	☐	☐	☐
Meine Mitschüler sind nett zu mir.	☐	☐	☐	☐
Alle Kinder dürfen mitspielen.	☐	☐	☐	☐
Schule macht Spaß.	☐	☐	☐	☐
Ich komme mit den anderen Kindern in meiner Klasse gut aus.	☐	☐	☐	☐
Ich lerne sehr langsam.	☐	☐	☐	☐
Morgens freue ich mich auf die Schule.	☐	☐	☐	☐
In der Klasse halten wir alle zusammen.	☐	☐	☐	☐

47. In der Schule: Wie sieht es mit folgenden Dingen aus?

	stimmt nicht	stimmt kaum	stimmt ziemlich	stimmt genau
Ich mache in der Schule das meiste richtig.	☐	☐	☐	☐
Ich kann ganz gut lernen.	☐	☐	☐	☐
Ich gehe gern zur Schule.	☐	☐	☐	☐
Ich habe wenige Freunde in meiner Klasse.	☐	☐	☐	☐
An meiner Schule gefällt es mir wirklich gut.	☐	☐	☐	☐
Manche Schüler machen sich lustig über Klassenkameraden.	☐	☐	☐	☐
Unsere Lehrer greifen ein, wenn es unter Schülern zu Gewalt kommt.	☐	☐	☐	☐
Die Lehrer hier gucken am liebsten weg, wenn es Schlägereien zwischen Schülern gibt.	☐	☐	☐	☐

48. Auf welche Schulform wirst du nach der sechsten Klasse wechseln?

Hauptschule	☐
Realschule	☐
Gymnasium	☐
Weiß nicht	☐
Andere:	_____

In der Schule oder auf dem Schulweg gibt es auch manchmal Ärger

49. Wie oft ist dir in den letzten 4 Wochen so etwas in der Schule passiert?

	gar nicht	1- oder 2-mal	3- bis 6-mal	noch häufiger
Ich wurde von Schülern geschlagen oder getreten, und zwar nicht aus Spaß.	☐	☐	☐	☐
Schüler haben mich gehänselt oder hässliche Dinge über mich gesagt.	☐	☐	☐	☐
Andere Schüler haben mich wie Luft behandelt und absichtlich nicht mehr beachtet.	☐	☐	☐	☐
Andere Schüler haben Gerüchte über mich verbreitet, die nicht wahr gewesen sind.	☐	☐	☐	☐
Ich durfte in der Pause nicht bei anderen Kindern mitspielen.	☐	☐	☐	☐
Schüler haben mit Absicht meine Sachen kaputtgemacht.	☐	☐	☐	☐
Schüler haben mich gezwungen, etwas zu tun, was ich nicht wollte.	☐	☐	☐	☐

50. Wie oft hast du in den letzten 4 Wochen so etwas in der Schule gemacht?

	gar nicht	1- oder 2-mal	3- bis 6-mal	noch häufiger
Ich habe einen Schüler geschlagen oder getreten, und zwar nicht aus Spaß.	☐	☐	☐	☐
Ich habe einen Schüler gehänselt oder hässliche Dinge über ihn gesagt.	☐	☐	☐	☐
Ich habe einen anderen Schüler wie Luft behandelt und absichtlich nicht mehr beachtet.	☐	☐	☐	☐
Ich habe Gerüchte über einen anderen Schüler verbreitet, die nicht wahr gewesen sind.	☐	☐	☐	☐
Ich war dagegen, dass ein anderes Kind mit mir und meinen Freunden zusammen in der Pause spielt.	☐	☐	☐	☐
Ich habe Sachen von einem Schüler mit Absicht kaputtgemacht.	☐	☐	☐	☐
Ich habe ein anderes Kind gezwungen, etwas zu tun, was es nicht wollte.	☐	☐	☐	☐

In den nächsten Fragen geht es um Computer- oder Videospiele

51. Spielst du überhaupt Computer- oder Videospiele, auch wenn es nur ganz selten ist?

☐ Ja   ☐ Nein

52. Welche drei Computer- oder Videospiele spielst du momentan am liebsten?

☐ Gar keine, denn ich spiele nie solche Spiele.

1. _____
2. _____
3. _____

53. Wie ist deine Meinung zu folgenden Aussagen über das Computer- oder Videospielen?

	stimmt nicht	stimmt kaum	stimmt ziemlich	stimmt genau
Ich muss immer länger spielen, um zufrieden zu sein.	☐	☐	☐	☐
Wenn ich längere Zeit nicht spiele, werde ich unruhig und nervös.	☐	☐	☐	☐
Weil ich soviel spiele, unternehme ich weniger mit Anderen.	☐	☐	☐	☐
Wenn ich mich besonders gestresst fühle, entspannt mich das Computer- oder Videospielen.	☐	☐	☐	☐

54. Wie häufig spielst du die folgenden Arten von Computer- oder Videospielen?
Wenn du gar nicht spielst, dann kreuze überall „nie" an.

	Nie	selten	manchmal	oft	sehr oft
Denk- und Geschicklichkeitsspiele (z.B. Gehirnjogging, Tetris, Solitär)	☐	☐	☐	☐	☐
Strategie- und militärische Simulationsspiele (z.B. Command and Conquer, Warcraft)	☐	☐	☐	☐	☐
Lebens- und Aufbausimulationsspiele (z.B. Die Sims, Die Siedler, Anno)	☐	☐	☐	☐	☐
Sportspiele (z.B. FIFA, Need for Speed, SSX Snowboarding)	☐	☐	☐	☐	☐
(Action-)Adventures (z.B. Tomb Raider, Geheimakte Tunguska)	☐	☐	☐	☐	☐
Ego- und Third-Person-Shooter (z.B. Counter Strike, Call of Duty, GTA)	☐	☐	☐	☐	☐
Beat em-Up s / Prügelspiele (z.B. Dead or Alive, Mortal Kombat, Tekken)	☐	☐	☐	☐	☐
Party- und Mitmachspiele (z.B. Singstar, Wii Sports, Eye Toy, Guitar Hero)	☐	☐	☐	☐	☐
Online-Rollenspiele (z.B. World of Warcraft, Everquest, Final Fantasy)	☐	☐	☐	☐	☐

55. Und was meinst du zu folgenden Aussagen über das Computer- oder Videospielen?

	stimmt nicht	stimmt kaum	stimmt ziemlich	stimmt genau
Ich beschäftige mich auch während der Zeit, in der ich nicht Computerspiele spiele, gedanklich sehr viel mit Spielen.	☐	☐	☐	☐
Ich spiele häufig, wenn es in meinem Leben ansonsten gerade nicht so gut läuft.	☐	☐	☐	☐
Meine Leistungen in der Schule leiden unter meinen Spielgewohnheiten.	☐	☐	☐	☐
Ich habe das Gefühl, meine Spielzeit nicht kontrollieren zu können.	☐	☐	☐	☐
Meine Gedanken kreisen ständig ums Computer- oder Videospielen, auch wenn ich gar nicht spiele.	☐	☐	☐	☐
Ich habe das Gefühl, dass Computerspiele für mich immer wichtiger werden.	☐	☐	☐	☐

56. Wie lange spielst du an einem <u>Schultag</u> oder an einem <u>Samstag</u> Computer- oder Videospiele?

Computer-/ Videospiele	bis eine halbe Stunde	½ bis 1 Stunde	1 bis 1½ Stunden	1½ bis 2 Stunden	2 bis 3 Stunden	mehr als 3 Stunden	Ich spiele nicht
An einem **Schultag**	☐	☐	☐	☐	☐	☐	☐
An einem **Samstag**	☐	☐	☐	☐	☐	☐	☐

57. Hast du schon einmal Computer- oder Videospiele gespielt, die ?

	Nein	Ja	→ Wenn ja: Wie häufig in den <u>letzten 4 Wochen</u>?			
			gar nicht	1- oder 2- mal	3- bis 6-mal	noch häufiger
erst ab 16 waren?	☐	☐→	☐	☐	☐	☐
erst ab 18 waren?	☐	☐→	☐	☐	☐	☐

→ **Wenn ja, mit wem hast du diese Spiele gespielt?**

☐ alleine ☐ mit Freunden/anderen Kindern ☐ mit Geschwistern

☐ mit meinem leiblichen Vater ☐ mit meiner leiblichen Mutter ☐ mit anderen Erwachsenen

→ **Wenn ja, wie bist du an diese Spiele gekommen?**

☐ durch Freunde/andere Kinder ☐ durch Geschwister ☐ selbst besorgt

☐ durch meinen leiblichen Vater ☐ durch meine leibliche Mutter ☐ durch andere Erwachsene

58. Und was meinst du zu folgenden Aussagen über das Computer- oder Videospielen?

	stimmt nicht	stimmt kaum	stimmt ziemlich	stimmt genau
Zu bestimmten Zeiten oder in bestimmten Situationen spiele ich eigentlich immer: Das ist fast zu einer Routine für mich geworden.	☐	☐	☐	☐
Wenn ich nicht spielen kann, bin ich gereizt und unzufrieden.	☐	☐	☐	☐
Mir wichtige Menschen beschweren sich, dass ich zu viel Zeit mit Spielen verbringe.	☐	☐	☐	☐
Ich verbringe oft mehr Zeit mit Computerspielen, als ich mir vorgenommen habe.	☐	☐	☐	☐
Ich bin so häufig und intensiv mit Computerspielen beschäftigt, dass ich manchmal Probleme in der Schule bekomme.	☐	☐	☐	☐
Es kommt vor, dass ich eigentlich etwas ganz anderes tue und dann ohne zu überlegen ein Computerspiel starte.	☐	☐	☐	☐

59. Wie ist das Video- und Computerspielen bei euch zu Hause geregelt?

	immer	meistens	manchmal	nie
Wenn meinen Eltern etwas an einem Computerspiel nicht gefällt, das ich spiele, sagen sie mir das sofort.	☐	☐	☐	☐
Meine Eltern wollen wissen, welche Video- oder Computerspiele ich spiele.	☐	☐	☐	☐
Bei uns gibt es klare Regelungen welche Spiele ich spielen darf und welche nicht.	☐	☐	☐	☐
Ich spiele gemeinsam mit meinen Eltern.	☐	☐	☐	☐
Wir haben klare zeitliche Regeln, wie lange ich Computerspielen darf.	☐	☐	☐	☐

Noch ein paar Fragen zu dir, deinen Freundinnen und Freunden sowie zu deiner Freizeit

60. Bitte gib für jede der folgenden Beschreibungen an, inwieweit sie für dich persönlich zutreffen oder nicht. Überlege bitte bei der Antwort, wie es dir im letzten halben Jahr ging.

	nicht zutreffend	teilweise zutreffend	eindeutig zutreffend
Ich versuche, nett zu anderen Menschen zu sein; ihre Gefühle sind mir wichtig.	☐	☐	☐
Ich bin oft unruhig; ich kann nicht stillsitzen.	☐	☐	☐
Ich teile normalerweise mit Anderen (z.B. Süßigkeiten, Spielzeug, Buntstifte).	☐	☐	☐
Ich bin meistens für mich alleine; ich beschäftige mich lieber mit mir selbst.	☐	☐	☐
Ich bin hilfsbereit, wenn andere verletzt, krank oder traurig sind.	☐	☐	☐
Ich bin dauernd in Bewegung oder zappelig.	☐	☐	☐
Im Allgemeinen bin ich bei Gleichaltrigen beliebt.	☐	☐	☐

61. Wie viele gute Freundinnen oder Freunde hast du?
(Bitte Geschwister nicht mitzählen.)

☐ 0   ☐ 1   ☐ 2   ☐ 3 bis 5   ☐ mehr als 5

62. In welcher Sprache unterhältst du dich mit deinen Freunden und Freundinnen am meisten?

Deutsch	Türkisch	Russisch	Polnisch	andere Sprache
☐	☐	☐	☐	

63. Wie viele Freund/innen kennst du, die deiner Einschätzung nach in den letzten 12 Monaten Folgendes getan haben?

Ich kenne ☐ Freund/innen, die in den letzten 12 Monaten...	0	1	2	3 bis 5	mehr als 5
in einem Kaufhaus oder Geschäft etwas gestohlen haben.	☐	☐	☐	☐	☐
den Unterricht für eine Stunde oder einen Schultag geschwänzt haben.	☐	☐	☐	☐	☐
einem anderen Kind absichtlich so sehr weh getan haben, dass es verletzt war.	☐	☐	☐	☐	☐
eine Zigarette geraucht oder mehr als einen Schluck Alkohol getrunken haben.	☐	☐	☐	☐	☐
absichtlich Fenster, Telefonzellen, Straßenlampen oder ähnliche Dinge beschädigt haben.	☐	☐	☐	☐	☐
gezündelt oder etwas in Brand gesteckt haben.	☐	☐	☐	☐	☐

64. Bitte gib auch für jede der folgenden Beschreibungen an, inwieweit sie für dich persönlich zutreffen oder nicht. Überlege bitte bei der Antwort, wie es dir im letzten halben Jahr ging.

	Nicht zutreffend	teilweise zutreffend	eindeutig zutreffend
Ich lasse mich leicht ablenken; ich finde es schwer, mich zu konzentrieren.	☐	☐	☐
Ich bin nett zu jüngeren Kindern.	☐	☐	☐
Ich werde von anderen gehänselt oder schikaniert.	☐	☐	☐
Ich helfe anderen oft freiwillig (Eltern, Lehrer, Gleichaltrige).	☐	☐	☐
Ich denke nach, bevor ich handle.	☐	☐	☐
Ich komme besser mit Erwachsenen aus als mit Gleichaltrigen.	☐	☐	☐
Was ich angefangen habe, mache ich zu Ende; ich kann mich lange genug konzentrieren.	☐	☐	☐
Ich habe einen oder mehrere gute Freunde oder Freundinnen.	☐	☐	☐

Jetzt geht es um Dinge, die auch außerhalb der Schule geschehen können?

65. Ist dir jemals eines der folgenden Dinge zugestoßen?
Trage bitte „0" ein, wenn es dir im letzten Jahr nicht passiert ist.

	Nein	Ja	→	Wenn ja: Wie oft in den letzten 12 Monaten?
Mir wurde etwas gestohlen. *z.B. Geld oder eine Sache*	☐	☐	→	____ mal
Mein Eigentum wurde absichtlich beschädigt. *z.B. Schultasche, Handy, Jacke*	☐	☐	→	____ mal
Mir wurde mit Gewalt oder unter Androhung von Gewalt etwas weggenommen. *z.B. Raub von Geld, Handy, Jacke*	☐	☐	→	____ mal
Ich wurde körperlich verletzt. *z.B. durch Schläge, Tritte, Angriff mit Waffe*	☐	☐	→	____ mal

66. Jetzt geht es darum, ob du schon einmal folgende Dinge getan hast?
Trage bitte „0" ein, wenn du das im letzten Jahr nicht getan hast.

	Hast du das schon jemals getan?		→	Wenn ja: Wie oft in den letzten 12 Monaten?
	Nein	Ja		
Mehr als einen Schluck Alkohol getrunken.	☐	☐	→	____ mal
Einem anderen Kind absichtlich so sehr wehgetan, dass es geweint hat oder verletzt war.	☐	☐	→	____ mal
Eine Zigarette geraucht.	☐	☐	→	____ mal
Einem anderen Kind gedroht, damit es mir etwas gibt.	☐	☐	→	____ mal
In einem Kaufhaus oder Geschäft etwas gestohlen.	☐	☐	→	____ mal
Absichtlich Fenster, Telefonzellen, Straßenlampen oder ähnliche Dinge beschädigt.	☐	☐	→	____ mal
Jemandem eine Sache oder Geld gestohlen.	☐	☐	→	____ mal
Gezündelt oder etwas in Brand gesteckt.	☐	☐	→	____ mal
Auf dem Handy Filme oder Bilder angeschaut, auf denen etwas Schlimmes zu sehen war.	☐	☐	→	____ mal
Einen <u>ganzen Tag</u> die Schule geschwänzt.	☐	☐	→	____ mal
<u>Einzelne Stunden</u> die Schule geschwänzt.	☐	☐	→	____ mal

Vielen Dank für deine tolle Mitarbeit an dieser Studie!